P9-DUP-099

24.21 feet

"Vivez, avec Moi, les Merveilles de la Nouvelle Création du Père"

From the Library of:

Jehane Jones

© By Editions RÉSIAC - F 53150 Montsûrs - FÉVRIER 1998
ISBN 2-85268-299-0

Témoins de la Croix

«Vivez, avec Moi, les Merveilles de la Nouvelle Création du Père»

2e Edition - 9e Mille

Editions Résiac

EX TOTO CORDE
ER
MEO PRO VERITATE

B.P. 6   F 53150 MONTSURS

Préface du père Christian Curty, o.f.m.

UN TRIDUUM SACRÉ

*Nous voici (depuis l'Avent 1996) dans les **Trois Années** qui clôturent cette fin de siècle. Ce sont trois années essentielles, puisqu'elles nous préparent directement au grand **Jubilé de l'An 2000**, cette Année **sabbatique**, où Dieu déversera à flots Sa **Miséricorde** sur tous les coeurs disposés à la recevoir; date fondamentale dans l'Histoire des Peuples, qui conditionnera tout l'avenir de l'Humanité; d'où l'importance vitale de ces **Trois Années** préparatoires et sans doute décisives. Car elles décideront vraiment de l'évolution du Monde et de l'avenir de l'Église, selon la manière dont nous accueillerons la Grâce de la **Rédemption** qui sera le fruit-même du Jubilé prochain.*

*Ces Trois Années constituent donc comme un ultime **Appel** que Dieu adresse à tous les hommes, comme une suprême chance offerte par l'Église à l'Humanité de se détourner du chemin de destruction et de mort sur lequel elle s'est engagée; et de se tourner, comme l'Enfant Prodigue, vers son Dieu **et Père** qui la revêtira, comme Il le fit à l'origine pour nos premiers parents, de vêtements nouveaux: la Robe Nuptiale du Christ.*

Un chiffre biblique et théologal

*Remarquons que le chiffre **3** est à la fois un chiffre **Théologal**, car il nous reporte directement au sublime Mystère de la Trinité, et un chiffre **Biblique** tant de fois répété au cours de l'Histoire du Salut, soit sous sa forme numérique: 3 jours, semaines, mois ou années (notamment les trois années de la Vie apostolique de JÉSUS, les 3 jours de Sa disparition au bout desquels MARIE et JOSEPH Le retrouvent au Temple, ou le Triduum Pascal); soit sous forme personnelle (les 3 anges qui rencontrent Abraham et qui parlent comme un seul, les 3 Personnages de la Sainte Famille, la triade d'Emmaüs, ou Son apothéose trois fois répétée lors de la Transfiguration...).*

*On pourrait longuement épiloguer sur ce nombre **trois**, comme sur son antithèse bien connue: 666... Mais laissons ces considérations de côté pour retenir seulement que le chiffre **3** est un chiffre **sacré**, chargé de sens historique et humain... et de révélation. Dans les circonstances actuelles, il nous renvoie directement aux **Trois Années Évangéliques** du Christ Sauveur.*

Trois années évangéliques

Car précisément, sous l'inspiration manifeste de l'Esprit Saint, celui qui est "Pierre" en notre temps, ce Pape Marial et tout autant Paulinien, prêchant l'Évangile à tous les Peuples, "à temps et à contre-temps", a voulu consacrer au déploiement de notre vie Trinitaire les Trois dernières années de notre siècle.

***1997**: Année de l'**Incarnation** du Fils de Dieu, caractérisée par le renouvellement de notre vie baptismale et toute orientée vers notre **conversion évangélique**: "Le Royaume de Dieu est proche. Faites pénitence et croyez à l'Évangile" (Marc **1**, 15).*

*1998: Année de l'**Esprit Saint** par la résurgence de notre Pentecôte personnelle à travers le Sacrement, mystiquement revécu, de notre **Confirmation**, afin de permettre à l'Esprit, par Sa Puissance divine, de revêtir nos vieux os, desséchés et meurtris, d'une chair nouvelle et d'insuffler en nos cœurs Son propre Souffle de Vie. (Ez, 37)*

*1999: Année du **Père**, qui, dans son incompréhensible Bonté, nous offre miséricordieusement Son **Pardon**, à travers le geste sacramentel de Son Fils qui veut guérir nos âmes de toute lèpre ou maladie et nous délivrer de l'esclavage du Mal où Satan tient captive l'Humanité.*

Ce sera donc l'année de la Miséricorde! Année de lutte également, car nous savons par les Satanistes que ce serait une année Luciférienne.

C'est alors qu'après ce cheminement évangélique se produira, comme une apothéose de Grâce, la grande Année Sabbatique de l'An 2000, à laquelle depuis son avènement à la tête de l'Église, le Pape Jean Paul II nous prépare.

La prophétie de Joël

Car en cette "Fin des Temps" (nous avons expliqué dans une préface précédente en quel sens doit s'entendre cette expression) lequel est aussi le Temps de Marie qui a toujours précédé ou accompagné Son Fils, s'accomplit sous nos yeux et de manière parfois spectaculaire, la prophétie de Joël (3/1.2.):

"En ce temps-là, Je répandrai Mon Esprit sur toute chair: vos fils et vos filles prophétiseront, vos vieillards auront des songes et vos enfants des visions. Même sur vos serviteurs et servantes (ceux qui ne partagent pas notre foi chrétienne) Je répandrai Mon Esprit. Et Je ferai des prodiges (de grands Signes) dans le ciel et sur la terre: sang, eau, colonne de fumée. Le soleil se changera en ténèbres et la lune en sang, avant que n'arrive le Jour du Seigneur, grand et redoutable. Alors, tous ceux qui invoqueront Mon Nom, seront sauvés."

Nous voilà, précisément, dans ce temps eschatologique où se réalisent, à nos yeux et à travers les divers événements contemporains, la prophétie de Joël déjà bien commencée et qui continuera à se dévoiler jusqu'à son terme.

Combien de pèlerins peuvent témoigner qu'ils ont vu, de leurs yeux, les signes du soleil ou de la lune dans les nouveaux lieux d'apparitions mariales! Quant aux signes terrestres de feu et de sang, ou d'autres calamités, il nous suffit d'interroger nos "médias" quotidiens pour en voir la triste et douloureuse description.

*Mais que l'on porte attention au **Signe** donné par la Vierge à GARABANDAL[1] (et, semble-t-il, également à MEDJUGORJE), le Signe visible et d'une autre*

---

(1): A Garabandal, la Sainte Vierge, apparue aux quatre fillettes de 1961 à 1965, a promis que le Jour du Grand Miracle, un Signe sera visible sur le lieu des apparitions (aux "Pins"), un Signe visible et impalpable, photographiable et permanent jusqu'à la Fin du Monde. Ce sera, à mon avis, un Signe qui ira droit au cœur des Juifs, lesquels ne pourront pas refuser de l'identifier au Signe biblique de la NUÉE qui fait partie de leur héritage culturel; et qui entraînera un grand mouvement de conversion parmi ce Peuple.

nature que terrestre et "qui doit rester jusqu'à la Fin du Monde", dans lequel il est facile de reconnaître cette "colonne de fumée" dont parlent les prophètes (et notamment Joël), ou bien la mystérieuse "Nuée" qui accompagnait le Peuple Élu durant son Exode au désert du Sinaï, et qui reposait sur le Tabernacle -et qu'on retrouve également dans l'Évangile lors du Baptême de JÉSUS ou de Sa Transfiguration et de Son Ascension céleste-.

L'émergence du surnaturel

*Il est surprenant, en effet, de constater cette émergence du **surnaturel** en notre temps (pour simplifier et ne pas allonger inutilement, nous employons le même terme pour désigner deux réalités distinctes en théologie: le Surnaturel divin et le surnaturel angélique ou diabolique). Citons les multiples, et quasi incessantes, apparitions de MARIE en tant de lieux et de Pays et ces nombreux Messages qu'Elle nous adresse, à travers des âmes privilégiées, pour nous faire prendre conscience de quel temps nous sommes.*

Les nombreuses personnes, surtout des enfants notamment de moins de cinq ans mais certains plus âgés, qui ont des visions célestes (ou parfois diaboliques), et qui reçoivent des "locutions" réactualisant l'Évangile. Ce surnaturel fuse de partout et ne fait que se multiplier en ce temps qui est le nôtre et où règnent, précisément, la confusion doctrinale, l'obscurcissement des consciences et l'oubli des grands Mystères du Salut (les Commandements de Dieu, les gestes sacramentaux du Christ) et le terme de notre destinée éternelle.

Car en effet, lorsque Dieu sème le Bon Grain de Sa Parole, l'Adversaire intervient aussitôt pour y mêler son ivraie: Satan sait, en effet, que son heure touche à sa fin. Pour l'instant, "il" règne encore et les signes de sa présence et de son action s'étalent à notre regard: drogue, sectes, occultisme, satanisme, musique "hard", violence, haine, immoralisme et, bien sûr, les divers moyens par lesquels il cherche à tourmenter l'homme: possessions, agressions et tentations, etc...

D'où la nécessité d'un discernement pour accueillir ce qui vient de Dieu et rejeter ce qui relève du mystère de l'iniquité dont nous retrouvons les traces dans cette culture de mort dénoncée par le Saint-Père et qui voudrait conduire l'Humanité non seulement à sa déchéance, mais aussi tout simplement à un délire débridé où cessent toutes références morale et traditionnelle (religieuse ou familiale) et qui ne peuvent se terminer que dans le chaos et l'impasse de l'Enfer.

Le Signe de la Croix

*Or au coeur de tout discernement et au centre convergent de tous les Messages célestes, rayonne **le Mystère de la Croix**. Que ce signe soit vécu douloureusement dans la chair ou dans la vie affective du Messager de Dieu, ou qu'il soit présenté comme une annonce chargée d'Espérance et de Miséricorde pour tous, il est le sceau d'authenticité grâce auquel on peut reconnaître que là est la Main de Dieu.*

Le Mystère de la CROIX est précisément le commencement, le coeur et le terme des Événements Mystiques où le Seigneur, pour sauver Son Peuple en pleine dérive, l'invite à dresser cette Croix, de manière spectaculaire et bien visible de tous. Comme jadis Moïse avait dressé le Serpent d'Airain pour guérir de leurs blessures tous ceux qui avaient été mordus mortellement par des serpents. Ces révélations mystiques de DOZULÉ, chargées de rappels évangéliques et de paroles latines liturgiques, n'ont pas encore été reconnues par l'autorité de l'Église et font encore l'objet d'une enquête.

Sans nous attarder sur les mille problèmes d'ordre technique ou matériel, que peut poser l'élévation d'une Croix "gigantesque" de 738 mètres (encore que bien des ingénieurs compétents, des techniciens et des architectes, après une étude approfondie et chiffrée, disent cela possible), cherchons le pourquoi de cette Invitation divine à élever la Croix au coeur de ce monde, à une époque de recherche du confort, d'oubli -jusqu'au mot- de la pénitence, de fuite des croix quotidiennes, de mépris du sacrifice.

Les 738 mètres sont un rappel direct et obligé de ce qui s'est passé voici 20 siècles sur le Calvaire à Jérusalem où par Sa Croix, JÉSUS, dans une atroce souffrance a sauvé tous les hommes. Et parce qu'il y va de notre Salut, Il veut rappeler à tous les hommes cette incontournable vérité:

JÉSUS est l'Unique Sauveur et c'est par Sa Croix que nous sommes sauvés. Et si les hommes n'élèvent pas cette Croix qui, par ses dimensions spectaculaires, doit frapper les imaginations et briser la dureté des coeurs, alors, comme Il l'a promis, c'est Lui-même qui la fera apparaître dans le ciel.

Ainsi qu'Il l'avait déjà annoncé par soeur Faustine, devenue Bienheureuse, et dont on n'avait pas voulu croire en son temps le Message dont elle était chargée:

"Avant la venue du Jour de la Justice, il y aura un Signe dans le ciel, donné aux hommes. Toute lumière sera éteinte au ciel et sur la Terre. Alors apparaîtra au ciel le Signe de la Croix. De chacune des Plaies de mes Mains et de mes Pieds sortiront des lumières qui éclaireront la Terre pour un moment. Ce sera peu de temps avant le dernier Jour."

De multiples Croix

*Mais comme nos coeurs sont lents à croire tout ce que nous ont annoncé les Prophètes (Luc, 24, 25) et que nos esprits deviennent opaques en restant incrédules à tant de Signes et de prodiges, alors notre Dieu, qui ne Se lasse pas dans Sa Volonté de sauver notre Humanité vouée à la ruine, dans **un suprême Appel**, nous invite à multiplier ce **Signe de la Croix** là où nous le pouvons. Et comme Il veut que cette Croix, que l'on a transformée parfois en bijou ou en oeuvre d'art, rappelle Sa douloureuse Passion subie à Jérusalem, Il nous demande de donner à cette Croix les dimensions, quoique réduite, de la hauteur de la Ville sainte: 7,38 m.!*

(Voir Messages ci-joints des 16 Juillet, 24, 28 et 30 Août, 3 et 10 Octobre, 1er Novembre et 7 Décembre 1996, 28 Janvier, 3 Février 1997).

Cette Croix protégera les lieux, les sites, les personnes à travers les épreuves présentes ou futures; mais non pas de manière magique par une simple élévation matérielle: à quoi cela nous servirait-il si nous n'élevons pas la Croix dans notre coeur, dont la Croix matérielle ne sera qu'un rappel évocateur.

En notre temps si chargé de lourdes menaces, JÉSUS nous renouvelle Son invitation par laquelle Il a commencé Sa Prédication évangélique: "Le Règne de Dieu est proche! Convertissez-vous et croyez à l'Évangile!" *(Marc 1, 15).*

Cette conversion évangélique peut se traduire de multiples manières qu'il est bon de se rappeler:

Faites pénitence! Changez de vie! Détournez-vous de votre vie de péché! Revenez au Dieu (de votre Baptême ou de votre enfance)! Dépouillez-vous de l'homme charnel livré à ses instincts et tournez-vous vers Dieu!

Et à tous ceux qui désirent se donner à Lui, JÉSUS leur dit:

"Si quelqu'un veut être mon Disciple, qu'il renonce à lui-même, **qu'il prenne sa Croix** *(quotidienne)* et qu'il Me suive!".

Qu'il nous soit fait, par MARIE, selon Ta Volonté!

Mais il nous est bon de nous tourner vers MARIE, Celle à qui on peut donner en toute confiance le nom si doux de **Maman**. *Car il est des Croix qui sont trop lourdes à porter dès lors que nous sommes seuls; mais si nous invitons la Maman qui, jamais, ne refusera (comment le pourrait-Elle devant la souffrance de Son enfant qui L'appelle à son secours?) alors toute Croix, même lourde, se fait légère. Et la Maman montre à l'enfant que cette Croix devient une communion intime avec JÉSUS qui continue Sa propre Passion à travers les douleurs de Son enfant.*

Heureuse Croix qui ouvre ainsi le chemin vers l'Amour de Dieu et la compassion envers les autres!

"Tu n'as voulu ni offrandes ni sacrifices,
Tu ne demandes ni holocauste, ni victime,
Mais Tu m'as donné un corps.
Alors j'ai dit: "Me voici Seigneur,
Je viens pour faire Ta Volonté (évocation du Ps 39/78
Cf. Héb 10/1-10)
Qu'il me soit fait seulement par Ta Mère, selon Ta Parole!"

P. Christian CURTY †

NB: Il est bien précisé que cette préface concerne uniquement les Messages, et non les textes en postface et en annexe qui n'engagent que leurs auteurs.

Additif
NOTE THÉOLOGIQUE
au sujet de l'expression: "Mère de la Trinité"
(dans le Vol III, page 122)

Cette expression "Mère de la Trinité" a de quoi surprendre au premier abord, et étonner à juste titre, voire choquer plus d'un théologien surtout si son intelligence, bien structurée par le côté nécessairement rationnel de la science théologique ou de la rigoureuse scolastique, est peu habituée au langage parfois déroutant de la vie mystique.

Tout comme jadis, l'affirmation concernant la Maternité divine de MARIE n'a pu être acceptée par Nestorius: comment en effet admettre, du simple point de vue humain, qu'une créature puisse donner la vie à son propre Créateur?

La sagesse humaine, éclairée par l'Esprit Saint, permit cependant d'affirmer en toute orthodoxie que si MARIE ne pouvait être Mère de Dieu au niveau ontologique et absolu, Elle l'était cependant (par rapport au Fils Unique, Dieu fait Homme) au niveau de la Révélation historique de ce Mystère.

*Aussi regardons de plus près le contenu intelligible de l'expression **Mère de la Trinité**, à la lumière de la Révélation qui se récapitule toute entière dans le Corps Eucharistié de JÉSUS. Selon Ses propres Paroles rapportées par St Jean, JÉSUS est inséparable du **Père**: "Le Père et Moi, Nous sommes UN" (**10, 30**)... "Qui Me voit, voit Mon Père" (**13, 9**). Qui donc reçoit le Christ en Son Eucharistie, reçoit également le Père et donc l'Esprit Saint qui Leur est inséparable. Ce qui veut dire que, dans la Communion au Corps du Christ, nous recevons la Trinité toute entière. Peut-on alors dire, qu'en donnant naissance à JÉSUS Fils de Dieu, MARIE engendrait par là-même le Père et l'Esprit? Assurément Non! Mais si l'on se situe du point de vue de la Révélation et de **son développement historique,** le langage est alors différent. Comprenons bien!*

*En Dieu, il se passe de toute éternité un **Événement**, un seul **Événement** qui (pour employer un langage terrestre et humain largement dépassé) structure et constitue la TRINITÉ en son essence, à savoir: **le Père qui engendre le Fils dans la puissance de l'Esprit.** Et bien, c'est cet Événement prodigieux et Indicible qui s'est accompli en MARIE, **la Vierge-Mère**, il y a de cela 20 siècles, dans le double Mystère de l'**Annonciation** et de la **Nativité**. Entre la génération prodigieuse du Fils qui naît éternellement du Père, dans la spiration de l'Esprit, et l'humble naissance de JÉSUS, l'Homme-Dieu, à Béthléem, il n'y a aucune différence. Il s'agit bien **du même événement** qui, d'une part s'accomplit dans la fulgurance de l'Éternité, et d'autre part à travers un apparent simple fait divers.*

*Nous avions démontré quelque part que la **Virginité** (perpétuelle) de MARIE est essentielle à cet Événement terrestre qui est la manifestation de l'**Événement** Trinitaire et Éternel. Il fallait que MARIE fût Vierge pour que le Fils, qui Lui est né, possède le même Père qui L'engendre de toute Éternité dans les Cieux, et qui L'a engendré dans le Temps au cours de notre Histoire.*

La Virginité de MARIE est donc le Signe révélateur qu'il s'agit bien de la même filiation, éternelle ou terrestre. Voilà pourquoi nier la Virginité de MARIE, même partiellement, c'est nier la Divinité de Son Fils, ou la minimiser.

*Allons plus loin en ajoutant que c'est par cet Événement de Béthléem, cette humble Naissance (qui s'étendit sur 9 mois), que fut pleinement révélé aux anges et aux hommes le Mystère insondable de la **Trinité**. Je dis bien: **aux anges et aux hommes**. Pour les hommes, c'est l'un des sceaux qui ouvrent à l'intelligence des Écritures de l'Ancien et du Nouveau Testament. Mais pour les anges, il en est de même. Certes, par leur intelligence fulgurante, les anges avaient perçu quelque chose de la Transcendance de Dieu Trois en UN; mais l'éclat irradiant et brûlant de ce rayonnement trinitaire les éblouissait par là-même et les empêchait de discerner le Mystère.*

Bien sûr, ils en avaient une certaine pré-connaissance (à la manière dont nous, hommes, avons la pré-connaissance prophétique qui dévoile partiellement l'Événement annoncé mais seul, l'Événement une fois accompli, nous donne la pleine intelligence de la prophétie). Les anges ont donc eu une certaine connaissance, du genre prophétique, concernant le Mystère trinitaire lorsque leur fut annoncé, par Dieu Lui-même, l'Événement futur du Christ, Homme-Dieu. Ce fut alors, pour beaucoup d'entre eux, l'occasion de leur "chute" infernale et pour les autres, ceux qui acceptèrent, la Glorification éternelle.

*Mais ce n'est que la Nuit de Béthléem (commencée neuf mois plus tôt à Nazareth), qu'alors à travers cet Événement terrestre et humain, fut révélé aux Anges et aux Démons le grandiose Mystère **Trinitaire**. C'est par Son **Incarnation**, en effet, que le Fils Éternel de Dieu S'est manifesté à toute créature céleste ou terrestre. Et c'est par cette Incarnation que les Anges, comme les hommes, peuvent connaître et pénétrer le Mystère du **Père** "qui habite une Lumière inaccessible" (1 Tim, 6, 16)   "Personne (ange ou homme) n'a jamais vu Dieu. "(Seul) le Fils Unique qui est dans le Sein du Père, Lui, nous L'a fait connaître" (Joa 1, 18).*

*Et cette Révélation plénière du Mystère de la **Trinité** s'est faite grâce à MARIE, la **Vierge-Mère**. C'est pourquoi on peut dire, qu'au niveau du déploiement historique de la Révélation, MARIE S'appelle **Mère de la Trinité**, non parce qu'Elle L'engendre, La précède ou La domine, mais parce qu'Elle engendre cette **Connaissance** éblouissante dans les intelligences humaines ou angéliques. C'est dans le même sens qu'on peut Lui donner le titre de **Mère** de la **Révélation**: Elle est le **Livre** ouvert en qui on peut voir **Dieu**.*

P. Christian CURTY †

Note du "Scribe" (approuvée par le Père Curty)

Dans un ouvrage en 3 volumes dicté par la Sainte Vierge à "Consuelo" (publié avec Imprimatur du † Cardinal Bernardino Echevarria Ruiz, o.f.m., Archevêque - Administrateur Apostolique d'Ibarra et Président, à l'intérieur de la Conférence Épiscopale Équatorienne, du Département des Mouvements Marials) on trouve dans le 1er volume à la page 60, § 5.2, un texte de la Sainte Vierge, parlant de la gestation de Son Dieu et Enfant :

"Son petit corps reposait tranquillement en moi, prenant part à mes pensées, écoutant mes paroles et sanctifiant mes oeuvres. La Divinité de JÉSUS ne faisait qu'un tout avec Son humanité. Et unies à JÉSUS, deuxième Personne de la Trinité, s'y trouvaient aussi les deux autres Personnes divines. Mon corps était donc le Tabernacle de la Sainte Trinité..."

Les 3 volumes ont été publiés récemment en traduction française par les Éditions du Parvis (CH 1648 - Hauteville, Suisse).

Les Messages

Noter bien qu'au fil de la lecture, on trouve des passages au style clair et concis et d'autres dont la lecture est difficile, ceci parfois sur la même page. Notre Seigneur parle *de dictées* (ce qui implique le mot-à-mot, et des mots que "JNSR" ne connaît pas quelquefois et qu'elle découvre après dans le dictionnaire), mais aussi *d'une écoute en son coeur*, avec parfois des images qui en précisent le sens.

Dans ce dernier cas "JNSR" met par *écrit* une *écoute*. Cette écriture est tributaire de son bagage culturel, de sa manière de parler et d'écrire personnelle. Son écoute se produire également alors qu'elle vient de vivre des moments de douleur physique et morale, de subir des attaques personnelles venant de personnes manipulées par "l'Autre" qui enrage de ces Messages.

Les *esprits critiques*, qui seraient *tentés* de tirer argument de cette hétérogénéité assez fréquente pour *"jeter l'enfant avec l'eau du bain"*, je les avertis que "l'Autre" essaie par tous les moyens de les priver des bons fruits de ces Messages; je les invite à revenir à la Sainte Bible, qui doit être acceptée en son entier de la Genèse à l'Apocalypse, même si les *obscurités* y sont nombreuses, aussi nombreuses que les notes (parfois réductrices) des Exégètes en bas de pages.

Il est très évident que Notre Seigneur aurait pu corriger tout ce qu'il voit écrire par "JNSR" et qu'Il aurait pu choisir un Instrument plus compétent -et au lieu du secrétaire que je suis, un meilleur-; mais le Seigneur choisit toujours les "moins-que-rien" pour faire éclater Sa Puissance... et pour laisser se prendre les orgueilleux à leur propre piège! Alors, lisons ces Messages avec *l'âme agenouillée* dans l'humilité.

Et je remercie chaleureusement toutes les personnes qui ont relu tout le texte ainsi que Messieurs les Prêtres et les laïcs qui m'ont aidé à rendre la frappe exactement fidèle à l'original. Je prie le Seigneur de les bénir tous.

F. Aleman

La conversion de la France
****

Dimanche 3 Décembre 1995

"JNSR" : *"Seigneur, parlez-nous de Noël".*

JÉSUS: "J'entends toutes ces rumeurs qui montent vers Moi.
******* Les hommes n'ont plus leur coeur en paix. Ils se sont éloignés de Moi et discutent sur toutes les choses de la vie sans trouver des solutions à leurs problèmes qui deviennent de plus en plus graves. Et le Monde rentre de plus en plus dans l'ornière du grand chaos. L'homme devient un jouet qui se laisse manipuler dans les mains de l'Ennemi.

Les hommes se dispersent, se divisent et n'entendent ni Ma Voix, ni Mon Appel pour les conduire dans Mon Chemin de Vérité. Dans tout ceci, un dard reste suspendu sur la tête de chaque être vivant sur cette planète. Cette arme est mauvaise, c'est la menace d'un *pouvoir occulte* qui cherche sa place et attend le moment favorable pour s'installer dans tout ce désaccord devenu mondial.

On croit se rapprocher d'une paix et vous allez tout droit vers le plus grand des désastres que le Monde ait connu. Cette force mauvaise veut vous enfermer tous dans le piège inévitable que le Malin vous tend. Hommes, vous devenez des *bêtes* qui n'ont ni intelligence, ni principes moraux. Vous pensez vous échapper des pouvoirs déjà mis en place jusqu'à ce jour, et vous vous jetez tête baissée vers cet abri que vous appelez de tout votre coeur, un nouveau système de délivrance qui va vous arriver comme une bombe éclatant de partout.

Ce pouvoir, qui est longtemps resté caché à l'abri en attente du moment propice où naîtrait ce désaccord, de désordre mondial, ce pouvoir est déjà là. Il vient, le *Perfide*, avec ce que vous, enfants de la révolte, vous êtes en train de lui préparer: un trône de roi qui va vous conduire à votre propre fin si vous le suivez.

Beaucoup suivront aveuglément le *Perfide*; beaucoup iront le suivre totalement aveuglés, jusqu'à sa fin *qu'il sent proche.*

FRANCE, Ma fille inconsciente, tu choisis ta propre perte et tu entraînes avec toi les Nations qui te prennent comme modèle. Je mettrai devant toi, comme autrefois, Ma Croix et Ma Bannière portant Mon Sacré Coeur, car tu oublies trop facilement ta promesse, la promesse faite à ton Baptême. Tu dois reconnaître tes torts et Me demander Pardon pour toutes tes fautes. C'est *par un Roi* que tu devins chrétienne et reçus ton Baptême; c'est par Ma Sainte Église que J'accepterai la demande de ton Pardon.

Celui qui te présentera devant Moi, ton Dieu, sera humble et charitable, aimant Ma Sainte Église, prenant sur lui tes péchés, le reniement de ta Foi chrétienne; il sera grand à Mes yeux car vous verrez tous que Dieu S'est laissé toucher par sa propre Foi en Dieu Unique et Vrai. Et Dieu lui montrera Sa grandeur dans Sa Sainte Miséricorde. Dieu accordera Sa Paix à la France.

La Paix de Dieu suivra sur tous les autres pays
qui se repentiront comme la fille aînée de l'Église.

Je vous réunis ce soir avec Mes Prophètes et Mes Brebis obéissantes pour vous demander de rejeter tout ce qui est employé par les enfants de la révolte pour se défendre. Rejetez loin de vos coeurs la haine et la colère. Ne fermez pas la porte à ceux qui vous demandent de discuter dans le calme; soyez vous-mêmes emplis de tempérance; analysez tout avec votre vraie intelligence de l'esprit et du coeur.

Le Monde ne peut plus résoudre ses problèmes seul, sans Dieu. Il faut prier le Seigneur de vous montrer le chemin d'une vraie Paix; Lui Seul possède la Sagesse. Priez Dieu à genoux, Mes frères, dans l'humilité comme le firent les anciens Patriarches. Reconnaissez-vous *petits*, votre savoir n'est pas en cause; tout est devenu instable en perdant la Foi en Dieu. Le Monde entier est au bord du chaos.

C'est le manque d'Amour envers votre Dieu Créateur, Rédempteur et Sanctificateur, qui vous a entraînés tous devant l'inévitable. Seul Dieu peut arrêter ce fléau.

Le dernier fléau: le renversement de la planète

Chaque enfant de la Terre se retrouve comme dans un grand jardin qui se fane par manque d'eau. Chacun réclame cette eau qui est la Vie, mais l'homme croit bon d'aller la chercher ailleurs que dans son jardin: votre trésor est en vous, mais vous êtes incapables de voir ce qui vous arrive, et encore plus incapables de voir ce qui arrive aux autres hommes. Regardez le *jardin de votre coeur*: Je suis *en vous*. Cherchez-Moi et vous trouverez l'Eau de la Vie et tout ce qui vous manque. N'attendez pas que la colère et la haine deviennent un mer déchaînée créant des vagues géantes noyant tout sur leur passage.

Priez beaucoup, priez *bien*: avec votre coeur. Appelez-Moi. Que votre appel soit un cri d'Amour: "*Viens! Seigneur JÉSUS!*". Alors, que votre Foi devant l'Ennemi soit comme celle de Moïse qui étendit sa main portant la Grâce de Dieu et le Miracle se produisit: J'ouvris la mer au Souffle de Dieu. Aujourd'hui, comme autrefois, Je ferai à nouveau ce prodige, J'arrêterai les flots de la colère de cette mer humaine qui part à la dérive et Je ferai traverser tous Mes enfants qui se retrouveront dans la Paix et la Joie de Ma Terre Nouvelle.

Vous passerez ce *Passage* pour entrer *avec Moi* dans ce Monde Nouveau, Ma Terre Nouvelle avec les Nouveaux Cieux

"JNSR": Le Seigneur nous parle de Noël :

J'ai vu vos demandes de venir tous vous rassembler comme pour une veillée où les hommes vont commencer par chanter doucement pour bercer l'Enfant qui vient au monde; JÉSUS vient dans Son berceau de la Terre; Il vous demande la paix de vos coeurs pour L'entendre, car Il vient vous dire le Message de Noël: Paix, Amour et Joie sur toute la Terre; ce Message, attendu, est dans le coeur des hommes; il est d'une douceur que Seul l'Enfant-Dieu peut donner. C'est la promesse de Ma Venue Royale, Glorieuse, comme Enfant, Fils Unique du Père, comme Frère de chaque homme.

Ainsi, vous qui M'attendez, restez unis dans cette Espérance: Je reviens avec Ma Paix, celle que J'ai déjà partagée sur la Terre avec chaque homme de bonne volonté. Cette paix, qui est Mon Amour vivant, est dans vos coeurs, prête à se réveiller et s'étendre sur toute la Terre. Aujourd'hui beaucoup de coeurs la repoussent et lui ferment la porte pour l'ouvrir aux bruits de discorde. Changez vos coeurs. J'apporte ce cadeau royal à l'Humanité toute entière. Oui, soyez dans la Joie: JÉSUS revient, ne vous désespérez pas, Je viens dissiper toutes les peurs.

Ne restez pas impassibles comme si cela ne devait jamais arriver; ne remplissez pas votre coeur de questions, de peurs, d'angoisse, d'appréhension, car Je vous le dis en Vérité: *Je viens* et J'apporte avec Moi le plus beau cadeau que les hommes attendent depuis près de deux mille ans: une vraie vie d'Amour, de Paix et de Joie. Ne restez pas à vous demander comment cela peut-il se faire; les Temps arrivent à leur fin; tout ce qui a séparé l'homme de son Dieu, va finir.

Ce sont *les Temps de la Fin*: on ne verra plus l'enfant de la Terre mourir de faim, mourir dans la guerre, mourir de maladies incurables. Vous verrez des mains fraternelles chercher les enfants dans ces ornières noires de la drogue et du vice pour que Je les ressuscite. *Dehors, les loups* qui ont lutté pour que Mon Règne ne vienne pas sur votre Terre; Je les anéantirai avec le Souffle de Ma bouche.

Moi Je le professe ici-même: Dieu tient Sa Parole et Sa Parole est toujours la même, aujourd'hui comme hier. Dieu revient dans Sa Gloire pour apaiser les peines, les coeurs et les angoisses du Monde qui vit dans la colère et la haine de Mon Ennemi. Alors J'allumerai Mon Feu d'Amour, celui qui va détruire jusqu'au plus petit détritus collé à cette Terre. Je vais brûler tous ces déchets qui ont fait de Ma Terre une planète malade, insensible, abusant du pauvre, du malheureux, de l'orphelin et du faible.

Oui, Ma Sainte Promesse est à vos portes et J'interviendrai de jour comme de nuit afin que tout le mal disparaisse à jamais. Purifié jusqu'à la plus petite cavité de cette Terre où se logeait le mal, plus rien de mauvais ne subsistera car Dieu aura fait fondre la suie qui a assombri Ma Terre. La Purification accomplie, Ma Terre retrouvera son éclat merveilleux, celui de la Perfection divine. Elle deviendra alors, toute animée par l'Amour, le Berceau Royal de JÉSUS-Christ, sanctifié par le Dieu trois-fois Saint.

L'Enfant divin fut annoncé par une étoile brillante et cette étoile annonçait déjà l'Aube Nouvelle, l'Espérance: Dieu-avec-les-hommes. Aujourd'hui, sur la Terre de Mon Retour brillera *en permanence Mon Signe d'Amour*. Comme l'étoile M'annonçait, Je Me ferai annoncer *par Ma Croix de Lumière* qui va illuminer l'Orient, l'Occident, le Nord et le Sud, comme Seul Dieu sait allumer le Feu de l'Amour, de la Paix et de la Joie, comme Il allumera également le coeur des hommes de bonne volonté pour enflammer la Terre entière du Feu de Son Amour.

Je vais te dire ce qui doit arriver bientôt; mais Je garde encore en Moi cette date qui est, en Vérité, cachée à demi; car Je vous avertis petit-à-petit de Mon Retour proche. Comment vous dire cela par une parabole? Écoute-la, apprends-la et donne-la; c'est celle du figuier: dès que ses branches deviennent tendres et que les feuilles poussent, vous connaissez que l'été est proche.

Il arrive, le Jour après la longue nuit, ce Jour où tous les hommes sortiront de la confusion totale.

La Lumière annonce l'Aurore nouvelle et éternelle, le Jour qui ne finira jamais; alors la nuit prendra fin car rien ne résistera à la Lumière de Dieu. Le ciel étoilé d'Orient reçut Mon étoile annonciatrice; la Lumière du Monde était là, cachée dans une mangeoire; le Pain de Dieu reposait pour S'offrir plus tard au Monde coupable. Comment cacher votre joie; le Sauveur du Monde était là. Nuit de Noël incomparable: JÉSUS naissait dans une étable pour vous faire naître avec Lui sur la Croix. Aujourd'hui, le ciel brillant, que J'illuminerai comme le matin de Pâques, sera celui de Mon Retour.

Vous devez vous tenir prêts, le bâton à la main, la ceinture aux reins, les sandales aux pieds. L'Agneau vous attend; car c'est bien Lui qui vient vous faire traverser cette mer houleuse dont les flots sont démesurés, pour vous mener ensuite à la porte de Ma Sainte Croix. La rumeur de la foule, la rumeur des éléments déchaînés, montent de plus en plus haut jusqu'à toucher la voûte des Cieux.

"C'en est assez!" va crier le Père; et tout se calmera, les luttes prendront fin, les éléments reprendront leur place dans le calme.

Alors Ma Croix descendra toute Glorieuse, illuminée; la Croix brillera dans la nuée entre ciel et terre; tout aura été déjà purifié. Alors montera le chant des Anges vers le Dieu de l'Infini avec les prières des hommes.

Ma Croix s'ouvrira comme l'agneau qu'on écartèle pour le passer au feu afin de rassasier tous les invités. Ma Croix, écartelée pour le Monde entier, remplira tout le ciel, faisant jaillir du Bois sacré les Lumières irradiantes de Mes Saintes Plaies. La Terre entière sera baignée de cette clarté qui brillera *sans cesse,* purifiant le coeur des plus endurcis. Tous les coeurs auront faim de Dieu. Plus vous regarderez Ma Croix, plus vous serez rassasiés car Dieu va Se donner à tous. Qui va rester insensible devant Mon Feu d'Amour? Non! Jamais aucun homme n'osera Me dire; "Non, je ne Te veux pas", car Ma Lumière sera si apaisante, si douce, si pleine d'Amour, que personne ne pourra renier Dieu en regardant Sa Croix qui sauvera jusqu'à Ma dernière Brebis.

"JNSR" : "Je Te remercie, Seigneur, pour tant de Grâces!"

Oui, Je te l'ai annoncé; Je ne terminerai de te décrire tout ce qui doit arriver, plutôt tout ce qui doit vous intéresser, que lorsque tes yeux-mêmes commenceront à apercevoir Ma Venue.

Alors tu mettras le mot *FIN* à ton dernier livre; c'est-à-dire que ce livre contiendra comme *un testament* ce que Je te dicterai jusqu'à la Fin *des* Temps. Lorsque Je te ferai écrire: *"Ceci est la fin de ce livre",* Je le clôturerai par Mon baiser; ainsi, chacun reconnaîtra que Dieu Lui-même a écrit ceci par ta main, et que tu l'as écrit avec Son consentement; car Mon baiser, apposé au bas de ton dernier livre, sera empli de Mon Parfum, de Pureté, d'Amour et de Joie.

Va, Mon Enfant, ton travail s'achèvera avec ton dernier livre qui va s'écrire bientôt; car Je veux que pas une de Mes Brebis ne se perde; et Je mettrai dans les mains de la plus récalcitrante Mon Oeuvre complète de Mes quatre volumes qui contiennent la Parole de Dieu. Comme Mes quatre Évangélistes ont écrit Ma Sainte Vie, la Bonne Nouvelle ne peut se laisser enfermer. Ainsi JÉSUS en a décidé; par toi, fleur de Mon jardin caché, Je continuerai à parler au Monde.

JÉSUS vous demande de reposer sur Son Saint Coeur lorsque la tempête se déchaînera. Tu sais bien que lorsqu'il pleut, tout le monde se mouille. Il pleut sur les bons, il pleut sur les méchants.

Parole du Seigneur.

Je te bénis, † et Je vous bénis †

† † †

La Source de Vie
****

Lundi 11 Décembre 1995

"JNSR" : *"Je veux faire Ta Volonté, Seigneur..."*

JÉSUS: "Alors, souviens-toi de ta promesse; et soumets-toi à
******* tout ce que Je te demanderai d'accomplir en Mon Nom.
N'oublie jamais ta promesse et Mon Saint Coeur ne t'oubliera jamais.

Écris tout ce que Je te donne, parce que cela est nécessaire et bon;
il faut que Mon Peuple en soit au courant. Avec d'autres Enfants
comme toi, à travers le monde entier, J'accomplis Mon oeuvre *de
prédiction* afin d'éveiller les esprits qui ont tendance à s'endormir sur
les choses *du présent*, alors que *demain* est déjà à vos portes.

Le fleuve, qui prend sa source à un endroit bien précis, n'est pas
forcément celui qui va arroser cette même région. Ainsi, vous devez
comprendre mieux *cette saison* annonciatrice de Mon Règne de
Gloire *parmi* vous. Dieu, *aujourd'hui,* vous annonce ce que sera
demain. C'est bien JÉSUS qui est la Source de Sa Parole de Vie;
celle-ci va s'accomplir *demain,* bientôt; mais vous ne pouvez pas
encore en mesurer le temps!... Aussi, Je ne veux pas que vous
déformiez la Vérité de Dieu; telle qu'elle vous est donnée, donnez-la
sans commentaire personnel [1]. Seul Dieu peut instruire, mais le Temps
que Dieu S'est choisi Lui appartient.

Suivez Mes pas; ils deviendront parfois comme les pas du
voyageur dans le désert: leur trace va s'effacer, disparaître quelques
instants comme balayée par le vent. Mais souvenez-vous: le
Voyageur vous a donné Son Coeur: Il est uni au vôtre, Il vous guide
car, un peu plus loin vous reverrez la trace de Ses pas sur le sable.

Dieu avance devant vous, suivez son chemin quoi qu'il arrive. Et
si vous tâtonnez à cause de vos hésitations, vos incertitudes, vos
doutes, *Je suis là* pour soutenir votre faiblesse humaine. *Appelez-
Moi!* Je ne peux pas vous laisser errer ainsi sans Ma Connaissance.
Je mettrai sur votre voie *Mes Livres ouverts, Mes Enfants-choisis,*
portant Ma Parole de Vérité pour vous appuyer dessus, vous relever
et continuer à suivre Mon Chemin. Instruisez-vous les uns les autres
à Ma Source de Vie. Oui, la venue de Mon Règne de Gloire est plus
proche de vous de jour en jour. Votre vue va s'éclaircir et, pour vous
qui M'espérez, votre corps de chair ne sera plus un obstacle; vous
recevrez déjà cette grande consolation: oui *Je viens,*

---

(1): Là, sont visées *mes* notes en bas de page et aussi tous les commentaires, ici
ou avec la diffusion des Messages, en relation avec les pronostics de dates.

Je reviens bientôt et votre espérance console Mon Saint Coeur. Bientôt, dans toutes les églises les cloches vont carillonner en cette nuit de Noël. *C'est Noël:* JÉSUS vient parmi les Hommes. *Voici l'Emmanuel.* Certains vont Me préparer une véritable *Crèche* pleine d'Amour, en leur coeur; Je vais descendre dans la douceur de tous ces *coeurs-crèches* où tout est déjà préparé pour Me recevoir. Je vais M'installer: ils sont Mes saints-reposoirs tout illuminés de la Sainte Gloire de Dieu.

Leur Amour attend l'Amour, le véritable Cadeau,
le merveilleux Cadeau que le Ciel fit à toute la Terre.

Sainte Nuit de Noël,
Douce Nuit parfumée de pureté, de douceur, de candeur.
Un Enfant nous est né. Il porte le nom de l'Emmanuel.
Son Père est Roi. Il est l'Éternel.
Sa Mère est la Servante du Seigneur.

Cet Enfant de Lumière, le Fils de Dieu, va illuminer tous les Tabernacles de la Terre. *Ce soir,* Je visite l'enfant et le vieillard, le malade et l'homme vigoureux, le fervent et le rebelle. *Ce soir,* Je vais toucher tous les coeurs qui vont venir s'approcher pour regarder l'Enfant, Sauveur du Monde, qui sourit dans Sa Crèche entre Sa Sainte Mère et son tendre époux Saint Joseph; Mon Père des cieux l'a choisi entre tous les hommes, comme Il le fit pour Ma Sainte Mère choisie entre toutes les femmes.

Oui, Je suis l'Enfant-Roi, plus pauvre que le plus pauvre enfant des hommes, plus riche que le plus riche de toute la Terre.

Oui, ce soir de Noël, pour *chacun de vous* qui M'aimez, Je viens faire revivre cette Sainte Nuit de Ma Sainte Naissance. Dans la douceur, cette nuit comme pour la première fois, dans Ma Chair immaculée née de la Vierge Immaculée, Ma fragilité va rayonner en celui qui va reconnaître en Moi *l'Espérance du Monde,* comme les bergers et les rois-mages l'ont ressentie.

Je désire qu'en cette Nuit de Noël, le coeur ouvert de l'homme, ouvert par l'Amour qu'il découvre en lui devant ce miracle-vivant de Ma Nativité très-Sainte, ce coeur demande à son Dieu Adorable *le Petit de l'Homme,* couché dans une mangeoire, dans ce petit Enfant si fragile qui contient en lui *l'Amour du Monde entier,* puisqu'Il est l'Amour.

Il est l'Alpha et l'Oméga, la Puissance et la Gloire, à Lui le Règne éternel des Cieux et de la Terre; oui, Je désire de tout Mon Saint Coeur que l'homme Me demande et Me parle.

Moi, leur divin Sauveur, J'attends que les hommes Me proposent de venir en leurs coeurs d'hommes, en leurs coeurs d'Enfants de Dieu. Pour un soir, que l'homme devienne l'accueil, le refuge, la Crèche de son Dieu Vivant. Alors Dieu, dans Son infinie Bonté, va Se laisser *bercer dans vos bras,* Sa tête reposant sur votre coeur. Doux foyer de Dieu, tendre berceau de Dieu: les bras de Sa Créature contenant pour un soir son Créateur; le Miracle de Dieu qui se fait *tout petit* pour que l'homme *grandisse en Dieu.*

Ce soir, Je M'abandonne entre vos bras, hommes de toute la Terre. Chantez pour votre Dieu. La berceuse, que vous allez entonner avec les Anges des Cieux, va M'envelopper et Me réchauffer comme le doux linge que Ma Maman mit sur mon divin Corps du Petit de l'Homme qui est venu sur cette Terre, en cette Nuit étoilée, pour échanger Sa Divinité avec votre humanité afin qu'un jour vous puissiez avec Lui conquérir, par l'Amour de Dieu, la Gloire de votre propre Sainteté.

Je vous donnerai une place dans Mon Royaume de Gloire. Je vous bercerai sur Mon Coeur ardent d'Amour. Moi, JÉSUS, Je vous revêtirai de Ma tunique royale. Et vous entendrez la Voix de votre Père des Cieux dire à chacun de vous:

"Voilà qu'aujourd'hui tu es né à la Vraie Vie. JÉSUS te donne Son Père, comme Moi, le Père, Je vous ai donné Mon Fils Unique. Il est le Premier-Né et vous êtes tous frères"
"Que tous soient UN afin que le Monde croie que Tu M'as envoyé"
(Jean, **17**, 21)

Je vous envoie en Témoins:
devenez Serviteurs de Ma Parole. Amen.
Heureux ceux qui ont faim et soif de Dieu!
Je suis la Source, Je suis le Pain.
JÉSUS Sauveur du Monde.
Paix, Amour et Joie sur toute la Terre.
Pour la Nuit de Noël 1995.
† † †

Noël 1995
****

Dimanche 24 Décembre 1995

JÉSUS : "Les Bergers et les Rois-mages ont reconnu Ma
*******   Sainte Présence dans l'étoile brillante de Béthléem.

En chaque homme qui M'espère, Je vois aussi la joie briller comme une étoile: *l'annonce de Mon Retour.* Cette nuit de Noël sera unique pour chacun qui M'attend. J'irai vivre Ma sainte Naissance dans tous les foyers où Dieu est attendu.

Ne croyez pas que Je serai seul, mais comme autrefois, aujourd'hui encore bien des portes se fermeront devant Moi et l'Enfant-Dieu a besoin d'adoration.

Je vous présente *la Très-Sainte Famille*, telle qu'elle fut ce Jour de Noël, celui de Ma Sainte Nativité. Voici Ma Mère Très-Sainte, MARIE pleine de Grâce. Voici Mon doux père, Saint Joseph; Ils sont à la recherche d'un toit, d'une présence affectueuse, d'un accueil spontané. Ce soir de Noël, Nous allons encore mendier tous les trois: *nous sommes des mendiants d'Amour.*

Je suis JÉSUS, le Fils du Père, le Fils de votre Père des Cieux. Oui, Je suis JÉSUS, votre Frère. Voici Ma Mère et voici votre Père de la Terre. Si Dieu M'a confié à lui, Moi le Fils du Père Éternel, Je vous confie à Mon père Saint Joseph. Nous sommes tous les trois, ce soir, en ceux qui souffrent du froid, dormant sur le sol glacé de vos rues, devant la porte des coeurs aussi froids que la tombe.

Nous sommes avec ceux qui vivent isolés de tous; la lèpre de leurs maladies est moins répugnante que votre indifférence. Nous sommes dans toute cette solitude des prisons, des hôpitaux, avec les pauvres, les rejetés, les marginaux. Nous sommes, ce soir, avec ceux qui ont faim, qui ont soif. Nous sommes ce soir avec *les plus pauvres,* oui avec ceux qui veulent encore ignorer le partage de Ma Sainte Eucharistie, Mon Pain de Vie; le seul Pain qui rassasie chaque homme. Ceux qui Me refusent, refusent la Vie. Qui vient à Moi n'aura plus soif, car Je suis l'Eau de la Vie.

Oui, ce soir c'est Nous trois qui frappons à votre porte; et si une porte s'ouvre pour *un de Mes pauvres,* c'est Nous trois que vous accueillez; oui, JÉSUS, MARIE, Joseph, sont là avec ce pauvre.

Mon Enfant, si le Monde acceptait ce Feu d'Amour qui brûle en Moi, *J'incendierai* tous les coeurs de Mon Amour trois-fois saint; les coeurs éclateraient comme des fruits mûrs s'ouvrant tous à la fois. Cette explosion de joie serait entendue par Notre Père des Cieux.

Ainsi vous libérerez l'Amour si longtemps prisonnier dans l'étroitesse des coeurs, si longtemps captif par ceux qui n'ont pas su le partager, si ignoré mais existant, même dans les coeurs les plus rebelles à Ma Miséricorde infinie et à l'Amour de Mes âmes chéries entièrement données à Dieu.

Vois, Mon Enfant, l'intensité de Mon Amour: regarde ce Feu qui Me brûle, contenant *toute l'énergie du monde*, recroquevillé dans Mon Saint Coeur comme l'enfant prêt à naître à la vie et attendant impatiemment, dans le sein de sa mère, l'heure de sa propre délivrance. Son cri d'Amour est son premier vagissement. C'est son premier remerciement à Dieu. Sa première naissance est déjà la rencontre avec son Dieu qu'il connaît et qu'il va suivre en toute liberté, guidé intérieurement. Son *étoile,* c'est son Dieu; elle brille dans chaque nouveau-né comme l'Étoile de Béthléem.

Oui, J'attends l'heure où vous Me *délivrerez* de vos coeurs. Je reviens avec Mon Corps de Gloire recevoir *votre cri de délivrance*: **"Viens, Seigneur JÉSUS!"**. Avec votre acceptation totale, enfin!, avec votre propre naissance à la Vie en Dieu, s'accomplira la Rédemption totale, *finale,* tant attendue.

Alors l'Heure de la Délivrance se fera dans un dernier cri qui retentira très fort, comme l'écho qui se répète et se propage, jusqu'au fond des âges pour revenir jusqu'à ce Jour Saint illuminé de la Gloire de Dieu trois-fois Saint, où même *les montagnes* crieront: ***"Maranâ Tha,*** *viens à nous Seigneur, viens vite!"*

Alors l'Église renouvelée, Cité merveilleuse toute parée comme une épouse, dira: *"Viens, Seigneur JÉSUS!"*. Le Seigneur des Seigneurs occupera *la Jérusalem Nouvelle* et vous dira:

"Oui, Je viens, Me voici!
Enfants, régnez avec Moi sur toute la Terre,
sainte à jamais".

Devant Toi, Seigneur, nous nous prosternons.
A Toi Honneur, Gloire et Puissance
dans les siècles des siècles,
amen.

† † †

La Très-Sainte Trinité et la Sainte Famille
****

26 Décembre 1995

"JNSR": "Béni soit Dieu!"

JÉSUS: "Descendez Me chercher au fond de votre coeur. Je vous
*************   attends inlassablement, Je vis en vous dans cette
espérance. Je suis le Chemin, Je suis l'Espérance. J'attends cette
rencontre, votre voix qui M'appelle, votre Amour qui Me cherche.

Je suis l'Amour.

Même si Je reste silencieux, caché dans votre coeur, soupirant après
votre désir de Me parler, Moi, la Parole Vivante, J'attends.

Je suis la Vie.

Et, lorsque se produit *ce face à face* d'un Dieu avec Sa petite âme, tout
l'Amour de Dieu devient fragile et doux, comme un petit oiseau qui se réfugie
dans le nid qu'il vient de retrouver.

Souvent, Mes âmes s'éloignent de Moi pour quelque temps, trop
préoccupées à mille choses de la vie; tout en pensant que Dieu existe,
elles oublient de venir s'entretenir avec leur Dieu, elles Me laissent seul...
J'attends leurs confidences; Je suis abandonné comme l'ami fidèle sur
lequel on compte et qui ne se dérobe jamais; mais on ne vient à lui que
lorsqu'une peine, un ennui, une difficulté, surgit tout-à-coup; alors le besoin
de le voir, de lui parler, de se confier à lui, devient une urgence car seul cet
ami fidèle sait vous entendre, sait vous écouter, sait vous comprendre et
vous aider.

Pourquoi attendez-vous juste ce dernier moment
pour venir à Moi?
Ne suis-Je pas la promesse-même de votre véritable et unique Amour?
Ne suis-Je pas ce Frère qui vous aime jusqu'à mourir pour vous?
Ne suis-Je pas votre unique Secours qui vient à vous sans vous poser
de conditions, mais simplement parce que Dieu vous aime. *Dieu aime votre*
compagnie. Il est l'Ami Fidèle, dans le désespoir, dans la peine, dans la
douleur comme dans la joie.

Il est le Consolateur infatigable, Il est l'Ami irréprochable.

Il est le Père qui rassemble tous Ses enfants; Il les sort de la détresse;
tels qu'ils sont, Il les aime et les console.

Il est avec l'ingrat dans ses moments de faiblesse.

Il est avec l'arrogant dans ses moments de solitude.

Il est avec l'égaré qui tâtonne pour retrouver la Lumière.

Je viens vers chacun et J'ouvre, pour chacun, la porte de Mon Saint
Coeur, car Je suis le Divin Sacré Coeur.

Je t'attends, Mon enfant, et tu le sais. Pourquoi hésites-tu à venir vers Moi? Je sais que tu M'aimes: mais tu ne Me le dis pas aussi souvent que Je désirerais t'entendre Me le dire:

"Père! je T'aime. Je suis blessée et mes forces je les perds à force de tant pleurer. Prends-moi sur Ton Saint Coeur, ô mon Père d'Amour, car je crains le pire pour mon âme trop malheureuse qui se voit dans un mépris total, ignorée même des siens..."

Alors, Mon enfant chérie, Je te dis tout bas: "Viens, Je suis là et tu peux tout Me dire; retire ces pensées de ton coeur même si ta peine est lourde. Je t'aiderai à tout comprendre et à tout accepter" mais écoute-Moi:

Y a-t-il plus grande douleur que celle de ta Mère chérie? Toutes les portes se sont fermées devant Elle et ce fut déjà, en ce soir où Elle attendait la Naissance de JÉSUS, ton Sauveur Bien-Aimé. Et puis jour après jour Elle gravissait les marches de Son Calvaire. Vint le jour où Son Fils chéri Lui annonça son départ. Elle Le vit partir vers les frères, vers les foules inconnues: *"Ne sais-Tu pas, Ma Mère Bien-Aimée, que Je Me dois aux affaires de Mon Père!"*

Vois, Enfant, la douleur de la Mère du Divin Amour séparée de Son Fils, craignant chaque jour davantage *la grande séparation*, car ta Mère bénie gardait en son coeur ce Mystère poignant que Lui révéla Siméon. Et alors cette douce Mère, lorsque le moment arriva, Elle était déjà toute prête pour la grande offrande d'Amour qui fit d'Elle :   *la Mère des Douleurs* au pied de la Croix,

       et votre Mère parce que Dieu Se voulait Frère de la multitude. Et Dieu Lui ouvrit le coeur,

       son Coeur de Mère, pour qu'il puisse contenir tous les enfants, petits et grands, qui viendraient à Elle de tous les côtés de la Terre, cherchant JÉSUS; oui, tous ceux qui viendraient à Elle, cherchant l'Amour, l'Amour qui sauve, l'Amour qui guérit, l'Amour qui nourrit. Elle devint la Mère des hommes, de tous ceux qui viendraient à Elle, cherchant la Vie, la vraie Vie, celle que JÉSUS donna sur Sa croix d'Amour pour chacun de vous.

Ô cette Vie d'Amour donnée à la Croix où le Coeur transpercé par la douleur et le Coeur transpercé par la lance s'unirent à jamais pour être le Refuge de tous les coeurs des hommes:

"Divin Sacré Coeur de JÉSUS et doux Coeur Immaculé et Douloureux de MARIE, soyez notre saint Refuge!"

Aujourd'hui Dieu veut vous rappeler et vient vous rappeler que depuis son berceau de bois jusqu'au berceau de Sa Croix, JÉSUS ne pensait qu'à vous, Ses frères; JÉSUS est venu sur cette Terre pour vous sauver. Son Amour est si fort, si puissant, si merveilleux que JÉSUS vient partager avec vous Son Trésor inestimable: *la vraie Vie en Dieu.*

Si Je vous ai donné Ma Sainte Mère, c'est pour vous réfugier en Elle, en Son Coeur maternel de Mère de Dieu, afin que vous, hommes, vous renaissiez à nouveau à cette Vie pour laquelle le Père de toute Bonté vous a créés et choisis afin de revenir vivre avec Lui dans la Joie de Son Royaume. Voyez de quel Amour Dieu vous aime!

Il vous montre le Chemin afin de ne plus vous égarer.

Regardez Ma Sainte Mère, Ma Chère Maman qui M'a tenu dans Ses bras pour M'offrir, avec Mon Père et votre Père, aux bras de la Croix.

Regardez Ma Mère, regardez Ma Croix: elles M'ont ouvert chacune leurs bras.

Si Ma Mère Très-Sainte S'était refusée à ce Don inestimable et merveilleux, unique parce que choisi par Dieu et parce que Elle, la Mère, donnait le meilleur d'Elle-même, Son Fils Unique...

    * vos pleurs d'aujourd'hui ne seraient pas compris,
    * vos douleurs, qui vous font devenir *des Croix vivantes*, ne serviraient à rien.

Ma Mère vous porte jusqu'à la Croix, comme Elle M'a porté Moi-même dans Son coeur et dans son âme. Ne refusez pas Sa sainte compagnie. Elle est *le Passeur* qui vous fait traverser le fleuve fougueux qui cache la rive merveilleuse où se trouvent la Paix, la Joie, ce bonheur tant recherché ici-bas, et qui ne finit pas puisqu'il est là, dans l'Éternité de Dieu.

Oui, vos souffrances sont salutaires si vous les acceptez par Amour de Dieu, pour ressembler à votre Dieu, pour vous unir à Lui dans Sa grande souffrance d'Amour. Vous ressemblerez à Celle qui Me ressemble le plus: Ma Mère qui porte en Elle le Christ Crucifié. Elle vous conduit sur le Chemin de JÉSUS, qu'Elle-même ne cesse de suivre *avec chacun de vous.*

Vous n'êtes pas seuls."

† † †

Notre Père: Mon Enfant, *c'est à toi* que Je M'adresse ici. Cette
*********************   souffrance, qu'elle soit physique, morale ou spirituel-
le, si tu Me la donnes entièrement, Je ferai de toi *une princesse dans le Royaume*. Ne t'étonne pas: vous êtes *tous* nés pour être des princes dans le Royaume éternel du Père; car Il est Roi Éternel de Gloire éternelle. Oui. Mes enfants, Je les porte en Mon Coeur de Père comme s'ils étaient déjà sur Mon Trône. Un Roi ne peut-il pas proclamer Roi Son Fils Unique, Lui le Seigneur des Seigneurs?

JÉSUS est Roi, sur la Terre comme au Ciel. Et bientôt vous verrez Sa Royauté couronnée sur la Terre où le Père L'introniser pour gouverner cette Terre que Mon Fils a conquise avec Son Sang. Et vous tous, enfants du Père et frères de JÉSUS, vous êtes de cette race *royale*; vous êtes des princes dans le Royaume Éternel du Père.

Ce Royaume, qui est Vérité, est le Tout car il est *la Très-Sainte Trinité d'Amour* qui contient le Tout, car c'est en vérité le Tout.

Vous tous, enfants du Père et frères de JÉSUS, le partage du Royaume Éternel est un partage de l'Amour que Je donnerai à chacun. Il ne sera pas un bien conquis, ni par la puissance, ni par le pouvoir, ni par votre propre mérite, *car tout vient de Dieu.* Et tout ce bien incalculable, inimaginable car il est sans pareil et que vous ne pouvez le concevoir aujourd'hui, vous sera donné par le seul Mérite que Moi, le Père, J'accepte parce qu'il est exceptionnel et conforme à Ma Sainte Volonté. Ce mérite vous vient de Mon Fils Bien-Aimé, votre Dieu et votre Sauveur, qui vous a offert Sa Vie sur la Croix, rendant Gloire à Dieu.

† † †

JÉSUS: "Et JÉSUS vous confirme ici-même que pas un de Ses
************   frères ne sera lésé, car Dieu Notre Père a voulu que Ses fils ressemblent à Son Fils Unique. Pour cela JÉSUS S'est fait doux et humble de coeur pour que vous puissiez rentrer dans le Royaume éternel de Gloire: oui, il faut ressembler à un tout petit enfant. Voici le prix qui vous est demandé pour pouvoir gagner votre place dans Mon Royaume. Devenez comme ces petits enfants qui acceptent ce qu'on leur donne, qui ne reçoivent que ce qu'on leur donne; ils n'attendent que l'Amour, *car l'Amour pourvoit à tout.*

Je suis l'Amour, né pour vous sauver dans la plus humble des conditions, dans le froid, dans la pauvreté, rejeté déjà par les hommes. Mais l'Amour de MARIE et de Joseph était là et Me comblait. C'est l'Amour du Père Éternel qui habitait leur coeur et le doux Enfant de la Crèche n'avait besoin *que d'Amour.* Lui, l'Amour, attendait l'Amour des hommes; Lui, l'Amour en intimité profonde avec Son Père des Cieux, bénissait déjà MARIE et Joseph, les deux grands Saints choisis entre tous les Saints de tous les temps pour donner au Monde son Sauveur.

JÉSUS, MARIE, Joseph, sont venus ce soir vous instruire. Gardez cette phrase en vos coeurs, elle est la clé qui ouvre le Royaume éternel de Dieu:

"Devenez comme un tout petit enfant, doux et humble de coeur: son petit coeur ne connaît que l'Amour car la pureté de Dieu est en lui".

Rien ne peut souiller une âme d'enfant qui contemple Dieu, l'unique objet de son Amour. Rassasié, l'enfant reste blotti sur le Coeur de son Père des Cieux. La Trinité Bienheureuse est avec vous ce soir pour vous guider sur le Chemin de la sainte Humilité.

JÉSUS, MARIE, Joseph vous bénissent.
La Sainte Famille vient vivre chez vous, imitez-la. Amen.

† † †

Voici l'Homme
****

4 Janvier 1996

"JNSR": *"Seigneur JÉSUS, que faire contre tant de persécutions?
Je n'en peux plus..."*

JÉSUS: "Ils mettront la main sur vous, comme ils le firent pour
******* Moi. Ils vous traîneront dans la boue et leur haine
ressemblera à ce vin drogué qu'on Me présenta sur la Croix pour
calmer ma douleur. Tout sera sournois et jamais telle confusion ne
s'est encore vue.

Là, on verra l'Église de Dieu évincée par toutes les sectes plus
nombreuses et plus possessives que jamais. Mon Église, comme une
morte, ne réagira plus parce qu'il est plus facile de s'attaquer à un
agneau qu'à un loup; et les loups voraces, en place dans l'Église et
ouvrant la porte à ceux du dehors, décimeront un à un les véritables
agneaux de Dieu; les brebis seront frappées à mort; de vrais bergers
périront avec elles; le Sang de l'Innocence continuera à couler
jusqu'à Mon Retour en Gloire.

Mon Enfant, ne te désole pas. Les Choisis de Mon Père vont
donner tant de Gloire à Dieu que les juges, qui formeront le
Sanhédrin actuel, tous ces faiseurs de trouble et *Caïphes* qui luttent
encore contre Mes apôtres, tous ceux qui se prévalent de leur propre
justice, tous, ils ne pourront plus supporter la vue de Mes Enfants de
Lumière.

Ne prends pas garde à tout ce bruit, à toutes ces calomnies. Ne te
laisse pas impressionner par leur langage et leurs propos malveillants.
Ils M'ont couvert d'un manteau de pourpre et craché au visage; dans
cet état d'épuisement et recouvert de sang, ils m'ont montré à Mon
Peuple qui était ivre de colère jusqu'à Me renier:

"Voici l'Homme!"

Ils vous habilleront d'injures et de paroles diffamatoires pour vous
présenter à tous ceux qui vous ont suivi jusqu'à aujourd'hui et même
ceux qui étaient pour vous, vous tourneront le dos et vous
condamneront *"coupables de parjure".*

Mais la prophétie ne s'arrêtera pas là; les Paroles de JÉSUS sont
encore pour votre temps:

*"Malheur à vous aussi, Docteurs de la Loi qui écrasez les autres
d'une montagne de prescriptions et qui ne levez pas même le petit
doigt pour les soulager!"* (Luc, 11)

Oui, il en sera demandé compte à cette génération, la plus
hypocrite et la plus mauvaise.

Soyez rassurés car, plus ils iront chercher des subterfuges, plus Je les dénoncerai; plus ils essaieront de vous faire tomber, plus vous vaincrez car Je ne peux supporter davantage la médisance et les faux jugements dont ils usent envers vous.

Je vous relèverai de ces nids de vipères et Je ceindrai vos fronts d'une couronne de Lumière. Pas un de ceux qui vous font tant souffrir ne pourra retrouver Ma Paix s'ils ne Me la demandent pas à genoux, car Dieu vous a choisis dans la souffrance de Son Amour.

Je n'ai jamais désiré que quelqu'un s'interpose entre Dieu et l'enfant choisi par Dieu lorsque celui-ci accomplit la mission qui lui est demandée par le Père, par le Fils et par l'Esprit-Saint. Mon Enfant, *accepte* de souffrir pour Moi, ton Dieu; *accepte* de Me ressembler; *accepte* de t'unir à Mon douloureux Sacrifice d'Amour. Car, pour tous ceux qui te persécutent et même pour d'autres cachés dans l'ombre, c'est encore par ta souffrance d'Amour que J'obligerai Mon Saint Coeur à les pardonner *s'ils Me le demandent.*

Dieu, dans Sa grande Miséricorde, moissonne par milliers les âmes offertes à Dieu. Le Temps, qui bouge inlassablement, aujourd'hui s'est arrêté pour ressembler *au Temps où le Christ est condamné à mort.* Ce Temps où les bons vont payer pour les méchants, ce Temps est arrivé. Personne n'est à l'abri de la perfidie, *la trahison est là.*

Le Malin répand son poison à profusion, et attention à vous: tout jugement, ne venant pas de Dieu, va devenir une accusation injuste et Je vous le dis: le bon paiera pour le crime que le mauvais a commis.

Aussi les Anges de Dieu sont avec vous pour vous soutenir; vous serez indécis et en pleine confusion mais Dieu, qui voit la ruse avant même qu'elle ne s'abatte sur vous, vous avertit dès maintenant: le Perfide vous guette comme un léopard guette la gazelle qui vient s'abreuver à la source.

Je vous abrite, mais Mon Saint Coeur qui s'ouvre devant votre douleur, est là aussi pour recevoir le prix de votre souffrance parce qu'il est arrivé le Temps où l'Amour *doit vaincre.*

Et Mon Saint Coeur empli d'Amour attend l'Amour de tous les hommes. Je ne vois pas encore cette Moisson terminée, elle manque d'abondance, elle est encore incomplète. Le coeur des hommes ressemble à une plante qui ne veut pas boire, elle meurt faute d'eau.

Les coeurs des hommes se laissent mourir faute d'Amour car ils ne savent pas recueillir les Dons du Saint Esprit; *les torrents de Ma Grâce* se trouvent arrêtés devant la barrière de tous ces coeurs fermés.

Et ce torrent ne pourra pénétrer et envahir ces coeurs de pierre, fermés à l'Amour, que lorsque l'Amour saint de Mes âmes-offertes, se multipliant dans la douleur, *atteindra la mesure* qui, telle un bélier soutenu par des milliers de coeurs, s'abattra sur ces portes fermées; le choc sera irrésistible, elles seront brisées s'ouvrant en grand; l'Eau de Vie irriguera ces coeurs qui se laisseront pénétrer de haut en bas et sur toute la largeur; alors J'aurai ma *moisson* complète et la vendange sera si belle que l'épi et la grappe s'uniront pour vous donner le plus beau des festins.

Voici Mon pain. Voici Mon Vin.

Voici Mon Corps avec tous Mes Membres.

Voici Mon Sang mêlé au vôtre.

Voici le Vin des Noces de l'Agneau.

†

† †

Ma sainte sentence
****

15 Janvier 1996
St Rémy

JÉSUS: "Donne-Moi ton coeur comme jamais tu ne Me l'as
******* offert; Je veux le remplacer par le Mien. Même si cela t'est
pénible, Je te demande de te décider librement mais, Mon Enfant, il
faut agir au plus tôt. Car, même dans ce calme apparent, les
événements sont en train de s'accélérer et Je vous le répète: vous
n'avez plus le temps de dire: "J'ai le temps"...

Je cherche Mes âmes-choisies, Je veux leur donner Mon Coeur.
Elles ne sont pas nombreuses encore à ce jour. Mais elles sont
choisies, dans le plus grand tri que Dieu le Père continue à faire; mais
pas pour longtemps car la mesure va bientôt être comble.

Celles-ci, choisies dans l'Amour, appartiennent à la race des *Élus
des Derniers Temps*, ceux qui vont tremper leurs lèvres au calice
amer de la Dernière Heure; avec eux Je M'unirai pour donner au Père
Sa Moisson d'âmes.

Il faut, Mes enfants chéris, reconnaître en vos coeurs *les
Stigmates* de la Sainte Passion de votre Dieu, JÉSUS-Christ. Mes
chéris, il n'y a pas de plus grand Amour que de donner sa vie pour
ceux qu'on aime, pour tous ceux que Dieu aime. Dieu vous aime tous
et Dieu vous appelle tous et seul Dieu connaît la valeur de votre
Amour, ce que chacun a en son coeur. Et Dieu aujourd'hui recherche
les Bénis du Père; Il les appelle par leur nom. C'est eux qui, de tous
temps, ont répondu: *"Seigneur, parle. Ton serviteur écoute Ta
Parole"... "Que Ta sainte Volonté s'accomplisse en celui ou en
celle que Tu as choisi"*.

Ceux d'hier et ceux d'aujourd'hui sont tous devant Dieu. Dieu
vous répondra à chacun, à toi comme à tes frères: *"Oui, Je vous ai
choisis* pour faire la Volonté du Père et pour montrer le Chemin du
Royaume à ceux qui n'osent pas encore s'en approcher; pour les
conduire jusqu'à la porte, tu dois, avec Moi ton Dieu, *devenir le
Chemin*; vous devez devenir *une voie de Lumière*. Je te donnerai un
habit de Lumière pour vaincre leurs ténèbres. Je vous habillerai de
Lumière afin qu'ils puissent vous suivre dans leur obscurité.

Ces pauvres égarés marcheront à la suite de celui ou de celle que
J'enverrai vers eux. Car Mes Aimés connaissent Mon chemin et
peuvent marcher à travers les embûches qui vont se dresser, de plus
en plus nombreuses et de plus en plus périlleuses, jusqu'à faire frémir
d'horreur l'enfant qui commence à marcher sur mon Chemin.

Oui, soyez forts, restez unis à Ma Force d'Amour, car Je vous enverrai remplis de Ma Force d'Amour partout, même dans les endroits que vous ne connaissez pas pour n'avoir jamais eu l'occasion de les fréquenter.

Je dois sortir les prisonniers des prisons de leur égoïsme.

Je dois sortir les affamés des trous où ils se sont terrés pour ne pas se nourrir de Mon Pain de Vie.

Je dois M'approcher de ceux qui Me trahissent, leur tendre la main, car il est arrivé *le Temps du Pardon, celui qui prolonge Ma Miséricorde*, c'est-à-dire *avant le Jugement*. Mais là, Je ne vous dis pas que Mon Jugement manquera de Miséricorde. Je veux vous dire que bientôt Ma Sainte Justice agira avec Ma Sainte Miséricorde et cela, Je peux vous le rappeler encore aujourd'hui: *Personne ne pourra passer à travers le tamis de Dieu. Les bons, comme les méchants, Me connaîtront tel que Je suis, et non tel qu'ils se le figurent.*

Je serai un Juge sans reproche, bénissant le bien que vous aurez fait, refusant avec sévérité le mal que vous aurez commis, vous faisant même observer ce que vous aurez refusé ou négligé de faire.

Je suis Père et Mon enfant Je le veux comme Mon Fils Unique votre Frère, ressemblant à l'Amour, au Pardon et à la Miséricorde. Vous bénirez, chacun, Ma sainte Sentence car elle vous apportera la Paix de votre âme, le bonheur recherché et enfin votre propre identité, car vous ne vous connaissez pas encore. Ce Jugement sera, avec Mes saints Archanges et Mes saints Anges, béni par chacun d'eux et le chant du Triomphe montera jusqu'aux nues.. Ce Jugement sera la joie de toutes mes âmes saintes, vos âmes-soeurs qui vous accompagnent dans votre pèlerinage terrestre.

Mon Enfant, ce Jugement *n'est pas le Jugement Dernier* car le Monde ne meurt pas, ne se détruit pas. Bien au contraire ce Monde sera à *la dimension divine*, parfait, comme Mes âmes devenues divines de par la Grâce de Dieu, lavées, purifiées, sanctifiées par cette Purification: la plus grande des Confessions, *le repentir total d'avoir offensé Dieu*, et l'Absolution complète accordée par Dieu Lui-même; la rémission des péchés accordée par le Prêtre par excellence JÉSUS Christ.

Tout s'accomplit dans cette confrontation de l'âme humaine avec son Dieu. *Sans bouger*, l'homme changera d'aspect et là, deviendra une Créature divinisée de par la Sainte Grâce de Dieu qui vient réunir les Cieux et la Terre pour assister à une fête sans pareille; c'est *le réveil de l'Humanité* qui avait perdu sa Vérité, la Sainte Vérité de

Dieu, à travers tous ces siècles où, petit-à-petit, l'homme s'est vu tel qu'il est sans Dieu. Non assisté par son Dieu, l'homme est plus animal que divin. Ayant perdu votre identité, il fallait que vous entrepreniez ce *long pèlerinage* pour enfin vous retrouver et vous voir tels que vous êtes *sans Dieu et tels que Dieu vous demande d'être avec Lui.* Arrivés à ce stade de la rencontre avec Dieu, vous possèderez *la Connaissance divine,* vous serez *tous instruits,* vous comprendrez ce que Dieu *attend de vous.* Vous Lui tendrez vos bras, Il vous prendra dans les Siens pour vous faire passer dans Sa divine Lumière qui n'en finit pas car elle est éternelle et divine.

Vous poserez vos pieds dans *une Terre Nouvelle* car la Tendresse du Père vous a préparé, dans un Lieu Saint une Cité où il n'y aura plus de nuit. Mon Enfant, Je te révèle comment l'homme peut passer d'un côté à l'autre sans même ressentir le choc de la transformation; pour cela l'homme doit devenir une Créature remplie d'Amour pour Dieu et pour ses frères en Dieu. Dieu peut emmener l'enfant vers la Lumière, comme un enfant traverse une forêt toute pleine de clarté.

Ne refusez pas Ma main; ne refusez pas Mon Amour; ne refusez pas Mon Pardon. Et si vous voulez persister dans l'état où vous vous trouvez encore aujourd'hui, vous allez vous heurter à tous les arbres de cette forêt: ils sont nombreux et placés dans l'obscurité.

Mon Enfant, "ténèbre" veut dire "vide et absence de connaissance divine". Aussi, pendant un certain temps l'homme va se trouver dans cet état et y demeurer; si Je viens à vous bientôt c'est parce que le risque de vous voir encore hésiter dans votre choix peut vous amener à entrer dans cette forêt et vous y perdre à jamais.

Mon Enfant, oui *c'est bien là,* dans ces ténèbres qui seront aussi noires que la nuit du tombeau, *que j'apparaîtrai à chacun dans son âme.* Qui peut résister à ma Lumière d'Amour?

Vous vous verrez *tels que vous êtes.* Vous-mêmes, vous rejetterez le mal qui est en vous et qui est encore plus fort que celui qui est autour de vous. Vous M'appellerez vous-mêmes: "*JÉSUS, Sauveur du Monde, sauve-nous!*". Vous connaîtrez Celui qui vous a donné la Vie et vous demanderez d'habiter avec Lui pour toujours.

Mon Enfant, avant ce que Je viens de te raconter, il va se passer bien des choses! J'aimerais t'énumérer les événements de la Fin, comme si Je montais un escalier pour Me retrouver près de toi, à la première marche. Ainsi tu comprendras mieux le grand désir de Dieu de vous voir tous à l'ouvrage *car vous serez à moitié des marches quand tout commencera à se réaliser.*

Tout s'accomplira selon les Écritures.

Pendant que tu écris ce que Je te dicte, tu mets du temps; mais si J'écris les prophéties à venir comme Mon Père a écrit sur la pierre les Commandements et la Loi pour Moïse et son Peuple, tu le sais bien que JÉSUS le fera *en un atome de temps*, car Je ne suis pas dans votre Temps. Ainsi tout s'accomplira *hors du Temps*. Mais *Je Suis* sera là pour l'écrire dans le Livre de Vie *qui est déjà ouvert*.

Vois Mon Amour, constate sa Grandeur et va vers tes frères porter Ma parole, Je te le commande. Tu le sais bien que ce quatrième livre s'écrira *dans votre Temps* parce qu'il doit rester écrit. Mais si Je te demande d'informer tes frères, alors essaie de comprendre ce qui sera le mieux. Je suis Paix, Amour et Joie et même si vous traverserez les eaux tumultueuses de la *Fin des Temps*, n'ayez pas peur: Je suis là.

Oui, parle à tes frères car Mon Saint Coeur brûle d'Amour pour vous tous.

Fleur de Mon champ de Gloire, obéis-Moi sans peur:
Je suis là!

Je vous bénis † dans la Gloire du Père Éternel

JÉSUS de Nazareth

La Très-sainte Trinité vous bénit †

†

† †

Je suis Marie de la Croix Glorieuse
****

19 Janvier 1996

"JNSR": "Me revient en mémoire le Message que JÉSUS m'a donné le 7 Novembre 1995 ("JÉSUS, le Juge Suprême") Notre Seigneur m'avertissait de ce que j'allais subir, cette haine qui s'abattrait sur moi à cause de la Croix de mon Doux JÉSUS. Mais Seigneur, aide-moi car mon coeur ne Te trahira jamais. Dans le Message du 4 Janvier dernier, j'étais encore avertie. Et voici ce que la Très-Sainte Vierge me dit ce matin juste avant d'aller à la Messe":

MARIE: "Sois forte, sois courageuse Mon Enfant. Ce Temps
******* est celui de l'attaque sournoise de mon Ennemi. Ce Temps est encore recouvert par la Grâce divine et vous êtes encore, pour un temps, protégés de la plus grande attaque pendant laquelle le Maître du Mal va être complètement en possession de toute la Terre. Ceci se passera juste avant le Retour Glorieux de JÉSUS et l'apothéose de mon Triomphe.

Vous êtes tous, Mes pauvres enfants, au bord de ce gouffre que prépare mon Ennemi avec tant de soins pervers et tant de malice, d'une suprême subtilité, que certains vont y tomber, attirés par le faste et l'orgueil d'une vie sans pareille, pleine de fausses promesses.

Attention! Mes petits, ne vous approchez pas de *ce vide* qui attire les brebis écervelées parce qu'elles voient dans ce gouffre une image de fausse vérité où se reflètent tous les artifices du Malin.

Toi Ma Fille, sois courageuse car le sommet du Golgotha est tout proche et ceux qui vont rester avec Moi devant la Croix, contemplant JÉSUS, Celui qui est la Vie et qui continue à souffrir pour cette Humanité révoltée et insoumise à Dieu, sont Mes Enfants chéris. Quant à ceux qui te font du mal, Je te demande de ne pas les juger car Dieu S'en chargera. Et s'ils t'accusent, laisse-les faire, ne réponds pas; laisse-les car Dieu, qui voit tout, les a déjà vus et va les conduire vers Sa Sainte Vérité. Ils sont déjà désemparés car ils n'admettent pas que *Mon Temps de Splendeur et de Gloire* soit déjà tout proche et qu'il se fait annoncer par la Croix de Mon Divin Fils.

C'est bientôt mon Triomphe.

Je prépare pour JÉSUS la sainte Venue de Son Retour Glorieux, comme J'ai préparé Sa Venue sur votre Terre, lorsque Mon doux Enfant vint en ce monde en passant par Mon sein virginal. Aujourd'hui, mes bien-aimés, vous êtes mes petits *Jean* au pied de la Croix avec Moi, votre Mère.

Non Ma Fille, ne réponds pas à leurs sarcasmes. Reste près de Mon Coeur maternel car, bientôt, ils devront tous admettre que JÉSUS Se fasse annoncer par Sa Croix Glorieuse, lumineuse, pleine de clarté de Son Amour merveilleux.

Oui, Je porte en Moi cette grande Croix que l'on cherche encore aujourd'hui à détruire parce qu'elle est l'annonce du Retour en Gloire de Mon Divin Fils. Comment la Mère peut-Elle passer parmi vous sans vous montrer *le Signe des Signes,* ce dernier grand Signe des Derniers Temps, † qui devient l'annonce du Temps de *la Civilisation de l'Amour.*

Je suis MARIE de la Croix Glorieuse.

Mon Enfant, garde-toi; tu vas être encore plus attaquée; prie encore avec plus d'Amour pour ceux qui te persécutent. Ta souffrance, Je la garde en Mon Coeur de Mère car JÉSUS t'a donnée, comme Il le fit pour Jean, à Mon Coeur de Mère douloureux et Immaculé. Je suis votre Sainte Maman, Sainte à jamais parmi les Saints du Ciel et de la Terre dont Je continue à être la Mère.

Oui, Jean, le dernier Évangéliste qui a écrit pour JÉSUS ce que votre Dieu devait vous dire pour les Derniers Temps.

Oui, Jean, qui fut Mon fils pour vivre la douleur et la partager avec la Mère des Douleurs.

Oui, Jean, qui reçut en son coeur l'Espérance avant tous les Apôtres.

Aime-Moi, toi aussi, Mon *petit Jean* parmi tous Mes *petits Jean* qui vont recevoir dans une grande douceur l'Espérance du Retour de votre Bien-Aimé. Je vous ferai vivre la Lumière de la Croix. Porte-la bravement en ton coeur, car Dieu bénit ceux qui ne se cachent plus pour L'aimer et L'adorer en Vérité; car Son Retour *est déjà là.*

Je suis la Mère de tous les enfants de la Terre qui voudront Me suivre car Je suis la Route du Ciel qui va bientôt s'ouvrir pour laisser passer Mon Fils et Mon Dieu, pour apporter à chacun sa couronne blanche ou rouge et parfois blanche *et* rouge à tous ceux qui sont derrière Moi.

Va avec ta miséricordieuse foi et n'oublie jamais que JÉSUS t'a confiée à Sa Mère Très-Sainte.

Je te bénis avec l'onction royale que Mon Fils M'a donnée.

MARIE, Porte du Ciel
et
MARIE, Mère des *Jean,*
Mère du Divin Amour. Amen.

†
† †

Le Règne futur
****

24 Janvier 1996

JÉSUS: "Par la Sainte Bible, Je viens à toi aujourd'hui.
******* *"Or il arrivera dans la suite des Temps que la Montagne du Temple du Seigneur sera en tête des montagnes et dominera toutes les collines. Alors les Peuples afflueront vers elle et de nombreuses Nations viendront et diront:*
"Venez, montons à la Montagne du Seigneur, au Temple du Dieu de Jacob. Qu'Il nous enseigne Ses voies et que nous suivions Ses sentiers, car de Sion vient la Loi et de Jérusalem la Parole du Seigneur". (Michée, 4, 1-7)

Arrête-toi là et comprends bien que nul ne peut aller à l'encontre du Seigneur. Ce qu'ils font, ce qu'ils *te font*, n'est rien qu'un feu de paille entre Mes mains parce que, bientôt, *Jérusalem* va parler et la Parole va confondre même ceux, qui ont douté. Rien de ce que Je te donne ne doit rester caché; rien de ce que tu entends de Moi ne doit être renversé. Ils crieront leur désespoir à la face du monde car ceux qui doutent ou qui luttent contre Ma Parole se verront recouverts de honte; parce que Dieu est la Justice, l'Amour et la Paix et si Dieu a parlé, Sa Voix s'est perdue dans les voix du Peuple qui se dit appartenir à Dieu.

Je *reconnais* les Miens et personne de ceux qui luttent contre Moi ne pourra se défendre de M'avoir contrarié dans Mes desseins avec leurs sarcasmes. Mais jamais Dieu ne S'arrête pour suivre une route différente de celle de Dieu Lui-même. Si Je M'arrête aujourd'hui, c'est pour les faire avancer vers Moi; trop de distance les sépare encore de Moi; J'attends encore car Dieu est patient. Ils devront Me suivre, car Je leur ai laissé à tous et à chacun le temps nécessaire de la réflexion. Je suis Dieu et Mon Amour est miséricordieux et Ma Miséricorde arrive bientôt à Ma sainte Justice.

Mon Enfant, Je parlerai pour toi en leur coeur car ils sont désemparés; parce que dans tous les coeurs J'ai mis Ma sainte Vérité. Elle doit briller comme l'étoile que tu as vu briller sur le front de Ma Sainte Mère qui porte en Elle la sainte Vérité de Dieu; et Mon Chef Sacré, siège de la parfaite Sagesse recouvre entièrement Celle qui porte en Elle la Très-Sainte Trinité.

Va Ma Fille, rien ne te sera retiré. Dieu t'aime. Sois fidèle à Mon Amour. Sois parfaite comme Mon choix. Je t'ai choisie de toute éternité pour être celle qui va porter le flambeau de Ma Ville Sainte jusqu'à la Fin *des* Temps.

Ton Dieu fidèle qui te bénit † Amen.

Témoignage de l'Arbre de Vie
****

Samedi 3 Février 1996 - St Blaise

JÉSUS: "Ma Miséricorde recouvre le Monde. Ne gaspillez pas
*******   le Don de Dieu. Apprends à Mes enfants à M'aimer. Dis-
leur combien est grand le Don de Dieu et combien sont heureux
ceux qui vivent déjà dans l'Amour merveilleux de Dieu. J'ouvre les
coeurs avec Ma Parole de Vérité. Cette Manne vous est offerte pour
que vous vous en serviez uniquement pour Ma Gloire.

Toutes Mes âmes *doivent* Me revenir.

Je ne désire pas que ce Don flatte votre personnalité. Combien
d'entre vous déforment aujourd'hui ce que Je leur donne pour les
âmes et recherchent leur propre profit. Délibérément ils se coupent
de Mon Espérance et se détachent ainsi de Ma Source.

Je désire M'entretenir avec Mes enfants chéris, ceux qui
M'écoutent en Vérité, avec leur coeur pieux ouvert à Ma sainte
Miséricorde, rempli de Ma sainte Espérance, Ma sainte Image gravée
en eux. Je ne laisse pas ces petites *sources* se tarir, Je les alimente à
Ma Source-même, Je vis en chacun d'eux. Ce sont Mes enfants
fidèles, remplis de Ma sainte Grâce.

Oui, *Fidèle* est le nom de ton saint Ange-Gardien. C'est lui-même
qui a accepté de te venir en aide. Il a dit: "Oui!" à Ma proposition. Il a
voulu vivre avec toi cette épreuve de la vie sur Terre, qui devient un
véritable Chemin de Croix avec l'enfant qui M'aime et Me suit.

Nous nous retrouvons souvent ensemble, tous les trois réunis: ton
âme parle avec ton Dieu et ton Ange. Nous parlons d'Amour, de la
Promesse d'Amour que JÉSUS a faite pour le Monde entier. Oui, ce
sont des rencontres exceptionnelles, dont J'efface le souvenir, car la
valeur d'une âme qui revient à Dieu après son pèlerinage terrestre, se
trouve dans *sa liberté.*

Les Anges-Gardiens sont des *traits d'union* entre Dieu et chaque
âme qui leur a été confiée dans cette vie, jusqu'à l'arrivée dans la
Vraie Vie en Dieu, le Port du Salut, le Ciel de Dieu. Ne sais-tu pas que
ton Ange t'est fidèle comme toi-même tu es fidèle à Dieu. *Fidèle,* Je le
suis avec toutes Mes âmes-chéries qui s'oublient elles-mêmes pour
Moi.

Je les enveloppe de Mon Amour, comme un nourrisson est
recouvert de tendresse par tous ceux à qui il a été confié pour
grandir, se développer et arriver avec beaucoup de soins à la vie
d'adulte. Là, il devra choisir de lui-même ce qu'il désire pour son bien,
pour son corps et pour son âme.

Parfois il choisira mal, mais cette expérience lui fera mieux comprendre où se trouve *le Bien*, où se trouve la Source de tout Bien: Dieu. Il va alors apprendre à Me rechercher, à M'appeler et à M'aimer; ce sera son choix car Je vous laisse libres de votre choix.

Ainsi est la richesse d'une âme; sans contrainte, elle appartient à Dieu, elle a subi *l'épreuve*, elle a choisi la sainte Vérité. Bien que Je vous laisse libres, n'oubliez jamais que les Anges et les Saints de Dieu sont là pour vous guider et vous montrer le Chemin; remettez-vous sous leur sainte protection. Une âme, qui M'appartient, a en elle la volonté de ne jamais dériver; elle a choisi Dieu pour L'aimer et Le suivre pour l'éternité, Le louer et Le servir à chaque instant de sa vie. Cette âme devient *la Direction* pour toutes celles que Je lui confie sur votre Terre; elle porte en elle Ma sainte Volonté ancrée en son coeur comme si celui-ci avait été *pétri* dans Ma Vérité; ce coeur d'enfant devient, en ce corps malheureux et fragile, *un roc indestructible* parce que *divin*; car J'ai mis en ces coeurs obéissants une telle perfection qu'on peut ressentir le Coeur de Dieu en ceux qui savent se donner entièrement à Dieu et à leurs frères.

Moi, JÉSUS Je M'incline, Moi votre Dieu devant ces coeurs qui portent jusqu'au martyre Mon Saint Coeur en leur coeur d'en-fant. Le divin Sacré Coeur de JÉSUS est pareil à ce feu qui, allumé de toute éternité, va en s'intensifiant parce qu'il se multiplie en tous ces foyers qui consentent à recevoir ce Feu d'Amour trois-fois Saint. Voilà pourquoi Je t'avais demandé, ainsi qu'à tes frères, de changer ton coeur avec le Mien. Ce n'est plus un échange, *c'est une fusion*.

Vos coeurs deviennent des copies délicieuses du Sacré Coeur. Oui, *Je suis* dans tous ces coeurs qui se donnent comme la rosée du matin qui se dépose sur chaque feuille, si petite soit-elle. Mon Enfant, J'ai dans Mon Saint Coeur tous vos coeurs réunis.

L'Univers est dans Mon Coeur.
Tout bat, tout vit au rythme du Coeur de Dieu.

Je suis l'Infinie Sagesse. C'est Elle qui régit *tout* et qui donne vie à *tout*; *tout* est ordonné par Dieu; *tout* est en Dieu; *tout* marche avec Dieu. Tout être vivant, toute chose chaque particule, si infime soit-elle, est remplie de Dieu. Ainsi, Je suis en tout. En chaque être, en chaque chose Je mets *Ma Mémoire* car tout ce qui existe vient de Moi, votre Dieu; et tout et tous se rappellent de Dieu depuis leur origine. Celui qui M'oublie et Me renie se détache de la Vie; il meurt pour toujours. Avant ce mauvais choix, il aura *tout vu* avec Ma Connaissance. Si son choix est définitif, s'il Me renie, ce sera terrible pour lui; il perdra sa vie: et ensuite son intelligence lui permettra de constater *l'erreur irréparable*.

Mon Enfant, les âmes ne sont pas prêtes d'oublier leur Créateur *car elles ont vécu avec Lui* dans le première phase de votre vie; ensuite elles vont vers leur pèlerinage terrestre: là elles deviennent des *apprentis.* Un apprenti qui commence simplement à aimer son métier pour se perfectionner de jour en jour, pour arriver à ressembler à son Maître et se trouver un jour, face à face, pour être félicité par Celui-ci.

Ainsi, Je vous attends pour qu'un jour Mon élève obéissant, ayant parcouru le pèlerinage terrestre avec succès, revienne vers le Maître en Lui disant:

"JÉSUS, mon Maître et mon Modèle, pendant tout ce temps où j'ai vécu séparé de Toi, je gardais en mon âme Ta sainte Image; je revoyais Tes mains en mes mains, Tes yeux qui regardaient les autres avec mes yeux, et Ta bouche merveilleuse d'où sortaient Tes saintes Paroles qui devenaient la Source-même qui alimentait ma bouche qui mangeait Ta Parole pour la donner à mes frères; je devenais une source intarissable car je gardais en mon coeur ce Coeur brûlant d'Amour, fournaise ardente de Charité. Je devenais un abri, un refuge pour tous les Pécheurs affamés de Ta Parole de Vie".

"JNSR": "JÉSUS, Tu es mon Sauveur et mon Dieu et jamais je ne me suis sentie si petite devant Toi. Comment, Seigneur, puis-je Te dire que Ton Coeur est à moi, qu'il est devenu mien. Comment puis-je dire au Monde entier Ton Amour pour la plus petite des Créatures; oui, celle qui Te parle, Seigneur, a honte d'elle, si honte qu'elle craint de T'avoir blessé pour T'avoir mal entendu. Pardon! Seigneur..."

Ne regarde pas autour de toi pour chercher cette réponse. Viens Me voir *en toi* et regarde comment Je suis avec toi. Crois-tu Me voir comme un despote en ton coeur? Non, Mon Enfant, Je suis ton Dieu, mais Je reste le Serviteur de chacun, qui vous aide, qui vous protège, qui vous garde de tout mal si vous restez *avec* Moi.

Je vous aime. Je t'aime, Mon Enfant et, pour que tu puisses Me comprendre, ce soir Je vais *te ressembler: comme toi,* Je suis caché et J'ai froid parce que les hommes Me rejettent encore et les portes se ferment, comme autrefois; vois combien est triste de se savoir rejeté: tu le sais pour l'avoir vécu. Oui, Je l'ai vécu et aujourd'hui encore Je suis rejeté, Moi, ton Dieu. Toi, tu as froid parce que tu ressens la peine, la solitude et l'abandon.

Oui, Mon Enfant, ton Dieu est encore abandonné, trahi.

Et si personne ne te regarde parce qu'ils te fuient, Je te demande de Me regarder pour que tu Me voies pleurer avec toi, souffrir avec toi, avoir mal comme tu as mal.

Comment ne pourrais-Je pas ressentir ton mal et ta peine si toi, Mon Enfant, tu as toujours ressenti la Souffrance de ton Dieu, la solitude *du Jardin des Oliviers,* cette immense peine de voir la perte des âmes qui Me reniaient...

Tu M'as vu, jeté à terre, fouetté jusqu'au sang: ô Mon âme, tu M'as consolé tant de fois! Tu t'es baissée pour Me regarder les yeux remplis de sang et de terre; loin d'avoir horreur devant Mon visage tuméfié, tu voulais souffrir pour Moi. Non, Je ne t'ai pas oubliée; voilà pourquoi, aujourd'hui, Je te laisse goûter à *Ma* douleur pour que tu te souviennes de notre rencontre; voilà pourquoi, aujourd'hui, Je suis là, près de toi, partageant ta douleur pour te dire: "Sois courageuse pour porter ta Croix".

C'est par Ma Souffrance d'Amour que Je vous ai sauvés tous. Mes âmes-choisies doivent avoir *le Baptême du Christ, Sa Souffrance, Son Amour, Son Pardon.*

Vous serez comme votre Dieu. Vous recevrez *le Grand Baptême* car vous serez avec Dieu *dans la Rédemption finale et totale,* car rien de Mon Amour ne doit disparaître. Vous êtes Mes

fidèles Témoins de la Croix

et vous serez avec Moi unis, comme JÉSUS est uni à Sa Sainte Croix, comme Sa Sainte Croix reste *Témoin de la Souffrance de Dieu.*

L'Arbre de Vie est venu aujourd'hui donner le Témoignage unique et vrai du Retour Glorieux de Celui qui vous a tout donné en donnant Sa Vie pour *chacun de vous,* afin que même le plus infâme devienne, lui-même, Amour et Compassion en regardant Ma Croix.

Je suis la Résurrection et la Vie.

Je reviens vous unir dans Ma Vie

pour vivre la Vraie Vie en Dieu.

Amen.

✝

✝ ✝

La Sainte Bible nous parle
****

4 Février 1996

"JNSR": *"Je vis un parchemin qui se déployait dan le ciel, comme un éventail; il couvrait une partie du ciel en faisant de l'ombre sur la Terre comme pour l'abriter de la chaleur torride qui descendait des hauteurs du ciel. Ce parchemin portait des noms, comme si ces noms étaient vivants et parlaient au Monde. Alors j'entendis:*

"A vous, ceux qui m'écoutent, à vous, ceux qui sont encore en bas sur la Terre, je vous parle au Nom du Seigneur. Ne craignez pas la Main qui est sur vous et qui vous maintient comme la branche maintient l'oiseau entre le ciel et la terre; car si Dieu parle pour vous qui L'écoutez, Il met toute la Sagesse de Dieu sur ceux qui Le craignent en Vérité parce que Dieu, qui vous regarde, a pitié de vous et pardonnera vos turbulences autant de fois que votre remords sera sincère pour chacune d'elles; car le Seigneur est Bon et Il est lent à la colère".

JÉSUS: "Mais le jour où les cieux s'enflammeront telle une
*******   poudrière, Je vous le dis, il ne sera plus temps de revenir Me demander Pardon. A présent Je mets tout Mon Coeur à votre écoute et J'attends la conversion de votre coeur, une profonde et sincère conversion, un repentir égal à vos fautes car Dieu pardonne entièrement et vous ne devez pas vous repentir à moitié.

Je regarde, un par un, vos coeurs qui sont plus ou moins en union avec le Mien et J'entends souvent les mots *révolte* et *violence* parce que vous vous croyez des *incompris de Dieu*; alors que c'est entre vous, et contre vous-mêmes, que vous agissez. Dieu ne vient ni vous juger, ni vous punir. Je regarde simplement que vous ne faites aucun effort pour comprendre votre prochain; et ainsi, que vous ne regardez que la paille qui est dans son oeil et votre poutre, vous ne la voyez pas, elle ne vous gêne même pas, enfants imparfaits parce que l'Orgueil du Monde vous a éduqués dans le péché, surtout le reniement de Dieu et la négation des Oeuvres de Dieu.

Tout ceci est en train d'ouvrir ce que vous appelez *la Colère de Dieu* et que Moi, votre Dieu, J'appelle *la Justice qui vient vous secourir* car Je ne peux laisser Mon Peuple et Ma Terre mourir à cause de la bêtise orgueilleuse des hommes sans Dieu.

Je serai à nouveau Celui qui ira à votre rencontre, comme l'inconnu qui cherche un asile, et J'attendrai que vous M'ouvriez la porte de votre coeur; pour cela, Je frapperai comme il se doit, ou doucement, ou fort, car le sourd *d'oreille* entend à moitié, mais le sourd *de coeur* n'entend pas.

Et comme Dieu veut réveiller tous ceux qui dorment, il est juste que Sa Main résonne fort à travers vos portes fermées ou à demi fermées, verrouillées ou barricadées. J'entrerai dans ces demeures familières où les portes ne craignent pas la venue d'un intrus, car elles Me connaissent et restent jour et nuit ouvertes en grand. Qu'il est bon d'y entrer sans frapper mais avec une joie immense qui répond à la joie de l'enfant dans Mon attente.

Alors cet enfant merveilleux, qui reconnaît son Dieu, son Père et son Frère incomparable, accompagnés de l'Esprit d'Amour, cet enfant au coeur pur va dresser *une Tente* pour abriter son Dieu; il va l'ouvrir en grand en son coeur, car Dieu restera pour y vivre avec Son enfant:

"Seigneur! que Ta Grandeur en soit mille fois remerciée, Tu viens chez moi et Tu élis domicile; Tu es chez Toi en ce coeur si petit! Comment, Seigneur, Toi le Maître de l'Univers, Tu peux entrer en entier dans ce coeur d'enfant?"

Mon Enfant, Dieu est l'Éternel, l'Infini, le non-Créé et pourtant Il devient aussi à votre dimension afin de vous faire grandir, comme la jeune pousse qui s'appuie sur le tronc pour monter de plus en plus haut. Ainsi Dieu, qui est votre Hôte et votre Ami, vous élève de plus en plus haut dans les hauteurs infinies de Son insondable Amour.

Comprends-tu, Enfant, pourquoi Je te parle ainsi? Je ne veux pas de sommeil profond dans Mes âmes-choisies. Je veux vous libérer de toute entrave. Je veux entrer et pénétrer jusqu'au plus profond de vos âmes: c'est là que Je dépose Ma Richesse, le Trésor de Ma Parole Vivante et Vraie.

Mon Enfant, Je ne regarde pas le Pécheur; Je regarde avec horreur le péché, car celui qui vit dans le péché s'éloigne de Moi et Dieu ne peut pas approcher un coeur qui se refuse à Son Amour pour se vouer complètement au péché. Dieu pardonne inlassablement le Pécheur, mais repentez-vous et faites pénitence; priez et convertissez-vous car le Seigneur va venir bientôt; préparez la Tente de la Rencontre car Dieu vient habiter *chez vous.*

Je te parlerai bientôt de ce qui Me tient à coeur; pour le moment, repose-toi et chasse de ton coeur la peine, car Dieu est Joie; et tu Me fais obstacle: c'est comme si tu élevais un mur devant le soleil. Comment veux-tu que Je pénètre en ton coeur? Je t'aime, petit oiseau fidèle, Je suis avec toi.

Dieu aime les coeurs purs.

Amen.

†
† †

Les sept péchés capitaux
L'Arbre de la Connaissance du Bien et du Mal
****

Jeudi 8 Février 1996 - St Gérôme Émilien, Ste Jacqueline

JÉSUS: "Je vous rassemble ici, ce soir, pour vous demander de
******* M'aimer. Que celui qui M'a oublié n'ait pas peur de Me revenir: c'est pour lui que Je Me tiens en ce lieu, afin qu'il apprenne de Moi que Je suis doux et humble de coeur, que Je pardonne même au plus grand pécheur repenti.

Enfant, avance et vois si tu as rencontré en ce Monde un meilleur Ami que Celui qui te parle ce soir. Je suis venu te consoler; Je veux te bercer sur Mon Saint Coeur; n'oublie pas que Je t'aime comme jamais tu n'as été aimée.

Vous tous qui M'écoutez, le soir descend bien vite sur la Terre et va donner beaucoup d'ombres. Tenez-vous à l'écart de ce qui est, en Vérité, l'opposé de la Lumière de Dieu, car Mon Ennemi et le vôtre, est Ténèbres. Ne vous approchez pas de tout ce qui est confus. Fuyez les ténèbres. Je suis la Lumière du Monde.

Vous Me reconnaîtrez à la Bonté, à l'Amour, à la Tendresse, à l'Harmonie, à la Vérité et à la Compassion. Ainsi chaque être et chaque chose qui appartient à Dieu, est imprégné de Ma Vie. Ma Vie, Je vous la donne aujourd'hui, comme hier, afin que l'homme renaisse à Ma Vie pour laquelle il a été créé. Je suis venu pour vous rassembler en Mon Saint Coeur, comme une poule ramasse ses poussins sous ses ailes et les recouvre de sa chaleur et les protège de toute agression extérieure.

Vous êtes ici ce soir pour M'entendre vous rappeler Ma Sainte Vérité: l'homme ne peut pas se sauver tout seul.

Je suis son Sauveur, son Dieu, son Ami.

Si vous avez perdu le sens de votre vie, Je suis là pour vous le rappeler. Mon Amour n'est pas le Visiteur *d'un soir*, le temps que va durer cette réunion, non! Mon Amour est Mon Don gratuit pour chacun de vous, pour chaque enfant du monde entier. Mon Amour est éternel. Je suis le même Seigneur et Ami pour *chacun* de vous, Je suis *en chacun*. Ne prenez pas ceci comme une suite de mots que, peut-être trop souvent, vous avez entendus des anciens.

Dieu est merveilleux, Dieu est Amour.

Aujourd'hui Je viens vous dire: oui, Je suis tout cela mais vous ne Me connaissez pas tout à fait. Vous vous imaginez que JÉSUS est simplement un personnage de légende. Non. Il a vécu. Il a fait du bien aux pauvres.

Il a secouru les opprimés, les malheureux, les malades. Et puis Il est mort. Sa Vie a été un exemple à suivre afin de devenir meilleur.

Je suis Dieu. Mon Père et votre Père, est Dieu. L'Esprit qui gouverne toutes choses est Dieu. Comment ne pouvez-vous pas Me comprendre! Je vous ai donné l'intelligence *pour Me rechercher*; celle-ci, vous ne l'employez qu'en de vaines recherches pour vivre, ici-bas, comme des égoïstes et des insensés.

Mon Enfant, le Temps s'amenuise et Dieu attend inlassablement que Mes âmes se réveillent, mais leur sommeil est lourd comme le plomb... Dieu est patient mais Son Heure est fixée pour donner au monde une face nouvelle et agréable; et surtout pour rendre aux hommes une âme dans laquelle Dieu n'aura plus honte de Se regarder; car vos *miroirs* sont sales et la Lumière de Dieu ne peut s'y refléter: vos âmes sont complètement obscurcies et cachées sous la couche de vos péchés.

Essayez de Me comprendre mieux et recherchez, en vous, *qui* vous interroge aujourd'hui. Allez-vous enfin, comme Adam, reconnaître votre complète nudité, devant Dieu qui vous regarde tels que vous êtes? Allez-vous avoir honte de cette nudité, ou allez-vous encore Me narguer de cette fierté actuelle en bravant Dieu par vos paroles et par vos actes?

Ne Me provoquez pas. Vous êtes des insensés!

Dieu voit vos âmes nues et difformes par le péché. Comment allez-vous vous revêtir devant Moi? Non, Je ne vous mettrai pas des peaux de bêtes pour vous recouvrir, comme Je le fis pour Adam; votre nudité est encore plus profonde. Ce ne sont ni manteaux de laine, ni lin tissé, ni peaux de bêtes, qui peuvent cacher vos âmes de Ma Vue. Même recouverts de la plus riche des soies, Je vous vois tels que vous êtes: salis et amoindris par le péché qui s'est renforcé et durci en vous au cours des siècles. Votre génération s'est recouverte d'une plaie pire que la lèpre. Vous n'avez aucune dignité, ni pour votre corps, ni pour votre âme. Vous êtes une génération malade, très malade. Aucune de vos épidémies actuelles ne peut vous donner l'image de ce que Je vois en regardant vos pauvres âmes. Vous agissez comme si tout vous était permis par Dieu, le Maître de l'Univers.

Vous tuez librement votre prochain. Vous *vous* assassinez librement en tuant votre âme qui s'adonne sans retenue aux *sept péchés capitaux*; vous passez de l'un à l'autre comme si votre âme vous appartenait. Aujourd'hui *l'orgueil* de l'homme est à son comble; il se mesure à Dieu. Son *avarice* va jusqu'à lui mettre un bandeau sur les yeux devant ses frères dans la misère. Tout lui est pardonnable: sa *colère* et sa *paresse* sont des "excuses".

Il peut détruire tout, la loi des hommes le défendra. *La luxure, l'envie, la gourmandise,* le pousseront à prendre le bien d'autrui: il se range du côté des plus forts, de ceux qui font la loi. Et celui qui veut rester honnête deviendra la risée au milieu de cette déchéance humaine.

Vous méprisez votre Terre comme si elle devait disparaître avec vous. *Tout* ce que J'ai créé *pour vous* va se retourner *contre vous* si vous persistez à Me narguer! Qui êtes-vous, pour Juger Dieu et Ses oeuvres? Vous répugnez au don de la Vie. Vous vous exilez dans l'oubli en vous dirigeant vers la drogue, la perversité et le suicide *organisé* pour retrouver une terre de rêve qui n'existe pas.

L'Arbre de la connaissance du bien et du mal, que J'ai planté dans le Jardin de l'Éden, est mangé entièrement par toute votre génération. Comment dois-Je vous habiller pour cacher votre honte? D'abord, Je dois vous montrer cette honte, comment vous êtes devenus. *Vous allez vous voir tels que vous êtes.* Et même si le mal que vous avez commis n'a été dirigé que contre vous-mêmes, vous êtes devant *un crime.* Vous n'avez pas le droit de vous abîmer ni de vous supprimer.

Seul Dieu est Maître de chaque âme
et Dieu reprend Ses âmes au moment où Dieu en décide.

Je vous ferai pénétrer *dans* le mal que vous avez commis, pour le combattre du dedans de vos âmes afin de le rejeter en ayant la connaissance de sa force destructrice et parfois maléfique; vous comprendrez même son origine. Alors, en toute conscience, vous allez le détruire; il a été nourri en vous, par vous; il vous a nui et pour certains, ce mal a effacé l'Image de Dieu *gravée en votre âme lors de sa création.* J'assisterai devant votre interrogation silencieuse mais combien active; vous vous verrez tels que vous êtes, et tels que Je vous désire. Pas une seule âme ne pourra échapper à ce jugement personnel et divin. Ainsi en a décidé le Seigneur, car l'Absolution vient avec la Purification.

Certains ont trop longtemps séjourné dans la fange; il est temps d'avoir recours à un nettoyage en profondeur; la force de l'eau est comparable à la force du feu; l'un comme l'autre de ces éléments peut assainir ou anéantir. Devant la Pureté du Très-Haut, certains ne pourront pas résister. Mais, dans l'Infinie Bonté de Dieu, Créateur et Sanctificateur, Se trouve aussi le Rédempteur pour prendre dans Ses bras l'enfant qui vient de subir ce Jugement jusqu'au bout.

Sa course s'achèvera là.
Son âme purifiée retrouvera la Pureté de Dieu trois-fois Saint.
JÉSUS-Christ, Dieu, Sauveur des âmes.
† † †

La Très-Sainte Trinité dans une Croix de Lumière
****

12 Février 1996 - Ste Justine

JÉSUS: "Je suis Dieu. Je suis dans l'infiniment petit comme Je
******* suis l'Infini, car Je suis Tout et Je contiens Tout. Vous vous demandez comment un coeur d'enfant peut Me contenir? Exactement comme l'Hostie consacrée Me contient en chacune de ses minuscules parcelles!

Je suis Dieu en trois Personnes, le Père, le Fils et le Saint Esprit.

Je suis la Très-Sainte Trinité, trois Personnes en un seul Dieu.

Qui Me voit, voit Mon Père. Mon Père vit avec l'Esprit Saint en Moi, comme Moi, le Fils, Je suis avec l'Esprit Saint en Mon Père.

Sur Ma Croix Je Me suis couché, parce que Je suis le Fils Unique du Père; ni le Père, ni l'Esprit, ne pouvaient accomplir ce Mystère *visible* de l'Amour de Dieu; parce que seul un Père peut offrir Son Fils en holocauste; ni le Fils, ni l'Esprit Saint, ne peuvent offrir le Père; ni le Père, ni le Fils, ne pouvaient offrir l'Esprit Saint.

L'Holocauste devait s'accomplir dans l'immolation du Fils de l'Homme pour le Salut des hommes, Victime sanglante entièrement consumée dans la haine des hommes et dans l'Amour du Père. Aucune offense ne devait être faite à Dieu dans Son Amour Miséricordieux; et cela était une *unique Réparation, l'Unique* pour Dieu.

Abraham reçut de Dieu la Promesse de la Bénédiction de tous les Peuples de la Terre. Là était aussi l'annonce du Messie qui naîtrait de sa descendance, mais au bénéfice de tous les hommes de la Terre. Vint à sa rencontre *Melchisédech,* Roi de la future Jérusalem; Prêtre du Très-haut, il bénit le pain et le vin, anticipation du Sacrifice Eucharistique; il était Roi et il était Prêtre.

Abraham eut un fils, le fils de la Promesse; son fils unique lui fut demandé par Dieu: *"Offre-le Moi en sacrifice".* Il va accomplir sa mission dans la crainte de Dieu; Abraham en sortit vainqueur et sa descendance était assurée par son fils Isaac qui fut épargné. Dieu sonde les coeurs.

Comme Abraham, Dieu choisit MARIE, la Toute-Pure, entre toutes les femmes. Elle est, comme Abraham, choisie pour donner au Monde une *descendance mystique* à ce Peuple de Dieu qui continue à chercher le vrai Royaume Éternel de Dieu. En Communion avec la Très-Sainte Trinité, MARIE va offrir à Dieu le Fils de la Promesse divine, le Messie.

Oui, MARIE est allée plus loin qu'Abraham dans Sa Foi.

Par son Fiat trois-fois Saint à l'Annonciation, Elle Se déclare aussitôt disponible. L'Être Suprême recevait de la Vierge Sainte le Fils du Très-Haut fait Homme, la Victime Sacrée pour l'accomplissement de la Rédemption du Monde. Premier Fiat...

Le Fruit Divin de ses entrailles est le Verbe de Dieu qui vit en Son sein virginal pour qu'Il devienne
le Fils de l'Homme
afin que Dieu devienne visible pour vivre parmi les hommes et leur donner Son Amour. Son Enfant Se nourrira
de la chair de MARIE,
du sang de MARIE,
de la pauvreté de MARIE remplie d'Amour.
Plus tard, le Fils offrira au Monde: Sa propre Chair,
Son propre Sang,
tout Son Amour.

Son Enfant va vivre dans Son sein virginal, comme au Ciel, uni au Père et à l'Esprit: les Trois Personnes de la Très-Sainte Trinité sont consubstantielles; et Son Être est Un: Il est indivisible.

Ma Mère Très-Sainte a porté en Elle le Mystère de l'Incarnation; Elle l'a vécu en Vérité, dans Sa chair comme également d'une façon mystique et spirituelle en union avec Dieu. C'est pourquoi Moi, JÉSUS, Je vous confirme en ces lignes qu'aucune personne au monde n'a vécu comme Ma Sainte Mère le Mystère de la Très-Sainte Trinité dans Sa Sainte Maternité.

Moi, votre Seigneur et votre Dieu, la Deuxième Personne de la Très-Sainte Trinité, uni au Père et à l'Esprit, Je vous confirme que l'Âme de MARIE était en complète intimité avec les Trois Personnes de la Très-Sainte Trinité. Puisque MARIE Très-Sainte avait le Fils en son sein, vivant de sa vie tout en restant uni au Père et à l'Esprit, Je vis Ma Mère pénétrer dans le Mystère de la Très-Sainte Trinité. Et depuis, Son Âme Sainte est restée en relation constante, vivant dans la Trinité, comme la Trinité vit en Elle.

MARIE, Mère de Dieu,
inséparable de la Très-Sainte Trinité.

Ô MARIE, Arche de l'Alliance,
Trône de la Sagesse,
Vase Spirituel,
Mère de Dieu,
Mère du Créateur,
Mère du Sauveur,
ô MARIE, Tu es dans le Mystère-même de la Croix.

C'est le jour de la Présentation de JÉSUS au Temple que Ma Mère Très-Sainte va comprendre que le sacrifice, qui va Lui être demandé, est le même que celui que le Père acceptait,
                    car le Fils du Père est aussi le Fils de MARIE.
La Toute-Pure, la Mère, tout comme le Père Éternel Lui-même, va devenir le propre Sacrificateur de Son Fils Unique.

Là, la Lumière vient de l'Offrande Elle-même, Offrande Sacrée offerte à l'Être Divin; présentée dans les mains de MARIE, Elle élève le Fils vers le Père; Elle Le Lui offre véritablement, de tout Son être qui est déjà offert à Dieu.

Là, son Fiat est vécu comme un écho de l'Annonciation; c'est le deuxième et c'est le même; alors, Elle en ressentait déjà l'importance; Elle, la petite MARIE, la Mère bénie, Elle-même est dans cette Offrande; Elle ressent déjà ce glaive pénétrer en Son coeur, ce glaive décrit par Siméon. Elle pâlit; Joseph La regarde: il ne peut définir ce Mystère qu'il ressent comme *un vent* autour de lui; il reste le Témoin qui sera préservé de la Douleur par le Père de Miséricorde. Joseph est le Juste qui va élever et protéger l'Enfant Divin. Sa mission sur cette Terre, il va l'accomplir dans le silence et l'Amour, entourant son Trésor, le Bien que Dieu lui a confié, de toute son affection de père nourricier.

Regardez, génération arrogante, le Respect et l'Amour d'une Famille unie: JOSEPH, MARIE, JÉSUS,
                    JÉSUS, MARIE, JOSEPH,
regardez la Sainte Famille, la Trinité de la Terre; ainsi vous pourrez mieux comprendre la Très-Sainte Trinité:
          le Père, le Fils et l'Esprit Saint
          si merveilleusement unis dans l'Amour
          pour ne faire qu'un seul Être.

MARIE, qui porta en son sein virginal le Fils du Très-Haut, va revivre le mystère de la Croix. Elle voit ce Vendredi Saint. Elle est là, devant la Croix sanglante. Ce jour, pour MARIE, c'est la Consécration de Sa Maternité en tant que Mère des hommes.
          Elle enfante toute l'Humanité au pied de la Croix
                    dans la douleur la plus violente.

Elle va revivre son Fiat pour la troisième fois: "*Père! Que Ta Volonté s'accomplisse, non la mienne. Que ma volonté soit Ta Volonté*". Elle, la Toute-Pure, qui a subi la Passion invisible de Son Enfant Chéri, ne laissant rien transparaître de la Souffrance de sa Sainte Passion jusqu'à Sa Très-Sainte Crucifixion.

Devant son Dieu devenu *l'Homme des Douleurs,* Elle a dû Se taire et offrir ses *Stigmates invisibles,* dans Son Âme et dans Sa chair, pour que s'accomplisse, *avec MARIE,*
                    le Mystère de la Rédemption.

MARIE Se revoit, là debout: sa chair semble se déchirer de haut en bas; Elle a très mal, intérieurement; Elle est une plaie vivante et son sang semble L'abandonner pour courir s'unir au Sang Sacré qui coule tout le long de cette Croix, de haut en bas pour arroser la Terre; ce Sang qui va purifier toute la Terre et toute cette Humanité pécheresse *dont Elle est Mère,* et pour qui, Elle aussi, a dit: "Oui!" à Son Dieu.

La Vie de MARIE est la Vie reçue de Son Dieu,
                    la Vie donnée à Son Dieu,
                    la Vie pour que vive chaque enfant du Père,
chaque frère de Son propre Fils.

Alors le Fiat de MARIE devient visible, lumineux. Avec Elle Dieu va réaliser Son oeuvre. MARIE enfante là
                    cette Croix Vivante et Glorieuse
          pour la donner au Monde pécheur pour le guérir
      et afin de ramener à Dieu jusqu'à Sa dernière Brebis égarée.

Dans cette Croix, la Sainte Trinité est présente:
Elle voit, au-dessus de Son Fils en Croix, le Père qui ouvre Ses bras aussi grands que les bras de la Croix; MARIE voit l'Esprit d'Amour, Colombe Immaculée, qui ouvre en grand Ses ailes blanches: Il est présent entre le Père et le Fils. Les bras du Fils ouverts, c'est l'Amour qui accueille, qui enserre le Monde entier.

MARIE voit ces trois Croix Vivantes se confondre, s'interposer comme une éclipse pour laisser apparaître *la Croix de Gloire, le Soleil de Justice.*

MARIE ne voit plus qu'une seule Croix qui brille, qui brille, qui brille.   Oui, c'est la Croix Glorieuse,
                    C'est JÉSUS Ressuscité,
          C'est un phare qui illumine la Terre entière.

MARIE ne voit plus qu'une gigantesque Croix. Son Coeur de Mère bat très fort. Le Père dépose au milieu de la Croix
          les Très-saints Coeurs Unis de JÉSUS et de MARIE.

"Très-Saints Coeurs Unis de JÉSUS et de MARIE,
          Donnez-nous la Vie, la Vraie Vie en Dieu.
Recevez notre Consécration journalière à Vos Saints Coeurs Unis
    Que nos coeurs soient toujours enflammés de l'Amour de Dieu
                    et du prochain.

Que nos coeurs s'unissent pour vous chérir tendrement,
maintenant et pour l'Éternité.
Que nos prières vous soient favorables pour obtenir
toutes les Grâces nécessaires pour notre Salut et le Salut
de toutes les âmes qui nous sont chères,
sans oublier les âmes du Purgatoire.
Très-Saints Coeurs de JÉSUS et de MARIE
soyez notre refuge,
Amen"

"Ô Croix Glorieuse mystiquement élevée en nos coeurs,
Trésor de sainteté, Gloire du Ressuscité,
Espérance des désespérés,
Amour de la Très-sainte Trinité,
Amour de la Sainte Vierge-Mère Immaculée,
Amour des enfants appelés,
fais paraître ta Lumière de Gloire éternelle
afin que le Monde soit sauvé et retrouve enfin
sa véritable identité".

"A Toi, MARIE, Mère de l'Église,
nous T'offrons nos prières;
nous sommes réunis devant toi, Mère de la Croix Glorieuse,
cette Croix qui porte en elle
le Mystère de la Très-Sainte Trinité,
le Mystère de l'Incarnation,
le Mystère de la Rédemption".

Mon Enfant, Dieu a éclairé ton esprit
pour te faire entrer dans la Très Sainte Trinité.
Amen.

†
† †

Note de Mr l'Abbé Pavageau: Dieu veut que nous méditions bien tout cela
pour entrer, nous aussi, dans la Très-Sainte Trinité.

Vous ne serez jamais seuls
****

16 Mars 1996
Ste Bénédicte

MARIE: "Mes chers enfants, dans Mon Coeur Immaculé Je
********* dépose vos demandes pour les montrer au Père des
miséricordes. Il les regarde avec compassion. Par le peu d'Amour que
certains Lui manifestent, Son Coeur de Père est terriblement peiné. Et
alors, Moi, la Mère, Je demande aussitôt à Mes enfants chéris de
réparer par plus de prières et plus de sacrifices. Ceux-ci Me
répondent toujours "Oui". Ils sont les volontaires de la *Réparation
pour Dieu.* [1]

Ces enfants sont les bénis du Père. Il les porte en Son Coeur avec
la tendresse amoureuse du Père qui souffre pour le manque d'Amour
bien plus que pour toutes les plaies de la Terre; car c'est ce manque
d'Amour qui donne naissance à toutes ces vilaines plaies qui sont
venues ronger les âmes; et la Terre entière s'est recouverte de la
même plaie.

C'est une plaie *mortelle*, ce manque d'Amour en tout et surtout
envers Celui qui vous a donné la Vie. Réparez, Mes enfants chéris
car même les réparations maladroites, mais qui partent d'un bon
sentiment, Me touchent.

> Toi, Ma fille, dis-le *"que Dieu excuse le maladroit parce qu'il
> croit bien faire en se donnant à fond, plutôt que celui qui ne fait
> rien parce qu'il craint de mal faire".* [2]

Je te demande d'avertir tous tes frères que Dieu attend *de chacun
de vous un acte sincère.* Lui Seul peut juger l'erreur sans condamner.
Que ceux qui ont fauté par Amour demandent à ceux qui les jugent
de leur lancer la pierre s'ils jugent en vérité *leur* propre coeur comme
étant parfait et sans péché.

Oui, Je te demande de faire l'intermédiaire; Je te bénis, ne pleure
pas; Je bénis, à travers toi Mes très chers *maladroits d'Amour.*

Le Père Éternel est là, près de toi.
Vous ne serez jamais seuls, jamais sans l'Amour de Dieu.
MARIE, Consolatrice des affligés.
✝ ✝ ✝

---

(1) *Note personnelle de Mr l'Abbé Pavageau:* "Ô MARIE, d'avance j'accepte et j'offre
toutes mes épreuves et toutes mes souffrances pour les unir aux vôtres et à celles de
votre Divin Fils."
(2): le *maladroit* visé ici est Mr Aleman qui a relayé une pétition contre un projet de film
blasphématoire sans en avoir suffisamment vérifié la réalité; ce qui a nécessité en 7 mois
1350 réponses vers la France et 2130 vers les pays étrangers.

Le dernier jour de Mon Évangélisation
****

Mardi 5 Mars 1996

"JNSR" : *"Je viens à Toi, mon Seigneur et mon Dieu."*

JÉSUS: "Ma Parole est un fleuve où se purifie toute chose.
******* Ce qui émane de Dieu est Pureté, est Joie pour l'esprit
et pour le corps. Écris :

Ma Pensée est droite; nul ne peut la combattre, car tout
s'accomplit dans Ma Pensée, tout se crée dans Ma Pensée, tout se
construit dans Ma Pensée. Lorsque Ma bouche sacrée parle, ma
Pensée est en elle comme un feu qui soude ce que Ma pensée dicte à
Ma Parole car, conjointement, elles accomplissent la sainte Volonté
de Dieu.

Les hommes s'unissent entre eux pour former des communautés;
unis, ils travaillent pour l'oeuvre qu'ils doivent accomplir en commun.
Ainsi vivent tous les frères en Dieu. Ce que fait l'un, sert à ce que fait
l'autre; tout se complète pour faire cette oeuvre ou accomplir une
même action qui va servir à toute la communauté.

Dans Sa sainte Justice, le Seigneur Dieu va donner à chacun sa
part de travail, comme sa part de profit. A vous, enfants de la Terre,
de comprendre mieux ce que Dieu attend de chacun de vous: *une
justice meilleure, une union parfaite entre vous où régnera la Paix
et la Joie.* Pour le Juste le Soleil se lèvera, dissipera tous les nuages et
le vent balaiera tout ce qui handicape la réalisation de son projet
d'Amour. Mes saints Anges veulent vous aider et Dieu désire
ardemment voir votre Terre produire, voir tous les fruits de cette
Terre partagés entre tous, ressentir la tendresse en chaque coeur
appelé à devenir meilleur, voir la transformation accomplie dans les
coeurs et avec les coeurs appelés à édifier l'Oeuvre de Dieu.

Si l'homme, qui reçoit en abondance l'Esprit-Saint, se met à
partager les Dons qu'il reçoit, il va devenir un panier de fruits inépuisable: plus il va donner, plus il va recevoir. Ceci se manifestera
chez tous les hommes de bonne volonté, même chez le plus pauvre;
et surtout chez le plus pauvre qui sait donner même de son
nécessaire: les pauvres savent partager.

Je donnerai des Grâces de toutes sortes et cela ira chez les enfants,
chez les adultes et chez les anciens; car Dieu est Bon, généreux au-
delà de vos espérances. Il est *le Dieu de la Multiplication.*

Je donnerai de plus en plus à celui qui a pour qu'il s'unisse à Mon
Partage; et à celui qui n'a rien, Je lui ôterai jusqu'à son *rien* pour qu'il
voie la nudité de son coeur.

Enfant, écoute ceci: Dieu vous prépare à devenir Ses vrais ouvriers; pour cela, Il vous rassemble: *ce sont Mes Communautés
d'Amour.* Je demanderai bientôt à chacun: *"Qui veut Me suivre?"*
Vous serez guidés par l'Esprit-Saint; vous irez peut-être là où vous ne
le désirez pas! Pouvez-vous accepter le Don de Dieu *sans votre
propre offrande?*, occuper une maison agréable avec un jardin dont
la terre est fertile, aidés de tous côtés et recevoir l'aide nécessaire
pour que votre jardin devienne votre paradis personnel, *sans aucun
effort de votre part?*

Non! Je briserai votre orgueil; Ma Justice est dans le Partage.

Non! Vous ne verrez pas votre Terre fructifier toute seule et pour
vous seuls.

Non! Vous ne recevrez pas tout sans efforts, comme une pluie
attendue qui vous arrive.

Non! Vous ne verrez pas l'Édifice construit à l'avance; car votre
sueur recouvrira chaque jour votre corps et arrosera votre travail;
votre coeur ne sera content qu'après une journée faite de labeur;
votre sourire ne pourra pas venir de votre repos, mais de votre
acharnement au travail.

Pierre par pierre se construit un édifice, *Mon Édifice.* Il montera
jusqu'à la hauteur que vous allez choisir vous-mêmes, car Dieu donne
des ailes aux moineaux qui suivent l'Aigle Royal jusqu'au sommet de
sa montagne sainte. Ainsi chaque ouvrier sera préparé pour
accomplir sa tâche jusqu'au bout. Sans vous en rendre compte, tous
ensemble, vous vous appliquerez à donner le meilleur de vous-
mêmes en unissant vos forces pour la même cause.

C'est aussi *Mon travail,* celui que Moi-même votre Dieu,
J'accomplis chaque jour, chaque heure, chaque minute et chaque
seconde. Avec vous, *avec chacun de vous,* c'est le travail de la
construction de Mon Royaume de paix, d'Amour et de Joie. Voici
votre Nouvelle Terre qui se construit! Voici que Mes Cieux vont
s'ouvrir bientôt! Mais vous devez le savoir: le travail accompli
chaque jour ne se voit pas à l'oeil nu.

Et vous pensez tous, au fond de vous-mêmes, ce que pense le
maçon fatigué par les intempéries: ce qu'il a monté la veille est détruit
par le vent et la pluie du lendemain. Moi Je vous le dis: si ce travail
ne s'accomplit pas *dans la persévérance* et surtout *dans l'espérance, jamais vous ne vaincrez.* Je vous donne des ailes pour monter
plus haut, pour construire plus vite *la Cité de l'Amour
Miséricordieux!* Demandez-Moi tout ce qui vous est nécessaire:
force, courage, santé. Je lirai vos véritables besoins en vos coeurs. Je
verrai votre volonté sincère d'accomplir véritablement ce travail et Je
vous récompenserai au-delà de vos espérances.

Cette oeuvre n'est pas matérielle, Mes chers enfants; Je vous prépare à unir vos coeurs entre vous *avec* le Mien. C'est une lutte de tous les instants contre le Mal qui détruit chaque jour ce que vous avez réalisé la veille. Sa *dernière aspiration* est une haine féroce et sanguinaire contre Dieu, et contre vous, Mes Enfants de la Paix en Dieu. Gardez l'Espérance et la Foi. Je suis là, n'ayez pas peur.

C'est dans cette terre, plus qu'aride, de tous ces coeurs fermés à l'Amour, que Je vous envoie pour bâtir, pierre par pierre, une nouvelle Cité de Frères. Ce travail vous conduira à donner **Ma Parole de Vie** jusqu'à votre propre épuisement; et si une de ces *pierres* se laisse emporter sur votre coeur pour s'unir au Mien, vous serez récompensés tout de suite par Mon Sourire. Le Sourire de Dieu est une Lumière, douce, apaisante, qui donne Force et Courage.

Que de fois vous irez chercher au fond de votre coeur *Ma Parole Créatrice, Ma Parole apaisante, unique dans sa douceur du Pardon, Ma Parole d'Amour* qui vit en vous et qui fait vivre *ce bois sec,* cette pierre dure, oui ces coeurs fermés comme des huîtres apeurées.

Votre audace fera monter l'Édifice jusqu'à rejoindre la Montagne où se trouve le nid de l'Aigle Royal. Alors Dieu ordonnera à Son Ange de sonner *la dernière Trompette* pour annoncer Son Retour saint et adorable. Vous verrez les Cieux s'ouvrir pour apercevoir la Cité Sainte qui descend avec son Roi. Elle descend du Ciel de chez Dieu. Voici la Demeure de Dieu avec les Hommes. Terre purifiée par le Souffle du Très-Haut, te voici revêtue de ta parure des Noces de l'Agneau, Terre Nouvelle. L'ancien Monde s'en est allé.

Admire les Cieux de Gloire: voici l'Alpha et l'Oméga. Tout rentre en Dieu. Oui, pour ceci vous aurez travaillé, enfants de Ma Sainte Croix et de Mon Sacré Coeur,
jusqu'au dernier jour de Ma Grande Évangélisation.
Amen.

†
† †

La nappe de l'Autel de la dernière Messe
****

Vendredi 22 Mars 1996

"JNSR": *"Mon Dieu, Tu es toujours présent lorsqu'on T'appelle; qu'il fasse jour, qu'il fasse nuit, Tu es là, avec nous qui T'abandonnons si souvent!".*

JÉSUS: "Cette Grâce de Me savoir avec vous, qui vous l'a
******* dite? Est-ce pour vous un pressentiment, ou une vérité?
Non! Je ne veux pas que vous vous mépreniez. En effet, Je suis là,
quand vous M'appelez Je réponds en votre coeur; mais Je suis là
même si vous ne M'appelez pas car Dieu vous aime et vous
accompagne partout comme votre ombre; oh bien plus car l'ombre
fuit s'il n'y a pas de soleil et Moi, Je suis le Soleil, Celui qui dissipe
toutes les ombres.

Chers enfants, vous ne voyez pas encore le bonheur de posséder
Dieu en vous. Même celui qui en connaît la valeur est loin de
l'apprécier à sa juste grandeur. Vous vous en rendrez vraiment
compte le jour où vos yeux de l'âme s'ouvriront tout-à-fait. Alors,
vous *goûterez* Dieu comme l'enfant qui commence à percevoir le
goût des aliments; jusqu'ici vous ne ressentez qu'une parcelle de
Mon Amour parce que vous ne savez pas encore Me goûter de toute
votre âme.

Ô Mon enfant qui M'aime, Je voudrais t'emmener déjà vers ce que
Je te réserve, mais Je te demande d'être patiente encore. Il ne peut en
être autrement; ton travail est en train de devenir comme un métier à
tisser qui se garnit de fils de trames de plus en plus fins dans lesquels
Je vais pouvoir passer les plus beaux brins de soie naturelle. Je vais
donner, avec ce métier, un linge merveilleux où les générations
futures pourront lire l'Amour de Dieu pour Ses Âmes-appelées qui
n'ont jamais cessé de monter, fil par fil, cette immense toile.

C'est votre travail quotidien, rempli d'Amour, qui forme les fils qui
se joignent et se rejoignent. Plusieurs ouvriers abandonnent le
travail, croyant que le repos est dans l'abandon; et ils
M'abandonnent. Certains se reposent quelque temps et ils Me
reviennent bien après. Certains s'éloignent sans même un regret et
Ma toile de linge fin est inachevée: *et plus elle tarde à se construire,
et plus vous retardez le Jour de Mon Retour.*

Venez à Moi, enfants qui Me préparez *la Nappe du Festin Royal.*

Venez à Moi, vous qui travaillez jusqu'à son achèvement. Cette
nappe est commencée depuis tant d'années qu'il est temps que, tous
ensemble, vous vous unissiez pour l'achever et pour qu'elle puisse se
voir, elle-même finie, pour recevoir à la Table qui aura l'honneur

d'être recouverte par elle, *le Pain et le Vin* que le Prêtre par excellence, entouré de tous Ses Consacrés, célébrera sur la Terre Sa dernière Messe avant de remonter vers le Père pour toujours.

JÉSUS, Prêtre Éternel.

† † †

le même jour

L'appel de la Croix
****

JÉSUS: "Les Temps ont une résonance qui vient et qui
*******   monte du fond des Temps, comme un appel qui vient pour nous unir à lui. C'est un appel qui nous met tous en route et en même temps, comme un Peuple qui cherche dans la nuit un chemin.

Ce Peuple, qui a commencé à marcher dans la nuit, commence aujourd'hui à marcher en apercevant la Lumière et plus il avance, plus il est attiré par la Lumière. Ils ont en leur coeur un désir qui monte comme les flots de la mer lorsque la marée s'avance et monte et gronde. Les voici près du lieu qu'ils voient sans même voir, qu'ils cherchent sans même le savoir; et ils sont près et ils commencent alors à ressentir une présence inconnue, et pourtant déjà vue, comme un rêve dont on n'a retenu que l'essentiel.

Ils sont des milliers à se demander pourquoi il se sont tous mis en route en même temps et vers le même endroit. Est-ce la Lumière qui les guidait? Pourtant elle était si éloignée d'eux. Est-ce leur esprit qui était comme attiré par un Signe qui devenait comme un guide? Et ce Signe, le portaient-ils en eux? Pendant longtemps ces hommes de toutes races et de toutes religions se sont demandés *qui* ou *quoi* les faisait fonctionner ainsi: ni fatigue, ni sommeil, ni faim, rien ne les arrêtait et ils marchaient depuis quand? Même ceci ne les intéressait pas; ils voulaient *voir*; ils voulaient *connaître*; ils voulaient *vivre* cet instant, cette rencontre avec ce qui les attirait ainsi.

C'était chaud au coeur, c'était bon comme un jour de joie, c'était inexplicable et pourtant aucun mot ne pouvait rendre son vrai sens à ce qu'ils ressentaient en eux. Ils se regardaient entre eux sans se voir car ils voyaient maintenant au fond d'eux une Image qui les unissait: et ils souriaient à cette vision comme on sourit à un jeune enfant: un sourire nouveau, plein de tendresse et de joie naïve.

Comment pouvaient-ils expliquer qu'on peut sourire sans rien voir devant soi. Comment expliquer que le coeur se remplit comme une outre neuve d'un Amour puissant comme un vin nouveau qui rend ivre de bonheur. Comment peut-on dire "Je t'aime" pour la première fois à cet Amour si pur qu'on a envie de s'envoler comme un oiseau pour chercher l'azur infini où il se cache.

Alors, les frères de toutes les races et de toutes les religions se sont jetés dans les bras, les uns les autres, parce que là, ils se sont reconnus: *tous se ressemblant*. Pouvez-vous faire une distinction, un choix, devant une multitude d'Anges du Ciel? Ils étaient aussi beaux, radieux, merveilleux, que ces Anges qui ont un nom divin; et alors ils se virent pour la première fois tels qu'ils étaient, des frères du même Frère, des enfants du même Père.

Devant eux brillait ce Feu qui les réunissait, tous en une même Foi, tous en même temps; ce Feu était partout, autour d'eux et en chacun d'eux.

Alors le Chant de la Victoire monta jusqu'aux nues. Ils ont retrouvé ce qu'ils avaient perdu depuis la nuit des Temps. Dans toutes races et dans toutes religions chaque homme est un homme nouveau, un être qui venait de retrouver

ce qu'il cherchait sans le savoir,

ce qu'il espérait sans même le vouloir,

ce qu'il attendait sans même l'attendre, croyant que ce vrai bonheur ne pouvait jamais exister. Alors ils lèveront les yeux tous ensemble pour regarder

la Lumière

et c'est *une immense Croix* qui est là, plus brillante que tous les feux allumés depuis leur origine sur la Terre. Cette Lumière devenait *vivante*, et invitait chacun à pénétrer en Elle, comme si Elle avait décidé pour eux. *Elle les attirait* et, un par un, ils pénétraient en Elle; avec Sa Force, Elle les lavait, les purifiait et les enveloppait d'un Amour si fort et si doux, si pur et si caressant, si apaisant et si encourageant que jamais, oh jamais, aucun d'eux n'avait eu pareil bonheur.

Ô Mes enfants chéris, voici Ma Croix d'Amour. Mes saintes Plaies vous guérissent de toutes vos blessures. Je *suis* dans cette Croix qui domine le Monde. Je vous aime, n'ayez pas peur. Laissez-vous guérir par Moi. Ne craignez plus de Me voir comme un Juge sans Justice et sans équitable Pardon. Je suis la Miséricorde infinie et Ma sainte Justice est miséricordieuse.

N'écoutez pas les faux-prophètes.

Venez à Moi. Repentez-vous: Mon Pardon

est un fleuve qui purifie tout sur son passage

et *la fougue* de ce fleuve vous fait rentrer

dans Mon Amour Purificateur

pour pénétrer dans Mon Divin Sacré Coeur à jamais.

Dans Ma Croix se trouve Mon Coeur qui vous attire à Lui.

†

† †

Mon Coeur spirituel n'a jamais connu la mort
****

Mardi 9 Avril 1996

JÉSUS: "Ne t'éloigne pas de Moi. Ne repousse jamais la Parole
*************   d'Amour qui vient à toi. Je suis le torrent de feu qui emporte tout sur son passage pour l'unir au Feu sacré de Son Divin Coeur.

Enfants de Mon Sacré Coeur et de Ma Sainte Croix, êtes-vous assez forts pour suivre Celui qui vient changer votre vie en vous donnant la Sienne comme sublime cadeau; êtes-vous bien préparés?

Je pénétrerai en vos coeurs pour les changer en coeur de Ma Sainte Chair et votre esprit s'ouvrira pour épouser le Mien.

Ô Esprit d'Amour, Esprit de Feu qui s'unira à l'esprit de chacun de Mes enfants pour en faire de vives flammes, ardentes de sainteté. JÉSUS vous appelle, aujourd'hui même, à ouvrir vos portes et renouveler tout ce qui habite en vous.

Ce renouvellement va s'effectuer lentement, sans vous en apercevoir, mais J'ai besoin de votre consentement, J'ai besoin aussi de votre élan sincère et véritable *car Je viens prendre avec Moi les Apôtres des Nouveaux Temps.*

Je vais réveiller tout ce qui dort depuis de si longues années comme des choses mortes, sans vie véritable, trop longtemps habituées à ne suivre que le courant *d'une vie sans Vie.* Aujourd'hui, tout s'éveille à **la Vraie Vie en Dieu** et Je viens vous chercher pour Me suivre. Je suis l'Éternel Présent et Je donne Vie à celui qui veut se renouveler en Moi et Me suivre.

Je te parle, enfant. Je suis là devant toi. Nous allons entreprendre une conversation. Tu ne Me vois pas, mais Je suis là. Chaque question que tu vas Me poser recevra Ma réponse. Parle-Moi comme tu le désires et Moi Je te répondrai".

"Seigneur, Tu le sais que je T'aime et Tu ne cesses de me mettre à l'épreuve pendant tout ce Carême, pourquoi? Je suis déjà si malheureuse! Jusqu'à quand, Seigneur, vas-Tu laisser Ta prisonnière d'Amour dans cette vie sans vie?

Rien ne change autour de moi. Aucun de mes cinq enfants n'arrive à se convertir, à T'aimer, à Te suivre. Vois Seigneur: y-a-t-il une autre mère plus affligée que moi? Seigneur, peux-Tu me répondre? Tout s'est accentué pendant ce Carême".

"Je vois tout et je ressens ta peine et ton désarroi; même les étrangers te font souffrir. Et toi, tu es comme la braise brûlante qui sait qu'elle va mourir et qui veut donner le maximum de chaleur avant de s'éteindre. Pourquoi, Enfant, cette précipitation? Je te ferai encore brûler au Feu de Mon Amour. Mais tu n'es pas une braise, tu es une flamme, ma flamme ardente, flamme unie à Ma propre Flamme qui s'élève dans les Cieux et non vers la terre.

Non, Mon Enfant, Je ne veux pas te voir te consumer comme ceci. Tu dois M'entendre et M'obéir. Ne crois plus *celui* qui te démolit ainsi, sans t'apercevoir qu'il en veut à *ta vie*; tu rentres en son jeu et tu ne viens plus Me voir, croyant que Je t'ai abandonnée! Non, tu ne peux Me rencontrer vers *le bas où il t'entraîne*. Je ne veux pas ta perte. Regarde ton Dieu: Il t'emmène vers Lui, plus haut, toujours plus haut et Sa Flamme brûle ton coeur au Feu du Sien. JÉSUS ne t'a jamais abandonnée. Lorsque tu as peur, cela ne vient pas de Moi.

Tu t'arrêtes, tu te renfermes en toi-même et tu perds ces dernières minutes de temps, si précieux pour Me faire aimer de tous tes frères. Ne crains rien, Je suis là. N'aie plus peur, tes enfants sont en communion avec toi et en t'élevant vers Moi, tu les élèves et tu Me les donnes ainsi. Pourquoi t'attrister? J'ai promis de les sauver, t'en souviens-tu?

Un bateau qui se renverse sur la mer en furie n'atteindra jamais le fond si le vent qui surgit tout-à-coup le redresse et apaise les flots. Ainsi ferai-Je avec eux et ils comprendront *qui* les a sauvés, remis dans le calme et la paix, hors de la tempête; ils verront *qui* leur a donné cette stabilité. Leur esprit et leur coeur se trouveront dans la paix et le bonheur encore inconnus d'eux.

Je suis *Flamme Vivante* qui éclaire, qui réchauffe et qui donne Vie. Mon Enfant, Je te le demande: veux-tu garder ta Foi, celle qui fit de toi Mon plus bel Instrument donnant la Vie là où s'installait déjà la mort, la Paix où déjà la colère naissait, la Joie où déjà la peine demeurait. Enfant, que Me dis-tu aujourd'hui?"

"*Seigneur, je sais que je suis ingrate et Toi Tu es si bon! Non, malgré ces dures épreuves, je n'ai jamais oublié ce que Tu fis avec moi, et à travers moi, pour montrer Ta Puissance de guérison, et pour les corps et pour les âmes malades, par dizaines, partout. Tu le sais, Seigneur, que je T'aime. Je désire de tout mon coeur Te servir avec une Foi à toute épreuve comme depuis que je T'ai rencontré. Pardonne-moi, Seigneur! Élève vers Toi ton enfant qui ne veut plus écouter la peur. Pardon, doux JÉSUS*".

"C'est fait, Mon Enfant; redresse-toi, Dieu est là. Qui est comme Dieu? Oui, Je te confie à Mes saints Anges et Je confie à ton coeur ta mission, Ma Mission d'Amour. Ne te courbe plus, redresse ton front *qui porte Mon Nom*. S'ils sont contre Moi ceux qui le liront, ils seront repoussés en arrière; ceux qui essaieront de te faire tomber, ils tomberont.

Je suis avec toi. Ne crains ni le fer, ni la lance, ni la langue, ni l'esprit enténébré. J'écarterai de ta route ceux qui s'opposeront à Ma sainte Volonté. Tu portes en toi ce que Je te demande d'accomplir et ils ne peuvent s'opposer à Dieu.

Oui, il fallait que tu souffres ainsi pour Me retrouver. Comme leur Dieu, Mes Élus doivent connaître la tentation et la combattre et lutter contre elle; ainsi est le prix d'une âme; ainsi est sa valeur dans le renoncement à soi-même. Oui, tu as pleuré, pour toi, pour tes enfants et pour ton Dieu ensuite, croyant M'avoir perdu. Que M'offrais-tu? Tes pleurs!

Mais ta fidélité l'a emporté, tu M'appelais sans cesse: *"Mon Dieu, mon Dieu, pourquoi m'as-Tu abandonnée?"*. Le Malin ne peut supporter la fidélité de Mes enfants saints de la Terre; et ta faiblesse, revêtue de la fidélité à ton Dieu, a vaincu la puissance du Mal".

"Seigneur, merci mille fois du réconfort de Ta Présence. Je sais, Seigneur, combien Tu as souffert pour nous tous sur la Croix; combien, dans Ta Souffrance, Tu appelais le Père. Tu recherchais, JÉSUS, la consolation d'En-Haut et Ta Sainte Mère était à Tes pieds. Ô JÉSUS, Tu ne La voyais pas pleurer!".

"Ô Mon doux enfant qui pense à Ma Mère Chérie! *Oui, regarde-La*, toi pour Moi, lors des quelques moments où Je regardais le Ciel pour qu'il s'entrouvre afin que J'aperçoive Mon Père et votre Père. *Oui, regarde-La* toujours pour Moi, car il n'y a eu sur cette Terre plus grande douleur que celle que J'avais là, à Mes pieds: Ma Sainte Mère, silencieuse, mais combien offerte, combien obéissante, comme Son Agneau. Pour Elle, il y eut aussi le Regard du Père qui, sans parler, La contemplait dans Sa douleur avec le même Amour qu'Il avait pour Son Fils.

Elle S'était offerte sur la Croix. La Croix de Ma Mère est *ce lit nuptial* où *la première* Épousée de Dieu vint Se coucher en même temps que Son propre Fils qui l'occupait déjà, rendant cette somptueuse couche nuptiale aussi brillante que l'aurore d'un jour de printemps embaumé; ainsi le virent les saints Anges et les saints Archanges du Ciel.

Oui, MARIE avec Son corps vivant était là, au pied de la Croix pour vous tous qui La regardiez; mais Son âme reposait sur le Bois de la Croix avec Son Fils, Son Dieu. MARIE est la première Épousée du Christ, la première qui a reposé sur la couche pourpre et nuptiale de la Croix. Pour Dieu, MARIE était déjà

un avec le Fils,
un avec le Père, le Fils et le Saint Esprit.

Moi, JÉSUS, Je ne pouvais plus baisser les yeux vers Ma Mère car Mon Esprit rentrait petit à petit en Celui de Mon Père; et Mon Coeur de chair, qui s'arrêtait de battre dans Mon Corps de chair, sentit la mort physique s'emparer de lui. Oui, il ont transpercé Mon Coeur adorable avec la lance. Ce Coeur qui vous a aimé jusqu'à en mourir, vient de vous donner le Sang et l'Eau, sanctifiant ainsi les Sacrements divins de Mon Église.

Mais la Vie de Mon Esprit, vous n'avez pu la toucher. En touchant à mort Mon Corps, *Mon Âme* qui gouverne et qui dirige, vous ne l'avez jamais atteinte.

Mon Coeur spirituel n'a jamais connu la mort, n'a jamais cessé de battre pour vous qui M'avez amené au gibet de la mort, qui M'avez cloué sur une Croix et qui, par souci d'avoir bien accompli votre acte infâme, avez percé ce Coeur adorable qui ne voulait pas vous abandonner et qui ne pouvait pas mourir *car personne ne peut tuer l'Amour:*

l'Amour ne sait qu'aimer, c'est pour cela qu'il est immortel.

Sur Ma Croix, Mon Père et votre Père venait d'unir à jamais Mon Divin Sacré Coeur à Celui très Saint de MARIE, Ma Mère et votre Mère. Il n'y eut aucun échange matériel, l'Amour surpassait tout.

A cette courte séparation MARIE Se conformait, gardant en Elle Ma parole qui vivait en Son Coeur maternel. Elle revivait Ma Sainte Incarnation et attendait Ma Sainte Résurrection. Dans l'harmonie, de Son Esprit, de Son Corps, de Son Âme, toute dirigée vers Son Christ et Son Dieu, MARIE attendait et priait. Le Tombeau a reçu Mon Corps de chair enveloppé dans la mort, en attente de restituer Mon Corps Glorieux à la vue du Monde. Mon Père, dont la Volonté très-Sainte est infinie, a toute Autorité sur l'énergie et la matière.

Sa Pensée est tout Amour dans toute Sa Création. Dans l'ordre naturel de Son Amour, Il accomplit dans le Temps cet Acte d'Amour le plus noble qu'il soit: *le Tout-Puissant Se fondit dans ce Corps inerte pour lui donner Sa Vie;* alors, le Père et le Fils, unis dans le Feu de l'Amour qui est Esprit Saint, n'en firent qu'*un.*

De chacune des Personnes de l'Être Divin émanait une Lumière intense de Vie dont les faisceaux se fondent en un seul; ils fusionnent et, comme leurs Lumières s'unissaient, le Christ absorba le Tout; ainsi le Christ JÉSUS sortit du Tombeau dans une immense explosion d'Amour:

le Christ rayonnait dans toute Sa Sainte Gloire,

le Christ Glorieux vainquit la Mort.

Voici JÉSUS-Christ, le Premier-Né d'une multitude de frères

tous Enfants du Père Très-Saint.

Voici le Sauveur et l'Ami, la Vie et l'Amour.

Je suis la Résurrection et la Vie,

allez par toutes les Nations annoncer

Mon Retour en Gloire sur votre Terre.

La tombe n'est pas destinée à l'âme, mais seulement au corps.

Allez enseigner l'Amour qui sauve.

Je vous prépare à recevoir Ma Connaissance.

Élevez vos âmes vers la Lumière, Je viens vous rassasier.

Je suis le Christ Sauveur.

MARIE des deux Saints Coeurs Unis.

Amen

†
† †

Sur la Montagne
****

15 Avril 1996

"JNSR" : *"Faut-il, Seigneur, que je monte sur la haute montagne pour T'entendre Me parler? Où veux-Tu que j'aille pour entendre Ta parole?"*.

JÉSUS: " L'Éternité résonne de Ma voix. *Je suis,* de toute éternité.
************* Les cavités, Je les remplis. Les espaces, Je les parcours. Les profondeurs, comme les hauteurs, Me sont accessibles.

Pourquoi te demander où te rendre pour M'écouter? Demande-toi plutôt comment te conformer à mon écoute pour M'entendre. Est-ce une parole d'homme que tu entends? N'est-ce pas la Parole de ton Dieu que tu perçois en ton coeur?

Où que tu ailles, *Je suis en toi pour te parler.* Ne cherche pas, ni la montagne, ni même l'éloignement, car Je suis là.

Il fallait que Moïse M'écoute sur la Montagne car le Peuple incrédule ne voyait qu'à hauteur de son regard et pas plus haut. Il fallait que Je Me manifeste dans Ma Grandeur pour donner à ce Peuple incrédule sa Loi et Mes Commandements, car la désobéissance les entraînait vers le désastre et la rébellion.

Moïse, lui-même, comprit la grandeur de Ma Loi; pour lui, c'était déjà Ma Vérité qui l'imprégnait comme un linge imbibé d'eau pure. Et de lui devait sortir cette Eau pour donner la Vie à ses frères. Il fallait que Moïse voie Ma Grandeur pour que lui-même soit grand; qu'il voie Ma Force pour qu'il ne fléchisse pas devant ce Peuple à la tête dure.

La Montagne est le lieu où Dieu parle
pour être entendu du Monde entier.

Et vois-tu, celui qui a cette Mission porte en lui la garantie de l'authenticité de ce Message divin. Le Porteur de ce Message est aussi grand que le Message aux yeux du Seigneur, car c'est sur lui que repose toute la garantie.

Dieu a parlé et tout s'est confirmé.
Dieu a parlé et Son Serviteur est la confirmation.
Qui voit le Serviteur et le Message qu'il porte, voit dans son Message Ma Vérité.
Qui refuse le Message, qui rejette Mon Messager, n'est pas digne de Me dire: "Seigneur, je crois en Toi".

Est-ce si difficile de comprendre que Dieu parle encore de vos jours à travers des hommes et des femmes simples, et choisis parce que Dieu seul sait le pourquoi véritable de ce choix.

Personne, même pas l'Enfant choisi ne connaît le *pourquoi* du choix de Dieu sur sa personne. Et même si vous pensez être choisis pour telle qualité ou valeur, vous êtes déjà dépourvus de l'humilité.

Prenez garde, car le choix de Dieu *est terrible.* Il peut faire d'un roseau un chêne et d'un chêne, un simple roseau. Ne cherchez pas, car Dieu est Seul Maître. Dieu, Seul, a la Vérité.

Vois-tu, le Mont de Dozulé est véritablement comme une pierre de grande valeur cachée sous une énorme couche de boue et qui reste encore invisible à bien des chercheurs. Et cependant, Je la ferai briller de tout son éclat lorsque Je le déciderai.

N'imaginez pas que Dieu veuille remettre à plus tard cette découverte et qu'Il n'enlèvera pas le voile qui continue à épaissir. Ne jugez pas; Le Temps de Dieu n'est pas le vôtre. Et cependant, tout avance comme Dieu le commande. Ici, l'éloignement n'est pas signe de ralentissement de la part du Seigneur, à cause des *hommes de la division,* car Dieu ne remet jamais à plus tard ce qu'Il a déjà conçu en Son Esprit Saint. Mais là, voyez plutôt un avantage, pour chacun de vous, afin de vous laisser le temps de la réflexion.

Pourquoi voulez-vous devancer le Plan de Dieu, Lui qui a choisi Son Église pour libérer Son Message et lui donner Vie. Croyez-vous que, même ceci Mon Père, qui est dans le Cieux, l'aurait laissé en suspens dans l'attente de la résolution de Son Église? Non. Le Père n'obéit pas à la loi des hommes, mais doit suivre Son Plan tel qu'il est conçu, depuis l'origine, en Son Esprit. Et l'Esprit parlera lorsque le Temps viendra. Tout sera dévoilé, même si les plus insensés désirent les ténèbres et continuent à épaissir le voile qui doit tomber par la Volonté de Dieu.

Personne ne peut se prévaloir de ce Droit divin. Ne croyez pas que Mon Père aurait déjà *ouvert* la volonté de celui qui croit posséder le pouvoir de tenir ce Message secret encore longtemps. Non. Tout vient de Mon Père et lorsqu'Il lui commandera d'ouvrir ce que *l'homme a fermé et caché dans un tiroir,* aucune force humaine ne pourra résister à la Volonté de Mon Père pour qui tout est Lumière. Il chassera les ténèbres de celui qui a la charge de mettre au jour Mon Message de Vie. Et alors s'ouvriront les portes, une à une, pour laisser passer Ma Parole de Vérité. Non.! Personne ne la tient prisonnière, puisque vous la connaissez!

Elle est Vivante, puisqu'elle vit en chacun de Mes Enfants-choisis, Porteurs du Message qui annonce Mon Retour en Gloire.

Elle est Vivante, puisque vous êtes nombreux à venir là, sur la Haute Butte, où ma Croix est apparue six fois.

Mais *le Passage,* que vous avez déjà tracé par votre venue en ce lieu saint, restera toujours tracé pour que les suivants viennent sur vos pas, car tous vous avez trouvé ce lieu; et Dieu *vous a vus et vous voit* toujours devant Lui.

La *moisson* est déjà prête à être coupée et mise en gerbes.

Le *vendange* est déjà prête; le pressoir est en place.

Mais le soleil n'est pas encore sorti pour mûrir les derniers grains et les dernières grappes.

Le Seigneur veut l'épi tout rempli.

Le Seigneur veut la grappe lourde de jus.

C'est pourquoi vous regardez ma Montagne sans voir, vous Me cherchez sans Me trouver, vous ne M'entendez pas, vous ne Me voyez pas...

Comme Moïse, J'ai appelé Madeleine. Comme Moïse, elle a eu affaire à un Peuple rebelle à Ma Parole de Vérité, et pourtant tout a été dit. Voici que Je les ai laissés *aveugles et sourds*, sans discernement; parce que Dieu a parlé et, comme sur la Montagne du Sinaï, Il a posé des limites et l'a déclarée sacrée. Vous n'êtes pas dignes de marcher sur cette terre bénie et sacrée par le Père; Dozulé est une terre choisie parce que Dieu a parlé pour les siècles des siècles. Sa Promesse s'est renouvelée dans ce **Message de Vie**.

Par Sa Croix Il vient ouvrir ce qui s'était fermé; Il vient sortir de l'ombre ceux-là mêmes qui L'ont renié, ceux qui continuent à Le juger; Il vient ouvrir les yeux aux aveugles et donner l'ouïe aux sourds; les muets chanteront Sa Gloire lorsque Dieu leur commandera d'ouvrir ce qu'ils ont scellé parce que, bientôt, le Jour de Gloire va être annoncé sur toute la Terre et personne ne pourra reculer devant le choix de Dieu.

Après *Israël*, un à un monteront les Peuples vers la Montagne bénie et sacrée. Toi, *France,* tu as reçu le Pouvoir de soutenir le Trône du Très-Haut; montre t'en digne *et tu le seras* car Dieu t'a bénie pour être la première à Le reconnaître, Lui qui t'a donné la Grâce de porter Ses pieds sur ton sol après Sa terre de naissance. Te voici devenue Sa terre d'adoption et vois ce que fait le Seigneur avec toi: il t'a sertie de son plus beau joyau, *sa Jérusalem nouvelle* qui voit venir *la Jérusalem ancienne;* et les deux n'en feront qu'une par la Croix du Fils de Dieu..

Vois, Israël, combien Dieu t'a pardonnée. Vois comme tu es aimée, toi son berceau, qui demeure à jamais la bien-aimée du Fils qui a parcouru ta terre qui Le renferma en elle, comme un germe pour l'offrir à ce Peuple qui, aujourd'hui par la Grâce de Mon Église très sainte, se voit à la tête des Nations devenues toutes chrétiennes.

Mon Enfant, ne sois pas désolée quand tu crois que Je suis loin de toi: Je te regarde et Je fortifie ton coeur qui se languit de Moi, car tu dois écrire encore jusqu'au Salut *qui vient, pour tous.*

Va mon Enfant, Dieu est fidèle et Il a fait de toi Son Porte-Parole *jusqu'à-ce que vienne l'Heure proche du Retour en Gloire du Fils de l'Homme.*

Oui, Je te promets que tu sentiras Ma caresse sur ta tête et Mon baiser sur ton coeur.

Dieu n'a qu'une Parole
et Sa Parole est vérité.

†
† †

Cassez les armes,
faites des outils pour le travail
****

Lundi 22 Avril 1996

JÉSUS: "Dieu parle par Ses Prophètes. sa Voix est entendue
******* depuis la nuit des temps car la Parole de Dieu est
immortelle, elle est vivante d'âge en âge. Comme un arbre planté au
milieu du jardin, elle est *au milieu* de Son Peuple; et chacun l'entend;
et chacun la vénère parce qu'elle est l'alliée et la compagne qui
maintient la Vie en toute chose. Chacun doit avoir pour elle le
respect profond de son existence, elle est de tous temps, de toute
éternité; elle demeure juste et bonne; elle donne Vie et protège ceux
qui lui sont fidèles d'âge en âge.

Mon Enfant, le Peuple de Dieu ne doit *jamais s'éloigner* de Sa
Parole qui est le support incontestable dans sa vie de tous les jours.
Dans le Peuple ancien, les Hébreux conclurent avec Dieu **l'Alliance:**
Dieu avec nous.

"*Écoute Israël: le Seigneur notre Dieu est le seul Seigneur. Tu
aimeras le Seigneur ton Dieu de tout ton coeur, de toute ton âme et
de toute ta force*". Que ces Paroles que Je te dicte aujourd'hui,
restent dans ton coeur.

A présent la Parole de Dieu est *l'épée* de tout le grand Peuple de
Dieu, l'épée qui tranche tout ce qui est mauvais pour le séparer de
Ma Vérité et Je vous demande de la suivre car elle est *la force de
Vie.*

Les années de jeunesse ont un charme innocent pour qui marche
avec Dieu. Le années de vieillesse ont un poids de sagesse pour
ceux qui ont vécu dans la Loi de Dieu et l'ont reconnue comme le
principal support. La Loi et les Commandements de Dieu sont *un,*
comme la Parole est unique, comme l'Amour est le Tout.

Qui suit la Loi et les Commandements de Dieu dans toute leur
vérité, est grand aux yeux de Dieu. Qui suit la Parole dans l'Amour de
Dieu est un Être de Lumière, car Dieu *est* Amour. La Loi ne protégera
personne et personne ne pourra dire qu'il est à l'abri en appliquant
Ma Loi sans Mon Amour.

Mon Enfant, nul ne peut faire une loi et la déclarer bonne si cette
loi est sans Amour. C'est pourquoi JÉSUS est venu parfaire la Loi et
vous ne pouvez plus vous conformer à la Loi de Moïse qui
appliquait la loi du talion: *oeil pour oeil, dent pour dent.*

Je suis venu vous apporter l'Amour et enlever la Haine.

Ma Loi, c'est un Commandement de Paix et d'Amour: *"Aimez vos ennemis et priez pour vos persécuteurs* afin de devenir des Fils de votre Père qui est dans les Cieux; *si on vous frappe sur une joue, tendez l'autre joue.*

Depuis bien longtemps déjà les hommes sont rivaux; aujourd'hui encore ils s'éloignent de Ma Loi d'Amour sous le prétexte que rien de grave ne peut être réglé dans la douceur: seule la violence domine. Ces peuples rebelles et leurs décisions sont si intransigeants qu'aucun parti ne peut plus revenir en arrière pour étudier un plan de Paix, et le mal progresse. Personne n'est plus capable de contrôler ses actes et tout dégringole.

Vous avez oublié que votre Dieu vous appelle toujours à sa Justice et à Sa paix, que Dieu est pour chacun et pour tous. Quel que soit le visage ou le nom que vous Me donnez, Je suis Dieu, Unique et Vrai, qui rappelle à tous Ses Enfants Son Commandement d'Amour: *"Aimez-vous, les uns les autres, comme Je vous aime"*; ayez plus de bonté en vos coeurs, les uns pour les autres.

Personne ne veut plus entendre Ma Voix; personne ne veut plus Me regarder: Je suis celui qui est mort pour vous donner Ma Vie *qui habite en vous*; que chacun entende, en lui, Ma Vie qui vous crie Mon Amour, qui vous implore d'arrêter ce *massacre entre frères;* regardez-Moi souffrir *en l'homme* que vous considérez comme votre ennemi. Cessez de vous déchirer de la sorte! A qui revient ce profit?

Quelle est la Terre qui pourrait supporter de boire le sang de Mes Enfants sans crier sa honte et son désespoir à votre face? Car J'ai créé votre Terre dans Mon Amour pour vous l'offrir; elle est Ma créature, créée pour produire des fruits pour vous, et non pour boire le sang de Mes Fils; vous dérangez son cycle; ne vous étonnez pas de tous les phénomènes désordonnés que vous déclenchez en elle.

Je suis le Dieu de la Justice et de la Paix et Mon Amour est infini, mais vous êtes en train de mettre votre Dieu à l'épreuve. Comment vous apaiser? Aussi je regrette de venir en Juge, mais vous M'y forcez. Comme l'enfant appelle sa mère à son secours lorsqu'il est en danger, J'entends l'appel des faibles, des opprimés, des malades, des mourants, de tous ces pauvres enfants de la misère. Mes Enfants M'appellent pour que Je mette un terme à toute cette violence que vous déchaînez.

Vous ne pouvez plus vous arrêter et il le faut car Je vous le commande. Je vous *fais signe: vous allez trop loin en tuant les innocents.* Oui, vous Me verrez. J'interviendrai bientôt. Nul ne peut échapper à la Main de Dieu qui va se poser sur ceux qui sont en train de provoquer la Colère de Dieu sur le monde entier.

Le Monde s'enflamme de partout; vous êtes devenus des *enfants de la colère* et cette folie n'est que la manifestation de l'Ennemi de Dieu qui vous suggère *de tuer pour punir les ennemis de Dieu!* Dieu ne vous ordonnera jamais d'accomplir un massacre pareil.

Il est temps de vous arrêter pour réfléchir à Ma Pensée: *Je suis venu vous apprendre l'Amour* et vous l'avez oublié! Il est temps de vous regarder comme les fils du même Père. Je parle *à chacun*; comme il se doit, à vous de Me comprendre pendant qu'il est encore temps.

Je viendrai bientôt,
lorsque Je jugerai qu'il est temps que Je vienne vers vous pour que finisse cette guerre allumée dans tous les lieux de votre Terre où l'Ennemi a pris possession. Je vous confirme Ma sainte Vérité: *cela ne vient pas de Dieu;* cessez de vous combattre inutilement car vous risquez de ne plus voir la Paix de Dieu et perdre la Vie Éternelle dans cette *violence satanique.*

Je vous parle à travers cette voix, *celle de Mon Enfant* qui M'entend. Je M'adresse à tous ceux qui s'entre-tuent, aujourd'hui encore, de par le monde entier dans des guerres et des combats indignes de toute Créature de Dieu. A tous, Je vous demande *de jeter les armes, de les casser pour faire des outils de Paix pour le travail utile à l'homme.*

Je vous demande de rejeter de votre coeur toute idée de rébellion et de vengeance, car Je suis Dieu et Je peux tout vous donner pour une vie d'Amour entre frères. Vous avez oublié que J'existe, que c'est à Moi seul qu'il appartient de juger, de châtier ou de récompenser, car Je vois tout.

Pourquoi tuer ceux que vous considérez comme étant vos ennemis? Le véritable Ennemi est celui *qui tire toutes les ficelles*; à lui seul, il a une armée qui n'en fait qu'une avec ceux qui, sur cette Terre, lui ressemblent et lui appartiennent déjà; la violence, la haine, la guerre et l'orgueil sont ses atouts. Certains hommes sont devenus des diables en lui obéissant aveuglément. De part et d'autre, il attise le feu. De part et d'autre, vous devenez *ses proies* en l'écoutant et en le suivant.

Je vous le dis et Je vous le redis: à travers toute cette férocité sans nom, c'est *Moi, votre Dieu,* qu'il vise, car vous êtes *Mes* enfants. Que vous soyez dans un camp comme dans un autre, J'ai la même Souffrance de voir un enfant se perdre en faisant son jeu. L'innocent est dans Mon Saint Coeur *mais Je pleure sur celui qui déjà appartient à Satan.*

En tuant délibérément son frère et en massacrant la race humaine, Don de Dieu car Dieu vous a créés à Son Image dans son Amour, celui-ci s'est séparé de son Créateur; en me reniant il perd sa Vie; ma Vie, qui est en lui, il la rejette et Je le pleure.

Il est temps que vous compreniez.

Qu'arrivera-t-il le Jour où JÉSUS vous rassemblera dans Son Amour, Sa paix et Sa Joie, sans regarder ni race, ni religion, ni couleur de peau. Oui, là Je vous instruirai dans Mon Amour et chacun Me reconnaîtra:

Je suis Y. H. Sh. W. H.

Dieu Éternel qui vient juger les hommes.

Dieu regardera l'âme de chacun, et ce n'est pas à ses victoires

et au nombre de ses combats qu'il sera jugé digne,

mais à son Amour.

Le Monde va encore s'enflammer de partout, tel un bois résineux; ce sera *la dernière force* du Malin. Vous en êtes *avertis.* Là encore, beaucoup vont se perdre.

Heureux êtes-vous si vous semez les fleurs de la Paix dans ces pays où poussent les épines du Mal. *Heureux* êtes-vous si vous semez la fleur de l'Espoir dans cette vallée de larmes, car du haut des Cieux votre Père vous bénira pour le sourire ou le morceau de pain que vous apporterez à l'enfant qui espère encore en rendant le dernier soupir à Dieu.

Une poule peut ramasser tous ses poussins sous son aile car ils la reconnaissent à son gloussement. Je *veux vous protéger tous ensemble* lorsque vous M'entendrez vous appeler quand l'orage sera à son comble. Il vous sera facile de Me rejoindre, n'hésitez pas; lorsque Je vous appellerai, J'emploierai Ma Parole de Vie et elle sera aussi puissante que le tonnerre; elle tintera à vos oreilles comme des perles qui tombent à terre, comme une pluie débordante, car Mon Amour *débordera.*

Personne ne pourra rester sans M'entendre: même les sourds M'entendront. Alors fuyez la colère et la haine, fuyez les faiseurs de troubles, ne croyez pas les prophètes de malheur. Ma Voix, tous la reconnaîtront. Dieu appellera chacun par *son nom.*

Ce nom, qui est connu de l'enfant et de Dieu, ne sera *jamais* découvert par Mon Ennemi et le vôtre. *Ce nom* [1] que vous avez en vous, votre âme le garde jalousement pour ce Jour. Bientôt, Je vous sauverai mais jusque-là, J'emploierai jusqu'à la perfection Ma compréhension et Mon Pardon avant qu'intervienne Ma Sainte Justice pour que la dernière Brebis puisse se retirer à temps des griffes du Menteur.

Dans Mon Amour, gardez l'Espoir:
Je demeure avec vous jusqu'à la Fin des Temps
pour vous instruire et vous sauver.
JÉSUS de Nazareth revient bientôt.

Amen

†

† †

---

1. *Ce nom:* JÉSUS dicte à Maman Carmela, le 3.01.1969:

"Toi, tu portes *un nom* ou les noms que l'on t'a donnés le jour de ton Baptême, et que Moi-même, Je connaissais déjà de toute éternité".

"Un nom...", cela vise les non-Baptisés; *"ou les noms..."*, ceci identifie les Baptisés.

De toute éternité, JÉSUS connaît donc l'identité de chacun de nous. Mais ces Noms dont parle JÉSUS, ce sont les vrais noms, pas les noms de famille qui sont d'usage récent en Occident et n'existent pas encore en nombre de régions du monde. Or dans les siècles passés et en ce moment, combien ont porté et portent le même prénom: Jean ou Élie, ou Yvan, ou Ali, ou Tchang? Des dizaines de milliers ou davantage. Chacun de nous a donc un Identifiant *personnel* qui nous distingue de tout homme; *ce nom* que notre âme garde jalousement pour le Jour où Notre Seigneur appellera chacun de nous, *bientôt*.

Ensemble, nous vaincrons
****

23 Avril 1995

JÉSUS: "Mon Enfant, regarde Ma Croix. Tourne-toi face à
*******   Elle, ne regarde plus qu'Elle; regarde en Elle ma Sainte
Gloire. Je te demande de t'oublier en Elle, de t'occuper d'Elle comme
ton enfant; fais d'Elle ta principale préoccupation.

Mon Enfant, Ma Sainte Croix Glorieuse, c'est ton Enfant d'Amour
qui grandit en toi; nourris-la de ton Amour de mère sacrifiée pour
Elle. Plus tu t'immoleras en Elle, plus Elle grandira et te fera grandir.
Ils sont *choisis par Dieu*, tous les enfants qui vont aimer Ma Croix
jusqu'au Sacrifice d'Amour pour qu'Elle monte en Grâce, en Force, en
Splendeur *jusqu'à atteindre la hauteur sublime du Golgotha*.

Petit-à-petit vous monterez avec Elle sur Mon Chemin de Croix.
Je suis votre doux Seigneur qui vous accompagne pour la planter sur
le Mont béni et sacré, comme Mon Père l'a décidé. *Tel est le choix de
Dieu.* Oui, vous la porterez en vous et vous la ferez connaître
jusqu'à-ce qu'Elle voie le jour sur la Haute Butte et vous montre la
Lumière de l'Éternel Amour. Votre coeur la réchauffe et lui donne
Vie; Elle sera avec vous; vous la porterez et Elle vous soutiendra
dans toutes vos épreuves. Vous la ferez connaître et Dieu
reconnaîtra les Siens au milieu de l'immense foule des incrédules
d'aujourd'hui. Elle rayonnera *d'un bout à l'autre du monde*; vous
marcherez et Elle sera votre Chemin, votre Confidente et Elle vous
instruira. Suivez-la, car Elle va devenir votre *phare* au milieu de
ténèbres *et le Phare* pour toutes les Nations.

Moi, JÉSUS, Je n'appelle aucun Grand de la Terre pour cette
Mission: ils ont refusé la Table de Mon Festin Royal lorsque Je les ai
invités à venir à Moi. C'est pour cela que Je Me suis adressé aux
faibles, aux rejetés, aux insignifiants, ceux que l'on traite *d'infirmes*.
Ceux qui rejettent les biens matériels ne peuvent plus suivre la
société actuelle: *ils sont les boiteux d'aujourd'hui.* Ceux qui fuient
la gloire et la richesse, *ce sont les aveugles d'aujourd'hui.* Ceux qui
ne se rebellent pas devant les faux jugements et les accusations
injustes, ils sont *les sourds-muets d'aujourd'hui.*

Venez à Moi, vous tous qui avez soif de Justice et de Paix.

Bientôt J'ouvrirai en grand les portes de Mon Royaume: vous êtes
les invités de Mon Festin Royal. Venez à Moi, les bénis de Mon Père:
vous serez les premiers à entrer par la Porte sacrée de Ma Croix de
Gloire. Plus vous serez faibles aux yeux du Monde, plus vous aurez
Ma Force pour porter Ma Croix sur Mon Chemin et jusqu'au
sommet.

Plus vous serez malmenés par les orgueilleux, plus le poids sera insupportable sur vos épaules, moins la marche ne se ralentira et vous persisterez jusqu'au bout car Je vous donnerai en abondance l'Humilité qui guérit les blessures de l'orgueil.

Plus Elle sera pour vous *un Signe de division* dans vos propres familles et avec ceux qui disent être vos amis, plus Elle s'alourdira jusqu'à vous faire tomber sur le chemin, et plus Je suis là pour vous relever car là sera la Victoire. Ma Croix vaincra. Elle unira tous Mes enfants entre eux et Je serai leur Dieu. Je *vous choisis* pour confondre les forts, les orgueilleux, les blasphémateurs. Vous ne serez pas épargnés sur mon Chemin de Croix car vous ressemblerez à votre Modèle, votre Seigneur et votre Dieu.

Ensemble, nous vaincrons.

Je mettrai en votre bouche Mes paroles Sacrées de Gloire éternelle pour rassembler même les plus récalcitrants. Ma Croix Glorieuse, que vous accompagnerez jusqu'à la limite de vos forces, **c'est JÉSUS Ressuscité** que vous servez; c'est JÉSUS Glorieux qui vous récompensera. Mes enfants, Je suis le Christ qui, aujourd'hui, a laissé son manteau taché de sang pour revêtir son manteau de Gloire éternelle. J'avance entre les rangs des rebelles; avec mon regard, Je *foudroie* l'hypocrite, le menteur, le lâche et le flatteur, tous ceux qui veulent encore ma perte: *ils fourvoient Mes Brebis.*

Enfants, marchez derrière le Christ Victorieux. Sur Mon Chemin les enfants chantent déjà le Retour de JÉSUS; ils ont déjà la Joie de Ma Venue en Gloire; ils lèvent leurs mains pour Me toucher; leurs coeurs Me ressentent si proche! Oui, c'est le Temps où les pierres du chemin vont crier leur joie. Je reviens bientôt. Ne pleurez plus, même si vous devez encore souffrir et tomber. Je vous ai montré le Chemin. *Ne pleurez pas sur vous,* pleurez sur ceux qui, encore aujourd'hui, se défendent de M'aimer et d'aimer leurs frères. Vous devez appeler le Père: *Notre Père Bien-Aimé.* Priez-le avec le même Amour que votre JÉSUS Le priait pendant Sa Passion. Priez l'Esprit Saint afin qu'Il vous éclaire, surtout dans les moments douloureux. Regardez-Moi: Je suis avec vous et Je reviens bientôt, *non sur un ânon:* ce sont les Anges qui chanteront l'Hosanna: *Hosanna au plus haut des Cieux.*

Priez-Moi, comme jamais vous ne l'avez encore fait, avec la certitude de Mon Retour. Je suis de plus en plus près de vous. *J'arrive sur une Nuée de Feu d'Amour.* Mon Amour brûlera les coeurs pour les marquer de Mon Signe.

Béni soit celui qui vient *dans* le Nom du Seigneur.
Béni soit Y.H. Sh.W.H.
Yeshoua.

Notre Père qui êtes aux Cieux
****

Mardi 7 Mai 1996

"JNSR": *"Père Éternel, que Votre Volonté soit faite sur la Terre comme au Ciel".*

Le Père Éternel: "Je vous aime infiniment et J'interviens
*************** avant le prononcé de votre demande d'aide car Je suis votre Père et Je comprends les besoins de Mon enfant: Je lui donne le meilleur.

Oui, JÉSUS Me représente sur votre Terre: *"Qui Me voit, voit Mon Père"*; mais vous ne comprenez pas bien cette phrase si importante. Votre Seigneur, que vous avez connu sur la Terre, a été de toute Éternité avec Son Père et votre Père. Son Amour pour vous est semblable à celui que J'ai pour vous, car il est le même Amour, venant du même Dieu. Les Trois Personnes de la Très-Sainte Trinité sont *consubstantielles* car de la Nature même du Père: JÉSUS, engendré du Père, ne fait qu'Un avec le Père et l'Esprit Saint qui procède du Père et du Fils. *Je suis descendu du Ciel avec Mon Fils*, et ceci n'est pas un Mystère inexplicable car Nous ne Nous sommes jamais séparés. Peut-on séparer l'Amour comme on partage un pain, un fruit? Non. L'Amour se donne à chaque fois en entier, autant pour l'un que pour l'autre: chaque enfant Me reçoit dans l'Eucharistie car je suis *entier* pour chacun.

La Trinité est Une, car Elle est inséparable. L'Amour se donne tout entier, avec la même force, puisqu'il est inépuisable et se renouvelle. Comme un feu qui ne s'éteint jamais, il prend sa source dans ce même feu d'Amour qui se donne sans cesse; il n'a pas de limite. Ainsi Mon Amour est un brasier ardent, en combustion constante. Celui qui cherche Mon Amour, le trouve.

JÉSUS S'est laissé clouer sur la Croix. C'est encore Moi, le Père, qui ai voulu souffrir pour vous en souffrant par Mon Fils Bien-Aimé. La Souffrance d'Amour du Père a construit le Chemin pour vous faire monter jusqu'à Lui. Par Mon Fils Bien-Aimé, Je suis descendu vers vous. Vous devez venir à la Sainte Croix, la prendre, la porter, pour trouver le Fils qui est le Chemin menant au Père. Sans la Croix, point de Salut, car le Salut vient de la Croix. par elle, par Mon Fils Bien-Aimé, Je vous ai tous rachetés. Combien votre Père vous aime pour préférer faire souffrir Mon propre Fils, plutôt que d'avoir choisi l'un de vous pour expier les péchés des autres enfants!

En Mon Fils, Je souffrais Moi-même, J'étais en Lui.

Je vous aime plus que Moi-même.

Avez-vous enfin compris Mon Amour de Père?

Dieu ne S'impose pas à vous. Dieu Se laisse prendre; Il envahit le coeur et l'esprit de celui qui s'ouvre à Son Amour de Père Consolateur qui va aider l'enfant à grandir en Lui. Je suis le Père qui vous a créés à Mon Image: regardez Mon fils *et vous Me verrez.* Je *suis*, de toute Éternité.

Le Peuple fidèle est celui qui M'a honoré en Me cherchant; Je ne l'ai pas choisi, ou plutôt le choix est né spontanément de part et d'autre. Aucun peuple ne M'a cherché comme ce Peuple hébreux: *"Qui Me cherche, Me trouve";* il est devenu Mon Espérance, l'Espérance de toute l'Humanité. Chez eux, J'ai trouvé une envie de Me connaître; c'était une recherche; ils tâtonnaient et J'ai commencé à les guider. Je savais qu'ils Me placeraient au-dessus de tout. C'est un ensemble de volontés disposées à rechercher la Vérité.

Ils ont ressenti, avec leur coeur, qu'au delà de la vie quotidienne, *quelque chose,* encore inconnu d'eux, vivait et dépassait tout ce que l'homme pouvait comprendre avec son intelligence humaine car, sans Me donner un Nom, ils commençaient à percevoir Mon existence en reconnaissant leur nullité et leur pauvreté. Et, dans leur attente, Je Me suis fait connaître par les Prophètes à qui J'ai parlé. Comme la semence cherche un endroit où se poser lorsqu'elle est transportée par le vent, Je Me *suis posé* là, chez eux et J'en ai fait Mon Peuple.

Cette Terre s'ouvrait pour accueillir, la première, le Don de Dieu.
Ma Parole ensemençait la Terre qui avait besoin
de recevoir et donner la Vie
puisque la semence est Vie.
Ainsi ce Peuple porta au Monde Ma Connaissance. Je fus accueilli comme le fruit de leur Espérance que leurs âmes en éveil attendaient avec le pressentiment de Mon existence. Ceci ne pouvait venir que du besoin de se savoir aimés, protégés et considérés. Ils connurent ce qu'aucun autre peuple existant alors n'avait recherché: le besoin, la nécessité d'être aimé pour ce qu'ils sont; mais qui sont-ils? Alors ils ont cherché et ils ont lancé un appel pour trouver Celui qui, Seul, pouvait gratuitement donner Son Amour en leur donnant la Vie et tout ce qui est nécessaire à cette Vie.

Bien plus, ils voulaient remercier Celui qui, caché, existait déjà pour eux et qui les aimait. Voilà pourquoi Israël a été Mon préféré et pourquoi Je Me suis penché sur cette terre pour en faire le Berceau de Dieu sur Terre. Presque tous les hommes que J'ai créés n'ont ressenti que le besoin de vivre pour exister. Toi, Israël, tu avais besoin de rechercher *le principe de ton existence pour vivre* et tu as été, pour cela, grand à Mes yeux de Père.

Vous tous, écoutez votre Père qui vous parle.

Mes enfants recherchent toujours leur Père pour savoir *qui ils sont* en vérité. L'intelligence ne sera jamais le facteur premier dans cette recherche. Il y a *un souvenir* en chacun de vous. Votre origine n'est pas un programme dans une fiche, vous n'êtes pas des robots. Dieu vous a créés libres et vous a donné la possibilité de venir à Lui en vous inspirant de cette grande richesse que J'ai mise en vous: votre âme créée à Mon Image, parfaite parce que Dieu est Parfait.

Cherchez et vous trouverez.

Je suis Dieu. Rien n'est semblable à Dieu car Dieu est Unique. Je suis votre Père des Cieux. Je vous vois tous ensemble avec Mon regard d'Amour paternel. Un père ne peut donner que le meilleur de lui-même à son enfant qui lui est cher et chacun est aimé du même Amour. Ainsi vous avez Mon Image en vous et vous Me ressemblez. C'est le Don le plus grand que Dieu a mis dans chacune de Ses Créatures humaines et vous ne savez pas l'utiliser en vous libérant déjà d'une fausse identité, une fausse idée que vous avez de vous-mêmes. *Vous êtes des Enfants du Père* qui ne peut pas supporter de voir Ses enfants se perdre. Vous avez en vous *tout* pour vous retrouver et Me retrouver, car Je suis toujours près de vous.

Demandez et vous recevrez.

Il est arrivé le Temps où nul ne doit rester dans l'ombre et se cacher de la Vue du Seigneur. Dieu est Miséricordieux, plein d'Amour pour votre Humanité *qui va vers son autodestruction.*

Mon Fils Unique, vivant *en Moi* comme Moi, le Père, *Je vis en Lui,* est descendu du Ciel et a pris Chair de la Vierge MARIE, la Toute-Pure, Ma Fille en qui J'ai mis la Grâce parfaite de Mon Amour trois fois Saint, JÉSUS est votre Image. Regardez-vous en Lui; vous comprendrez alors le Don inestimable du Père qui vous a donné une âme parfaite à l'Image de Dieu.

Qui Me voit, voit Mon Père.

Regardez Dieu parmi vous. Visible, Il est le miroir qui reflète la naissance de votre âme sortie de Mon Sein, belle de la beauté même de Dieu.

Tout ce qui vient de Mon Sein est parfait.
Le Père est Parfait dans toute Sa création.
Le Fils est semblable au Père.
L'Esprit est Un, dans le Père et dans le Fils.
Dieu est en parfaite Union
dans les Trois Personnes de la Très-Sainte Trinité.

JÉSUS a voulu Se revêtir d'une Chair Immaculée; visible, né pour vivre parmi les hommes afin que les hommes voient Dieu.

Il les a fréquentés, aimés et aidés, Se baissant pour cueillir les *fleurs* brisées, piétinées, les fleurs fermées et les fleurs déjà fanées pour leur donner la beauté et la Vie. Il a élevé la petite fleur cachée dans son humilité; et Il a brisé celle qui, par son arrogance, voulait dominer en étouffant les autres. JÉSUS a offert à Son Père toutes ces *fleurs* guéries dans Son Amour et Je vous aime parce que vous venez du Coeur de Mon Fils Bien-Aimé, *fleurs nourries par Dieu*. J'ai désiré vivre parmi vous, restant en JÉSUS pour vous voir grandir dans Son Amour. Mais le péché est devenu comme une plante malfaisante aux mille racines qui s'éparpillent dans le grand jardin de la Terre, mangeant la substance même de votre Terre.

Alors JÉSUS, devant ce péché qui grandissait depuis le Jardin de l'Éden, est devenu *l'obstacle* par Sa Pureté et Son Humilité. Lui Seul pouvait détruire l'orgueil et tuer le péché. Avec Sa Personne humaine de Fils de Dieu, de Fils de l'Homme, JÉSUS est devenu la seule rançon avec laquelle Dieu pouvait payer Satan devenu Maître du Monde. Et JÉSUS a pris sur Lui *la Faute qui renferme toutes les fautes* depuis l'Origine et jusqu'à la Fin des Temps.

JÉSUS a payé de Sa propre Vie votre délivrance et la réparation de l'offense faite à Son Père. En Lui, le péché meurt sur la Croix. Le péché ne peut pas vivre en cette Terre vierge et immaculée qui est le Royaume de Dieu. C'est pourquoi Dieu fera bientôt descendre Sa Jérusalem Céleste, Sa Cité Sainte. Enfants du Père, vous êtes appelés à devenir des saints.

Tout vient du Père
en passant par Mon Fils Unique JÉSUS-Christ.
Il est en Moi et Je vis en Lui,
unis de toute éternité par l'Amour qui va du Père au Fils
et retourne sans cesse au Père, toujours en passant par le Fils.

Mon Enfant, le Père te parle pour vous dire que JÉSUS est venu pour Me faire connaître et aimer de tous Ses frères. Votre Père vous aime et vous pardonne toutes vos fautes avouées sincèrement dans la Confession avec un vrai repentir.

Mon Église est vivante. C'est le Don de Mon Amour reçu en chaque Prêtre par le Coeur-même du Prêtre par excellence, Mon Fils Bien-Aimé. Votre Père est heureux lorsque, lavés de vos fautes, vous revenez à Lui. L'Enfant prodigue est toujours Mon Enfant aimé qui a sa place près de Moi. Ne te défends pas, Mon Enfant, d'aimer JÉSUS plus que tout, car JÉSUS ne garde rien pour Lui, Il Me remet jusqu'à la dernière miette de votre Amour parce que JÉSUS vit en moi, comme toi tu vis en Lui et Nous, Nous vivons aussi en toi avec le Saint Esprit car la Trinité est inséparable.

Voici ce grand Coeur qui accueille
tous les coeurs de Mes enfants:
c'est le Coeur de JÉSUS.

Vois comme Il vous dépose en Moi; Son Coeur est un aimant qui attire tout à Lui, tous les coeurs.

Vois Mon Sein s'ouvrir: Je vous renferme en Moi, le Père Tout-Puissant, parce que Je suis *le Tout*, l'Éternel Amour; tout vit en Moi; Je suis l'Infini et le Tout, le Vivant qui vous dis:

"Avec Mon Fils Unique JÉSUS, J'ai vécu sur la Terre l'ingratitude du Monde; J'ai souffert avec Mon Fils parce que, en vous Le donnant, Je vous ai donné le meilleur de Moi-même; Sa Vie est Ma vie, Son Amour pour vous est l'Amour du Père consumé dans l'Amour du Fils".

Le Père d'Amour vous dit:

Mon Fils JÉSUS et Moi, Nous sommes Un avec le Saint Esprit, comme dans Mon Sein vous serez tous Un en Nous.

Je vous aime, comme Mon Fils qui est Moi, car Il est la continuité de Mon Amour visible et inaltérable, conçu de Mon Esprit Saint qui est encore Moi dans Ma Sainteté Infinie. JÉSUS-Eucharistie vous rassemble en Moi le Père, qui donne Ses richesses à Ses enfants, *Tabernacles vivants.*

Par Mon Fils JÉSUS, Je continue à déverser sur le Monde Ma puissance d'Amour et Mon infinie Miséricorde.

Par Mon Esprit Saint, Je pénètre en vos coeurs pour vous dire tout bas: *"Aime-Moi comme Je t'aime, Mon enfant. Je suis ton Père, appelle-Moi du doux nom de Papa des Cieux: Abba, Père, je T'aime".*

Va, Mon petit Enfant. Ton Père est Tout-Puissant. Il est Roi et Son Royaume est déjà *en vous.* Il descendra, bien visible, bientôt, pour vous unir tous en Lui et ce Jour vous comprendrez qui est en Vérité le Père qui vous a donné Sa Vie en vous offrant la Vie de Son Fils Bien-Aimé pour vous sauver.

Dieu Éternel
Père, Fils et Saint Esprit.
Amen

†
† †

Les derniers seront les premiers
****

Dimanche 12 Mai 1996
Fête de Ste Jeanne d'Arc

JÉSUS: "Mon Enfant, tu Me parles de Signes. Et vous voulez
******* des signes visibles pour votre génération toujours en
quête du surnaturel, alors que presque tous ne ressentent en leur
coeur que leurs propres sentiments envers eux-mêmes, sans
s'apercevoir que leurs frères souffrent et demandent votre sensibilité; ils attendent dans l'espoir votre Amour et la Charité de vos
coeurs. Mais Je ne vois en vous que ce silence, cette absence de tout
sentiment d'Amour et de fraternité; et Je pleure sur cette génération
en train de devenir comme un livre dont les pages se sont collées et
qui ne peut plus s'ouvrir pour donner sa connaissance et tout ce qu'il
contient.

Je vous regarde et J'ai pitié pour le plus grand nombre car vous
avez vu, depuis des siècles déjà, tous les bienfaits du Seigneur et
vous vous nourrissez sans rendre Grâce à Dieu. Je vous nourris de ce
Pain quotidien que Je vous donne; ce Pain, descendu du Ciel, est
pour chacun qui veut s'approcher de Ma Table Sainte. J'attends
votre réveil, mais est-ce possible que vous ne voyiez pas ce Signe:
Ma Sainte Présence parmi vous! Je ne vous ai jamais laissés
orphelins, êtes-vous aussi aveugles que cela?

Lorsque du ciel tombe de l'eau, vous dites: *"Il pleut"*. Lorsque le
soleil vous réchauffe, vous ressentez sa chaleur. Le vent qui siffle
dans les feuillages, vous l'entendez et vous le ressentez également.
Parce que vous êtes des êtres humains vous percevez avec vos sens
tout ceci: *oubliez-vous le Divin qui se trouve en vous?*

Alors fermez les yeux et partons vers d'autres découvertes. Venez
goûter aux Félicités Éternelles, venez retrouver cette Joie. Vous le
pouvez, en vous détachant de tout ce qui est matériel. Regardez
Dieu en vous, voilà le vrai bonheur.

Ressentir Dieu en vous, non comme un étranger qui vient après
vous avoir promis les plus beaux cadeaux de son Pays, mais comme
l'Ami de toujours, fidèle et prévenant, qui vient vous apporter la Paix,
Sa Paix, pour s'entretenir avec vous; car avec Dieu, vous allez
d'abord ressentir la Paix qui prépare Sa Venue en vous.

Voici votre Ami fidèle, votre Seigneur qui frappe à votre porte et
Se fait annoncer par Son Amour de douceur, de Joie et de Paix. Oui,
JÉSUS est le réconfort pour chacun. Il est Celui qui connaît tout de
vous. Il sait tout. Il vous connaît mieux que vous-mêmes.

Alors Il sait vous donner ce qui vous convient, ce qui vous est nécessaire et indispensable. Combien l'enfant est comblé lorsqu'il accepte de recevoir JÉSUS en son coeur!

Je ne viens pas dans le tumulte. Lorsque votre âme M'appelle, J'attends d'abord qu'elle soit en Paix avec elle-même et avec les autres; alors Je peux M'approcher et Me faire inviter car Je suis *l'Hôte silencieux* qui attend et qui respecte cette invitation sincère de *Ma petite âme* qui Me cherche.

Parfois, Ma petite âme attend longtemps parce qu'elle ressent qu'elle ne peut pas Me recevoir telle qu'elle se trouve, lorsqu'elle Me désire. Je ne peux pénétrer de force. Je ne peux pas entrer dans une demeure qui n'est pas prête à M'accueillir. Mais voici que, tout-à-coup, cette *maison* accepte Mon Salut; elle se remplit de Joie et de Paix; elle se tourne vers Dieu avec Foi et Confiance; Je peux pénétrer; le silence M'accueille; Mon enfant M'entend.

Avant cette préparation, Je Me tiens à la porte et J'attends.

JÉSUS vient à vous lorsqu'Il est véritablement désiré; votre bouche se tait: il est inutile de parler, votre âme communique avec Dieu. Mon Saint Coeur est Roi dans cette demeure, dans ce coeur préparé avec Amour pour recevoir son Dieu. Oui, J'aime à vous parler dans ce coeur-à-coeur et Je parlerai longtemps avec celui qui s'efface devant la Parole sacrée de son Dieu.

Oui, Mon Enfant, entends-Moi. Je te parle pour tous Mes enfants chéris. Ceux qui viendront après toi M'entendront de même. Les générations futures seront informées aussi. Je parlerai *après,* toujours en vos coeurs.

Aujourd'hui, le Temps est comme un vase qui n'arrive pas à se remplir de Mon Eau de Vie. Ce vase ne peut pas contenir Mon Saint Esprit car il ne fait que se fendre, laissant échapper la Vie. Mais bientôt, à chacun Je vous donnerai un vase qui saura contenir l'Eau Vive que Je mettrai dedans. Aujourd'hui vous n'arrivez pas encore à Me comprendre; bien peu savent M'écouter et pourtant Je parle aujourd'hui, comme hier, à tous ceux qui veulent recevoir Ma Parole de Vie. Je dois encore attendre afin que le nombre grandisse et vous n'êtes pas prêts à Me recevoir comme Je le désire.

N'ayez crainte, *Je ne tarderai pas* mais Je dois vous préparer encore un peu. Le Règne de Dieu est déjà, parmi vous, en attendant *le Jour du Fils de l'Homme.* Le Temps de Dieu ne se mesure ni en jours, ni en heures, mais en regardant vos âmes: elles sont *la mesure de Mon Temps.* C'est comme un jardinier, il sait quand il doit récolter car la récolte est mûre. Avant, elle ne serait qu'un déchet.

Après, elle ne répondrait plus aux besoins de chacun. En Vérité, aujourd'hui cette récolte serait mauvaise, non mûrie; elle contiendrait plus d'herbes que de fruits. Je ne peux venir moissonner avant la fécondité voulue par Dieu. Je ne viendrai à vous que lorsque Je verrai en vos âmes *le moment.* Vous êtes en préparation *et vous en êtes avertis; ne tardez pas* car Je ne dépasserai pas, non plus, le Temps prévu par Dieu pour cette maturité.

C'est pourquoi Je demande encore *des Ouvriers* dans Mon Champ, parce que Je désire que vous vous sauviez les uns par les autres; afin de connaître l'Amour déjà entre vous et voir en celui qui vient à vous un frère envoyé par Dieu. Ainsi vous serez unis et vous comprendrez mieux ce que J'attends de chacun de vous.

Il est inutile de couper *les tiges frêles* avant la moisson car cette même plante, fragile, peut porter ensuite une semence nouvelle si elle s'applique à ressembler à *la tige droite* qui soutient l'épi fécond et qui pousse juste à côté d'elle. Je ne vous parle pas de *l'ivraie* qui doit être jeté au feu au moment de la récolte; ce n'est pas à vous de faire ce choix; ne vous méprenez pas: Dieu, Seul, sait reconnaître l'ivraie.

Mon Enfant, il y aura encore des jours d'hésitation; et ceci entre vous; certains veulent précipiter le Plan de Dieu et d'autres ne veulent pas qu'il se réalise.

Je vous préviens: Je viendrai comme un voleur,
mais Je vous demande de verrouiller la porte qui conduit au Mal et de veiller près de la porte où Je frapperai bientôt car les coeurs *endormis* ne seront pas prêts. Je vous demande de rester éveillés car vous ne savez *ni le Jour, ni l'Heure.*

Si Je vous demande de rester éveillés, c'est parce que *le Seigneur veut Se faire annoncer à vous, les premiers.* Il est de votre devoir d'attendre l'Époux, de M'attendre *comme si Je venais demain.*

Alors préparez-vous à Me recevoir et laissez *vos lampes* allumées, celle de votre coeur et toutes celles que vous pouvez encore allumer par le Feu que J'ai mis en vous: votre Amour brûlant de Charité. Je vous donnerai autant *d'huile* que vous Me demanderez pour remplir toutes *les lampes* que Je vous donnerai de toucher.

Il est arrivé le Temps où Ma Parole est donnée *sans restriction à tous ceux qui veulent L'entendre.* Et si vous Me désirez, *Je viens habiter en vous* afin que vous vous serviez de Ma Parole de Vie pour la distribuer à tous ceux *que Je mettrai sur votre chemin,* qui est Mon Chemin, et Je parlerai *par votre bouche* à qui veut venir à Moi et M'entendre.

Je suis la Voie, la Vérité et la Vie
et Je purifierai la bouche qui parle avec Ma Parole et J'ouvrirai l'ouïe
à celui qui veut l'écouter. Car *il est arrivé le Temps* où Dieu doit
parler aux sourds, à ceux qui n'ont jamais voulu entendre parler de
leur Sauveur et à tous ceux à qui on M'a caché. Je ne peux plus
laisser *une seule âme sans Ma Connaissance* car Je suis venu pour
sauver même celui qui M'a trahi,
celui qui M'a vendu,
celui qui s'est détourné de Moi.

Je reviens pour accepter l'insoumis et le révolté et l'aveugle. Je
veux *arracher le repentir* de tous ces coeurs fermés depuis de si
longues années. *Je veux donner Mon Pardon.* Venez à Moi car Je
viens vous sauver et vous ramener à la maison du Père pour dire à
Notre Père de Cieux:

"Voici, Père, ceux qui T'ont tant fait souffrir! Je viens de les laver
tous, dans Mon Sang: ils viennent de la Grande Purification. Ils ont
attendu si longtemps. Mais Mon Père, vois: ils sont juste derrière
Moi; Je Te les amène *repentis* et guéris".

Alors le Père dira: "Ce sont les premiers puisqu'ils sont juste
derrière leur Sauveur. Par la Sainte Grâce de Dieu, **les derniers
seront les premiers.**"

Ô Brebis fidèles, ne vous désolez pas: les quatre vingt dix neuf
sont avec Moi, dans les Pâturages du Père. Elles ont été nourries de
la plus belle herbe, celle qui a poussé avant que d'autres pieds que
ceux de JÉSUS, ne la foulent. Oui, JÉSUS est déjà parmi vous mais *le
nombre* n'est pas encore atteint.

Je vous demande d'être vigilants et prudents car, lorsque Se lèvera
le Soleil et ceci dans *bien peu de temps, il y aura d'abord un froid
qui vous surprendra.* Mais comme l'aurore succède à la nuit, cela
sera de courte durée. *Plus tard, Je t'expliquerai mieux.*

Ne comprenez-vous pas combien Je vous aime pour venir jusqu'à
vous et vous parler par ce coeur qui M'écoute ce soir, spécialement
pour vous donner Mon Espoir dans Mon Amour.

Je viens vous demander *la Charité* pour tous vos frères qui se
sont éloignés de Moi: *Je vous envoie les rechercher.*

Je vous bénis †
Votre JÉSUS qui est toujours
le Bon Pasteur.
Amen

†

† †

Notre Dame de la Pentecôte Nouvelle
****

Samedi 18 mai 1996

"JNSR": *"Seigneur! Venez à moi, mon très doux JÉSUS, j'ai tant besoin de Vous entendre en mon coeur".*

JÉSUS: "Oublie tes peines et laisse-toi pénétrer de Ma Parole
******* de Vie. Je viens à vous qui portez des charges inutiles résultant de la haine et de l'envie des hommes qui ne veulent pas encore Dieu. Ce poids est très difficile à porter car cette méchanceté ne sert qu'à faire du mal. Rejetez ces charges inutiles qui vous éloignent du vrai sens de votre vie sur Terre. Remettez-Moi ces fardeaux et surtout les hommes qui les créent. *Je les chargerai bientôt du poids de Mon Amour.*

Je vous ai choisis au milieu du Monde pour créer, avec vous, un Monde Nouveau qui s'édifie déjà, petit-à-petit, en commençant par le coeur des hommes qui sont prêts à rejeter tout ce matérialisme et toute cette confusion qui vous cachent Ma Présence, qui vous brouillent la vue et qui vous éloignent de Moi

Déjà Mon Saint Coeur vous appelle à venir voir, en vous, ce Plan Divin; Je vous le montre; regardez ce qu'est, en vérité,

Ma Cité Sainte, Ma Jérusalem Céleste, Dieu parmi les hommes.

Elle descend du Ciel parmi vous. Elle rassemble chaque parcelle de *sa terre* qui va servir à ses fondations et à son édification. Vous *êtes choisis* pour accueillir, pour recevoir et devenir partie intégrante de Ma Cité Sainte. Tout édifice est appelé à durer, à résister contre toutes forces mauvaises, vents violents, pluies torrentielles, séismes imprévus. Rien de cela ne peut ébranler les fondations de Ma Cité construite sur *le roc* et dans une *terre* de prédilection, *la terre* des Enfants de Lumière.

Aujourd'hui, vous *êtes des Refuges* ouverts à tous ceux qui vont venir pour trouver Réconfort et Paix. Vous leur servirez ce que Je vous ai donné en votre coeur: Ma Sainte Vérité est *en vous*. Je ne peux laisser les égarés sans toit, sans pain, sans eau.

Vous allez devenir *ces Haltes de Repos* pour ceux qui cherchent le Chemin depuis si longtemps: il faut qu'ils avancent encore pour Me rencontrer. La route va leur paraître plus longue, plus pénible que lorsqu'ils se sont mis en marche vers la Liberté. Ils ont cassé les chaînes de leur esclavage en renonçant au péché.

Mais les derniers mètres risquent de les faire échouer: ce sont les plus difficiles à supporter. Aussi vous allez commencer par leur donner l'abri de votre coeur que J'ai préparé pour plusieurs frères qui cherchent la Vérité.

Dans chacun de vos coeurs, Mes bien-aimés, J'ai mis tant de douceur, J'ai déposé *Mes richesses: la Bonté, la Charité, la Compassion.*

Vous avez Mon Don inestimable que Je donne à Mes préférés, ceux qui ne reculent pas devant la besogne, ignorant la fatigue et le mépris, car ils sont déjà haïs à cause de Mon Nom. Mon Don inestimable *est Ma Parole de Vie* qui va procurer à vos frères la Force et le Courage pour aller jusqu'au bout du Chemin... A la croisée du Chemin, *Je les attends.* Ma Parole de Vie sera leur Nourriture et ils boiront à la même Fontaine que vous, celle qui vous abreuve sans restriction jour et nuit: *Eau Vive de Mon Esprit Saint.*

Partagez tout ce que Je vous donne en abondance. Vous êtes des greniers inépuisables et des sources qui ne tarissent jamais car Je suis en vous et, en donnant Mes Dons, Je multiplierai en vous toutes Mes Grâces et vous ne connaîtrez ni l'épuisement, ni la fatigue, ni la lassitude.

Le fardeau sera léger et Mon joug facile à porter
pour qui veut Me recevoir.

Là où le Seigneur passe, la Joie demeure *à jamais* car Il est la Consolation des opprimés, le Chemin des égarés, la Force de Ses serviteurs car c'est Lui-même qui est au service de Ses amis.

Vous êtes Mes amis si vous faites ce que Je vous commande.

Encore quelque temps, gardez près de vous Mes Brebis égarées, consolez-les, nourrissez-les, abreuvez-les; le Maître sera bien vite parmi vous: *Je vous annonce déjà Mon Retour.* Mes enfants, Je descends les marches du Jardin des Oliviers; là, Je viens réunir Mes apôtres et Mes disciples; ils ne vont pas M'attendre longtemps car Je dois préparer avec eux Mon Retour *et ils le savent.*

Vous aussi, *chacun de vous,* vous êtes invités à préparer Mon Retour; préparez vos coeurs dans l'Humilité, humblement *mais activement* car le travail doit être accompli. *A chacun,* Je vous ai donné une tâche bien précise qui doit s'effectuer tous les jours, jour après jour, jusqu'à Mon Retour parmi vous.

Lorsque le Maître arrive, Il voit si le travail a été fait convenablement, en Son Nom.

Les Talents que Je vous ai remis, les avez-vous fait fructifier? Allez-vous Me montrer vos mains vides? Allez-vous les cacher derrière votre dos? Allez-vous Me demander encore un répit?

Non, vous n'avez plus le temps car, comme le sable du sablier s'écoule et marque la fin, *voici venir la Fin des Temps;* voici qu'apparaît le Temps Nouveau où Je prendrai avec Moi Mes Ouvriers fidèles qui ont bien rempli leur tâche.

Ils M'ont *satisfait pleinement:* voici qu'ils sont invités à Me suivre.

Regardez ce long cortège: voici Mes *nouveaux Saints.* Ils se dirigent vers cette Cité Sainte qu'ils ont bâtie avec leur Maître jour après jour, sans pleurer sur la fatigue et la peur, *rejetés* par les grands de la Terre, *humiliés* et *trahis* parce qu'ils ont choisi d'être des Enfants de Dieu. Ils se sont *unis entre eux,* se reconnaissant frères du même Père, *se ralliant entre eux* par l'Amour qu'ils portent en eux, faisant de chacun d'eux *et de tous ensemble,* des téméraires au milieu des tempêtes de l'égoïsme et de l'orgueil; faisant *une seule troupe* d'audacieux bravant la colère et la haine des envieux, de ceux qui se disent "grands" parce qu'ils détiennent le Pouvoir et l'Argent.

Bientôt vous chanterez la Gloire du Seigneur:
Le Seigneur a déployé la Puissance de Son bras.
Il a renversé de leurs trônes les puissants
et Il a élevé les humbles.

Alors, les Enfants du Père lèveront leur front vers le ciel: ils attendaient tous l'incomparable clarté lumineuse et ils virent *la Vraie Lumière,* celle qui n'a pas de fin. *Je viendrai bientôt* parce qu'ils M'ont attendu sans se lasser et en Me désirant ardemment.

Mais J'attends *encore un peu:* Je désire *tous* les coeurs et bientôt ils seront disposés à recevoir *Mon Feu d'Amour.* Je viens *embraser la Terre entière* afin que Mon Feu Purificateur détruise tous ces détritus qui empêchent Ma Flamme d'Amour, encore aujourd'hui, de s'étendre jusqu'aux extrémités de la Terre.

Mon Feu, c'est Mon Amour, c'est Ma Vie:
Je *suis* l'Amour.

Le Jour de **la Pentecôte**, Mon Esprit Saint S'est déposé en langues de Feu sur Ma Très-Sainte Mère et sur chacun de Mes Apôtres. Feu Vivant, sanctifiant en chacun les oeuvres qu'ils allaient accomplir au Nom du Seigneur, Flammes de l'Esprit Saint reçues en ce Jour. Ils devenaient eux-mêmes Mon Feu d'Amour.

Ce Feu, déversé sur chaque Enfant de Dieu, aujourd'hui encore comme hier, vous appelle à une grande sainteté en Dieu car le Seigneur, qui est monté vers le Père, continue à vous donner Sa Grâce pour devenir *des Apôtres des Nouveaux Temps.*

Le Seigneur descendra des cieux comme Il est monté vers le Père:
Il est dans la Gloire du Père Éternel
et Il descendra dans toute Sa Gloire.

L'Esprit Saint S'est répandu et continue à Se répandre jusqu'au jour où la Terre entière sera recouverte du Feu de Son Amour, afin que s'accomplisse la Parole du Seigneur:

Je ne vous laisse pas orphelins.
Je reviendrai.
En attendant recevez l'Esprit Saint.

Divin Feu qui, tel un incendie, commence déjà à embraser avec force certains coeurs afin de se répandre comme un feu de forêt touchant les coeurs les uns après les autres, les Flammes de l'Esprit Saint allumeront tous les foyers et réuniront, déjà, tous ceux que Dieu appelle à construire Sa Cité Sainte.

Vous *êtes Ma Cité de l'Amour*
qui va s'étendre sur le Monde entier:
Cité de Vie Éternelle dont le Créateur est le Père,
Cité qui se régénère par le Sang du Rédempteur,
Coeur Divin et Sacré du Fils;
Cité où l'Esprit Saint instruit et perfectionne, par la Grâce de Dieu,
tous les coeurs des Enfants appelés à vivre
comme la Sainte Mère de Dieu qui porte en Elle
l'Esprit de Sainteté.
Une Mère ne peut donner que le meilleur d'Elle-même.
Aujourd'hui MARIE, la Pleine de Grâce,
Ma Très Sainte Mère et votre douce Maman,
vous donne Sa Flamme d'Amour de *la Nouvelle Pentecôte.*
Recevez ce Don des mains de MARIE
Notre Dame de la Pentecôte Nouvelle.

Amen

†

† †

C'est l'armée la plus puissante
****

Lundi 20 Mai 1996

Notre Père: "Mon Enfant, ne te désole pas pour ton travail.
********** Je t'appelle et tu consens à Me servir de tout ton coeur. Pourquoi, aujourd'hui, craindre que cela te dépasse! Ne vois-tu pas que tout ce que Je t'ai dit est en train d'arriver? Même si les hommes ne le voient pas, la réponse est là dans chacune de Mes oeuvres réalisées.

Elles sont parfois spirituelles et l'homme ne les voit pas; il appelle, par un nom, ce qu'il voit, déjà fait. Mais Dieu a déjà, cette chose annoncée, terminée dans Sa Pensée d'Amour.

Tout devient plus clair pour celui qui vit en Dieu. Avec Dieu, il marche pas à pas dans ce chemin où tout se construit petit-à-petit pour l'homme qui va, *demain*, reconnaître son Dieu. *Demain*, le renouveau sera *visible* et pourtant, aujourd'hui, il est déjà construit dans Ma Pensée d'Amour puisque Je suis l'Éternel Présent; et ce que vous pressentez *est déjà là*. Je vous instruis pour que vous puissiez instruire vos frères et leur donner surtout *l'Espérance*. Mais J'aimerais déjà vous montrer les beautés de votre Monde *qui s'avance à votre rencontre*. Vous avez été créés pour vivre *avec votre Père Créateur* qui vous aime. Et vous vous êtes éloignés de Lui.

Qui peut vous ramener à Lui sans que Son Saint Coeur de Père en souffre? Sa Sainte Volonté n'est pas de vous ramener par la force; Dieu vous a créés libres et vers Lui vous devez revenir librement. Il n'y a que l'Amour qui puisse vous attirer à Lui.

L'homme a perdu toutes les belles qualités qu'il avait lorsque, dans le Ciel de Gloire, son âme heureuse vivait [1] dans le Sein du Père avant de naître sur la Terre. Vous avez glissé: comme l'enfant qui recherche la vitesse pour aller plus vite, il emprunte une pente dangereuse. Vous avez glissé de malheur en malheur, très vite et sans M'appeler à votre secours.   **(1):** *Voir Note à la fin du Message*

Je vous ai envoyé Mon Fils Unique JÉSUS-Christ et vous ne M'avez même pas reconnu en Lui. En L'offensant, vous M'avez offensé. En Le mettant à mort, vous M'avez crucifié en Lui. Mais qui peut anéantir Dieu? Celui qui veut Me détruire, Mon Ennemi et le vôtre, est en train de vivre *ses dernières heures*. Il sait qu'il va bientôt disparaître de la face du monde.

Tout seul il s'efface de Ma vue et il sait que ses jours *sont comptés*; il s'appuie encore sur vous, pauvres incrédules, pour vivre *de vous, de votre force*.

Ne croyez pas que vous recevez quelque chose de lui: il n'a *rien*, il ne sait que prendre, détruire et mentir; *il existe encore grâce à ses adorateurs.* Regardez votre Terre: vous verrez dans sa dégradation actuelle votre propre perte; et il vous entraîne vers *le gouffre* où il sera bientôt jeté, lui et ses acolytes. Ma Terre est Ma Création; elle refuse Mon Ennemi, elle le rejette et ne peut accepter ceux qui lui ressemblent et qui ne vivent que pour la violence et la haine, nourris du venin de la Bête. Ma Terre va *se secouer* pour rejeter tout ce Mal; bientôt elle ne vous donnera que les fruits de sa dernière réserve.

La mer va écouter ses habitants: révoltés, ils ne peuvent déjà plus supporter la domination du Mal car ils disparaissent petit-à-petit; parfois des groupes entiers se suicident... Les airs sont remplis des fumées de votre déchéance. Tout dépérit, hommes et bêtes; maladies, morts, c'est le cadeau de Satan. Les quatre éléments, l'air, le feu, la terre et l'eau, sont sur le point de se déchaîner avec force. Ils ont été créés par Dieu, pour les enfants de Dieu; il ne veulent plus être la possession du maître du Mal.

Comment l'homme peut-il arrêter ce processus de dégradation? JÉSUS est venu vous apprendre l'Amour et non la haine; Il est venu vous dire que seul le Bien peut arrêter le Mal. Et si Dieu vous a montré comment combattre le Mal par le Bien, vous devez réagir face à cette progression. Aujourd'hui vous possédez le remède: *l'Armée la plus puissante que Dieu ait mis en marche pour le Salut du Monde.* Je vous l'ai décrite; c'est la Victoire qui illuminera les Cieux et la Terre: la Vierge Sainte vaincra en écrasant la tête du Serpent antique. Rangez-vous derrière Celle qui a reçu ce Pouvoir de Dieu. Avec Sa Sainte Armée d'Archanges et d'Anges du Très-Haut, Elle est aujourd'hui, face à l'Ennemi, la Vierge Puissante, l'Immaculée à côté de Saint Michel qui va pousser le Cri de la Victoire:

"Qui est comme Dieu!"

Debout, comme une armée rangée pour la bataille, Elle S'avancera et, après avoir écrasé sa tête dominatrice, victorieuse Elle le forcera à s'enfermer lui-même dans l'Abîme,

car rien ne peut résister à la Mère Immaculée qui a reçu en Son Saint Coeur tous les Dons de la Très-Sainte Trinité.

Venez, enfants, aider votre Mère dans ce dernier combat qui vous procurera *la Paix universelle.*

JÉSUS et MARIE vous donnent leurs Coeurs Unis. *Consacrez-vous* aux deux Saints Coeurs adorables. *Consacrez* vos enfants, vos familles, vos ennemis. *Consacrez* votre pays et tous les Pays. *Priez* JÉSUS, MARIE, JOSEPH, *unissez* vos prières. Formez tous des groupes *unis*.

Soyez *des petites Jeanne d'Arc* portant la Victoire à votre Roi du Ciel. *Combattez* pour la Paix du Monde. Prenez *le bouclier* de la Foi et de la Fidélité en Dieu. Armez-vous *du Saint Rosaire qui est la terreur des démons* puisqu'il est l'Arme puissante de MARIE Très-Sainte.

Priez-Moi très fort pour votre Pape. Vous ne savez pas la valeur des prières des tout-petits lorsqu'elles sont adressées à votre Père des Cieux avec tout votre Amour d'Enfants obéissants

Suivez MARIE, Elle monte à la Sainte Croix; derrière Elle se trouvent les Enfants du Rosaire et de la Croix.

Dans la Croix Glorieuse, venez adorer JÉSUS Ressuscité. La Bienheureuse Mère Se met à genoux entre Saint Jean et Saint Pierre; derrière eux sont tous les Consacrés et voici que monte, comme une seule voix, la Louange vers Dieu Le Père. Tel un immense orchestre, toute la Création est appelée à louer Dieu:

Alleluia!
Louez Dieu en Son Sanctuaire.
Louez Le au firmament de sa Puissance.
Louez-Le pour Ses oeuvres de vaillance.
Louez-Le en toute Sa Grandeur.
Louez-Le par l'éclat du cor.
Louez-Le par la harpe et la cithare.
Louez-Le par la danse et le tambourin.
Louez-Le par les cordes et les flûtes.
Louez-Le par les cymbales sonores.
Louez-Le par les cuivres triomphants.
Que tout ce qui respire loue le Seigneur,
Alléluia!

† † †

Notre Mère: "Satan est vaincu. L'Église est victorieuse par la
**********   Très-Sainte Croix Glorieuse et les 153 Ave Maria de chaque Enfant de Lumière, qui ont enchaîné l'Ennemi, délivrant ainsi toutes les âmes.

Je suis MARIE de la Croix Glorieuse,
unie à tous Mes Enfants consacrés.
Au pied de la Croix Glorieuse Se trouve MARIE
qui offre au Père Éternel
les Saints Coeurs de JÉSUS et de MARIE
unis dans l'Amour de la Très-Sainte Trinité
pour le Salut du Monde.   Amen
† † †

NOTE du Directeur spirituel de "JNSR"

"L'homme a perdu toutes les belles qualités qu'il avait lorsque, dans le Ciel de Gloire, SON ÂME HEUREUSE VIVAIT DANS LE SEIN DU PÈRE, AVANT DE NAÎTRE SUR LA TERRE".

Il ne peut s'agir, évidemment, de la doctrine d'Origène concernant une supposée pré-existence concrète, individualisée et autonome des âmes avant leur venue en ce monde, dans un corps de chair. Cette doctrine erronée, d'inspiration platonicienne, fut formellement condamnée comme hérétique par l'Église (Constantinople, 543).

Pour bien comprendre cette "Parole" il convient donc de se situer, non pas dans une perspective temporelle et historique, selon laquelle le Temps s'écoule logiquement de *l'avant* à *l'après* (la cause, ici, précédant toujours son effet), mais dans une vision théologique ou mieux, théologale, où le rapport est inverse: l'effet, ou conséquence, précédant souvent sa cause historique; les exemples sont nombreux, mais le plus illustre est celui de l'Immaculée Conception de MARIE qui a précédé *la Mort-Résurrection* du Christ dont elle est, pourtant, le fruit anticipé.

En Dieu, *il n'y a pas de Temps,* mais un unique *aujourd'hui* au vu duquel tous les événements terrestres, dans leur déroulement historique, sont *"contemporains"*: Dieu *voit* notre mort (encore à venir) en même temps que notre naissance; et le dernier enfant à naître, en même temps qu'Adam. Nous étions donc, *depuis toujours,* dans la Pensée divine.

Autrement dit l'Éternité, étant par nature *intemporelle,* sans dates, ni étapes, ni succession, ni évolutions, les hommes (en leur âme ou esprit) *existaient* (notre intelligence terrienne limitée nous oblige d'ajouter *déjà*)) dans le Dessein du Père en qui il n'y a ni *avant,* ni *après*. Et cette *existence* réelle, quoique non pas historique, était parfaite car elle correspondait totalement à ce que Dieu voulait.

Notons bien, pour en finir, que ce Message ne dit pas que l'âme vivait *auprès* du Père ou *avec* le Père (ce qui est le sort heureux de tous les Élus), mais *dans le Sein du Père,* donc en Son Coeur et dans Son Dessein."

L'esprit de l'homme va rencontrer l'Esprit de Dieu
****

Samedi 25 Mai 1996
Veille de Pentecôte

"JNSR": *"Seigneur, venez nous parler pour nous réconforter. Le Monde transgresse vos saintes Lois. Pardonnez-nous, Seigneur".*

JÉSUS: "Ma Vie vous est donnée à chacun. Votre vie doit être
******* remplie de l'Amour du Très-Haut. Amour en tout: d'abord en Dieu votre Créateur et envers ceux qui, comme vous, ont reçu la Vie de Dieu. Tout vient de Dieu. Tout est Don de Dieu qui est Amour. Si vous ne répondez pas à cette Vie d'Amour, vous vous éloignez de la Puissance Divine d'Amour qui régit toute chose. Si vous vous en éloignez jusqu'à refuser Mon Amour, vous risquez de disparaître comme un fétu emporté par le vent, ne sachant où se poser: il est appelé à ne plus exister. Je vous rappelle que vous devez vous interroger sur le pourquoi de votre existence. L'homme est l'enfant de son Créateur, né de Sa Volonté Divine. *Amour de Dieu,* l'homme doit répondre à Son Amour.

Toute chose créée par Dieu est bonne; elle est créée dans la parfaite harmonie du Bien. Votre âme a été créée à l'Image de Dieu. Que vous vous trouviez sur une haute montagne, ou dans un gouffre très profond, ou enfermé dans une prison sans porte ni fenêtre, vous recevez l'Énergie de Dieu: Ma Vie, Lumière dans les ténèbres; Je suis partout. Je vous donne Ma Vie en abondance; il est nécessaire de rendre Grâces à Dieu: pour l'air, pour l'eau, pour le pain et pour votre propre existence, car tout vient de Dieu; Dieu veut votre bien. Le Seigneur ne vous veut pas malade, ni difforme, ni malheureux, ni rejeté de la société; Dieu n'envoie pas le Mal.

Pour tous ceux qui sont plongés dans une vie qui ressemble à un cauchemar tant la souffrance est grande -et le mépris dépasse la souffrance-, pour tous ceux qui croient que Dieu ne pouvait être là quand ils sont venus en ce monde avec leur infirmité, leur handicap, leur difformité, toujours la même question:

"Si Dieu est Amour et Bonté, pourquoi? mais pourquoi sont-ils rejetés de la société! Ils ne peuvent vivre dans une société composée en majorité d'êtres normaux, ayant deux jambes, deux pieds, deux bras, deux mains, aucune imperfection dans leurs cinq sens: visiblement, ils sont parfaits. Pourquoi, mais pourquoi ces pauvres enfants si handicapés ont reçu la vie et ils se disent: "vient-elle de Dieu, cette vie si misérable?".

Oui, vous venez de Dieu. Vous êtes aimés de Dieu.

Ne doutez pas que Je vous aime.

Ne jugez pas votre Créateur qui vous laisse vivre ainsi, enclins à la colère et à toutes les injustices de ceux qui se croient parfaits. Vous vous voyez misérables, rampant comme des vers de terre pour vous déplacer, ou munis de prothèses douloureuses, ou encore dans des chaises roulantes. Je n'ai exercé sur vous ni punition, ni injustice. Personne de vous n'est puni par Dieu. Dieu *consent* à voir Ses enfants vivre si misérablement: au Royaume de Dieu ils sont les plus beaux *parce qu'ils ont tout donné à Dieu pour sauver les âmes en perdition.* [1]

Il vaut mieux entrer au Royaume estropié que d'être jeté dans le feu de la Géhenne avec un corps qui se croit parfait et dont l'âme ne veut plus appartenir à Dieu; la souffrance est *une richesse incomparable*; rien de ce que vous pouvez M'offrir de cette Terre, pour Me faire plaisir, n'est comparable à la souffrance d'Amour. Tout M'appartient sur cette Terre; c'est Mon Don, mais la souffrance, c'est votre propre don.

Dieu Le Père: "En regardant votre Sauveur souffrir dans Sa
*************   Passion et Sa sainte Mort sur la Croix, vous Me voyez, Moi le Père, *souffrir avec* Mon Fils Unique. J'accepte ce Cadeau Royal du Divin Sacré Coeur de Mon Enfant qui payait de Son Sang votre propre délivrance.

Oui, il n'y a pas plus grand Amour que de donner sa vie pour ceux qu'on aime. Je vous ai donné la Vie de Mon Fils qui était Ma Vie. Mon Fils chéri vous a donné Sa Vie qui était la Vie de Son Père. Nous ne sommes qu'un seul Dieu, unis dans l'Esprit-Saint qui devenait l'Amour blessé à mort. Pour renaître à la Vie, avec le Père, le Fils et l'Esprit d'Amour, la Très-Sainte Trinité a vaincu la Mort.

Oui, Je viens vous faire renaître à la Vie,
car vous êtes des *sarments morts*, secs si vous vous détachez du Cep. Je vous envoie Mon Esprit Saint de Vie Éternelle.

Ne perdez pas l'Amour pur et véritable. Restez unis pour l'Amour de Dieu, l'Amour pour Dieu et pour tous vos frères. Même les animaux savent qu'ils ont un Créateur. La Nature entière reconnaît Son Créateur, comme elle reconnaît également la main meurtrière qui la paralyse en faisant mourir toute vie en elle. Toute chose créée par Dieu a une intelligence et une mémoire [2]; tout ce qui a reçu la Vie se souvient de la création du monde et de la Souffrance de Son Sauveur.

1: Le 20 Avril 1968, JÉSUS dicte à Maman Carmela: "L'infirme, sa vie passée dans la souffrance, est un cadeau immense qu'il fait à l'Humanité".

2: *"toute chose"*, ne jugeons pas hâtivement au sens humain de mémoire et intelligence; en effet, le règne minéral possède une structure intelligente et une mémoire.

L'Amour de Dieu a *toujours* rempli l'Univers.

Toutes les âmes ont eu cette Connaissance merveilleuse:
    Dieu *existe* de toute éternité.
    Dieu est la Vie, la Voie, la Vérité.
    Dieu est Amour.
    Dieu nous aime et nous attend.
    Nous devons renaître à la Vie Éternelle d'Amour pour
    rentrer en Dieu.

Tout sera comme une interrogation qui montera, envahissant votre corps, votre âme, votre esprit, pour jaillir *de la nuit* et vous faire dire: *"Qui suis-je?"*. Vous verrez ce que vous êtes en Vérité:
            des enfants du Dieu Vivant!

Cette réponse est pareille au jet d'eau qui a trouvé le chemin pour se libérer de cette couche de terre qui le recouvrait; il va se libérer de sa marche souterraine; il vient de percer toute cette épaisseur qui recouvrait son fleuve; enfin, il voit le jour après avoir parcouru tant de kilomètres dans l'obscurité.

        Vous verrez tous le Jour Nouveau.
    Vous allez vous libérer, comme ce jet d'eau.
    Ô divin Jour Glorieux où l'esprit de l'homme
        rencontrera l'Esprit de Dieu
        qui va remplir toute la Terre,
    élevant Sa Flamme d'Amour jusqu'aux hauteurs vertigineuses,
        recouvrant les profondeurs enténébrées,
    entourant la Terre de Sa ceinture brillante de Vérité et de Gloire.

Je viens libérer le Monde en lui donnant Ma Connaissance. Enfants de la souffrance, vous ressemblez à votre Sauveur. Vous êtes *la rançon* que l'Ennemi demande aujourd'hui pour libérer la multitude des prisonniers du Mal.

La *petite chenille* deviendra un papillon brillant de Lumière: l'Esprit Saint Se manifestera bientôt.

JÉSUS a été enfermé dans la souffrance jusqu'à la limite *qui n'a pas de limite;* ridiculisé, bafoué, recouvert de plaies béantes d'où sortait Son Sang Purificateur. Votre JÉSUS n'avait plus rien qui pouvait rappeler le Visage de JÉSUS de Nazareth. L'Homme-Dieu devint *l'Homme des Douleurs*, plongé dans la mort, enveloppé de Son Suaire, enfermé dans la nuit du Tombeau; ténèbres épaisses qui, depuis, planent sur votre Monde sans Dieu.

Mais l'Esprit de Lumière était là. Et quand le jour se mit à se dévoiler en faisant tomber le manteau de la nuit, au matin du Troisième Jour la Vie venait d'apparaître dans toute sa plénitude: ce fut la Sainte Résurrection.

Aujourd'hui, l'Esprit de Lumière est là. Il vient enlever ce voile épais et retirer les ténèbres qui recouvrent le Monde.

Il vient annoncer le Jour Nouveau où toute chair sera *sanctifiée* parce que l'esprit de l'homme recevra *son dernier Baptême* pour revivre de l'Esprit de Dieu.

Il faut que l'homme renaisse à la Vie. Il faut que la chenille disparaisse pour que s'élèvent des Fils de Lumière divine dans la Cité Sainte. C'est pour cela que Je vous donne Sa Sainte Croix Glorieuse. Elle vous parle d'Amour, de paix et de Pardon. Venez à Moi, vous qui peinez sous le poids de vos fardeaux: Je viens vous libérer de l'esclavage, Je viens casser vos chaînes, Je viens vous recouvrir de Mon Manteau de Gloire.

Bientôt vous serez brillants comme des astres de Mon Ciel de Gloire,

     vous, Mes enfants de la Douleur,

     vous, Mes enfants martyrs offerts à Dieu pour le Monde coupable, pour le Pardon des péchés de tous ceux qui blasphèment Dieu et qui font pleurer la Mère des Douleurs.

Alors, la Bienheureuse Mère de Dieu mettra sur vos têtes la Couronne *blanche et rouge.*

JÉSUS vous parle à vous, martyrs des Temps Nouveaux.

Je vous aime.

Recevez Mes Saintes Bénédictions.

†

† †

La Visitation de MARIE

Les trois Blancheurs   **Le dernier morceau du chemin**

Vendredi 31 Mai 1996

JÉSUS: "C'est l'Heure de l'attente, êtes-vous préparés à Me
*******   recevoir? Viendrez-vous ouvrir la porte de votre
coeur lorsque Je frapperai? Tout s'endort comme si le sommeil
pouvait redonner les forces nécessaires pour accomplir le travail que
Je vous demande; vos forces, Je les referai quand vous M'aurez
donné ce que Je vous demande d'accomplir en Mon Saint Nom.

Les uns vont aller, guidés pas à pas, et vont rencontrer ma
demande; c'est une question qui est déjà au fond de votre coeur;
Moi, Je vais la renouveler car elle s'est égarée dans les dédales de
votre mémoire. Il est nécessaire qu'elle vous soit renouvelée; il est
primordial que vous Me répondiez aujourd'hui:

"Enfants êtes-vous prêts à Me suivre plus loin?"

Car désormais le Chemin va devenir *l'unique Chemin,* celui qui de
toute éternité a été tracé pour venir à Moi et Me rencontrer.

Ce dernier Chemin, Je l'ai fait déjà une fois avec Mes premiers
Apôtres; et ils M'ont rencontré; ils M'ont suivi et le Chemin est
devenu pour eux *un lieu* où Je les ai réunis, près de Moi leur Maître,
pour l'Éternité en Dieu.

Vois, aujourd'hui, *ce Chemin;* il arrive en ton coeur comme un
baume parce qu'il a été déjà tracé et suivi sans faille, parce que tu l'as
découvert au fond de ton coeur; parce que tu as compris qu'il est
Unique et Vrai et que si tu partais de ce Sentier de Vie, tu perdrais la
Vie à jamais. Ce Chemin est celui que Dieu t'a montré; d'abord, tu l'as
expérimenté dans la douleur, dans la souffrance *et dans la joie*; ce
qui vient de Dieu ne peut *donner la joie qu'en passant par la
Croix;* et ceux qui M'ont choisi, ont choisi Mon Chemin de Croix,
avec Ma Sainte Passion et Ma Sainte Mort sur la Croix.

Ceux qui n'ont pas encore cherché, n'ont pas encore trouvé.

Cherchez et vous trouverez.

Je suis Dieu, l'Infini, l'Incréé, l'Unique, en Qui toute Vie commence,
s'arrête et repart vers l'Éternité *avec* Dieu.

Aujourd'hui, *Je vous mets en garde*: ne remettez pas à demain
votre recherche et votre élan à venir Me retrouver.

Il pourrait se faire tard, et pourtant Je vous ai prévenus tant de
fois! Si la tempête éclate, les Brebis peuvent se disperser, rechercher
un abri non protégé; et la foudre, qui s'abat souvent sur ceux qui ne
la craignent pas, deviendra un avertissement terrible, inévitable et
définitif; car *toutes* les Brebis ont déjà été averties.

L'Avertissement sera pour tous,
d'une manière soudaine, venant comme la foudre; et si le tonnerre l'annonce des fois bien à l'avance, il n'en reste pas moins qu'elle vient et qu'elle va s'abattre.

Quel est l'Abri qui peut résister à toutes les tempêtes? Vous le connaissez: c'est Mon Divin Sacré Coeur.

Quelle est cette Voix qui vous prévient à l'avance? C'est Ma parole de Vie.

Comment éviter le pire lorsqu'il est évident que l'orage est là et qu'il devient de plus en plus menaçant? Vous le savez, *rien* ne peut résister à la violence des vents, de l'eau, du feu, surtout quand ils sont conjointement liés pour détruire tout sur leur passage.

Souvenez-vous que seule la Voix de Dieu peut arrêter les éléments déchaînés. Entrez dans *la Barque de Pierre*, réfugiez-vous près de lui; lui seul a l'Autorité que Je lui confère aujourd'hui pour calmer *les vents de la discorde*, pour ouvrir un *Chemin de Grâce* entre les eaux tumultueuses pour faire passer les Brebis:
c'est le Passage vers le rivage nouveau où Je vous attends.
Lui seul peut faire descendre la Paix de Dieu en priant l'Esprit de Feu, l'Esprit d'Amour, pour éteindre le feu allumé sur la Terre *par les hommes de la guerre.*

Car l'Agneau de MARIE est sans tache et sans défaut; il est près de Ma Sainte Mère et il marche sous Sa Sainte Protection; *fils de la Terre* comme Ma Sainte Mère, il est désigné par le Très-Haut pour devenir, comme Son propre Fils, celui qui par Amour pour Dieu le Père, et par Amour pour tous ses frères, va devenir *l'Enfant de MARIE* qu'Elle a enfanté dans Son Coeur Virginal comme Elle a enfanté JÉSUS en Son Sein Virginal, pour l'offrir au Père, pour l'offrir au Monde coupable en rémission des péchés
d'orgueil et d'insoumission à Dieu,
de désobéissance à Sa Loi,
d'irrespect pour les Oeuvres de Dieu.

Pierre ressemble déjà à Celui qui l'a précédé sur la Sainte Croix; parce qu'il L'a tant aimé, son corps est devenu à l'image de son âme qui est toute à l'image de son Dieu et Maître.

Avec JÉSUS et MARIE, le *Passage* est doux car *les Trois Blancheurs* seront réunies: JÉSUS, MARIE et Pierre, pour l'éternité.

Amen

†

† †

La Visitation de MARIE
Cénacles d'Amour
****

Le même jour

MARIE: "Mon Enfant, aujourd'hui encore Je visite la Terre.
*******   Je suis MARIE, la Tendresse de Dieu, la Bien-Aimée du Père, la Fille bénie entre toutes les femmes pour recevoir *la Promesse*; la Mère choisie entre toutes les mères, Mère du Christ et Mère des hommes. Je suis *le Temple* du Saint Esprit; en Moi repose la Très-Sainte Trinité. Oui, Je suis MARIE de la Terre et MARIE du Ciel de Gloire. Ma Fille, Je viens M'unir à tous les enfants de la Terre. Je viens aujourd'hui vous visiter avec Mon Fils JÉSUS, comme Je le fis pour Élisabeth. Annonce Ma Visite à tous tes frères.

Je vous donne Mon Trésor: Mon Fils Bien-Aimé JÉSUS
qui va venir vous visiter bientôt.
En Vérité, l'Emmanuel va venir habiter avec les hommes,
Mes fils de la Terre.
Joie au Ciel, Merveille pour la Terre qui va recevoir
son Dieu, son Roi, son Emmanuel.

Mes enfants, cet instant est déjà écrit au Ciel et les Anges sont illuminés par la Gloire du Très-Haut qui veut donner Son Fils *par Mes mains*.

Je suis la Vierge de l'Annonciation et de la Visitation.

Mère du Peuple en marche, Je viens vous montrer le Chemin qui mène à la Jérusalem Nouvelle où, demain, triomphera la Croix Glorieuse du Golgotha.

"Tes mains, MARIE, nous donnent JÉSUS.
Nous Te remercions à genoux pour ce Don sans pareil".

Mon Fils JÉSUS, Mon Unique Enfant, Dieu-parmi-les hommes, Me demande de L'annoncer sur toute la Terre; comme Saint Jean le Baptiste, Je crie *partout* de préparer le Chemin de tous les coeurs, car voici le Règne de Gloire annoncé par tous les Prophètes.

Mon Enfant, tu dois le dire, vous devez tous l'annoncer:
JÉSUS REVIENT!

MARIE est avec vous; c'est Ma bouche, c'est Mon Saint Coeur de Mère qui vous prépare à recevoir le Roi des Rois.

Oh! que Mon Coeur Immaculé est dans la Joie lorsque Mes enfants de la Terre Me préparent *des Cénacles d'Amour!*

Petits et grands sont attentifs à bien préparer la salle, le petit coin le plus agréable de leur maison où Je Me tiens présente pour recevoir le Don de vos prières et de vos offrandes pour Mon Fils, Mon Roi.

Églises de la Terre, ouvrez-vous pour accueillir la Mère
qui vient vous visiter.

Oui, vous M'adressez vos louanges, vos chants, et cela est un bouquet pour votre Mère du Ciel; et puis, ce bouquet, Je le garnis aussi de Ma Joie, de Mon Bonheur, de Mon Amour maternel, pour le remettre à la Très-Sainte Trinité,
la Trinité d'Un Seul Seigneur
qui vous aime et vous regarde parce qu'en Moi
vit *la Tendresse du Seigneur.*
Il est Ma Joie, Il est Mon Bonheur.
Je reste, avec vous, la Servante du Seigneur.

Je vous conduis, avec la Puissance et la Gloire de Dieu, vers la Croix d'Amour, la Clé du Royaume Éternel de Gloire où toute chose se réalise et vit dans la Sainte Gloire de Dieu. Venez recevoir le Pardon et la Sainte Bénédiction de JÉSUS qui vous attend à Sa Croix.

A genoux, Mes fils. Repentez-vous de tous vos péchés afin que votre Terre reçoive, elle aussi, son Pardon; car elle est grande dans l'Amour du Père et son châtiment est à la mesure de son infidélité. Priez pour votre Pays, *la France,* car ses martyrs répareront ses fautes; leur sang se mêle au Sang du Sauveur et ses enfants glorifieront Dieu dans une Adoration continue.

Priez, repentez-vous, offrez votre coeur à Dieu. Récitez quotidiennement *la Sainte Consécration à Nos deux Saints Coeurs Unis.* Ne comptez pas ce que vous donnez à Dieu et à vos frères; Dieu, Seul, tient les comptes: *donnez sans compter.*

Bienheureuse Élisabeth qui accueillit Dieu et Sa Mère dans la Visitation. MARIE alla voir Élisabeth qui habitait dans un village des monts de Judée. A peine eut-elle entendu le salut de MARIE qu'Élisabeth s'écria:
*"Bénie sois-tu entre toutes les femmes
et Béni le fruit de ton sein!".*

Aujourd'hui, enfants de la Terre, bénissez la Mère qui vous donne JÉSUS: *la porte qui s'ouvre accueille JÉSUS et MARIE.*
Restez disponibles.
La Sainte Grâce de Dieu vient bientôt
par MARIE,
la Comblée de Grâce.
Amen
† † †

La Sainte Gloire de la Très-Sainte Trinité
****

Dimanche 2 Juin 1996

JÉSUS: "Qui Me voit, voit Mon Père": avec cette phrase que
*******   Je vous donne, reconnaissez en Moi le Père qui est
avec Moi et Moi en Lui.

Je ne vous demande pas de devancer les événements ni de prévoir ce qui peut arriver; mais seulement d'être obéissants à Mon Appel et attentifs à tout ce qui vient de Moi, votre Seigneur.

Si vous êtes appelés à venir à Moi, vous le ressentez en votre coeur; ce n'est pas un ordre, *c'est une invitation.* Je marche sur le chemin et Je cherche Mes apôtres; lorsque Je les trouve, lorsqu'on se rencontre, Je dis: "*Viens et suis-Moi!*".

L'Appel est une manifestation de Ma Sainte Grâce. Un choix. *"Ce n'est pas toi qui M'a choisi, c'est Moi qui t'ai appelé en premier"*, et si tu as dit "Oui", alors viens, laisse tout et suis-Moi.

Je vous ferai Pêcheurs d'hommes.

Et mon *filet* est là: c'est Ma Parole, c'est Mon Coeur. Êtes-vous prêts à Me suivre? Êtes-vous prêts à tout abandonner pour Me suivre? Alors Je vous donne Mon filet.

J'aime votre compagnie et Je viens Me présenter à vous pour vivre avec vous. Je suis JÉSUS de Nazareth. On vous dira; *"Que peut-il sortir de bon de cette petite contrée?"*. Et vous, qui Me connaissez, vous pouvez répondre avec votre coeur que Dieu choisit toujours ce qu'il y a de plus petit, de plus humble, *pour montrer que toutes les grandes choses viennent de Lui.*

Dieu a choisi la Vierge MARIE, la Toute-Pure, la Pleine de Grâce, qui vivait dans l'ombre de Dieu comme une violette vit cachée à l'ombre de la mousse qui la recouvre pour être fraîche et gardée de tous les regards. L'Humilité est la première vertu de Celle qui a dit *Oui* à Dieu pour devenir la Sainte Mère du Sauveur

Par Elle de grandes choses se sont faites et continuent à se faire; gardée pour Dieu, Elle appartient toute entière à Son Dieu. Elle est la Perle de la Très-Sainte Trinité qui L'a choisie de toute éternité. Bienheureuse la Vierge qui enfanta le Fils Unique de Dieu car, de tous les Temps, toutes les âmes bénies du Ciel et de la Terre, toute la Cour Céleste, rendent Grâces au Très-Haut qui fit d'Elle le *Reflet de la Sainte Grâce de Dieu.* En Elle se mire tout le Ciel.

Car Dieu La fit si belle, si pure, que la Vierge MARIE de Nazareth reçut de la Très Sainte Trinité *la Grâce d'être conjointement liée à Dieu et à toutes Ses Oeuvres du Ciel et de la Terre.*

Le chant des Anges remplit l'Univers:
"Magnificat à Toi, Vierge de la Visitation!"
car Elle porte en Son Coeur Douloureux et Immaculé la Sainte Croix Salvatrice du Fils Unique du Père. Elle est l'image de la Rédemption du Monde *accomplie*, car Elle est :

la divine image des Enfants de Lumière de la Nouvelle Jérusalem,

la Sainte Mère de Dieu,

le modèle accompli dans la Volonté du Très-Haut,

Celle qui, dans Sa Maternité divine, enfante les âmes dans Son Coeur rempli d'Amour, de Pureté et de Grâce,

Celle qui, la première, *spiritualisa* un Corps parfaitement saint, parfaitement pur, afin d'être digne d'entrer dans le Ciel de Gloire éternelle.

Elle, la Mère qui effaça la faute d'Ève par Son obéissance au Père, Elle a donné Naissance au *Nouvel Adam*, Son Fils et Son Dieu par qui tout est accompli.

"JÉSUS de Nazareth vient vaincre le Monde et le Temps".

Restez près de Moi, Mes fidèles apôtres des Temps Nouveaux. Nous marcherons ensemble à travers monts et vallées, parcourant de jour comme de nuit les chemins du monde. *Il faut* que les Brebis rentrent *vite* à la Bergerie du Très-Haut avant que se lève la Nouvelle Aurore du Jour Nouveau.

Voici le Soleil de Justice: Il vient percer les ténèbres. Ce grand Jour, tant attendu, viendra *pour tous*. Êtes-vous prêts à voir Sa divine Lumière qui sonde les profondeurs des coeurs comme la profondeur des Abîmes. *Je viens réunir* Mon Royaume divisé. Désormais le Ciel et la Terre seront remplis de Ma Sainte Gloire:

un seul Royaume, un seul Dieu, un seul Peuple; tout en Dieu.

Mon Père a béni et sacré la terre qui doit M'accueillir. La terre que Mon Père et votre Père a choisie est celle qui, de toute éternité, est appelée *Terre d'Asile* car elle va accueillir avec Moi tous ceux qui sont Mes Amis. Mes Amis sont ceux qui font la Volonté de Mon Père, ceux qui obéissent aux inspirations de l'Esprit Saint, ceux qui M'ont choisi pour Maître et Seigneur.

Et vous les appelez *"aveugles, sourds, muets"* parce qu'ils Me voient, M'entendent et parlent de Moi...

"Et voici que Je viens. Amen, viens Seigneur JÉSUS!"

Trinité Sainte de Gloire Éternelle et Toi, Vierge bénie, l'Immaculée Conception, voici l'Heure où les Saints du Ciel et les Saints de la Terre vont s'unir à vous. Avec les Anges du Ciel toute la Cour Céleste est présente.

Voici l'Heure du Triomphe de la Reine du Ciel: *Elle vient annoncer le Retour de Son divin Roi sur la Terre.*

Obéissant à l'Appel du Père, MARIE *a immobilisé* les forces du Mal. Dieu a désiré que l'Ennemi soit vaincu par la Pureté née de la Terre; cette Terre, que Dieu fit si belle, ne pouvait recevoir son Dieu dans sa couche nauséabonde où le péché a corrompu son sol jusqu'à en altérer même le sous-sol et les profondeurs insondables.

Seule la Pureté de la Mère de Dieu peut lutter contre ces forces du Mal, car MARIE a reçu de la Très Sainte Trinité le Pouvoir d'écraser la tête de Satan sous Son pied virginal. Ce Mal, qui ronge la Terre depuis des siècles, ne peut être détruit:

dans *son orgueil* que par *l'Humilité* de MARIE,

dans *son pouvoir* que par *la pauvreté* de MARIE

dans *sa perversité et sa dépravation* que par *la Pureté*
de la Vierge toute Sainte

qui reçut du Père Sa divine Conception:

Elle est l'Immaculée Conception;

qui reçut du Fils le titre de Mère de Dieu et des hommes:

Elle est Celle qui porte la Vie;

qui reçut de l'Esprit Saint la Gloire d'être l'Épousée de Dieu:

Demeure de l'Esprit Saint.

MARIE porte la Gloire du Père dans Son Coeur de Fille.

MARIE porte le Coeur du Fils dans Son Coeur de Mère.

MARIE porte l'Esprit de Sainteté dans Son Coeur d'Épouse.

MARIE porte la Très Sainte Trinité en Son Coeur Immaculé.

"*A Toi, Fille de Sion,* Espérance du Peuple de Dieu en marche, la Très Sainte Gloire de la Très Sainte Trinité est avec Toi. Fais-nous vite connaître la Jérusalem Nouvelle. Montre-nous son Roi"

Dieu exalte les humbles qui L'attendent au pied de Sa Croix. Mon Message est lumineux dans la Gloire de la Très Sainte Trinité

MARIE, la Bienheureuse Mère de Dieu.

Amen

†

† †

Le Coeur de MARIE vous parle par des Signes
****

7 Juin 1996, premier vendredi du mois

"*JNSR*": "*Seigneur JÉSUS, parlez-nous de la Visitation de MARIE, Votre Mère chérie, sur notre Terre, de Son pèlerinage actuel. Nous serions tous si heureux de Vous entendre. Merci mon Dieu. Merci MARIE!*".

JÉSUS: "Tous les instruments de Ma Douleur sur la Croix, Ma
******* Sainte Mère vous les montre à LA SALETTE. C'est la torture de JÉSUS Crucifié, comme Mélanie l'a vue [1]. MARIE vous montre tout ceci pour que vous ne puissiez jamais les oublier; car Elle les porte véritablement en Son Coeur Douloureux et Immaculé de Mère du Divin Crucifié. Elle vous dit:

MARIE: "J'ai souffert avec Mon Fils chéri et vous, qui passez
******* près de Moi, *regardez, dans Ma douleur, la Souf-france de votre Sauveur*. Regardez combien de larmes de sang Il a versées pour vous qui passez sans Le voir. Mais Moi Je veille à ce que tout ceci ne soit jamais oublié à travers tous les siècles et jusqu'à la fin du Monde". Aujourd'hui Je marche avec vous et le sentier se fait de plus en plus étroit, de plus en plus raide; mais qu'importe la fatigue ou la souffrance si, au bout du chemin, Se trouve Celui qui vous attend depuis toujours: Mon JÉSUS d'Amour qui veut vous unir à Lui dans Sa Joie, dans Son Amour et dans Son adorable Pardon.   Car JÉSUS vient vous pardonner.

Oui, Je vous le redis comme à PONTMAIN:
"Le Coeur de Mon Fils Se laisse toucher"..."Priez, Mes enfants".

Allumez votre Rosaire avec le Feu de Mon Amour, *comme en cette nuit étoilée s'allumèrent les quatre veilleuses* à côté de la Mère qui tenait en Ses saintes mains la Croix -rouge- portant Mon JÉSUS -rouge- recouvert de Son Sang, Martyr de vos péchés. Il Se penchait sur Son Peuple pour arrêter le feu de la guerre, comme aujourd'hui Il Se penche vers vous, enfants de ce siècle. [2]

Avec l'Amour de Dieu, votre Prière sincère peut arrêter toutes les luttes sanglantes, toutes les guerres impitoyables: *Le Coeur de Dieu peut encore Se laisser toucher.*   Priez, Mes enfants, Dieu vous exaucera.

---

(1): Lors de Son Apparition à La Salette, le 19 Septembre 1846, la Sainte Vierge portait sur Sa poitrine un grand crucifix avec JÉSUS *VIVANT*. Mélanie a donc bien vu *la torture de JÉSUS Crucifié*. Et sur la poutre horizontale de la Croix du Sauveur, étaient fixés le marteau qui avait cloué et la tenaille qui avait servi à déclouer Notre Seigneur.

(2) : MARIE décrit ici Son Apparition à Pontmain le 17 Janvier 1871.

A genoux, chers enfants demandez-Lui de vous laver de tous vos péchés. Ces péchés vont vous faire horreur, car vous allez les voir devant vous, comme des juges qui vous tourmenteront jusqu'à vous faire crier:

"Seigneur, pardon! je regrette amèrement de T'avoir fait tant souffrir; je vois, Seigneur, où mes péchés T'ont conduit; je vois, Seigneur, Ton Corps rougi et Ta mort sur la Croix. Tu m'ouvres Ta Demeure et à Tes pieds je tombe à genoux pour implorer Ton Pardon. Je vois toutes mes tentations acceptées; je les refuse; je les rejette; je ne veux plus succomber. Accepte, Seigneur, ma contrition. Accepte, Seigneur, mon repentir!".

Après *la longue nuit noire où vos yeux auront vu* l'horreur du péché qui a conduit Mon Fils, votre JÉSUS d'Amour, jusqu'à Sa Sainte Croix, vous verrez Ses divines Plaies salvatrices.

La Bonté de Dieu est infinie. Il vous dit:

JÉSUS: "Si vous M'avez blessé à mort, Je vous donne Ma Vie
*******   pour vous sauver. Si vous avez percé Mon Coeur, Je vous ouvre les torrents de Ma Grâce. Si vous avez cloué Mes pieds, portez-Moi en votre coeur: Je vous montrerai le Chemin de Vie.

Mes mains clouées deviennent *l'aimant qui vous attire*, de l'Orient à l'Occident, jusqu'à Ma Croix qui est en Vérité:

Moi, votre Divin Crucifié d'Amour;
Moi, le Ressuscité de Gloire éternelle.

Passez, Mes enfants, par Ma Croix. Passez par Moi, car nul ne peut aller au Père sans passer par Son Fils. Nul ne peut aller au Fils sans passer par l'Esprit-Saint qui habite Ma Mère Très-Sainte. Aujourd'hui, Je vous donne à MARIE, Délice de sainteté du Père Éternel, Repos du Tout-Puissant. MARIE est la Joie du Ciel. Ma Sainte Mère est Ma Joie. En Elle, J'ai vécu, Fils de l'Homme; depuis Son OUI de l'Annonciation, Je suis toujours en MARIE, comme MARIE est en Moi. Je suis le Fils qui vit dans le Père; et Mon Père vous le confirmera que Dieu, l'Éternel, le Père Tout-Puissant, vit en Son Fils, comme l'Esprit de Sainteté vit en Nous et Nous en Lui.

MARIE est une Fleur qui vit dans la Gloire du Père, du Fils et du Saint-Esprit; Elle vit de la Très-sainte Trinité; Elle vit en la Très-Sainte Trinité, comme la Très-Sainte Trinité vit en Elle. Si Ma Sainte Mère reçoit les offrandes de Ses enfants de la Terre, Elle vous comble de toutes Ses Grâces et vous, glorifiez Dieu, qui vit en Elle, en L'aimant de tout votre coeur.

MARIE, Tendresse de Dieu, est le Coeur même contenant toute l'Humilité de tous les saints du Ciel et de la Terre; par Elle sont formés tous les grands saints, nourris de Sa Grâce et de Son Humilité.

MARIE a désiré ardemment *parcourir votre Terre aujourd'hui* pour relever tous les pécheurs, *même les plus endurcis*. Elle a demandé au Père la Grâce de Lui laisser encore le temps de rechercher les dernières Brebis égarées, surtout celles qui se sont fourvoyées volontairement, reniant Dieu; elles ont suivi le Menteur.

MARIE veut ramener toutes les Brebis à Dieu en *leur montrant* toutes les Merveilles que le Seigneur a faites, par Elle, pour Son Peuple. Et aujourd'hui,
le Coeur de MARIE, Son Coeur de Mère,
vous parle par des Signes.

Oui, MARIE fait encore danser le soleil; Elle vient rappeler au Monde le Message de FATIMA où trois petits bergers ont reçu le Message mondial d'Amour et de Paix. Elle vient vous rappeler que *si le Monde ne se convertit pas* la guerre *s'allumera plus forte* que jamais.
Parlez, parlez Mes enfants, votre Mère vous le demande.
Le Monde doit connaître les Merveilles du Seigneur.

Si vous ne vous convertissez pas, si vous ne rejetez pas le Mal, comment Dieu, qui vient purifier le Monde, peut-Il vous protéger de tous les cataclysmes? C'est la Grande Purification qui est le remède pour tous les maux que les hommes ont provoqués et répandus sur toute la planète Terre. Création de Dieu, *tu es malade*; tous tes membres en sont touchés, le genre humain, les règnes animal et végétal; *l'homme est son propre bourreau*; il tue sa propre vie en massacrant tout ce qu'il touche; *il gaspille le Don de Dieu.*

La Sainteté, la Justice et la Miséricorde de Dieu demandent réparation pour vos blasphèmes et votre mépris de Dieu et de toutes Ses Oeuvres. *Cette réparation est dans votre coeur, en attente.* *J'attends votre acte de contrition sincère et vrai.*

Dans cette Purification, vous devez accepter le Don de Dieu qui appelle toutes Ses âmes à devenir semblables *à un miroir dans lequel Dieu montrera Sa Sainte Face.* Vous passerez par le creuset de l'Amour infini de Dieu. Vous deviendrez purs comme l'or de Ma Demeure; vous serez précieux comme le diamant (miroirs de la terre), purs jusqu'à refléter en vous le Ciel de Gloire Éternelle.

Votre Terre, modelée par les mains du Très-Haut, sera à l'image du Ciel de Dieu. Terre, te voici parée de ta robe nuptiale de Gloire Éternelle.   Les Cieux et la Terre sont remplis de Ta Gloire.
Ô Dieu Éternel, béni soit Ton Saint Nom
Y H Sh W H
pour les siècles des siècles.
Amen †

Fête-Dieu, Corps et Sang du Christ
****

Dimanche 9 Juin 1996

"JNSR": "Dans l'après-midi, venue dans ma chambre pour me reposer d'une grande fatigue, je contemple la grande photo de JÉSUS (St Suaire-NASA). Puis le Visage de Notre Seigneur devient vivant, Ses yeux me regardent et je me sens poussée à écrire sur le premier papier qui me tombe sous la main".

JÉSUS: "Ne cherchez pas à Me voir car Je viendrai à vous.
******* Soyez patients. Mon Temps arrive. Il est proche. Encore un peu. Ne vous désolez pas. Ce n'est pas en vous désolant que vous ferez avancer Ma Venue, mais en priant avec Amour.

En ce moment vous recevez Mon Saint Amour, Amour du Père, du Fils et du Saint Esprit, sur toute la Terre. Heureux ceux qui Le ressentent, car ils ont déjà JÉSUS bien vivant en leur coeur. C'est comme si vous aviez déjà reçu Mon *Invitation.* Je viens. *Préparez Ma Venue car l'Heure est proche.*

Il est nécessaire de comprendre que votre Roi et Seigneur ne vous demande pas d'organiser une cérémonie pour Le recevoir; car Dieu ne vient pas pour recevoir les cadeaux de la Terre, mais recevoir votre don d'Amour. Fermez vos yeux; *regardez en vous*: êtes-vous satisfait de vos actes de Charité envers vos prochains? Pouvez-vous vous reposer, tranquilles et heureux d'avoir accompli tout ce qui vous a été demandé par le Très-Haut :

* croire en Dieu et en *toutes* Ses Oeuvres?
* M'aimez-vous comme Je vous aime?
* Aimez-vous celui qui est à côté de vous, celui qui est loin, celui qui vous aime et celui qui ne vous aime pas?
* Pouvez-vous pardonner, autant de fois que l'on vous a fait du mal, jusqu'à ne plus voir, en celui-ci, que *le cadeau* qu'il vous fait en vous méprisant, car votre souffrance est alors celle de l'Innocent qui porte les péchés de l'autre et c'est une richesse pour le Ciel. *Vous serez sauvés les uns par les autres.* Aujourd'hui, les croix se multiplient car l'on ne sait plus aimer, l'on *ne veut plus* aimer.

"Regarde Mes Plaies, pose ton doigt sur Mon côté.
Crois en Moi. Ne sois plus incrédule mais Croyant.
Heureux celui qui croit sans avoir vu".

Et vous tous qui cherchez des Signes et des manifestations de signes sur la Terre comme au Ciel, vous verrez bientôt *le Signe de Jonas* recouvrir toute la Terre.

Aussi vivant qu'à cette époque lointaine. Oui, les Scribes et les Pharisiens voulaient Me voir, voulaient M'entendre pour M'attaquer. Mais même ce temps-là s'est laissé engloutir dans le ventre de la baleine; elle devient, hier comme aujourd'hui, *un obstacle* pour ceux qui ne croient pas.

Ils vont essayer de Me détruire en Me mettant encore à l'épreuve: *"Il a dit qu'Il vient, mais où est Sa Venue?"* Et personne ne pourra répondre car ils sont nombreux, en ces derniers Temps, à devenir craintifs et peureux, sans presqu'une once de Foi dans leur coeur.

Quelle force auront-ils pour dire que J'ai parlé, qu'en Vérité Je suis venu, que Mon Règne leur a été annoncé. Mais le temps qui s'est écoulé depuis vient d'effacer leur peu de Foi pour témoigner et rapporter ce Message de Vie et d'Espérance. Alors ils luttent désespérément pour détruire ce qui reste encore de vivant dans le coeur *du Petit Reste.* Ainsi, se disent-ils, il ne restera plus rien bientôt et on n'entendra plus parler de JÉSUS de Nazareth. A vous, Scribes et Pharisiens de cette époque, Je vous le dis et vous le redis:

"C'est quand vous n'y croirez plus que s'accomplira Mon Message; et vos coeurs ne vous pardonneront pas de l'avoir effacé de vos esprits enténébrés, car Je mettrai une Flamme d'Amour en vos coeurs pour raviver cette petite braise à demi éteinte".

Ma Flamme d'Amour ne cesse de brûler dans Mon Saint Coeur comme dans celui de Mes Élus. Mon Enfant, il faut marcher jusqu'au bout du chemin sans craindre cette révolte; ils veulent à nouveau Me mettre à mort par le silence et le mépris; ainsi leur mensonge est une couverture pour cacher tout ce que J'ai annoncé à Dozulé. Mais même si cela devient comme un mur qui se dresse entre ceux de la *Division* et vous, Mes bien-aimés, n'ayez pas peur d'avancer car Je viens détruire tous les murs construits avec leur haine et leurs blasphèmes, leurs mépris et leur insolente indifférence.

Je viens pour briser les chaînes qui retiennent encore ceux qui doutent, et faire avancer ceux qui ont déjà reculé. Mais demain, Je demanderai à chacun de répondre à cette question qui brûle Mon Coeur: *"M'aimez-vous?"* , car Je ne pourrai supporter de vous entendre Me dire: *"Seigneur, Seigneur!"* alors que vous faites le contraire de ce que Je vous demande de faire et de ce que J'attends de chacun de vous. Oui, il y aura *un choc,* car lorsque les murs tombent, c'est qu'il y a quelque chose de fort qui vient démolir toutes ces paroles remplies de superbe qui ont pris la forme *de montagnes inaccessibles* afin de barrer le Chemin de Dieu et de détourner de leur route les enfants du Seigneur.

Pour briser toute cette force mauvaise et arrêter les flots de *la Colère vengeresse*, Je dois employer, Moi aussi, quelque chose qui ressemble à *un choc*, un *son* qui brisera ces Monts de la Haine comme le cristal se brise par un son aigu. Un son qui arrêtera la furie de cette mer déchaînée.

Vois Mon Enfant, dans ton coeur: y a-t-il plus grand, plus fort, plus merveilleux que la Parole de Dieu? Toi qui M'entends en ton coeur, tu peux en témoigner. *("JNSR" pleure en écrivant)* Ne pleure pas. C'est de cela que Je te parle: *Je parlerai* et Ma voix fera tomber tous ces murs; comme ceux de Jéricho, ils s'écrouleront.

Écoute, Mon Enfant. Si Je te dis tout cela, c'est pour que tu le dises à ton tour; et surtout n'oublie pas, n'oublie jamais que Je suis avec toi en tout ce que Je te demande de faire en Mon Nom.

Oui, criez-le sur les toits.

Parle! Je te le demande. Ton Dieu est avec toi et Il veut Se servir de ta petitesse qui ne recule pas devant Ma demande. Dis-leur ceci :

"JÉSUS revient bientôt mais, avant, Il va Lui-même aplanir le Sentier et détruire les montagnes qui barrent Sa Route. Il revient comme Il nous l'a promis et Sa Venue est Glorieuse. *Tout oeil Me verra* car Je M'appelle JÉSUS de Nazareth et Je viens vaincre le Monde et le Temps. Parce que Dieu Mon Père M'envoie dans le Monde afin que le Monde croie que Ma parole vous est donnée pour vous sauver et vous ramener à Celui qui vous a créés dans Son Amour, Sa Paix et Sa Joie".

Je te parlerai plus longtemps bientôt car nous devons écrire encore bien des choses sur Ma Venue.

Ne crains rien. Mon Coeur est avec toi et Je te rendrai pure car il faut que tu entendes Mes paroles dernières dans une pureté de coeur comme tu ne l'as encore jamais eue, jamais encore atteinte. Parce que le Temps qui reste encore à parcourir va se faire avec la Connaissance que Je vais vous donner, afin de la donner à tous pour traverser ce Temps qui vous conduit jusqu'à Moi.

Va Mon Enfant. Je te bénis † dans la Sainte Gloire
du Père, du Fils et du Saint Esprit †
par MARIE votre Mère †
Ton JÉSUS d'Amour.

†

† †

Peuple de Prêtres
****

Mercredi 15 Juin 1996

JÉSUS: "Sois attentive à Mon Appel, regarde les frères qui
******* t'attendent pour leur porter Ma Parole de Vie, celle que
Je te donne. Partage-la avec eux, comme le Pain se partage à Ma
Table sainte; que chacun ait la même part, car chacun est appelé à
recevoir Ma Parole de Vie et le Pain de Mon Sacrifice qui est le Pain
de la Vie Éternelle: ceci est Ma Nourriture donnée au Monde.

Je vous ai appelés des ténèbres à Mon admirable Lumière pour
vous instruire afin de porter Ma Parole de Vie à cette multitude qui
n'a pas encore compris; ils n'ont pas vu, ni entendu en leur coeur,
Mon Appel,

l'Appel de Dieu qui leur a donné Sa Vie;
ils n'ont pas encore mangé Mon Pain;
et ils ont refusé de s'approcher pour entendre Ma Voix.

Ils continuent à marcher dans les ténèbres sans chercher la
Lumière du Monde, ils continuent à M'ignorer.

Aujourd'hui, enfants de Mon Sacré Coeur et de Ma Sainte Croix,
Je marche *avec vous* pour ramener les *dernières* Brebis au Père de
toutes Grâces qui a déjà préparé la Bergerie. Mon Père et votre Père
demande à chacun de vous de regarder au fond de son coeur *ce
trésor* qu'Il y a déposé lors de votre création.

Chères âmes du Ciel de Gloire, votre Père vous a marquées du
sceau de Son Amour Infini; oui, comme un seul agneau, tout le
troupeau est marqué de Son Signe et vous êtes appelés, déjà, à vous
reconnaître entre vous: ainsi unis vous pouvez reconnaître le
Chemin qui mène au Père. Certains ont connu beaucoup de
pâturages et ont goûté à beaucoup de nourritures diverses ce qui fait
que vous êtes incapables aujourd'hui de reconnaître le goût de la
vraie Nourriture.

Sachez qu'elle ne périt jamais et qu'elle vous fait grandir dans la
Foi et dans l'Amour de Dieu.

Sachez que Ma Nourriture est *unique* parce qu'elle est Vie, Vérité
et Amour; elle vous donne la Joie et la Paix.

Vous suivez Celui qui vous la donne, car Il est la Vie,
oui, la Vie Éternelle.

Gardez vos yeux fixés sur Sa Lumière et avancez sans crainte de
vous égarer, car Il est le Chemin. Mon Amour ne peut rester caché;
comme un réservoir qui se remplit sans interruption, il déborde de
partout: ainsi est Mon Amour. J'inonde la Terre entière de Mon
Amour trois-fois Saint.

Venez à Moi en ces jours où tout vous parle de Mon Amour.

Je viens vaincre le Monde et le Temps.

Croyez en Ma Miséricorde infinie
qui vient réparer le maillon à l'endroit-même où il s'est brisé, ouvrant ainsi un trou béant dans Ma Chaîne d'Amour qui vous unissait entre vous, et tous ensemble à votre Dieu.

Mon Père vient vous *recueillir* pour vous abriter en Son Sein.

Je viens, Moi *le Fils du Père*, pour vous amener tous en Lui, Lui qui vous a créés par Amour dans Son Amour Infini. Je vous guide *Je suis l'Esprit de Sainteté* qui parle en votre coeur; Je viens vous faire entendre la Voix de Dieu afin que vous ne confondiez plus *Appel de Dieu* et *invitations aux joies éphémères* de votre Terre.

Je suis Dieu en Trois Personnes et Je vous aime plus que Moi-même. Ma Vie, Je vous l'ai donnée sur la Croix; Ma Vie, Je continue à vous la donner: Je suis toujours l'Hostie offerte pour la multitude; la Sainte Hostie du Père,

Corps et Sang, Âme, Esprit et Divinité du Dieu Éternel :

Amour	Lumière	Connaissance
du Père	du Fils	de l'Esprit-Saint

Aujourd'hui venez à Moi pour recevoir Ma Vie en abondance; Dieu vient vous unir tous ensemble à Lui. Je vous ferai devenir Mon Corps et Mon Sang dans Mon Amour; Je vous appellerai *Fils de Lumière* car vous serez *dans* Ma Lumière; Je vous guiderai par l'Esprit qui vient habiter *en vous*, cet Esprit de Sainteté qui est le *Guide infaillible* de Mon Église Sainte et Immaculée.

	(qui parle par Mon Verbe,
Église de	(nourrie du Corps et du Sang de Dieu,
Lumière	(debout contre tous les vents de l'hérésie
	(et toutes les tempêtes déchaînées par le Mal

Sur le pilier central, le Prêtre par excellence, JÉSUS-Christ.

Tel un navire, Mon Église ne s'est laissée conduire *que par le Vent de l'Esprit-Saint*, remettant toute son obéissance dans les mains de Son Créateur.

A Lui Honneur, Amour et Gloire Éternelle, à Toi, Père Tout-Puissant. *Saint, Saint, Saint,* le Seigneur, Dieu de l'Univers!

Dieu S'est donné tout entier à Son Église afin qu'elle se donne à tous ses fils. Dieu l'a comblée de Sa Très Sainte Grâce; par elle, Il Se donne en Nourriture à tous ses membres, leur donnant Sa Force, Son Intelligence dans Son Amour infini pour les siècles des siècles, amen.

Ma Nourriture, c'est Moi, votre Dieu. Comme Je la multiplie sur votre Terre, *croissez et multipliez-vous* sur toute la Terre.

Car celui qui mange de ce Pain grandit avec Dieu et en Dieu: jusqu'aux extrémités de la Terre, étendez-vous.

Église de la Terre, bientôt tu seras couronnée par le Roi des rois de Ses mains très saintes afin que tu brilles aux yeux du Monde comme Son Épouse Sainte et Immaculée, remplie de la jeunesse de Dieu, car Dieu te veut sans rides et sans tache, pure comme ton Époux, ton Dieu.

Ô Mon Dieu, dans Ta Gloire Éternelle,
l'Hymne à Ton Église
se perpétue sur chaque membre de son Corps.
"Et l'Épouse dit à son Époux:
Je Te donnerai, ô Mon Seigneur et Maître
une immensité de Prêtres saints,
nombreux comme le sable de la mer,
comme Tu l'as promis à Abraham.
Car tous Tes enfants seront Prêtres,
les premiers dans le Sacerdoce ministériel
et ceux qui suivront dans le Sacerdoce Royal".
Peuple de Prêtres sanctifiés
par le Prêtre par excellence JÉSUS-Christ
Prêtre du Très-Haut
Amen

✝
✝ ✝

Je hâterai cette dernière phase
****

Jeudi 20 Juin 1996

"JNSR": *"Avant la conférence que je dois faire le 23 Juin à St-Paulien (Le Puy) le Seigneur me donne ce Message".*

JÉSUS: "Ne te désole pas, tout se fera comme Je te le demande.
******* Annonce-Moi comme si J'étais déjà là car, en vérité, Je suis Présent. Il faut parler de JÉSUS *qui vient*: Je vous l'ai promis, *Je viens.* Est-ce une erreur que d'annoncer la Vérité? Au contraire, cela doit se faire. Parlez parce que Mon Saint Coeur vous le commande.

Je viens vous apprendre à aimer, à M'aimer parce que, en M'aimant, vous aimerez tous vos frères en Dieu: chaque enfant est de Dieu. Je ramènerai bientôt tous les égarés, tous les retardataires; et même les réfractaires; ils viendront parce que Je les appelle et personne ne peut résister à l'Appel de Dieu en son coeur.

Mon Enfant, appuie-toi sur Mes Commandements, sur Ma Loi, sur Ma Parole de Vie. Tu peux offrir à ton tour tout ce que Je te donne. Je multiplierai Mes Grâces en ton coeur pour que tu les donnes à tous ceux que Je place devant toi. Bientôt tu comprendras mieux qu'aimer Dieu c'est aussi servir les autres, *même tes ennemis,* car Je veux conquérir tous Mes enfants, même ceux qui te font souffrir. Accepte la souffrance et toutes les malveillances qui viennent de ceux qui jugent, encore aujourd'hui, les enfants de Dieu.

La Promesse de Dieu est en vos coeurs; elle vit comme un jeune enfant alimenté par sa mère: elle lui donne son propre lait. Vous, qui recevez en vos coeurs Ma Sainte Parole avec Ma Promesse, vous l'alimentez aussi avec votre amour. Qui aime Dieu, de toutes ses forces et de tout son coeur, est un privilégié de Mon Amour car Dieu n'oublie jamais ceux qui Lui appartiennent en Vérité.

Aujourd'hui,   tu vas donner autant que Je te donne,
         tu seras la fontaine inépuisable, le pain que Je multiplie,
car Ma Parole est une farine de froment avec laquelle on fait le Pain en abondance,
         point de pain ne manquera à qui le donne en abondance,
         point de pain ne saurait manquer à qui *sait* le manger;
         on le donne avec Amour, on le mange avec Amour.

Va Mon Enfant, les oreilles s'ouvriront pour M'écouter, et les coeurs pour M'entendre. De ta bouche sortiront les fleuves d'eau pure; de ton coeur sortiront Mes Grâces pour qui vient M'entendre car ils entendront Ma Parole Sacrée que Je viens leur donner *par toi,* Mon Enfant bien-aimée.

Ne prépare rien car Dieu parle par ta bouche. En ta bouche, Ma Parole devient *une douceur* qui se partage avec tous Mes petits coeurs à l'écoute: Je les réunis aujourd'hui pour réveiller en eux Mon Appel.

Bientôt les portes s'ouvriront pour laisser passer le Roi.

Comme vous M'attendez tous, et chacun dans le secret de votre coeur, J'attends ce moment, cette rencontre avec vous Mes bien-aimés; comme l'aveugle attend le moment de *recevoir* sa vue, espérez tous en Mon Retour; car les aveugles *verront,* les sourds *entendront,* les muets *parleront*: lorsque Dieu vient, Il délie toutes les entraves. Annonce tout ceci comme si J'étais dans ta bouche et que J'arrive de ton coeur.   Sais-tu :   que Ma Parole *c'est Moi,*
Moi, le Verbe de Dieu.

Et qui parle en vérité?
Moi, le Fils de Dieu,
Moi, le Verbe de Dieu,
Moi, la Joie des Cieux,
Vie Immortelle dans la Gloire du Très-Haut, Amen.

Ma Vie est si visible que vous pouvez dire :
"JÉSUS, Tu es ma Vie,
JÉSUS, je vis en Toi,
JÉSUS, Tu vis en moi".

Oui, Mon Enfant, comment ne pas te voir déjà transportée, dès ici-bas, vers ce qui est votre Demeure: "Vous *vivez dans ce Monde mais vous n'êtes plus de ce Monde".* Si vous vivez en Moi, Je vis en vous et nous vivons dans le Père qui est Notre Père Bien-Aimé, amen.

Mon Enfant, Je t'apprendrai bientôt beaucoup de belles choses afin que tes frères deviennent, entre Mes mains Très-Saintes, aussi doux que toi. pour accepter Ma Parole de Vie et en vivre. Mon Enfant, Je sais que tu voudrais Me voir déjà avec tes yeux de chair: patience, Ma fille, ce n'est pas encore le moment, mais bientôt. Mais ton âme est vivante en Moi, tu le sais, tu en pleures de joie: *ceci en est la preuve.*

Je veux, Moi aussi, vivre avec vous; bientôt Je Me manifesterai au milieu de vous; patience, Mon petit oiseau; J'arriverai avec tout ce qui vous manque car, si déjà Je vous prépare, *la dernière préparation* se fera devant vous comme si, en Me regardant bien Vivant *devant vous,* les derniers oripeaux vont tomber tout seuls à terre *parce que Je hâterai cette dernière phase* pour arriver plus vite à vous afin de vivre bientôt parmi vous purifiés dans Mon Amour.

Tu veux que Je te dise tout ce que Je *peux* vous dire: oui, Mon Enfant, vous allez souffrir mais Je te l'ai déjà dit; souffrir *pour Dieu* et avoir la connaissance que cette souffrance est salutaire, c'est bien! Vous allez devenir des petits soldats courageux, téméraires même, car vous allez l'accepter comme une délivrance.

Oui, souffrance et délivrance sont
dans le Chemin de Vie où Se trouve votre Bien-Aimé.

Je te l'ai dit: *vous êtes dans le dernier petit bout du chemin qui reste à parcourir, là où les larmes et les peines ne manqueront point.*

Mais qui sème dans les larmes
moissonne dans les chants, chants de Joie.

Non, ne t'imagine pas que Je vais vous faire souffrir, oh non! pas Moi, Ma bien-aimée; mais *la rançon* est celle qui est demandée à Dieu par Mon Ennemi qui lutte de toutes ses forces pour vous exterminer tous. Et il faut être courageux et dire, comme St Paul, à tous Mes enfants:

"Frères, Je trouve la joie dans les souffrances que je supporte pour vous, mes frères, car ce qui reste à souffrir des épreuves du Christ, je l'accomplis dans ma propre chair pour Son Corps qui est l'Église".   (*Col. I, 24-28*)

Oui, Ecclesia, Ecclesia, tes membres réunis sont le Corps du Christ, ce sont tes fils, *tous tes enfants*; et le Christ en est la Tête, et Il est aujourd'hui Présent au milieu de nous; et ce Christ, nous L'annonçons. *Oui, Je viens* et alors plus rien ne nous séparera car vous serez tous à Moi. Mon Amour vaincra avec vous Mes bien-aimés, Mes amis, Mes frères, Mes apôtres des Derniers Temps, amen.

JÉSUS, votre Compagnon de route pour les derniers mètres
du chemin où l'on se rencontrera, amen.
Viens, Seigneur JÉSUS.

†
† †

Le Vivant vous parle
****

Lundi, 1er Juillet 1996

JÉSUS: "Mes enfants Dieu, Seul, sait ce qui est bon et
******* favorable pour tous Ses enfants. Aujourd'hui
encore vous serez très contestés. Je vous le dis; vous tous qui Me
suivez, ayant en votre coeur Mon Nom et Ma Promesse inscrits, on
vous attaquera de toutes parts; vous ne passerez pas inaperçus aux
yeux de ceux qui lutteront jusqu'à leurs derniers instants contre
Dieu, car ils ne seront pas convaincus que Je suis un Dieu d'Amour et
de Miséricorde; et *seul le Mal les fascinera* jusqu'à leurs dernières
minutes où Je viendrai comme un Soleil avec autant d'éclat, autant de
force, autant de puissance que le soleil qui illumine votre planète
Terre.

Je rétablirai tout en Moi.

J'effacerai jusqu'au plus petit brin de corruption qui a souillé Ma
Terre, jusqu'au petit grain de mauvaise poussière qui a faussé la
stabilité de Ma Terre. *Je soufflerai* sur tout ce qui est devenu une
entrave au bon fonctionnement de la marche des saisons et sur tout
ce qui s'est arrêté, vous privant ainsi de recevoir les bienfaits de Dieu.

Malheur!, trois fois malheur à ceux qui ont fait de Ma Terre un
cloaque d'impureté à cause de l'argent. Comment, déjà, ne pas voir où
vous avez plongé le monde entier? La Nature n'est plus en état de
vous donner à manger car vous venez de lui enlever *la Vie; ô Ma
Terre!* La Vie de Dieu est en tout. La Terre vient de remettre sa vie au
Père afin que Son Créateur la regarde et S'apitoie, car elle ne veut pas
s'arrêter de nourrir les enfants que Dieu lui a confiés. Mais rien de ce
qui est vivant, et venant de Dieu, n'a pu être conservé en son sein.

Dieu lui a donné le pouvoir de nourrir à l'infini Ses enfants; Dieu
lui a promis Son éternelle assistance; toutes les créatures de Dieu
savent bien que rien de ce que Dieu crée ne peut s'effacer; toutes ces
planètes que vous ne voyez plus, elles continuent pourtant à vivre
sous une autre forme dans l'Infini. Dieu ne détruit jamais Son Oeuvre.
Alors, la Terre espère!

J'appelle Mes enfants à venir à Moi pour entendre ce que J'ai à
vous dire aujourd'hui car demain *le Temps sera si incertain* que
même les plus ardents vont risquer de ne plus M'entendre.

Non par défaillance ni manque d'Amour, mais parce que *le trouble*
gagnera la terre, les airs, les eaux *et les ondes*; et Dieu, qui continuera
à vous guider en vos coeurs, ne pourra plus vous transmettre des
Messages car la perturbation sera *si grande* que certains vont croire
entendre *ce qui n'est plus.*

Je vous avertirai **un peu avant** parce que, dans ce brouillard d'incompréhension, vous ne pourrez plus vous souvenir de tout ce que Je vous aurai dit et appris, avant, afin de le retenir pour *ce* Temps.

C'est pourquoi Je t'ai dit de bien informer tes frères au fur et à mesure que Je te parlerai et ceci, jusqu'à l'approche de cette *Fin* où tout doit finir pour être enfoui à jamais dans l'oubli, pour en ressortir dans Ma *métamorphose* où naîtra le bon, le beau, le purifié; afin que nul ne puisse plus se souvenir de l'existence de ce Mal qui a corrompu Ma Terre et *votre* Terre.

Oui, Je viendrai. Mais en Roi vainqueur.

Dieu prépare Sa Venue et vous prépare pour ce renouveau qui va ressembler à *une lumineuse aurore* où la nuit n'aura plus jamais sa place; car le Soleil de Justice Se lèvera une fois pour toutes sur ce qui avait été ténèbres et noirceur, arrogance et supériorité face à Dieu qui est Maître et Seigneur.

Pour la dernière bataille J'appellerai à Me suivre tous ceux qui M'entendront encore dans leur coeur. Vous resterez à l'écoute car si aujourd'hui Je parle encore, *dans le tumulte J'arrêterai Ma Voix.* Ensuite Je vous appellerai à nouveau et vous comprendrez alors *que c'est Ma Voix*, celle qui n'a jamais cessé de vous appeler pour Me suivre, celle qui s'est tue pour un moment.

Lorsque Je te dirai : "**Arrête**", comprends que ce ne sera pas seulement pour toi, *mais pour tous*, car alors tout risquera d'être troublé: *vous ne M'entendrez plus.*

Je reviendrai, *après un Signe de Ma part*, te rappeler afin que tu sois prête à écrire; alors ce sera *une suite et une fin car l'Heure sonnera là.* Entre temps, écris ce que Je te donne; les pages se formeront seules et s'uniront pour ce quatrième livre que tu dois écrire avec Moi. Il est important qu'il *soit lu par Mes Prêtres* avant le tumulte qui va se *déclencher bientôt.* Je le sanctifierai pour qu'il soit écrit, jusqu'à-ce que Je te demande d'arrêter et de le faire vivre à travers Mes enfants à l'écoute. Ensuite Je te demanderai, au moment que Dieu jugera bon, de le donner en son entier et tu auras son titre.

Je dois vous dire tout ce que vous devez faire pour traverser ce Temps qui reste et vous éloigner du Mal sournois. Unissez-vous pour prier *ensemble*, comme dans le Cénacle avec Ma Mère Très-Sainte; priez avec Elle pour hâter Mon Retour; Elle seule pourra vous aider à soutenir cette attente dans ce tumulte et cette haine.

Je serai aussi en vos coeurs.

Les saints Archanges pourront vous approcher; leur secours sera grand; priez-les car ils vous défendront contre le Mal.

Vous pouvez tous combattre avec la Croix et le Saint Rosaire.

Restez en groupe *et priez!* Vous vous souviendrez de tout ce que Je vous ai enseigné.

Car l'air sera irrespirable, tant le Mal sera comme une nuée puante qui ne dépassera pas la hauteur de vos demeures. Dieu et Ses Anges *les jetteront à terre.* Tout ceci ne saurait durer, mais pour chacun de vous le temps *sera différent,* comme vos mesures personnelles. Ceux qui M'aiment oublieront leur propre angoisse pour s'occuper de tous Mes fils qui vont désespérer, croyant que Je ne viendrai jamais les sauver.

Dans ce quatrième livre tu auras tout ce que Je te demande d'écrire pour les enfants de la Terre, *même ceux qui M'abandonnent maintenant.* Ensuite Je te demanderai *autre chose* mais Je ne peux te le dire encore car tu ne comprendrais pas *(JÉSUS m'a souri).* Contente-toi de faire tout ce que Je te demande et tu auras fait tout le nécessaire pour les âmes qui Me sont chères et *celles qui Me font tant pleurer;* parce que vois-tu, Je placerai ce livre même entre des mains qui te maudiront.

N'aie crainte. Tu n'es pas plus que le Maître et ton Maître aujourd'hui est bien vivant.

Viens Seigneur JÉSUS! Amen.

Le Vivant qui a écrit pour le Peuple des Vivants.

Amen

✝ ✝ ✝

Mardi 2 Juillet 1996

"JNSR":   *"J'ai reçu ce texte dans l'après-midi d'hier et en l'écrivant, je voyais sa grandeur presque cachée. Je l'ai relu à minuit et je ne comprenais plus rien...*

Puis ce matin, en lisant ce Message à ma mère, je revois toutes **les scènes vues** *la veille en écrivant; chaque fragment de phrase important est un **tableau** :*

*1. **"seul le Mal les fascinera"**: nous allons vivre, encore plus fort, la férocité de ceux qui n'aiment pas Dieu; et aujourd'hui, ils sont nombreux.*

*2. une espérance: Dieu rétablira tout en Lui: **"Je rétablirai tout en Moi"**. Aujourd'hui tout va mal et la Terre pleure avec nous, mais **"la Terre espère"**.*

*3. qui peut causer un tel trouble pour perturber la terre, les airs, les eaux et les ondes? Une confusion générale; tout sera parasité; "Perturbation **si grande"**: la Bête et sa marque.*

*4. **"un peu avant"** ce brouillard d'incompréhension, Dieu nous avertira; ceci ressemble à l'Avertissement*

5. "certains vont entendre ce qui n'est plus" et "dans le tumulte, J'arrêterai Ma Voix": Dieu ne parle pas dans le trouble et Il nous prévient que le Singe de Dieu va alors essayer de nous dévoyer.

*6. alors Dieu et Ses Archanges "**les** jetteront à terre": **les** fauteurs de troubles. Dans la dernière bataille contre le Mal: là, Dieu continuera à nous guider en nos coeurs si nous L'aimons et si nous Lui obéissons en priant en groupe le Saint-Rosaire, en appelant à notre aide Notre Sainte Mère et les Anges du Ciel.*

*7. "Je reviendrai **après un Signe de Ma part"**: ce Signe, est-ce la Croix Glorieuse dans le ciel? "l'Heure **sonnera là"**: celle du Grand Rassemblement? Peut-être juste après le Signe de la Croix.*

*Avant la Venue du Christ en Gloire, "**entre temps, écris** ce que Je te donne": la suite et la fin de ce livre qui devra être lu par **tous les Prêtres, Témoins de la Croix**, avant que ne vienne le tumulte qui va se déclencher bientôt. Tout ce que Dieu veut faire connaître à Ses enfants sera consigné dans ce 4ème livre.*

8. Ensuite mon JÉSUS me demandera autre chose: je n'ai aucune idée...

A Lui, le Maître des Vivants du Ciel et de la Terre,
Honneur et Gloire pour les siècles des siècles!
Mon coeur vole vers Lui et que Sa Sainte Volonté
s'accomplisse à travers moi, Amen.

Soyez parfaits
comme votre Père des Cieux est parfait
****

Vendredi 5 Juillet 1996 - Saint Antoine

JÉSUS: "Vous Me parlez du Temps à venir: que va-t-il arriver?
******* Vous Me demandez des dates et des repères, et vous ne savez pas voir les Signes apparents de tous les jours que Dieu vous donne... J'écris tout, comme sur un journal; les nouvelles du Ciel sont en rapport avec ce qui se passe sur votre Terre.

Je marque Mon Retour par des Signes vivants sur votre Monde; tous ces Signes se constatent d'un bout à l'autre de votre Terre. Je suis en train de conquérir Mon Peuple par Mon Amour.

Vous ne voyez plus aucune différence entre le Bien et le Mal. Alors Je dois vous faire remarquer les désordres causés par votre ignorance et votre "supériorité" humaine; votre intelligence calcule tout avec des preuves scientifiques observées en laboratoire ou calculées en ordinateur. La "raison" efface tout sentiment humain. L'homme devient un robot sans coeur et sans souvenirs; il a oublié que Je suis son Dieu sur qui repose la fondation de l'Univers. Je suis *l'Alpha et l'Oméga*, le Centre et le Pivot; sur Moi tout repose et tout vit de Ma Vie.

Je suis la Voie, la Vérité et la Vie.

Vous Me demandez des preuves: que J'existe, que Je suis Vivant, que Je parle encore aujourd'hui, que Je vous donne des Signes de Ma Présence parmi vous... Vous êtes, chacun, *le Signe vivant de Mon Existence.* Vous êtes comme les Pharisiens: devant eux se trouvait *La Vérité* et ils la recherchaient ailleurs, dans les Écritures. Aujourd'hui encore, vous êtes à la recherche de quelque chose de sensationnel *et vous avez devant vous l'Essentiel.* Et tout ce que vous voyez et entendez de Moi à l'instant même, vous en doutez. Hommes de peu de Foi ...

Je M'annonce Moi-même et vous Me rejetez de Ma Terre.
Je vous parle et vous faites les sourds.
Je M'avance pour vous sauver et vous refusez Ma main.

Vous choisissez les ténèbres; vous préférez le doute; vous vous cachez derrière votre incrédulité; vous doutez que Dieu puisse descendre des Cieux pour avertir Ses enfants du danger qui les menace. Comment Dieu, qui vous aime, peut-Il vous laisser dans ce marasme et cette décadence que vous avez créés avec toutes vos fausses idées, vos principes immoraux, votre orgueil insensé!

La boue, qui vous recouvre, ressemble déjà à de *la glu*: plus vous bougez et plus vous vous étouffez; le Monde entier s'asphyxie et l'homme est son propre bourreau.

Vous pensez que Dieu peut rester indifférent et qu'Il ne reviendra pas pour rétablir l'ordre dans toutes choses qu'Il a créées pour le bien de l'homme, et que vous avez détruites de vos mains. Vous pensez que Dieu ne peut plus revenir sur la Terre où Il a vécu parmi Ses frères humains et où Il a donné Sa Vie pour Ses amis et même pour Ses ennemis.

Mes frères, Mes fils, Je reviens vous donner l'Espoir.

Le désastre, que vous voyez arriver dans chaque partie du monde, *s'appelle Désespoir*; ils sont les quatre Chevaux de l'Apocalypse, décimant les trois quarts de l'Humanité. Ces quatre Cavaliers ont pris naissance dans le coeur des hommes *devenus la Bête.*

Comment pouvez-vous continuer à marcher ainsi, tête baissée, sans Me poser la question que J'attends de chacun de vous :

"Seigneur! Nous sombrons! Au secours, Seigneur, nous périssons! Dans ce grand bateau-Terre, Seigneur, T'es-Tu caché de nous? As-Tu voilé Ta Sainte Face pour ne plus nous voir? Dans ce grand bateau-Terre, T'es-Tu endormi? Réveille-Toi, Seigneur, nous périssons!. La Terre se meurt"

L'homme ne sait plus appeler son Dieu pour être aidé; il s'endort; Mon Coeur est triste à en mourir; allez-vous Me laisser longtemps dans cette terrible *agonie* où Mon Sang se déverse à flots plus que jamais *sur l'Autel du Monde...*

Le Monde s'est endormi; de *tiède* qu'il était, il est devenu *froid*; l'indifférence glace Mon grand Corps devenu presqu'inerte. Je ne ressens pas Mes membres où doit circuler Mon Sang Nouveau. Mon Corps entier est sclérosé, *Mon Église s'engourdit.* Et Mon Sang Sacré se répand telle une fontaine qui a oublié de régler son débit; il court de partout, inondant même les endroits arides, presque dépeuplés où Ma Parole se perd comme dans le désert.

Parce qu'il est arrivé le Temps *de Mon Évangélisation* où Mon Pierre appelle Mon Peuple à se réveiller et à le suivre, il est *le Vase* qui transporte Mon Sang, Ma Vie. Je cherche *des récipients* pour le partager: Mes Prêtres saints, venez à Moi.

Je cherche *des cruches* pour le contenir sur place: *églises de la Terre, réveillez-vous.* Je vous ai tout donné: *nourrissez-vous tous* Mes enfants? Mon Esprit Saint et Mon Coeur Adorable souffrent de retenir en eux *les Dons de Dieu.*

Ma Sainte Messe continue sans arrêt sur le plus grand Autel de l'Univers où aucun Prêtre, même le plus saint, n'a encore eu la sainte Grâce de célébrer *Mon Saint Sacrifice*. Et ceci, jusqu'à Mon Retour en Gloire sur la Terre où s'est consumé Mon Sacrifice Parfait, Trois-fois Saint. Le seul Prêtre digne de célébrer la cérémonie principale du culte catholique au Ciel de Gloire est JÉSUS-Christ, Prêtre par excellence investi du Ministère Sacré par le Très-Haut dans la Très-sainte Grâce de la Très Sainte Trinité.

Je célébrerai bientôt Mon adorable Mémorial avec tous Mes Prêtres saints sur la Terre, lorsque Je reviendrai en Gloire.

Chaque fois, Je suis Présent, avec chacun de vous, à chaque Messe et dans toutes les églises du monde. Car Je célèbre Ma Messe perpétuelle *sur vous tous*. Je ne peux arrêter Mon Offrande d'Amour adressée à Mon Père et votre Père, et à vous Mes chers frères et vous Mes enfants chéris. Je suis Prêtre avant même d'être Dieu, car Je suis le Vivant qui vous donne la Vie; dans le calice Je dépose Mon Sang qui se renouvelle sans cesse; Je suis la Sainte Hostie qui se multiplie à l'infini pour nourrir vos âmes.

Prenez et mangez, ceci est Mon Corps Vivant.

Prenez et buvez, ceci est Mon Sang généreux qui vous régénère

Enfants-Prêtres, donnez sans compter; Mon Coeur, Source de toutes Grâces, bat près du vôtre; Mon Esprit Saint vous sanctifie; Mon Âme vous garde. *Devenez parfaits comme votre Père des Cieux est Parfait*. Devenez des JÉSUS d'Amour comme Dieu vous le demande, amen. *Prenez Ma Croix, portez Ma Croix.*

Par vous, Mes frères en communion avec Moi, toutes les âmes que J'affectionne depuis la Création reçoivent, à chaque Messe qui se célèbre, *une communion spirituelle*. Je pénètre parfois en un espace *si petit* * qu'il vous serait impossible de le voir; ce seul point reste *transparent* dans ce coeur d'enfant parce qu'un Ange-Gardien veille sur chaque âme, protégeant ce tout petit espace resté libre de tout péché afin que Dieu y pénètre et puisse, petit à petit, rejeter de ce champ inculte toute l'ivraie débordante et garder l'épi frêle et chétif qui va donner du fruit par la Sainte Grâce de Dieu.

Et l'Esprit Saint soufflera bientôt, rejetant tout ce qui s'est terni, sali, abîmé.

(*): Voir, plus loin, le Message du 16 Août 1996

J'effacerai de la surface de la Terre
la *marque de la Bête.*
Il n'y aura plus *d'infirmités, de maladies, de corruption.*
L'homme aura acquis son intelligence parfaite
dans la Connaissance de Dieu.
Soyez parfaits comme votre Père des Cieux est Parfait,
ainsi vous vaincrez le Mal qui est en vous.
Et de vous, naîtra alors *un homme nouveau.*

Dieu vous a créés pour Sa Joie
dans Son Amour Trois-fois Saint,
pour la Gloire de Dieu,
pour les siècles des siècles,
Amen.

Aimez *Mon Prêtre:*
Je vis en lui comme il vit en Moi,
parce que c'est Mon Père qui l'a choisi pour être
Son Fils JÉSUS à l'Autel de Dieu
dans chaque Messe.
JÉSUS, le Prêtre par excellence
pour les siècles des siècles,
Amen

✝

✝ ✝

L'Antichrist
****

Dimanche 7 Juillet 1996

JÉSUS: "Dieu est Amour. Avec vous tous J'avance vers le but ******* fixé de tout Temps par le Père Tout-Puissant. Mon Saint Coeur est à l'oeuvre en ce Monde qui ne sait plus où il va; mais comme le veilleur dans la nuit noire, Je veille jusqu'à l'aurore, Je veillerai *sur chacun de vous.* L'Aurore apportera le Jour Nouveau où toute chose sera claire car elle baignera dans Ma resplendissante Lumière. *La nuit* va être encore longue et incertaine; elle est le manteau épais cachant la Lumière qui doit dissiper cette *nuit de l'Exil* où les hommes sont à la recherche de leur véritable Terre. Les hommes malveillants empêchent Ma Lumière de luire; ils veulent faire durer les ténèbres mais ils ne peuvent plus cacher Ma Vérité.

Aujourd'hui les ténèbres sont partout comme si elles devaient toujours exister, prenant possession de tous les lieux, même là où régnait Ma Sainteté. Je sais qu'il est difficile de vous faire une idée sur tout ce qui se cache actuellement derrière de fausses apparences de sainteté et de fervente piété; il n'en est rien, certains lieux sont infestés comme l'antre-même où habite le Mal.

Je connais, un par un, ceux qui y sont déjà et ceux qui viennent de s'y installer, déguisés en *agneaux;* ils savent que bientôt Je vais les démasquer; ils savent qu'ils n'en ont pas pour longtemps à dominer, au Nom de Dieu, sur les affaires de Dieu et sur les enfants de Dieu. Celui qui les dénoncera est grand à Mes yeux parce que, dans Mon Coeur, Je connais son Sacrifice et qu'il est avec Moi dans cette pureté pour enfin délivrer le Monde en commençant par ce qui est à la base de cette horrible corruption.

Ne vous méprenez pas, ne jugez personne car Je ne suis pas venu pour juger, mais *pour sauver encore une fois.* Et si celui qui Me défigure ainsi, se repent devant Mon Sacré Coeur et Ma Sainte Croix, Je le délivrerai de son mal et de sa peine car il connaît mieux que personne Mon Amour Infini pour savoir qu'il mériterait déjà mille fois la mort si ma Miséricorde ne calmait Ma Sainte Justice. Dans *ce miroir où il se voit,* il attend Mon Jugement et il continue à agir, poussé par le Mal à qui il s'est enchaîné volontairement. Je peux le délivrer de cet état funeste; mais aujourd'hui il ne le veut pas, et il n'est pas près de le vouloir. Il continue à Me faire souffrir, non en Mon Corps de Gloire, Chair Trois-fois Sainte, mais en Mon Esprit qui est plein de souffrance; Mon Coeur est triste à mourir et Mon Âme pleure, comme au Jardin des Oliviers, *car J'attends les traîtres.*

Ils sont nombreux, ceux qui vont venir pour détruire encore plus profondément Mon Église Sainte; elle sera comme une mère à qui on enlève ses petits, elle deviendra comme un enfant qui vient de perdre ceux qui lui ont donné la vie :

- parce qu'elle sera touchée en ce qu'elle a de plus sacré en elle, ce qu'elle garde en son sein avec Amour et Respect, avec Foi et avec Force,

- parce que l'on viendra à violer son Tabernacle où Je suis Vivant. On viendra à jeter à terre *Ma Vie!*

On profanera tout ce que Mon Église garde de Sacré et de Béni, toutes les richesses spirituelles qu'elle conserve depuis des siècles et dès son origine,   voilà par où Je souffrirai.

voilà ce que sera ma deuxième mort.

voilà que s'accompliront les Écritures :

la profanation du Lieu Saint, la terrible Abomination.

En Vérité, Je vous le dis, jamais l'Église n'a connu pareille infamie et cela, tellement étendu et tellement répété, que même les Saints du Ciel ne pourront calmer la sainte Colère de Dieu: ils resteront à genoux devant le Trône de Dieu pendant toute la durée de cette terrible Purification. Alors celui par qui a pu se produire *une si grande infamie,* ne pourra plus rester dans l'ombre; il sortira pour finir ce que ses valets ont commencé. Il est *l'horreur personnifiée,* celui que personne encore n'a pu dépasser depuis les siècles des siècles, aucun de ceux qui ont été des *Antéchrists* avant lui, car lui-même est:

l'Antichrist, l'Ennemi de Dieu, le Fils de Perdition

pour qui l'Horreur n'a plus de nom car il est l'horreur personnifiée.

Il sera comme un roi au milieu de ce peuple de démons et son père, le Diable, ne pourra pas dire qu'il ne l'a pas engendré; il ne le dépasse pas mais il lui est semblable en tous points.

Mon Enfant, Je ne peux M'arrêter là car vous ne devez pas rester sur pareille démonstration sans connaître la suite. Je resterai pendant un Temps dans le silence, comme Je te l'ai déjà dit, parce que celui qui devait venir avant Moi selon les Écritures, sera là troublant tout. Ensuite Je romprai Mon silence parce que le Monde M'appellera pour le sauver. Vois-tu jusqu'où vous devrez aller pour savoir que le Mal *existe* et que les hommes ne M'ont pas cru, encore une fois.

Mon Enfant, Je te l'ai dit, Je t'avertirai petit à petit de ce qui doit vous arriver pour vous permettre de mieux comprendre ce que vous devez faire pour traverser *ces Temps.* Lorsque le Mal atteindra son paroxysme, *quand le Culte disparaîtra pour un temps, réunissez-vous en cénacles,* priez unis pour que Dieu vienne bientôt vous

délivrer; car Dieu vaincra, *mais avec vous.*
Priez et veillez, l'Heure est proche, amen.
Dieu vient vous aider.
Viens, Seigneur JÉSUS! Amen! Mara na tha.

Je t'ai parlé de ce qui va arriver bientôt; Je vous demande de vous préparer avec Foi pour résister à cette terrible confrontation avec le Mal qui se déclenchera de toutes parts :
- il y a vos prières et votre Amour pour Dieu et pour vos frères;
- invoquez les Noms bénis "*JÉSUS, MARIE, Joseph, soyez notre refuge dans cette tempête!*"
- invoquez les Saints Noms du Père, du Fils et du Saint Esprit en vous signant à chaque fois;
- invoquez le Nom de MARIE, Reine et Vierge, terreur des démons: "*Sauvez-nous! Éloignez de nous le Mal!*"
- invoquez le Nom de Saint Michel Archange: "*Défendez-nous de toute attaque du Malin!*"
- portez le scapulaire de Notre-Dame du Mont Carmel et la Croix bénite de Saint Benoît;
- récitez sans cesse et partout des Ave Maria; *vos armes sont le Saint-Rosaire et la Sainte Croix;*
- portez sur vous la Médaille Miraculeuse, *embrassez-la souvent*;
- récitez, sans oublier un seul jour, *la prière quotidienne de Dozulé;* il est temps de dire: "*ô Croix qui sauve, sauve-nous!*"

- Recueillez toutes les saintes Hosties qui seront restées abandonnées et vraiment en danger, avant qu'elles ne subissent la profanation; cachez-les pieusement, Dieu vous récompensera; Dieu sera accueilli comme l'Enfant de la Crèche, saint Innocent protégé comme il le fut par Joseph et MARIE; pour un Temps, *ce Temps de Tourments,* Dieu vous le permet.

- Ensuite Je ferai descendre le Feu du Ciel pour brûler toutes les impuretés.

- Celui qui porte en son coeur le Nom du Sauveur JÉSUS-Christ, sera sauvé. Je sauverai même ceux qui viennent encore et pour la première fois se repentir de leurs péchés, même avec leurs péchés les plus inavouables, au pied de la Croix Glorieuse. *Cette Croix que l'homme n'aura pas élevée, mais que Dieu Tout-Puissant élèvera devant vous* au moment où tout semblera basculer vers le néant: *elle vous attirera et vous sauvera*; car Dieu veut réunir ceux qui L'aiment en Vérité avec ceux que Dieu aime; et Il les rendra *parfaits* dans Sa Sainte Vérité à Sa Sainte Croix.

Le Saint des Saints vient vous sauver. Amen

† † †

Je veux des Étoiles allumées par MARIE
****

16 Juillet 1996 - Notre-Dame du Mont Carmel

"JNSR": "Je T'ai cherché, Seigneur, mais Tu ne me répondais pas. Alors je me suis dit: le Seigneur est dans la Bible; aujourd'hui, Il veut que je Le cherche dans la Sainte Bible; je l'ai ouverte et j'ai lu "la Transfiguration". Voici le texte sacré:

> *"Six jours après Jésus prend avec Lui Pierre, Jacques et Jean son frère, et les emmène à l'écart sur une haute montagne. Et Il fut transfiguré devant eux: son visage resplendit comme le soleil et ses vêtements devinrent blancs comme la lumière. Et voici que leur apparurent Moïse et Élie, qui s'entretenaient avec Lui. Pierre alors, prenant la parole, dit à Jésus: "Seigneur, il est heureux que nous soyons ici; si Tu le veux, je vais faire ici trois tentes, une pour Toi, une pour Moïse et une pour Élie". Comme il parlait encore, voici qu'une nuée lumineuse les prit sous son ombre et voici qu'une Voix disait de la nuée: "Celui-ci est Mon Fils Bien-Aimé qui a toute Ma faveur, écoutez-le". A cette Voix, les disciples tombèrent sur leur face, tout effrayés. Mais JÉSUS, S'approchant, les toucha et leur dit: "Relevez-vous et n'ayez pas peur". Et eux, levant les yeux, ne virent plus personne que Lui, Jésus, seul."*

JÉSUS: "Avant que J'élève Ma Sainte Croix à l'endroit montré par
************ Mon Père, là où Madeleine l'a vue six fois; avant que l'homme s'en souvienne et l'élève en Vérité, *vous la verrez apparaître*, toute brillante de Ma Lumière, de celle-là même qui est la Gloire de Ma Sainte Résurrection. Mais avant que Je l'élève, Je veux emmener Mes apôtres, Je veux qu'Ils Me voient en compagnie d'Élie et de Moïse; Je veux qu'ils assistent à notre entretien; Je veux qu'ils entendent la Voix de Mon Père: "Celui-ci est Mon Fils Bien-Aimé, écoutez-Le." Et puis, sachez que Je resterai toujours avec vous pour vous guider où que vous soyez, car votre Dieu est fidèle. Gloire à Dieu en tout ce qu'Il vous demande d'accomplir pour Sa Sainte Gloire.

Ayez confiance, car Je vous mènerai comme un père qui conduit ses enfants par la main. Je ne vous laisserai pas aller à côté de ce que Je vous demande de faire pour Moi; vous ne dévierez jamais de Mon Chemin car Je *suis avec vous*. Écoutez-Moi. Dieu ne vous demande jamais l'impossible; et en tout ce que vous ferez pour Moi, vous trouverez la récompense dans l'acte même que vous accomplirez pour Ma Gloire.

Je *suis avec vous* en tout ce que vous ferez pour que règne Ma Sainte Croix sur le Monde entier, car c'est par Ma Croix que J'annonce Ma Venue en Gloire. Par Ma Croix, nous vaincrons. Elle doit être comme l'écho qui s'entend à l'infini parce qu'il se répète de mont en mont. Des *milliers* de voix, des *milliers* de Croix qui vont s'élever sur le Monde entier: *la Croix fait fuir le Mal.*

Oui, *vous avez vu juste:* c'est pour montrer aux Peuples qu'ils doivent vivre à l'ombre de Ma Croix; pour cela, elles doivent être lumineuses; nombreuses, elles seront *les Étoiles de la Terre* allumées par l'homme qui a obéi à la Volonté de Dieu; *étoiles* allumées pour MARIE, l'Étoile de la Mer [1], l'Étoile de Sion, l'Étoile des Nations; multitude de fleurs, formant une grande et merveilleuse fleur dont les pétales s'enlacent et s'entrelacent pour former *la Rose de MARIE* qui embaumera la Terre asphyxiée par l'odeur nauséabonde du péché.

Je veux *raviver* tout ce qui est en état léthargique. Je veux donner au Monde un renouveau d'Espérance et de Joie.

Dieu *veut* vous sauver. Dieu *vient* vous sauver.

Je veux entendre chanter le Gloria sur toute la Terre afin de hâter le Retour du Christ en Gloire. Vous *devez vivre* avec l'espérance du Retour de la plus belle naissance pour tous, pour chacun de vous et pour toute votre Terre. Votre naissance spirituelle donnera naissance à votre Nouvelle Terre entourée de Nouveaux Cieux. Trois fois Gloire à Toi, Dieu Éternel, le Ciel et la Terre sont remplis de Ta Gloire, car Tu veux sauver l'homme à tout prix; ô Mon Dieu, que Tu es grand dans Ta Miséricorde infinie! Que Tes oeuvres sont belles!

Quand l'homme, pauvre puceron de la Terre qui a oublié son Créateur, comprendra-t-il l'Amour infini de Dieu?

Je suis l'Étoile de l'Aube Nouvelle, l'Étoile du Jour Nouveau.

Par l'homme, Je veux allumer un champ d'étoiles sur la Terre; Je veux qu'il participe. Venez à Moi, Mes bien-aimés.

De toutes ces Croix blanches doit surgir dans la nuit une clarté, lumineuse comme le bleu de la mer par un temps où le soleil dépense sans compter ses rayons sur les flots joyeux.

En l'honneur de Ma Sainte Mère Je désire ces deux couleurs, blanche et bleue; car Ma Mère Très-Sainte est au pied de la Croix. Au Golgotha Elle Se tenait debout devant le Crucifié d'Amour. C'est la Rose blanche de pureté qui porte en Elle la Foi, l'Espérance et la Charité. Elle a rempli son voile, bleu comme le ciel, de toutes Ses saintes Grâces; à chaque Croix, Elle le déploiera sur Ses enfants. C'est MARIE de la Croix Glorieuse venue visiter Ses enfants de la Terre. C'est Elle qui bénira les enfants de la Croix; c'est Elle qui appelle tous Mes Prêtres à la Croix; *car toutes les Croix que vous édifierez auront les dimensions représentatives de Ma Sainte Croix Glorieuse de Dozulé,* telles que Je les ai demandées à l'Église *car c'est elle seule qui doit Me rendre cette Gloire.*

1: Dans Maria Valtorta (T.1, p.35) on entend Ste Anne, qui vient de donner le jour à MARIE, dire que ce nom signifie "étoile, perle, lumière, paix", même s'il a aussi le sens de "amertume". Notre Mère est *l'Étoile de la Mer* invoquée à leur secours par tous les naufragés de notre *civilisation*; Elle est l'Étoile par qui viendra le Messie attendu par le Peuple Élu; Elle est l'Étoile des Nations qui vont devenir un seul Peuple. Notre Mère est aussi Celle qui a été abreuvée d'amertumes pendant Sa Vie terrestre; et depuis vingt siècles avec les trahisons de Ses enfants de la Terre: *les Larmes de MARIE...*

Vous les *construirez au centième* sur des hauteurs moyennes, car Ma Croix de 738 mètres doit dominer sur toutes les Croix; car Ma Sainte Croix Glorieuse, *c'est JÉSUS Ressuscité.*

Je verrai monter ces Croix *comme des voix qui M'appellent* car les hommes viendront y prier pour que Dieu revienne bientôt. Je vous l'ai dit: c'est par Ma Croix et par le Rosaire de Ma Sainte Mère *que nous vaincrons le Monde et le Temps.* Des milliers de Croix, des milliers de Rosaires, roses de la Terre répandues dans les airs, *roses-air...* Le Rosaire fleurira de partout; c'est le Chemin qui mène à la Croix; c'est la Lumière qui guide l'incroyant; c'est le Messager de la Sainte Croix.

Le M de Marie surmonte le Monde comme la Croix surmonte le M. MARIE est intimement liée au Mystère de la Passion et de la Croix de Son Fils; depuis la Crèche jusqu'au Calvaire MARIE de la Croix Glorieuse a uni Son Coeur de Mère à Celui de Son Fils Bien-Aimé. Ils sont la splendeur de la Sainte Résurrection.

Les deux Coeurs Unis nous attirent à chaque Croix. Dans cette Lumière sacrée nos coeurs se fondent pour n'en faire plus qu'un dans les deux Saints Coeurs Unis. Ainsi chaque Croix *deviendra un aimant* nous amenant à la Croix de toutes les Croix,
la Croix Glorieuse du Christ Ressuscité où JÉSUS nous attend.

Vous suivrez MARIE pour venir à la Croix du Fils; Elle vous conduit à la Croix; Elle est dans cette étoile de Croix; Elle est dans ces pétales de rose; car Elle est l'Étoile de l'Évangélisation; Elle est la Rose blanche déposée au pied de Ma Croix. C'est le Chemin pour venir à Moi, votre Divin Sauveur. Je suis le Chemin pour monter au Père; par MARIE, votre Mère, venez tous à Ma Croix Glorieuse. Vous verrez *les Merveilles de Dieu sur toute la Terre* devenue pure de la Pureté du Fils de Dieu.

Toutes les familles, unies comme la Sainte Famille JÉSUS, MARIE, Joseph, rendent Grâces à la Très-Sainte Trinité.

Gloire au Père qui nous a créés,
Gloire au Fils qui nous a sauvés,
Gloire à l'Esprit Saint qui continue à nous sanctifier
par MARIE, Notre Mère, qui restera toujours
au pied de la Croix demandant à Dieu de sauver
jusqu'à la dernière Brebis.
JÉSUS Glorieux et MARIE de la Croix Glorieuse.

†
† †

C'est un vertige de connaissances divines
Gloire à Dieu!
Béni soit Dieu dans Ses Anges et dans Ses Saints!

22 Juillet 1996
Ste M arie-Madeleine

JÉSUS: "Que les oreilles du Monde s'ouvrent pour M'entendre.
************   Je suis doux et humble de coeur. Tout ce que Je vous dis, écoutez-le avec attention. Je vous le dis afin que vous vous délivriez du Mal de l'intérieur de votre corps en le rejetant à l'extérieur et, ensuite, vous pourrez le chasser de l'extérieur vers le néant, car Je vous permettrai de le faire *au Nom du Seigneur.*

Si Je vous demande une nouvelle Évangélisation qui doit se répandre sur la Terre entière, c'est quelque chose de nouveau qui doit commencer par toucher les âmes et les consciences.

Répandre l'Évangile, il vous a été demandé de le faire depuis Mon Ascension. Mais éduquer les âmes à le recevoir pour vivre de la Parole de Dieu, ceci est la première chose qui vous est demandée aujourd'hui parce que l'esprit de l'homme s'est développé dans le rationalisme et le scientisme: tout ceci a fait oublier la Vérité Sainte de Dieu.

Vous devez faire renaître l'Évangile dans des terres pauvres et incultes où la Connaissance de Dieu a disparu.

Il faut arriver à Me faire connaître, à Me faire aimer, après les avoir conduits à s'aimer eux-mêmes en rejetant le Mal qui est en eux et en leur apprenant à aimer les autres en aimant Dieu.

Vois ce *travail d'Amour* pour le prochain: *guérir* les âmes, les apprendre à maîtriser les passions, les violences, les désirs qui sont comme autant d'ennemis tapis dans l'ombre des âmes qui ne connaissent plus *l'Amour qui guérit,* l'Amour de Dieu *qui sauve.*

Vous vivez dans l'époque la plus redoutable qui soit, à cause de ses désordres, ses confusions; l'homme dominateur va chercher à se couvrir derrière *l'homme des lois* pour sa défense: et toutes vos lois sont mauvaises et menteuses car elles ont été faites pour servir le fort et non le faible.

Vois: on ne peut vaincre le Mal que par le Bien et non en essayant d'être plus fort que lui.

Le Mal a horreur d'être vaincu. Ses réactions sont violentes. Devant la Bonté de Dieu, il est désarmé. Suivez le chemin du Bien où se trouve la Vérité Sainte, la Justice et l'Amour de Dieu.

Le Mal se sent impuissant devant cette *montagne d'Amour*; il est comme celui qui veut grimper au sommet d'une haute montagne de terre argileuse et humide; il retombe à chaque fois à son point de départ; il n'avance pas, il glisse; à la fin il est harassé de fatigue; épuisé, il perd confiance, il tourne le dos et abandonne son projet.

Moi, Je vous appelle à suivre Mon Chemin et il n'y en a qu'un:
Je suis la Voie, la Vérité et la Vie.
Suivez Mes pas. Réveillez-vous. Nous arrivons. Tous unis, tous ensemble, nous vaincrons. *Ne reculez pas, ce n'est plus le moment de tergiverser.* Chaque foulée nous rapproche du but qui est déjà visible. Il faut marcher sans vous demander si vous allez être assez intrépides pour continuer à suivre Ma Lumière *qui vous stimule de plus en plus.* N'écoutez pas les voix *basses,* celles qui vous mettent en garde contre pareil exploit. Aujourd'hui, au Nom de l'Amour de Dieu, on vous traitera de fous, d'illuminés, pour aller vers quelque chose "qui ne se voit pas encore".

Restez sourds à leurs propos de prudence. Restez aveugles à leurs signaux de découragement. *Vous seuls, Coeurs fidèles,* pouvez Me voir avec votre coeur et Me ressentir en vos vies transformées par Mon Amour.

Certains vont ralentir notre marche. Ce sont les *Pharisiens;* aujourd'hui, comme hier dans leurs lois anciennes, ceux-ci vous diront: "Dieu est *une nature morte*; pourquoi Le réveiller. Laissons-Le dormir; Il ne S'est jamais manifesté."

Alors, Je vous dis: "Aujourd'hui, c'est Moi, JÉSUS, qui vous réveille; bienheureux ceux qui ouvrent leurs yeux et leurs oreilles à Mon Appel et à Mon instruction divine."

Car *vous verrez* Mes desseins et *vous entendrez* Ma Voix qui dominera sur toutes les voies du monde, du Nord au Midi et de l'Est à l'Ouest. Ma Voix couvrira toutes les voix qui s'élèveront contre Moi et qui se tairont à mon tonitruant **"c'en est assez!"** et le calme régnera alors après *ce terrible tumulte.*

Alors se lèveront ceux qui n'ont pas osé venir à nous, ne voyant que ce que leurs yeux leur montraient. *Vous*, Mes bien-aimés, c'est l'âme, vos âmes qui faisaient découvrir à vos yeux les merveilles du Seigneur. Oui, Dieu *parle à Ses âmes à l'écoute.*

Mon Enfant, écoute ceci: Je ne peux pas te tromper; Je suis véritablement *Je suis;* Je désire être entendu par *tous tes frères* à l'écoute de ce que Je te donne.

Demain, c'est déjà presque arrivé; pour Moi c'est déjà *le présent et même l'avenir.*

Alors Je te dis: *bientôt* vous entendrez venir à vous un chant de Gloire qui va résonner comme un appel frémissant qui va parcourir vos corps comme un frisson d'Amour divin; vous aurez l'impression de vivre comme dans un bain qui vous recouvre entièrement; mais ce ne sera pas l'eau que vous connaissez, ce sera une eau qui ressemblera à un état de douceur et d'Amour divin comme jamais vous n'en avez encore vécu.

Oui, Je donnerai au Monde une douceur inconnue où le corps ne saura plus s'il est sur Terre ou déjà dans les Cieux parce que cela va vous transporter vers des hauteurs inconnues de bonheur ineffable. *C'est un vertige de Connaissances divines.* C'est comme un transfert en un lieu inconnu où personne encore n'est allé avec son corps pour venir vous dire "mon corps a vécu une expérience unique". Avant ce que vous appelez *la mort*, Je veux vous emmener déjà vers *Mon Éternité*; Je désire simplement que vous goûtiez Mon Amour infini et ce ne sera qu'une parcelle de Mon Amour infini.

Dieu est impatient de Se faire aimer.

Alors Je viendrai vous le dire, d'une autre façon, que Je vous aime et que Je vous protège *comme une poule protège ses poussins sous ses ailes.* J'ai guéri des aveugles, des sourds, des muets et Je leur disais: "Ne dites pas que Je vous ai guéris". Ils allaient partout le crier, et ceux qui les regardaient guéris, eux-mêmes en doutaient alors qu'ils les avaient connus aveugles, sourds et muets...

A présent Je viendrai; Je prendrai ceux qui doutent le plus; avec eux Je prendrai également ceux que J'aime le plus (jamais ils ne M'ont déçu) pour les transporter tous avec Moi. Au retour, ceux qui ont douté deviendront fervents et les Bons témoigneront pour eux. Vois combien l'Amour de Dieu est immense!

Tu sais bien qu'un bon père, qui veut la Justice chez lui, va punir l'enfant désobéissant et féliciter celui qui lui procure de la joie. Mais avant de frapper, il avertit le premier et avant de féliciter il attendra de voir les oeuvres du deuxième. Donc Mon Père et votre Père vous préviendra, vous avertira. Crois-tu que cela s'appelle "punir" que de redresser le pécheur? *Vous serez tous avertis.* Je viendrai encore vous apprendre de belles choses, vous montrer bien de belles choses, avant de demander à Mon Père de faire régner Sa Divine Justice et de l'appliquer sur celui qui le mérite.

A présent, l'homme doit devenir sage et bon pour mieux vivre sur cette Terre. Il aura des enseignements divins qui vont l'aider à se parfaire et à donner autour de lui le Bien de Dieu qu'il partagera avec tous ses frères.

Ceux qui deviendront *des Instructeurs d'Amour* auront reçu tout le Vrai Savoir de Dieu pour le partager entre tous.

Avant que toute la couvée ne voit le jour, il y a les premiers qui vont suivre aussitôt la mère-poule, les premiers qui vont la reconnaître à son appel. Ainsi, pour cette grande Évangélisation, Je mettrai à l'Oeuvre les uns après les autres. Chacun aura sa place. Dieu ne demande pas de choses extraordinaires. Chacun fera selon ses moyens et Je ne suis pas contre ceux qui emploient *tous leurs moyens* pour M'aider: ce Monde, qui dort, *doit* voir Mon Jour.

Quoi que que vous fassiez, soyez bons, généreux, Je serai *avec vous*. Souvenez-vous que Je vous ai laissés libres sur cette Terre; n'entravez pas la liberté de vos frères; demandez respectueusement; agissez *dans le respect*; acceptez *dans le respect*; ne forcez aucune porte; même si vous avez raison, gardez le silence. Comme votre Maître, soyez patients, doux et humbles de coeur.

L'Amour travaille pour vous dans tous les coeurs durs.

JÉSUS de la Croix Glorieuse vous soutiendra.

Soyez obéissants.

†

† †

Sainte Marie-Madeleine
****

22 Juillet 1996
Fête de Ste Marie-Madeleine

"JNSR": *"Marie-Madeleine, où es-tu, toi que j'aime?"*

Marie-Madeleine: "Abaisse ton regard: je suis là, au pied de la
***************** Croix du Divin Sauveur; j'embrasse Ses pieds
baignés de Son Divin Sang; ils n'ont plus mon parfum, mais *Son
parfum* de Pureté et d'Amour ineffable. Je le partage avec vous, car
rien n'est comparable au Parfum d'Amour de JÉSUS.

Vous ne pouvez pas encore ressentir cette plénitude d'Amour où
plus rien n'existe *que Lui en moi et moi en Lui;* parce que chacun de
vous, vous viendrez partager Son Amour comme étant l'Unique; car
Dieu Se partage comme la Sainte Hostie du Saint-Sacrifice de la
Messe: ici-bas, comme au Ciel de Gloire, Il est tout à vous et vous
serez tout à Lui. Telle est la Divine Bonté de Dieu: Il est *Entier* pour
chacune de Ses créatures.

Chaque Saint du Ciel est en communion avec chaque Saint de la
Terre; il ne peut en être autrement: vous êtes déjà saints au Ciel de
Gloire. Ainsi, nous partageons la Sainteté de Dieu Trois-fois Saint.
Dieu qui vous aime, vous purifiera.

Continuez à Le servir et à Le louer sur la Terre. Ceci vous est
demandé, à chacun, et depuis votre naissance sur Terre.

Tu Me parles de Croix, ma soeur bien-aimée. Elle est Unique mais,
comme Notre Sauveur Son Dieu, elle se multiplie *pour remplir la
Terre de Son souvenir.* Personne ne pourra assez le dire:
"JÉSUS-Christ, ô mon Sauveur,
sauve-moi par Ton Amour Trois-fois Saint
dans l'Amour de Ta Sainte Croix."

Vois-tu, vous en feriez des milliers et des milliers sur la Terre pour
rappeler Son sublime Sacrifice d'Amour, je vous dirais: "il n'y en a *pas
assez* pour vous rappeler combien Dieu nous aime, pour chacun de
nous, pour renaître avec chacun de nous pour l'Éternité". Dis à mes
frères, dis à mes soeurs, que je suis toujours avec eux *la Marie-
Madeleine de la Croix du Sauveur.* Je viens évangéliser, *avec eux,*
ce Pays qui m'est cher. Je marcherai devant eux avec Ma Croix.
Prenez votre Croix. Suivez-moi.

Marie de Magdala de la Croix Glorieuse.

Amen.

✝ ✝ ✝

Par mes trois clous,
Je soutiens encore ce Monde
****

25 Juillet 1996
Fête de St Jacques

JÉSUS: "Je vous ai appris à reconnaître les faux-prophètes;
******* ils ont des voix mielleuses remplies de fausses
promesses et ils vous entraînent dans des lieux qui n'ont rien de
divin; ils vous appellent à les suivre pour vous éloigner de Mon
Sacré Coeur. Ce sont de véritables loups déguisés en agneaux; ils
vous mènent vers des bergeries où le principal manque: *Ma Nourriture, Ma Vie.* Ils ont l'habit de pasteurs mais ce sont de faux
bergers qui entraînent la multitude vers le gouffre d'où vous ne
pourrez jamais plus sortir.

Mon Royaume est au milieu de vous, et non au milieu des loups;
car Je suis au milieu de vous, Mes petites Brebis. Ne suivez pas ceux
qui désirent votre mort en vous séparant de Moi, *l'Arbre de Vie*: Je
suis l'Arbre qui pousse au milieu de Mon Royaume. Par Lui, vous
aurez la Vie qui ne finit pas, Ma Vie de Paix, d'Amour et de Joie. Les
racines de Mon Arbre de Vie sont dans Mon Sacré Coeur et tout
l'Arbre est arrosé par Mon précieux Sang.

Je suis habillé de Ma Tunique royale, faite d'une seule pièce. Je
vous recouvre de Ma Tunique; ainsi *nous* serons revêtus d'un seul et
même vêtement, *pur, saint, glorieux.* Je vous recouvre de Ma Sainte
Gloire; pour traverser ce Temps, il faut regarder la trace de Mes pas.
Suivez-Moi. Ce Chemin est Mon Chemin de Vie, *Je suis* ce Chemin;
n'en empruntez pas un autre, même si les voix de la Terre vous
appellent à dévier pour venir avec elles dans un chemin plus facile,
plus attrayant.

Ne les écoutez pas. Ne tournez pas la tête en arrière si vous avez
choisi Mon Chemin car vous seriez réduits en cendres, en poussière,
car ceux qui vous détournent de Moi n'ont que la mort à vous offrir;
la mort éternelle est le seul cadeau que peut vous offrir Mon Ennemi.

Je ferai pleuvoir sur mes ennemis, et sur tous ceux qui suivent leur
sillage vers le Mal, *une pluie de feu*, brûlante comme le plomb fondu,
immobilisant sur place et à jamais ceux qui ont fait de Ma Loi et de
Mes Commandements une version satanique pour Me diffamer et
attirer tous les enfants, faibles de nourriture spirituelle, dans leurs
filets.

Vous ne blasphémerez plus contre la Très-Sainte Trinité.

Ce Mal, qui a pris racine *dans Mon Temple-même,* s'est revêtu de l'habit que portent Mes vrais Prêtres consacrés; mais le dedans est pourri; ils ne sont pas saints et n'ont plus aucune raison d'habiter Mon Lieu Saint, si ce n'est de continuer leur sacrilège. Ils sont devenus *des diables,* blasphémant Dieu et Ses oeuvres Saintes, mettant en doute Mon Existence et Ma Divinité. Le motif de tant de haine ne peut se trouver que dans l'appartenance à mon Ennemi.

Ma Sainteté, Ma Justice et Ma Miséricorde, ne peuvent leur accorder qu'un temps *très court* pour leur *dernier* choix:
* se repentir, Me demander leur Pardon et Me suivre,
* ou choisir définitivement de suivre le Maudit.

C'est *une armée de Judas* qui a pris possession de Mon Église; ils sèment la haine et la discorde, se moquant de Dieu et l'offensant dans Ses Commandements divins. Ma Sainte Loi est traînée dans la boue de leurs propos malveillants; ils sortent sur le parvis des églises qu'ils occupent, se mêlent à le foule et entraînent derrière eux cette société arrogante qui devient leur cour; ils se font généreux, pleins de compassion, ils n'évangélisent pas pour le bien des âmes, mais pour la corruption des corps et des âmes, menant une lutte sans merci envers tous ceux qui s'élèvent, indignés contre ces *lois d'homme* qui servent le plaisir, l'argent, la sexualité, la gloire de l'homme, et qui tuent la Vie à naître.

C'est le Couronnement d'Épines de Mon Église.

Comme il a été dit: *"Voici l'homme",* ils disent: *"Voici l'Église",* ce qui en reste, ridiculisée comme son Dieu et maître, couronnée de honte; chaque perle de sa couronne a été remplacée par une épine de blasphème qui s'enfonce dans l'Esprit-Saint de Celui qui en est la Tête. Ils ont jeté l'Église dans le cachot noir et puant de leurs enseignements de faux pasteurs; ils ont échangé Ma Parole contre une parodie du véritable Évangile; ils appellent les fidèles à la révolte, plaçant l'homme au-dessus de Dieu.

Leur attitude "humble" se transforme en une arrogance outrageuse; ils puisent leur discours dans le mensonge et la haine; ils recouvrent Dieu du manteau de sang des innocents, alors qu'ils ont encore leurs mains rougies, puisqu'acceper le massacre c'est l'accomplir soi-même. Ils remettent à nouveau Ma Croix sur Mes épaules; ils la donnent à porter par Mon Saint Vicaire: il monte vers le Golgotha, il trébuche et Je le prends dans Mes bras et, ensemble, nous montons au Calvaire.

Alors, nous allons entendre les lanières des fouets: ce sont les injures portées contre la Pureté du Fils de Dieu et contre Sa Sainte Mère et contre Ma véritable Église. Ils vont frapper comme jamais, pour Me faire avouer que Je ne suis pas Dieu.

Je leur répondrai *par un très long silence* à travers Mon Pierre qui va beaucoup souffrir pour la Gloire de son divin Maître et de MARIE, Sa Très-Sainte Mère. Encore une fois, en fixant leurs yeux pleins de colère, Mon Pierre implorera leur Pardon:
"Père, pardonne-leur, ils ne savent pas ce qu'ils font".

Mais Je Me souviendrai de leur plus petit blasphème. Je ne pourrai plus soutenir leur âme vermoulue contre tant de péchés d'orgueil dirigés contre Dieu et contre Ma Mère très Chère. Ils ont blessé profondément Mon Esprit Saint; ils ont étiré Mes membres sacrés: toute Mon Église *est disloquée*, retenue encore par Mes trois clous enfoncés profondément dans Mes mains très saintes et dans Mes pieds qui retiennent l'effondrement total; ils continuent à Me narguer. Et Je soutiens encore ce Monde *qui s'effondre...*

- Si tu es Dieu, descends de la Croix...

- Si Tu es Dieu, montre-Toi,

diront-ils aujourd'hui. Et tandis qu'ils croient déjà se partager Mon Royaume, comme ils se sont partagés Mes effets personnels, ils ont commencé à se partager Mon Église. Dans leur convoitise, ils ont oublié que ma Tunique ne s'est jamais partagée; ainsi en est-il de Mon Royaume de Gloire éternelle. Ils ne peuvent être que les héritiers du Prince des Ténèbres où règne encore pour un temps *la mort avec le Maudit de tous les Temps,* aidé de son prophète qui agit encore dans l'ombre.

Avant que Mon Règne de Gloire vienne, *et ceci bientôt,* Je M'adresse à vous qui, par votre audace à narguer Dieu, vous avez amené sur votre planète *la Deuxième Malédiction* (St Luc, **17**, 26): "Et comme il advint aux jours de Noë, ainsi en sera-t-il encore au Jour du Fils de l'Homme..." Je vous plongerai dans *la nuit du tombeau,* trois longs jours comme le Fils de l'Homme y a séjourné. La lumière apparaîtra après ces Ténèbres.

Vous, qui M'avez abandonné, Je vous ferai connaître le froid du dépouillement de ceux qui ont renié la Vie; vous verrez ceux qui M'ont amené à connaître la longue nuit; vous verrez les âmes damnées et les êtres infernaux qui, pendant ces Trois Jours, sortiront enveloppés dans leur terrible odeur de corrompu.

Mes Fidèles, qui professent Ma Vraie Religion et qui ont suivi Mon Enseignement avec Amour, oui, tous ceux qui M'ont choisi, ne seront pas mis en contact avec ceux que J'ai nommés plus haut. Mais restez où vous êtes lorsqu'arrivera ce moment:

> "N'allez pas chercher vos affaires dans vos maisons. Ne vous retournez pas en arrière. Qui cherchera à épargner sa vie la perdra et qui la perdra, la sauvera. Où sera le corps, là aussi les vautours se rassembleront". (Luc, **17**, 31/37)
>
> "Et Dieu ne fera-t-il pas Justice à Ses Élus qui crient vers Lui jour et nuit, tandis qu'Il patiente à leur sujet? Je vous dis qu'Il leur fera prompte Justice. Mais le Fils de l'Homme, quand Il viendra, trouvera-t-Il la Foi sur la Terre?". (Luc, **18**, 6/8)

Mais, levant les yeux vers la Croix, ils verront le Ressuscité en Gloire, paré de Sa Tunique de Chair Glorieuse: *la Lumière aveuglera les impies*; leur sacrilège dévoilé, ils se verront plus nus qu'Adam et Ève fuyant le Jardin de l'Éden à jamais; ils verront *jaillir de Mes Saintes Plaies* un Feu qui purifiera la Terre jusqu'à brûler la plus petite corruption.

Je verrai *toutes* les âmes! Je les jugerai,
même celles qui M'ont tant offensé!

Et elles auront encore à choisir entre Moi et celui qui s'est opposé à Mon Règne d'Amour sur Ma Terre.

Quand viendra le *règne de celui par qui tout le Mal est arrivé*, son règne ne sera pas plus long que le temps que J'ai accordé *au détournement* de Mon Église.

J'ai dit que Dieu est Celui qui règne sur la Terre comme au Ciel. Les Anges ont remis *mes candélabres* en place; la lumière des *cierges bénits* a dominé sur l'obscurité des ténèbres. Mon Église s'est habillée tout de blanc comme une jeune mariée; Son Époux l'a retrouvée toute belle, comme jamais elle ne le fut, sans rides, sans tache, comme si elle avait toujours été ce qu'elle est.

Par Ma Sainte Croix Glorieuse
l'homme croyant sera sauvé.
JÉSUS de Nazareth.

†
† †

Pour la Fête de Ste Anne et de St Joachim

26 Juillet 1996

"*JNSR*": "*J'ai ressenti dans ce Message "un conditionnel"; mais je l'ai vécu au présent, en pleurant comme si tout était là devant moi (visions intérieures).*

Je sais qu'il suffit d'un changement dans le comportement de toute l'Humanité pour que cela s'atténue, mais je ne pense pas que cela sera retiré: nous avons perdu tant de jours de prière, de saintes Messes oubliées; tant de profanations nous ont laissés sans réparations de notre part; nous aurions dû, sans respect humain, nous agenouiller pour recevoir la Sainte Communion à la bouche et passer des heures d'adoration devant le Saint Tabernacle, même si la Sainte Eucharistie n'est pas exposée aux yeux des fidèles.

JÉSUS attend notre Adoration à genoux; et priant dans notre chambre, même dans notre cuisine. Prier en marchant; à la fin, votre coeur deviendra comme un moteur qui marchera avec la Prière en lui, car la Prière est la Force qui fait avancer le croyant vers tous ceux qui attendent une conversion au fond de leur âme sans même s'en douter.

Prier, c'est communiquer avec Dieu; c'est donner à Dieu les adresses de tous ceux que vous désirez voir revenir à Dieu. Donnons-Lui également les noms de toutes les Nations; Dieu connaît tous les noms que vous avez inscrits en vos coeurs.

Chaque petit grain du Saint-Rosaire devient un petit caillou qui marque le Chemin pour rencontrer Dieu.

Confiance dans la Prière. Priez comme si ce que vous demandez vous était déjà accordé. Remettez vous-en au Père de toute Bonté:

"Père! que Ta Sainte Volonté s'accomplisse et non la mienne, car Toi Seul connaît véritablement nos besoins. Père Très-Saint, viens au secours de Tes enfants imprudents."

Voici ce que j'ai entendu ce 26 Juillet 1996 :

Les quatre éléments seront dérangés
****

JÉSUS: "Mon Enfant, Je viens te parler de choses graves
*********   qu'il est nécessaire de savoir *et de faire savoir.*

Si tu pleures, ton âme pleure; c'est qu'elle est en éveil et voit ce que Je désire qu'elle voie et qu'elle vive ceci aujourd'hui.

Rien ne peut plus s'améliorer car l'homme renie Dieu de plus en plus et la terrible épreuve *arrive au galop.*

Parce que dans les coeurs il n'y a plus que la boue des péchés accumulés à travers des siècles et des siècles, l'homme n'a pas cherché à se faire pardonner. Cette génération a ajouté encore plus de fautes impardonnables, ce que les précédentes n'ont pas connu avec une telle désinvolture et un assentiment sans précédent.

Dieu pouvait pardonner même tous ceux qui ont péché avant *cette génération si celle-ci* s'était montrée repentante devant Dieu et soumise à Sa Loi et à Ses Commandements divins; Dieu aurait effacé toutes les fautes de la famille humaine jusqu'à *cette génération*. Non seulement votre génération se recouvre des péchés les plus horribles qui soient, en se donnant elle-même "l'absolution", mais elle prépare la suivante à vivre dans *l'Abomination des abominations*.

Et Dieu, qui veut retenir encore Son bras, Se voit contraint d'agir encore plus vite alors que Son Coeur Adorable désirait retarder ces châtiments provoqués par le péché des hommes. JÉSUS *pleure des larmes de sang*, mais JÉSUS respecte la Volonté de Son Père et Dieu est prêt *à agir :*

Les mers se déplacent et deviennent comme l'eau d'un cyclone, aspirée d'un côté pour provoquer ailleurs des débordements d'une hauteur incroyable.

Les plaques souterraines marines bougent et glissent, provoquant ainsi des frémissements allant de plus en plus fort entraînant tout ce qui se trouve en surface des eaux dans un tourbillon: les bateaux qui se trouveront là seront de vraies toupies. Dans les sous-sols marins il y a des roches souterraines qui se dressent et se soulèvent comme des dents arrachées avec une pince (avec autant de facilité): énormes, elles vont parfois atteindre la surface des eaux et émerger pour la première fois.

Les courants sous-marins, qui ont cent fois plus de force que les ouragans de la Terre, commenceront par toucher les pôles où les icebergs vogueront comme d'énormes bateaux sans direction, partant de-ci, de-là, jusqu'à dériver vers des îles lointaines où les eaux recouvriront la surface de leurs terres; elles n'auront plus la force, ni les moyens, pour éviter cela; elles vont disparaître entièrement et la mer ne les comptera plus jamais parmi elle car elles appartiendront déjà au passé, dans tout ce qui va mourir et disparaître à jamais.

Le soleil ne pourra plus adoucir le climat qui va changer, comme si la nuit froide d'hiver se prolongeait en recouvrant tout ce qui a vécu sous la chaleur du soleil.

Tout ceci sera comme une métamorphose opérée en un espace de temps aussi court que la durée d'une saison; mais rien de ce qui a été ne reviendra. Et tout ce qui naîtra de ceci sera une nouvelle forme de vie pour la terre comme pour les eaux. Le premier élément à bouger sera l'eau. L'eau, à présent, devient une force qui ne sait plus se maîtriser; elle entraîne les montagnes à sa suite, certaines vont changer de formes. L'eau devient une force incontrôlable, comme si elle avait été dérangée dans sa pureté; alors elle gronde de partout; qu'elle soit l'eau des océans, des mers, des rivières, des glaciers, elle est devenue comme un élément qui transporte la vengeance de tous les éléments, elle vient en ambassadrice...

Mais voici que le feu prend le relais et, entre-temps, l'air devient leur allié transportant sa propre force sur chacun des deux éléments en action. La terre gronde de partout, se craquant de-ci, de-là, s'étirant et se creusant, s'ouvrant parfois pour laisser passer le feu de ses entrailles. En une nuit la terre peut se sécher, par l'air qui viendra aspirer l'eau qu'elle contient, et par le feu qui descendra du ciel comme une pluie.

Car tout le ciel semblera s'unir au deuil de la Terre entière, et arrêtera sa ronde millénaire, déstabilisant certaines grandes planètes et certains astres plus petits. La Création toute entière compatit au Massacre de la Terre, mère-nourricière des hommes qui viennent de la meurtrir jusque dans ses entrailles. L'homme a bafoué toute l'énergie de la terre en se servant des mauvaises énergies.

L'homme a tiré la vie de tout ce qu'elle lui donnait gratuitement. L'homme lui a donné le dernier coup d'épée en voulant la séparer de son origine divine. L'homme a pris la place de Dieu, son Créateur. Dieu la créa pour l'homme que Dieu a créé à Son Image.

Il faudrait, pour apaiser tous les éléments, remettre Dieu à l'origine de leur Création. *La Lumière doit être en premier.*

JÉSUS, Lumière du Monde,
sauve-nous!
Envoie-nous Ton Esprit-Saint.

†

† †

en suivant,
MARIE, la Toute-Pure, vous parle:

MARIE: "Je vous demande, Mes chers enfants, de prier
******* beaucoup le Saint-Rosaire et de vivre la Vie de JÉSUS.
Restez doux et humbles de coeur. Partagez même votre nécessaire
avec vos frères. Même si les jours deviennent plus difficiles, avec
Dieu tout sera mieux compris, mieux accepté; car Moi, votre Mère, Je
vous ai tant de fois prévenus et avertis de ce que l'homme sans Dieu
pouvait provoquer.

Ils sont nombreux, tous les hommes qui luttent contre Dieu. Le
Mal est un effet de la sécheresse des coeurs qui ont renié Dieu et Sa
Loi.

Moi, votre Mère, Je suis avec vous pour vous aider.

Priez encore et encore; sachez sacrifier pour sanctifier ceux qui se
moquent encore de Dieu: *ils sont tous en danger de mort* car le
blasphème le plus fort est de mépriser le Don de Dieu. Dieu, *votre* vie,
Dieu vous a donné Sa Vie. Vous la refusez.

Vous refusez également Ses Dons en méprisant votre Terre jusqu'à
la laisser mourir avec tous ses habitants et tous ses produits.

Repentez-vous; faites pénitence; convertissez-vous vite *pour
amoindrir le Mal que vous venez de déchaîner.* Implorez Dieu
d'arrêter le plus grand des fléaux qui vient de commencer

Je vous bénis †

MARIE, Mère de Dieu.

Amen

†

† †

Dans la nouvelle Transfiguration
****

Mardi 6 Août 1996
Fête de la Transfiguration

JÉSUS: "Venez à Moi, petits enfants: le soleil descend vite
*******   et il commence à se faire tard; tout dort en ce moment;
nous allons marcher à la rencontre du Jour Nouveau.

Demain, nous serons déjà arrivés pour voir la Nouvelle Lumière
apparaître; c'est un soleil que nous verrons lumineux comme jamais.
C'est un Jour Nouveau qui va apparaître dans une clarté qui n'a
jamais existé, si belle, si lumineuse, inondant toute votre Terre.

Venez, petits enfants, nous allons monter sur la colline pour voir se
lever le Jour qui ne finira pas. Apprenez, petits enfants, qu'il y a
longtemps que, Moi aussi, J'attends de vous montrer ce beau et
merveilleux Jour de Gloire où jamais plus nous ne nous séparerons
parce que vous serez à Moi pour toujours; et personne ne viendra
vous retirer de Mon Saint Coeur car vous pénétrerez en Lui sans
qu'on vous le commande; attirés par ce Coeur qui vous aime de toute
sa Force, vous n'aurez plus envie d'en sortir.

Ils sont beaux les Témoins de Mon Miséricordieux Amour!
"Témoins de Mon Saint Coeur et de Ma Sainte Croix"

Une Lumière est venue à eux pour les guider; elle a brillé en leur
coeur d'enfant; ils ont marché vers le Jour Nouveau sans risque de se
perdre; ils ont marché, guidés par cette Flamme qui ne s'éteint jamais
et qui brille en chacun *comme un Buisson Ardent* illuminant les
coeurs et les âmes de ceux qui M'ont choisi.

Ils ont marché, guidés également par le Vent, doux et apaisant
comme une caresse, qui leur soufflait à l'oreille où mettre les pieds
pour ne pas tomber, pour ne pas se faire mal, car les enfants accé-
léraient leur marche: ils attendaient depuis si longtemps cette Grâce
intérieure qui leur annoncerait qu'Elle allait faire d'eux des hommes
nouveaux où s'inscrirait à jamais la Volonté très-sainte de Dieu.

La Grâce de Dieu était en eux!

Ils ne pouvaient pas inventer cette Force qui devenait un Guide et
un Soutien pour aller jusqu'au bout de ce Chemin.

Ils ont suivi le Chemin qui commençait déjà en leur coeur, ils
attendaient la Flamme qui devait jaillir du fond de leur âme toute
tournée vers Dieu. Et puis les voici: tout de Feu, tout de Lumière; ils
sont, chacun d'eux, *un homme nouveau.* L'homme nouveau, c'est un
nouvel être qui venait de naître en chacun d'eux.

Chacun attendait ce Jour pour naître à une Vie nouvelle et un chant d'Amour accompagnait chacun pour paraître encore plus beau, plus parfait, plus lumineux. Ce chant était *le chant des Anges* qui s'unissaient aux hommes pour les aider à *naître d'eux-mêmes*; pour chacun, la Vie était si différente, si pleine de sens, que chacun se mit à chanter avec le Choeur des Anges une louange merveilleuse à Notre Dieu Créateur.

On voyait sur le visage de ces belles créatures une joie qui ne ressemblait à aucune joie vécue sur la Terre; et pourtant, ils étaient tous encore sur leur Terre, et ils vivaient une autre Vie: ils se regardaient émerveillés, ils avaient trouvé ce que tous et chacun avait cherché pendant de si longs jours sans jamais apercevoir le moindre aspect de cette métamorphose:

c'était le Jour Nouveau.

La *nuit* était finie; ils savaient qu'elle ne reviendrait plus car tout avait changé en eux et tout, autour d'eux, ressemblait à du cristal transparent; ils pouvaient voir tout, même en profondeur; ils s'entendaient sans avoir besoin de se parler et ils n'avaient jamais connu pareille symphonie dans les mots, dans leurs phrases si pures et si belles car l'Amour accompagnait tout, oui tout ce qui vivait dans cette Nouvelle Vie. Ils se virent si beaux, d'une beauté pure et sans artifice; ce n'était plus une beauté factice; celle-ci était vivante parce que tout vivait dans la Beauté et la Joie de Dieu.

Pourquoi les coeurs étaient-ils remplis de tant d'Amour? Il n'y avait plus de haine, ni envie, ni orgueil, tout le Mal avait disparu. La Terre était accueillante, il n'y avait plus de laideur, ni corruption; tout venait de changer en Bien et en Bon.

L'homme avait rejeté *le vieil homme* en donnant naissance à *l'homme nouveau*. Celui qui sommeillait dans le vieil homme ne pensait qu'à manger pour vivre et vivre pour manger et tuer pour se défendre. L'homme nouveau vit pour rendre Gloire à Dieu. Cette généreuse Lumière de Dieu transforma l'homme jusqu'à lui ôter la dernière couche de sa peau sèche et sans vie qui l'enveloppait comme un grand brûlé par le Mal.

Alors l'homme devint comme une torche allumée par un Feu qui ne se consumait pas; il devint, lui aussi, de la Lumière *vivante* qui ne demandait qu'à s'unir à la Grande Lumière qui l'envahissait jusqu'à le happer en Elle pour ne faire qu'une même et unique Lumière, qu'un même et unique Feu d'Amour. En pénétrant en ce Feu d'Amour, l'homme était *en Dieu*: il était lumière *vivante dans la Lumière*; il savait qu'il était aimé de Dieu; aimé de l'Amour, il devenait Amour lui-même: il était pour Dieu, il n'existait que par Dieu.

Il ne faisait *qu'un* avec son Dieu.
Car les hommes, par Amour pour Dieu,
devenaient *un seul* homme.
" Père, ils sont *un!* Comme Toi, Père, Tu es *un* avec Moi,
comme Moi, Père, Je suis *un* avec Toi,
maintenant ils sont *un* avec Nous. "

Les hommes savaient qu'ils vivaient une vie nouvelle, ils vivaient *dans* la Vie qui ne finit pas, ils étaient *Vie* eux-mêmes. " Qui es-tu, homme, pour que tu sois tant aimé jusqu'à ne faire qu'un avec ton Dieu? " Dieu Tout-Puissant lui dira: " *Regarde-toi en Moi; que vois-tu?* " Et l'homme répondra: " Mon Seigneur et mon Dieu, je ne vois *que* Toi . "

Vois, homme, où Je voulais t'amener: à te voir en Moi, comme aujourd'hui Moi, Je Me vois en toi, car Je t'ai créé à Mon Image. Tu ne Me contrarieras plus, car tu reviens d'où tu es parti un jour pour effectuer un long pèlerinage; tu t'es souvent détourné de Ma Voie sainte et parfaite; aujourd'hui, tu sais à quel prix Dieu a payé ton égarement. Tu reviens à la Maison du Père; tu ressens toi-même ce bonheur. Le Père Éternel a donné à l'homme autant d'Amour qu'à Son Unique Enfant; mais le Fils Bien-Aimé du Père n'a jamais failli, même une seconde, à Sa Promesse: jamais Il n'a déçu l'Amour que Son Père Lui portait.

Après votre long exil, l'Amour vous attendait,
sur le pas de la porte, pour partager avec la Très-Sainte Trinité,
l'Amour Triomphant
avec vous tous, *enfants de Dieu.*

Le Jour, qui va bientôt venir, est un jour sans pareil, tel que Je viens de vous le décrire; la Lumière inondera de la plus petite à la plus grande cavité. La Gloire de Dieu est celle que virent les Apôtres bien-aimés, Pierre, Jacques et Jean, sur le Mont Thabor.
C'est Ma Sainte Transfiguration.

Désormais vous verrez Ma Sainte Gloire d'un bout à l'autre de la Terre parce qu'il est arrivé le Jour *où le Ciel et la Terre sont remplis de Ma Gloire.*

La Transfiguration à venir
sera celle du Monde entier rentré dans la Gloire de Dieu, devant son Dieu de Gloire et de Majesté.

Oui, Je suis un Feu incandescent d'Amour Purificateur et Je ferai de vous, Mes fils, des enfants de Lumière, des fils de votre Père des Cieux, des frères de Mon Unique Fils Bien-Aimé *en qui J'ai mis tout Mon Amour.*

Ma Tunique est blanche et lumineuse parce que tout Mon corps est Lumière.

Avec vous, Mes bien-aimés, J'attends ce grand Jour où la Terre entière, avec tous Mes enfants, rentrera dans la Très-Sainte Gloire du Père, du Fils et du Saint Esprit,
dans la Nouvelle Transfiguration
des enfants de Lumière
dans une Nouvelle Terre et de Nouveaux Cieux.

Dieu *est* Lumière.
Je viens, dans Ma Sainte Gloire,
transfigurer le Monde
et l'inonder de Ma Lumière.

†

† †

Le voile s'ouvrira de haut en bas
****

Vendredi 16 Août 1996

JÉSUS: "Mon petit enfant de Ma Sainte Croix, aujourd'hui Je
******* viens te parler de Mon Coeur qui saigne parce que Je
ressens l'angoisse du Monde face à Mon Ennemi; *son orgueil le
force à se faire connaître*; même sa ruse ne le cache plus, car il veut
qu'on l'admire et qu'on le suive.

Il *est présent* dans la violence, la destruction, la colère, la haine; la
jeunesse, Ma pauvre jeunesse, est en admiration devant sa perversité:
vous chantez *votre délivrance* devant cette fausse liberté; vous
adoptez ses lois avec leurs exigences et, petit-à-petit, vous vous
laissez pénétrer de son venin; le Serpent s'enroule autour de *mes
tabernacles* [1] jusqu'à s'approprier vos âmes après avoir réduit vos
corps à l'état de cadavres ambulants.

Arrivera-t-il à contaminer ce que Moi, votre Dieu, J'ai caché en
chacune de vos âmes? Laisserez-vous *ma place* [1] disparaître à jamais? Laisserez-vous se détruire à jamais ce *petit coin de pureté* [1]
que J'ai caché en vous -malgré votre mépris, votre arrogance et votre
indifférence, *Je vis caché en vous*- jusqu'à votre refus *total* de Dieu,
jusqu'à votre reniement *définitif* de Dieu? Parce que le Malin est tout
près de se montrer à vous et d'exercer tout le charme de sa perversité
pour vous gagner à jamais, aujourd'hui, *JE SUIS,* votre Dieu de
Miséricorde et d'Amour, qui viens à vous: *regardez-Moi!*

C'est un tissu de haute qualité, de grande marque, qui va se
déchirer devant vos yeux; pendant des siècles, Mon Ciel de Gloire l'a
maintenu résistant, prenant toutes les précautions et les soins
nécessaires afin de séparer Mon Ciel de Ma Terre. *Ce tissu va se
déchirer*, Dieu va le lui commander; il va s'ouvrir de haut en bas. Ce
voile, tissé d'or fin, était le seul qui pouvait encore recouvrir *le
Mystère de la Vie:* c'est le Livre de Vie que Mon Père vient de Me

---

(**1**): JÉSUS dicte en Belgique à Marguerite (des petites Âmes) le 8.03.1967:
"Sais-tu, Ma fille, qu'en toute âme, si gangrenée soit-elle, il y a toujours un
petit *coin de ciel bleu,* c'est là que Je Me tiens."

Et, dans une Prière de consécration, Notre Seigneur dicte à Maman Carmela
(de Milan) le 25.04.1969: "Je répandrai l'Image de Ta Divine Face en Te suppliant
de *raviver en toutes les âmes* les traits de Ton Divin Visage."

Dans "Témoins de la Croix, *Hymne à Mon Église"*, JÉSUS dicte à "JNSR" le
11.IV.1994 (p.139): "Non, ni les Temps de désordre que vous êtes en train de
traverser, ni la *fureur* de mon Ennemi, ni votre indifférence, n'ont réussi à effacer
ma *Marque d'Amour en vous."*

donner le Pouvoir d'ouvrir [1]. Ce voile de grande valeur vous cache la Vérité *dans toute sa Force* et, tant que celle-ci n'est pas entièrement dévoilée, vous êtes comme des enfants naïfs, inconscients. Le voile levé, le voile déchiré, vous ne pouvez plus espérer vous cacher de Ma vue qui vous poursuivra...J'ouvre le Livre de Vie: si alors, vous manquez au plus grand de Mes Commandements,

* celui qui vous dit d'*aimer Dieu* par-dessus tout, Le servir de toute votre âme, de tout votre coeur et de toute votre force;

* et d'aimer vos frères comme Dieu vous aime, de les servir sans les juger,

alors, Ma Connaissance, dévoilée à tous les hommes, vous fait devenir devant Ma Sainte Vérité conscients *et responsables* du Bien que vous ferez comme du Mal que vous introduirez chez vous comme chez vos frères. Voici Ma Sainte Connaissance. Celle que vous recherchez, depuis toujours est dans ce Livre ouvert; elle est là, dévoilée, mise à nu; et vous êtes éclairés et responsables. Enfants, J'ai la joie de vous savoir près de Moi, comme des enfants qui ont retrouvé leur origine.

----

(1): A Dozulé, le 7 Juillet 1978, 1er Vendredi du mois, au cours de la 48ème apparition dans la Chapelle des Soeurs, Notre Seigneur demande à Madeleine de répéter à haute voix ce qu'Il lui dit:

"Attention, vous tous qui tenez voilées les Paroles prophétiques qui vous ont été remises: le Livre que Je tiens entre Mes Mains, c'est le LIVRE DE VIE que Mon Père vient de Me donner le Pouvoir d'ouvrir, et c'est sur cette montagne bénie et sacrée, lieu qu'Il a choisi, que va se rénover toutes choses. C'est ici que vous verrez la Cité Sainte, la Jérusalem Nouvelle.

"Et voici qu'apparaîtra la demeure de Dieu parmi nous. Mais alors se frapperont la poitrine ceux qui luttent et refusent d'entendre les Paroles que cette humble servante a prononcées. *Vous*, à qui J'ai demandé d'annoncer Mon Message, *vous êtes coupables* de laisser le Monde dans l'ignorance de ce qui doit arriver *bientôt*. Ne vous appuyez pas sur votre propre réflexion. Pourquoi luttez-vous, puisque Je vous ai donné Ma Grâce Dogmatique*? *Par pitié*, Je vous demande de M'écouter, Mon Coeur déborde de Miséricorde."

(*): Là, le Seigneur S'adresse à l'Évêque qui détient le pouvoir canonique de reconnaître l'authenticité d'une apparition, donc d'en rendre publiques les circonstances et les demandes. Et le 1er vendredi du mois suivant (6.X.1978), JÉSUS revient sur le Livre de Vie, en précisant:

"Que votre visage reflète toujours la Présence Invisible. Je vous le dis: obéissez à *votre Supérieur. Lui seul* est chargé sur cette Terre de faire la Volonté de Mon Père, mais malheur au Monde en péril, car il tarde."

La Présence Invisible, celle du Christ Sauveur, ne peut se refléter sur le visage de Madeleine que si la servante du Seigneur demeure dans l'obéissance à son Évêque, car la désobéissance est la marque du Malin. Et dans son livre (Dozulé, p. 175-178) Monsieur l'Abbé L'Horset insiste sur cette nécessité de l'obéissance à l'Église, donc à Dieu. L'éternel dilemme...

Maintenant vous savez d'où vous venez et qui vous êtes. Il va falloir que vous vous décidiez. Quel est votre choix? Quelle est votre détermination? Je ne peux choisir pour vous.

Que choisissez-vous? Ma Lumière ou les ténèbres?

Maintenant vous Me connaissez: *Je suis* la Lumière du Monde, *Je suis* la Vérité; et vous ne pouvez plus tergiverser. Allez-vous Me suivre *tous unis?* Vous savez maintenant que Je veux Me faire connaître et aimer. Je veux vous réunir dans mon Grand Rassemblement. Suivez-Moi; même la nuit, vous Me verrez; même si la nuit s'épaissit, Ma Lumière brillera toujours dans les ténèbres, car Je veux que tous les hommes *voient*: Je rends la vue aux aveugles.

Je Me découvre; Je suis la Vie; découvrez-vous; à votre tour montrez-vous en plein jour comme *Mes Témoins de la Croix,* de la Foi, témoins de Mon Amour Miséricordieux. Soyez *Charité,* soyez *Lumière,* soyez *Joie.* Mes enfants, Je vais vous rassembler bientôt[1] ; vous verrez des événements venir *comme des informateurs* plus puissants que des hauts-parleurs qui annoncent tel ou tel programme. Moi, J'annonce Ma Loi, Unique et Éternelle. Je vous donnerai bientôt ces signes révélateurs et uniques; Je ne parlerai *qu'à ceux qui veulent Me suivre,* car il va falloir choisir: si vous vous découvrez devant la face du Monde, *vous verrez Ma Sainte Face.* A ceux que l'incompréhension gagne et qui ne sont pas encore prêts à Me suivre, J'accorderai *un Temps bref* car c'est le Temps que J'emploierai pour ceci:

Je refonds Mon Gouvernement
et le Ciel et la Terre seront UN dans Ma Sainte Gloire Éternelle,
Ma Terre Nouvelle et Mes Cieux Nouveaux.

Les enfants qui mangent Mon pain auront de plus en plus faim de Ma Sainte Nourriture; Je les nourrirai comme ne le fut jamais, jusqu'à ce jour, le plus pur et le plus docile d'entre vous. Et les enfants boiront à Ma Source sans même toucher le Rocher [2]. Ils boiront comme des enfants à la mamelle qui, rassasiés, continuent à boire car ils avalent aussi la joie de leur mère et la chaleur maternelle.

----

(1): "bientôt": *bientôt* le Grand Rassemblement, *bientôt* les évènements, *bientôt* le Retour du Christ en Gloire. Ce *bientôt* est *la pierre d'achoppement* pour les "intelligents" s'appuyant sur *leur propre réflexion* ainsi que dit JÉSUS à Dozulé: *bientôt* le Retour du Seigneur? Il est annoncé depuis l'Évangile... *Bientôt* les événements? Il y a toujours eu des événements catastrophiques... Si la seconde Venue du Christ n'avait pas été annoncée dès l'origine du Christianisme, et s'il n'y avait jamais eu d'événements catastrophiques, on pourrait douter; au contraire, on ne peut pas douter. Et individuellement, *bientôt* c'est peut-être demain que moi, vous, tel ou tel paraîtra devant Dieu; donc pas une heure à perdre pour changer de vie et agir.

Vous aurez la joie d'avoir *en vous* le Rocher[2] et la Source pour donner à boire à tous ceux qui viendront, par la suite, trouver *en vous* alors instruits, l'écho de Ma Sainte Parole car Je désire que vous, Mes bien-aimés, vous vous unissiez à tous vos frères retardataires pour partager Ma Sainte Grâce qui habite *en vous*. Conduisez-les à votre Unique Amour, à Celui qui règne en vos coeurs,
votre Dieu Éternel de Gloire.

Devenez leur Chemin. *Soyez* Lumière, Joie, Force et Persévérance jusqu'à ce que, seuls, ils s'avancent vers Moi. Alors, beaucoup de ceux-ci auront reçu tant de vous, que vous deviendrez à la Ressemblance de votre Maître et vous pourrez dire: *"Il n'y a pas de plus grand Don que celui de donner sa vie pour ses amis."* Et pour qu'ils puissent connaître la Valeur de Ma Vie et Ma Nouvelle Jérusalem, Je *vous prendrai comme Moïse devant la Terre Promise* et, alors, ils passeront les premiers.

Mais vous, Je vous prendrai dans Ma Cité Sainte, celle qui est habitée depuis toujours par Dieu et qui descendra bientôt des Cieux. Nous viendrons à leur rencontre. Mes enfants sont UN avec Moi. *Je suis l'Alpha et l'Oméga.* Vous serez *dans* Celui qui n'a ni commencement ni fin. Vous *serez* Mon Corps, Mon Église Sainte, nouvelle, toute brillante du Feu de Mon Amour trois-fois Saint.

A chacun,   * le même Amour vous donnera la Vie;
              * le même Coeur battra en vous;
              * le même Esprit vous habitera;
              * la même Eau vous irriguera;
              * le même Sang circulera en vous,

car tous, vous avez reçu le Don du Père de toute Bonté; *Son Fils Unique, Son Verbe qui vous a donné Sa Vie sur la Très-sainte Croix d'Amour.* Pour vous, petits enfants qui aimez Ma Croix,
    * venez vous unir à Moi, Je vous ferai passer par Ma Croix;
    * venez devenir, avec Moi, cette Lumière qui ne finit pas.

Je suis JÉSUS Glorieux
de Ma Très-sainte Croix Glorieuse.
Amen.

†
† †

---

(2): Le *Rocher* est ici celui que Moïse toucha de son bâton pour faire jaillir l'eau dans le désert du Sinaï; et c'est aussi Dieu, *le Rocher* du Psaume: "l'Éternel est mon Rocher..."

Tous vos linceuls sont rentrés dans le Mien
****

Dimanche, 18 Août 1996

JÉSUS: "Le Divin Sacré Coeur de JÉSUS veut entrer en
******* relation avec le Monde entier et vous appelle à une
grande conversion d'âme et d'esprit. Obéissez à Mon Saint Coeur qui
le désire ardemment. Venez à Moi, quel que soit l'état de votre âme; si
elle est malade, Je la guérirai; si elle ne peut Me comprendre, Je lui
apprendrai Moi-même à M'aimer et à Me comprendre avec le coeur,
car Je toucherai le coeur de l'enfant qui vient à Moi afin de recevoir
l'onction de Ma Sainte Grâce.

Oui, regardez-Moi pleurer encore, et encore, des larmes de sang,
amères comme Ma douleur de voir se perdre les âmes en ces Temps
d'obscurité. Comment ne pas ressentir ma peine immense en Me
regardant pleurer *devant vous?* Pouvez-vous arrêter Mes larmes de
couler: elles sont le sang-même de Mes enfants qui se perdent, de
Mes enfants qui M'abandonnent pour donner leur vie à l'Ennemi.
Ma Vie part. Ma Vie fuit pour se perdre dans un feu qui ne s'éteint
jamais.

Vous brûlez la Vie que Je vous ai donnée, comme on tue un
nouveau-né appelé à la vie, car Je vous ai appelés à la vie pour naître
avec Moi, pour vous unir à Moi, pour mélanger votre sang au Mien;
et vous, que faites-vous en vous détachant de Moi? Vous Me
blessez, vous M'arrachez un membre par lequel Mon Sang divin
s'échappe et coule en abondance; et vous restez impassibles à Me
regarder pleurer, jusqu'à des larmes de sang...

Je vous sortirai des ténèbres lorsque vous-mêmes *vous
demanderez* Ma Lumière. Je serai là jusqu'à la dernière Brebis *qui
veut Me revenir.*

Oui, MARIE, la Bienheureuse Mère de Dieu apparaît encore et
bientôt Sa Divine Lumière de Grâce que Lui a donnée le Père, et qui
a brillé pendant de longs siècles, et qui brille encore pour éclairer les
enfants de la Terre en les maintenant dans la Lumière de Dieu,
bientôt vous ne la verrez plus; car votre Mère sera rappelée auprès
du Père; car le Temps de la Connaissance, le Temps de l'Esprit-Saint,
rentrera dans la Très-Sainte Trinité pour laisser s'accomplir la Sainte
Écriture.

Alors aura lieu l'ultime et dernier combat du Mal contre le Bien; il
s'effectuera sur la Terre; oui, le Mal aura atteint son point culminant
et donnera sur votre Monde son dernier soubresaut dans sa haine
mortelle contre Dieu et contre les hommes.

Cette dernière lutte sera plus titanesque que la chute des anges pervers hors du Ciel de Gloire, car les anges maudits s'uniront aux hommes du reniement pour détruire les Oeuvres de Dieu et entraîner le plus d'âmes possible avant que finisse *le pacte de Satan.*

Mais Dieu devancera l'heure pour faire une barrière mille fois plus solide que la plus grande des forteresses que l'homme ait construite de ses mains. Car la forteresse de Dieu, qui s'opposera aux forces de Satan, sera formée par les milliers de Saints-Anges appelés à aider la Mère de Dieu qui mènera, avec les Saints-Archanges et Saint Michel en tête, le plus grand combat que le Ciel et la Terre ait connu au cours de tous les siècles et dans toute l'Éternité. Amen.

Lorsque la Mère de Dieu sera appelée par le Père, après que la Toute-Pure aura fini Sa Mission sur votre Terre, le Ciel se taira. *Il ne parlera plus. Vous n'entendrez plus aucune voix céleste.*

Attention Mes enfants, ce Temps sera en tous points semblable à celui où Moi, JÉSUS le Christ, Je rendis Mon Âme à Dieu, Mon Père: *"Père, entre Tes Mains Je remets Mon Esprit!"* Vous subirez le *Temps de la Solitude* où le ciel commencera à s'obscurcir: la nuit tombera sur la Terre comme un manteau de deuil.

N'entendez pas ces voix qui sont destinées à Me retirer encore des Brebis écervelées. Malgré Mon grand Enseignement déjà donné sur toute la Terre, certaines seront encore charmées par ces voix. *Fermez vos oreilles avant de fermer vos portes*; ne vous laissez pas surprendre; la Terre craquera à mesure que la *nuit du tombeau* enveloppera d'ombres vos esprits, comme vos regards, jusqu'à vous insérer dans le linceul que vous avez vous-mêmes tissé avec vos péchés réunis et vos manquements envers Dieu et vos frères. *Ne cherchez aucun secours en appelant au dehors* car *rien* ne peut plus venir des hommes. Enserrez Ma Sainte Croix avec vos deux bras; caressez-la avec vos mains d'enfants *purs*: repentez-vous de vos péchés *sincèrement;* rendez avec Moi ce dernier *cri* vers Notre Père: *"Père, entre Tes Mains je remets mon esprit!"*; humiliez-vous: *"Père! pourquoi m'as-Tu abandonné..."*

Je vous le dis en Vérité: NON, Je ne vous abandonnerai pas, même si vous ne Me voyez pas, et J'unirai Mon Esprit Saint au vôtre afin que vous puissiez voir vos fautes avec votre coeur, votre esprit et vos yeux de chair et vous repentir *de toutes vos forces.*

Vous verrez alors la Vérité sortir du Tombeau après ces *Trois Jours de Ténèbres*, car c'est votre nuit de l'âme que vous venez de vivre; vous verrez la Lumière jaillir comme une flamme brûlante déchirant *le linceul* qui vous enveloppait.

Vous ressentirez une force nouvelle *qui soulève la pierre* que vous avez construite avec votre orgueil insensé pour vous cacher de Moi.

Non, vous n'êtes pas morts: vous dormiez dans une hibernation sans fin; *Je viens vous réveiller*; vous renaissez à Ma Vie. Et dans votre tombeau *vous venez de rouler votre linceul dans le Mien*; voici le Signe de votre nouvelle naissance.

Regardez Ma Sainte Face.
Regardez-vous en Moi:
Je suis le signe-même de votre Renaissance;
vos âmes ont retrouvé leur beauté première,
tous les linceuls sont entrés dans le Mien
car Mon Jour de Gloire vient de sonner.

La Trompette
appelle tous au Grand Rassemblement:
Dieu est en tout.
Dieu est en chacun et en tous.
Tout est en Dieu.
Tous sont en Dieu.

Je suis l'Alpha et l'Oméga
Amen
Je suis le Dieu Victorieux

†
† †

Message du Père Jean
****

24 Août 1996, dans la soirée

"JNSR":   *"Père Jean, nous allons vers vous et vers le Père Emmanuel; si Dieu vous le permet, pouvez-vous nous parler? Que Dieu Tout-Puissant vous bénisse et que nous ayons aussi, avec vous, la Bénédiction de Dieu pour cette Sainte Messe demain pour honorer votre mémoire et celle du Père Emmanuel."* [1]

Le Père Jean: "Il est venu le Temps où Dieu désire vous
************* rassembler pour vous aider à mieux Le comprendre et, ainsi unis, vous vous rapprochez de Notre Père des Cieux. *JÉSUS me permet* de venir à toi, petite soeur dans le Christ. Je viens t'exprimer ma joie de vous savoir réunis en mon nom de père Mortaigne, *"le fou de Montmorin"*, oui fou d'Amour pour Dieu et pour Sa Sainte Croix. Tu leur diras Merci à chacun de ceux qui sont venus et Merci de se rappeler de moi qui ne vous oublie pas. Oui, je prie pour vous et je vous bénis par la Main du Père Tout-Puissant †. Que vos Saints Anges, qui vous accompagnent, écoutent aussi cette Bénédiction divine du haut des Cieux pour vous la rappeler.

Soyez humbles et charitables en tout ce que vous ferez pour les plus pauvres de tous, *les Pécheurs*. Que vos Saints Anges vous apprennent à être comme eux, dévoués envers Dieu et envers toute la famille humaine: oui, chacun vous êtes frères du même Père; alors vous êtes une grande famille. Je suis aussi dans cette famille avec vous tous et avec tous vos Prêtres déjà ici dans la Maison du Père.

Vous, de la Terre, soyez avec nous bien unis car, *bientôt*, la famille sera réunie au complet parce qu'entre le Ciel et la Terre *il n'y aura plus de frontière* et tous seront semblables. Je suis heureux, dis-le leur, de recevoir leur Prière et leurs demandes car moi aussi, je peux vous aider dans ma Prière sacerdotale.

1: Le Père Jean Mortaigne est décédé en Guinée le 28 Août 1993; il y avait été envoyé le mois précédent pour participer à la construction d'une église. Le Père Jean, alors qu'il vivait dans son ermitage des Hautes Alpes, avait élevé une Croix de 6 mètres de haut sur un sommet de 1465 m. d'altitude (le Bonnet Rouge, Commune de l'Épine) pour témoigner de sa foi dans le Message du Christ à Dozulé. Le Père Jean avait tenu à exposer cela dans le premier volume de "Témoins de la Croix" ("Messages de Vie", p. 315-317). Le 30 Août 1993, "JNSR" avait ressenti la présence du Père Jean qui lui a dit sa joie de voir Notre Seigneur et de plus: "*J'ai senti pour la première fois Sa main qui prenait la mienne et cela était merveilleux... Puis nous avons marché ensemble jusqu'à MARIE entourée de Prêtres qui m'étaient connus par le passé et certains, inconnus; il y avait les miens et les amis déjà partis pour le Royaume de Dieu; et surtout j'ai vu la petite Sainte à côté de MARIE.*" Et "JNSR" ajoute: "Là, j'ai su tout de suite qu'il avait vu Sainte Thérèse de l'Enfant JÉSUS". Voir "Témoins de la Croix", (Vol 2 "Hymne à Mon Église", p. 4 et 5). Les deux Pères, Jean et Emmanuel, étaient de la même Communauté St Jean.

Je suis toujours Prêtre avec JÉSUS, et MARIE est à nos côtés pour recevoir nos prières et vous bénir à chacune *de nos Messes au Ciel;* je suis Prêtre pour l'Éternité.

A la Communauté, je lui demande de ne jamais oublier de célébrer très solennellement la Fête de la Sainte Croix Glorieuse. *S'ils avaient écouté,* tous ceux qui ont entendu de près ou de loin le Message de la Croix, *Dieu aurait déjà donné la Paix à votre Monde.`*

La Croix sauve! Tu fais bien de le dire avec force et courage et, surtout, en leur montrant que Dieu n'est pas avare de Croix; *Il les veut de partout*; Il les désire comme on désire voir grandir son enfant. Puisqu'ils ne l'ont pas faite élever, comme Dieu *le leur demandait,* elles doivent s'étendre sur toute la Terre *comme un appel de désespoir crié* par les hommes vers leur Dieu de Miséricorde. *Ils n'ont point obéi,* mais tu dois leur dire que c'est Dieu qui le veut ainsi à présent; *alors évitez le pire* en les construisant vous-mêmes, et vite, au centième. Chaque bras: 1m.23 et la hauteur: 7m.38.

Ma soeur, te dire *quand* JÉSUS reviendra sur notre Terre, Seul Dieu le Père le sait; ce que je peux te dire et te certifier, c'est qu'Il reviendra *bientôt* car, ici, se prépare ce grand Événement.

L'Église devrait vous l'annoncer, comme elle annonce à Noël la Naissance de JÉSUS; car c'est elle qui devrait vous annoncer Son Retour en Gloire.

Oui, tu le sais bien que Marie-Madeleine est *avec vous*, car elle est la plus grande Sainte de France après Notre Mère chérie, la tendre Mère de Dieu.

Moi je te le dis, que je serai près de toi *à ma Messe*, parce que c'est moi qui te l'ai demandée avec vous tous unis; Dozulé, c'est la terre de la Réconciliation des hommes avec Dieu. Je te le promets, je serai toujours avec vous en ce Lieu béni et sacré par Dieu.

Je te bénis †
Je vous bénis †
Votre frère, Jean de la Croix Glorieuse
Amen
†
† †

le lendemain, 26 Août 1996

"JNSR": *"Dans l'auto pendant le voyage de retour vers Grenoble j'entends le Père Jean:*

- "Et ajoute que chaque endroit où la Croix de 7 m.38 sera construite, et où sera dite la Prière quotidienne de Dozulé, ce lieu sera protégé de tout cataclysme. Cela vient de JÉSUS; Amen."

- *"Ce lieu concerne-t-il seulement une maison, un champ ou un mont? J'ai compris:* une communauté entière, *donc un village ou une ville* [1]. *J'ai alors demandé à Dieu un signe: comme nous passions vers* Luz-la-Croix-Haute, *vers le col 3 panneaux à la suite portaient ce nom de Lumière."*

"Ce matin à la Messe, j'entends:

*"*A la place restée libre à côté de toi à l'église de Notre Dame de la Paix pendant la Messe, j'étais là, à côté des jeunes de notre Communauté Saint Jean.

Ces Croix demandées par JÉSUS vont protéger le Monde. Tous les Prêtres qui sont au Ciel vont vous aider; Dieu m'a donné la Grâce de les réunir, Grâce bénie par la Mère de Dieu.

Dieu vous a réunis, vous tous qui étiez là présents à cette Messe du 25 Août. Avec ce Message Divin, vous êtes désignés pour mener à bien ce grand Projet de Dieu. D'autres vous suivront dans l'Amour et la Paix de Dieu.

Le serviteur de Dieu est avec vous,

votre frère Jean,

le bienheureux Prêtre de la Croix Glorieuse

élevée pour Dieu entre Montmorin et les Cieux,

Amen.

†
† †

---

1 : Le 5.XII.1967 en Belgique, JÉSUS dicte à Marguerite (des Petites Âmes): *"J'ai dit et Je redis: Mes petites âmes peuvent **sauver** le Monde. Formez des îlôts de sainteté partout! Quelques âmes saintes,* dans une paroisse, *peuvent sauver une paroisse. Plusieurs paroisses possédant des âmes saintes, peuvent sauver un Pays".*

Or, dit JÉSUS, *"la sainteté est Amour."* Et qui aime adore, vénère, croit, prie, espère et obéit en confiance et avec courage, dans la certitude que *"Dieu est infiniment Bon et qu'Il ne peut ni Se tromper, ni nous tromper"* (comme nous l'apprenions au Catéchisme de notre enfance).

Récit de notre journée à Montmorin

26 Août 1996

"C'est en la fête de Saint Louis, le lundi 25 Août, qu'une Messe anniversaire est célébrée à la mémoire des deux pères de Montmorin dans les Hautes Alpes: le père Emmanuel de Floris et le père Jean décédé en Guinée, en mission. Cette belle Messe est célébrée par le père Stéphane-Marie de la Communauté Saint Jean, dans l'adorable petite église de Chabannes.

Cette église a été construite par le père Emmanuel et le père Jean. L'homélie a été superbe: le père Stéphane-Marie a honoré la mémoire des deux pères fondateurs de ce lieu, "le Désert de Montmorin", où chacun d'eux a donné sa vie; le père Emmanuel repose juste à côté de son église et le père Jean, décédé en Guinée et qui repose en terre d'Afrique, a une plaque commémorative reliée à celle du père Emmanuel. Tous leurs amis ont tenu à leur offrir une plaque à leurs noms, ciselée d'or; et surtout une Croix enlacée d'une rose dorée en souvenir de la mission que le père Jean avait assumée: faire connaître la Croix Glorieuse et la porter. *Il l'a portée jusqu'en Guinée; comme le grain tombé en terre, son corps est resté dans ce pays lointain où il était aimé de tous ses frères. Et où il continue à donner beaucoup de fruits.*

Ce 25 Août, je me suis trouvée à cette Messe au premier banc sur la droite devant l'autel; à ma droite était assise une jeune Dame de notre groupe de Prière; la place à ma gauche était vide mais, à côté, une quinzaine de futurs Prêtres, déjà en habit gris de la Communauté Saint Jean, priaient à genoux et pendant toute la Sainte Messe, restaient en adoration, parfois le front au sol. Quelle joie de voir, déjà là, la future Église renouvelée, *priante et silencieuse en adoration devant Dieu. Les Religieuses étaient en habit gris ou bleu clair, toutes sur le côté gauche aux premiers rangs.*

L'homélie, toute consacrée au Saint-Père, était bouleversante; oui, il faut prier beaucoup pour le Chef de l'Église; il est persécuté et, à travers lui, c'est l'Église qui est persécutée. Le Malin se déchaîne et entraîne à sa suite beaucoup d'âmes qui vont jusqu'à renoncer à leur Baptême...

Quel blasphème contre Dieu! C'est l'apostasie partout. le Saint-Père est le garant de la Vérité de Dieu; suivons-le sans hésitation.

Dans cette église de Notre Dame de la Paix, nous avons tous communié sous les deux Espèces, des mains-mêmes du Prêtre et à la bouche; MARANA THA! Viens, Seigneur JÉSUS!

Ensuite la plaque a été bénite: elle a été là, à côté du Prêtre tout au long de la Messe; puis François, de Montpellier, l'a portée sur la tombe, entre deux bouquets de glaïeuls rouges; merci à lui car elle est bien lourde. Nous n'étions plus que cinq personnes à prier devant la tombe après la pose de la plaque de marbre qui porte l'inscription: "de la part de tous vos amis de la Croix Glorieuse". Oui, Dieu a voulu dire, par les pères Emmanuel et Jean:

"Vous êtes Mes amis si vous faites ce que Je vous commande".

Devant la tombe, Yvette a lu le Message que le père Jean m'avait donné la veille; c'était le troisième Message que Notre Seigneur autorisait au père Jean. Le premier est celui que m'avait donné le père Jean moins de deux jours après sa mort en Guinée.

Le deuxième Message est celui où, de la part de Dieu, le père Jean demandait que "la Provence" *se rende à la Sainte Baume* [2] *pour recevoir, par les mains du Prêtre, la Bénédiction de Sainte Marie-Madeleine qui accompagnerait ces deux groupes de Pèlerins de Montpellier et d'Aix-en-Provence pour former en leur coeur les dévoués organisateurs des pèlerinages de la Sainte Croix Glorieuse.*

Marie-Madeleine, l'apôtre du Christianisme en France, envoyait les Chrétiens, et les autres, vers la Croix qui sauve, cette Croix que le Seigneur a montrée à la seconde Madeleine, Aumont Madeleine de la Croix Glorieuse sur le Haut Mont *de Dozulé.*

Le troisième Message du père Jean est celui des pages qui précèdent et donné le 24 Août au soir avant de nous rendre à la Messe anniversaire du 25 Août, Il m'avait dit: "Je serai près de toi" *et la place à côté de moi, restée vide dans ma rangée à l'église, était bien pour lui, entre ses jeunes futurs Prêtres et moi.*

A la lecture du Message devant la tombe, une fleur fraîche s'est détachée de la tige du glaïeul rouge et s'est posée sur le nom du père Jean Mortaigne.

Dans l'instant, j'ai ressenti l'impulsion de retenir la date du 15 Septembre (liturgie de la Croix Glorieuse) pour une Messe en l'honneur de la Croix Glorieuse; le père Stéphane-Marie a accepté de la célébrer; mais Yvette m'a fait remarquer: "tu aurais dû ajouter que c'est le père Jean qui le demande à sa Communauté (*"A ma Communauté, je lui demande de ne jamais oublier de célébrer très solennellement la Fête de la Sainte Croix Glorieuse"*).

---

2 : "Témoins de la Croix", vol.3: "Voici Ma Mère, faites tout ce qu'Elle vous dira", p. 34.

Je suis le Veilleur
****

28 Août 1996 - Fête de St Augustin

JÉSUS: "Je t'ai tout mis en place, tu n'as qu'à avancer. N'aie
******* crainte, tout se fera comme Je le désire. Oui, vous l'avez
pressenti, Ma Sainte Mère vous accompagne partout, car il est
nécessaire de Me faire, *vite,* connaître et aimer.

Chaque Croix placée est un gain de vitesse.[1]

La place est occupée par Dieu; rien de mauvais ne pourra
s'installer là. Je veillerai à ce que vous suiviez bien Mon Plan de Salut
afin de protéger les plus petits, ceux qui n'ont pas voulu Me croire
jusqu'à présent. Chaque Croix sera plantée comme une sentinelle qui
veille sur vous, car la cité où sera édifiée Ma Croix sera sous Ma
Protection et Je garderai de très près ceux qui vont encore hésiter à
Me suivre, car il faut *vite* se décider.

Priez, à chacune de Mes Croix, avec Amour et certitude que Je
suis là, la Prière quotidienne de Dozulé tous les jours, à chaque Croix.
Les bras, disposés de l'Est à l'Ouest, vous enserreront dans Ma
Miséricorde. Mes Croix se dresseront du sol jusqu'aux Cieux,
partout, formant un barrage: elles s'opposeront au Mal.

Vivez *près de Moi.* Il est Temps de Me laisser une grande place en
vos coeurs, comme dans vos villes et vos campagnes. *Je suis le
Veilleur* qui veille sur vos vies et sur votre Terre. *Je ne veux plus* de
révolte, ni entre les hommes, ni contre Dieu, ni contre Ma Terre.

Tout doit être dans la Paix. Vivez dans Ma Paix.

Et chaque jour qui se lèvera sera une Sainte Bénédiction de Dieu,
sur la Terre des hommes, pour tous les enfants de Dieu.

L'Éternel vous accompagne. Amen.

Mes Croix sont le rempart contre le Mal. Elles seront bénites par
le saint-Prêtre qui comprendra quelle est la Force de la Croix; il aura,
lui aussi, la Force de Dieu. Elles formeront *les portes* qui fermeront
vos villes, vos campagnes, vous abritant ainsi de la Tempête qui
sévira au dehors.

Priez et convertissez-vous, *vite.* Le soir descend, *vite.*

Je vous bénis par Ma Croix qui sauve †

JÉSUS Sauveur du Monde, Amen.

† † †

---

(1) : *"Gain de vitesse":* la Prière de Dozulé, au pied des milliers de Croix d'Amour, hâtera
le Retour en Gloire du Christ sur la Terre.   A.F.

C'est la Résurrection
****

Vendredi 30 Août 1996 - Fête de St Fiacre

"JNSR":   *"Cette photo prise le 27 Mars 1996, lors du dernier cyclone à NOUMÉA, interroge chacun de nous. Et j'entends: "Pour vous, qui suis-Je?". Puis, dans la nuit du 30 Août, à 1h. du matin, je m'adresse à Notre JÉSUS:*

"Mon doux JÉSUS, que représente cette photo de Nouméa? Nous pensons à des Âmes du Purgatoire montant au Ciel. Merci Seigneur de nous renseigner."

JÉSUS: "Je suis la Résurrection et la Vie. Qui croit en Moi aura
*******   la Vie Éternelle.

Ma Sainte Croix Glorieuse, c'est JÉSUS Ressuscité, JÉSUS Glorieux. Ma Croix appelle toutes les âmes à la Résurrection. A la vue de Ma Croix, toutes les âmes Me reconnaissent. Je vous ai créés à Mon Image; vous avez, chacun, Ma Croix en vous; vous devenez des Croix *vivantes.*

Des milliers de Croix lumineuses sur la Terre,
élevées par l'homme!
Des milliers d'enfants vont accourir pour prier devant elles.

JÉSUS Ressuscité vient à vous, dans toutes ces Croix plantées en terre qui vont attirer toutes Mes âmes vivantes et les soulever; Mes âmes s'élèveront, soulevées par Ma Croix qui vous attire.

JÉSUS Crucifié vous dit:
"Lorsque Je fus élevé de terre, cloué sur Ma Croix
J'accomplissais la Rédemption du Monde."

JÉSUS Ressuscité vous dit:
"Lorsque Ma Croix Glorieuse sera élevée de Terre,
J'accomplirai, dans Ma Sainte Résurrection
la Résurrection finale de toutes Mes âmes revenues à Dieu
par Ma Croix de Gloire Éternelle. Amen.
Mes Croix de la Terre vont élever vers Moi
toutes Mes Croix vivantes."

La Croix de Nouméa a reçu tout Mon Amour.
Vous verrez les Merveilles de Dieu.
JÉSUS vient de vous parler.
Vous êtes Mes Croix vivantes. Amen.
Gardez en vous Mon Espérance. Amen.

†
† †

Devenez comme des petits enfants
****

Mardi 10 Septembre 1996
St Aubert

"JNSR":   *Seigneur! Pourquoi tant de persécutions venant de*
tous ceux qui m'ont dit: "Nous t'aimons" et qui me font
à présent volontairement du mal; et de ceux qui se montrent comme
des ennemis pour moi. Vont-ils me jeter à terre? Seigneur, entre
Tes mains je remets toutes choses."

JÉSUS: "Lève-toi; relève-toi d'où tu es tombée; ce n'est pas
*******   l'heure... Se laisser écraser par l'Ennemi, ce n'est pas ce
que Dieu vous demande. Je ne vous appelle pas à la mort, mais à la
Vie; et c'est de cela que Je veux vous parler ce soir.

Certains croient qu'il est héroïque de se laisser bafouer et ridi-
culiser par les païens, de se laisser frapper par les ennemis de Dieu qui
se disent supérieurs à vous parce qu'ils détiennent le pouvoir et qu'ils
ne veulent pas entendre parler de Dieu. Ils sont après vous jusqu'à ce
que, fatigués, vous déclarez "ne plus appartenir à Dieu" et vous ne
poursuivez plus la tâche que Je vous ai demandé d'accomplir.

Est-ce cela que vous appelez de l'héroïsme?
Est-ce cela la Sainte Volonté de Dieu?

Les Saints continuent *d'agir* dans le silence de la Foi. Les Saints
avancent sans tenir compte des sarcasmes de l'ennemi. Les Saints
offrent à Dieu tous leurs ennemis, car le Seigneur *hait* le péché mais
aime le pécheur et lui montrera comment il peut se sauver car il se
verra tel qu'il est: très laid dans son péché et là, il appellera Dieu à son
aide.

Je viens vous apprendre comment agir devant ce mur qui avance
vers vous jusqu'à vous écraser. C'est *le mur de la honte* qui s'avance
impitoyablement de partout pour vous faire tomber.

Je viens vous apprendre comment le contourner sans attendre
d'être murés. Le Pouvoir vous dira; "Suis-moi et je ferai de toi un roi
ou une reine". *L'Injustice et l'Argent* vous poursuivront parce que
vous ne voulez pas désobéir à Ma Sainte Loi ni offenser Dieu dans
Ses divins Commandements. Alors, se regimbant comme un serpent
prêt à se jeter sur sa proie, *l'Injustice* fondra sur vous en vous
fermant toutes les portes de la société actuelle, qu'elle soit politique,
sociale ou même ecclésiastique. Tout se fermera devant vous.

Alors *l'Argent* durcira leurs coeurs, comme ces meules de pierre à affûter les couteaux. Ils vous forceront à mendier votre pain et vous prendront jusqu'à vos maigres économies parce que Dieu vous parle, parce que Dieu vous choisit. Mais *rien* ne fera tomber Mes enfants car ils sont préservés par Mon Amour. Cet Amour que Dieu vous donne et qui fait votre force, cet Amour vous nourrit. Je suis *dans votre faiblesse*; n'ayez pas peur car leur supériorité est de courte durée.

Votre faiblesse deviendra Lumière de Dieu pour les païens.

Je laisserai agir Ma Force et Ma Justice sur tous ces *briseurs* des Lois de Dieu et sur tous ces hommes qui se disent supérieurs parce qu'ils ont une culture acquise des grands penseurs et philosophes des temps anciens et modernes; et sur tous ceux qui, à leur manière et selon leurs goûts, ont traduit les Écritures saintes en faisant de Ma Parole *une épée à double tranchant* entre leur esprit déformé par l'orgueil et leur coeur si peu disposé à pardonner.

Mais *Je ne vous laisserai pas tomber* dans leurs filets; car Je donnerai encore plus à celui qui a beaucoup reçu de Moi et J'enlèverai tout à ceux qui se sont servis à leur guise une mesure, à leur dimension, dans Ma Sainte Bible sans pour cela la *comprendre, la vivre et l'appliquer* d'abord pour eux-mêmes.

Qu'est-ce Ma Vérité pour vous qui cherchez à Me nuire en vous cachant derrière un savoir obtenu par des lectures et des réflexions puisées en ceux qui ont vécu avant vous en vrais Docteurs de Ma Loi. Êtes-vous capables de prendre non seulement leurs paroles qui sont Ma Parole de Vie, mais *de vivre* tous leurs actes accomplis dans l'obéissance et la Vérité de Ma Parole? Êtes-vous prêts à donner votre vie, *comme eux,* pour l'amour ardent de Ma Sainte Miséricorde et de Mon Amour Infini? Êtes-vous prêts à être jugés comme vous jugez vous-mêmes ceux que Dieu *a élevés jusqu'à Son Saint Coeur*?

Je vous le dis: en Vérité, beaucoup seront appelés et bien peu répondront à Mon Appel. Craignez plutôt que Dieu vous montre vos actes en plein jour; Ma Lumière, qui éclaire même les profondeurs les plus inaccessibles, en se découvrant devant vos yeux pénétrera votre esprit qui ne pourra pas soutenir l'éclat de Ma Sainte Justice.

Je ne veux pas que l'on touche à un seul cheveu
de la tête de ceux que J'ai choisis pour Me représenter
là où Je les envoie.

Que vous importe Mon choix! Je fais des Messagers de ceux qui, à vos yeux, sont des "obscurités" ou des "ignorants" du *grand savoir* des hommes. Moi, Je vous dis que vous aurez *beaucoup à apprendre d'eux* car ils vous apprendront *beaucoup* de Moi, votre Dieu. Je leur dirai d'aller vous dire ce que Je désire que *vous fassiez pour Moi* afin de redonner la Vie là où s'est installée déjà *la mort lente* de vos esprits. Il n'est plus temps d'arranger de vous-mêmes les plateaux de la balance *pour peser* Ma Vérité; acceptez-La telle qu'elle est; elle est *unique*; elle ne favorise jamais ceux-ci aux dépens de ceux-là.

Je vous l'apprendrai, *comme si J'étais devant vous,* lorsque Je vous enverrai un de ces *petits* que J'appelle en Mon Coeur afin d'écouter ce que vous n'êtes pas capables de comprendre sans aller chercher dans vos livres que vous ne savez pas lire.

Le temps qui fuit ne nous sépare pas, bien au contraire, il nous rapproche chaque jour et va bientôt vous mettre face à Ma Vérité. Je vous montrerai Ma Douceur et Mon Pardon, Mon Amour et Ma Miséricorde: devant tant de richesse irez-vous, encore, chercher "votre livre" pour savoir si c'est bien Moi que vous avez devant vos yeux?

Heureux les pauvres en esprit
le Royaume de Dieu est à eux!

Leur coeur leur suffit pour reconnaître Ma Sainte Présence. Je leur parle et ils reconnaissent Ma Parole à Ma Voix et Ma Voix à Ma Parole. Seul Dieu est aimé et adoré en leur coeur d'enfant; ils ne cherchent pas à Me plaire pour obtenir Ma faveur: Ma Vie sourit en leur coeur, ils n'ont besoin de rien d'autre, ils s'abandonnent à Moi. Voilà leur vraie richesse. Et rien de ce que vous avez acquis en lisant vos livres, ne peut remplacer ce que Je leur donne *en M'aimant!*

Ils sont *dans* Mon Amour instruits dans Ma Sainte Vérité et Ma Justice et ils ne craignent qu'une seule chose, c'est de ne plus faire Ma Volonté, contraints un jour par ceux qui prétendent avoir le droit de leur défendre de parler ou d'écrire, au Nom du Seigneur, tout ce que Je leur commande de faire, d'écrire ou de parler. Ils vous diront bientôt d'autres choses que Je leur demanderai de proclamer à la face du Monde.

Comment pouvez-vous leur faire confiance, direz-vous?

Je vous le dis: Je n'ouvrirai les yeux qu'à ceux qui *veulent* voir, Je déboucherai les oreilles des sourds qui *veulent* entendre.

Vous verrez s'accomplir tout ce que Je dirai par leur bouche; vous verrez s'accomplir *les Merveilles de Dieu* qui va mobiliser toutes *Mes* bonnes volontés de la Terre pour nettoyer avec Moi *l'aire à battre le grain.* Car la Moisson est prête; le grain va remplir Mon grenier, celui qui doit recevoir le bon grain. Les pailles folles seront rejetées; le vent les emportera. Quant à l'ivraie, cette plante inutile qui a su étouffer tant de beaux épis, Je lui dirai:

> *"J'ai relevé les épis et sauvé tant de grains chétifs mais toi, plante inutile, rampant parmi le bon grain, Je te désignerai de Mon doigt l'endroit où tu es appelée, de toute éternité, pour avoir voulu détruire Ma récolte. Oui, retire-toi de Ma Vue et va te jeter dans le feu qui ne s'éteindra jamais."*

Ma Voix vous appelle à sortir de vos tombeaux. Ma Parole vous appelle pour recevoir Ma Vie. Car Je ne suis pas venu pour détruire mais pour construire, avec vous, un Monde Nouveau. Je suis venu pour que vous ayez Ma Vie, la Vraie Vie en abondance.

Je ne suis pas dans les phrases écrites de main d'homme, Je *suis* la Parole vivante sortie de Dieu pour rencontrer les enfants du Père, le Père qui vous attend dans Sa Joie pour vous réunir et vous unir au Fils Unique de Dieu le Père, pour vous faire partager toutes ses richesses.

Aimez-vous, les uns, les autres.

Cherchez tous la vraie Vie en Dieu, seul Trésor inestimable auquel chaque homme de bonne volonté peut prétendre.

Dieu n'est pas dans les mathématiques ni dans aucun calcul, mais dans les coeurs de ceux qui ne comprennent qu'une seule chose: *c'est que personne ne peut vivre sans l'Amour de Dieu.* Alors, où irez-vous le chercher? Dans le seul endroit ignoré des savants et des docteurs de la Loi, préoccupés par leurs fastidieux calculs: *Je vis dans le coeur de ceux qui ne savent qu'aimer, sans calculs ni loi;* là, Je fais Ma Demeure; là, Je Me complais.

L'ignorant, le rejeté, le tout-petit, Mon petit enfant mal-aimé, possède la richesse qui ne périt jamais: *Mon merveilleux Amour.* Devenez comme des petits enfants!

Ton Dieu fidèle te parle ce soir pour tous ceux qui, comme toi, ont reçu, et vont recevoir bientôt, la Grâce des Grâces.

Ton JÉSUS d'Amour.

Gloire au Père, au Fils et au Saint-Esprit, † † † Amen.

Laissez passer Mon Jubilé
****

Mardi 17 Septembre 1996
Ste Hildegarde - St Robert Bellarmé

JÉSUS: "Mon enfant, si on te demande pourquoi *toutes* ces
******* Croix, pourquoi *tant* de Croix! tu leur diras:
"Mon Seigneur m'a dit que je dois vous transmettre
ce Message d'Amour afin que règne en ce Monde
le souvenir
du Rachat du Monde par JÉSUS-Christ."

La rançon en fut le prix de Sa Sainte Mort sur la Croix du Golgotha. Et, qu'en regardant la Lumière de Ma Sainte Croix Glorieuse, vous soyez guéris *du Serpent* qui, aujourd'hui, vous *mord* et *déchire* vos âmes; son venin est dissimulé en toutes choses d'apparence bonne et utile; ces choses, reconnaissez-le, elles flattent vos sens... Toutes ces tentations sournoises touchent les âmes fragiles, insouciantes, qui se détachent de Dieu et succombent aux sept péchés capitaux. Vous adorez trop de faux-dieux: l'Argent et le Pouvoir vous incitent à manger le fruit défendu de l'Arbre du Mal avec la même facilité que le firent vos premiers parents.

Vous serez guéris par la Lumière qui émane de la Croix *bénie* par Mon Prêtre. La Lumière sera comme *le Serpent d'airain* élevé par Moïse dans le désert; ce serpent combattit le maléfice, que le Serpent, Maître du Mal, inoculait dans les âmes désobéissantes à Dieu. Moïse reçut ainsi Ma Lumière: ce Peuple *à la tête dure* devait voir de ses yeux *la représentation* de leur Tentateur pour rejeter le venin qui était en eux.

JÉSUS Glorieux, c'est la Croix Glorieuse toute illuminée par la Lumière de Pâques; c'est le Ressuscité, le Rédempteur, *qui vient,* qui Se fait annoncer par Sa Croix illuminée de Sa Très Sainte Gloire. *Ma Croix*, demandée par JÉSUS Lui-même à Sa prophète Madeleine de Dozulé, fera disparaître *à jamais* le venin qui continue à souiller Ma Terre, ce venin qui est né de l'orgueil de l'homme qui s'est pris pour Dieu. Sa désobéissance, sa révolte contre Ma Sainte Loi, Mes Commandements divins, n'ont d'égale que la révolte-première de Mes Anges gouvernés par Lucifer...

L'homme, qui crie très fort qu'il n'a ni Dieu, ni maître.

L'homme, qui, aujourd'hui, détruit Mon Église en la désarticulant,
rejetant Mes membres les plus sacrés.

L'homme, qui doute de Ma Présence réelle dans le Saint Sacrement de l'Eucharistie.

L'homme, qui a remplacé Ma divine Parole par des mots d'homme, reniant ainsi le Verbe de Dieu.

L'homme, qui en pensée s'est déjà assis sur le Trône de Pierre; le Blasphémateur, coupable de la plus grande hérésie, est en train d'avancer Mon Heure et, ainsi, *il précipite la sienne vers le néant*.

J'envoie Mes petits enfants vers vous, Peuple de Dieu, pour que, unis entre vous,   vous M'annonciez
par des milliers de Croix illuminées
élevées en Mon Honneur
par tous ceux qui croient en Ma Sainte Parole
de Vie Éternelle de Gloire.

Je viens bientôt: réveillez-vous, allumez les flambeaux de Mon Retour Glorieux; soyez la Lumière qui annonce Ma Sainte Venue sur votre Terre. *Allumez Mes Croix d'Amour.* Seul l'Amour guérit les âmes et les corps. Je descends de Ma Sainte Montagne avec des milliers de Croix sur Mon Saint Coeur: *allumez-les.*

Mon Livre de Vie est dans Ma main droite; formez Mon Chemin de Lumière pour qu'avec Moi vous arriviez au Thabor:
votre Transfiguration est proche!

Nous sommes encore sur Mon Chemin de Croix; avec vous J'avance, prêts à toucher le Golgotha. Et puis Je vous ferai passer en un instant, en l'espace d'une seconde de votre horloge de la Terre, du Golgotha au Thabor. Portés comme des flocons de neige, dociles, légers, emportés par le vent qui souffle, guidés par Celui qui est Esprit, Feu et Lumière, vous passerez par la dernière porte qui vous reste à franchir:
la porte sacrée de Ma Croix Glorieuse.

Ce *tourbillon* d'Amour va vous aider à franchir la dernière porte, celle qui ouvre sur le Royaume tant attendu par Mes enfants chéris de Mon Sacré Coeur et de Ma Sainte Croix,
les enfants d'ABRAHAM et les enfants de MARIE,
tous unis par l'Amour Triomphant, l'Amour qui sauve.

Ne refusez pas Mon Appel; ne retardez pas plus votre décision de venir à Moi car, Je vous le dis en Vérité, même votre entêtement ne retardera pas la Venue de Mon Règne d'Amour.

Si vous refusez Mon invitation, beaucoup *de borgnes et de sourds* prendront votre place avant que vous réalisiez que vous venez de dédaigner la place que Je vous offrais à Mon Banquet Royal. Aujourd'hui J'attire votre attention, Je mets en éveil votre esprit par une lumière d'homme mais lorsque Moi, votre Dieu et Seigneur, Je ferai *apparaître Ma Croix dans le ciel*, Je vous le dis en vérité, il sera trop tard pour vous rappeler que Je vous ai appelés par Mon Message d'Amour Unique et Définitif, et que vous n'avez pas répondu.

Élevez *des milliers de Croix sur votre Terre*, elles seront *les Tentes* qui abritent Mes apôtres de tous les Temps. Ceci, Je le demande:

à Mes enfants de Mon Sacré Coeur,
à Mes fils et à Mes filles de Ma Sainte Croix,
aux enfants d'Abraham,
aux enfants de MARIE, Ma Très-Sainte Mère,

ils viennent de tous les pays du monde, attirés par Son Amour maternel; ils ont les mêmes droits et les mêmes devoirs que ceux qui M'ont toujours suivi, *car Ma Sainte Mère Me les donne guéris.*

Ma porte bénie et sacrée va s'ouvrir, les Temps arrivent à leur fin, Dieu décide qu'elle va s'ouvrir comme la Mer Rouge, pour laisser passer les enfants du Nouveau Royaume. JÉSUS revient. La Jérusalem Nouvelle est là. Chantez Ma Gloire.

Laissez passer Mon Jubilé,
c'est la Porte d'or qui s'ouvre devant la Parousie.

En passant cette porte vous ne serez plus dans ce Temps qui subit encore les tourments du Mal: il ne subsistera plus,

J'effacerai son souvenir de votre mémoire.

Vous entendrez la Voix de Mon Père qui vous dira très fort:

"Aujourd'hui, écoutez la Voix de Mon Fils Bien-Aimé. Il est l'Amour que Je vous donne pour traverser ce dernier Passage vers la Terre Promise, la Nouvelle Jérusalem.

Il vient vous ouvrir le Passage.
Il est la Pâque qui se mange à genoux,
le front baissé jusqu'à terre,

car Il est là, devant vous, tout illuminé de Sa Sainte Gloire, Son Visage resplendissant de Lumière; personne n'est digne de regarder Sa Sainte Face. Il est revêtu de la Gloire du Très-Haut car Lui seul a reçu de Son Père le Pouvoir d'ouvrir le Livre de Vie: de juger les Vivants et les Morts. Lui seul est digne de parler à Son Père au nom de tous et de chacun des enfants de la Terre.

"C'est pourquoi, dans Ma Miséricorde infinie, Je vous donne *Mon Fils Bien-Aimé.* Il est la Résurrection et la Vie, l'Amour qui transfigure ceux qui savent pardonner, ceux qui implorent leur Pardon, ceux qui aiment et ceux qui se laissent aimer."

Il est venu le Temps où J'appelle toutes Mes âmes à Me suivre; laissez tomber vos oripeaux, revêtez-vous de vos nouveaux habits nuptiaux; l'Époux vient vous transfigurer.

Venez à Moi, entrez dans Ma Lumière. Venez brûler au Feu de Mon Amour. Venez vous unir à Mon Père et votre Père qui vous attend pour vous serrer sur Son Coeur de Père et vous donner votre part d'héritage: au Royaume de Dieu Ses enfants sont rois.

Oui, tu seras avertie lorsque Je désirerai arrêter ce quatrième volume. Ce qui va arriver *ensuite*, vous le vivrez *en vous rappelant ce que Je vous ai donné en ces lignes*. L'enfant qui s'est égaré *une fois* dans la grande forêt ne recommencera plus cette erreur; il marquera les arbres avec un signe visible qui lui servira de repère; il ne s'égarera pas deux fois :

*lisez tout ce que Je vous **donne**,*
instruisez-vous par Ma Parole de Vie.

Tu n'écriras pas de livre pendant ce grand changement *où personne ne pourra se souvenir de cette évolution*.

Après, comme Jean, Je te ferai écrire ce que tu vas voir et vivre afin d'être, toi, le Témoin de Ma Vérité. (*"JNSR": "Je comprends que Dieu ravivera ma pensée"*). Il faut que les hommes, qui vivront ensuite, se rappellent que la génération précédente, par son manque de Foi et sa désobéissance à Dieu, *a déclenché un cataclysme général*.

Les Nations doivent se rappeler à jamais ce qu'il en fut.

Tu M'entendras pour écrire *ce livre futur*; J'éclairerai ta pensée. Celui qui te parle aujourd'hui encore pour terminer ce quatrième livre *qui s'achèvera bientôt*, te fera écrire une suite *après*. Dans ce présent livre, Je vous demande de vous tenir réveillés pour le grand Jour qui arrive. Mais le dernier, *qui ne sera pas un livre*, sera écrit *après* que vous ayez traversé ce Temps. Car Je dois laisser écrit ce que l'homme incrédule a déchaîné par son manque d'Amour, car son coeur sec et son âme endormie ne ressentaient plus *la caresse de Dieu*.

Ce dernier Témoignage sera préservé *pour les générations futures* afin qu'aucune Communauté ne succombe plus dans une détresse pareille par le manque d'Amour envers Dieu et envers vos frères.

Que la Sainteté règne de partout,
sur la Terre comme au Ciel. Amen.
Votre Dieu d'Amour et de Charité vous bénit †
GLORIA IN EXCELCIS DEO !
Gloire au Christ, Parole Éternelle du Dieu Vivant.
Amen
† † †

Mes Croix dans le monde entier
****

Mardi 24 Septembre 1996

"JNSR":   *"Parlez-moi, Seigneur! Dites-moi ce que je dois faire dans l'immédiat et pour tous mes frères. S'il Vous plaît, Seigneur, parlez-moi. Certains doutent que Vous m'aviez demandé de dire que vous voulez des milliers de Croix."*

JÉSUS: "Ce que tu entends au fond de ton coeur, c'est bien
*******   Ma voix. Souviens-toi que Je ne te laisserais pas écrire tout ceci si cela pouvait venir d'ailleurs, ou même de toi.

Je te parle afin que se réalise Mon Plan de Salut parce que Dieu ne veut pas vous laisser sans Son soutien; et *vous devez M'obéir* si vous voulez que J'agisse encore pour vous venir en aide.

Tout arrive mais, comme les digues arrêtent les flots furieux, Je viens vous apprendre à endiguer la *furie qui arrive.* Elle sera *moindre* grâce à tout ce que Je vous donne pour traverser ces Temps qui doivent finir assez vite.

Dis à tous tes frères que ceci ne peut venir de toi, que si Je Me sers de toi, c'est parce que *Je veux* qu'il en soit ainsi; toi-même, tu n'y es pour rien; Dieu choisit, et Son choix, aujourd'hui, c'est toi pour donner ceci à tous et chacun. Ne raisonne pas, obéis-Moi.

Va, Mon enfant; *Je vous ai demandé Ma Croix partout* mais Ma main va guider le choix du lieu et le choix de celui qui aura *l'honneur* d'exécuter chacune d'elles. Ce sont Mes enfants, pieux, obéissants et disponibles en tout ce que Je leur demanderai d'accomplir *pour Ma Gloire* et *pour vous sauver du pire.*

Des Prêtres, nombreux, vont te croire et comprendre que Je les forme dès à présent à venir se joindre à Mon Peuple *qui est déjà en marche.* Ils viendront, comme des papillons, sur les fleurs de Mon Jardin de Croix, se reposer aussi de leur long pèlerinage; car là, ils verront *l'utilité et l'urgence* qui donnent le repos à leur âme si peinée de voir la désobéissance à Dieu partout.

Réparez par Mes Croix ce manque de foi et d'Amour pour Dieu.

Réparez à travers votre Pays et à travers tous les Pays.

Qu'ils prennent, eux aussi, ce projet à coeur. Dans le désert on trouve toujours de l'eau si on sonde bien l'épaisseur du sable.

Mon enfant, Je suis avec toi. Répands Ma Parole de Grâce sur le Monde entier. Ce qui n'a pu se faire là où Je l'ai demandé *(à Dozulé)* se fera plus tard.

Aujourd'hui, ceci est *urgent*; demande partout de l'aide et crie-le sur les toits. Dozulé, c'est encore ceci: ce manque d'eau, ce manque de Foi. Répare vite ce qui s'est écroulé et Je reviendrai dans ce Bassin vide [1]. La désobéissance est générale en votre Terre qui se dessèche bien vite de partout car l'homme veut prendre la place de Dieu. Oui, marche pour Moi et crie partout que Dieu ne doit pas rester dans l'ombre, mais Dieu doit régner dans la Lumière de tous vos coeurs à l'écoute du Mien. Marche où Je te guiderai.

Il n'est plus temps de dormir, car le Mal avance et là où il avance, il règne et s'installe. Vous devez conquérir votre Royaume de Gloire avec la Bannière de Dieu, la Croix et le Rosaire. *Ceci est pour tous.* Dans chaque coeur qui viendra à Mon Appel, Je broderai en lui Nos deux Saints Coeurs Unis: MARIE, la Reine de Gloire de Mon Royaume Éternel et JÉSUS votre Sauveur et votre Roi et votre Dieu.

Vous deviendrez *Mes Bannières* qui se planteront en chaque lieu conquis par Ma Croix. *Je Me souviendrai de vos noms.*

Va, communique immédiatement ceci. Je vous le demande *humblement* car le Temps Nouveau ne peut s'ouvrir que par Ma Croix et, aujourd'hui, *elle doit se multiplier de partout* comme le Pain qu'on doit distribuer à l'immense foule qui attend sans même se douter que *Je suis* le pain de la Croix qui sauve.

Va, donne-toi entièrement et Mon Coeur pourra se reposer.

Car ceci *est urgent* et te dire que Je Me repose, c'est te dire *que le Message sera compris*. Merci à toi, enfant, de ce labeur que Je te charge d'accomplir. N'aie crainte: le fardeau, vous allez tous le porter ensemble et Mon joug est si doux que vous allez tous bénir Mon travail, car le fruit de celui-ci, vous allez le partager avec Dieu Lui-même.

Je vous bénis †

Je vous aime, petits enfants de Ma Sainte Croix
d'Amour et de Pardon Glorieux.

Amen

JÉSUS est là †
Bénis, ô mon âme, le choix de Dieu †
Amen †
†
† †

---

[1] : Le Pèlerinage international de Septembre 1996 à Dozulé a trouvé le Bassin de Purification vide d'eau.

MARIE devant la Croix d'Amour
****

Samedi 28 Septembre 1996

"JNSR": "Sainte Vierge MARIE, aidez-moi! Les hommes rejettent le Message divin de votre Fils Bien-Aimé, ils rejettent Son plan divin en refusant d'élever ces Croix de 7m,38. Que dois-je faire? Ils ne veulent pas m'écouter..."

MARIE: "Ma fille, ne pleure pas car J'ai versé plus de larmes
******* que vous tous ensemble, Mes enfants chéris, avez pu en verser; et toujours par ce manque d'Amour, ce manque de Foi sur toute votre Terre. "Mon Coeur de Mère vient d'entrer dans celui de cette enfant qui va écrire pour vous tous; Je l'ai appelée ce matin."

"Pasteurs, Évêques, fidèles, tous luttent contre le surnaturel saint et adorable que Dieu dévoile aujourd'hui à Ses plus petits, pour tous Ses enfants à l'écoute. Je suis votre Mère et, tu le vois toi-même, ceux qui M'acclament et Me vénèrent aujourd'hui, ne savent pas pourquoi Je suis venue à eux. JÉSUS, votre Dieu d'Amour, M'a envoyée vers vous pour vous apprendre à aimer votre Dieu de tout votre coeur et aimer vos frères sans les juger.
En M'aimant, vous aimez JÉSUS.

Mon Coeur maternel ne peut se satisfaire de l'Amour que vous Me portez si vous oubliez que cet Amour vient de Dieu que vous devez aimer en premier et L'adorer. Je viens vous apprendre aussi à devenir meilleurs. Je viens sur cette Terre *pour vous apporter le Dernier Évangile*, celui de la Mère qui implore tous Ses enfants d'écouter la Très Sainte Trinité qui veut déverser Son Amour infini *sur toute* votre Terre. L'Amour *veut* vous sauver. L'Amour *vient* vous sauver. Écoutez Dieu! Dieu M'a envoyée sur votre Terre pour vous réveiller. Il est temps de comprendre *que vous êtes en danger*. Je viens, Je Me place à vos côtés; avec vous J'implore la Miséricorde du Père pour tous Ses enfants; vous êtes *Mes* enfants et Je demande votre Pardon à notre Père des Cieux qui demande le *Repentir Mondial et plus de prières sincères*.

Mais les oreilles de la Terre sont encore fermées à la Voix de Dieu...Je suis *le pont* entre le Ciel et la Terre. Par Moi, Dieu vient à vous pour Se faire aimer. L'Amour *sauve*. Je garde sous Mon manteau protecteur les Brebis obéissantes qui ne s'éloignent pas vers d'autres pâturages et qui reconnaissent la Voix du Bon Pasteur. Je suis la Fille Bien-Aimée du Père, envoyée par Sa Divine Majesté pour vous rappeler que Son Divin Fils vous a donné Sa Vie sur Sa Croix d'Amour et qu'aujourd'hui *il se fait tard!* Vous devez regarder ce qui est *toujours présent* dans la Pensée du Père Éternel:

"Son Enfant Unique est mort dans d'horribles souffrances d'Amour pour la guérison de toutes vos plaies de l'âme et du corps!"

Il est mort, le Fils de l'Homme, sauvant l'Humanité entière et rendant Gloire à Son Père Très-Aimé; cloué, *par vous,* sans vous résister; cloué, *pour vous,* faisant rejaillir sur vous la Grâce de Ses souffrances: *Son Éternelle Miséricorde* qui vous ouvre en grand la Porte de la Vie Éternelle *si vous voulez encore* de Son Amour qui sauve, en reconnaissant le Don de Dieu. Sa tendresse est si grande que Moi, Sa tendre Mère au pied de la Croix sanglante, Je vis Ses lèvres merveilleuses s'entrouvrir pour laisser passer Ses dernières Paroles qui étaient encore pour vous: Je L'entendis implorer le Père d'accepter Son Pardon pour tous ceux qui, dans les Temps passés, présents et à venir, ne comprendraient pas cette Offrande d'Amour, si grande et unique, à cause de leur humanité indifférente et orgueilleuse. "Père, pardonne-leur, ils ne savent pas ce qu'ils font!"

Ô Mes fils, écoutez-Moi, écoutez votre Mère. Au pied de Sa Sainte Croix Je vécus Son Agonie en Mon Coeur transpercé par l'épée de la douleur et Je reçus Son Amour en Mon Coeur de Mère: cet Amour était *entier;* J'ouvris Mon Coeur en grand et là JÉSUS fit de Moi *la Mère de l'Église et la Mère des Hommes.*

Cet Amour infini déborda de Mon Coeur maternel et se répandit aussitôt comme un voile léger qui s'étire à perte de vue, recouvrant la Terre entière. N'oubliez jamais ...

que l'Amour que Je porte en Mon Coeur,
que l'Amour que Je vous donne,
est l'Amour de JÉSUS!

Mon Doux Agneau remit Son Esprit dans l'Esprit du Père: *"Père, entre Tes mains, Je remets Mon Esprit".* Je reçus Son Corps *Immaculé* descendu de la Croix. Sur Mon Coeur maternel Sa tête adorable se posa. Mon Coeur avait arrêté ses battements depuis l'instant où Je reçus Son Corps adorable: *J'attendis Son dernier soupir.* Même si vous n'avez jamais entendu dire cela, *ne cherchez pas.* Même si la lance transperça Son Divin Sacré Coeur, *ne cherchez pas.* Personne ne peut enlever de Sa bouche sacrée ce qu'Il Me réservait: *ce soupir, son dernier* que Je reçus dans ma bouche et qui redonna la vie à Mon Coeur arrêté par la souffrance vécue en tout Mon être qui avait accepté la Passion invisible de Mon Divin Fils.

Invisible à l'oeil, Mon âme toute entière était une plaie
recouverte par les blessures que les hommes
avaient infligées à Mon Enfant Adorable.

Comme Je refermais Ses Plaies avec mes mains pendant que Son Corps Immaculé était entre mes bras, Il referma Mes stigmates d'Amour au contact de ses Divines Plaies. "Son Corps était glacé" Me direz-vous? Non! Le mien l'était encore plus... Vos yeux ne peuvent pas voir ce Miracle d'Amour. Vos oreilles qui M'entendent aujourd'hui *vont encore le rejeter* lorsque Je vous dirai ceci:

"Au moment où Je reçus le Corps sacré de Mon Enfant Chéri, au même moment où Mon Coeur s'arrêta de battre, Dieu le Père unissait le Saint Coeur de Sa Fille Bien-Aimée au Divin Sacré Coeur de Son Fils Unique pour n'en faire qu'UN et là, Mon Coeur se remit à battre par le Divin Soupir de Mon Fils Bien-Aimé.

Nos deux Coeurs Unis sont passés par la Mort en même temps pour recevoir la Vie Éternelle.
C'est le Père Éternel qui les unit pour l'Éternité."

Le Corps de Mon Enfant fut remis au Tombeau où Il est resté presque trois longs jours: les Écritures se sont accomplies. Mais à travers mes pleurs, *je vis*, et cette vision Me donna le courage d'attendre sans que ma peine m'ait jamais retiré ma Confiance, vivant dans l'Espérance pendant cette absence car Dieu Me combla: "Je vis Mon Fils comme un Flambeau d'Amour entrer dans le Sein de Son Père qui recevait Son Verbe pour S'unir avec l'Esprit et Ils ne formèrent qu'un Tout." Cette vision Me fut accordée avant la Résurrection. Je vécus ces *trois jours du Tombeau* dans l'Espérance. Vivez comme Moi ces *trois jours de Ténèbres* car JÉSUS viendra vous visiter et vous aurez l'Espérance pour vous soutenir.

Je viens aujourd'hui vous apporter la Confiance qui vous fait défaut, car la Parole de Mon Fils n'est pas encore acceptée. Ma fille, que te reste-t-il à faire? Parler de la Croix d'Amour car elle est celle du Vendredi-saint et celle de la Gloire de Sa Sainte Résurrection: elles n'en font qu'une. Ma fille, la même Croix est en toi, celle que tu vas porter jusqu'à ce que le Monde comprenne. Ce Message, *donné par JÉSUS pour éviter le pire,* est aussi mal compris que le Message Ultime et Définitif donné par Dieu à Son Église pour sauver le Monde qui est au bord du gouffre. Et pourtant, tout s'accomplit comme JÉSUS en a parlé *pendant six années consécutives à DOZULÉ.*

Regardez toutes ces catastrophes... JÉSUS vient encore vous aider à mieux comprendre *la Force d'Amour* de Sa Croix de 738 mètres, la hauteur du Mont de Sa souffrance.

Le Sauveur vous demande des Croix au centième *pour éviter le pire*. Allez-vous encore trouver à redire qu'elles vous impressionnent par leur hauteur? Vous arrêtez, *encore une fois*, la Main de Dieu *qui se tend vers vous*. Pauvre et misérable Humanité, jusqu'à quand iras-tu *juger ton Dieu?* Lis ce que dit St Luc:

"Malheur à vous, légistes, parce que vous avez enlevé la clé de la Science! Vous-mêmes n'êtes pas entrés, et ceux qui voulaient entrer, vous les avez empêchés!" **(11, 52)**

Ma fille, la clé, JÉSUS vous la donne. A vous de la prendre. Laisserez-vous encore pleurer votre Mère jusqu'à des larmes de sang? Je pleure devant votre manque de Foi et votre indifférence devant la Parole de Dieu.

Votre Mère qui vous appelle à ouvrir les yeux
devant la Miséricorde de Dieu.
MARIE devant la Croix d'Amour. Amen

†
† †

NOTA :   Inconnue jusqu'ici, cette information de MARIE nous apprenant qu'Elle a reçu de Son Fils *mort*, dès la Descente de Croix, Son *dernier soupir* qui remit en fonctionnement Son Coeur de Mère arrêté par le paroxysme de Sa Douleur, cette précision va poser problème à beaucoup.

Afin que la contestation ne se cristallise pas *ex abrupto*, il convient de se souvenir que la doctrine chrétienne, puis catholique, s'est enrichie au fil des siècles, sur ses fondements bibliques, par les Dogmes pontificaux, la plupart décrétés lors de Conciles, et par les écrits des Docteurs de l'Église; rappelons nous que le judaïsme pré-christique s'est interrogé sur le point de savoir si la femme avait une âme et qu'un lointain Concile a débattu de la question "du sexe des Anges"...

Cette information de MARIE arrive sans avertissement préalable. Ce n'est que dans Son Message du 6 Octobre suivant que JÉSUS nous prévient: *"C'est le dernier Évangile, celui de Ma Sainte Mère"* (p.168) d'où la question inquiète de "JNSR", le 8 Octobre, p.172: *"Sainte Vierge MARIE! Si je reçois de votre part des révélations qui ne sont pas encore connues, vont-ils me croire?"*. "JNSR" aurait dû écrire: *"vont-ils Vous croire?"*. Et la Mater Dolorosa ne la rassure qu'en lui disant "Sois obéissante et confiante"... Sur ce sujet à polémique, un Prêtre ami m'écrit:

> *"La Foi catholique considère que c'est la Blessure du Coeur de JÉSUS qui est source de Grâce, des Sacrements et de la première Pentecôte"..."Ainsi, replacer un souffle de vie terrestre dans le cadavre du Christ après Sa Blessure au Coeur, signerait une rature dans quelque chose d'essentiel à la Foi et à la pratique de l'Église".*

Mais si on écrit Souffle de Vie qui est synonyme d'Esprit de Vie, on peut comprendre ainsi *"ce dernier soupir"*. "Père, entre Tes mains Je remets Mon Esprit"... et la Divine Trinité *souffle* la Vie dans le Coeur brisé, le Coeur Douloureux et Immaculé de la Mater Dolorosa. Notons que le coup de lance était *"le coup de grâce"* au Condamné, pour éviter que Ses jambes soient brisées à la masse. "JÉSUS était déjà mort", aux yeux de Longin qui dit à Jean: "C'est mieux ainsi, comme à un Cavalier, et sans briser les os... c'était vraiment un Juste". (selon Maria Valtorta, T.9, p.299).

Comment Dieu peut abattre les montagnes
****

30 Septembre 1996
St Jérôme

JÉSUS: "Mon enfant, tout va se réaliser comme Je le demande
******* et non pas comme l'entendent les hommes.

Les hommes doivent construire Mes Croix, non pas par peur, mais par amour pour Moi, car ils ont rejeté le Message que Je suis venu apporter depuis bientôt 2000 ans. Je vous ai laissé le temps de la réflexion et Je M'aperçois que rien n'a changé: l'homme reste incrédule et désobéissant... Apprenez que Je suis doux et humble de Coeur; mais Mon Coeur est blessé par tant d'ingratitude.

Ceux qui M'ont suivi n'ont jamais eu le moindre sentiment de doute: J'ai parlé et ils M'ont obéi. Aujourd'hui, avec ceux vers qui Je M'avance, il en est de même: Mes petits M'entendent et Me croient. *Heureux* l'enfant qui croit sans Me voir, sans Me toucher.

Mais *bienheureuse* celle qui M'a vu et M'a touché [1], car elle est dans Mon Coeur comme un rayon de soleil qui vient après la pluie. Elle sera toujours en Moi *la consolation* des bouches et des oreilles qui se sont fermées à Mon Appel, car elle a parlé avec Ma Parole en elle et personne, parmi ceux qui ont été les témoins directs, ne l'a complètement approuvée. Ils se sont séparés d'elle parce qu'elle devenait trop *provocante* dans leur vie facile de tous les jours. Elle a bousculé leurs habitudes et leurs façons de vivre. Dans sa grande obéissance, elle M'a servi de tout son coeur. Pour elle J'ai appelé le Prêtre, qui a vécu Mes Apparitions à travers Ma fille Madeleine, à venir témoigner selon ce que lui-même a vécu et ressenti; dans sa liberté, il a parlé à la face du Monde et Je l'en remercie [2].

A toi Mon enfant Je M'adresse aujourd'hui pour revenir sur ce que J'ai demandé dans ce lieu béni et sacré par Dieu. Tout ce que tu as écrit dans ces trois livres successifs, et voici le suivant *qui prendra fin bientôt*, tout ce que Je t'ai dicté tu l'as reçu en ton coeur. Comme la pierre soulevée de Mon Tombeau, J'ai soulevé les pierres froides et glacées de tous ces coeurs fermés qui obstruent la porte de Mon Saint Coeur qui veut agir au plus vite dans ce Monde sans Dieu.

---

(1): il s'agit de Madeleine, de Dozulé.

(2): le Père Victor L'HORSET, Curé de Dozulé pendant les apparitions, qui a fait publier son livre: *"DOZULÉ, Récit du premier Témoin"*.

Mais *les Scribes et les Pharisiens* sont toujours là, gardant la porte qui doit s'ouvrir aujourd'hui; ils n'ont pas mis des soldats pour garder la pierre qui cache la Lumière; ils ne sont pas devant le Tombeau; mais ils sont devant tous les coeurs de Mes enfants, entravant toutes les énergies disponibles à Me servir sous leurs paroles de glace et leurs réflexions de malheur. *Leur jugement est faux* et ressemble au couperet que l'on fait tomber sur les coupables.

Vous, Mes enfants lumineux, ne craignez pas leurs couteaux; car la Parole de Dieu est une Épée tranchante et bientôt *ils ouvriront leur coeur* car ils comprendront avoir fait le mauvais choix.

Ne t'avance plus vers *ce mur* que Je t'ai décrit; *contourne-le.*

Ce mur est une masse où viennent se jeter *tous les murs* aujourd'hui. Ne le regardez pas de face car *il n'existe pas:* dans Ma Pensée, il est déjà détruit. Passez par le chemin étroit qui le contourne: *Je suis* dans ce chemin; vous êtes les voyageurs qui attendent le *Passage* du seul *véhicule* qui vous amène à Moi: c'est *le Vent de l'Esprit Saint* et Je vous montrerai *comment Dieu peut abattre les montagnes.*

Ayez la Foi qui sauve et tout s'accomplira. Je vous transporterai comme Je vous l'ai promis. Dans l'Humilité de Dieu, les plus grands sont Mes tout-petits, ceux qui Me font confiance et qui M'obéissent. Ensemble nous vaincrons. Gardez l'Espérance. Soyez charitables envers ceux qui luttent et refusent Ma Parole de Vie. Lorsque Je jugerai venu le moment de toucher leur coeur, ils deviendront eux-mêmes des ouvriers de Ma sainte Vigne: ils seront ceux de la Dernière Heure.

Priez le Maître de la Moisson *qui est en train de s'accomplir sous vos yeux* et, ensuite, nous vendangerons pour récolter le raisin juteux du Saint Sacrifice, *car la dernière Messe que J'officierai avec Mes Prêtres sur votre Terre,* sera avec le Pain et le Vin de tous Mes enfants réunis pour la Gloire de Dieu. Amen.

Rendez Grâces à Dieu pour la Parole qu'Il continue
à vous donner par mes Instruments de la Terre,
Amen.

†
† †

Dans un *Fiat* qui fera trembler la Terre
****

Jeudi 3 Octobre 1996

"JNSR": *"Seigneur! Ayez pitié de nous."*

JÉSUS: "Je ne t'oublie pas; Je suis toujours avec toi et Je n'ai
*******   pas envie que tu pleures. Écoute-Moi. Appelle près de
toi ceux qui te sont chers pour réaliser Mon Projet: chacun d'eux a
reçu, en son coeur, une partie de cette réalisation; les hommes, les
femmes, *choisis,* ont répondu tout de suite *Oui* car cela ne peut
venir de la Terre mais du Ciel.

C'est un Appel du Ciel *pour sauver la Terre* et redonner la Foi
dans l'Espérance et la Charité de tous ceux qui vont devenir *Mes
Ouvriers.* Leurs coeurs débordant d'Amour deviendront des exemples de la Tendresse de Dieu pour Ses enfants *qui sont encore
inactifs* dans ce Pèlerinage terrestre. Rien ne peut vous laisser
indifférents de ce que Dieu vous demande d'accomplir pour votre
propre délivrance avec l'Union à Dieu dans votre vie.
Entrez tous dans la Grande Marche!

Si Moïse a passé la Mer Rouge pour se diriger vers la Terre
Promise, il a accompli cette tâche dans la Volonté de Dieu: il a obéi à
Ma Parole qui vibrait en son coeur et ceci ne pouvait le tromper: sa
Foi devint vivante en lui, sa Foi agissait en lui et en Mon Peuple
puisqu'il avait Ma Force, Ma Puissance et Ma Sainte Volonté *dans*
sa propre volonté d'agir. *Tout vient dans l'obéissance* et Moïse fut
le modèle dans l'obéissance à Dieu, et tous le suivirent.

Tout s'ouvre dans l'obéissance à Dieu car c'est Dieu
qui agit alors. Plus rien ne peut venir de l'homme,
mais de Dieu Seul, uni à l'homme qui devient la tête et les membres
recevant la Sainte Volonté de Dieu.

C'est pourquoi Je vous dis: *"Écoutez-Moi!"* Nous avancerons
ensemble. Je vous guiderai. Devenez des Communautés d'Amour,
des *Ilôts de Grâce*, qui vont s'épanouir avec *le rayonnement de Ma
Croix*. Ne forcez pas la main de celui qui n'est pas encore ouvert à
ce Projet. Je lui laisse le temps de la réflexion et seul le coeur peut
recevoir *l'élan qui va le motiver*: dans Ma Sainte Vérité, l'action suit
et la main suit le coeur. Lorsque J'appelle, Je donne *tout* mais Je
laisse à chacun sa propre liberté.

MARIE: "JÉSUS vous donne Sa Grâce miséricordieuse en ces
*******   derniers Temps d'obscurité. Il désire ardemment que
cette divine Grâce passe par Mon Coeur de Mère. Il renouvelle
aujourd'hui Ses Paroles ardentes d'Amour: *"Femme, voici ton fils"* et
à Jean: *"Voici Ta Mère!"*.

En passant par JÉSUS vous êtes devenus Mes enfants, Mes fils. En passant *par vous*, Mes enfants chéris, JÉSUS vous demande aujourd'hui de Me regarder comme votre Mère et d'ouvrir la porte de votre coeur pour M'accueillir, comme Jean, de tout votre coeur innocent. Je préparerai en vos coeurs d'enfants *la Crèche* qui va accueillir le Sauveur et où Il désire Se reposer. Il veut *grandir* en vous. Il veut aimer et Se faire aimer. Dans la douceur, et par la douceur de Mon Coeur Immaculé, JÉSUS désire la *pureté* de votre coeur.

Aujourd'hui, la Vierge de Nazareth vient *vous* visiter. A tous vos visiteurs de marque, vous leur souhaitez la bienvenue par des bouquets de fleurs, des paroles chaleureuses d'accueil et des démonstrations grandioses: vous connaissez le *savoir-vivre* pour les habitants de la Terre; cette connaissance de *bienvenue* vous vous l'êtes transmise, c'est bien. Connaissez-vous celle que donne le Ciel à tous Ses enfants de la Terre? Sûrement... Mais vous êtes loin de l'appliquer: comment Nous recevez-vous!... Je vous le dis: aujourd'hui la Reine du Ciel vient encore visiter Ses enfants donnés par JÉSUS au pied de Sa Croix d'Amour. Vous ne Me voyez pas mais Je suis avec vous et Ma manifestation, invisible pour vous, dépasse en Grâces ce que les hommes, même les plus riches, peuvent apporter dans leurs bagages. Et pourtant, bien peu d'entre vous savent Me recevoir, M'accueillir et Me garder en leur coeur.

JÉSUS vient vous apprendre comment accueillir Celle qui, par Son *Fiat,* bouleversa, bouleverse encore et bouleversera le Monde entier, le Jour Glorieux où le Ciel et la Terre s'uniront pour l'Éternité *dans un Fiat qui fera trembler la Terre* avec tout ce qui l'environne.

Je suis la Médiatrice entre Dieu et les hommes,
entre l'homme et Dieu
JÉSUS M'a faite la Trésorière et l'Intendante de tous Ses Biens. Que pouvez-vous M'offrir qui ne vienne de Lui! Mon Dieu!

JÉSUS vous a demandé *des étoiles allumées pour MARIE,* une multitude de Croix formant la Rose que vous M'offrirez. Toutes ces Croix blanches et bleues vont naître de votre coeur.

Vous unirez vos biens et votre savoir et, lorsqu'elles sortiront de terre, elles seront *vos enfants nés de la Grande Croix de 738 mètres*; et Je serai leur Mère; et Je les bénirai, car elles vont représenter votre Amour pour Moi dans la Sainte obéissance de Dieu. Leur protection *sera grande* car c'est le Cadeau de Dieu et des enfants de Dieu à votre Mère, Mère du divin Amour.

Je vous bénis † Amen.

Le Règne de Dieu est parmi vous
****

Dimanche 6 Octobre 1996 - St Bruno

JÉSUS: "Coeurs contrits, écoutez-Moi: le Pardon de Dieu est
******* immense, plus grand encore que toutes vos fautes
puisqu'Il les recouvre de Son Pardon. Mais la Justice de Dieu est
parfaite et réclame aussi votre sincère repentir pour obtenir
l'absolution de vos fautes.

Si vous cherchez dans les Évangiles la réponse à tous vos maux
de la Terre, la Parole de Dieu vous guidera; mais si vous voulez
déraciner la mauvaise plante en tirant tout seul sur elle, pensez bien
que la moitié peut encore rester en terre. Soyez vigilants car le Mal
est tenace; priez Dieu de tout votre coeur; veillez et prenez garde
afin que le Mal ne répande pas ses racines. Dieu prévient *toujours*;
Dieu *guide*. Si l'homme veut agir seul, sans Dieu, le Mal qui le guette
peut encore se développer: priez Dieu d'intervenir.

Acceptez, avec le coeur plein d'allégresse, les mystères de Dieu
qui vous sont révélés aujourd'hui dans l'harmonie de vos coeurs unis
aux Saints Coeurs adorables de JÉSUS et de MARIE qui viennent
vous apprendre les grandes et belles choses qui vous ont été
cachées jusqu'à présent. En les apprenant, vous rentrez dans la
Sainte Vérité des Mystères d'Amour pour les vivre pleinement: *ne
jugez pas, de peur d'être jugés.*

Rendez Grâces à Dieu de S'unir à vous pour vous faire participer
à la vie cachée des plus grands Saints. JÉSUS et MARIE vont vous
expliquer beaucoup de choses saintes, bien des choses qui n'ont pas
été dites dans les Évangiles [1]. Toutes ces belles choses divines sont
restées enfermées dans le Coeur de MARIE: *c'est le Dernier
Évangile*, celui de Ma Sainte Mère, qui s'ouvre pour vous
aujourd'hui parce qu'Elle les a écrites avec Son Amour.

---

[1] : *"ne jugez pas"*, hâtivement, que ce serait *ajouter* aux Évangiles; ce qui n'y a pas été dit
explicitement a ses racines dans l'Évangile et a déjà émergé pour s'épanouir dans la vie de
l'Église.

Ainsi de tous les Dogmes décrétés par l'Église de 431 à 1562 en complément des 12
Dogmes fondamentaux issus du Credo des Apôtres. Ainsi du Dogme de l'Immaculée
Conception de MARIE qui a été promulgué en 1854, après avoir été annoncé par les
Apparitions de MARIE à Paris à partir de 1830 ("ô Marie, conçue sans péché, priez pour
nous qui avons recours à vous") et confirmé en 1858 par MARIE à Bernadette à Lourdes:
"Je suis l'Immaculée Conception").

Ainsi du Dogme de l'Assomption de MARIE en Corps et en Âme au Ciel, qui a été
promulgué en 1950 seulement. Et toujours en attente de promulgation, la fonction de
MARIE co-Rédemptrice, qui a fait l'objet d'un article de 1ère page de l'Osservatore Romano
du 7 Août 1984.

Ses *paroles scellées* sont celles de Sa vie cachée en Dieu. Elle vous en fera part car Je le Lui demande; ainsi tous Ses enfants comprendront mieux la *grande* Humilité de Ma douce Mère qui a recouvert ses Mystères pendant de si longs siècles. Car le Don de MARIE est aussi grand que la perfection de Son Offrande d'Amour *qui vient de Dieu*.

Voici Ma Mère. Elle ouvre le Règne de Dieu. Amen.

† † †   *En suivant:*

Les Saints Innocents
****

JÉSUS: "Tu Me demandes ce qu'il peut advenir des âmes des
*******   petits Innocents à qui on donne volontairement la mort
avant leur naissance sur Terre [1]. Je t'ai donné de voir *ce Massacre* en te donnant, en ton coeur, l'image de Mon Couronnement d'Épines. Je t'ai montré cette impression douloureuse de ce que les bourreaux firent de Mon Corps Sacré lorsqu'ils retournèrent toute la Croix sur Mon Corps afin de mieux accomplir leur horrible tâche: Face sanglante, torturée et grimaçante par la douleur des Épines qui continuaient à s'enfoncer dans Mon Chef Sacré. Ma Sainte Face ne vit plus le ciel, mais votre Terre pécheresse qui buvait déjà le Sang de Son Sauveur. Je t'ai montré Mon Visage douloureux jeté dans un caniveau et tu as entendu *"qui part vers l'égout"* [2]. Je *suis* dans leur innocence; comme si, en plus de la douleur reçue par les hommes, Je devais aller Me jeter dans les eaux sales et usées, puantes et répugnantes... A tous ceux qui accomplissent des actes *meurtriers* envers Mes petits Innocents, même ceux qui s'y unissent par la pensée, ceux qui les pratiquent, ceux qui les provoquent par leurs paroles, ceux qui les accomplissent en leur corps, tous ceux qui de près ou de loin donnent leur accord, Je vous le dis: devant un tel *Massacre,* vous qui restez insensibles à Ma douleur, n'attendez pas que Je vous relève de cet amas de boue que vous venez de fabriquer volontairement.

---

[1] : Plusieurs Lectrices de "Dieu EXISTE" (où se trouve exposée la révélation privée donnant le rituel du Baptême des bébés avor*tués*) ont été troublées par l'opinion *d'un* Prêtre déconseillant cet acte de réparation; elles ont prié pour savoir vraiment que faire et leur demande a été transmise à "JNSR". Et le Maître et Seigneur répond ici.

Ensuite JÉSUS dit comment, une fois cloué et ligotté au Bois de la Croix, celle-ci a été retournée pour tordre les Clous des mains, qui dépassaient des trous forés dans le bois (révélé à Marie d'Agreda, à Catherine Emmerich, à Maria Valtorta).

[2] : Dans un Message à don Gobbi, MARIE parle *des bébés à l'égout*. C'est ce que je disais au téléphone à "JNSR" alors qu'elle me décrivait la vision que le Seigneur lui donnait au même moment. Je venais de lui dire la demande des Lectrices (ci-dessus).

Non! N'attendez pas que vos actes impurs vous soient pardonnés sans subir la sentence juste et solide du Tribunal trois-fois Saint de Dieu, ainsi que l'accusation de vos innocentes *victimes*. Car, devant Dieu, vous serez plus nus qu'Adam et Ève rejetés du Paradis terrestre à cause de leur Faute. Vous *errerez pendant de longs siècles* avec ce remords qui deviendra votre propre bourreau; vous serez unis à tous les *Caïn* du monde, à tous les assassins qui continuent à expier leurs fautes dans *la Plaine des Expiations*.

Je reçus le Baptême dans les eaux du Jourdain. Celui qui Me baptisa me dit d'abord qu'il n'était pas digne de le faire, mais que c'est lui qui avait besoin d'être baptisé par Moi. Oui, Je vins vers Jean: *"C'est ainsi que doit s'accomplir toute Justice; dans l'obéissance à Dieu"*. Et l'Esprit de Dieu le confirma par la Voix venue des Cieux: *"Celui-ci est Mon Fils Bien-Aimé qui a toute Ma faveur"*.

Le Baptême de Jean était un Baptême de Repentir et ne peut remplacer celui qui vient de JÉSUS, Baptême dans l'Esprit-Saint et le Feu Purificateur dont Son Saint Coeur en est le brasier ardent.

Moi, JÉSUS, Je suis passé par le Baptême de l'Eau du Repentir; l'efficacité en est bien réelle et surtout depuis ce jour où le Père approuva, avec Son Fils, le témoignage d'Amour de Jean. L'eau fut sanctifiée par la Très-Sainte Trinité lorsqu'elle coula, le long de Mon Saint Corps, pour se joindre à toutes les eaux de la Terre en passant par le Jourdain.

Dans le Baptême, le premier des sept sacrements, vous devenez les Témoins du Christ Vivant car vous passez avec Moi par Ma Mort pour renaître à Ma Vie. *Témoins de Ma Sainte Croix,* vous la glorifiez par votre Baptême. Elle vous glorifiera dans la Sainte Gloire du Ressuscité qui revient pour juger les vivants et les morts. *Et Son Règne n'aura pas de fin.*

Mes Innocents *sont des assoiffés d'Amour.*

Comme le poisson ne peut pas vivre sans eau, le Chrétien ne peut pas vivre sans l'Eau Vive. La Faute originelle continue à couvrir ce Monde de révoltés. Les enfants morts-nés viennent d'abord en ce monde non purifiés, portant avec eux et en eux la Faute héritée de leurs parents. Avant d'aller à JÉSUS, ces petits Innocents doivent passer *par Jean*. Comme JÉSUS l'a dit: "Je viens à toi, Jean, car c'est ainsi que doit s'accomplir toute Justice".

JÉSUS, sans avoir besoin de ce Baptême de Repentir, n'ayant commis aucun péché, nous en a montré le chemin.

La faute peut venir de l'ignorance ou de l'indifférence de la mère; elle peut être volontaire; on peut l'avoir suggérée; *mais elle s'est accomplie.*

Bienheureux tous ceux qui réparent, par leur intervention, les ravages causés par les hommes sans Dieu *dans toutes ces petites âmes qui souffrent* pour le Pardon de leurs bourreaux *et attendent de voir Dieu.* Le bénéfice de tous ces Baptêmes couvre même les enfants qui meurent involontairement dans le sein de leur mère.

Moi, JÉSUS, J'ai donné *cette mission d'Amour*: venez laver les enfants innocents dans l'Eau bénite; venez Me les présenter, baptisés, par vous tous qui devenez *Jean le Baptiste*; ainsi Jean[1] les conduira vers l'Eau Vive qui les lavera complètement de la Faute Originelle. Cette même Eau Vive *sera gardée pour les bourreaux lorsqu'ils reviendront de leur grande Purification:* ils la recevront des mains-mêmes des saints Innocents; alors ils pourront jouir dans le Ciel du Pardon complet de Dieu et des saints Innocents.

Ce que vous accomplissez ici-bas au Nom du Seigneur pour tous ces petits Innocents, est un acte d'Amour *que Je complète* dans le Feu de Mon Amour.

Ne jugez pas ceux qui sont les instigateurs de cette *tuerie.* Dieu, Seul, peut lutter contre le principal ennemi de ce Mal qui se répand. Continuez simplement cette Prière de Repentir qui *délivre* les plus petits. *L'Eau Bénite devient, au Ciel, l'Eau Vive de Mon Baptême.*

Amen.

†

† †

1: Le rituel du Baptême des Innocents avortés, dicté par JÉSUS en Allemagne à une âme privilégiée ("Dieu EXISTE, p.503) indique les prénoms à donner dans tous les cas: MARIE, Joseph, **Jean** et celui du Saint fêté ce jour-là (car le jour où l'Église célèbre sa fête, ce Saint dispose de beaucoup de Grâces à accorder... si on les lui demande en Confiance)

Mater Dolorosa
****

Mardi 8 Octobre 1996
Ste Benoîte, Vierge et Martyre, † en 362

"JNSR" : *"Sainte Vierge MARIE! Si je reçois de votre part des révélations qui ne sont pas encore connues, vont-ils me croire?"*

MARIE: "Sois obéissante et confiante; écoute-les et médite-les
******* en ton coeur; elles sont pour toi, d'abord, comme le cadeau que fait une mère à son enfant; ensuite, partage-les avec tous tes frères, Mes enfants de la Terre.

Reste *petite.* Dieu a vu ton regard, celui de ton coeur; tu Le regardais avec ton âme émerveillée par Sa beauté et tu voulais réparer ce que d'autres ont cassé et détruit avec leur manque de Foi. JÉSUS a commencé à réparer, en toi, *le vase* qui devait contenir la Parole de Dieu; ce vase doit être sans imperfection, sinon la Parole n'est pas à son aise. Ma fille, pardonne à ceux qui ne savent pas pardonner; et aime pour ceux qui ne savent pas aimer.

Celui qui a entrepris *la longue Marche* depuis le début, a rencontré tous les obstacles et il a compris comment faire pour les éviter: *il a appelé Dieu* et il a trouvé *la Foi.*

Celui qui a pris cette Marche vers le milieu de sa vie, a été guidé par un plus ancien; il a suivi ses conseils et il a reçu *la Foi.*

Mais celui qui commence à marcher aujourd'hui, seul, ne désirant ni conseil ni aide de personne, se guidera par ce qu'il croit voir, ce qu'il entend, ce qu'il touche un peu partout... Ainsi sont Mes enfants de ce Temps trop matérialiste: ils avancent le jour à la lumière de leur propre connaissance, ils craignent d'avancer lorsque le jour s'efface et rend toutes choses confuses; ils craignent les obstacles et ne savent pas les contourner; alors ils y buttent et se perdent.

Ils n'ont pas demandé l'Aide de Dieu.

Ils n'ont pas voulu entendre les anciens.

Ils ont perdu la Foi.

A tout âge l'homme, qui ne veut pas l'Amitié de Dieu, se sert d'un *support:* sa jeunesse lui procure la force et la confiance en lui-même; là, il est au début de sa marche. Dans sa maturité, il sera soutenu par sa vaillance et son courage pour vaincre l'adversité. Il est au milieu de sa marche. Que lui restera-t-il, seul dans sa vieillesse? Il ressemble à cet enfant qui a commencé sa marche dans une grande confusion et il est perdu s'il n'appelle pas Dieu. La Foi, l'Espérance et la Charité vous sont nécessaires pour entreprendre depuis le début jusqu'à la fin la *grande Marche.* Demandez la Foi en Dieu!

Le jeune tendra la main à l'adulte et l'adulte au vieillard; cette immense chaîne d'Amour soutiendra toutes les générations, les soudant entre elles et au *support* de l'Amour Infini où la Miséricorde et la Paix de Dieu unissent vos mains, vos coeurs et vos esprits à Celui qui vous donne la Foi qui sauve,
   la Foi vivante qui vous soutient,
   la Foi, Don inestimable du Tout-Puissant,
   sans laquelle l'homme est aveugle, sourd et muet...

Heureux l'homme qui est soutenu par la gentillesse spontanée de sa mère. Plus heureuse encore est la femme qui est portée par l'Amour véritable de son fils.

Depuis l'Annonciation jusqu'au Golgotha J'ai été la douce Colombe immaculée qui volait autour de Mon Fils Bien-Aimé, silencieuse et effacée, prête à joindre mes mains dans la Prière. Ma Prière, qui s'adressait au Père d'Amour pour que s'accomplisse Sa Sainte Volonté dans tout mon être, cette Prière se terminait dans un silence profond: la Colombe arrêtait son vol; sa respiration s'unissait à celle de Son Fils Bien-Aimé: "*Père! Protège Ton Fils. Garde-Le. Protège-Le jusqu'à Son Heure. Ne Le laisse pas souffrir avant que s'accomplisse Ton dessein*".

Je regardais Mon tendre Enfant dans Son sommeil; la Colombe voulait adoucir Sa peine: Mon Enfant souffrait déjà pour ce Monde qui vivait sans connaître ni reconnaître Son Père des Cieux. Le Père d'Amour Me donna de partager le poids qui, déjà, s'abattait sur Ses frêles épaules. JÉSUS dormait à l'abri de mes ailes déployées sur Son Corps adorable. Le Saint Esprit vivait en Moi, comme Moi Je vivais en Lui: Nous devenions un abri pour protéger le sommeil de l'Enfant-Dieu dans sa plus tendre enfance.

La Colombe immaculée vivait dans l'Esprit du Père.

L'Esprit du Père était en Moi.

JÉSUS jouait comme tous les enfants; Il recherchait la tendresse de Son père, Joseph, qui Lui apprenait de belles choses. Le travail doit être pour l'homme une source de joie lorsqu'il est bien accompli pour servir l'homme qui est enfant de Dieu. JÉSUS Se servait de Ses mains, si douces à regarder, pour effectuer les petits travaux que Joseph Lui apprenait à faire; Il était heureux d'être utile à Son père Joseph.

JÉSUS regardait tout ce qui vivait autour de Lui: les hommes, les animaux, les plantes; Enfant, Il savait écouter les voix de ceux qui parlent et les voix de ceux qui se taisent. Ce ne sont pas toujours celles qui font le plus de bruit, qui méritent notre attention.

Il Se dirigeait vers ceux dont le regard *de misère*, le sourire de résignation, les larmes à demi essuyées par un rapide revers de main, étaient ces voix intérieures; ces voix qui se taisent, JÉSUS les entendait déjà.

Joseph partageait cette détresse avec son Enfant-Roi; pour répondre à tant d'appels silencieux, les heures du jour ne suffisaient plus et Joseph apportait, dans sa Prière pleine d'Humilité et d'Amour, un réconfort au divin Coeur de son petit JÉSUS qui supportait déjà la peine du pauvre.

Le Père Tout-Puissant nous permettait, à Joseph comme à Moi, Sa Fille Bien-Aimée, de prier la nuit pendant le sommeil de JÉSUS pour atténuer les souffrances d'Amour qui pénétraient dans le divin Coeur de notre Enfant Bien-Aimé. Oui, JÉSUS commençait à comprendre la souffrance *avant même de savoir marcher*, avant même d'avoir vu le jour sur votre Terre, sur Ma Terre.

Oui, pour tout cela, Je suis la Mater Dolorosa
du Fiat de l'Annonciation jusqu'au Fiat de la Sainte Croix.

Mais le Père Tout-Puissant ne permettait pas que JÉSUS entre déjà dans la souffrance totale du Monde depuis la Faute Originelle. Même si JÉSUS la voyait, le Père enveloppait Sa Sainte enfance d'un voile tenu par Ses Anges afin de limiter Sa douleur de cette vision. Aucun enfant de cet âge ne pouvait posséder la sensibilité de JÉSUS pour les affligés, les malades et les malheureux qu'Il voyait autour de Lui; Il était déjà *Amour et Compassion*.

"C'est JÉSUS, l'enfant de MARIE et Joseph", disaient les habitants de notre Pays. *"C'est le divin Sacré Coeur confié à MARIE Sa Sainte Mère et à Joseph, son père nourricier"* chantaient les Anges autour de la mangeoire qui contenait le Trésor du Monde.

L'enfance de JÉSUS fut protégée. MARIE et Joseph s'étaient unis dans la Prière adressée au Père Éternel qui accorda aux deux grands Saints d'éclairer de leur joie la sainte enfance et même l'adolescence du Fils de Dieu. Amen.

La Sainte Mère de Dieu vous parle.

†
† †

Lumière née de la Lumière
****

Jeudi 10 Octobre 1996
St François Borgia - St Gédéon et ses compagnons Martyrs

"JNSR":   *"Sainte Vierge MARIE, pouvez-Vous nous dire comment doivent être ces Croix: où doivent se trouver les couleurs blanches et bleues?"* [1]

MARIE: "Ces Croix vont surgir de partout, rappelant l'Amour
*******   de JÉSUS pour Sa Sainte Mère; car Je suis la Mère de la Croix Glorieuse puisque JÉSUS est le Ressuscité et que la Croix Glorieuse, c'est JÉSUS Ressuscité.

C'est la Lumière de Pâques qui sort de la nuit du Tombeau; elle va entrer en chacun de ceux qui croient *"Je suis la Résurrection et la Vie"*; si la Lumière entre en chacun qui croit cela, celui-ci deviendra *Lumière*.

Je suis la Mère qui attendait dans le silence la Venue du Ressuscité. Il Me vit, Lui le premier, puis Je Le vis venir à Moi; Lumière née de la Lumière, le Vrai Dieu entrait en Moi et Moi en Lui [2]. Je devenais la Lumière qui recevait la Lumière. Comment pouvez-vous voir une Lumière qui dépasse toutes les lumières, brillante, lumineuse, comme un soleil qui éclate de joie...

Et la Mère, qui ouvrait Ses bras en Croix pour accueillir Celui qui était Lumière, était recouverte de son voile *bleu* qui a enveloppé Son Fils en Elle dans une étreinte d'Amour ineffable.

Vois-tu, cet assemblage de lumières peut devenir *bleu et blanc*, sans gêner celui qui va la construire, car Je bénirai l'enfant et le Prêtre et tous ceux qui se mettront à l'ouvrage. Dieu les récompensera. Mon cadeau sera le coeur qui se donne à fond.

Respectez les dimensions: ceci est le principal. Je vous guiderai.
Je vous bénis †
au Nom du Père, du Fils et du Saint Esprit,
par MARIE votre Mère. Amen.
† † †

1: Une divergence d'opinions a introduit une incertitude quant à la position de ces couleurs bleue et blanche pour les Croix à édifier: le blanc pour les faces Nord et Sud et le bleu pour les profils ainsi que pour le dessus et le dessous des bras de la Croix? ou bien l'inverse? D'où l'appel de "JNSR" à Notre Mère, qui répond à Sa façon....

2: JÉSUS dicte à don Ottavio le 15 Mai 1975: *"Elle vit en Moi. Moi, Je vis en Elle. Il en est ainsi maintenant. Il en fut ainsi. Il en sera ainsi toujours."*

Une Fondation nouvelle vient de naître
****

Samedi 26 Octobre 1996

"JNSR":   *"Dieu d'Amour et de Miséricorde, pourquoi tant de souffrance, tant d'incompréhension et cette terrible solitude? On ne trouve plus de réponse..."*

JÉSUS: "Mon Enfant, tu veux que Je te parle de cette
*******   souffrance qui vous assaille subitement et qui recouvre entièrement votre corps et votre âme de son manteau de douleur; la consolation s'est évaporée comme l'eau au soleil et vous êtes seuls... J'ai bien souvent parlé devant ceux qui se nourrissent de haine, la bouche pleine de diffamations; insouciants ils partaient, suivant leur chemin, après avoir écrasé leurs frères sous le poids de leur indifférence qui devenait de la rancune, sans même se retourner pour les voir pleurer.

Rien ne peut émouvoir ces coeurs fermés à l'Amour, ni les pleurs, ni la solitude, car l'isolement qu'ils sèment autour d'eux est leur vengeance. Ils sont *le bois sec* détaché du tronc, qui se brûle et se sèche petit-à-petit jusqu'à disparaître d'eux-mêmes devant Ma Sainte Justice.

Aujourd'hui votre Monde vit comme un monticule de terre, amassé quelque part au carrefour des chemins: il abrite une lignée de termites prêtes à dévorer, un à un, les édifices qui s'élèvent vers le Ciel. Pour eux, pour ces milliers qui détruisent la Vie, leur seul but est de faire tomber ceux qui s'élèvent vers Dieu. Ils veulent tout voir s'effondrer, ils veulent la ruine de la Terre et l'anéantissement de la Création de Dieu! Voir *le germe de Vie* mourir dans l'oeuf, étouffé par ceux qui n'ont plus aucune notion d'Amour et de Pardon: telle est leur devise. Dieu regarde tous Ses enfants et dans les trois quarts, Il n'arrive plus à Se reconnaître en eux. Sa Sainte Image s'est effacée; c'est comme une estampe qui a trop longtemps séjourné dans la boue*:* on ne voit que du flou à travers cette vase qui l'enveloppe.

Comment venir vers ceux qui méprisent la Vie, qui renient leur Créateur, qui abîment Sa Création! Ils Me méprisent sans Me connaître. *Rien* ne M'est inconnu; et Je ne puis *rien* sans leur appel vers Moi; Je ne puis *rien* pour eux sans leur sincère repentir!...

La solitude des âmes, c'est encore le Jardin des Oliviers, le moment de l'attente où le Mal va se découvrir. Dans cette terrible solitude, J'ai expérimenté cette lâcheté des uns, ce mépris des autres et cet abandon dans la douleur de Mon Âme qui était triste à en mourir.

Je voyais *tout* et J'attendais l'heure qui allait faire de Moi *l'Innocence Crucifiée* et de Judas *le premier* frère qui allait Me trahir. La trahison est le plus perfide des poisons: il donne la mort et le remords à celui qui accomplit cet acte abominable.

Lequel des deux est le plus à plaindre? Le condamné ou le bourreau? Je Me suis enchaîné Moi-même dans la mort qui venait à Moi car Je ne voulais pas briser les liens qui M'unissaient déjà à Ma Promesse d'Amour pour l'Humanité. Mais Je ne pouvais *rien* pour celui qui Me livrait, car son coeur était sec et ne pleurait pas sa faute et sa bouche était trop amère pour demander Mon Pardon. Nos chemins se séparaient dans la terrible souffrance de l'indifférence, lui vers la mort et moi vers la Vie entraînant dans Mon miséricordieux Amour les frères retrouvés, unis entre eux par Ma Vie; ils appartiennent au Père, *comme vous Mes bien-aimés.*

Le Temps qui s'écoule continue son oeuvre de destruction; là où a commencé une cassure, la brèche s'agrandit et grossit de jour en jour si on ne vient pas la réparer. Le risque est évident et imminent, *c'est la chute.* Ouvrez les yeux sur ce qui vous arrive; stoppez la mauvaise croissance de ce qui se dégrade, *en vous et autour de vous:* si vous ne réagissez pas, Je ne peux plus *rien* pour vous.

Vous croyez en toutes ces belles choses que vous promet le Monde; vous amassez des fortunes en trompant le petit, l'innocent, parce qu'il a confiance en votre promesse. *Hommes de peu de Foi,* bientôt votre richesse ne sera *que du papier* tout juste bon à allumer une petite flambée qui ne pourra vous réchauffer pendant les jours froids *et même glacials* qui s'annoncent déjà comme une folle chevauchée qui a pris le départ depuis les steppes glacées.

Vous croyez pouvoir vivre de ce que vos greniers contiennent en réserve et Moi Je vous le dis: *J'y mettrai même des vers* avant que n'arrive cette heure; *plus rien* ne subsistera de ces provisions sur lesquelles vous comptez pour rassasier votre faim. Vous vous préparez des abris: *Je les écraserai* afin qu'ils deviennent abris de bêtes rampantes. Je ne vous maudis pas: vous vous maudissez tout seuls devant la Puissance de Dieu qui renversera vos trônes et abritera le faible et le petit dans Ma Demeure où règnent la Paix et la Joie, où *le pain se multiplie* [1], où l'eau coule en abondance.

---

(1) : Dans le premier volume ("Témoins de la Croix - Messages de Vie") le Seigneur dicte à "JNSR" le 5 Août 1990 (p.92): *"Le Seigneur est le Dieu de la Multiplication du Vin de Cana, du Pain sur la Montagne, pour tous qui L'écoutent".* Et JÉSUS le répètera le 10 Novembre 1992 (p.230): *"Je suis le Dieu de la Multiplication."* **Pour ceux qui L'écoutent!**

Ma Sainte Face illuminera Mes enfants de Ma Sainte Croix d'Amour et de Pardon lumineuse des feux de Pâques. Ma Demeure est préparée de tous Temps pour les recevoir car ils ne M'ont jamais abandonné. Ils ne doutent pas de Ma Parole. *Je serai Bon* pour celui qui a été bon *et Je serai impitoyable* pour celui qui a méprisé Ma Parole et qui a fait d'elle *un oubli* pour tous ceux qui l'attendaient.

Mais Je Me suis employé autrement: J'ai parlé *dans le coeur* de Mes enfants et on M'a écouté; on M'écoute encore. J'ai voulu que Ma Parole vive et se donne par ces coeurs choisis par Ma Sainte Grâce. Ils Me louent chaque jour, avec leurs larmes d'Amour, et leur élan sincère, prêts à M'obéir, *c'est le Baume pour Mon Saint Coeur.* Pas une minute ne s'échappe de leur coeur sans une louange à Dieu, l'Éternel, Père de toutes les âmes, Créateur Bien-Aimé des Saints Anges, des Saints et de toutes créatures du ciel, de la terre, des eaux, de l'invisible; de tout ce qui se voit et de tout ce qui reste caché à vos yeux.

Avec les Chapelets de louanges et les prières qui émanent du choeur de tout cet ensemble de coeurs en prière, Je vais entourer le Monde, qui ne sait plus vivre, de Mon Saint Amour. Je vais le sauver. Avec vos paroles naïves et vos chants enfantins, vous recouvrez Mon Saint Coeur de douceur, vous inventez sans arrêt des actes d'Amour pour Me plaire. Je termine votre ouvrage lorsqu'il est déjà engagé pour Ma Sainte Gloire, Je travaille *avec vous,* J'aime vous laisser la joie de la réalisation.

N'ayez crainte, Je consolide les pièces qui peuvent se détacher, Je vous dirige pas à pas. Si Ma Grâce termine cet ouvrage par Ma Sainte Bénédiction, votre projet est bien né de votre coeur; Je respecte votre liberté: *Faites et Je ferai.*

Une Fondation nouvelle vient de naître *en vous.*

Enfants qui construisez le Royaume de Dieu, la première pierre est votre *OUI* que vous avez donné à Dieu, sorti de votre coeur.

La Pierre d'Angle, rejetée par les bâtisseurs, soutiendra à jamais tous ces édifices qui s'élèveront vers Dieu et pour Dieu. *Les tours de Babel s'effriteront* devant ce Monde Nouveau *qui commence à naître de la Croix.*

Par Amour pour les hommes, Je vous ai appelés à réveiller vos frères, en leur esprit par ma Lumière, et en leur coeur par Mon Appel qui sort de votre bouche par laquelle Je M'exprime. Le Saint Esprit est *si actif en vous* que le Vent de Ma parole devient une action dans la Foi où plus rien ne peut contrarier la Parole de Dieu, construite par les mains de Mes enfants d'Amour, *des milliers de Croix d'Amour.*

Vous êtes les enfants de Ma Parole qui vit et qui construit; vous êtes Mes enfants de la Croix Vivante de Dieu, l'Éternel, car le Père Me donne à vous *dans Ma Croix de Lumière,* pour que vous deveniez *Lumière née de Ma Lumière* qui est semée de par le Monde entier *dans Mes milliers de Croix d'Amour.*

"Pour vous, qui suis-Je?"
"Pour nous, Tu es le Fils du Dieu Vivant,
venu à nous dans Ta Croix de Lumière pour éclairer
tout ce qui meurt, tout ce qui se cache,
tout ce qui disparaît dans les ténèbres."

Je viens vous sortir de ces ténèbres profondes nées de la malice du Monde, et fabriquées par ceux qui veulent la mort de votre Terre et de toute l'Humanité créée par Dieu, créée pour Dieu. *J'arrête ce système* et je mets Ma Sainte Main dans ce terrible engrenage en vous demandant votre entière participation. J'appelle Mes enfants de la Croix, Mes enfants de Mon Sacré Coeur, Mes enfants chéris à qui J'ai donné Ma Sainte Mère pour les préserver de tout danger. J'appelle Mes apôtres des Nouveaux Temps. Venez à Moi, *les Temps sont arrivés à leur fin* pour qu'apparaisse Mon Jour Nouveau.

Gloire à l'Éternel qui aime votre Terre renouvelée dans Notre Amour trois-fois Saint. Priez, convertissez-vous. Travaillez avec votre coeur, votre esprit et vos mains. Je Me fais annoncer par des milliers de voix, suspendues comme des fruits mûrs dans Mes milliers de Croix d'Amour. Amen.

JÉSUS de la Sainte Croix d'Amour et de Pardon,
Glorieuse parce qu'elle est Ma Sainte Gloire du matin de Pâques.

†
† †

Pour l'Amour de Ma Sainte Mère
****

Dimanche 27 Octobre 1996

JÉSUS: "Ma fille, Mon enfant bien-aimée, Je t'ai promis que le
*******   travail pour édifier Mes Croix d'Amour sera assez
facile à accomplir. Je viens vous éviter toutes surcharges; Je suis le
Maître d'Oeuvre et Je vous guiderai. Les ouvriers vont affluer de
toutes parts, même des extrémités de la Terre. Ils viennent à Moi, le
coeur illuminé par Ma Joie; c'est leur coeur qui resplendit, qui éclaire
déjà ce projet *de milliers de Croix dans le monde entier.*

Ne pleure pas! Seuls vous ne pouvez rien, mais Je suis là et Je ne
laisse jamais, abandonné, celui qui est sur Mon Chemin, préparant
avec Amour ce travail qu'il a déjà commencé en son coeur.

Aidez-vous, les uns, les autres.

Aidez-vous entre frères du même Père.

Mes enfants de la Croix ont des projets de réalisation plein leur
coeur; ils sont *le baromètre* de Dieu; ils ont entendu Mon Appel.
L'Amour monte de plus en plus haut et se répand sur toute la Terre.
Personne ne pourra arrêter ce flot vivant qui prépare *le Cadeau de
JÉSUS à Sa Très-Sainte Mère.* C'est *la consolation* à Ma demande
d'élever Ma Croix Glorieuse; mais ceci n'efface pas Ma demande
faite à l'Église. Cette *offense à Dieu* ne peut être réparée que par
Mon Église elle-même à qui J'ai demandé d'élever Ma Croix
Glorieuse *pour sauver le Monde qui est au bord du gouffre ;*
elle n'a pas reconnu Dieu, car elle n'a pas cru en Ma Vérité.

Le Père vous demande d'édifier la Croix Glorieuse dans votre
pays, la FRANCE. Dieu est venu vous annoncer Sa Sainte Venue en
Gloire, et vous L'avez rejeté une deuxième fois; et vous prétendez
que Dieu a été trahi par les Siens, en Palestine... Seulement là? Êtes-
vous si sûrs qu'Il n'a été trahi qu'une fois? La Croix du Golgotha a
racheté toutes vos trahisons, jusqu'au déicide, *le meurtre du Fils de
Dieu*; elle vous donne le Sang de l'Agneau Immaculé qui enlève le
péché du Monde pour toutes les générations, passées, présentes, et à
venir. Depuis près de deux mille ans Mon Père continue à tenir
ouverte la porte de Sa Demeure pour tous les enfants prodigues:
bien peu viennent se lancer dans Ses bras grands ouverts.

Pour toutes vos offenses qui blessent encore le Coeur de Dieu, Il
revient vous sauver. Au lieu de vous punir pour tous vos
manquements d'Amour, Dieu invente, dans Sa Pensée Créatrice,
l'édification de Sa Grande Croix Glorieuse
pour sauver jusqu'à Sa dernière Brebis.

Dans la Pensée de Dieu, elle est déjà toute lumineuse de la Lumière du Ressuscité; édifiée et glorieuse de la Gloire inaltérable de son Rédempteur; douce à regarder parce qu'elle est l'Amour de l'Agneau sans tache. Elle est le miracle-même de la Bonté de Dieu pour sauver ce Monde de pécheurs récalcitrants endurcis dans la boue de leurs péchés.

Dieu invente l'Instrument le plus efficace qui soit
pour Sa grande *pêche miraculeuse:*
Sa Croix Glorieuse est le filet dont les mailles résisteront
car elles sont tissées avec les fibres-mêmes
de Son Amour miséricordieux dans Sa Vie offerte à Ses frères.

Ces mailles résisteront aux gros poissons qui viendront attaquer cette pêche abondante; elles enfermeront tous ceux qui viendront se repentir dans les bras de Dieu, ouverts de l'Orient à l'Occident; car Ma Croix Glorieuse, c'est JÉSUS venu là avec tous Ses Apôtres.

Je viens pardonner les pécheurs les plus endurcis, ceux qui jusqu'à la dernière minute Me feront souffrir; leurs offenses à Dieu se sont perpétuées jusqu'à *la limite des limites* des derniers Temps; devant Mes Témoins de la Croix, Mes apôtres bien-aimés, Mes frères réunis pour fêter Mon Retour en Gloire, offrez-Moi votre sincère repentir *et Je vous pardonne pour l'Amour de Ma Mère,* cette Mère tant aimée par Mes enfants de la Croix, Mes enfants de Nos Deux Saints Coeurs Unis.

Elle voit toute l'Oeuvre de Dieu, confiée à Ses tout-petits qui aiment leur Mère comme des bébés, les bras ouverts en Croix devant la Maman qui les soulève pour les serrer sur Son Coeur maternel.

Elle vous regarde avec l'admiration qu'Elle partage avec *Son Jésus d'Amour* qui fait tout pour qu'Elle retrouve Ses enfants dispersés, ceux que JÉSUS Lui a confiés au pied de la Croix. Voici les Croix d'Amour pour la Vierge Immaculée:

"Mère Bénie, reçois l'offrande de Tes petits enfants de la Croix: donne-nous, Mère Chérie, de réveiller ce Monde aux trois quarts endormi dans un matérialisme qui va bientôt s'écrouler de partout, appelé à disparaître à jamais [1]. "Mère de Dieu et Mère des hommes, bénis le travail de Tes enfants, toutes nos Croix d'Amour *pour sauver le Monde qui se meurt."*

---

(1) : JÉSUS dicte à don Ottavio ("Confidences de JÉSUS à Ses Prêtres et à Ses fidèles") :   * le 5.10.1975: "Il est temps de se débarraser du pesant fardeau du matérialisme, qu'il soit *marxiste* ou *capitaliste*: l'un et l'autre sont empoisonnés et meurtriers."   * le 3.12. 1977: "... faillite pleine, totale du matérialisme: *dans vingt ans* on n'en parlera plus."
    * le 17.11.**1978**: "Le matérialisme, *dans vingt ans* en sera éteint même le souvenir."

MARIE: "Oui, bientôt le Monde, par le pouvoir de l'argent, par
*******   la luxure et tout le cortège des faux adorateurs qui ont
choisi d'autres dieux que
               votre Dieu Éternel et Tout-Puissant
          par Qui nous vient toute Grâce et toute Joie,
bientôt ce Monde se repentira de toutes ces fautes qui ont conduit
les générations précédentes, et jusqu'à votre propre génération, à
rentrer dans la Fin *des* Temps; car Dieu doit arrêter le Temps de la
Terre qui s'est égarée du Chemin de Dieu.

Louez le Seigneur! Entourez la Terre de vos Croix d'Amour.
Édifions ensemble *une barrière contre le Mal.* Bénissez votre Dieu
qui vous prépare le plus beau des Royaumes avec Lui, car Il est Roi
pour l'Éternité, Il est l'Unique Chemin des enfants de Lumière,
l'Unique Chemin de Gloire éternelle.

Ne vous égarez pas; restez unis sous mon manteau protecteur.
Déjà nous apercevons la Sainte Croix Glorieuse qui s'élève dans
toute sa splendeur vers les cieux, plantée victorieuse dans la
Nouvelle Jérusalem. Amen.

MARIE, Mère de la Croix Glorieuse † Amen

† ††   en suivant, le même jour
Le grain écrasé
****

JÉSUS: "Je vous donne Ma Joie et Je vous protège. Votre
*******   souffrance d'Amour, Je l'accepte. Je suis là pour vous
soutenir. Le geste d'Amour que vous faites pour votre frère ou même
pour un inconnu, faites-le sans regret, sans calcul, sans même espérer
une récompense ou un remerciement: *Moi, Je vous vois.*

Aujourd'hui, beaucoup d'enfants se perdent dans l'orgueil ou la
haine. Vous mes enfants, apprenez-leur, par votre Amour, qu'il n'est
pas de plus grand don que celui de donner sa vie pour celui qui est
votre frère de par Notre Père des Cieux.

A travers vous, Je les sauverai, même s'ils ne voient pas votre
souffrance; *Moi, Je vous bénis et Je vous dis:*
"si le grain écrasé ne donne pas du froment, mais de la paille,
          comment voulez-vous nourrir ceux qui l'ont écrasé?"

Mon enfant chéri, sois ce grain foulé par tous les pieds pleins de
mépris et d'indifférence et, un jour, Je te montrerai Mon Grenier
d'Amour et tes frères nourris du même pain.

JÉSUS Glorieux vous bénit † Amen

† † †

Pourquoi ce cadeau
****

Vendredi 1er Novembre 1996 - Fête de tous les Saints

"JNSR": *"Seigneur, ce cadeau à Notre Mère des Croix par milliers sur la Terre, nous avons besoin d'en comprendre toute la signification. Et les roses, Elle les aime tant!"*

JÉSUS: "Mon enfant, Ma Croix, c'est Mon plus beau cadeau
*******   d'Amour; le Crucifié d'Amour est en elle; par elle, par Ma Sainte Croix, le Monde est sauvé. Apprends, Mon enfant, que Mon Sacrifice d'Amour adhère à Ma Sainte Croix; elle seule peut vous le rappeler; c'est un Témoin *vivant* pour les siècles des siècles.

Aujourd'hui, JÉSUS Se fait annoncer par Sa Croix de Lumière, Croix Glorieuse de Sa Sainte Résurrection: la Croix Glorieuse, c'est JÉSUS Ressuscité. *"Pitié, Seigneur, pour votre Terre ingrate qui Vous rejette"*, crient les Saints Anges.

La naissance d'un enfant est d'abord *douleur* puis *joie* (souffrance et délivrance vont ensemble pour donner au monde ce nouveau-né); il sera remis à sa mère car c'est à elle que Dieu l'a confié. Ma Mère Très-Sainte était au pied de la Croix, lorsque Je donnais Ma Vie à ce Monde. Mon Sang, qui jaillissait de tout Mon Saint Corps, venait des veines de Ma Très-Sainte Mère lorsque Je pris Chair en Son sein immaculé. Je venais de Lui donner le Nom de *Mère des hommes* au pied de Ma Croix d'Amour. L'Humanité passait d'abord par le Fils, qui est Dieu; Lui seul, Prêtre par excellence, pouvait donner le Sang de l'Agneau sans tache et l'offrir à Son Père, pour que s'accomplisse le Sacrifice parfait de tous les sacrifices et des Messes à venir pour la Gloire de Dieu.

Là s'accomplissait *la Messe de toutes les Messes,*
la Résurrection du Monde passé, présent et à venir,
par la mort de l'Agneau de Dieu et, ensuite,
par la Sainte Résurrection du Fils de Dieu.

L'accouchement de l'Humanité passait par la douleur de l'Esprit et du Corps du Fils et par la douleur de Ma Mère qui supportait *les stigmates invisibles* de toute Ma sainte Passion, en son corps et en son âme; et sa souffrance fut si grande que son corps se glaça, jusqu'à arrêter les battements de Son Coeur Douloureux et Immaculé. Alors Ma douce Colombe entra dans la Colombe blanche du Saint Esprit qui vivait en elle; et vint se poser sur Ma tête sacrée pour M'embrasser: doux baiser de l'Immaculée à *l'Immaculé de la Croix.*

Le Divin Père des Cieux était au-dessus de la Colombe et Se
tenait les bras ouverts: Il enlaçait le Berceau de Ma Croix

qui recevait la Vie de toute l'Humanité

qui passait par Son Divin Fils

et traversait le Coeur de Sa Fille Bien-Aimée

qui remettait à notre Père des Cieux

le Don de Son Divin Fils:

toutes Ses âmes nées par le rachat de la Croix,

car elles étaient *mortes.*

Alors il y eut, pour cette nouvelle *existence à la vie,* la douleur du
Fils et la souffrance de Son humble servante; son *Fiat* était dans
l'Offrande de Son Fils: MARIE remettait au Père tout le Fruit de cet
accouchement: *tous ces enfants rachetés.* Le Père des Miséricordes
acceptait de la main de la Mère des Douleurs le Cadeau qui Lui
revenait: Lui, le Créateur, ouvrait Son Coeur à l'Humanité rachetée.

Ma Mère, Colombe Immaculée, vit, en Son âme, en un instant, tout
le Rachat des âmes, toute la Rédemption accomplie à la Croix. Et là,
Elle reçut en Son Coeur ce qui Lui était réservé pour les Temps à
venir: c'était *la naissance spirituelle* de cette foule innombrable de
fils qui ne comprendraient pas tout seuls ce que le Père et le Fils
Divins allaient leur demander:

"Vous devez renaître, à nouveau."

Par Elle, toujours habitée par l'Esprit Saint dont Elle est l'Épouse
Immaculée, cette *renaissance spirituelle* des âmes qui ont oublié
Mon Sacrifice d'Amour.

Par Elle et par l'Esprit de Dieu, vont passer toutes les âmes; Elle
va les former à cette nouvelle naissance afin que le corps soit *plus
esprit que chair.*

Par Elle et par l'Esprit d'Amour, vont passer toutes les âmes que
le Père Lui a confiées et que le Fils vient de Lui offrir au pied de la
Croix d'Amour:

"Voici Tes fils; ils sont représentés par Jean

pour devenir saints comme lui;

ils sont à Toi, Mère de Dieu, Mère des hommes,

Mère de l'Église Sainte:

Ces fils sont *Mon Église,* ses membres vivants.

L'homme peut revoir son Père et vivre en harmonie avec Lui: la
Dette du Péché est payée. Avant de crier à Mon Père *"Tout est
accompli",* Je vous ai donnés à Ma Mère, ne l'oubliez *jamais.*

Sa Croix blanche et bleue est vivante d'Amour et de Foi, d'Espérance et de Charité; elle est unie à la mienne comme nos deux Saints Coeurs sont unis entre eux.
Devenez, chacun, des Croix d'Amour
en répandant sur le monde entier
des milliers de Croix d'Amour.
Devenez des Témoins vivants de Ma Croix Glorieuse
par ces Croix d'Amour, ces milliers de Croix
offertes à Ma Très Sainte Mère.

Elle vous montre Mon Chemin. A votre tour, montrez le chemin qui conduit à Ma Croix de Gloire en passant par le chemin semé d'étoiles bleues et blanches, blanches et bleues. Acceptez *le Cadeau Royal* de MARIE. Allumez par toute la Terre des *Flambeaux d'Amour*. Par MARIE, et avec MARIE, annoncez déjà Ma Victoire sur le Mal.

MARIE: "Le Cadeau de Mon Fils Très-Saint est pour Moi, *est* ******* *pour vous*, car Je vous aime tendrement; vous êtes Mes enfants de la Croix puisque JÉSUS a fait passer Son Amour par la Croix pour M'offrir tous les enfants de la Terre.

Mon Amour de Mère vient de la Croix où votre Seigneur et votre Dieu a donné Sa Vie *pour chacun de vous*. Je suis MARIE de la Croix Glorieuse.

JÉSUS: "Le Monde attendait ce Signe de l'Union des deux ******* Saints Coeurs Unis. En vérité, ils le sont, puisque la Croix de Ma Mère est *dans Ma Croix*. Voici le Signe de Ma Gloire: *Ma Croix Glorieuse.* Que l'Esprit vous éclaire pour achever Sa Victoire. Que le Dieu Vainqueur, Maître Souverain de l'Histoire vous montre, par Sa Sainte Mère, qu'Elle est unie à la Croix féconde pour n'en faire qu'une avec la mienne; et que ces Croix plantées sur cette Terre *séchée par le manque d'Amour* envers Dieu et envers vos frères, vont donner du fruit pour rassasier le Monde qui se meurt.

Des milliers de Croix, portant les couleurs du Christ et de Sa Sainte Mère: *blanches*, comme deux lys de pureté divine; *bleues,* comme le Ciel du Père Éternel, d'où viennent le Fils et la Mère; et *brillantes* comme le Soleil de Justice qui brille en *chaque* Croix parce qu'Il *vit en chaque Croix.*

Que vos prières soient unies. Sauvez le Monde *tous ensemble* par le Cadeau que Je fais à Ma Mère. Priez et convertissez-vous devant Mes Croix d'Amour qui vous conduiront à Ma Croix Glorieuse où Je vous attends bientôt.

Je suis la Résurrection et la Vie.

Lorsque l'Esprit, qui vit en Ma Mère, La conduira vers le Père, la Purification du Monde sera presque achevée. Alors tous les hommes de la Terre verront Ton Signe de Gloire; ô Mon Dieu, qui pourra alors résister à tant d'Amour!

Paroles de votre Doux Sauveur.

Mon enfant, tu Me dis: "des roses pour Ma Mère"; oui, tu en mettras devant chaque Croix par où tu passeras; car Ma Mère aime les roses qui sont Charité pour Son Coeur de Mère. Amen.

Magnificat! Mon âme exalte le Seigneur,
exulte Mon esprit en Dieu Mon Sauveur
MARANÂ THA
Viens, Seigneur JÉSUS,
Amen.

†
† †

Votre Mère très prudente vous parle
****

Mardi 5 Novembre 1996
St Zacharie et Ste Élisabeth

MARIE: "Ces milliers de Croix lumineuses éclairées par
******* l'homme qui croit et qui prie pour que la
Rédemption finale du Monde s'accomplisse déjà dans l'Amour et la
Paix de Dieu; ces Croix bleues et blanches, blanches et bleues,
lumineuses, étalées dans le Monde comme les pétales d'une immense
fleur, qui s'entrelacent telle une Rose de Charité, ces Croix vous
appellent tous à la Prière qui doit monter, comme l'encens s'élève
vers Dieu, pour L'implorer comme jamais encore tous ensemble n'ont
pu le faire; les mains jointes et à genoux, avec la confiance que
MARIE Très-Sainte unira également tous les enfants de toutes les
confessions pour prier le Père Unique de tous les hommes de nous
pardonner et de nous unir dans le même Amour, celui du Christ
Rédempteur, Fils de Dieu, Sauveur des hommes.

Ces *milliers de Croix,* éclairées pour MARIE par Ses enfants, est
le Cadeau de JÉSUS à Sa Très-Sainte Mère qui veut unir tous les
hommes entre eux et les amener, unis, à Dieu Tout Puissant pour
implorer leur Pardon. Ce Cadeau, pour vous montrer combien Dieu
vous aime pour que, par vos mains, passe Son Cadeau Royal à Sa
Sainte Mère. Toutes ces Croix, pour vous aider, par Notre Amour
crucifié, *à vous sauver.*
C'est *vous* qui devez les élever
afin que de chacune montent les Prières vers Dieu
et que par chacune descendent les Bénédictions de Dieu.

Les hommes sans Dieu ont semé la mort sur toute la planète.
Chaque seconde qui passe est une abomination qui s'accomplit
devant l'Autel de Dieu: l'immensité de Sa Terre qui est Sa Création;
et devant vos *Tabernacles* vides de la Présence de Dieu, car rares
sont ceux d'entre vous qui contiennent encore la Splendeur de
Dieu. Oui, Créatures vivantes de Dieu, vous êtes devenus *des
Tabernacles éteints,* aussi vides que ces *sépulcres mal blanchis.*
Vous détruisez le Patrimoine de Dieu.

Voici *ces milliers de Croix d'Amour,* Cadeau de Mon Fils Très-
Saint pour vous rappeler que Je continue à vous aimer; et que Mon
Amour de Mère, cloué à la Croix avec Mon tendre Enfant, votre
Seigneur de Gloire et de Majesté, vient de déployer sur le Monde
entier pour vous sauver encore du désastre que l'homme vient
d'offrir à la Terre des hommes, Patrimoine de Dieu.

Des milliers d'enfants meurent chaque seconde, tués par des mains sales manipulées par le Malin qui veut que le Monde meure.

Il veut la fin de l'Humanité et la mort de votre planète; que toute la Création de Dieu disparaisse, telle est sa devise, tel est son idéal.

L'Enfer a ouvert sa porte.

Les guerres organisées de par le monde sont encore moins cruelles que *le génocide universel* que vous accomplissez pendant chaque seconde qui passe, car vous ne rencontrez devant "cet ennemi" qui s'appelle *Vie de Dieu*, ni opposition, ni révolte: vous tuez l'Innocence ,et vous êtes en train de bafouer jusqu'à l'extrême le 5ème Commandement: "*Tu ne tueras point!*"; vous tuez le Bien de Dieu. Vous enfreignez également le 7ème Commandement: "*Tu ne voleras point!*": vous volez le Bien de Dieu.

En fait, en ne respectant pas déjà le Premier Commandement de Dieu, vous rejetez tous les Dons de Dieu. Vous n'adorez pas Dieu, vous êtes les adorateurs de la Bête qui renie Dieu et Ses Oeuvres. Et votre Terre elle-même vous punira.

Les eaux se révolteront. L'air et le feu s'assembleront. Car tout va réagir dans les mêmes soubresauts qu'ont ces enfants lorsqu'ils disparaissent des entrailles de leurs mères. La Terre entière va frémir d'épouvante *contre le Massacre de l'Innocence*, Don du Père Créateur. La terre va entrer dans de terribles soubresauts; les gémissements étouffés de ces pauvres créatures vont rejoindre les craquements des séismes qui vont ébranler votre planète. *Les gestations volontairement interrompues* par l'homme sans lois divines, vont faire déborder l'eau des lacs, des rivières, des mers, des océans.

La terre va s'ouvrir comme un fruit mûr, non pour vous donner ses fruits, mais pour vous reprendre tout ce qu'elle vous a donné pour vous aider et vous secourir dans la Vie que Dieu vous a donnée. Elle va se sécher *comme une matrice morte*: ses entrailles vont rejeter les semences. L'eau, qui est vie, n'aura plus besoin de fertiliser ce qui est mort. Alors la pluie tombera sur cette sécheresse pour inonder le péché de convoitise et d'orgueil.

L'engrais chimique, qui devait doubler vos récoltes, sortira pour vous montrer qu'il n'est pas besoin d'amasser plus qu'il n'en faut. Dieu donne chaque jour *le pain qui vous nourrit*. Les récoltes supplémentaires n'ont pas donné le revenu que vous escomptiez: elles ont été jetées sur les routes, elles n'ont même pas servi aux pauvres et aux malheureux, même pas aux animaux que vous méprisez.

Votre argent, amassé pour d'éventuels besoins pouvant survenir, alors que les enfants des guerres impitoyables meurent actuellement de faim et de maladie parce que leur pauvreté dépasse tout ce que les *Antéchrists* ont mis en oeuvre pour tuer le Bien de Dieu, la Vie, *cet argent va partir en fumée.*

Non! Vous ne pourrez jamais comprendre que votre vie terrestre est un Don de Dieu *qui se respecte* jusqu'à-ce que Dieu vous appelle à entrer dans Sa Vie qui ne finit pas et pour laquelle Il vous a créés à Son Image. Vous avez tout pour comprendre *que le Mal engendre la ruine.* Vous avez les Sacrements pour conserver la Vie de votre âme. Vous avez les Commandements de Dieu. Vous avez Sa Sainte Loi pour en vivre.

Dieu, Notre Père, M'envoie encore à travers tous les Pays du monde. Je vous montre même notre peine à travers toutes les statues qui pleurent, *même des larmes de sang:* Nous pleurons votre indifférence, votre ingratitude. Vous avez des Signes dans le ciel et sur Terre qui vous montrent la Présence de Dieu parmi vous. Son Amour ineffable *est en vous.* Je vous parle par Mes voix de la Terre; Je vous préviens du mal que vous encourez en désobéissant à Dieu; mais vous continuez à vous détourner de Dieu et vous restez sur le chemin de votre perte.

Vous ne voulez pas Me suivre. Le petit Troupeau ne s'agrandit plus; Je crains même qu'il ne s'amenuise, car vous êtes toujours en attente du sensationnel et vous oubliez le principal: *l'Amour de Dieu qui vous attend!*

Je vous le dis en vérité: si vous ne relevez pas la tête lorsque le Grand Signe apparaîtra, et si vos yeux cessent de le regarder (car il se gravera en vous), alors le Père M'appellera pour que finisse votre *Instruction divine.* Par tout ce que JÉSUS et MARIE vous ont laissé, en vous et autour de vous, souvenez-vous alors *de ce Temps de Grâce.* Car, dès à présent, *il reste peu de temps* pour vous sanctifier et recevoir le Pardon de Dieu.

Car le Jour de Dieu *est proche.* Les lampes sont à moitié éteintes; l'huile commence à manquer et vous ne vous préparez pas, alors que les ténèbres commencent déjà à recouvrir les *dernières* heures des *derniers jours* des Temps de la Fin.

Votre Mère très prudente vient de vous parler.

Amen

†

† †

Je vous le confirme :
n'oubliez jamais que Je suis Amour et Pardon
****

Samedi 16 Novembre 1996

JÉSUS: "Le bon Samaritain a secouru un "ennemi". Il n'a vu
*******   en lui qu'un frère souffrant; mais, celui-ci, l'aurait-il
secouru s'il avait été à sa place?

Aime ton prochain comme toi-même!

Sois compatissant à l'égard de ceux qui souffrent; secours-les sans leur demander leur identité, ni à quelle religion ils appartiennent. Vous êtes tous frères du même Père, vous êtes aimés, chacun, du même Amour. Que "la loi" ne soit pas un obstacle pour vous; ne soyez pas prisonniers de vos préjugés, ni du "qu'en dira-t-on". Soyez vous-même; aimez avec votre coeur tourné vers Dieu. N'ayez pas peur: la loi ne doit pas faire obstacle à l'Amour. Et Moi, Je vous le dis: "Je ne suis pas venu pour les bien-portants mais pour les malades". *Qui peut contredire Dieu?*

Aujourd'hui, vous discutez sur Ma Sainte Volonté, car Je viens réparer ce qui s'est détérioré au cours des Temps. Maintes fois Je suis venu *à vous*, à travers le pauvre, le malade, le désespéré, le rejeté de la société humaine *et vous ne M'avez pas reconnu...*

Ne vous cachez pas derrière vos lois d'hommes. Ne vous servez pas, non plus, des lois établies par Dieu et par Son Église pour rechercher votre propre avantage, car Je suis Amour et Pardon: grande est Ma compassion pour le pécheur repenti.

Celui qui juge un de ces *petits* qui M'écoutent et que J'emploie pour porter Ma Parole à tous ses frères, n'est pas digne de Mon Amour et J'oublierai même ses prouesses de générosité accomplies devant le faible au Nom de Ma Loi. *Je ne laisserai plus avancer l'imposteur* qui blasphème Ma Parole déposée sur *l'autel* de Mes enfants choisis. Il se verra rejeté car personne ne l'écoutera.

Mes enfants bien-aimés porteront Ma Parole en des lieux où l'aridité des coeurs a causé d'énormes fossés entre frères et contre Dieu. Par *leur* présence, Je Me déclarerai *Présent*: où qu'ils aillent, ils seront écoutés; l'Esprit Saint ouvrira les coeurs de pierre. Je serai aussi dur devant leurs agresseurs que Je serai bienveillant avec tous ceux qui se joindront à Mes enfants qui portent *La Bonne Nouvelle du Royaume de Dieu* parmi vous, parmi les hommes de bonne volonté. Marchez ensemble, vous êtes frères. *"Heureux ceux qui ont faim et soif de Justice, ils seront rassasiés"* car les fontaines se sont ouvertes et la Source ne tarira jamais.

C'est Mon Amour et Mon Esprit Saint qui ont guidé les prophètes, ces chefs, ces guides, qui obéissaient aveuglément aux Commandements de Dieu. Obéissant à l'ultime Commandement de Dieu, Moïse monta sur les hauteurs du Moab et sur le Mont Nébo; au-delà du Jourdain, il contempla la Terre Promise; elle lui semblait belle comme la Splendeur de la Parole du Seigneur qu'il ressentait toute proche; elle lui prenait la tête, le coeur, et l'envahissait comme un vent faisant tournoyer son âme qui entendait: *"Voici la terre que le Seigneur a juré de donner à tes pères, à Abraham, à Isaac, à Jacob. Cette terre si longuement désirée, tu ne la verras pas."* [1]

Moïse mourut là, et là il fut enseveli. Abraham fut enseveli auprès de Sara dans la grotte de Makpella, près de Mambré où il reçut la Promesse de Dieu: *toute la terre de Canaan et une nombreuse descendance.* Noé reçut *l'Alliance,* comme un flambeau porté par tous les prophètes; il continue à brûler à travers toutes Mes créatures qui Me sont fidèles; ce flambeau, vous le porterez, encore et jusqu'à Mon Retour, *pour une Nouvelle Alliance.*

Alors, Je vous pose cette question: "Qui M'attendaient dans les Limbes?". Oui, c'étaient toutes les âmes des Justes qui ont servi Dieu, qui ont aimé Dieu, qui ont fait la Volonté de Mon Père; tous ceux qui ont suivi l'Amour et qui ont vécu dans l'Amour; *et les victimes innocentes,* mortes à cause de l'Amour, avant et après Ma sainte Naissance et jusqu'à Ma sainte Mort. Oui, ils attendaient leur délivrance qui ne pouvait s'accomplir que dans Mon Sacrifice d'Amour, Ma sainte Mort sur Ma sainte Croix d'Amour.

Ma sainte Croix est *la clé qui a ouvert le Ciel*, Ma sainte Croix où était suspendu l'Agneau du Sacrifice Pascal qui a répandu jusqu'à Sa dernière goutte de Son sang pour laver l'horrible péché que l'homme a commis contre Son Dieu d'Amour. Ce Sang versé vous a été offert gratuitement pour laver vos fautes, passées, présentes et à venir; il a dévalé le long de Ma Croix comme un torrent qui entraîne avec lui le Pardon de Dieu pour toutes Ses créatures qui veulent s'unir à Dieu et Le suivre. Je vous parle aujourd'hui comme J'ai parlé à Mes prophètes d'hier. Que Me présentez-vous *sur l'autel* de votre coeur, hommes d'aujourd'hui? Toujours vos propre idoles et vos dieux qui sont encore vos *"moi"* devenus des veaux d'or.

---

(1): C'était la dure sanction de Dieu pour un instant de doute de Moïse: dans le désert du Sinaï durant la longue marche vers le Terre Promise, l'immense colonne des Hébreux se trouva sans eau. *"Frappe le rocher de ton bâton, il en sortira de l'eau pour tous"* lui dit le Seigneur. Moïse frappa une fois, puis doutant, frappa une *seconde fois.* "Il sera beaucoup demandé à qui aura beaucoup reçu" : à Moïse, plus qu'à tout autre, était demandée une obéissance aveugle. A cause de ce doute d'un moment, il ne mit pas le pied sur la Terre Promise.

Je suis venu rendre la Grâce à l'homme, déchu par ses fautes sans cesse renouvelées. Mon Amour *te cherche;* ne te déshonore plus, homme! Tu passes sans Me voir, sans même te souvenir que Je suis *ta vie.* Repens-toi; ne sois plus incrédule, mais croyant. J'ouvre Mes bras et Je te dis: "*Viens!*" et si tu veux Me revenir, annonce alors le Christ, simplement par une vie devenue meilleure; sois-Moi fidèle; supporte ton frère et, s'il ne veut ni Ma Vie ni Ma Lumière pour suivre Ma Voie, alors laisse-lui Ma Vérité. Toi, viens et suis-Moi.

Bientôt Ma Vérité triomphera de partout comme les bourgeons qui naissent sur les plus hautes branches. Elle va éclater dans un nouveau printemps de Gloire Éternelle: les oreilles s'ouvriront et les bouches annonceront *Mon Retour en Gloire.* Je ferai alors parler *les pierres* avant même qu'ils se décident d'eux-mêmes à gravir la colline pour admirer la Montagne qui se voit juste après. Je Me tiendrai là, avec Mes vrais serviteurs, ceux qui font la Volonté de Mon Père avec Foi; leurs oeuvres sont marquées de Ma Paix car ils ont travaillé dans la douceur et l'ordre; ils ne se sont jamais imposés à leurs frères; ils savent *montrer Dieu* dans leur humilité et leur obéissance à toutes les âmes.

Ne jugez pas l'homme bon comme un être faible.

Ne devenez pas le meurtrier de l'Innocent.

Le travail du démon est tellement subtil qu'il fait croire à l'homme qu'il est dépourvu de tout discernement et qu'il lui enlève ainsi toute liberté.

Je vins voir Jean le Baptiste un peu avant la dernière épreuve du Précurseur: "*Je te remercie, Jean, de ce que tu as accompli dans la perfection de la Grâce qui est en toi. Ce Baptême d'eau préparait Mon Baptême par Mon Corps et par Mon Sang. Bientôt tu entreras dans la Paix du Seigneur, Mon frère bien-aimé. Je te bénis. Garde l'espérance pour que s'accomplisse le martyre du premier Témoin des Temps Nouveaux, car Je viendrai te prendre dans Mon Royaume quand sonnera l'heure. Avec tous les Justes, Je t'emporterai.*"

"L'âme de Jean le Baptiste fut celle restée le moins longtemps dans les Limbes. Toutes les âmes, qui avaient également reçu le Baptême de l'eau, par Jean, en signe de pénitence, attendaient le Baptême du Christ sur le Monde. Dieu allait montrer au Monde entier comment le Mystère de Son Amour infini pouvait sanctifier toutes les âmes qui accepteraient Son Sacrifice d'Amour.

Le Signe de la Rédemption est Ma sainte Croix
qui vous rappellera sans cesse
Ma sainte Mort et Ma sainte Résurrection en Gloire.

Dans le Baptême, JÉSUS-Christ, votre Sauveur, vous plonge dans Sa sainte Mort pour mourir au péché et vous redonner la Vie qui est la Mienne par Sa très-sainte Résurrection, *la vraie Vie pour l'Éternité.* Votre vraie Patrie est en Dieu et vous, Mes bien-aimés, vous êtes *déjà* avec Moi dans le Royaume de Dieu qui n'a ni limites, ni frontières. Vivez en JÉSUS. Vivez de Sa sainte Innocence. Devenez comme des petits enfants.

Dans le Saint Sacrifice de la Messe, Je renouvelle la même scène de la Croix; et dans les mains du Prêtre, Je suis la Victime innocente, Je suis la Victime consentante, avide de Se donner comme nourriture sanctifiante et réparatrice. Combien Je voudrais que vous saisissiez ce profond Mystère Trinitaire d'un Dieu qui peut élever Sa créature jusqu'à la perfection si elle a le désir ardent de s'unir à son Seigneur pour accepter   *tout* ce que lui demandera le Très-Saint Coeur,
> *tout* ce que lui commandera l'Esprit d'Amour,
> *tout* ce que désirera d'elle le Père Éternel.

Alors, avec *une seule âme réparatrice,* Dieu peut vider les prisons de Satan et sauver les prisonniers du Mal *par centaines.*

Dans chaque Messe Je suis *Vivant et Présent.* J'attends que vous vous unissiez à Moi, non par peur ni en vue d'obtenir Mes miracles, mais par Amour, parfait, pur, généreux; et alors, avec vous, avec chacun de Mes bien-aimés, *nous* sauverons le Monde de son impureté car, Je vous le dis, *Je serai avec vous.*

Heureux les coeurs purs, car ils verront Dieu.

A chaque Messe, Je répands Mon Sang sur les pécheurs *que vous Me nommez par leurs prénoms* afin de toucher leur coeur pour qu'ils viennent se jeter dans Mes bras. Je les attends, *d'abord dans la Confession.* Le Sacrement de Pénitence est nécessaire pour ceux qui désirent venir à Mon *Banquet Eucharistique:* l'invité doit venir propre, purifié pour recevoir *le Pain de Dieu.*

L'Église ne serait pas *Mon* Église sans Mon Eucharistie, car Je suis Présent comme Victime expiatoire. Seul Dieu, pouvait, par Sa sainte Mort et Sa souffrance sur la Croix, expier toutes les fautes de l'Humanité passée, présente et à venir. Par Ma Mort sur la Croix, J'ai payé *toute* la dette qu'un seul homme avait perpétré au nom de toute l'Humanité, et qui vous empêchait de revoir Notre Père des Cieux et d'entrer dans Son Royaume. *Dans chaque Sainte Messe,* Je suis Présent: comme Sauveur,
> comme Rédempteur,
> comme Sanctificateur,

car Je suis Dieu et Je suis *votre* Vie.

Je ne vous juge pas. Je ne vous condamne pas. Je vous laisse libres. Alors, répondez-Moi: *Qui vous condamne?* Vous êtes vous-mêmes vos propres bourreaux; vous-mêmes, vous allez vous juger; vous-mêmes, vous allez vous condamner.

Vous allez assister à Ma Messe [1] qui donnera à tous *ces enfants avortés, morts-nés avant leur naissance, volontairement ou involontairement, à ces enfants non-baptisés morts après leur naissance,* Ma Vie en plénitude. Ce sont Mes petits Innocents.

Je bénis les personnes qui baptisent en Mon Nom tous Mes Innocents. Avec leurs Prières, l'Eau Bénite, leur Amour dans ce désir de voir s'accomplir leur Baptême grâce à Mes saints Mérites,
        Mes petites âmes ont la jouissance de Dieu.
Pour Mes enfants innocents, c'est le Baptême *et la Confirmation dans Ma sainte Grâce.* Heureux ceux qui ont le coeur pur, ils sont déjà avec Dieu.

Donnez-Moi tous les noms que vous choisissez pour eux. Moi, Je leur donnerai *le nom* que Je leur ai préparé et qui a toujours vécu dans la pensée du Père. Ils sont sur Mon Autel et leur joie est sans pareille. *Par et pour eux,* Je ne peux pas refuser le Pardon de tous ceux qui n'ont pas compris le Don de Dieu (la Vie) et qui le leur ont enlevé. Dieu seul donne la Vie. Dieu seul peut la reprendre *pour l'échanger avec la Vie Éternelle.* Mes saints Innocents demandent, en ce saint-jour, la sainte Grâce de Dieu pour accorder à tous les pénitents l'absolution donnée par le Prêtre: le Pardon viendra de Dieu.

Petites âmes innocentes, Je vous donne en ce beau jour à Ma Sainte Maman. En Elle, la Sagesse a fait son Trône car en Elle, la Grâce S'est faite Chair. Mes Innocents ont eu *comme berceau* Ma Croix Sanglante; ils sont passés par Ma sainte Mort. Par cette sainte Messe, Je vous le confirme, ils sont sauvés par Ma Croix Glorieuse.
        Je suis la Résurrection et la Vie.
                    Amen.
        JÉSUS Glorieux, Sauveur du Monde,
                    Amen.

                    †
                † †

---

(1): C'est la Messe du 28 Décembre, en la Fête des Saints Innocents, où quelques bons Prêtres baptisent les bébés morts-nés ou avortés.

Mon Christ, mon Roi
****

24 Novembre 1996

"JNSR": *"Dieu de Gloire et de Majesté, je me prosterne à Vos pieds. Seigneur, parlez-moi en ce grand jour de votre sainte Fête du Christ-Roi".*

JÉSUS: "JÉSUS est venu sur votre terre, non en Roi siégeant
******* sur son trône une fois conquis son Royaume, mais pour donner à ce pays, et par ce pays à tous les autres, *Ma Paix,* la Paix que J'apportais d'un autre Royaume qui leur était inconnu et dont le Roi était *au service* de tous les peuples: Je venais en *Serviteur.*

Qu'adviendrait-il, aujourd'hui, si vous receviez ce Roi Pacifique vous comblant de Son Amour, de Sa Paix, de Sa Joie?

Les uns crieraient: *"C'est folie! Rejetons-le! Comment croire qu'Il peut délivrer, à Lui seul, tous les peuples en guerre? La guerre a toujours existé ici ou là."* Les autres riraient, simplement, en disant: *"Laissons-Le faire... Qui peut venir nous gouverner avec Amour, Paix et Joie? Nous n'y croyons pas."* Parmi tous ceux-ci s'élèverait un petit noyau qui attendrait, comme si cela pouvait arriver *demain*; et ils seraient tellement dans l'attente de cette Paix qu'ils se cacheraient, *inactifs parce que craintifs.* Je ne souhaite pas avoir des enfants incrédules qui refusent Ma Parole, mais Je ne désire pas, non plus, avoir des enfants sans énergie.

Soyez vigilants. Travaillez à Ma Vigne. Les Ouvriers de Dieu doivent *être tous à l'Oeuvre.* Portez Ma Parole de Vie partout. Construisez déjà, en vos coeurs, Mon Règne d'Amour, de Paix, de Joie. Comme le soleil, *réchauffez* les coeurs glacés. *Nourrissez* ceux qui attendent Ma Parole de Vie; cette Nourriture si précieuse, ils ne l'ont pas encore trouvée. *Consolez* les désespérés; ouvrez-leur votre coeur qui contient Mon Saint Coeur; offrez-leur ce doux abri. *Faites-Moi connaître, faites-Moi aimer* et annoncez-Moi *partout.* Donnez à chacun l'Espérance: le Roi *revient* pour essuyer toutes larmes, apaiser toutes les peines et donner la Vie là où la Mort s'est installée: soyez *vigilants,* mais *confiants.*

Mon enfant, Je vous ai dit que Dieu tient toujours Ses Promesses et qu'il en est une à laquelle Son Amour de Père est très attaché:

Le Père Éternel: "JÉSUS, Mon Enfant Bien-Aimé, votre
************** Divin Sauveur, doit revenir sur cette Terre. Dans Mon Infinie Sagesse, la décision est prise: le Roi *doit* prendre possession de Sa Terre qu'Il a gagnée avec Son Sang.

Moi, votre Père des Cieux, Je désire voir arriver ce Jour.

Alors, Mon Coeur de Père reposera en celui de Mon Fils Bien-Aimé. J'attends ce Jour béni comme un père attend de donner le meilleur de lui-même à tous ses enfants. Là, Mon repos sera complet. Promis à l'Humanité comme Sauveur, *Il l'est.* Promis à l'Humanité comme Roi, *Il est attendu* et Dieu tient Ses promesses:
Il viendra, votre Sauveur et votre Roi!

Mon Fils Bien-Aimé est avec vous tous *unis*; Il est *uni* à vous; Il vit déjà *en vos coeurs.* Je suis le Père de *toutes* les âmes et J'unis vos coeurs dans celui de Mon Divin Fils pour vous faire vivre, *déjà*, dans l'Éternel Amour Trinitaire. Ainsi, lorsque JÉSUS viendra vous donner Son baiser de Frère et Son baiser de Roi,
car Il est Roi de l'Univers,
vous serez déjà, sur cette Terre, habités par la Très-Sainte Trinité car, Moi, votre Père des Cieux, *J'ai uni les Trois Personnes de la Très-Sainte Trinité en Mon Fils, Seigneur et Roi de l'Univers, pour que JÉSUS puisse porter l'entière Royauté de Dieu, dans l'Union du Père, du Fils et du Saint Esprit,* sur toutes Ses créatures humaines, Ses sujets bien-aimés: *vous,* enfants sacrés par votre Père Éternel du nom de *fils de Dieu.* Voilà pourquoi le Fils Unique du Père va descendre, en Dieu Trinitaire, pour donner au Monde entier la Grâce trois-fois Sainte du Roi des Rois.

JÉSUS: "Je suis JÉSUS, le Fils Bien-Aimé du Père; avec le Père ******* et le Saint Esprit Je vous bénis: recevez en ce jour saint la Bénédiction Royale au Nom du Père, du Fils et du Saint Esprit..

Ma Royauté est divine *et nul ne peut venir au Père sans passer par le Fils,* car il en est ainsi: Mon Père M'a donné tout Pouvoir sur la Terre comme au Ciel. L'Esprit Saint est aussi Puissant que le Père et que le Fils; Il est Dieu dans la Troisième Personne de la Très-Sainte Trinité; Il ne reste jamais inactif.

Chaque *seconde de votre Temps* reçoit Son Souffle qui descend sur *chacun de vous;* Vent doux, puissant, empli d'Amour et de Connaissance, qui enveloppe le corps, l'âme et l'esprit. L'esprit de l'homme est *un* avec l'Esprit Saint *si vous Le laissez pénétrer en vous.* Ce *mouvement* est une rotation continue: venue du haut des Cieux, la Grâce vous enveloppe et, si vous l'acceptez en votre âme, en votre corps, en votre esprit, *vous serez alors ivres de bonheur.*

Ce Souffle ne peut pénétrer en vous que si vous Lui laissez la place: retirez de votre esprit toutes pensées négatives qui ne sont pas en relation avec Dieu; pensez à Dieu; vous constaterez alors *combien* le Dieu Créateur est toujours à l'Oeuvre, *combien* le Dieu Rédempteur est toujours l'Océan de la Miséricorde Infinie, *combien* le Dieu, Esprit d'Amour vous conduira éternellement dans une Adoration continue, faisant de *chacun* de vous une Lumière, un *Feu d'Amour,* un vent de Connaissance.

Vous recevrez *toute* la Connaissance nécessaire pour vivre, *déjà sur votre Terre,* la Vie Trinitaire de votre Dieu Trois-Fois Saint. Appelez-Moi, de plus en plus fort, en votre coeur: Je reviendrai, Parole de JÉSUS-Christ; vous deviendrez des enfants de Lumière.

La Lumière vous appelle à demander l'Amour; écoutez ce langage divin: il est *unique*; Je parlerai *en qui M'entend* en *ce* moment. Vous devriez être déjà dans ce chemin, prêts à recevoir le Chant de Dieu. La Parole de Dieu est *un chant* qui s'étend à l'infini sur la même note, une continuité dans la Perfection divine, sans résonance humaine; elle est entendue sans interruption, elle berce vos coeurs, elle descend dans vos âmes comme une suave mélodie: c'est la mélopée entendue seulement de l'aimée; ainsi est cette communication d'un Dieu à Son âme. Ceci serait pour chacun, pour chaque enfant qui viendrait M'écouter, comme seul peut être entendu l'aimé qui, par sa parole, envahit l'âme de l'aimée d'un bonheur ineffable.

Mon enfant, Je t'ai fait décrire *cette douceur*; bien peu peuvent pénétrer dans Mon Jardin Secret, car il ne savent pas laisser à l'entrée, devant la porte, *leurs chaussures*; ils sont englués dans des chaussures pesantes: le matériel, la gloire, les richesses de ce monde, l'attachement à vos biens; vous n'arrivez pas encore à vous en défaire. Vous êtes *soudés* dans vos *chaussures* qui vous retiennent prisonniers de ce Monde. C'est pour cela que J'ai choisi certaines âmes; Je perfectionne leur sensibilité; elles M'ont tout donné; elles sont libres de toute entrave terrestre; J'interviens lorsque leur impétuosité spontanée risque de les faire dévier de leur chemin; Dieu bénit leurs pas, qui suivent Ses pas, pour porter au Monde *Ma Parole de Vérité.*

Et rien ne doit troubler le Dessein de Dieu, car Dieu a mis en chacune d'elles *Son Dessein* et ce Plan Divin est si protégé en elles, que le Malin *enrage:* il attaque *du dehors* Mes âmes choisies, pour détruire ce que J'ai mis en chacune d'elles.

N'aie crainte! Je suis avec vous, dans ce moment où tout semble chanceler pour vous. Je redresse le précieux fardeau; ce chargement de Dieu est préservé, même si *la carcasse du bateau,* vous Mes bien-aimés, reçoit coup sur coup. *Rien* ne peut démolir l'intérieur, et encore moins *le Trésor* qui est à l'intérieur.

Je vous ai donné, *à chacun de vous* Mes bien-aimés, un Plan qui a une *valeur de prise,* ce qui revient à dire que, petit à petit, Je vous ferai découvrir ce qui, en Vérité, *est le principal.*

La lutte va être *féroce* pour plusieurs raisons; vous serez *seuls*; bien peu vous soutiendront au début parce que, comme toujours, le plus fort du bataillon suit seulement lorsque la tête a percé.

La lutte sera sans merci contre le Mal. Alors viendront, de toutes parts, *ceux* qui auront vu, *ceux* qui auront compris que *ceci est Ma Vérité* puisqu'elle tient malgré les attaques répétées du Mal, *et que les fruits sont là,* au pied de Ma Croix, de Mes Croix d'Amour. Alors, vous serez aidés comme jamais, car ceci sera *comme un tonnerre*: il effraie avant que la foudre tombe; *et la foudre tombera,* non pour brûler comme le bois, mais pour brûler comme un Feu d'Amour.

Et tous alors brûleront d'Amour. Il est bon de brûler d'Amour à Mon Saint Coeur, Brasier ardent de Charité; chacun comme une torche allumée qui éclaire, qui réchauffe, qui rassure. Petits enfants, c'est *un Temps de Grâce* où la Grâce va commencer à régner; là commencera Mon Règne d'Amour.

Je viendrai! Quel est le Roi qui ne se montre pas devant son armée victorieuse? Je mènerai la dernière bataille. Le Roi sera en tête et, devant vous, *va mourir la Bête,* celle qui a fourvoyé toute l'Humanité. Je M'avancerai vers elle, la foudroyant de Mon Regard et de Mon Souffle puissant, brûlant comme *le Feu de l'Étang,* là, Je la plongerai à jamais dans ce feu qui ne s'éteindra jamais.

Aujourd'hui, Je t'ai expliqué beaucoup de choses sans te dire à quel moment arrivera ceci ou cela. Retiens bien une seule chose: c'est que tout ce que Je te dis se réalisera et *personne ne doit en douter.* Pour le moment, travaillez comme si chaque jour vous allez voir pointer *Mon Grand Jour, Mon Jour Nouveau.*

Il en sera ainsi: c'est au moment où vous ne vous y attendrez pas que Je serai là, bien Vivant, sur votre Terre; car Je suis Roi et un Roi est appelé à régner là où il a été couronné: Ma Couronne d'Épines va devenir une couronne plus précieuse que celle qu'a portée le plus grand roi de votre Terre, car la Terre entière est Mon Royaume et le Ciel est rempli de Ma Gloire.

Mon Pouvoir Me vient directement de l'Éternel,
le Créateur de tout l'Univers.

Le Dieu de l'Univers n'a qu'une Parole. Elle est immuable; aussi solide que son Roc; aussi tranchante que son Épée royale.

Ma Parole est Vérité.
Je viens vous délivrer, comme Je vous l'ai promis.
A bientôt, Mes bien-aimés.
Jésus-Christ, Seigneur Dieu et Roi de l'Univers.

† † †

Mon Éternel Présent
****

Samedi 30 Novembre 1996 (3 h. du matin)
Fête de St André, Apôtre

"JNSR": *"Seigneur, dans Tes dictées il y a bien des points qui semblent gêner certains Prêtres. C'est Toi, Seigneur, qui M'a parlé. Je suis bien incapable d'expliquer moi-même ce qui leur paraît si inaccessible. Seigneur, aide-moi, je T'en supplie".*

Notre Père: "Demande-leur d'abord s'ils peuvent déjà vraiment,
********** eux-mêmes, expliquer Mes Écritures, tout ce que J'ai fait dire par Mes Prophètes et par Mes Apôtres bien-aimés. Car, à l'heure actuelle, Je n'en connais pas *un seul* qui ait l'entière Vérité sur Mes textes sacrés en ce qui concerne tout le Testament, ce que vous appelez l'Ancien et le Nouveau. Alors, pour leur montrer encore une fois que Dieu parle par Ses prophètes et, encore aujourd'hui, par Ses *voix de la Terre*, Je vais leur expliquer que lorsque Je te dicte, J'emploie *le Temps* et non *l'Espace*, ce qui revient à dire que Je parle dans *l'éternel présent*.

La création du monde est une action vivante alors que la Pensée de Dieu *était* et *dominait* toute l'Éternité: l'invisible Création, invisible pour vos yeux. Le Créateur n'a jamais cessé de créer; ainsi les Anges vous diront que, lorsqu'ils virent Dieu, émerveillés et sans aucun ordre ni demande de leur part, *ils surent se trouver devant le Créateur et L'adorèrent à genoux, le front à terre*; immédiatement, sans que cela leur soit commandé ni recommandé, dans une Adoration continue pour leur plus grande joie et pour l'Éternité.

Je suis l'Adorable Trinité, parfaitement sainte, parfaitement juste. Dès que l'homme fut créé, Je Me vis *en lui;* son intelligence était parfaite; l'homme, créature vivante, portait en lui *Ma descendance terrestre*. Je l'ai créé *libre* et il s'est emprisonné lui-même, modelant avec sa désobéissance *la chaîne* qui, désormais, allait le lier à son nouveau Maître, l'ange déchu, le Menteur. Vous pensez qu'alors J'allais arrêter là Ma Création et l'anéantir à jamais?
Dieu ne sait qu'aimer, mais il fallait effacer cette Faute
qui venait de briser l'harmonie de Ma Création.

La Deuxième Personne de Ma Trinité Bienheureuse Se désigna Lui-même comme *futur Rédempteur*, Mon Fils Unique.

Dieu créa *toutes* Ses âmes dans le même intervalle de Ma Pensée, *en une seule et unique fois*. Elles *virent* la désobéissance qui régnait déjà sur la Terre et elles *comprirent* qu'il fallait réparer avec leur propre souffrance *dans* la Souffrance du Fils de Dieu, avec leur propre mort *dans* la Mort de l'Agneau de Dieu."

JÉSUS: Et que ceci apaiserait la Souffrance du Créateur qui ne
******* pouvait plus concilier Sa Création avec Dieu. Mais
Dieu montra à toutes Ses âmes, qui vivaient avec Lui dans Sa
Pensée, *la Résurrection* et la participation de souffrance acceptée [1]
par chacune d'elles pour arriver à *la Résurrection Finale,* toutes
ensemble *à nouveau* réunies en Dieu.

Lorsque vous parlez de "réincarnation" et de "vies antérieures"
c'est que, parfois, vous arrivez à briser *le voile* [2] qui s'est abaissé lors
de votre naissance sur la Terre. Vous avez *choisi* le pèlerinage
terrestre, parfois très dur, afin de revenir à la Maison du Père avec un
lourd bagage de richesses spirituelles. Alors, Je regarde combien
vous avez fait fructifier les *talents* que Je vous ai remis. Certaines de
Mes âmes veulent encore rester sur la Croix pour continuer à aider
Mes âmes trop fragiles et peu disposées à supporter la souffrance *du
Sauveur.* Tous vos frères, qui sont actuellement écartelés par les
guerres répétées, les famines douloureuses, les maladies incurables,
ne peuvent pas venir à bout de leurs peines. L'Ennemi décime des
populations entières et *seule Ma Croix sauvera le Monde avec
ceux qui viennent avec Moi pour mourir au péché afin qu'il meure
à jamais;* et que la Vie renaisse avec Moi, que ceux du bout du
monde reçoivent avec vous, avec Moi, *la Résurrection Finale*; car,
dans Mon Éternel Présent, *Je viens* également élever Ma Croix
Glorieuse.

Voici *la photo de NOUMÉA:* "Je suis la Résurrection et la Vie";
voici ceux qui viennent de laver leur robe dans le Sang de l'Agneau:
ils montent guéris et heureux vers la Demeure de Dieu. Vous voyez,
sur votre Terre, passer les jours et les heures; et votre vie de chaque
jour est une page qui se tourne de *ce livre,* épais ou fin, qui s'appelle
votre existence sur la Terre. Lorsque Je vous prendrai dans Mon
Royaume, *vous ne tournerez plus de page, car le livre de la Terre,*
une fois fermé, va s'ouvrir sur un lieu où le Temps se conjuguera *au
présent* et où Dieu est *ce Présent Éternel.*

1: Cette connaissance et cette acceptation du destin terrestre par l'âme avant sa
naissance à la vie terrestre se déduit aisément des dictées de JÉSUS à Maria Valtorta
(T.1, p.73), à Maman Carmela en Sept. 1968, à "JNSR" bien avant la publication de
"Témoins de la Croix" (voir "Dieu EXISTE", p.277)
2: JÉSUS dicte à Maria Valtorta (T.8, p.75): "*La Bonté de Dieu vous épargne la
connaissance de l'avenir, mais à Moi elle n'a pas été épargnée*" . Ni à MARIE chez qui le
voile, qui masque la mémoire profonde de l'âme, est devenu vite transparent: "*Elle
caressait les boucles blondes de Son Enfant et pensait que cette petite tête dorée serait
couronnée d'épines. Elle caressait les douces petites mains et les petits pieds roses et se
rappelait que des clous très durs les traverseraient*" (à Maman Carmela, "Dieu EXISTE", p.
109). A Maria Valtorta, JÉSUS dicte: "*Les saints se ressouviennent de Dieu*". MARIE et
les saints sont nés sur Terre. Ce qui ne cautionne nullement la pseudo-réincarnation.

Ne cherchez plus Mon Visage, *regardez-Moi.* Venez à Moi. Vivez Ma Vie. C'est pour cela que Je vous ai créés: pour Ma Joie. Vivez Ma Joie.

"Ô Seigneur! Comment allons-nous Te partager? Tu es l'Amour et nous venons de Te trouver. Nous Te voulons en entier, ô mon Dieu! Que le désert parcouru a été long, que les nuits étaient sombres et les jours monotones, sans Toi!"

Comme le Corps du Christ Se trouve tout entier dans la moindre parcelle de l'Hostie consacrée, Je serai Présent *avec vous, avec chacun de vous* toute l'Éternité, dans une Béatitude ineffable où le Temps ne sera plus planté comme un surveillant, mais comme un Ami complaisant qui vous guidera et vous aidera à découvrir toutes les Merveilles de Dieu qui sont désormais *votre Cadeau.*

Votre Père est Roi, Roi de l'Univers. Rien ne sera refusé à chacun de Mes enfants qui M'aiment et Me serviront comme ils M'ont toujours servi sur la Terre, dans l'obéissance et l'Amour.

Pour le moment, priez pour le Salut de toutes les âmes et pour votre propre Salut.

Priez de tout coeur dans chaque Messe et communiez pour tous ceux qui ne communient pas. Priez pour eux; considérez-les présents. Nommez-les Moi jusqu'à ce que nous arrivions ensemble à *la frontière des Temps* pour *les* franchir.

Votre *Histoire d'Amour avec Dieu* doit se vivre encore aujourd'hui au pied de Ma Croix; soyez présents au pied *de chaque Croix d'Amour* car tout se réalisera bientôt.

Ma Trinité Très-Sainte *est indissociable* et depuis toute Éternité, Elle confirme la Gloire du Christ *dès Sa Conception, à Son Corps-même.* Cette Gloire résulte de l'union des deux Natures en Moi, Fils de Dieu. [1]

Regardez l'Incarnation de Dieu; goûtez à Mon Amour Infini et vous comprendrez la Gloire *Trois-fois Sainte de Ma Divinité dès Ma Conception en Fils de l'Homme, vrai Dieu et Vrai Homme.* [1]

Amen

†

† †

---

(1) : Dans ces deux derniers paragraphes, Notre Seigneur justifie la formulation: *"MARIE, Mère de la Très Sainte Trinité"* énoncée dans le 3ème volume, et qui avait surpris certains lecteurs.

Suite du Message précédent
Samedi 30 Novembre 1996 - 9h. du matin

Notre Père: "Mon enfant, si Je devais vous dire *toute* Ma Vérité,
********** d'abord tu n'aurais pas assez de papier pour l'écrire
et, ensuite et surtout, l'usage que vous en feriez serait si nuisible à
votre pauvre Humanité, que, vous, seuls avec un savoir si grand,
vous deviendriez beaucoup plus arrogants, beaucoup plus
provocateurs que Mes anges déchus et, à l'instant, vous entraîneriez
votre planète vers la fin de votre monde.

Avec votre entière connaissance, votre liberté serait le danger
sans nom de votre propre extermination; car Mes créatures seraient
alors en mesure de poursuivre, avec Ma Connaissance et votre
liberté, une entreprise encore plus dangereuse et plus cruelle pour
Ma Création que ne le fut cette méprisable révolte de Satan lui-
même, l'Ange de Lumière en qui J'avais mis toute Ma confiance de
Créateur. Dans sa propre liberté, il est devenu Mon Ennemi et
jusqu'à la Fin des Temps, il exercera sur vous tous les méfaits qu'il n'a
pas accompli dans Mon Ciel de Gloire.

Aucune créature ne peut vaincre le Créateur, car J'ai tout Pouvoir
sur tout l'Univers. Votre Dieu serait un Dieu bien pauvre et ayant
une pensée bien étroite si J'étais, comme vous osez Me croire, le
Créateur de votre seule galaxie. Si je vous laisse entre les mains tous
les éléments nécessaires, si Je mets dans votre pensée l'intelligence
nécessaire pour créer des forces et des puissances pour servir au
bien de l'Humanité, vous pouvez constater par vous-mêmes que tout
tourne au désastre; et que, d'un bien, l'homme fabrique un désastre
sans précédent: la bombe atomique par exemple. Au fur et à mesure
que Je vous donne certaines facultés à comprendre mieux, à mesure
que Je vous donne une petite part de Ma Connaissance, vous
devenez *des dieux* dans le pouvoir, dans l'orgueil, dans l'argent.

Si Je vous donnais *toute* Ma Connaissance dans le seul domaine
de votre propre constitution, vous iriez jusqu'à M'imiter dans Mon
Pouvoir Créateur et créer une humanité artificielle: *mais vous êtes
déjà en train d'expérimenter cela.*

C'est pour cela que Je viens vous donner un Monde Nouveau,
une Terre Nouvelle et des Cieux ouverts à l'Amour *qui vient vers
vous.* Car dans vos seules mains, Ma Terre est en train de devenir
une Création déchue. Je ne veux pas que ce que J'ai créé avec tant
d'Amour pour l'offrir à Mon Fils Unique, devienne une planète
morte, sans vie et sans espérance. Je vous dirige pas à pas dans la
recherche de la Vraie Vie en Dieu, mais vous recherchez *à l'envers*

du principe que J'ai établi: tout ce qui vous a été défendu afin d'égaler un jour votre Créateur...

Je vous ai dit: *"Ne recherchez que le nécessaire; aimez Dieu et votre prochain; et tout vous sera donné de surcroît".* Comme aux Temps anciens, vous voulez devenir vos propres maîtres; vous luttez *contre* l'Amour; vous voulez usurper Mon Pouvoir; vous êtes à la recherche d'un maître qui n'a rien de divin, puisqu'il attend que vous lui ouvriez la porte afin de couronner *le matérialisme* par l'horrible marasme que l'homme lui fabrique.

Sa couronne *de possession* est déjà entre vos mains: lorsque vous le couronnerez, il sera déjà trop tard pour ceux qui vont le suivre.

Mon enfant, Je t'ai donné beaucoup de réponses à ceux qui cherchent *une vérité pour te détruire*, et non Ma Vérité; car Ma Croix les impressionne tellement qu'ils pensent, qu'en te faisant taire, tout s'arrêtera. Je t'avais prévenue que ce quatrième livre, j'allais le mettre dans des mains qui te maudiront; ce sera le dernier livre que Je te ferai écrire pour eux, car ils auront tout pour comprendre que le Maître de l'Histoire *revient,* par le même Chemin qu'Il est monté au Père, *par la Croix!*

Mais cette fois elle est Glorieuse, comme Celui qui a reçu tout Pouvoir et toute la Gloire de Son Père et votre Père Éternel.

Autrefois, vous M'avez accueilli avec des palmes pour Mon entrée à Jérusalem; aujourd'hui, vous M'accueillerez avec Ma Très-Sainte Mère par des Croix de Lumière *dans Ma Nouvelle Jérusalem.*

Ma Cité Sainte est déjà près de vous.

Amen.

†
† †

Vivre en communion
****

Samedi 7 Décembre 1996

"*JNSR*": "*Mon Dieu, Tu m'a dit: "JE SUIS" et, en même temps, Tu m'as demandé: "Et pour toi, qui suis-Je?". Comment peut-on répondre à Ta question, Seigneur! Je serai toujours en-dessous de la Vérité. Tu est Tout puisque Tu es Dieu. Tu es encore plus que Tout puisque Tu T'es abaissé jusqu'à nous pour nous sauver; Tu es mort sur la Croix pour que nous ayons la Vie Éternelle en Dieu. Tu es l'Amour!*"

JÉSUS: "Ces Communautés que Je vous demande, ne sont
******* pas concrètes; elles doivent vivre d'abord en vos coeurs, au pied de chacune *des Croix d'Amour*, comme Mon Règne d'Amour qui a commencé à envahir les coeurs un par un; vous serez appelés à vivre *en communion*: c'est une union d'Amour entre frères appelés par votre Père des Cieux. Vous serez guidés par Celui qui dirige les Oeuvres de Dieu, en commençant par les faire naître dans l'esprit des hommes: ainsi l'Esprit Saint vient féconder vos projets lorsqu'ils ont reçu déjà l'approbation du Père des Cieux.

Je suis votre Dieu, Sauveur du Monde. Vous êtes unis, entre vous et avec Moi, par Ma Sainte Croix. Je suis JÉSUS de la Très-Sainte Croix Glorieuse. Le Père d'Amour est en Moi, et Moi Je vis dans le Père. Et si Je vous ai choisis de par le Monde, c'est pour que le Monde croie *que Je Suis*, à cause de Mes Oeuvres, et que vous attestiez, par votre Foi, le Mystère de votre Union au Christ. C'est *là* que vous trouverez *la clé* de votre solidarité. J'attends *tout* de vous. Ainsi, à travers le Temps et l'Espace, vous pourrez dire et affirmer que vous êtes *le Corps du Christ*, cet ensemble de tous les Chrétiens enfin unifiés, désignés par le mot *Corps*. Dans la Sainte Eucharistie, le pain est identifié: l'Hostie est le Corps *réel* du Christ qui a vécu, qui est mort et qui est ressuscité dans la Gloire. L'action salvifique du Christ s'accomplit essentiellement sur la Croix et elle atteint *chacun de vous*, d'une manière indiscutable.

Le rayonnement de Ma Croix, c'est Ma propre Gloire.

Vous devez demander que toute Ma Vie, Ma Mort et Ma Résurrection, *vivent* en votre corps; et surtout demandez-le Moi à chaque Messe, à chaque Communion. Dites ces paroles: "*Dans la Sainte Eucharistie je m'identifie à tous mes frères présents, absents, ceux qui ne viennent jamais à la Messe, ceux qui offensent Dieu dans Son Saint Sacrement*". Alors votre corps de chair va vivre Ma Vie, pour vous et pour tous ceux que vous venez de M'offrir.

En un instant, vous allez *devenir* le Corps de chair du Christ; car l'Hostie Vivante en vous, c'est le Corps réel et personnel de votre Dieu Sauveur.

Oui, là vous devenez un ensemble unifié.

Pour *un seul* qui Me le demande en son coeur, le Miracle s'étend même sur des coeurs qui M'ont oublié. Je suis Présent réellement, Présent au même moment en divers lieux: Mon Corps Glorieux transcende le Temps et l'Espace. Mon Amour est plus fort que toutes vos tentations mais, pour détruire mystérieusement le Mal, seul l'Amour absolu de Dieu pouvait être assez fort pour redresser votre liberté de l'intérieur. *Il fallait* que cet Amour vienne à vous, d'où Ma Sainte Incarnation. *Il fallait* que Je naisse en tant que Fils de l'Homme. *Il fallait* que Je vive, que Je souffre, que Je meure et que Je ressuscite pour que l'homme *renaisse* avec Mon Amour, *renaisse* à Ma Vie, la Vie en Dieu.

Par Ma Croix, J'ai tué la haine et J'ai fait de vous des frères; Je vous ai unis, juifs et païens, tous en un seul corps. J'ai fait de chaque frère *un homme nouveau*. Par Ma Sainte Croix, Je vous ai *incorporés en Moi*. je vous ai réconciliés avec le Père d'Amour. Ma Sainte Rédemption s'étend sur tout le genre humain.

Venez, les Bénis de Mon Père, car J'ai eu faim et vous M'avez donné à manger; J'ai eu soif et vous M'avez donné à boire; J'étais un étranger et vous M'avez accueilli, nu et vous M'avez vêtu, malade et vous M'avez visité, prisonnier et vous êtes venus Me voir. Alors les Justes répondront: *"Seigneur, quand nous est-il arrivé de Te voir affamé et de Te nourrir?"*. Alors le Roi leur fera cette réponse: *"En Vérité Je vous le dis: dans la mesure où vous l'avez fait..."* (Matth. **25**, 31-46). Tu sais que Mon Amour n'a ni préférence, ni référence. Vous êtes tous Mes enfants. Je *suis* en chacun et lorsque la Lumière *des Temps* faiblira, Moi, votre Dieu, Je ferai briller Ma Lumière de Vie Éternelle. Je serai doux comme une caresse pour ceux qui, mystérieusement, n'ont pas cessé de M'accueillir et de M'offrir, en leur coeur, la meilleure place. Il ne suffit pas de Me dire: *"Seigneur, Seigneur..."* avec votre bouche; c'est avec votre coeur.

Priez au pied de Ma Croix, devant chaque *Croix d'Amour;* considérez que tous vos frères, pour qui vous priez, sont là, présents avec vous; persistez à Me les présenter tous les jours dans votre Prière: ils seront bientôt très nombreux, *appelés par Ma Voix qui sort de ces milliers de Croix d'Amour.* Les frontières du Temps sont franchies. Toute l'Histoire du Monde n'est plus qu'une Prière d'Amour avec Ma Présence et *votre présence* au pied de Ma Croix Glorieuse qui vous unira à Dieu pour l'Éternité.   Amen.

JE SUIS.

Aimez-vous, les uns les autres

****

Mardi 10 Décembre 1996

"JNSR": *"Mon Dieu, voulez-Vous me parler? Seigneur, je Vous écoute".*

JÉSUS: "Les enfants de ce Temps vivent dans la violence et
******* ne savent plus goûter à la Paix. Ils vivent repliés sur
eux-mêmes et ne savent ni écouter le frère qui souffre, ni partager sa peine. Ils ne savent pas s'unir pour mettre en commun le pain et l'eau; ainsi l'un mange et boit trop, et l'autre pas assez. Chacun vit pour soi, chacun cache sa misère ou sa joie, car personne ne participe à la peine ou à la joie de l'autre. Plus rien ne rattache les uns aux autres. Où est la Vérité? Dieu a été rejeté ainsi; tout a été rejeté; la grande Chaîne d'Amour s'est brisée de partout...

Si le Riche devenait encore plus riche, il trouverait ne pas avoir encore suffisamment. Si le Pauvre devenait encore plus pauvre, même sa vie deviendrait une offense à cette humanité déchue!...

Comment devrais-Je réparer ce qui tombe dans l'abîme à cause du manque d'Amour et de Charité! Comment certains peuvent-ils encore se regarder vivre dans une telle opulence, s'enrichir sans scrupule aux dépens des petits! Comment peuvent-ils vivre sans se soucier de leurs frères? Leurs greniers sont remplis de nourriture et leurs bourses pleines d'argent: pensent-ils, un seul instant, que tout ceci est passager et qu'en une seule nuit, *Je peux détruire tout ce qu'ils ont amassé.* Faut-il que Je détruise tous leurs biens terrestres pour sauver leurs âmes, leur apprendre qu'il existe une richesse qu'ils ne peuvent pas se payer avec tous leurs biens terrestres et leur argent: *le matériel* a détruit tout *le spirituel,* ils ne Me voient plus!... Leur argent, ils le croient à l'abri, il dort en divers lieux qui sont destinés à faire fructifier, encore et encore, leur avoir; des banques...

Savez-vous que toute cette fortune de papier, ou de métal, qu'elle soit à la vue de tous ou bien cachée; tous ces biens qui dorment au soleil ou dans l'ombre, savez-vous qu'ils vont devenir votre propre jugement? Depuis que vous vous connaissez, vous n'avez fait qu'amasser, sans partager, sans vous soucier que *tout vient de Dieu!*

Vous ne M'avez jamais vu souffrir dans le misérable; le mendiant, le malade, l'affamé, le pauvre errant: vous ne M'avez pas reconnu en eux, et Moi Je vous oublierai; car vous avez grossi comme une pâte remplie de mauvais levain, débordante sur toute votre personne, jusqu'à étouffer les sentiments d'humanité.

Vous êtes descendus plus bas que les animaux qui, par instinct, aiment leur maître qui les nourrit: vous, vous ne rendez jamais Grâces à Dieu.

Jusqu'à quand croyez-vous que vous allez pouvoir contrôler toute votre richesse? Elle ne sert qu'à servir votre corps, à embellir vos demeures et contenter votre cupidité: *amasser pour amasser!*...Pouvez-vous vivre éternellement sur votre Terre et continuer à jouir de tous vos biens matériels?

Si vous aviez compris combien Je vous aime, vous auriez pu apprécier à sa juste valeur *votre pain quotidien* et Me demander Pardon pour la nourriture que vous jetez sans l'apprécier: vous auriez ainsi compris le vrai sens du partage. Sans aucune obligation, vous auriez alors cherché comment venir en aide à celui qui a tout perdu.

La *misère du Monde* est tombée dans certains pays appauvris et misérables. Le terre et les hommes sont devenus *la solitude, la désolation, la tristesse, la famine et les maladies du Monde entier.* A eux seuls, ils ont réuni sur eux la *Plaie qui devait frapper le Monde entier.* Sur eux seuls s'est abattu *le fléau de l'égoïsme du Monde.* En eux seuls, ils portent le marque de ce manque de Charité envers nos frères, de ce manque d'Amour envers Dieu. *Par eux seuls, et par Amour pour eux, J'accomplirai le Miracle qui viendra sauver toutes ces âmes déchues qui ne voient rien.*

Vous savez juger et définir la distance qu'il y a de votre pays au leur et vous dites: "*que puis-je faire, moi seul et si loin,*" Jugez plutôt l'éloignement de votre coeur et votre indifférence! Vous ne ressentez *qu'une* impuissance... Car si Je vous avais vus venir à Moi pour M'implorer de venir en aide à ceux qui ont préféré *vivre l'Amour dans le partage de la misère, de la souffrance et de leur solitude,* alors J'aurais agi en votre nom; mais vos coeurs étaient secs...

Eux marchent déjà vers Mon Banquet Royal. Pleurez plutôt sur vous qui marchez *vers la Mort* avec vos Bourses remplies de papier et de métal sans valeur pour Moi, car ils seront *le poids* qui vous empêche d'avancer jusqu'à la Porte de Ma grande Salle.

Vous ne la franchirez pas, car Je ne vous laisserai pas pénétrer: *Je ne vous connais pas!* Alors, aujourd'hui encore Je vous demande: "*Faut-il que vous voyiez, avec vos yeux de chair, une flambée de tout cet argent que vous cachez, car, devenu papier, il flambera! Faut-il que vous trouviez le sol de votre pays aussi sec que vos coeurs? Faut-il que Je ferme le ciel pour retenir toutes les eaux* après avoir subi des débordements incontrôlables sur vos fleuves, jusqu'à noyer les racines de vos arbres et de toutes récoltes, après avoir vu les mers et les océans envahir les terres jusqu'à les rendre incultes à cause du sel qui s'est déposé sur elles comme une manne maudite?

Non, ce ne sera pas encore, comme vous osez le dire "une fatalité"; Je vous avertis: tout cela vient à cause de votre manque d'Amour; votre manque de Foi vous rend aveugles et insensibles à la souffrance de tous vos frères; ils vivent dans une insupportable misère, misère créée par votre manque de Charité qui fait de vous des êtres en train de perdre leur âme.

Oui, pleurez sur vous, pauvres enfants qui avez oublié et méprisé le Premier Commandement de Dieu: *"Tu adoreras Dieu Seul et tu L'aimeras par-dessus tout et tu aimeras ton prochain comme toi-même".*

Par pitié Je vous demande de revenir à Moi; Je vous appelle tous à revenir dans Mon Église et vivre comme le petit Enfant de la Crèche: votre Doux JÉSUS vous appelle à venir partager *le Pain de Dieu* avec MARIE et JOSEPH. Au pied de l'Autel, à genoux devant Mon Prêtre, ouvrez votre bouche: Dieu Se laisse manger, et la main qui M'offre à vous est bénie par Mon Père et Votre Père.

Respectueusement, venez partager avec tous vos frères *le Pain de l'Incarnation de Dieu*; en vos âmes JÉSUS veut vivre, grandir en vous, souffrir, mourir et ressusciter avec vous, enfants bénis du Père.

Dieu vous aime.
Aimez-vous les uns les autres
comme Dieu vous aime.
Amen.

†
† †

Orthodoxes et Juifs:
Catholique, voici tes frères
Marseille, 15 Décembre 1996

"JNSR": "Je suis venue ce jour-là à Marseille, invitée par une Communauté de Religieuses pour parler de Dozulé et du Message des Milliers de Croix.

J'ai fait cette conférence à genoux, au pied de la grande Croix dressée dans la pinède, en plein air; j'avais le manteau et il ne faisait pas froid. 70 à 80 personnes étaient là; certains ont insisté pour que je parle sans lire aucune feuille (j'avais préparé une conférence), donc j'ai fermé les yeux, j'ai appelé à mon aide l'Esprit Saint et j'ai parlé à genoux devant la Croix.

A la fin, un frère de cette Communauté a chanté: "Victoire! Tu règneras, ô Croix, tu nous sauveras"; et ils m'ont dit: "Tu as fait pleurer beaucoup de monde". Nous étions émus et ravis. J'ai retrouvé beaucoup d'amis des pèlerinages de Dozulé: on arrive ainsi à se connaître. "Les Amis de la Croix Glorieuse" se connaissent et se reconnaissent dans toute la France.

J'ai été appelée par la Mère Supérieure: je n'ai jamais vu d'ange et, en la voyant, j'ai eu cette impression: un ange pour moi, pour me donner sa joie, la Joie de Dieu, venait de descendre du Ciel; elle est jolie et souriante; comment, si jeune environ 40 ans-peut-on avoir une charge pareille? La réponse m'est arrivée de suite: "Sa Confiance en Dieu a fait d'elle le pilier de sa Communauté". Elle est très respectée et aimée; elle m'a demandé de mener les deux Chapelets des Mystères Douloureux et Glorieux en méditant chaque Mystère. J'ai été très émue; j'ai eu même une crainte: "Je ne suis pas digne, ma Mère; devant vous, devant chaque Soeur, je suis une nullité". Puis par obéissance j'ai accepté et j'ai commencé à prier, avec les Religieuses derrière leur grille et avec les personnes qui avaient déjà assisté à la Messe du matin. Il devait être 14 h, 30 ce 15 Décembre et l'église était remplie de Fidèles.

Je pensais au choix que j'avais dû faire. Le choix, pas vraiment, car j'avais promis depuis longtemps de venir aujourd'hui à Marseille; mais j'aurais tant voulu aller voir le Patriarche, me mettre à genoux devant lui pour qu'il me bénisse et, à travers moi, ce grand projet des Milliers de Croix sur toute la Terre. J'aime tant les Orthodoxes! Je retrouve en eux l'église de mon enfance, une pureté qui correspond à l'Église primitive de l'Orient; beaucoup de sérieux et de sérénité; de belles couleurs, chaudes comme le pays où je suis née.

Oui, ce jour-là il s'est passé quelque chose d'extraordinaire: tout-à-coup, pendant cette Prière je me suis glacée: j'étais toute blanche, à ce qu'on m'a dit, et j'étais baignée de larmes. Je ne me trouvais plus dans cette église de Marseille; j'étais ailleurs, dans une église que je ne connaissais pas et qui ne ressemble pas à celles de chez nous. Les couleurs bleu-roi et pourpre dominaient partout; la couleur or entourait chaque motif de ce décor grandiose; des Icônes, voilà ce que je voyais, grandes, majestueuses. Tout baignait dans une paix religieuse et j'entendais prier dans une langue étrangère qui remplissait mon coeur d'une émotion tellement grande qu'il battait très fort. Je savais que je me trouvais très loin, entourée d'inconnus très attentifs aux prières qui se disaient là. J'étais bien et je me voyais aussi continuer la prière avec les personnes de l'église de Marseille: je pouvais voir les deux endroits à la fois...

Je commençais à me demander où je me trouvais en vérité? Et sur ma gauche, je vois le Christ, habillé comme sur l'Icône russe que je connais, le Christ Pantocrator; une seule épaule, la gauche, était recouverte de son beau manteau bleu; sa robe était rouge; Il était resplendissant. Je ne peux dire si c'est l'habit qui était brodé d'or mais, tout en Lui, était lumière d'or. Il me regardait en souriant légèrement, Il est très beau.

- *"Seigneur, qu'est-ce que je fais ici?*

- "Tu pries dans l'église orthodoxe."

- *"Mais Seigneur, je ne connais pas leur langue et je vois qu'ils ne connaissent pas la mienne, non plus. Pourquoi, mon Dieu, suis-je ici?". Je Le regardais, pleine d'admiration: Il est si beau, mince, très élégant, grand mais pas trop; Il Se tenait un peu éloigné de moi, presque à mi-chemin entre moi-même et l'endroit où se tenaient le Patriarche et les Prêtres orthodoxes, comme si cette distance voulait me dire quelque chose (je l'ai su après).*

JÉSUS est splendide, vêtu à l'orientale, son teint est plus basané. A ma question ("je ne connais pas leur langue") Il me répond:

- "Eux non plus, ne connaissent pas la tienne. Mais Moi, Je connais tout. Qu'importe cette différence de langage, chacun doit prier dans sa langue et à sa façon."

- *"Seigneur, comment veux-Tu que l'on fasse l'unité?"*

- "C'est Moi qui la ferai. La seule chose que Je vous demande, c'est de faire comme Je viens de te le montrer; toi, viens prier ici à ta façon dans ta langue et invite-les à prier chez vous, dans vos églises, avec leur langue et leur façon.

Acceptez-vous tels que vous êtes. Aimez-vous tels que vous êtes. Et alors J'agirai. L'Unité, Je la ferai par Ma Sainte Croix. Ne crains rien. Je Me tiens entre vous."

Je me suis rappelée que je L'ai vu à égale distance entre le Clergé orthodoxe et moi-même qui, par la Grâce de Dieu et la Volonté de JÉSUS, se trouvait être l'Image des Chrétiens catholiques de l'Église du Rome acceptant les frères orthodoxes avec Amour; sans les juger et sans vouloir les convaincre, simplement AIMER et la Paix de Dieu descendra sur nous tous.

"Aimez-vous les uns, les autres, comme Dieu vous aime!"

Ce Message de l'Avent ne s'est pas terminé avec cette belle promesse d'unité avec les Orthodoxes (mon Dieu, mon coeur déborde d'Amour pour mes frères orthodoxes): en rentrant à la maison, j'apprends que les Juifs avancent dans la recherche du Messie;. J'ai reçu le livre du Rabbin Simha PERLMUTTER, qui écrit: Avec vous, Chrétiens, j'attends la Parousie."

Isaac, Joseph POYSSER, dans son livre écrit en 1925 ("Le Royaume du Messie") a écrit:

"L'animosité du Judaïsme contre le Christianisme doit cesser. Le Judaïsme doit reconnaître la véritable spécificité du Christianisme, et reconnaître qu'il a été suscité par Dieu pour réveiller le Judaïsme. Le Christianisme a vraiment accompli la mission dévolue à Israël. La controverse entre le Judaïsme et le Christianisme appartient au passé et à l'Histoire. La reconnaissance du Christianisme par le Peuple juif signifie la reconnaissance de son rôle dans l'Histoire."

Le Rabbi Kaufmann KOLLER écrivait pour sa part:

"En dehors de tous les enseignements et dogmes de l'Église, il reste la figure enchanteresse de bonté humaine et d'Amour de JÉSUS. Aucune autre figure humaine n'a reçu tant d'honneurs.

Tous les traits des philosophes grecs et des saints juifs se trouvent harmonieusement résumés dans la figure de l'Homme qui mourut au Calvaire, Se tenant comme nul autre entre le Ciel et la Terre, aussi près de Dieu que des hommes. JÉSUS, le plus humble de tous les hommes , méprisé comme nul n'a été, membre de la Nation juive elle-même méprisée, est monté sur le Trône du Monde pour devenir le Roi de toute la Terre."

C'est l'Oeuvre du Saint Esprit; il faut se réjouir: tout commence à se dévoiler: "Le Consolateur, l'Esprit de Vérité que le Père enverra en Mon Nom, vous enseignera toutes choses et vous rappellera ce que Je vous ai dit." (St Jean, 14, 16-26). C'est pourquoi Notre Seigneur avait ordonné aux Apôtres et Disciples de ne pas quitter Jérusalem après Son Ascension; afin que s'accomplisse pour eux la promesse et qu'ils soient remplis de l'Esprit Saint:

" Cette promesse que vous avez entendu de Ma bouche: Jean a baptisé d'eau, mais vous, dans peu de jours, vous serez baptisés dans l'Esprit-Saint; vous recevrez une Puissance, celle du Saint Esprit survenant en vous et vous serez Mes Témoins à Jérusalem, dans toute la Judée, en Samarie et jusqu'aux extrémités de la Terre" *(Actes des Apôtres, 1, 5-8).*

Ainsi l'Esprit Saint, actualisant et poursuivant dans les coeurs l'Oeuvre du Christ, les Apôtres et Disciples deviennent les véritables Témoins du Christ. Cette vérité essentielle demeure, au-delà des siècles, pour notre génération à qui est demandé à tous d'être des "Témoins de la Croix..

Depuis son origine, comme le montrent les Épîtres et l'Histoire de l'Église, la marche des Croyants a été menacée par deux dangers opposés qui demeurent également:

- une Foi judaïsante qui ramène à l'Ancienne Alliance, celle qui a conduit l'Apôtre Paul à répondre si fermement aux Galates;

- une lecture des Évangiles, de la Vie et des enseignements du Christ, mais effectuée au travers des cultures, des modes de pensée, grecque ou autres, étrangères à la Révélation biblique.

Aujourd'hui comme hier, l'étude humble, attentive et persévérante de la Parole de Dieu, faite dans un esprit de prière et d'écoute, dans la confiance en l'Oeuvre du Saint Esprit et en Sa Lumière, c'est le chemin qui conduit à la Foi vivante en JÉSUS-Christ.

Rencontre au coeur du désert:

A travers le désert du Néguev, la route de ARAVA nous conduit à un campement situé à environ 100 Km au Nord d'EILAT. Là, un simple panneau indique la direction d'IR OVOT. Le mot hébreu "arava" signifie "solitude", "pays aride". De fait, dans cette grande dépression séparant la Mer Morte de la Mer Rouge, la ARAVA étend son univers de sable, de cailloux et de grands rochers à perte de vue.

Bientôt apparaissent quelques "mobil-homes" et habitations très simples en préfabriqué. Ce campement précaire, planté au milieu du désert, sans âme qui vive à des dizaines de kilomètres à la ronde, abrite le Rabbin Simha Perlmutter et sa famille.

"Simha, tu as découvert notre grand secret..." *lui dirent les Rabbins, car nombreux sont ceux qui viennent à lui.* "Un homme ne peut pas se contenter de parler, il faut qu'il vive ce qu'il dit..." "Beaucoup de Rabbins de ce pays croient que le Temps est venu de proclamer que JÉSUS est le Messie et ils viennent ici de temps en temps pour étudier avec moi, seuls ou à plusieurs, parfois de nuit en secret, ou en plein jour ouvertement.

Certains demandent à aller dans un endroit où il y a de l'eau afin que je puisse les bénir au Nom de JÉSUS, le Messie. Je peux même affirmer que le nombre des Rabbins qui croient en JÉSUS le Messie, est loin d'être petit; ils sont particulièrement nombreux parmi les plus radicaux des groupes orthodoxes, ceux des groupes "Haredem".

Je me suis rendu compte qu'ils veulent connaître le secret de mon espérance et de ma force: j'ouvre les livres sacrés et je leur montre tout ce qui concerne le Messie; ils posent des questions *(Shima vit depuis 30 ans dans le désert; il est passé par toutes sortes de tribulations inimaginables; son fils aîné a été tué dans un attentat en 1984; sur sa tombe on peut lire: "le Messie viendra et le ressuscitera".*

"J'affirme que le temps est venu de proclamer le Nom de JÉSUS. Ma tâche est de proclamer ce que le Seigneur a mis sur mon coeur et de prendre du temps avec tous ceux qui viennent me voir. Combien ont cru? Je ne puis le dire. Le Saint, Béni soit-Il, le sait.

Nous avons prié, nous avons creusé et nous avons trouvé de l'eau ici, en plein désert, uniquement par la Foi. Pour subvenir à nos besoins, le Seigneur a employé toutes sortes de moyens, parfois littéralement miraculeux. C'est Lui qui nous a nourris, qui nous a donné de quoi boire, qui nous a protégés.

Quand je revis toute notre Histoire, je revois tout cela et je sais que le Seigneur agira de même à l'avenir. Je suis comme une voix qui crie dans le désert depuis trente ans *(comme St Jean Baptiste)*. Je ne suis pas un échec; et même la Croix, sur le plan humain, était un échec; mais qui aurait pensé que de cette Mort surgirait la Résurrection des morts?

Et si on me demande : "Où retentit cette Voix qui sort du désert?"; je réponds: "dans le monde entier" car je reçois tous les jours des lettres d'Europe, d'Amérique, de Nouvelle Zélande, de partout *(il a habité la Floride, et Shima ajoute):*

"Sais-tu que tu viens de découvrir notre grand secret? Quand tu iras t'établir dans notre pays, en Israël, alors tu pourras parler de ce secret que tu as découvert; car alors tu ne souilleras plus le Nom de Notre Messie comme tu le ferais dans la Diaspora. Là-bas, sur la Terre Sainte, tu honoreras au contraire Son Nom, tu Le glorifieras."

Ainsi, depuis trente ans, Shima révèle publiquement Son Nom et il dit que le Temps est venu de proclamer ouvertement Son Nom: "Le Seigneur nous a ramenés dans notre Pays définitivement. Le Nom par lequel nous demandons l'expiation de nos péchés, c'est le Nom de YESHOUA.

Tous les textes sont concordants: c'est JÉSUS qui est venu il y a 2.000 ans; il n'y a pas une seule phrase dans la Bible dont le Messie soit absent.

Il faut que nous expliquions, d'abord à nous-mêmes puis au Monde entier, que nous sommes réconciliés avec notre propre Histoire et, notamment, avec le fait que JÉSUS est Notre Messie. Quand nous l'aurons fait, nous pourrons devenir les enseignants du Monde entier."

D. FLUSSER, un des plus grands spécialistes actuels des manuscrits de la Mer Morte, a dit:

"Si nous pouvons, par le biais de la recherche juive, faire redécouvrir JÉSUS aux Juifs et aux Chrétiens, alors notre travail n'aura pas été vain."

Sur le Retour de JÉSUS, D. FLUSSER disait: "Je vois que le Temps est proche; à cause de l'apostasie des Églises, beaucoup abandonnent la Foi mais il y a une tendance qui se dessine dans le Christianisme et qui prépare la venue de l'Antéchrist qui sera un imitateur du Messie JÉSUS dont il tordra les Paroles et l'Enseignement."

"Alors Je répandrai sur la Maison de David
un Esprit de Grâce et de Supplication:
ils tourneront leurs regards vers Moi, Celui qu'ils ont transpercé."
(Zaccharie, Ch 12, verset 10)

Nota : La première édition de ce livre (5.000 ex.) a été épuisée en un mois. Ceci est la 2ème édition. Entre les deux éditions, et en conséquence des pages ci-dessus, un Correspondant m'a fait parvenir l'ouvrage de Mr Gaston LEVANT :   "Un vrai Juif parle aux Israélites"

Dans ce livre, en moins de 160 pages, l'auteur démontre avec une clarté et une simplicité remarquables que le Christ JÉSUS est bien le Messie annoncé par les prophètes de l'Ancien Testament. Je lui laisse la parole (en 4ème de couverture): "J'ai écrit ce manuscrit moi-même car je désire un montage et une composition personnelle"   "Le texte hébraïque est tiré de nos Écritures Saintes (version originale massorétique). La traduction française est du Grand Rabbin Zadoc KAHN."   "J'ai écrit ce manuscrit seul et sans aucune influence extérieure, mais plus exactement en étudiant la Torah et les prophètes, et en dévorant bien d'autres livres juifs et chrétiens. Mon but est de toucher le coeur d'un grand nombre de mes coreligionnaires juifs en leur exposant la découverte la plus sensationnelle de ma vie: "Pourquoi et comment mon Peuple a été dérouté du seul chemin tracé par l'Éternel"

"Je démontre ce fait authentique par la Torah et les prophètes, c'est-à-dire par le Tanach, la Parole directe de Dieu."

Et très logiquement depuis, Mr Gaston Levant est un Juif chrétien. Cet ouvrage mérite une grande diffusion qui pourrait être à un prix modeste. Chacun de nous ayant un Israélite parmi ses connaissances, pourrait lui offrir ce livre; car la Paix ne reviendra sur la Terre que lorsqu'Israël aura reconnu en JÉSUS le Messie annoncé par les prophètes. Si vous désirez participer à une telle diffusion, écrivez-moi. (F. Aleman, 31130 FLOURENS)

L'Enfant prodigue Me revient
****

Mardi 31 Décembre 1996 - St Sylvestre

"JNSR": *"Mon Dieu! il y a bien des jours que je ne suis pas venue à Toi. C'est comme si je ne voyais même plus la trace de Tes pas. Je Te demande Pardon, Seigneur!"*

JÉSUS: "Dans le monde, vous allez à droite et à gauche,
******* toujours pressés sans même vous arrêter pour rester quelques minutes près de Moi. Je sais, vous vous dites: *"Le Seigneur sait bien que je pense à Lui"*... Et puis vous continuez votre chemin et Moi, J'attends d'entendre votre voix, la petite parole, si petite soit-elle, que vous allez M'adresser.

J'attends ces minutes de recueillement avec votre Dieu; J'attends de vous savoir tout entier à Moi; mais vous passez sans Me voir, vous remettez à demain, à plus tard, notre entretien si nécessaire pour chacun de vous. J'ai tant de choses à vous dire! Je ne diffuse, pas comme vos journaux, les nouvelles du jour sur le monde entier: presque tous les jours, vous retrouvez la désolation qui grandit.

Je veux M'unir à vous pour vous aider à traverser ces Temps, si incertains pour tous les hommes de votre planète. Je veux vivre avec vous. Je veux être un des vôtres; vous sentir près de Moi comme jamais vous ne l'avez été, unis dans Mon Saint Coeur, unis par l'Amour; sans que la peur vous y pousse; unis dans la Joie et l'Espérance. Venez à Moi en Me choisissant dans votre liberté; que votre cri, que votre appel, que votre choix, viennent de votre coeur.

Je crierai Mon Nom à la face du Monde. Mon Appel traversera les monts, les plaines, les vallées, pour attirer tous ceux qui M'ont résisté jusqu'à ce jour: *ils viendront de partout!* Ils traverseront les mers et les océans, parce que Je les ferai porter par Mes Anges. Ils Me diront: "Père" et Moi Je les appellerai "Fils". Voici que bientôt va s'élever Mon cri d'Amour qui traversera toutes les consciences endormies et qui réveillera même les morts des tombeaux. *Je viens*, après avoir donné au Monde une instruction nouvelle et nécessaire.

Je ne pourrai plus attendre après ceci, car *le Réveil* est donné aux hommes de toutes classes, de toutes opinions, de toutes races, de toutes confessions. *Pas un ne pourra dire: "J'ai été oublié par mon Père".* Je redresserai la branche cassée. Je redonnerai la force aux bourgeons et je ferai fleurir d'une floraison nouvelle toute plante portant du fruit. Je renouvellerai les récoltes jusqu'à *la Grande Moisson.*

Que votre sommeil ne s'alourdisse pas, car Je réveillerai les uns et les autres, usant de Ma Force d'Amour pour attirer à Moi tous ceux qui sont Miens. Vous êtes déjà marqués de Mon Sceau et vous ne pouvez pas nier que tel a été votre choix. Ceux qui l'ont refusé ont reçu le Signe de la Bête et il n'est même plus dans mon dessein de venir retirer de leur choix ceux qui M'ont renié en toute liberté.

Je serai un Père jusqu'au Retour de Dieu sur votre Terre. Je serai un Juge après Mon Retour: *nul n'échappera à Ma Divine sentence.*

J'ouvrirai les Cieux et vous verrez Mon Retour en Gloire; le Père, le Fils et le Saint Esprit: un seul Dieu viendra à vous. Le Dieu de vos pères, que les Juifs reconnaîtront parce qu'ils ont au fond de leur âme Ma Signature, celle de l'Alliance faite avec leurs pères.

Je viendrai à vous comme l'Agneau qui vous a rachetés au Prix de Son Sang sur Ma Sainte Croix d'Amour. Je viendrai à vous comme le Dieu qui vous a parlé depuis les anciens prophètes *jusqu'à aujourd'hui*; Dieu l'Esprit Saint qui féconde les âmes justes pour donner le fruit de toute la Moisson attendue au Jour que Dieu S'est fixé. *Et voici que Je viens.* Amen, viens Seigneur JÉSUS. Je serai là, en Vérité. Mais qui Me voit, voit Mon Père et qui Nous voit, voit aussi l'Esprit qui habite en Nous. Voilà comme Je viendrai à vous:

Je serai le Père qui vous a créés.

Je serai le Fils qui vous a sauvés.

Je serai l'Esprit qui vous a sanctifiés

et Je suis le Dieu *de l'Impossible* qui revient vivre *avec vous,* le Dieu trois-fois Saint; parce que Je ne peux plus vous laisser orphelins sur votre Terre.

Je ne peux plus voir l'homme devenu *loup.* Je ne peux plus attendre que l'Humanité se détruise et entraîne Ma Terre vers le chaos inévitable. Et parce qu'il est arrivé le Temps où tout doit entrer *dans Mon Temps* qui ne finit pas où Je vous recevrai comme fils de Dieu pour habiter le Royaume qui, de tous temps, est construit pour vous abriter dans la Paix, la Joie et l'Amour de votre Dieu trois-fois Saint

Je vous demande de venir à Moi en toute liberté mais, avant, Je vous dirigerai vers vos frères qui ont été déjà trop longtemps éloignés de vous. Il serait juste et bon que, vous aussi, vous compreniez que la Paix va dans les deux sens: vous devez aller à eux et Je les dirigerai également vers vous.

Acceptez-vous tels que vous êtes. Unissez votre savoir. Partagez *tout*, car c'est Dieu qui vous a *tout* donné.

Voyez l'Amour de Dieu qui nourrit tous les oiseaux de la Terre et qui fait pousser des fleurs, même dans les déserts. Vous tous, marqués de Mon Sceau sur le front, vous vous reconnaîtrez. Soyez *UN* comme Nous sommes UN dans le Père, le Fils et l'Esprit Saint. Ainsi unis, vous entrerez à votre tour *dans la très-Sainte Trinité d'Amour.*

†

† †

Notre Père: "Je vous traiterai comme l'Enfant Prodigue.
**********   Revenez vers Moi. C'est Mon Fils Unique, votre Frère JÉSUS, qui vous couvrira de vos habits royaux. Vous appartiendrez alors à la Maison du Père. JÉSUS vous passera vos sandales et vos pieds ne pourront plus fouler un autre sol que celui de la Terre bénie par le Père, Terre sanctifiée par la très-Sainte Trinité pour les siècles des siècles, Amen.

JÉSUS passera à votre doigt l'anneau royal que Dieu réserve à chaque membre de Son Église. C'est comme si vous n'aviez jamais quitté la Maison du Père, car Dieu, devant votre repentir sincère, vient de vous donner Son Baiser de Pardon.

Paix, Amour et Joie
aux enfants du Dieu Unique trois-fois Saint.
Amen.

†

† †

L'Alpha et l'Oméga
****

Dimanche 12 Janvier 1997 - Baptême de Notre Seigneur

JÉSUS: "Lorsque Je t'ai appelée, tu M'as répondu: "*Seigneur,*
******* *me voilà, je viens faire Ta Volonté"* et, aujourd'hui,
que peux-tu Me répondre après tant de jours d'absence? Ne parle
pas... Je le sais... Mais est-ce une raison humaine qui va contrarier
Mon Plan Divin? Est-ce une voix humaine qui va faire arrêter Ma
Parole? Pourquoi ne continuerai-Je plus à te parler? Y-a-t-il un motif
valable, pour Moi, pour que J'arrête de diffuser Ma Sainte Parole,
alors que Je ne l'ai pas encore recouverte de silence en ces Temps?

Je vois *tout* et ce que toi, tu vois, ce que tu ressens, ne peut arrêter
Ma Parole donnée en ton coeur. Ton coeur viendrait à être encore
plus malade que Je le guérirai avec Ma Parole, pour qu'elle vive en lui
et le guérisse. Ne t'ai-Je pas dit que Je purifie les coeurs lorsque Je
dépose en eux Ma Sainte Parole? Que peut faire ta bouche purifiée,
sinon redire ce que J'ai mis en ton coeur? Que peut faire ton esprit
qui, en ce moment, est conjointement lié au Mien?

Rien ne peut détourner, ni détacher de Moi, l'enfant choisi par
Dieu lorsqu'il est à l'écoute de Dieu, appelé par Dieu, pour Dieu; il se
trouve alors *en Dieu* qui a le Pouvoir d'arrêter ou de continuer à Se
faire entendre au Monde par cette voix choisie de par Ma Sainte
Volonté. Mon enfant, ne Me donne plus *cette* raison; tu ne te connais pas... Personne n'est digne, il est vrai, d'entendre Dieu. Mais le
choix de Dieu est immuable. Tous ceux qui sont appelés à témoigner
de Ma Sainte Vérité au cours des Temps et jusqu'à la fin des Temps,
ont été choisis par Mon Père de toute éternité.

A chaque époque, Je parle de ce qui vous intéresse, pour votre
génération *et même pour celles à venir*. Je parle afin de consolider
en vous Mes Commandements Divins. Je vous alimente de Ma
Parole de Vérité que Je vous donne à travers ceux que J'ai choisis
pour rendre compte à tous Mes enfants chéris de Mon Amour Infini,
de Ma Sagesse et de Ma Compassion; et Je vous mets en garde afin
d'éviter toutes les mauvaises tentations qui peuvent vous éloigner de
Mon Saint Coeur. Je vous donne Ma Vie Trinitaire qui devient un
fleuve qui se répand petit à petit sur le Monde.

Oui, enfants, vous entendez votre   Dieu qui vous parle.

Dieu est Source de Vie, Source de Pureté, Source d'Espérance. Ne
crains pas. Ne craignez pas. Je ne M'éloigne d'aucun de vous. Dieu
relève *la fleur* qui se fane par le manque d'eau: J'ai tant de joie à
vous revoir, à nouveau prêts à agir en Mon Nom.

Oui, J'accepte ce que vous appelez un éloignement, mais cela vient de vous seuls: depuis quand ai-Je retiré le soleil? Même si vous ne le voyez pas, les nuages ne font que le cacher, mais il est là, resplendissant derrière ces sombres nuages. Ainsi en est-il de *votre* éloignement. Je ne Me cache pas. C'est vous qui créez tous ces *voiles d'incertitude*. Je ne change ni ma façon de communiquer avec vous, ni mon Choix. Je vous parlerai jusqu'à ce que J'arrête de Moi-même le cours de ces événements. C'est pourquoi Je vous parle sans retenue. *Ne vous éloignez pas de Moi*. Ce que tu t'imposes, ce silence, n'est pas né de Ma Volonté, il ne vient pas de Moi.

J'ai encore *beaucoup de choses à vous faire connaître* avant d'arrêter Ma diffusion; et *beaucoup de choses* seront encore dites par Ma Sainte Mère dans le monde entier.

Mon Évangile *ne peut changer*, il est le même, et pour les siècles des siècles. Mais Je vous le dis aujourd'hui: ce que J'annonce, c'est Ma Vérité qui veut se faire connaître telle qu'elle est; certains l'ont déformée au cours des âges; elle doit être proclamée dans le monde entier.

Rester muets, impassibles, inactifs, cela n'est certes pas ce que J'appelle de l'humilité; car celui à qui J'ordonne de parler au Nom du Seigneur ne peut plus être contraint de se taire, *même au nom de l'obéissance*. Il est arrivé le moment où Je ferai parler même les pierres si vous, que J'appelle, vous vous taisez.

Le Père M'envoie vous avertir que vous courez un grand danger en mettant Dieu dans l'ombre, en ne parlant plus de Dieu afin de *ne pas froisser* les consciences qui refusent d'entendre parler du Créateur; cela les dérange mais vous, qui avez la charge de Me faire connaître et aimer, vous refusez de parler en Mon Nom et vous dites qu'il ne faut pas les braver, qu'il vaut mieux se taire *pour avoir la paix...* Quelle paix? Est-ce la Mienne ou la vôtre?

Depuis quand ai-Je arrêté Ma Parole de Vie? Elle est *le pilier* qui tient encore Mon Église *debout!* Et vous dites que Ma Parole risque de déranger certains qui seraient encore disposés à rentrer dans vos églises mais, pour cela, *vous devez rester silencieux...*

En effet, Je vous le dis: *Ma Parole dérange*; elle bouscule vos vies conformes à votre société dépravée, à vos nouvelles lois basées sur une liberté ouverte à toutes sortes de libertés. Oui, Je suis Compassion. Oui, Je suis Pardon et Charité. Mais Ma Loi est *immuable*; elle est la même aujourd'hui comme hier et Je *suis* la Voie, la Vérité et la Vie. Et vous avez échangé l'or contre un vulgaire étain.

Vous éteignez Ma Parole pour que s'allume un feu de paille dont il ne restera que cendres et la fumée vous étouffera *parce qu'elle planera à votre hauteur.*

L'encens sera remplacé et ne montera plus vers Moi, ni vos louanges, ni prières, tout sera étouffé *car vous avez étouffé Ma Parole de Vie.*

Église, comment vas-tu t'appeler lorsque tu renies la Parole de Dieu, que tu empêches la sanctification d'un grand nombre de Mes enfants? *J'appelle tous Mes Prêtres à se réveiller promptement.* Je ne désire pas des conférenciers aux coeurs vides, vidés de Ma Parole de Vie. Mes Apôtres *doivent resplendir* de Mon Amour; tout leur être doit être Lumière de Ma Lumière.

Ne vous mentez pas à vous-mêmes: Ma Paix n'est pas votre paix; vous devez *crier* Ma Vérité. Ainsi, et seulement ainsi, l'Église vivra, ses membres seront vivants, Mon Sang circulera dans tout son corps.

Mon Eucharistie est le Pain de Vie; ne Me donnez pas par d'autres mains que les vôtres, que J'ai sanctifiées pour ce Don si grand. Je ne suis pas le pain qui se vend à l'étalage du boulanger; Je ne nourris pas les êtres *repus.* Ne Me recevez pas comme tel. Désirez-Moi comme votre vie, car Je suis Vivant et Je suis la Vie Éternelle.

Devant Moi, pliez vos genoux à terre; ce Pain descend du Ciel, de chez Mon Père qui continue à vous donner Son Fils. *Pitié, mon Dieu, pour ceux qui Te blasphèment, pardonne-leur, ils ne savent pas ce qu'ils font.* Oui, Dieu continue à être blasphémé et ce scandale qui continue, ressemble à celui de la Croix du Vendredi Saint où la foule impassible regardait la mort de son Dieu; devant leurs yeux sans éclat, la Vie de Dieu venait à eux et personne ne voyait la seule raison qui les maintenait encore en vie, l'unique raison de leur naissance en ce Monde.

Vous êtes nés par la Sainte Grâce de Dieu pour devenir des fils, des enfants de Lumière de Dieu, des enfants du Père de toute Bonté; et là, devant vous, s'accomplissait votre propre vie, la vie en Dieu qui mourait dans votre haine pour renaître avec vous dans Son Pardon et vous donner à chacun, de chaque génération passée, présente et à venir, Son Amour Miséricordieux dans Sa Vie trois-fois Sainte; car la Très-Sainte Trinité est une union indissoluble: *un seul Dieu en trois Personnes.*

Enfants, ne gardez plus en vous l'ignorance et l'insolence que vos coeurs avaient ce jour-là. Que craignez-vous à présent? Je lis dans vos coeurs que votre seule crainte continue encore à être la mort de votre corps.

Il M'est pénible de voir que le Monde est encore plus imparfait qu'il ne l'était lors de Ma Sainte Mort sur la Croix.

Comment puis-Je accomplir *ce dernier cheminement* avec vous si vous ne M'appelez pas? Vous êtes las, fatigués, sans énergie, parce qu'il vous manque la joie de vivre, l'Espérance. Venez à Moi. Cheminons ensemble. Je suis la Joie, l'Espérance.

Tout ce que vous recherchez, là où plus rien n'existe, dans ce monde qui passe, tout est éphémère, tout est illusion. Venez à Moi et Je vous comblerai de Ma Joie. Je suis votre Ami, votre Frère, votre Dieu d'Amour. Mon enfant, ne ralentit pas la marche de ce que Je dois te donner car il est important que tes frères sachent ce que vous devez tous entreprendre dès à présent.

Le Monde doit savoir que Je suis Présent *en vous* comme jamais; Ma Force de libération *est en vous* si vous M'acceptez avec Amour et sans vous poser de questions de doute, car J'accomplirai de grandes choses *avec vous*. Je vis, en Vérité, *en chacun de vous*. Je ne Me manifeste pas encore en plénitude; cette dernière phase s'appelle *le Renouveau des âmes*.

Vous êtes appelés à Me suivre bientôt vers une Nouvelle Vie où le Bon, le Beau, vont surgir comme une flamme dans la nuit; visiblement, et d'une façon sensorielle, vous vivrez cette méta-morphose; chaque coeur reflétera ce changement en bonté, en grâces, car il sera en tout votre être.

J'appelle les âmes pieuses, les âmes rayonnantes d'Amour, les âmes qui veulent M'aider auprès de leurs frères, car Je veux transformer ce Monde qui se meurt faute d'Amour. Je vous apprendrai *à Me ressembler* afin que l'on voie en vous Mes Disciples et que l'on vous suive partout. Vous irez où Je vous enverrai, c'est-à-dire là où Je déciderai que l'on vous accueille: ils seront disposés à entendre Ma Parole que Je mettrai en vous. Certains ont déjà commencé ce travail dans les âmes, ils ne sont pas encore nombreux.

Le Temps n'est pas encore arrivé où Je dois Me faire connaître davantage et Me faire aimer de chacun. Mais aujourd'hui, Je peux déjà annoncer *ce Printemps* qui va naître bientôt dans votre vie. Appelés de-ci, de-là, vous vous reconnaîtrez car Je vous ferai connaître et reconnaître par Mon Amour *qui vit en vous*. Visiblement, vous serez comme les habitants d'une autre planète: tout en vivant sur la même Terre, vous serez différents. L'Amour de Dieu vous rendra beaux, agréables; vous attirerez les foules à vous; elles accourront, avides d'entendre Ma Parole en vos bouches.

Je suis avec vous dans cette Nouvelle Évangélisation.

Les enfants de Dieu seront *la Manne* des Temps Nouveaux, car la Parole qu'ils portent en eux est *Ma Nourriture*, c'est Ma Parole de Vie.

Je vous demande de ne pas précipiter cette nouvelle disposition car, avant que les Ouvriers ne commencent leur travail, tout doit être en place et le Chef du chantier doit donner le signal pour la mise en marche. Je ne vous ai pas encore appelés pour vous donner cette Instruction Divine: aucun de vous ne doit dépasser le Maître.

Mon enfant, Je vous guiderai et Je vous annoncerai, petit-à-petit, tout ce qui doit se faire en temps voulu. Les Anges bénis de Dieu sont en attente. Mes âmes bénies du Père, du Fils et du Saint Esprit, seront unies au Ciel comme sur la Terre; unies conjointement pour que s'épanouissent sur toute la Terre *les Merveilles du Mystère de cette Nouvelle Évangélisation.*

Le Ciel et la Terre sont remplis de Ma Sainte Gloire.

Qu'ils viennent des Cieux, Mes Témoins de la Bonne Nouvelle, qu'ils viennent de la Terre où chaque pas vous portera, là où Dieu va donner le *Signal de la Grande Rencontre.* Tout sera comme il a été dit par Mes prophètes et mystiques de tous les Temps.

Oui, vous vous rencontrerez, prophètes *vivant dans les Cieux* et vivant sur la Terre, car pour Dieu le Temps n'a ni limite, ni frontière, ni commencement, ni fin. Mais si Dieu décide qu'il en sera ainsi, vous deviendrez *Mes Témoins de la Croix* d'un bout à l'autre du Ciel, comme d'un bout à l'autre de la Terre.

Ainsi se rejoindront les points cardinaux Nord, Sud, Est et Ouest, englobant en cercle continu les Cieux et la Terre dans une même couronne.

Car Ma Couronne est déjà apparente et la Présence du Roi est déjà à vos portes. Alléluia! Qui Me cherche, Me trouve.

Où est l'Oméga? Il est juste à côté de l'Alpha; ils se touchent.

Où est l'Alpha? Il est à côté de l'Oméga; ils sont ensemble.

Oui, Je vous parlerai encore de grandes choses, car il est arrivé le Temps de l'Espérance où tout rentre en Dieu.

Préparez-vous, Je viens vous aider.
Gloire Éternelle, Joie sans pareille,
JÉSUS est là.
Amen.

†
† †

Il fallait votre OUI à Dieu

****

Lundi 20 Janvier 1997 - St Sébastien

JÉSUS: "Il est très important l'Appel de Dieu en vos coeurs.
*******   Pour Moi, c'est bien réjouissant d'entendre l'appel de Mon enfant; Mon Coeur déborde d'Amour à votre appel.

En ce jour, écoute ce que J'ai à te dire; J'ai souvent erré sur les routes de Palestine sans contrôler mes pas: Mon Saint Coeur obéissait à la Volonté de Notre Père qui était en Moi; Je M'abandonnais au Très-Haut; Je Le priais avant d'aller vers ce que Je ressentais en Mon Coeur, mais mon entière soumission à Sa Très-Sainte Volonté Me demandait de M'abandonner tout à Lui. Je vivais dans le Père, comme le Père vivait en Moi. Comme la flèche lancée par l'arc, sans me soucier Je suivais ma trajectoire qui était déjà prévue par Dieu.

Vous êtes semblables au Fils Unique du Père de toute Bonté.

Votre Mission, vous la connaissez; l'endroit n'est pas encore découvert; vous allez marcher parfois des heures, des jours, sans trouver aucun point de repli visible, ni même une indication. Une seule chose est vivante en vous: *c'est la certitude que DIEU agit en vous*; et vous avancez, non plus guidés par votre désir et votre propre volonté, mais par la Volonté de Dieu qui *a déjà tracé en vous* toute la route qui mène à Son Plan Divin. Là, chaque jour vous apprendrez combien il faut faire Confiance à Dieu; Sa Miséricorde est infinie; Il mettra en vous tout ce qui vous est nécessaire pour la route; Il est *le compas* qui trace votre chemin, *la boussole* qui vous indique la direction. La Providence Divine est votre Amie. Dieu ne permet aucun défaut dans Son Divin Plan. Tout devient Joie: vous irez de découverte en découverte, comme si tous se mettaient à votre disposition. Je vous donnerai le gîte et le couvert: même si cela est sobre, vous Me reconnaîtrez dans la simplicité du Partage.

Cette Joie du Pain partagé, qui se donne à vous, éveillera votre esprit, comme à Mes deux Disciples sur la route d'Emmaüs. Je serai toujours votre Compagnon de route.

Je suis dans le frère qui a soif, et *Je suis* le frère qui va le désaltérer. Je *suis* l'Eau Vive.

Je suis dans le frère qui a faim, et *Je suis* le frère qui partage son pain. *Je suis* le Pain de Vie.

Je suis dans le frère qui a froid et sommeille, et *Je suis* le frère qui va lui donner sa chaleur et le repos sur Son Saint Coeur. Oui, c'est toujours Moi qui donne et Moi qui reçoit tout Don d'Amour.

Je suis toujours près de vous et vos coeurs seront brûlants d'Amour. Petit-à-petit, vous ouvrirez mieux vos yeux aux beautés que Dieu vous donne, car le Seigneur vous veut tous à l'oeuvre pour que bientôt la Terre entière devienne *la plus belle Bâtisse* que les hommes aient pu construire de leurs mains et de leur savoir. Tout sera parfait, agréable et limpide comme le cristal pur, sans défaut; et inattaquable comme l'or. Pourtant la matière ne sera pas employée car, lorsque Dieu construit, Il devient Lui-même le Maître d'Oeuvre et l'Ouvrier.

Sa Parole est Lumière; elle est la Force qui crée et dirige tous les éléments de l'Ouvrage Divin. Sa Parole Créatrice a créé le monde dans toute sa perfection. Sa Parole Créatrice vous donnera un Monde Nouveau qui, dans sa triple perfection, Amour, Paix et Joie, sera rempli de la Divinité de la Très-Sainte Trinité qui vous donnera, avec votre Terre purifiée, de Nouveaux Cieux. Vous serez alors ces enfants égarés qui viennent de retrouver leur Père et leur identité perdue: vous êtes des enfants de Dieu.

Le Ciel et la Terre sont remplis de Ma Gloire!

Vous me demandez quelle est votre participation à tout ceci?

Il fallait votre Oui à Dieu!

Dès Mon Appel, vous êtes accourus à Moi; Mon *Petit Reste* M'a servi de tout son coeur, humblement et le coeur en fête. *Vous,* Mes bien-aimés, *vous* M'avez donné à boire lorsque J'avais soif; J'ai mangé de *votre* pain; *vous* M'avez recouvert de votre manteau lorsque J'ai eu froid et *vous* M'avez réchauffé contre vous lorsque Je pleurais à cause des ingratitudes du Monde; *vous* avez tout quitté pour Me suivre; J'ai entendu vos Prières pour la Paix du Monde, pour les malheureux et les pécheurs récalcitrants; *vous* M'avez tout donné, votre Confiance, votre Compassion, vos espoirs et surtout, votre Amour absolu pour Dieu sans vous poser de questions.

Tout ceci, pesé sur la balance de Dieu, rétablit l'égalité et votre Prière devient celle d'Abraham. Oui, à cause de Mes Élus, à cause de ce *Petit Nombre,* Dieu Se laisse toucher *et fait avancer Sa Venue sur la Terre.* Et bientôt, descendra parmi vous, enfants chéris de Votre Père des Cieux, cette *Ville* dont la hauteur, la largeur, la longueur et la profondeur correspondent parfaitement aux dimensions que Dieu a choisies de toute Éternité. Elle est remplie de la Sainte Grâce de Dieu, plus haute que toutes les montagnes réunies, et plus profonde que tous les océans rassemblés.

Je suis l'Alpha et l'Oméga. Je viens réunir les Cieux et la Terre dans Ma Très-Sainte Gloire. Amen.

† † †

Voici les Communautés de frères rassemblés dans la même Foi

****

Mardi 21 Janvier 1997

"JNSR": *"Seigneur, dans mon coeur il y a un grand désir de vous entendre Me parler pour tous Vos enfants. Seigneur, s'il Vous plaît ainsi, je Vous écoute."*

JÉSUS: "Je vous guiderai par Ma Voix. Écoutez-Moi, Je vous
*******   parle. Je vous ferai traverser *des étendues immenses en quelques minutes*; Je M'occuperai de tous vos besoins; mais Je vous demande de Me faire Confiance *entièrement* car, à chacun, Je donne ce dont il a besoin pour la route, ce qui lui est nécessaire pour lui-même et pour ce que Je lui demande d'accomplir en Mon Nom Très-Saint, pour la Gloire de Dieu et le Salut du Monde.

Je ne vous laisserai pas vous disperser en de vaines expériences qui vous détourneraient de votre vraie Voie. Ce que Je garde en Mon Saint Coeur est *votre Mission*, celle de chacun de vous. Nous allons vivre unis pour sauver le Monde de ce Mal qui le détruit petit-à-petit. Je serai avec vous jusqu'à la Fin des Temps: vous ne Me voyez pas, mais Je suis là, sur votre route, lorsque vous M'appelez. Je partage vos angoisses, J'enlève votre crainte, Je vous donne Mon Amour et toutes Mes Saintes Grâces pour vivre dans une Communion parfaite *avec toutes les Communautés de frères unis dans Mon Amour, rassemblés dans la même Foi,* regroupés dans la Prière. Je vous ferai rencontrer, car vous êtes Mes Apôtres des Temps Nouveaux, ceux qui annoncent Mon Retour en Gloire.

Vous vous reconnaîtrez à ceci: la Joie de cette rencontre, le bonheur du Partage de Mon Pain et de Ma Parole Vivante. Le Maître est *toujours* parmi vous, même si vos yeux de chair ne peuvent pas encore Me voir, vous Me reconnaîtrez en chacun de vos frères; la Force d'agir en Mon Nom pour la Gloire de Dieu, fera briller vos regards d'un éclat nouveau. Reconnaissez-vous aussi au Signe que vous portez *en vous: Ma Sainte Croix vous unit et vous réunit.* Oui, Je vous envoie dans le Monde; vous êtes Mes Agneaux, marqués déjà de Mon Sceau. Restez doux et humbles de coeur; restez dans *ce calme*; Dieu Se repose en vous. Avec son agitation, le bruit du Monde vous disperse; restez près de Moi; il se fait tard; ne vous éloignez pas.

En mangeant Mon pain, vous goûtez à Ma Vie. Je suis votre Pain quotidien. Protégez Ma Parole de Vie: faites-la vivre *en vous,* en tous vos actes d'Amour pour votre prochain. Parlez de Ma Croix *qui sauve*; parlez de Mon prompt Retour en Gloire.

Parlez de Mon Amour qui veut vous sauver *du plus grand désastre qui se prépare*, et que l'homme sans Dieu ne pourra ni l'éviter, ni le vivre. Alors, montez vite ce barrage contre le Mal; qu'il s'étende vite sur les quatre points cardinaux; ce sera la Force-même qui naîtra *de Ma Sainte Croix élevée par milliers sur le monde entier* par Mes enfants obéissant à Mon Appel.

Vous êtes Mes Choisis, Mes Amis,
car vous faites ce que Je vous commande.

Restez à l'écoute; tout ce qui vient de Moi sera votre Sainte Protection; ainsi vous résisterez à la malice des hommes de peu de Foi. N'ayez crainte; voici que s'avancent vers vous tous ceux qui ont douté parce que leur coeur s'était recouvert de ténèbres; mais aujourd'hui, Je les délivre de cette *obscurité* parce qu'il est arrivé le Temps où Mes Saints du Ciel et Mes saints de la Terre vont se rencontrer. Mes Saintes Légions d'Anges merveilleux de Dieu, Mes Saints Apôtres et Prophètes, Martyrs et Témoins de Ma Croix, au Ciel comme sur la Terre, s'avancent en un seul rang pour affronter la *dernière* bataille, le *dernier* affrontement du Mal contre les Créatures de Dieu.

La Mère Victorieuse, accompagnée de Ses Saints Archanges, verra alors s'accomplir à cet instant la Promesse de Dieu; Elle n'a jamais douté du choix de Son Dieu, car Elle est la Mère de toutes les Créatures humaines que le Seigneur Lui a confiées au pied de Sa Croix Très-Sainte. Aussi la Bienheureuse Mère de Dieu, MARIE Très-Sainte, a déposé Son Coeur de Mère dans le Sein même de la Très-Sainte Trinité qui vit en MARIE, comme MARIE vit en Elle.

Les Saints et les Anges sont en Communion avec le Ciel et la Terre; ils entourent la Mère Immaculée, la Mère du Divin Amour; Elle vient écraser la tête de Satan avec son pied virginal; son pied est, à lui seul, la plus grande crainte de l'Ennemi de Dieu et des hommes.

Bénie soit MARIE qui, par la Volonté du Très-Haut,
fermera alors *le cinquième Évangile*.
Son Saint-Rosaire vient de lier le Mal
pour le livrer, pieds et poings liés, au Père Éternel.

C'est la Victoire de la Croix, c'est le Triomphe du Rosaire,
c'est le Triomphe de MARIE, c'est la Victoire du Christ.

Alléluia, Alléluia, Alléluia, soyez béni Seigneur
en l'honneur de la Vierge MARIE,

Amen.

✝
✝ ✝

Le chiffre parlera de lui-même
****

Mardi 28 Janvier 1997 - St Thomas d'Aquin

"JNSR" : *"Comment faire, Seigneur? Faut-il arrêter ce quatrième livre?"*

JÉSUS: "Obéis-Moi. Lorsque Je t'appelle, viens à Moi, Je ne
******* suis pas loin... et tu hésites tant à venir à Moi!
Souviens-toi de ta promesse: Je suis, dans cette promesse, le Gardien de ta Foi toujours vivante sur laquelle J'écris Mon Message d'Amour.

Aujourd'hui ceux qui doutent n'ont plus de raison de poursuivre leur chemin; ils deviennent des êtres errant sans but et sans intérêt à continuer leur route; plus ils avancent, et plus ils s'aperçoivent qu'ils tournent en rond. Je leur donnerai un sommeil qui les mettra en état de ne plus avancer: ils resteront sur place jusqu'à ce qu'ils réagissent positivement.

Je suis venu vous apporter une autre façon de vivre, vous donner un nouveau regard sur la vie; Je suis venu vous apprendre à ne plus avoir peur de Ma Vérité. Je suis l'Ami qui va vous redonner le goût de vivre, pour vivre l'Amour pur et véritable: là se trouve le vrai bonheur. Longtemps encore, vous allez chercher ce vrai bonheur sans y parvenir car il n'est pas loin, il n'est pas au dehors: il est en vous, caché en votre coeur; il est si simple que vous ne le trouvez pas, vous pensez le trouver dans l'inaccessible.

Tu dois finir ce quatrième livre avec la Foi que Je te donne.

L'Espérance qui habite ce livre doit être *un soulèvement* pour ceux qui vont le lire et le méditer. Je ne sais pas comment vous le redire mieux: *Dieu n'est pas "un moteur"* et, lorsque Je te parle, c'est avec Mon Coeur, avec toute Sa tendresse, avec tout Son Amour. Essayez de Me comprendre. Ma Parole est Vérité et Ma Vérité doit vous parvenir au fur et à mesure du Temps *qui est en train de passer* pour finir avec *la Fin des deniers Temps.*

Il est normal que la Parole de Dieu vous arrive dans cet intervalle de temps, dans cet espace compris entre *l'aujourd'hui* et la Fin de ces Temps. En attendant, Je te demande de poursuivre cette tâche telle que Je te l'ai demandée et que J'attends de toi. *Ne sois pas pressée: Je te ferai Signe* et ainsi s'arrêtera Mon Message que Je continue à te donner par Ma Voix en ton coeur, *et que Je continue à vous donner à tous par cette voix.*

N'essaie pas de comprendre *le pourquoi;*
dans ce livre, *tout* sera expliqué, *même le pourquoi.*

En attendant, écris comme Je te le demande, sans te soucier de tout ce qui n'est pas ce livre: il est le principal objet de ton attention; il porte Mon Signe et Mon Sceau Royal. Dieu est jaloux de Son Oeuvre; elle ne t'appartient pas: tu es la main qui écrit ce que ton coeur t'ordonne et c'est dans ton coeur que Ma Sainte Volonté imprime Ma Parole: *aucun mot ne peut venir de ta propre volonté, Je ne le permettrais pas.* Et tu ne pourras pas donner plus de renseignements que ce que Je t'ordonne d'écrire. [1]

Le sort du Monde est entre Mes Mains et Je veux que Mes enfants comprennent combien il est urgent de se conformer à la Volonté de Dieu. *Personne* ne peut arrêter ni Mon Dessein, ni Ma Pensée. Soyez UN avec votre Dieu qui ne désire que votre Bien.

Par ces lignes, Je désire que vous arriviez à mieux Me comprendre, que votre coeur se mette vite à l'oeuvre. Je ne suis pas encore venu pour juger le Monde, mais pour le sauver et il est déjà bien temps de vous le rappeler par vous-mêmes. Bien des fois, Je vous ai parlé et avertis pour tout ce qui vient; mais vous ne comprenez qu'en voyant tout déferler devant vos yeux alors, qu'avec votre coeur uni au Mien, vous pouvez déjà faire barrage au Mal.

N'essayez pas de Me devancer. J'agirai au fur et à mesure que Mon Coeur le désire, pour votre bien. Ne vous dispersez pas; ni en vaines résolutions, ni en plusieurs interprétations. Je vous parle avec Mon Coeur; J'agis avec Mon Coeur. Je vous aime et Je viens vous sauver; n'essayez pas d'autres moyens. Je vous ai *tout* donné... et vous ne faites que Me juger!

Mon enfant, si Je te brusque aujourd'hui, c'est qu'il ne faut plus se regarder, ni dans sa peine, ni dans les inconvénients de votre vie de tous les jours. Vous devez regarder plus loin: ce que Je prépare *avec vous,* ce que Je construis *avec vous*; ceci est la réalité, même si elle est encore invisible.

1: Relisez les premiers paragraphes des Messages du 31 Décembre 1996 et du 12 Janvier 1997: on comprend que "JNSR" a été handicapée dans son écoute du Seigneur par ses multiples soucis familiaux et de santé; mais aussi par les sollicitations de venir parler aux quatre coins de France, et en plus, par les demandes de précisions hors de sa portée et parfois saugrenues. *"Je sais...",* dit le Seigneur en rappelant néanmoins clairement à "JNSR" sa promesse, en lui redisant Son soutien et en la rassurant face aux contestations de ceux dont "le coeur est recouvert de ténèbres": *"Aucun mot ne peut venir de ta propre volonté, Je ne le permettrais pas".* Elle doit donc écrire ce que le Seigneur imprime en son coeur et ignorer les critiques et les sollicitations incongrues. "JNSR" se doit de rester un *Petit Rien* pour préserver son équilibre et sa Mission.   A.F.

Ne Me contrarie pas: viens quand Je t'appelle; Je Me servirai encore de toi. Mon Coeur vous a choisis. Mon Coeur ne peut pas vivre sans l'union de tous vos coeurs avec le Mien.

J'ai beaucoup de peine: Je vois certaines réactions qui sont contre vous de la part des hommes qui ne font que vous juger sans Amour.

Mon enfant, tu as donné tout ce que Je t'ai demandé; n'attends pas le consentement de certains, aussitôt; ils seront *obligés* de constater Ma Sainte Vérité en *tout* ce que Je t'ai demandé de faire pour les enfants de Dieu, tes frères. Tu leur as dit ce que Moi, Je dois leur faire savoir; ceux qui suivront seront appelés *Bienheureux* car la Volonté de Dieu est en eux. Aussi vous verrez les Merveilles de Dieu s'accomplir sous vos yeux; vous êtes unis à Mon Don d'Amour offert au Monde entier.

Voici Mes Ouvriers, ardents comme Mon Amour; Mon Feu d'Amour brûle en eux et devient *action*, cet acte d'Amour qui construit le visible dans l'invisible, *car tout existe déjà*; Seul Dieu le voit aujourd'hui.

Demain, vous ferez comme *l'éclipse*: vos Croix élevées se confondent dans celles que J'ai déjà élevées dans Ma Pensée Créatrice.

Soyez fidèles à Ma Loi, à Mes Commandements Divins, à Ma Parole de Vérité; tout ce qui vient de Dieu est *fort, indestructible*. Ma Force d'Amour est Mon Roc sur lequel tout se construit; tout ce qui se construit sur Mon Roc fait partie intégrante de lui-même. *Je suis la Voix de ces milliers de Croix.* Ne soyez pas impatients: vous allez les voir surgir de partout et *personne* ne pourra contester Mon Pouvoir.

Les plus forts plieront leur genou devant elles, parce que le Seigneur est descendu Lui-même *choisir la place de chaque Croix* et Son bras a arrêté Son choix là où vous en verrez surgir une. *Elles naîtront l'une après l'autre jusqu'à ce que le compte y soit et lorsque J'arrêterai.*

Alors vous pourrez les compter avec Moi et vous reconnaîtrez tous, unanimement, que Dieu est le Maître incontesté de ce Projet, *car le chiffre parlera de lui-même.*

Mon enfant, viens écouter Ma Voix; lorsque Je te parlerai, où que tu sois, prends un papier, écris tout ce que Je te donnerai. Tout sera consigné dans ce livre que Je terminerai. *Mon Coeur écrira le mot:* FIN. Tu t'uniras complètement à Moi; comme St Jean Baptiste, tu crieras:

"Convertissez-vous!
Les Temps sont fixés,
tout rentre dans le Huitième Jour
qui est le Temps de Dieu.
Voici Notre Dieu de Gloire!"

Que les oreilles entendent.

Je suis le Buisson Ardent.
Je viens écrire avec des lettres de Feu sur le Monde entier.
Le papier ne pourra plus supporter Mon Feu d'Amour,
ni la pierre, ni aucune matière non purifiées.

Mon enfant, tu contempleras les Merveilles de Dieu.
Ton quatrième livre, Mon Oeuvre, annoncera
les Signes de Ma Venue.

Je suis l'Océan de Ma Miséricorde Infinie.

†
† †

Pour un jeune homme

Samedi 1er Février 1997
1er samedi du mois et vigile de la Chandeleur:
Présentation de JÉSUS au Temple et Purification de MARIE

Saint Gabriel: "Prends note; Je suis Saint Gabriel et je te parle
************   au Nom du Seigneur.

Le Seigneur a pitié de cet enfant qui suit une mauvaise pente; s'il continue ainsi, où plus rien ne pourra l'arrêter, même Dieu Se refusera de l'aider; qu'il cesse immédiatement ce désordre qui l'entraîne de plus en plus profondément dans le Mal qui se resserre sur lui; et il est en train de s'enfermer dans ce filet tendu par le Malin. Bientôt, plus personne ne pourra le tirer de là, même avec vos prières, car il sait qu'il fait mal puisqu'il ment.

Je suis Gabriel. Je lui demande de regarder toujours la Sainte Enfance de JÉSUS, d'adopter Sa Sainte Pureté de petit Enfant qui est venu dans ce Monde de pécheurs *pour le sauver, lui aussi.*

Qu'il me demande aide et protection pour voir mieux son péché et en avoir horreur. Je guéris les âmes: JÉSUS, mon Doux Maître, me le permet; Son Amour est si grand qu'Il vient bientôt à nouveau sauver ce Monde orgueilleux qui a renié Dieu. Le Monde se complaît dans la boue.

Toi, enfant, appuie-toi sur moi: je t'élèverai au dehors de ce mal qui te défigure; tu ne peux pas, ainsi, te présenter devant Dieu, car JÉSUS et MARIE ont très mal devant l'impureté des corps et des âmes. Si tu as ce penchant qui vient te tourmenter, rejette-le, *je t'aiderai;* reste pur. Dieu *t'aime* et les Anges et les Saints sont *en admiration* devant l'enfant qui sort victorieux de la tentation: même *la tare de naissance* peut être vaincue par la Sainte Grâce de Dieu et de Sa Très-Sainte Mère. Mieux vaut rester toute sa vie pur que de vivre dans le plaisir sur cette Terre.

Tu ne rentreras dans le Ciel de Gloire que débarrassé de toute cette boue. Ne pèche plus; je viens à toi; je ne pourrai plus t'aider si tu me refuses la porte de ton coeur. Dieu *veut* te sauver. L'Éternité avec Dieu se gagne ici-bas.

Sois fort; je serai ton Ange fidèle.
Saint Gabriel.
† † †

"JNSR" : Ce Message est pour un jeune de 19 ans qui voulait se suicider, ne pouvant surmonter son penchant dangereux. Un mois après, il est calme, il sent qu'il est aidé et remercie le Seigneur.

L'Amour n'est pas aimé
****

Dimanche 2 Février 1997
Présentation de JÉSUS au Temple
*(Consécration au Très-Haut du Premier-Né mâle,
Lumière venue en notre Monde)*

*"JNSR" : "Mon Seigneur, aujourd'hui je te présente mon âme.
Me voici devant Toi. Apprends-moi à aimer, à regarder
l'autre avant moi-même, à ressentir sa souffrance avant la mienne;
et afin que celle-ci reste ignorée, je Te l'offre dans le silence; que
je vienne vers celui qui souffre avant même qu'il m'appelle.*

*Mon Seigneur et mon Dieu, n'être plus rien, n'être même plus un
souvenir afin de vivre cachée en Toi, vivre pour Toi et par Toi. Si
un jour, dans ma faiblesse, je blesse Ton Amour, ô Seigneur. Offre-
moi un instant Ton Coeur, lui Seul peut réparer cette erreur;
j'aurai alors Ta tendresse pour lui faire oublier la blessure que
mon coeur maladroit vient d'ouvrir en ce Saint Coeur qui ne sait
que donner Son Amour Infini sans rien exiger en retour.*

*Mille fois ingrate, celle qui vient de Te blesser car, à force de
tant recevoir, elle ne sait plus voir que l'Amour n'est pas aimé mais
qu'Il ne peut oublier la promesse que fit un jour Son Petit Rien: de
Lui offrir Son Je Ne Suis Rien pour toujours.*

*Mon Dieu, Ton Amour pour Tes créatures les effraie parfois:
pourquoi, Seigneur, nous aimes-Tu si fort? Nos coeurs sont vides
sans Toi; Tu viens à nous et, aussitôt, nous sommes comme ces
arbres chargés de bons fruits, alors que nous étions des branches
prêtes à sécher!"*

JÉSUS: "Je vous aime parce que **Je suis** l'Amour, que l'Amour
*******   est parfait en tout. Je ne sais que donner parce que **Je
suis** la Vie: sur Ma Sainte Croix, cloué, Je vous l'ai prouvé. Un jour,
en Me voyant, *vous comprendrez tout* parce que **Je suis** la Vérité.

Je te présente, enfant, Ma Lumière en ce jour nouveau. Préviens
tes frères de se tenir prêts car, pour venir à Moi, il n'y a *qu'une voie.*
Lorsque vous avancerez vers Moi, Je viendrai *plus vite* à vous, car
Je suis la Voie, la Vérité et la Vie.

Amen.

†
† †

Ô Mon Prêtre!
****

Lundi 3 Février 1997 - St Blaise

"JNSR": *"Quel est ce trouble, Seigneur, ce malaise que nous ressentons? Est-ce le Ciel qui commence à nous prévenir qu'il va se fermer déjà. Seigneur, pardonne-moi; je Te remercie de nous éclairer".*

JÉSUS: "Avancez sans crainte; vous aurez encore beaucoup
*******   de peurs, d'hésitations, de tourments, de peines intérieures; car le Temps qui arrive est chargé de maux; car le maître du Mal va remplir ses dernières fonctions en vous intimidant: il connaît *sa fin proche.* La cruauté du moment vous avertit également de votre *prochaine* délivrance. Oui, levez les yeux au Ciel et exultez de joie, car la Fin des Temps est proche. *Avant* cette fin, *vous en serez avertis*, cela vous le savez aussi.

L'Avertissement est programmé dans le Plan du Seigneur; *avant*, doivent arriver certains événements; tout suivra de très près. Jusque là, Je ne vous demande pas d'arrêter tout ce que vous avez en cours; tout doit continuer dans la Joie avec le même Espoir. Je suis là. J'interviens en tout ce que Je vous ai demandé pour la Gloire de Dieu et le Salut de l'homme.

Le Chemin de Croix, de Gloire et d'Amour, n'est plus un Chemin d'épines; c'est un champ d'étoiles très brillantes illuminées par l'Amour des hommes, Mes fils bien-aimés qui aiment et servent Dieu et Sa Très-Sainte Mère. Je passerai comme le Maître de la Vigne devant Ses Ouvriers, bénissant leur travail et leur persévérance. Je passerai, Moi le Fils de l'Homme, au milieu de vous: Communautés de frères, Églises de la Terre, Temples saints de Dieu, vous verrez le Vivant, l'Alpha et l'Oméga, Celui qui était, qui est et qui vient, vous bénir.

Chaque Croix est une Bénédiction pour votre Terre.

Du haut des Cieux, chacune est bénie, jusqu'à sa fondation. Aucun emplacement n'a été choisi par l'homme, tout vient de Dieu. Comme *vos noms* sont dans Mon Cœur, chaque Croix porte le Nom Sacré des Deux Saints Cœurs Unis de JÉSUS et de MARIE.

Ô Mon Prêtre! Si tu savais le Bonheur que tu Me donnes!

Si tu savais comme le Ciel s'en réjouit à chacune *de vos Bénédictions pour chaque Croix d'Amour,* tu fondrais dans un tel ravissement que tu aurais peine à t'en réveiller. Dans cette Bénédiction, tu rachètes des frères, des Communautés entières de frères, des Monastères qui sont entrés dans la Grande Désobéissance à Dieu: ils ne croient plus et désobéissent à Mes Préceptes et à Ma Sainte Loi.

En bénissant la Croix d'Amour, *tu ne braves pas* tes Supérieurs: ceci fait partie de ton Sacerdoce. La Main du Seigneur *est dans ta main* et tu accomplis cette Bénédiction *avec Moi.* Le Nom du Père ne peut être prononcé *sans que le Père soit Présent;* le Nom du Fils *est dans le Père* et le Nom de l'Esprit Saint *est dans le Père et le Fils.*

"Au Nom du Père, du Fils et du Saint Esprit †
unis consubstantiellement, de la Nature-même du Père,
Nous Nous unissons à toi, Fils Bien-Aimé,
choisi par le Prêtre par excellence: JÉSUS,
pour accomplir, dans ce présent, la tâche qui t'est réservée †

Voici ce que Je fais: Je vous ai déjà préparé l'endroit où sera planté l'Arbre de l'Amour; Je vous appelle là où les fondations sont déjà bénies par l'Éternel; là où les bras de la Croix vont s'ouvrir, comme les bras de JÉSUS, de l'Orient à l'Occident; là où le Vent qui souffle devient Souffle d'Amour et d'Espérance: c'est l'Esprit Saint qui vient ouvrir les coeurs à la Prière, dans l'Union et la Paix de Dieu; Il vient vous rappeler les Paroles Saintes du Maître:
"Il n'y a pas de plus grand Amour que de donner sa vie
pour ceux qu'on aime"
"Si vous n'avez pas tout donné, vous n'avez rien donné"
Votre Dieu vous a aimés jusqu'à la Folie de la Croix: aimez-Moi!

Je te le répète: Je n'arrêterai cette Oeuvre que lorsque le nombre sera atteint.

Ils viendront de partout, les Enfants de la Croix, vous aider et prier *avec vous.* Lorsque vous verrez toutes ces Lumières allumées; lorsque vous entendrez le Chant d'Amour s'élever de Mon Champ de Croix, alors vous entendrez le Chant de Ma Terre *délivrée du Mal*; son cri de Joie appellera le Ciel à s'unir à elle pour rendre Gloire, *Gloire,* **Gloire** au Très-Haut.

Les Grâces abonderont au pied des Croix bénies.
Je vous bénis †
par la Sainte Croix de votre Sauveur †
Amen

†
† †

Je suis Omniprésent
****

Mardi 4 Février 1997

JÉSUS: "Mes enfants, chassez loin de vous les pensées qui peu-
*******   vent vous nuire et vous mener sur une mauvaise route.

Certains n'entendent pas bien Ma Parole d'Amour: ils *"n'entendent"* que ce qu'ils désirent entendre. Il en est de même pour Ma
Sainte Bible; vous ne savez pas bien la lire et encore moins
l'interpréter à sa juste valeur.

Celui qui vous parle, votre Dieu, veut maintenir fraîches vos
pensées d'Amour et non par peur et crainte de ce qui peut vous
arriver si vous désobéissez; faites tout par Amour, pour l'Amour, sans
calcul ni déduction.

Je *suis* avec Mon Père et Votre Père. Tout le Ciel est vibrant
d'Amour; mille yeux sont posés sur chacun de vous pour vous garder
car Dieu, qui contemple Son Oeuvre, est Présent pour la préserver.
Mais vous n'entendez pas tout ce que Je vous demande de faire pour
vous protéger du Mal qui, lui aussi, a mis *l'oeil* sur chacun de vous
pour assister à votre désastre: méfiez-vous de son appel trompeur.

L'Amour *est en vous,* comme la première *substance motrice* de
tout votre être; c'est ainsi que Je vous ai créés; c'est ainsi que Je vous
protège, par cette "substance", Amour, que personne ne peut voir ni
toucher. L'une d'entre vous a pu le toucher: c'est Madeleine; car elle
M'a touché, elle a eu ses mains dans les Mains mêmes de Celui qui est
Tout-Amour; elle M'a vu: Madeleine *a vu* l'Amour; plus rien ne
pourra le lui faire oublier.

Le Temps arrive à cette nouvelle rencontre de l'être et de l'Amour,
car il est écrit que vous Me verrez. St Paul vous le confirme: *"Tout
oeil Le verra"* dit-il, et c'est certain; J'ajoute: *"Toute main pourra Me
toucher"* parce que Je le désire ainsi.

Me voir, Me toucher... Quand? Je vais te le confirmer ici: *"Dans
pas trop de temps"*. Encore un peu et vous Me verrez, parce que Je
le désire encore plus que vous tous. Cette rencontre aura lieu,
certainement avant même que vous ne puissiez le concevoir en vos
esprits; et vous ne le saurez pas non plus par Ma bouche, mais
quelqu'un viendra vous le dire: celui-là même que Je désignerai afin
qu'il vous le rappelle. Attention! Ne vous risquez pas à courir à droite
et à gauche vers "celui" qu'on va vous désigner, ici ou là. Mon
Envoyé vous le rappellera.

Dieu vient comme Il vous l'a dit: *"Comme on M'a vu monter au Ciel, ainsi Je descendrai".* Est-ce sur le Mont des Oliviers? Est-ce sur la Montagne de Dozulé? D'après toi, où crois-tu que Dieu posera ses pieds?

Mon enfant, en ce moment Je suis près de toi et tu ne Me vois pas; mais tu pleures de Joie et d'Amour; tu sais que Je dis vrai; tu fais le Signe de la Croix; tu embrasses Ma Croix; tu la tiens serrée sur ton coeur. N'obscurcis pas tes yeux par tes larmes saintes, car tu es pure en ce moment, jusqu'à baigner en Mon Amour.

Mon enfant, Je viendrai comme les rayons du soleil de midi: *ils tombent tous à la fois* sur tout le monde et à ce moment-là, les deux hémisphères Me verront également en même temps [1]. Je serai là où chacun sera; chacun Me verra à côté de lui; chacun recevra Mon baiser. Et tu ne pourras te tromper en disant: *"J'ai vu JÉSUS venu du Ciel et mettre ses pieds sur le Mont de Dozulé",* car ce sera vrai. Les autres diront: *"J'ai vu JÉSUS venir sur Sa terre où Il est né"* et ce sera vrai; parce que Je peux être, comme dans la Sainte Hostie, Présent partout, toujours Entier, et dans chaque seconde qui passe, pour chacun et pour tous:

Je suis Omniprésent.

Vous verrez Dieu Trinitaire et vous serez émerveillés. Tu ne peux te tromper en répétant cela. Mais Je vous répète de continuer à M'honorer comme Je le demande à Dozulé: *"C'est le Lieu Saint du Grand Rassemblement".*

J'aurais voulu que l'homme devance davantage l'Heure de Ma Venue pour le Bien de toute l'Humanité: il en a été incapable, faute de discernement. Qu'est-ce que le discernement? Petite, *c'est de croire sans voir.* Voici comme Je te veux toujours: *confiante* en Ma Parole; continue ainsi. Tes forces, *Je les referai,* car rien ne doit plus se gaspiller en de vains propos afin que Je vienne et que Je trouve Mes Apôtres à l'Ouvrage... que Je terminerai *avec eux, à côté d'eux:* en *un instant* nous serons prêts à unir toutes les bonnes forces au Service de l'Amour.

En *un instant* l'Amour aura tout restauré, neuf et brillant, nouveau et auréolé de Ma Sainte Gloire. Ce Chemin Royal de Croix d'Amour est déjà commencé; J'arriverai lorsqu'il sera aux trois quarts: *Faites et Je ferai!*

Si le Monde s'active dans cet Amour, qui résistera à votre appel?

1: *"S'il fait jour ici, il fait nuit aux antipodes"* objectera avec juste raison (humaine) n'importe qui... Mais souvenez-vous de la prophétie donnée à soeur Faustine et rappelée dans la Préface, page IX.

Mon Coeur Saint et Adorable fondra d'Amour devant Mes coeurs fidèles à l'Ouvrage. Vous verrez déjà Mes Miracles d'Amour s'accomplir sous vos yeux, car JÉSUS est *avec* vous, *en* vous et *Présent* dans vos oeuvres d'Amour car elles sont dictées par Ma Divine Volonté répandue sur la Terre qui deviendra bientôt Ma Terre de Grâce, Terre Nouvelle.

Tout l'Univers sera en fête pour le Retour en Gloire du Christ sur Sa Terre de naissance humaine. Le Fils de l'Homme ne peut plus vivre sans Ses frères, enfants de Dieu.

Création de Dieu, chante la Victoire de ton Dieu d'Amour:
Il revient visiter Ses frères!

Si tu veux savoir le temps que Je passerai avec vous, Mon enfant Je te l'ai déjà dit: Je resterai *un temps* avec vous et Je ne vous laisserai plus comme Mes premiers Apôtres qui regardaient le ciel à Mon Ascension: *car J'ouvrirai Mon Ciel de Gloire et vous Me verrez assis à la Droite du Père*; avec Ma Terre purifiée, le Ciel et la Terre seront unis en un seul site; Dieu sera en tout et vous ressentirez Ma Présence en tout; *Nouveaux Cieux, Nouvelle Terre.*

Je peux vous enlever bien des tourments à venir, mais il M'est impossible de ne pas laisser s'accomplir les événements à venir; vous *devez vivre* la Purification jusqu'au bout. Tout sera vécu avec Mon Soutien; tout ce que doivent vivre les incroyants qui Me résistent encore, tout ce que doivent vivre ceux qui doutent de Mon Existence, ceux qui cherchent Ma Vérité.

La Vérité, il n'y en a qu'une: *Je suis* la Vérité; pour la vivre, il faut croire en Ma Miséricorde Infinie. Le Monde *doit* rentrer dans Ma Vérité en passant par la Purification des corps et des esprits.

Je vous ferai toucher Mon Amour avec tout votre être; en vous regardant tels que vous êtes, du dedans jusqu'au dehors, vous recevrez la Purification: *c'est le Grand Avertissement qui vient à vous.* Bénissez Dieu qui vient vous sauver; vous verrez combien le Seigneur vous aime. Vous entrerez dans Mon Coeur; d'abord vous entrerez dans le Bassin de Purification *sans crainte de vous salir*; c'est une grande Grâce accordée à Dozulé.

Alors vous pourrez voir Celui qui vous appelle
à une grande Sainteté. Amen.
J'aime la Charité, douce Vertu, elle attire Mes âmes
pour vivre ensemble dans Mon Amour Infini, Amen †
Ne doutez plus de Mon Amour: vous êtes le Corps du Christ.

†
† †

Seigneur, Seigneur! je me noie, sauve-moi!
****

Mardi 18 Février 1997 - Ste Bernadette

"*JNSR*": "*Que Tu es grand, Seigneur! Que Tes Oeuvres sont belles! Nous oublions trop souvent que Tu nous a créés de la poussière...*"

JÉSUS: "Je ne t'ai pas abandonnée. Le Regard de Dieu est
******* posé sur chacun de vous. Je vous laisse agir en toute liberté et Je vois comment vous employez cette liberté... J'attends votre appel, mais vous allez crier bientôt:

"*Seigneur, Seigneur! je me noie, sauve-moi!*"

Hommes de peu de Foi, vous ne croyez pas en Mon Amour; vous vous sentez forts et vous rejetez Ma main. Votre pied avance sans trop savoir où il se pose; où va-t-il vous entraîner? *Rien* n'est coordonné en vous: la main agit sans demander à la tête: "Est-ce que je peux?". Les yeux regardent ce que la Malice fait miroiter devant eux. L'esprit n'est même plus interrogé; aucune partie du corps ne se soumet à l'esprit, tout agit dans le désordre.

Comment alors, pouvez-vous voir, comprendre, réagir à ce qui se passe en dehors de vous, autour de vous? Je vous ai créés avec Mon Ordre en vous, Mon Amour. Je vous ai donné Ma Vie. Je vous ai laissés libres: avec votre liberté vous vous êtes désarticulés comme un pantin qui se laisse faire parce qu'il n'a pas de vie propre en lui; et que *celui* qui va le manipuler, a déjà la volonté de le détruire entièrement en commençant par lui arracher la tête.

Voilà où va votre esprit: *dans le vide.*

Voilà où va votre volonté: *sous le maniement du plus fort.*

Voilà où va votre personne: *dans le gouffre* déjà préparé par *celui* qui tire toutes les ficelles de ce Monde qui se démantibule. Je reviens vers vous en trouvant *un tas d'os* sans vie et sans nerfs. Vous vous entassez, les uns sur les autres, comme une montagne qui ne peut plus bouger, pêle-mêle; et ainsi s'accroît le désordre partout. Vous vendez votre liberté parce que vous êtes devenus des êtres déchus; ou alors vous troquez votre liberté contre une volonté destructrice qui, en ce moment, fait de toute la jeunesse une proie facile en la jetant dans la drogue, la musique satanique, les images et les jeux infernaux et tous les plaisirs défendus. En plus, vous vous faites les jouets de ces hommes politiques qui vous chargent de leurs habits démodés, de leurs vieilles loques parce qu'ils ne savent plus qu'en faire; ils font de vous des "héros" et se cachent derrière votre naïveté; ils vous flattent... Les feux de la Haine s'allument de partout: haine contre Dieu, haine contre vos frères, haine contre l'Église de Dieu.

On culpabilise l'innocent et on porte en triomphe le coupable, et vous ne M'appelez pas encore! Et l'eau vous arrive déjà jusqu'au cou! Quand allez-vous dire: *"Seigneur, Seigneur! je me noie, sauve-moi!"* Vous croyez que parce que Je suis Dieu et que vous Me savez Miséricordieux, vous pouvez Me tromper et Me rejeter? *Votre liberté devient votre propre Enfer.* Savez-vous combien de temps Je vais encore accorder à vos indomptables volontés que vous avez jetées comme des déchets dans la boue des péchés du Monde? Je dois vous avertir: *il se fait tard.*

NON! vous ne pouvez plus vous détourner de Ma Parole de Vie: *vous entendrez* Mon Avertissement, *vous le vivrez.* Mon Coeur Adorable S'est retenu de vous faire Justice: Je vous ai laissé le temps de Me revenir. Je suis Celui qui a créé toutes vos âmes, pures et belles à l'Image parfaite de Dieu Trois-Fois Saint. Vos âmes ont, en elles, une telle beauté que, les ayant vues, vous en auriez été ravis, étonnés, stupéfaits de voir comment Dieu vous les a confiées pour effectuer ce Pèlerinage de la Terre.

Pourriez-vous les voir à présent sans frémir d'horreur? Vous les avez défigurées, comme un objet où la rouille s'est mise pour le ronger, où le vert-de-gris l'a enrobé pour le cacher de la lumière. Ainsi êtes-vous devenus des âmes à demi-mortes, presque mortes à la Vraie Vie en Dieu.

NON! vous ne pouvez pas dire que, malgré cela, vous ne Me connaissez pas et que vous êtes libres de vous détruire complètement.

NON! vous n'êtes pas libres, car vous avez choisi de suivre un autre Maître que Moi.

Regardez-vous! Regardez où votre liberté vous a conduits: *à l'esclavage du péché,* votre maître vous entraîne dans la Mort Éternelle en vous retirant de Moi, car *Je suis* la Vie Éternelle.

Votre choix, Je le transformerai *bientôt,* pas par la force, mais J'éclaircirai votre esprit *sans le contraindre* à Me suivre: il Me comprendra. L'Esprit Saint est partout; Il régénère tout, de l'intérieur à l'extérieur; Il est *ce Vent* qui va rassembler et réunir entre eux les os morts, les chairs éteintes, les nerfs atrophiés ou paralysés.

Il est ce Tourbillon Purificateur qui balaie tous les déchets, toutes les impuretés qui se sont collées aux âmes de Dieu, et sur la Terre que Dieu fit si belle; Il libère les prisonniers du Mal; Il détruit les pensées sataniques jusqu'aux racines; Il *souffle* sur les vices, sur les mauvaises habitudes et le désordre moral; sur les lois d'hommes et leurs pensées de haine.

Il délivre les corps possédés par le Mal. *L'Esprit de Dieu est le Maître Purificateur* que Dieu envoie sur tous les hommes et sur Sa Terre. L'homme croit encore en sa force, en son pouvoir pour transformer ce monde *déjà mort*. L'homme continue à se mesurer à son Dieu Créateur, Rédempteur et Purificateur. *Mais Je ne vous laisserai plus diriger ce "bateau-Terre"* sans vous apprendre, à nouveau, comment il doit se tenir sur l'eau et résister à toutes les intempéries.

Les gouvernements sont en continuelle recherche pour améliorer la marche, incapables de comprendre *la raison de cette catastrophe* que les hommes de toutes Nations sont en train d'organiser *sans se rendre compte qu'ils l'ont eux-mêmes déclenchée*

Il y a une telle déstabilisation, en vous-mêmes qui êtes le premier rouage de cette grande machine que, de tous côtés, tout autour de vous: nations, habitants, nature, *tout* va commencer à se déstabiliser. L'homme va devenir ce fétu emporté par cette mer qu'il vient de déchaîner.

Comment comptez-vous vous en sortir? Vous calculez sans cesse *sans M'appeler*; ou vous vous prélassez en attendant que ça passe, ou que rien n'arrive.

RIEN ne peut plus s'arrêter. TOUT continue de mal en pis.

Personne n'arrive plus à M'entendre, hormis *le Petit Reste*. Le Peuple de Dieu s'est retourné vers Sodome et Gomorrhe. Il se cache pour continuer à Me désobéir. Personne ne peut plus comprendre qu'inévitablement vous êtes arrivés au bord du gouffre que Je vous ai déjà annoncé. Vous êtes devant les chutes d'eau impétueuses qui ont entraîné le "bateau-Terre" au bord de la cascade à la pente vertigineuse (Je t'avais déjà montré cette cuvette mal soutenue et retenue encore par Ma main). En voulant M'ignorer, le Monde n'a fait qu'avancer son heure. *Pourquoi Me fuyez-vous? Je veux vous sauver*. Faites encore un effort: avancez vers Moi; restez patients; devenez meilleurs et ayez confiance dans Ma Sainte Miséricorde. Priez avec votre coeur. Offrez avec votre coeur, comme si rien ne devait se passer de ce qui doit arriver bientôt.

Soyez doux et humbles de coeur car Je dois encore vous guider pour sauver le plus d'âmes possible.

Avant la détresse de la Terre, doit arriver la grande détresse dans les âmes; elles vont se voir comme la Terre, c'est-à-dire *tomber!* Avec leur repentir sincère Je pourrai les sauver. Repentez-vous et convertissez-vous, *car J'arrive bientôt*. Croyez-vous que les prophéties sont restées vaines parce que rien n'est encore arrivé?

Que Mes Voyants ont menti? Mes Prophètes sont Mes Envoyés. Je vous laisse tous dans cette confusion, car il en est ainsi: vous doutez de tout *parce que cela vous arrange* et vous dites *que Dieu est Bon et Miséricordieux et ne peut laisser s'accomplir* certaines de ces prophéties annoncées par les anciens et les nouveaux Prophètes. Vous condamnez et vous jugez parce que vous vous croyez encore les maîtres de ce monde. Vous avez oublié que Je suis le Seul Juge qui peut rendre la vraie Justice dans sa pure Vérité. Vous dénoncez; et vous cachez certaines choses qui devraient être mises en plein jour. Vous occultez Ma Vérité et vous montrez *vos lois* parce que Ma Loi, vous l'avez déformée pour servir *votre* loi.

Je n'ai rien changé, ni à Ma Loi, ni à Mes Commandements; Je parle encore aujourd'hui comme hier et J'aime le pécheur bien que Je haïsse le péché. Comment pouvez-vous alors condamner un innocent et délivrer un coupable parce que, à vos yeux, il aurait encore le privilège d'être pur comme l'agneau?

Vous verrez se découvrir devant vos yeux Ma Sainte Vérité et Ma Justice fera apparaître en plein jour ceux qui se sont cachés depuis si longtemps pour lutter contre Ma Loi. Je conduirai à nouveau Mon Peuple là où il va être pour vivre une nouvelle vie sur Ma Terre Nouvelle: renouvelée, elle va renaître comme l'enfant qui ouvre les yeux à la vie: il commence par pleurer et puis, ensuite, il ouvre en grand ses yeux et c'est l'émerveillement de la vie qui le saisit.

Oh qu'il Me tarde de vous la donner, cette Terre Purifiée, propre, pure, belle comme une jeune mariée. C'est l'Époux qui va vous la présenter, car elle sera toute à Dieu, comme Mon Église, comme ce Temple que vous cherchez à rebâtir. Je vous la donnerai, toute construite avec Mon Amour Inaltérable: ainsi sera Ma Terre renouvelée, nouvelle, inaltérable.

Vois-tu, l'Amour est un outil entre les mains de ceux qui veulent s'en servir. Que de belles choses vous pouvez faire avec Mon Amour "entre vos mains", oui, dans votre coeur. Ô Mon petit enfant, que Je t'aime pour te dire tout cela. Il faut que tu saches que, même *si tu ne M'entends pas*, Je ne peux pas Me défendre *d'être près de toi et de t'aimer*, parce que, simplement, *tu sais aimer*.

Mais, attention! *Garde ton coeur disponible et prêt à Me suivre. Écoute-Moi toujours, même si Je ne te demande pas d'écrire. Écoute Ma Voix en toi, Petite*, parce que bientôt Je te dirai de très belles choses pour tous tes frères. Aujourd'hui Je vous préviens et, même si Je t'ai fait peur, tu as écrit Ma Vérité et tu sais qu'alors, *si vous essayez de changer votre vie*, Moi *Je peux aussi changer bien des choses* qui ont été annoncées.

Mais Je ne te cache pas que les Temps, qui vont finir très bientôt, vont amener toute la boue accumulée pendant près de 2000 ans sur la Terre des hommes à cause de leur désobéissance à Dieu: *tout cela doit disparaître,* toute la boue qui a recouvert les hommes et leur Terre.

Je dois encore te dire certaines choses, alors ne Me demande pas d'arrêter déjà ce quatrième livre. N'aie crainte: Je ne laisserai pas déformer ce livre par ceux qui le craignent. Je te demande d'obéir à ton Prêtre car il est guidé par l'Esprit Saint quand il te parle; il sait que Je t'ai déjà parlé; Je lui donnerai, à lui aussi, des preuves de l'authenticité de "tes" Messages. Je ne laisse pas Mes Ouvriers fidèles sans soutien; il est dans Mon Coeur et Je te l'ai donné parce que lui seul peut te guider. Mes Paroles sont tellement chères à Mon Coeur qui veut les donner à Mes enfants, qu'il tiendra compte, lui aussi de Mon grand désir.

Le Ciel est en Joie parce que tout doit arriver bientôt. Le Règne de Dieu *sur* votre Terre est proche. La Paix, la Joie, l'Amour, inondent tous Mes Saints Anges; et les Saints du Ciel et de la Terre communiquent déjà partout cette Annonce:

Dieu revient. Chantez Sa Gloire. Son Temps
est un Temps de Grâce parmi les hommes de Bonne Volonté.
Tressaillez de Joie car tout le Ciel est en émoi.

La Vierge a préparé Son manteau
qu'Elle a voulu broder Elle-même.

Le Christ est déjà dans vos coeurs,
bientôt Il Se montrera à vous, venant comme une Étoile.
Voici l'Étoile de l'Aube Nouvelle
qui vient illuminer les quatre coins de l'horizon.
Oui, en Moi s'accompliront toutes choses car Je suis
l'Alpha et l'Oméga. Amen.
Viens, Seigneur JÉSUS! Amen.

✝
✝ ✝

Je viens vous donner au Père

****

Dimanche 9 Mars 1997

"JNSR": *"Seigneur, parle-moi. Parle, Seigneur nous T'écoutons"*

JÉSUS: "Nous avançons tous ensemble et en même temps,
************ même ceux qui se croient immobiles et figés dans leur cocon de plaisirs. L'Histoire du Monde continue avec chacun de vous car vous êtes tous concernés, même celui qui vit dans une terre désolée, sans culture. Votre siècle dépasse tous les siècles précédents en progrès de toutes sortes et inventions en tous domaines mais, aussi et malheureusement en violence, déchéance, égoïsme, corruption, sacrilèges et mépris envers Dieu; oui votre siècle dépasse tout ce qui a été vécu auparavant, tout ce que les générations précédentes ont pu faire et inventer pour conduire l'homme à sa perte, pour le priver à jamais de Ma Sainte Grâce. La persécution des corps et des âmes est partout; aujourd'hui elle est générale.

Pardon, mon Dieu, pour le scandale du Monde;
Délivre-le de l'esprit de Satan.
Pardon, mon Dieu pour ceux qui Te blasphèment;
Pardonne-leur, ils ne savent pas ce qu'ils font.

Quand J'ouvrirai en grand Mes bras, *la Terre entière sera sur sa Croix.* Elle s'arrêtera de tourner sur son axe. J'arrêterai les vents. L'air restera immobile. L'eau s'arrêtera même de frémir. Le soleil s'arrêtera de briller. Tout s'endormira, comme si le Temps n'avait plus de rouages pour continuer sa ronde.

Les hommes, les animaux du ciel, de la terre, des eaux, toute vie deviendra comme figée dans une estampe *parce que Dieu va vous demander de L'écouter.* On est au temps de la veille de la Pâque juive et il est midi... Je ne descends pas de Ma Croix où Je suis cloué. Auprès de Ma Croix: MARIE, Ma Très-Sainte Mère, et Mon Apôtre Jean, Mon Agneau. De midi à trois heures, le ciel devient noir parce que la Vie vient de S'arrêter sur la Croix. La terre tremble. Les rochers se fendent. Des saints ressuscitent. Le feu du ciel s'unit au feu de la terre. Voici l'obscurité *pour toutes les âmes arrêtées dans le Temps* parce que la Vie vient de S'arrêter sur Sa Croix; et vous serez enveloppés *de ce voile noir* pendant que vos esprits, dans Mon Esprit, vont entrer dans l'Esprit du Père. "Père! Qu'ils soient UN, comme Nous sommes UN, Toi et Moi, et eux, qu'ils soient UN en Nous afin que Nous et eux soyons Un."

Tout sera intérieur: dans l'Esprit du Père, recevez la Lumière de Dieu.

Je suis la Vie arrêtée dans l'espace-temps pendant trois heures.

Je suis la Lumière qui s'est obscurcie dans cet espace-temps pendant trois heures.

Je suis le Chemin que vous ne voyez plus pendant cette obscurité de trois heures.

En Vérité, Je continue à vivre dans l'Esprit de Mon Père. Mon Esprit est en Dieu. Mon Corps est froid et pourtant vous vivez encore de ce Dieu Unique. *Je suis* le Buisson Ardent qui brûle et qui fait brûler vos coeurs de Sa Flamme d'Amour. Sans combustible. La Vie en Dieu continue en vous, Membres du Christ.

Je viens de Me donner au Père. Le Père vient de Me donner à vous car, dans ces trois longues heures, se fera *l'immobilité* de la chair, *la mort* de la chair corruptible pour laisser *libre* l'esprit.

L'Esprit du Père vit en vous et *l'Arbre de Vie* vous est donné. Nourrissez-vous et *comprenez* Celui qui est tout Esprit. Entrez dans l'Esprit du Père, dans l'Amour du Père, dans la Joie du Père; Il vient à vous pour vous purifier, vous rendre immaculés comme le sommet de la haute Montagne qu'aucun pied n'a foulé; car inaccessible est sa hauteur et sa couronne est faite de neige éternelle inviolée.

Venez vivre dans l'intimité du Père Créateur qui veut posséder Sa créature comme jamais. Jaloux de Sa Création, l'Éternel vous appelle à vivre avec Lui une Union parfaite. Le Père entre en Communion avec Son Humanité pendant ce Temps où la chair mortelle va naître incorruptible, où l'esprit va devenir Lumière, où Sa Connaissance sera donnée à profusion pour jouir avec Lui de toute Sa Création, voir avec Ses yeux le Nouveau Monde, connaître les hauteurs inaccessibles de l'Univers tout entier, connaître le Pur Savoir de la Perfection Divine qui est à l'état d'embryon minuscule dans chaque être humain et qui va grandir en trois heures... si vous acceptez de redevenir la créature aimée du Père dans la Création renouvelée dans le Père.

La Seconde Terre -et pourtant la même- parfaitement unie à son Dieu Créateur, belle comme le diamant pur, enfoui dans la terre pour garder en lui tout l'éclat pour le Grand Jour, *le Jour de Dieu,* voici votre Terre Nouvelle, parfaitement renouvelée, pure comme ce diamant.

Elle vous sera donnée après votre Purification, car toute créature renouvelée dans l'Esprit du Père aspirera à vivre sur la Terre du Père.

N'ayez crainte: *Je suis* dans le Père comme au début de la Création du monde. Je jouis de toute Sa Joie, car *Je suis* dans cet accomplissement final: Nouvelle Terre, Nouveaux Cieux pour Mes enfants de Lumière.

JÉSUS vous conduit au Père.

La Très Sainte Trinité exulte de Joie
devant Sa Création achevée,
entrée dans le Sein de Dieu.
Amen.

†

† †

"JNSR": "Je ne sais pas si ces trois heures peuvent dire trois jours, car notre Temps va s'arrêter."

C'est une fête solennelle, c'est un décret perpétuel
****

Mardi 11 Mars 1997

"JNSR": "Seigneur, je T'écoute de tout mon coeur!"

JÉSUS: "Vois, Mon enfant très chère, vois où conduit l'Obéissance à
************ Dieu, vois ce parterre de roses: c'est Ma Charité. Vois Mon
Amour dans tout ce qui vous entoure. Vous suivez Mon Chemin et alors,
sur Ma Route, vous rencontrez vos frères qui, comme vous, M'attendent; ils
sont heureux de vous rencontrer; tout comme vous, ils espèrent votre
présence comme vous espérez la leur; car tout parle de Dieu en vous.

Ne pleure pas: Ma Joie vous est donnée; vos larmes Je les sécherai
par Mon Baiser de Grâce. Écoute Mon enfant: bientôt vous serez tous
réunis comme Je vous l'ai promis. Bientôt, même les fleuves chanteront Ma
Joie. Mon aimée, crois en ce Bonheur; espérez tous en Mon Retour proche,
très proche car le Seigneur est comme vous, impatient de vous serrer sur
Son Saint Coeur. OUI, un abcès est en train de crever et il fait encore mal,
mais il ne peut plus résister *car bientôt tout le mal sera retiré de la Terre.* La
Terre entière sera guérie *à jamais.* Quel bonheur de voir tout refleurir dans la
Pureté de Dieu, tout renaître dans l'Amour du Très-Haut.

Hosanna! Dieu revient. Les palmes s'agitent. Ils crient tous "*Hosanna au
Fils de David! Béni soit Celui qui vient au Nom du Seigneur. Gloire à Dieu
au plus haut des Cieux!"* Le Roi viendra dans Sa Jérusalem Nouvelle, non
plus monté sur un petit d'ânesse, mais déjà annoncé par Sa Croix de Gloire
qui illuminera tous les cieux et la Terre qui bénéficiera également de Sa
Divine Lumière. Je vous vois vous activer comme une ruchée, tous
travaillant pour la même construction; l'essaim est uni et vous préparez déjà
dans votre coeur la Vie du Royaume de Dieu. Voici que déjà vous unissez
votre travail, vous réunissez toutes vos forces et votre savoir pour
qu'apparaissent déjà les prémices de la Nouvelle Vie en Dieu.

Vois l'Union des enfants de la Croix. Vois leur Amour qui augmente à
mesure que s'élèvent sur la Terre toutes Mes Croix qui fleurissent de
partout: elles viennent donner *l'oxygène* à la Terre qui va revivre; elles
viennent, dans l'Amour de Dieu, apporter l'Amour des enfants de la Croix
qui ont accepté déjà de vivre dans l'Amour de Dieu, acceptant la souffrance
des mépris comme le partage de l'offrande du pain quotidien de l'homme,
son frère, et de son Dieu qui continue à S'offrir pour chacun de vous à la
Table de Miséricorde en Son Église: Pain de Dieu, nécessaire à la vie de
votre âme et la vie de votre corps. La Terre va commencer à rejeter le
poison qui s'est infiltré malicieusement en elle.

Ô Croix dressée sur le monde! Chantez ensemble, tous unis, l'Hymne à
Dieu de Miséricorde et d'Amour, car Il vient, Notre Bien-Aimé, pour vous dire
que le Temps qui nous a séparés de Lui a été un Temps d'amertume
comme les herbes que mangèrent les Israélites pour la Fête de Yahvé en
souvenir du Salut apporté par Dieu à Son Peuple le premier mois qui
s'appelait *Abib* ou *Nissân*.

Ce Peuple, qui a fêté la sortie d'Égypte le 14 de ce mois où ils mangeaient debout, ce mois, qui sera le premier mois de l'année pour le Peuple Juif -et pour nous-, ce même jour que Dieu, Notre Père, a choisi *pour nous sortir, nous aussi, de l'esclavage du péché* par la Sainte Croix Glorieuse apparue à Madeleine *le 28 Mars 1972 qui est aussi le 14 Nissân de notre siècle.* [1]

Oui, votre pain est sans levain. Oui, le petit agneau est vidé de son sang, mais il vient vous marquer sur vos fronts et pas une goutte ne sera gaspillée, car la Pâque Juive est un Signe mémorable pour toutes les générations et *vous la fêterez!*

A Moïse, Dieu dit: "*C'est un décret perpétuel*". Dieu dit à Dozulé: "*Allez-y tous en procession à l'endroit où la Croix Glorieuse est apparue; allez-y vous y repentir: vous y trouverez la Paix et la Joie. JÉSUS demande que chaque année y soit célébrée une Fête solennelle ce jour du 28 Mars.*

"Notum fecit Dominus a Magdalena Salutare Suum", ce qui veut dire:
"*Le Seigneur a fait connaître par Madeleine Son Salut*";
c'était en l'Église de Dozulé *le Vendredi-Saint 28 Mars 1975* de l'Année Sainte 1975. Voici, Mon enfant, ce que Je te demande de répéter à Mon Peuple, lui qui, aujourd'hui, continue à traverser le désert aride. Le Peuple Juif, dirigé par Moïse, mit quarante ans pour retrouver la Terre Promise. Et vous, vous avez multiplié par cinquante ce Temps d'amertume: voici que vous vous rapprochez après deux mille ans passés dans le désert où vous avez perdu même votre nom de fils de Dieu!... Allez-vous lever *vos tentes* et traverser le dernier fleuve qui vous sépare encore de Moi? Peuple de Dieu, Je vous ferai traverser le Jourdain et J'abattrai les murs de Jéricho.

Aujourd'hui, c'est par Ma Croix que vous passerez sur l'autre rive et que les murs tomberont...
et que les hommes se rallieront entre eux pour venir, tous unis,
à ma sainte Croix Glorieuse où Je vous attends. Amen.
Je suis la Résurrection et la Vie, Amen.

† †

1:    Il y a là une incertitude que je n'ai pu résoudre faute de temps; le **28 Mars** 1972, date de la première apparition de la Croix Glorieuse à Madeleine dans le ciel de Dozulé, ce jour est-il le14 du mois de Nissàn du calendrier juif?

Depuis 3.500 ans les Juifs fêtent ce jour-là la libération de leur esclavage en Égypte. Depuis le Vendredi-Saint **28 Mars** 1975, JÉSUS a demandé à Son Église une procession et une fête solennelle en gratitude pour la Promesse de Salut. Dans l'Église, seuls les Laïcs et une minorité de Prêtres ont obéi spontanément...

C'est l'Alliance de toutes les Alliances
****

Samedi 22 Mars 1997

"JNSR": *"Seigneur, que Votre Volonté soit faite sur la Terre comme au Ciel, que Votre Règne arrive! Parle-nous, Seigneur, je T'écoute."*

JÉSUS: "Après un silence où même les feuilles des arbres se sont
************ immobilisées et où l'oiseau a retenu son chant, où la rivière a arrêté sa course; où l'eau des grands fleuves, des mers et des océans s'est tue comme une morte, *vous contemplerez l'Oeuvre de Dieu comme jamais* car, si tout s'endort, Je laisserai vos esprits éveillés pour connaître et vivre, en Vérité, l'Heure de Dieu qui S'est approché le plus près de l'homme jusqu'à unir Son Souffle au sien, sans quoi il perdrait la vie.

Oui, l'Humanité ne pourrait pas supporter cet instant *où la Grâce va passer par toutes les portes.* Comme jadis, l'Ange *marquera celles qui ont eu l'union avec Dieu* et effacera même la trace *de celles qui ont choisi de ne pas reconnaître Dieu comme Maître et Roi de l'Univers. Avant,* J'accorderai encore un Temps de Grâce -pour *un Temps-* afin d'informer ceux qui ont bouché leurs oreilles à tout mon Enseignement et méprisé la Main que Je leur tendais. Mais Je vous préviens: *le temps qui reste est court,* trop court pour vous permettre de refuser encore *Ma dernière Pêche*: Mes Apôtres vont lancer leurs filets et Je leur donnerai exactement l'endroit où ils doivent se rendre pour effectuer leur dernière Pêche; car Je ne permettrai pas que se prolonge encore le Temps *de la dernière Conversion.* Chacun ira où il sera appelé afin de ramener à lui les enfants égarés qui doivent revenir à Notre Père des Cieux.

Personne ne pourra dire qu'il n'a pas reçu un Avertissement venant de Ma Très Sainte Mère et de Mes Prophètes avant que Je donne **celui** qui fera retentir l'écho de Ma Voix à travers les monts, les plaines, les étendues glaciales, les pays chauds, les îles; oui, tous les continents; oui, toutes les terres recouvrant le monde entier du Nord au Sud et de l'Est à l'Ouest, *tout et tous* frémiront à Ma Voix, reconnaissant que Je viens de donner *ce Terrible Avertissement,* unique, majestueux, inoubliable.

Dieu vous avertira qu'Il est *Je suis,* le Dieu d'Abraham, d'Isaac, de Jacob.
Il est Celui qui vous dit: *Je suis.*

Devant Moïse, J'ai écrit avec Mon Feu sur la pierre des deux Tables de la Loi.; la montagne était toute embrasée. Pendant ce temps le péché envahissait Mon Peuple: Moïse le vit et brisa les deux Tables sous leurs yeux. Et comme pour la première fois, avant de les obtenir à nouveau Moïse dut jeûner sans boire et sans manger pendant 40 jours et 40 nuits; Moïse remonta sur la montagne et Dieu écrivit, comme la première fois, sur les deux Tables de pierre les Dix Paroles de Yahvé.

Aussi Je vous demande, comme hier: *"Circoncisez votre coeur et ne raidissez pas votre nuque!"*; car le Pays que Je dois vous donner est une Terre *Purifiée*; vous ne l'obtiendrez nullement par votre propre mérite et encore moins parce que vous pensez être les plus forts...

C'est encore la Terre Promise à vos pères.

Cette Terre n'est pas la conquête de l'homme, car aucun homme ne peut être maître de ce qu'il possède, ni en biens terrestres, ni même dans ses propres enfants, *car tout* M'appartient, *tout* vient de Dieu et *tout* retourne à Dieu: Seul, Dieu décide *de tout.*

Gardez-vous de laisser séduire votre coeur!

Cette Nouvelle Terre, Je la bénis; mais vous *devez enseigner* à vos fils et aux fils de vos fils *ce que Dieu a fait pour vous.* Cette Promesse, Moi, l'Éternel, Je la tiendrai: Je fais une Nouvelle Alliance avec vous, Peuples de la Terre. Vous êtes *Mes* enfants, les *étoiles d'Abraham,* la postérité des Croyants. Nul ne peut les compter. Moi Seul en connais le nombre.

Voici la Terre que Je devais déjà vous donner; depuis Ma visite à Abraham sous le chêne de Mambré, elle était dans Ma Pensée: postérité d'Abraham, *générations futures.*

Abraham Me crut et M'obéit en tout, même pour le sacrifice d'Isaac. Il a été, lui déjà, le premier sacrifié, comme le furent Mon Père et Ma Très Sainte Mère avant Moi, leur Divin Fils. Oui, Abraham est grand aux yeux de Dieu. C'est pourquoi aujourd'hui,

par les Portes sacrées de la Jérusalem Céleste
aux douze Portes portant le nom des douze tribus des Israélites,
par les douze Assises du rempart qui repose sur elles,
par les douze noms des Saints Apôtres de l'Agneau
qui porte chacune de ces assises,
Je proclame que J'ouvre les Portes de Ma Nouvelle Jérusalem!

Cette Ville, Mon Père l'a bénie et sacrée, et tous ceux qui viendront se repentir *au pied de la Croix Glorieuse qui est la Porte de Ma Nouvelle Jérusalem,* Je les ressusciterai dans l'Esprit de Mon Père: *ils y trouveront la Paix et la Joie (31ème apparition).*

Je proclame, ici, en ces lignes,

* qu'avec tous ceux qui habitent Ma Jérusalem Céleste,
* et avec tous ceux qui formeront Ma Nouvelle Jérusalem,
vous, apôtres et disciples de JÉSUS de Nazareth,
... J'unis Mes Saintes Promesses, toutes celles qui sont en Mon Saint Coeur, pour n'en faire qu'une avec toute la Terre Nouvelle unie aux Cieux Nouveaux.

C'est l'Alliance de toutes les Alliances,
celle de Mon Alliance Nouvelle et Éternelle
avec Mon Peuple Purifié et Sanctifié dans le Sang de l'Agneau
qui vient illuminer de Sa Sainte Gloire Sa Sainte Croix Glorieuse.
Dieu, Maître de tout, est le Temple tout illuminé de Sa Sainte Gloire.

La Croix de Gloire est placée au milieu de Sa Nouvelle Jérusalem.
La Très-Sainte Trinité, avec la Bienheureuse Vierge MARIE
vous montrent la Croix Glorieuse qui est *le centre.*

Au pied de Sa Croix, JÉSUS remettra à Son Père
Son Église UNIE, complètement purifiée,

Son Peuple UNI, complètement purifié.

Tout vient de Toi, ô Père très Bon
Nous T'offrons les Merveilles de Ton Amour.

La Joie vient habiter vos coeurs
renouvelés dans l'Amour Parfait de Dieu.

Amen.

† † †

le même jour, deuxième Message:

Un jour, J'apparaîtrai
****

JÉSUS: "Est-ce une vie nouvelle, est-ce une *nouvelle naissance?*
************ Oui! C'est tout cela que JÉSUS vient de vous donner; c'est le Don de Dieu attendu depuis presque deux mille ans.

JÉSUS est venu vous dire *qu'il n'y a pas de plus grand Amour que de donner Sa vie pour ceux qu'on aime.* Et JÉSUS vient vous redire qu'Il l'a fait, une fois pour toutes, afin que vous *renaissiez* à la Vie que le Père vous a donnée, afin de vous unir à Son Fils Unique pour que vous deveniez des fils de Lumière, nés de la Lumière de Dieu.

Par Lui, vous avez eu la Vie.
Pour Lui, vous devez vivre Sa Vie.
Avec Lui, vous serez la Vie.

Car *tout vient de Dieu;* Notre Dieu est Unique et Vrai et Il veut conquérir tous les coeurs par Son Amour de Sainteté où vient de s'allumer le Feu du Ciel et de la Terre, un Feu qui ne se consume pas, allumé pour recevoir le Roi des Rois envoyé par Notre Père des Cieux qui nous appelle à suivre Celui *qui est* la Vie. Car Il est la Résurrection *de tous*, étant Lui-même notre propre vie.

Qui vit en Moi, vit en Mon Père et vit de l'Esprit Saint,
car celui qui aime Dieu et L'espère de tout son coeur,
Dieu vient habiter en lui.

Mon enfant, *un jour J'apparaîtrai*, venant des Cieux;
vous contemplerez Ma Sainte Face et *tous* jouiront de Ma Vue
car Je ne peux résister à votre appel:
"Viens! Seigneur JÉSUS!"

A bientôt, Mes aimés!

JÉSUS, le Fils qui a aimé sans restriction le Père
pour qu'Il Le donne à tous Ses fils de la Terre

Le Père Éternel, qui a aimé si miséricordieusement tous Ses fils de la Terre
pour vous donner Son Bien le plus précieux, Son Fils Unique.

L'Esprit Saint, qui vient confirmer qu'un si grand Amour
ne peut venir que de la Très-Sainte Trinité
et de la Sainte Mère de Dieu qui vit dans la Très-Sainte Trinité.

Amen.

† † †

Mon Manteau de Miséricorde
****

5 Avril 1997

"JNSR": *"Seigneur, c'est Toi que J'appelle, viens Seigneur JÉSUS"*

JÉSUS: "Il faut orienter vos pas à chaque fois que le chemin dévie.
************   Remettez-vous sur cette même direction où vous étiez avant la tempête; ne lâchez pas prise. Il en sera quelquefois encore plus terrible car chaque épreuve vous éloigne de Mon Chemin; Je ne barre jamais Mon Chemin; Je ne mets jamais des obstacles.

Tout arrive parce que l'Heure approche et Mes Témoins seront secoués dans la grande Barque qui doit rentrer au Port du Salut. Vous voulez savoir le *pourquoi*. Je peux vous dire que Je veille sur vous; mais, comme l'enfant qui commence à marcher, il doit s'affirmer en prenant courage en lui-même afin de réussir à marcher seul, ne compter que sur ses propres forces et devant les yeux de ses parents qui le regardent en disant: "Comme il grandit bien!".

Je vous regarde, mais Je dois aussi vous montrer que vous êtes capables de sortir seuls de cette *tourmente* car vous avez appris tout de Moi; et si vous tombez, vous êtes prêts à vous relever; et si vous vous éloignez de Mon Chemin, vous êtes prêts à le reprendre *car Je suis le Chemin*. En venant vers Moi, vous ne perdez pas la vie, *car Je suis la Vie*. Et même si, pour un temps, vous allez douter, vous Me retrouverez, *car Je suis la Vérité*.

Devant vous se trouve le Salut et vos chutes doivent vous servir pour vous retrouver et vous relever, vous-mêmes. Vous ne savez qui vous êtes, ni ce que vous valez; alors il est temps que Je laisse Mes Témoins prendre leur propre envol *à la conquête de toutes Mes âmes*. Comment pouvez-vous rechercher la Brebis égarée, si vous-mêmes vous vous croyez égarés? Vais-Je constamment vous couvrir alors que Je vous ai appelés?

Je vous ai formés pour être Mes disciples et Mes apôtres, prêts à couvrir vos frères perdus de ma propre *couverture* que vous avez partagée avec Moi le jour où vous avez choisi de vous unir au Maître; nous avons tout partagé et Je vous ai donné le meilleur de Moi-même, Mon Coeur Saint et Adorable afin d'aimer votre prochain comme Je vous aime. *Vous êtes recouverts de Mon Manteau de Miséricorde et de Compassion* qui s'étend à l'infini.

Servez-vous en pour recouvrir celui qui souffre ou qui vous fait souffrir. Qu'importe la misère, la faim, la soif de votre propre corps; si Je suis là, *en vous,* pourquoi doutez-vous? Allez-vous encore douter de ce Don que Je vous ai donné? Vous pouvez vous en servir déjà pour vous et donner sans compter aux frères qui souffrent et qui vous font souffrir car ils ne savent pas *demander*. Vous avez *tout* en vous et vous doutez; comment alors vont-ils venir à Moi, qui vous ai formés, si vous ne savez pas encore marcher *sur les flots* à ma suite?

Mon Enfant, une souffrance est quelquefois nécessaire dans votre vie, car elle vient *vous réveiller de votre confort.* Il n'est plus temps de dormir au fond de la Barque; réveillez-vous et ramez fort avant que le courant impétueux fasse chavirer l'embarcation. Je vous demande de ne pas vous attarder sur votre propre découragement; regardez plutôt que, pendant que vous approfondissez votre peine, des milliers de mains se tendent vers vous et ne reçoivent pas de réponse à leur appel.

Je vous ai demandé, à chacun, de vivre aujourd'hui Ma Vie de Partage. Enseignez-leur que JÉSUS les attend, qu'ils se réveillent pour entendre mon pas qui s'avance vers chacun de vous; que Mes Mains sont chargées de tout ce qui leur manque; qu'ils ne sont plus orphelins, qu'ils n'ont jamais été rejetés mais, simplement, ils dormaient d'un profond sommeil.

Dites-leur *que J'arrive* et qu'ils doivent, comme vous, ouvrir leur coeur pour Me ressentir *vivre en eux* et que lorsque Je viens, J'apporte avec Moi la Joie et l'Espoir nécessaires pour avancer vers ce qu'ils attendent depuis si longtemps. Ils ont cherché *partout*; ils ont goûté *à tout*; rien n'a pu les contenter; ni la faim et la soif n'ont été assouvis, ni la misère n'a pu fuir de leur vie: les voilà prêts à vous entendre.

Allez-vous leur parler de *Mon Amour qui sauve,* de Ma Sainte Miséricorde qui vient leur apporter ce qu'ils recherchent depuis si longtemps: la Paix et la Joie de leur coeur meurtri par la misère et la haine *qui est née de celle-ci.* L'homme, qui est né pour aimer et être aimé, est devenu *un loup* dans cette société de méfiance et de corruption.

Je viens arrêter ce Mal qui dévoie le Monde entier. Mes enfants, seul l'Amour peut vaincre la haine et rendre à l'homme sa dignité. Le Maître est près, tout près de vous. Ne refusez pas Mon enseignement; vous devez, avec Foi et Amour, répandre partout la Bonne Nouvelle. Dieu décide pour vous qui M'avez choisi, car J'ai votre *Oui* en Mon Saint Coeur.

Ne désespère plus lorsque la souffrance devient intolérable; ne l'emploie pas comme *un poison qu'on rejette,* mais comme *un remède à tes maux,* car elle est une amie pour te guider là où Dieu espère te voir pour redonner Confiance à ceux qui ne savent pas le pourquoi de ce déchirement; car toute peine, physique ou morale, peut arriver à égratigner l'âme et le corps si cette souffrance n'est pas contrôlée par ton coeur.

Ne fais pas obstacle et ne te laisse pas, non plus, noyer par cette douleur; elle est comme le scalpel: elle incise, elle ouvre les blessures anciennes qui marquent jusqu'à déformer Mes pauvres âmes, si sensibles; mais elle va t'obliger à remettre *dans un rang inférieur* les choses qui t'ont blessée jusqu'à ce que, d'elles-mêmes elles disparaissent, n'ayant plus *de spectateur pour les applaudir.*

Alors ce sera la victoire finale parce que Je vous couvrirai de Mon Manteau de Miséricorde infinie.

Viens, Seigneur JÉSUS. Amen.

Et Voici que Je viens. Amen.

† † †

La Porte d'or du Royaume Éternel
****

8 Avril 1997

"JNSR":   *"Ta Parole, Seigneur, est si chère à mon coeur! Que dois-je faire, Seigneur? Parle-moi, mon Dieu."*

JÉSUS:
****
"Je relèverai les humbles et Je garderai dans la Demeure de Mon Coeur ceux qui font la Volonté de Mon Père. Souviens-t-en toujours."

"Seigneur, Ta servante est prête à T'obéir en tout. Parle, Seigneur, que désires-Tu de moi?"

"Je te demanderai toujours de te tenir prête comme pour un départ, car le Peuple de Dieu n'est pas un Peuple en arrêt, mais en marche de jour comme de nuit. Je n'aime pas la division car elle n'est pas de Moi; vous devez lutter contre elle comme devant un ennemi féroce. N'employez jamais la *sagesse des hommes*, mais *la Folie de Ma Parole* qui vous conduit là où l'homme *sage* ne comprend pas car, à force de raisonner, il est arrivé à oublier Mon Chemin, il s'est perdu loin de Ma Vérité.

Je ne suis pas venu *vous* écouter, mais pour que vous *M'écoutiez*. Je n'ai jamais dit que vous auriez la Paix entre vous si vous Me suivez car plus d'un de la même famille suivra un autre chemin que le Mien. Aujourd'hui il n'est plus temps d'hésiter car le Temps de Ma Venue se rapproche; c'est certain et, pour vous le prouver, je vous mets, chacun, devant cette question inévitable:

"M'aimes-tu plus que toi-même,
plus que ceux qui te sont chers sur cette Terre?"

"Oui Seigneur, je T'aime."

Alors, laisse tout et suis-Moi. Si tu M'aimes, ne tourne plus la tête pour voir ceux qui sont restés derrière sans bouger car ils ont eu le même question que celle que tu viens d'entendre de Ma bouche et ils n'ont eu ni oreille pour M'entendre, ni bouche pour Me répondre, ni coeur pour Me suivre:

"Viens, marche à Ma suite, laisse les morts enterrer les morts, toi, suis-Moi."

Oui, le temps est arrivé où votre choix ne peut plus réunir deux réponses à la fois: "Que ton oui soit *oui!*". Celui qui hésite ne peut pas venir là où Je vais, là où Je vous appelle aujourd'hui. Dieu vous a réunis pour vous demander de construire Son Royaume avec Lui, avec *votre* Amour *dans* Son Amour. Rien ne peut s'élever sans votre oui, sans votre plein consentement, car Dieu attend toujours votre choix, et votre voix qui va l'exprimer dans votre propre liberté. Seul, Dieu reconnaîtra votre sincérité, la voix du coeur qui dit oui à Dieu. Alors, tous ensemble, nous construirons ce Monde Nouveau merveilleux où l'homme pourra vivre *avec son Dieu*. Mon enfant, Je te l'ai promis, Je te parlerai de tout ce qui va vous concerner; ce Temps ne va pas tarder à venir.

Ensuite, Je te ferai arrêter ce quatrième livre. *Vous aurez le temps de le lire avant.* Je te demande de Me croire. Je ne veux pas que tu doutes, car il en sera ainsi: *tu écriras pour tes frères.* Beaucoup de ceux qui doutent aujourd'hui sur ce que Je demande *d'accomplir afin d'éviter le pire,* s'en repentiront, *trop tard!* Tout ce que Je te demande d'écrire pour Mes enfants te sera dit dans ce livre. Laisse-Moi te parler au fur et à mesure que le temps s'écoule jusqu'à entrer dans Mon Temps.

Je te ferai signe lorsque le moment sera arrivé où l'on se séparera, pour un temps car, Je te l'ai promis, Je t'appellerai pour en donner une suite, un recueil de tous ces événements *qui vont se dérouler.* Non! Tu ne seras pas morte, car tu écriras encore avec ta main et ton coeur M'entendra. Je te l'ai dit; l'homme ne pourra se souvenir de rien; le Monde aura tourné sa vilaine face: mais Je ne veux pas que tout ceci reste dans un oubli total mais que ce soit écrit comme preuve que le Christ JÉSUS est venu dans la tourmente pour *arrêter* ce que les hommes sans foi ont eu la témérité de mettre en marche contre Dieu et Sa Création. Cette preuve afin que jamais plus ceci ne se renouvelle.

Lorsque J'arrêterai ceci, bien peu pourront témoigner de cet événement survenu dans cette fin *des* Temps: ceux qui resteront *ne pourront plus s'en souvenir.* Continue à écrire sans Me poser de questions. Pour le moment Je vous prépare et Je vous instruis petit à petit; cette tourmente *doit* survenir, c'est un danger inévitable car les hommes n'ont pas compris qu'avec toutes les précautions déjà prises, la Bête continue à se nourrir et à se développer; et que dans certains endroits, tout est déjà organisé pour détruire le bien de Dieu: Sa Création *avec Ses créatures.*

Ne savez-vous pas que ce Temps, déjà annoncé dans la Sainte Bible, est le vôtre? Et que *si* tout n'est pas arrivé, c'est que votre Père retient ce désastre avec Sa Sainte Main (à cause des Élus, *ce désastre sera abrégé*) parce que, en même temps, le Royaume de Dieu est en train de descendre parmi vous. Et c'est lorsqu'il s'arrêtera entre Ciel et Terre, comme Moi-même le Fils du Très-Haut Je fus élevé entre Ciel et Terre afin que s'accomplisse la Rédemption du Monde, c'est alors que s'accomplira avec vous, fils de la Terre, le rachat de *toutes* vos âmes dans une Purification universelle totale.

Vous ne mépriserez plus le Don de Dieu, *Son Fils Unique,* car vous serez, devant votre *Modèle,* tels que le Père vous désire. Image Sainte par laquelle vous fûtes formés, votre âme vivante dans la Très Sainte Trinité, est à Ma Sainte ressemblance.

J'ai porté le poids de vos péchés afin de vous laver dans le Sang de l'Agneau sans tache qui ruisselait tout le long de Ma Sainte Croix, souffrances *inévitables* pour vous tirer de ce gouffre et *vous,* aujourd'hui, *vous passez sans Me voir!* Dieu, votre Père, M'a envoyé pour vous avertir de ce danger *imminent*: vous avez creusé, à nouveau, un gouffre qui, chaque jour, vous attire inévitablement vers le néant car vous avez tout oublié de Moi.

Mon Amour est toujours le même *et vous passez sans Me voir!...*

Lorsque le Mal se réveillera de partout, pensez, chacun, que votre Père a gravé en vos coeurs *le Signe de Ma Croix Rédemptrice.* Ne Me rejetez pas *car la Terre va trembler sur sa base.* Je suis le Pivot Central, *le Roc sur lequel le Monde repose:*

> Rien ne peut demeurer *sans Moi,*
> rien ne peut vivre *sans Moi,*
> rien ne peut exister *sans Moi.*

Je vous montre Ma Croix, non pas pour que vous M'aimiez par *la crainte,* mais par *Amour.* Lorsque Je la ferai *apparaître,* toute brillante de Ma Sainte Gloire, Je serai devant vous comme Pierre, comme Jean, comme Jacques M'ont vu: *transfiguré;* et vous serez à votre tour émerveillés, attirés à Moi. Alors Je vous pose la question: voulez-vous que nous formions plusieurs tentes, ou préférez-vous venir vous abriter *dans* Ma Croix qui sauve? Car vous entendrez alors la Voix du Père:

> "Il est Mon Fils Bien-Aimé
> qui vient à vous pour vous sauver. Venez à Lui."

> *"A qui irions-nous, Seigneur?*
> *Toi seul possède la Parole de Vie,*
> *oui, de Vie Éternelle. Amen."*

La Croix Glorieuse relèvera de tout péché, amen,
car elle est la Porte d'or
du Royaume Éternel de Gloire.
Amen.

†
† †

Le Seigneur S'adresse à Son Église
****

Mercredi 9 Avril 1997

JÉSUS: "Mon enfant, J'insiste pour qu'avec Foi et persévérance
************ tu demandes à Mon grand ami le Père Évêque, que tu as
déjà rencontré de par Ma Sainte Grâce à Rome[1] en ce jour du lundi 3 Mars
1997, de ne pas tarder de se rendre auprès du Père Évêque[2] qui détient le
plus grand Témoignage d'Amour que le Seigneur ait donné en ce Monde
depuis Mon adorable Ascension.

Ce que Je te donne d'écrire en ce moment même est *capital*; l'on ne doit
plus cacher cette terrible vérité... et l'on dissimule encore l'existence de ce
Message!

Voici que le moment est tout proche où Dieu Lui-même *laissera agir
l'Ennemi* [3] car l'homme a refusé Ma Main. Le Temps est arrivé où ce que
vous avez tenu voilé [4] à la face du Monde, va se découvrir dans un terrible
fracas; et le monde vacillera.

La désobéissance d'Adam a fermé la Porte de Mon Royaume jusqu'à Ma
Sainte Mort sur la Croix; aujourd'hui, votre désobéissance ressemble à celle
de Mes anges déchus; elle devient une trahison envers Ma Sainte
Miséricorde et *fait trembler jusqu'aux assises* de Mon Royaume Éternel de
Gloire. Vous n'avez pas voulu vous appuyer sur Ma Sainte Vérité qui
vous demandait de croire à Mon Avertissement: *"le Monde est au bord
du gouffre!"*.

Alors aujourd'hui Je vous dis que le moment est tout proche où le Maître
du Mal va se manifester; et que Dieu va lui laisser la place, *celle que Je
vous offrais*. Comme il en fut pour Adam, Je dois lui remettre *la Protection*
que Je vous donnais: [5] *Ma Croix* n'est plus un instrument de supplice, ni
une malédiction pour ceux qui l'ont refusée. *Ma Croix Glorieuse est
l'Annonce du Retour en Gloire de JÉSUS Ressuscité*. Alors, comprenez que
vous venez de Me rejeter encore une fois, en toute liberté.

La France, que J'ai choisie pour que Mon Règne arrive sur la Terre;

la France, qui reçoit l'Honneur d'accueillir son Roi et devenir, par Mon

----

(1): Il s'agit d'un Évêque romain ayant accepté un entretien avec "JNSR".

(2): L'Évêque de Baveux et Lisieux, en charge du dossier des apparitions du
      Christ à Dozulé de 1972 à 1978 et de Son Message à l'Église et au Monde.

(3): A Dozulé, le Vendredi-Saint 12 Avril 1974, JÉSUS dicte à Madeleine:
      "... Satan empêche la Purification du plus grand nombre. Souvenez-vous
      de Ma Parole, *Je laisserai agir* à cause du manque de Foi"...

(4): Le Message du Christ de Dozulé (et avant, les Messages de la Sainte Mère
      du Christ à La Salette et à Fatima).

(5): Cette formulation, de prime abord surprenante, sera explicitée dans le
      Message du 15 Avril suivant.

choix, *la Souveraine des Nations* après avoir reçu le titre de *Fille Aînée de l'Église*;

le Pays qui reçut la Grâce d'avoir pour Patronne principale Ma Très-Sainte Mère;

la France de MARIE ne pourra même plus être consolée par la douce Mère de Dieu, *car l'offense au Père Éternel va fermer les Cieux et priver les Peuples de Sa Grâce*;

et à *la France* en incombe toute la responsabilité, et c'est pour cela qu'elle va souffrir la première. Malheureusement, tout le Mal se retournera contre celle qui a reçu tant de Grâces de la part de Dieu.

Satan est déchaîné...

Vous allez connaître le plus grand déchaînement de l'Histoire du monde, de l'Histoire des hommes et de Mon Église; *et ceci concerne tous les Peuples*. Mais, comme Je vous l'ai promis, continuez à prier, à annoncer au Monde entier la Prière quotidienne de Dozulé. *Multipliez les Croix de partout!* Priez sans vous lasser. Je sauverai tous ceux qui ont cru en Mon Message d'Amour et de Paix.

Mon Banquet est tout proche. Je viens vous réunir.

Malheur à ceux qui ont refusé de venir à Moi: lorsque Je les appelais à M'écouter, ils ont refusé Mes Mains chargées de Grâces.

> Dites à l'Evêque de remettre au Chef de l'Eglise le Message qui lui appartient, celui du 4 Juillet 1975 - 33ème apparition-. *

Ne doutez plus!
Donne ceci le plus rapidement possible. Vous avez déjà trop tardé.
Ne doutez plus de Ma Parole:
Jésus de Nazareth, Seigneur et Roi.
Amen
†
† †

(*): Le vendredi 27 Juin 1975 à Dozulé, au cours d'une brève apparition à Madeleine, JÉSUS avait demandé qu'une Religieuse de passage, soit présente le vendredi suivant qui sera le 4 Juillet. C'est ce jour-là que Notre Seigneur dicte un Message pour le Pape; Madeleine écoute et répète à la Reli-gieuse (*Sr Jeanne d'Arc*) qui écrit. Un très important Message que JÉSUS termine ainsi: *"Je vous ordonne de le remettre vous-même au Chef de l'Église, accompagnée d'un Supérieur."*

Ce Message n'a jamais été remis au St Père...
Après 22 ans, le Seigneur attend encore d'être obéi!...

Je voulais les aimer comme Mes frères
****

Mardi 15 Avril 1997

JÉSUS: "Mon enfant, Je te le répète: *on ne peut servir deux Maîtres*
************ *à la fois.* Et aujourd'hui, je vous dis que le moment est tout proche où le Maître du Mal va se manifester ouvertement; il faut que s'accomplissent les Écritures.

Je continue à laisser aveugles ceux qui ne veulent pas ouvrir leurs yeux à Ma Lumière. Je viens éclairer les yeux de Mes serviteurs.

Ceux qui ont choisi Mon Adversaire sont nombreux; ils l'ont fait en toute liberté et Je ne peux intervenir dans leur choix: ils M'ont rejeté malgré Mes appels répétés pour qu'ils Me reviennent, malgré les pleurs de Ma Sainte Mère; ils ont méprisé Ma Sainte Vérité et renié le Don de Dieu; ils sont devenus les serviteurs de Satan. Satan est devenu leur "protecteur". Ils ont refusé Ma Sainte Protection. Ils ont rejeté la place que Je leur offrais. *Je voulais les aimer comme Mes frères.* Ils ont refusé Mon Cadeau Royal:
Ma Sainte Croix Glorieuse.

Reprends la 2ème Épître de St Paul aux Thessaloniciens *(JNSR: j'ouvre la Sainte Bible et j'écris)*

"Que personne ne vous abuse d'aucune manière. Auparavant doit venir l'apostasie et se révéler *l'homme impie, l'être perdu, l'Adversaire,* celui qui s'élève au-dessus de tout ce qui porte le Nom de Dieu ou reçoit un culte; allant jusqu'à s'asseoir en personne dans le Sanctuaire de Dieu, se produisant lui-même comme Dieu. Vous savez ce qui le retient maintenant de façon qu'il ne se révèle qu'à son moment. Dès ce moment, oui, le mystère de l'Iniquité est à l'oeuvre. Mais que seulement celui qui le retient soit d'abord écarté: alors l'Impie se révélera et le Seigneur le fera disparaître par le Souffle de Sa bouche, l'anéantira par la manifestation de Sa Venue."

Après avoir écrit ce texte sacré, JÉSUS me dit:
"Je peux te dire que beaucoup suivront l'homme impie, devenant eux-mêmes des êtres perdus qui vont refuser Ma Sainte Grâce qui, seule, peut sauver l'homme. Ainsi, ne peut-on dire que ces hommes viennent de refuser Ma Sainte Protection? Et qu'ils vont accepter la protection de Satan! Ainsi les âmes se perdront parce que le Monde aura atteint *le point culminant de son orgueil.*

Veillez et priez, car le moment est tout proche où le Mal va chercher à triompher en employant sa dernière ruse: L'*Imitateur* va se découvrir. Il vient faire des prodiges qui auront un sens religieux, et *tout est faux.*
Très Saints Coeurs Unis de JÉSUS et de MARIE,
soyez notre Refuge!
Amen
†
† †

Parole vivante de Dieu
****

Dimanche 20 Avril 1997

"*JNSR*": "*Seigneur, purifie mon esprit, mon coeur, ma main, afin que j'écrive Ta Parole, telle que Tu me la donnes. Ta Parole est Vérité. Amen*".

JÉSUS: "Obéis-Moi, comme si J'étais devant toi pour te commander
**************   ce que tu dois faire en Mon Nom. Si Je t'appelle aujourd'hui, Je désire que ton coeur retienne Mes Paroles qui vont entrer en ton coeur.

Ce Temps est celui de l'incertitude.

C'est déjà très fort pour beaucoup d'entre vous; appelés de-ci, de-là, ils ne peuvent plus réaliser *qui* les appelle et cette *Confusion* est le jeu de Satan: malheur à celui qui n'est pas préparé.

Veillez et priez sans cesse pour ne pas entrer en tentation et ne pas tomber dans les filets du Tentateur.

Aussi, Je veux que tu M'écoutes, car ce Temps va devenir général *très bientôt*. Là, tu devras t'arrêter d'écrire pour Moi; c'est Moi qui jugerai! Ne t'inquiète pas, Ma Parole est préservée; comprends bien: Je te parle de Ma Parole dictée en ton coeur; elle est bien Mienne et le restera jusqu'à ce que je ferme tout contact avec Mes enfants-interprètes de Ma Parole que vous ne donnerez plus à vos frères, car vous ne l'entendrez plus. Ma bouche se taira. Mon Coeur adorable et Mon Esprit Saint se tairont pour que l'Heure arrive. Dieu, Seul, reste Juge pour arrêter ce fleuve de Grâce divine qui pénètre encore tous les esprits pour les féconder, encore et encore, dans l'Esprit de Dieu.

Ainsi, Je t'ai donné, Je vous ai donné *à chacun* la Mission de servir Dieu et vos frères; *chacun,* vous avez reçu une partie, qui lui est propre, pour réaliser le Plan de Dieu. Vous allez tous réaliser très bientôt que vous êtes solidaires les uns des autres; vous êtes liés et responsables de cette grandiose réalisation, prévue de tous temps, *pour ce Temps qui est le vôtre.*

C'est le Triomphe de Ma Croix.

Elle doit triompher, déjà, dans vos coeurs unis à Mon divin Sacré Coeur.

Elle doit s'élever, déjà, dans vos esprits unis au Mien, Esprit d'Amour et de Sainteté.

Elle doit affronter ce Monde imparfait pour le donner, à Notre Père des Cieux: * parfait dans sa pureté retrouvée;
                              * parfait dans son obéissance absolue;
                              * parfait dans son offrande d'Amour;
                              car le Pardon de Dieu *est dans Sa Sainte Croix.*

Ma Croix est, devant Satan, le plus grand tourment que Mon Ennemi rejette sans pouvoir la regarder; de cela, il en tremble; sa vue, seule, le met en état d'hypnose; il est paralysé et furieux en même temps car il ne peut rien contre Ma Croix; même s'il essayait de la tordre, le Feu de Mon Amour qui la recouvre, est plus fort que le feu de l'Enfer; en un instant Ma Croix se dresserait encore plus éclatante, jusqu'à lui brûler la vue.

C'est pour cela que Je t'appelle ce matin. Va et parle de ceci:

Vous êtes encore, pour un Temps assez court, dans le Temps de Ma Miséricorde qui vous demande de vous réveiller et *d'agir vite.* Je préserve encore ces Peuples qui ont des enfants qui Me sont restés fidèles et qui le resteront malgré les nombreuses tribulations que vous allez encore subir. Ce sont les enfants qui protégeront encore leurs Patries.

Mais je dois juger tous les Peuples; et vous allez leur dire dans quel état Je les trouve, car ils ne se voient même pas, tels qu'ils sont devenus. Leurs erreurs, leurs fautes, sont *la cause de ce désastre mondial* qui ne cesse de s'accroître et ira jusqu'à devenir *un océan de fureur et de guerres de toutes sortes,* car les hommes deviennent avides du pouvoir et de l'argent; leur orgueil n'a plus de barrière; ils sont devenus des bêtes en rejetant leurs âmes, qui M'appartiennent; ces brutes se sont données à Satan; les voici livrées à Mon Ennemi; voici que s'agrandit le peuple de Satan et cette horde menaçante s'avance de partout. Satan devient leur père; il les a fait renier le Père qui les a créés.

Voici où se trouve ce Monde sans Dieu: dans une impasse!

Crois-tu qu'il ne s'agisse que de ces peuples que vous voyez en guerre, se battre, s'entre-tuer devant vos yeux fixés sur l'écran de vos téléviseurs? Non! Il y a encore beaucoup plus épouvantable que cela et qui ne peut pas se filmer, car aucun être vivant, appartenant encore à Dieu, ne peut pénétrer en ces lieux maudits où Dieu est *crucifié* et continue sa lente *Agonie.* Leur "temple" est une horreur d'impureté, aussi bien pour votre morale encore humaine que pour votre Foi, si petite soit-elle. Jamais le Monde n'a atteint le degré *de folie luciférienne* qui réside et triomphe en certains lieux se trouvant en des régions de certains Pays qui se disent chrétiens.

Non, ils ne sont pas tous au bout de la Terre: hélas non, il y en a bien près de vous et leur horreur ne cesse d'augmenter. *Pour cela,* la souffrance est en train de monter sur l'autre plateau de la Justice de Dieu; c'est pourquoi Je vous disais qu'il y aurait, en *votre Temps,* de grands Martyrs qui dépasseraient en souffrance ceux qui M'ont rendu Gloire dans le Temps de l'Église naissante. Ceux d'aujourd'hui sont nombreux, totalement offerts à l'Esprit Saint: Martyrs de l'Esprit, cloués *avec leur Dieu sur la même Croix*; personne ne peut résister à cette souffrance *si je ne partageais pas avec vous cette terrible douleur.* Car plus rien ne peut sauver ce Monde en perdition, ce Monde qui refuse Dieu.

Ainsi, Je vous accepte, vous Mes enfants de la Croix, car le Monde ne peut plus se sauver *sans que la Croix pénètre en chacun de vous,* comme un arbre qui étend ses branches. Vous êtes *en Moi* et Moi *en vous.* Ainsi, Nous lutterons contre ce Monde de ténèbres qui Me réclame de plus en plus d'enfants, de plus en plus de douleurs. *(Et la suite s'adresse à l'Église:)*

"La plaie ne cesse de s'agrandir car vous ne voulez pas M'accepter, vous que J'ai choisis, de par la Volonté de Mon Père, pour faire de votre Terre *la Terre d'Espérance* portant Ma Croix de Délivrance, d'Amour et de Pardon, *Ma Croix Glorieuse.*

Vous refusez votre propre Résurrection *et celle du Monde entier* en refusant Ma Croix Glorieuse: vous refusez JÉSUS Ressuscité."

Je te parle de tout ceci et Je te nomme *la FRANCE* parce que tu y habites; mais les autres pays sont tous devenus aux trois quarts *impies*; nul ne peut dire que sa terre natale est propre de toutes souillures lucifériennes.

Vois mon angoisse de Père devant vous, Mes enfants innocents, vous qui allez payer la dette de ce Monde que Je dois arracher à tout prix des mains de Mon Ennemi.

Vois à quel prix Je dois payer ce rachat et surtout le rachat de toutes ces âmes que nous pouvons encore arracher des mains de Satan, arracher au pouvoir du Mal qui les aveugle.

Vois combien Je souffre, combien J'ai de la peine de vous demander, à vous Mes bien-aimés, l'effort de continuer à Me servir avec votre fidélité amoureuse de votre Dieu de Miséricorde. Oui, tous Mes fils bien-aimés, *Mes fidèles Consacrés*, connaissent tous l'angoisse que cause le Mal: dans le Monde entier, la Barque de Pierre est secouée, mais elle est le Refuge de tous les opprimés. J'ai confié à son coeur Mon Église; il (*le Pape*) est dans Mon Coeur.

Le Mal attaque et persévère. Mon fils bien-aimé porte avec Amour Ma Croix. Le seul remède contre ces attaques, c'est l'Amour de Ma Croix; l'Amour de Pierre est dans son coeur; il est sa Force qui le transporte partout; la furie des flots n'arrête pas sa course car Pierre doit *donner* l'Amour de son Dieu qui l'appelle à convertir ceux qui ont mal choisi, ceux qui n'ont pas encore choisi. Pierre est appelé à ouvrir les yeux aux aveugles, à ouvrir les coeurs fermés.

Il va montrer au Monde entier jusqu'où va l'Amour. L'Amour, la Miséricorde et le Pardon sont nés de la Croix. La Croix *est le Berceau* de ceux qui ont reçu de Dieu, le Don de Dieu: Le Divin Crucifié en leur coeur jusqu'à Lui ressembler. Les armées de Satan sont toutes mobilisées depuis longtemps; le ravage est accompli aux trois quarts; ce qu'il désire détruire à présent, c'est ce qu'il reste encore de bon: ce quart va lutter désespérément; cette lutte sera terrible et presqu'indescriptible; pour te faire une idée, regarde un corps à qui on arrache un à un ses membres: *ainsi se trouve être en ce moment Mon Église.*

J'agirai lorsque l'Ennemi ira pour lui arracher son coeur, car son coeur, c'est Moi, le Christ. Satan ne pourra plus démanteler Mon Église; mais aujourd'hui Mon Coeur *saigne* car ceux qui ont commencé à arracher Mes membres, c'est bien cette partie de l'Église dominée par Satan qui veut accomplir son dernier Temps de Corruption. Pauvres enfants dévoyés, qui M'ont juré fidélité... Certains n'ont sur eux que leurs habits pour rappeler à quel ordre ils appartiennent: *tout l'intérieur est vermoulu!* Combien vont tomber, unis, cachés, soutenus par le Mal! Ils n'auront bientôt aucun appui, ils obéissent encore à cette volonté de destruction.

Ce Temps doit finir.

Je t'appelle pour rappeler que Ma Sainte Croix, demandée à l'Église, *peut à elle seule arrêter tout le Mal.* Alors, comme elle a été rejetée parce que sa hauteur dépassait ce que les hommes pouvaient offrir à leur Dieu, c'est-à-dire la hauteur du Mont de Sa Souffrance d'Amour, 738 mètres, *Je ferai apparaître cette Croix dans le ciel:* elle brillera de tous ses feux, aveuglant les impies, surtout ceux qui l'ont rejetée.

Toute Ma Terre deviendra *pure; Je brûlerai,* dans Mon Feu d'Amour toute la haine qui a habité Ma Création. Là s'étendra Ma Miséricorde recueillant la dernière Brebis qui viendra se jeter sur Mon Saint Coeur; cette Brebis, qui M'a causé tant de peine et de souffrances, criera son repentir *et son cri sera sa délivrance!*

Ma Sainte Parole doit se répandre *partout* si vous voulez encore sauver cette partie du Monde afin qu'elle ne tombe pas dans le pouvoir du Mal. Je vous le demande encore une fois: *Barrez la route au Mal par un barrage de Croix au centième de celle que J'ai demandée à Mon Église.*

Lorsque vous comprendrez que la lèpre aura envahi tout le Corps, alors vous viendrez chercher le remède, mais que restera-t-il de ce Corps? Pourra-t-il soutenir l'assaut final?

Par pitié! Réveillez-vous, il se fait tard. Faites *et Je ferai.*

Ma Parole devient vivante en vous
lorsque Mon Oeuvre s'accomplit par vos mains.
Amen.

✝
✝ ✝

Annoncez les Merveilles de Dieu
****

Mercredi 23 Avril 1997

"*JNSR*":   "*Le Message de JÉSUS-Christ, donné à Madeleine, se situe entre le 28 Mars 1972 et le 6 Octobre 1978. JÉSUS veut sauver le Monde qui est au bord du gouffre. Ceci est dit dans le Message Unique et Définitif donné au Monde entier en Normandie à Dozulé, ville bénie et sacrée par Dieu le Père...*" >> ici, "*JNSR*" commence à noter ce qui sera le début d'une future conférence mais, sans transition, c'est JÉSUS qui continue :

JÉSUS: "Ce Message est *l'unique Espérance* pour votre Terre en
************ danger *de destruction*, pour l'Humanité toute entière qui n'arrive plus à sortir de ce cloaque d'impuretés, de déchéances de toutes sortes; car l'homme a choisi, en toute liberté, de renier son Dieu. Ainsi l'homme devient l'esclave du Mal et se voit, encore aujourd'hui après presque deux mille ans de fausse liberté, devant un Paradis inaccessible qu'il désire ardemment.

Alors l'homme se fabrique un Monde où le plaisir est roi, où tous les vices sont autorisés; cette société permissive n'a pour but que de détruire l'Humanité *de Dieu* car, Homme, tu es la Créature de Dieu et tu vis dans la Création de Dieu et tu es en train de te créer un paradis illusoire où, petit-à-petit, tu t'enfermes pour mourir à la Vraie Vie en Dieu.

Génération actuelle, ouvrez vos yeux; ce vrai Bonheur ne se trouve que dans l'Amour Pur de Dieu; alors JÉSUS vient vous donner Sa main pour vous conduire dans Sa Nouvelle Jérusalem où le Ciel et la Terre vont s'unir pour donner aux hommes le Royaume attendu, cette Terre Promise que les juifs, les arabes, les peuples païens, le peuple chrétien, attendent encore, inconsciemment. Au fond de leur coeur l'Espoir continue à vivre *car on ne peut pas vivre sans l'Espérance en Dieu.*

Cette Espérance vous conduit à l'Amour Vrai, à l'Amour Pur, Trésor inestimable que l'homme recherche sans pouvoir lui donner un nom. *Ce Pays n'est pas une utopie*: il se trouve *dans votre* Temps, il est proche de vous. Là se trouvent le Bonheur et la Joie que l'homme recherche déjà depuis presque deux mille ans, avec sa conscience *éveillée;* car l'Esprit Saint ne S'est pas déposé seulement sur les Apôtres du Christ, mais aussi sur ce Peuple de Dieu en marche depuis ce Temps où la Grâce divine est venue habiter parmi vous. Voici déjà presque deux mille ans que Mon Peuple marche dans ce désert aride, se privant *lui-même* de Ma Sainte Grâce, choisissant les joies de toutes les tentations et fermant les yeux à Ma Sainte Lumière.

Ce Peuple aveugle arrive à la fin de ce long parcours.

Bien peu M'ont reconnu. Bien peu M'ont accepté. Devant Ma Terre Promise vont se retrouver ceux qui ont eu ce que leurs pères, bien avant eux, ont compris et leur ont transmis; et vous voici déjà, presque devant ce qu'ils ont espéré voir un jour de leurs yeux de chair: La Jérusalem Nouvelle.

Génération actuelle, où tout vous est donné librement, même les choses qui ont un prix inestimable, car vous pensez que tout vous est dû, et que ce qui vous est refusé, vous pouvez l'obtenir d'un moyen détourné, même aux dépens de la morale de l'honneur et de la liberté de votre prochain mais, devant Moi, qui vous montre votre Vrai Royaume, *aucune* monnaie, *aucune* force, *aucune* ruse, ne pourra vous ouvrir Ma Porte!

Vous avez *tout reçu de Moi,* l'intelligence de votre esprit et Ma Lumière pour éclairer votre esprit, mais *vous avez un coeur de pierre* et Je vous demande aujourd'hui si vous désirez le changer *avec le Mien pour n'en faire qu'Un.* Votre volonté s'est arrêtée sur vos désirs humains: allez-vous Me l'offrir pour qu'elle s'épanouisse, qu'elle vive et qu'elle grandisse *dans la Sainte Volonté de votre Père des Cieux* afin que, tous unis avec un coeur nouveau, un esprit nouveau, *avec Moi,* nous puissions construire ce Monde Nouveau comme la Sainte Volonté de Notre Père Créateur *l'a conçu, l'a créé, et le tient réservé* jusqu'à ce que l'homme devienne cet être de Lumière, ce fils créé à l'Image de Son Fils Unique.

Cette Image, qui s'est effacée dans le Temps, va devenir une sainte Réalité. La Foi, qui a déserté vos coeurs, pendant ce long parcours dans la nuit, va remplir tout votre être convaincu de Ma Sainte Vérité; parce que, dans cette nuit de ténèbres épaisses, Je ferai jaillir une Lumière, *c'est la Croix du Seigneur, illuminée de Sa Gloire,* qui va donner la Vie là où régnait déjà la Mort sans Dieu, éveillant les esprits à l'Amour de Dieu, détruisant le sommeil, qui s'est abattu sur toute la Terre, s'alourdissant de plus en plus au cours des siècles, faisant croire que l'homme existe pour vivre, dormir et manger. Je vous ai laissé deux mille ans de liberté pour Me revenir guéris de cette idée fausse.

La Croix vient vous dire à tous et à chacun que Dieu a envoyé dans le Monde Son Fils Unique conçu du Saint Esprit. Il a pris chair de la Vierge MARIE, la Toute-Pure. JÉSUS S'est fait Homme pour vous montrer la Chemin pour revenir au Père, sanctifiés pour vivre la Vie pour laquelle vous avez été *tous* créés.

JÉSUS vous dit: *"Je suis la Chemin, la Vérité et la Vie".* Votre vie a un sens profond. Si petite et si insignifiante qu'on croit la voir, la vie sur Terre doit être vécue dans une profonde recherche car elle est *le commencement* de la Vraie Vie en Dieu; elle va se prolonger jusqu'à vous faire pénétrer dans ce Royaume Éternel où la Vie va rentrer dans son véritable Temps où il n'y a plus d'espace ni de limite.

Vous connaîtrez alors le *pourquoi* de votre naissance: *Votre Vie est avec le Père pour l'Éternité.* Alors JÉSUS vous dit: Je suis venu pour mourir sur une Croix. Je suis venu *à vous.* Je n'ai pas pu rester plus longtemps avec vous, Mes frères. Mon Temps de la Terre devait se finir là car Je vous ai appris à aimer, Je vous ai tout donné. Personne n'a pris Ma Vie. C'est Moi qui vous la donne.

Ma Croix devait Me retenir encore parmi vous, pour que reste son souvenir marqué à jamais dans vos coeurs et pour les siècles des siècles. Amen.

Ma Croix doit se tacher de sang, du Sang de l'Innocent, de Celui qui est né d'une Mère Vierge et Sainte, douce comme l'Agneau qu'on pendait au Bois de la Croix d'Amour afin que le Coeur Immaculé de Ma tendre Mère, qui M'offrait au Père pour que le Père puisse M'offrir à ce Monde coupable qui se rachetait là, que ce Coeur de tendresse maternelle, uni à ce Coeur d'Amour Infini du Fils Obéissant, devienne *les Deux Saints Coeurs Unis dans la Croix* qui est, et qui restera le Refuge de tous les Pécheurs, le Pardon de tous les Pécheurs, pour que, seulement là, *le Père accepte votre Repentir total.*

Mon Royaume n'est pas de *ce* monde, mais de celui *qui vient.* La Jérusalem Nouvelle plantera au milieu de son Église Sa Croix Glorieuse. La Gloire de Dieu est *parmi* vous, la Gloire de Dieu est *avec* vous dans l'Amour du Père qui enveloppe tout l'Univers, dans la Sainte Gloire du Fils Rédempteur, dans la Sainteté Infinie de l'Esprit Saint qui renouvelle la face de la Terre.

Je suis JÉSUS de Nazareth, le Fils de l'Homme ressuscité d'entre les morts. *Acceptez Mes Croix d'Amour.* Elles annoncent les Merveilles de Celui *qui vous a appelés des ténèbres à Son Admirable Lumière.*

Faites un Chemin de Croix d'Amour;
qu'elles vous conduisent à Ma Sainte Croix Glorieuse
que Je continue à demander à Mon Église de Me faire élever;
Ouvrez les portes de Mon Église, ouvrez les portes au Rédempteur;
l'Église passera par Ma Croix: "Ainsi est Son choix."

"Au Temps de la Moisson, le Fils de l'Homme enverra Ses Messagers et ils ôteront de Son Royaume tous les scandales et ceux qui pratiquent l'iniquité et ils les jetteront dans la fournaise du feu. Alors les Justes brilleront comme le soleil dans le Royaume de leur Père." (Matt. *13,* 41) Amen. Qui Me voit, voit le Père.

Annoncez les Merveilles de Dieu.
Je suis la Lumière du Monde.
Amen.

†
† †

Ce Signe vivant vous ouvrira l'esprit
****

29 Avril 1997 - Ste Catherine de Sienne

JÉSUS: *"Ne refuse pas Ma main, viens!"* Lorsque Je vous tends Ma
************ main, Je vous invite à venir à Moi pour M'écouter et Me
servir. Venez! Suivez-Moi, ne remettez pas à demain.

En ce moment-même, les Saints Anges parlent en vos coeurs pour vous
avertir et pour vous préserver afin que vous ne tombiez pas dans les filets
de Satan. Ils sont des milliers d'Anges de Dieu qui veulent vous aider: ils
vous mettent en garde contre le Mal qui s'avance vers *tous* les enfants de
la Terre. Ils vous appellent par votre nom de Baptême, par *le nom que Dieu
a choisi pour vous* [1]; souvent ce n'est pas le nom usuel mais vos âmes en
perçoivent le sens; et vous allez bientôt les comprendre, mieux les
entendre. Ils vous aident à choisir ce qui est le plus favorable pour vos
âmes, afin qu'elles soient conformes à la Volonté de Dieu, qu'elles ne
désobéissent pas à Notre Doux Père des Cieux. Vos Anges sont des
Gardiens vigilants; pleins de douceur, ils vous guident vers la Prière à Dieu,
vers l'Amour de Dieu et de vos frères en Dieu.

La Bonté de Mes Saints Anges est gratuite, ils ne désirent rien pour eux-
mêmes; une béatitude formée de Joie, de Paix et d'Amour s'empare de leurs
jolis Êtres de Lumière Divine, lorsqu'une âme de la Terre revient à Dieu. Ils
sont les petites flammes d'Amour déversées aujourd'hui sur votre Terre qui
va rentrer bientôt *dans son obscurité profonde.*

Appelez-les. Priez pour eux et avec eux: ils vous guideront.
Les Anges vous appellent à regarder les Signes des Temps.

Actuellement, le changement *est évident;* les saisons *ont changé!* Ne
l'attribuez pas toujours à des phénomènes scientifiques, donc naturels,
causés par des perturbations atmosphériques plus ou moins certaines pour
l'époque. Il n'y a que *l'enfant* qui va s'apercevoir qu'une *nuée de petits
papillons presqu'incolores* recouvrent des champs sur une vaste étendue;
ou que certains terrains sont recouverts constamment d'une boue gluante
alors, qu'à côté, les terres sont semblables à de vieux parchemins raidis et
pleins de crevasses. tous ces détails, vous passez sans les voir.

Seule la naïveté d'un enfant peut vous ouvrir les yeux. Beaucoup trop
de papillons vous amènent à penser qu'il y a sûrement beaucoup trop de
chenilles dévorantes. *Il n'y aura pas de récolte en ce lieu.*

---

(1): *"Je t'ai appelé par ton nom, tu es à Moi"* (Isaïe, *43*, 1). Donner un nom à une
chose, à un animal, à un enfant, cela implique identification, et pour les êtres
vivants c'est le moyen de l'obéissance: *"je t'appelle par ton nom, tu viens".* Tous
les noms bibliques ont une signification que Dieu précise parfois: Abram devient
Abraham et Saraï: Sarah; Simon, fils de Jonas, devient Pierre et Nathanaël:
Barthélémy. Le Pape nouvellement élu prend un nom nouveau et les Religieux
font ainsi souvent. dans Ap. *3*, 17:*""au vainqueur... Je donnerai un nom nouveau
que nul ne connaît, hormis celui qui le reçoit".*

Et que la boue des terrains, qui les rend incultes, peut venir aussi d'un rejet de la surcharge de produits chimiques: *la terre vomit son mal;* et il n'a pas plu parce que, juste à côté, la terre est très sèche.

Voici déjà beaucoup de signes pour s'apercevoir *que la famine guette la planète.* Beaucoup de signes sont mal interprétés, la plupart rejetés. Vous pensez que tout est naturel: même où il y a eu des pluies diluviennes, voici la sécheresse, comme si l'eau n'était plus que de la vapeur; les terres n'ont rien retenu, rien gardé. L'eau du ciel ne peut plus pénétrer la terre des hommes. Là où les récoltes s'annonçaient bonnes, voici que survient un froid intense paralysant toute croissance et brûlant les bourgeons précoces. La terre est devenue comme de l'argile, elle ressemble à la mère qui délaisse son enfant jusqu'à le priver de son lait; elle a été méprisée et rejetée par la société et son enfant innocent *va payer la faute des autres.*

Personne ne peut admettre que Dieu puisse vous mettre en garde contre votre ingratitude! Dieu vous montre déjà ce que vous venez de détruire par votre négligence et le non-respect de la Vie. Votre indifférence se mesure en regardant la vie de votre terre meurtrie *et le Massacre en masse des Innocents.* Vous vivez dans un cocon de plaisirs qui, jour après jour, se referme sur vous qui le construisez: tous ensemble, vous êtes en train de tisser *le dernier fil* qui va vous enfermer totalement dans vos propres ténèbres. Mais voici que Je vous envoie *le Signe de Ma Miséricorde* pour vous faire réfléchir sur la mort de votre planète et sur votre propre mort que vous êtes en train d'organiser *en vous privant de l'Amour de Dieu.* En Me rejetant, vous courez au désastre et c'est *votre* choix. En Me reniant, vous allez tomber comme des marionnettes qui n'ont plus d'attraction dans ce monde qui aura perdu toute sa stabilité cosmique.

Ce Signe vivant vous ouvrira l'esprit;
c'est encore l'Oeuvre de Mon Amour Miséricordieux,
car ce monde vit encore grâce à Mon Amour.

Ce processus, que vous avez vous-mêmes déclenché, vous amène à une catastrophe *inévitable:* allez-vous vous réveiller, allez-vous trouver la bonne réponse au fond de vos coeurs? Vos coeurs n'ont jamais compris qu'ils sont nés de Mon Saint Coeur et qu'ils devaient contenir Mon Amour pour vivre et donner la vie à votre Terre *qui est le Don de Dieu offert à l'homme.* Votre Terre a besoin de votre Amour pour vivre; comprenez pourquoi elle meurt, comprenez que Mon Amour *est* Vie et que sans Mon Amour, *tout meurt.* Vous avez été conçus et vous êtes nés pour M'aimer et M'adorer afin que la Vie, que Je vous ai donnée et qui parcourt votre corps, un jour Me revienne pour s'unir à Ma Vie d'Amour Infini, de Joie et de Paix. *Mais vous n'avez rien compris.*

Le Don de Dieu est gratuit. Le Père attend sur le pas de Sa Porte l'enfant qui Lui revient; la randonnée a été difficile mais il a vaincu les embûches de toutes sortes parce que tout lui était supportable en évoquant, dans sa pensée, la Joie du retour vers le Père d'Amour; les obstacles ont été vite franchis, l'enfant était impatient de remettre à son Père les fruits de son pèlerinage terrestre:

"En Tes mains très-Saintes, Père très aimant,
Ton fils de la Terre Te remet les talents que Tu lui a confiés;
vois comme ils ont doublé, et certains triplé!"
Cet enfant sera assis à la Droite du Père parce que son Père est Roi; et avec les talents rapportés par Son enfant prévoyant et charitable, le Père va pouvoir racheter beaucoup d'enfants prodigues qui tardent trop à revenir; *Vous serez sauvés les uns par les autres.*

Oui, le prix d'une âme qui s'égare Me coûte très cher; parfois à vous, Mes enfants très doux, il vous sera demandé votre propre vie sur la Terre pour sauver une âme-sœur qui est sur le point de se perdre en Enfer. Mon Appel sera terrible, comme le son tonitruant de *la dernière Trompette.* Tous l'entendront, car tous les éléments mêleront leurs voix à la Mienne. *Tout* doit revenir à Dieu et entrer en Dieu. Quelle douceur lorsque l'agneau entre dans sa bergerie sans refuser la porte; sans même la chercher, il la trouve; il connaît et aime son refuge; il sait qui le protège et l'appelle par son nom. Combien cet agneau donne de la joie à son berger! Il le reconnaît comme son unique berger de cette unique bergerie. Alors l'Agneau prend place sur le Cœur du Maître qui le serre contre Lui pour le réchauffer de Son Amour: là il ne risque plus la morsure des loups.

De quoi sera-t-il fait, cet Avertissement?
Est-ce bien nécessaire de montrer l'anneau à passer au doigt de l'épousée avant que celle-ci dise *Oui* à l'époux? Devrais-Je vous conduire à Me dire *Oui* par la peur? Vous ne saurez ni le jour, ni l'heure; l'unique détail que vous devez retenir, puisque c'est le principal, *c'est que Je viendrai* mais, qu'avant, vous vivrez *Mon Avertissement* et qu'un Signe vous guidera.

Implorez Ma Grâce, repentez-vous, faites pénitence,
car ce Signe de repentir sera vivant.

Monde arrogant, ton impétuosité va disparaître car tu te verras alors *avec le Regard de Dieu* et tu te jugeras tout seul avec le Jugement de Dieu en toi *car Dieu vit en toi!*

Le Pharaon n'a accepté comme Signe véritable de Dieu que celui qui frappa de mort son propre enfant. Faudra-t-il qu'après ce Signe Je vous adresse encore d'autres plus forts pour vous ouvrir les yeux à Ma Volonté? *Non!* Parce que vous verrez Mon Visage au fond de votre profond "moi". Vous vivrez alors le Temps de Moïse: c'est Moi qui vous ferai sortir de votre Terre d'esclavage. Vous *verrez* vos fautes et *vous vous en souviendrez* pour ne plus entrer en tentation; *vous vous repentirez;* vous rejetterez vos péchés contre Dieu: et tous ceux qui vous ont éloignés de Sa Sainte Face, vous leur pardonnerez au Nom du Seigneur, Père de la Miséricorde. *Le Signe de votre conversion,* vous le verrez sans pouvoir le toucher. Repentez-vous et faites pénitence. N'élevez plus de *veaux d'or* pour adorer de faux dieux. Je vous pardonnerai. Je vous guérirai.

Le *Fleuve* est tout proche et il a quatre branches. Alors Je vous montrerai *le Signe de votre Rédemption.*

La Terre Promise est déjà annoncée car le Seigneur des Seigneurs vous montrera très bientôt le Grand Signe de Son Triomphe: *c'est le Signe de votre Rédemption.*

L'embrasement d'Amour de Ma Terre, qui recevra du Ciel ce Feu d'Amour qui est Vie et qui ne s'éteindra jamais plus, cette Lumière, c'est l'Aurore Nouvelle qui anéantira toutes les ténèbres.

C'est ce *Huitième Jour* de Gloire.

Voici la Croix du Seigneur, toute Glorieuse,
qui se forme en *rejoignant* le Ciel et la Terre, la recouvrant de son Manteau d'Amour de l'Orient à l'Occident. J'ouvrirai alors toutes les vannes de Mon Amour Purificateur; Mon Saint Coeur sera la Fontaine ouverte; vous ne refuserez pas l'Eau Purificatrice:

C'est la Confirmation du Baptême de toute la Terre
dans l'Amour Infini du Père, du Fils et du Saint Esprit.

Vous ne M'avez pas reconnu lorsque Je marchais à vos côtés. Vous n'avez pas accepté Ma Sainte Mère qui a été, pour vous tous, Mon Coeur ouvert sur ce Temps de sécheresse; Ses larmes saintes n'ont même pas pu ouvrir *vos coeurs secs*; Elle vous parlait de Moi; Elle était Ma Parole féconde. Jamais votre Monde n'a reçu autant de Grâces et jamais Dieu n'a reçu autant d'ingratitudes de la part de Ses créatures.

Ma main peut encore vous tirer de ce gouffre: le voulez-vous?

Alors, implorez Ma Sainte Grâce de Pardon, repentez-vous, faites pénitence, appelez-Moi. Soyez vigilants et priez. Car le moment est tout proche. Que votre Oui soit *Oui*, *qu'il* retentisse en sortant de vos coeurs!

Car voici que Je viens. Amen, viens Seigneur JÉSUS.
Ne refusez pas Ma main.

†
† †

Pour Mes enfants de Ma Sainte Croix
****

Mercredi 30 Avril 1997

JÉSUS: "Mon enfant chérie, Je sais que tu voudrais faire beaucoup
************ de choses pour Moi, pour Me faire plaisir et M'honorer. Une
seule chose t'est demandée, *mais son ensemble est grandiose.* Accomplis-
la avec ton Amour d'enfant dévouée à ton Dieu d'Amour qui t'a choisie *pour
cette seule chose* qui représente, à elle seule, beaucoup de parties qui vont
s'assembler entre elles et à elle.

La fleur a, à elle seule, beaucoup de pétales
qui lui appartiennent et tous sont réunis à son coeur.

Mon enfant, Mon Saint Coeur vous demande de rester *unis entre vous
et rattachés à Mon Saint Coeur* qui vous a appelés, *chacun de vous* qui
avez reçu cet Appel; soyez attentifs à votre tâche. Mon Plan Divin est
réparti dans vos coeurs unis au Mien.

Ne vous éparpillez pas: vous créeriez une division qui ne serait
nullement bénéfique pour la Promesse faite à votre Dieu. Chacun à sa
place dans le Grand'Oeuvre de Dieu; ne cherchez pas à vous dépasser.

Je veille sur tout. Soyez stricts avec vous-mêmes.

Ma Parole est vivante, et votre parole,
qui est une Promesse faite à votre Dieu, *vit en Moi.*

Je suis votre Dieu d'Amour,
de paix et de Justice.

✝
✝ ✝

La nouvelle Pentecôte d'Amour
****

Mardi 6 Mai 1997

JÉSUS: "Mon Enfant, c'est une *nouvelle naissance* que Je vous ai
************ demandée pour venir à Moi, tous unis dans l'Amour du
Père Créateur de tout l'Univers visible et invisible. C'est la naissance qui
vous a été déjà demandée par JÉSUS: "*Il faut que vous renaissiez à
nouveau*", non plus en passant par la chair, mais par l'Esprit Saint.

C'est ainsi que vous pourrez vivre cette nouvelle Vie qui, en Vérité, est
la Vie en Dieu pour laquelle vous avez été créés à l'Image de Mon Fils
Unique, pour vivre dans ce Jour qui ne finit pas, ce Jour déjà annoncé aux
Cieux *comme sur la Terre,* afin que la Volonté du Père Tout-Puissant
s'accomplisse ici-bas comme au Ciel.

Croyez que Je viens délivrer les opprimés.

Croyez que celui qui a pris possession de Mon Royaume, doit être
rejeté bientôt et que cette bataille, qui *sera la dernière,* mettra fin à un règne
mauvais. Je viens briser les serrures de vos prisons et écraser ceux qui
ont fait, de Mes enfants, des mourants affamés du Pain de Vie qui est Mon
Corps et Mon Sang, et de Ma Parole de Vie qui est Vie. Vous devez vous
préparer à mieux Me comprendre: *ouvrez vos coeurs!*

Croyez que vous serez libérés de l'emprise du Mal, que votre esprit
comprendra alors Ma Sainte Vérité.

Mon Royaume est vaste: il est dans tout l'Univers *et il est dans Ma
Main.* Vous devez déjà réaliser et vous préparer à vivre la transformation
de votre Terre qui va *renaître*. Elle va prendre la forme achevée dans les
mains du Divin Potier, pour devenir le joyau de pureté qui abritera les
enfants saints de la Sainteté de Dieu, Père, Fils et Esprit Saint, Mes enfants
nés de Ma Lumière Sainte de Mon Esprit Saint. Amen.

Je suis né de Ma Très Sainte Mère, Douce Vierge MARIE, choisie entre
toutes les femmes pour devenir la Mère de votre Sauveur. En Elle, vous
arriverez à mieux Me voir tel que *Je Suis*; Elle est *l'Échelle de Jacob. Vrai
Dieu et Vrai Homme, J'ai pris Chair de la Vierge Immaculée, Mère du Fils
Bien-Aimé, Mère choisie entre toutes les femmes par le Père d'Amour
Éternel, Mère chérie, Épouse de l'Esprit Saint. Par Ses mains très saintes,
MARIE, Mère Bienheureuse vous donne l'Enfant de Sa Chair *pour qu'Il
entre dans votre chair;* devant ce Don d'Amour, le prix de l'Encens et de
l'Or, symboles de Sa Victoire, pâlissent devant Sa Sainte Gloire.

JÉSUS nous entraîne à sa suite; nous entrons dans Sa Gloire
JÉSUS a vaincu la Mort: voici Sa Vraie Victoire!

Votre Terre sera transformée, non comme vous pouvez le penser mais,
en Vérité, elle aura elle aussi une nouvelle naissance, *divine*. Terre Nouvelle, née de la Gloire de Dieu pour entrer dans l'Éternité Bienheureuse du
Père, parce que tout est appelé à entrer dans l'Éternité de Dieu. Elle aura
une nouvelle naissance après sa longue gestation; toute la Création *pleure*

de ne pas vivre comme Dieu le lui avait commandé; Il la voulait pure; elle voulait vivre sous la caresse de son Créateur. Mais la main de l'homme l'a blessée; pis que cela, il l'a mise à mort; retirée de son pivot d'Amour, elle chancelle. L'homme a perdu ses Lois divines La Terre a ainsi perdu sa loi naturelle. Tout s'écroule par manque d'Amour. Tout doit se reconstruire par l'Amour des hommes dans l'Amour de Dieu.

Ce monde nouveau, qui sortira des Mains de Dieu, est déjà déposé dans le Coeur Immaculé de Ma Mère chérie et dans Mon Coeur Saint et Miséricordieux. Alors, comprenez que votre nouvelle naissance est déjà annoncée au Ciel; vous devez déjà vous laisser façonner par la Force de l'Esprit Saint; comprenez que votre *berceau-Terre* va devenir un berceau royal; ainsi, il vous est déjà demandé d'accepter de vivre en vrais fils de Dieu Les Anges du Ciel de Gloire jubilent d'allégresse, leur joie est comme au premier jour de l'apparition de la Création achevée. *L'Heure approche:* nul ne peut compromettre le Pain de Dieu. C'est la *Nouvelle Pentecôte* qui vit déjà dans la pensée du Père.

L'Humanité, renouvelée par sa nouvelle naissance, continuera à recevoir l'Esprit Saint en abondance; jusqu'aux extrémités de la Terre, petit-à-petit, des étendues entières retrouveront la Paix et la Joie et donneront un Nom à cette métamorphose: tous loueront le Nom de Y H Sh W H, le Christ Glorieux. La Terre entière va passer par les deux Saints Coeurs Unis de JÉSUS et de MARIE, appelés par le Père uni au Saint Esprit. Voici votre Terre Nouvelle qui va sortir du Sein du Saint des Saints. *"C'est Béthléem!"*

JÉSUS va donner cette nouvelle naissance; MARIE va la recevoir: "En Tes mains maternelles, Je remets, ô MARIE, Mère de toute l'Humanité, Toi, *Médiatrice de toutes les Grâces et Avocate,* en Tes mains Je remets tes enfants purifiés. Ne les couche pas dans la mangeoire; pose-les dans le joyau de cette Terre Nouvelle où se reflètent les Cieux Nouveaux.

Il fallait une Vierge toute Pure pour donner au Monde le Fils de Dieu. *Il faut,* aujourd'hui, que ce Monde soit à nouveau enfanté par Celui qui fut enfanté dans ce Monde qui Le mena jusqu'à Sa Sainte Croix, Lui, le Fils de Dieu. Voici votre Roi descendu jusqu'à vous. Il vous a élevés jusqu'à Lui pour devenir des fils de Dieu. Voici votre Mère, la Douce Vierge Immaculée, la Fontaine sainte par qui est passé le Fleuve aux quatre branches portant le Fruit mûr qui devait être mangé par cette Humanité déchirée afin de renaître pure. Ce Fruit divin ,qui Se laisse manger par tous Ses enfants, est ce Coeur ouvert qui vous a donné Sa Vie pour l'Éternité.

Dans chaque Eucharistie vous devenez un peu plus la chair de Ma Chair, le sang de Mon Sang. Les enfants des Deux Saints Coeurs Unis vivront dans l'Amour Éternel de la Très-Sainte Trinité d'Amour.

> "Nous nous consacrons, aujourd'hui et pour toujours,
> aux Deux Saints Coeurs Unis de JÉSUS et de MARIE,
> Refuge d'Amour, de Paix et de Joie,
> qui réunit tous les enfants du monde entier
> pour la plus grande Gloire de la Très-Sainte Trinité.
> Amen.

L'Olivier dans Mon Coeur transpercé
****

Jeudi 8 Mai 1997

L'Éternel: "Mon enfant, écoute-Moi encore; s'il te plaît, reviens
***************** M'écouter, ne t'éloigne pas. Vous risquez bien des
déboires et des peines et J'ai encore besoin de ta présence. Tu n'as pas
fini, ne t'éloigne pas de Ma Parole qui veut vivre en toi pour Me donner à
tous les enfants de la Terre. Car Je te parle en ton coeur pour que tu Me
donnes à tous ceux que Je mettrai sur ton chemin. Tu es une *VOIX et une
VOIE*, car Je suis dans le Chemin et dans la Parole Vivante qui vit en toi.

Ne marche pas trop vite car à présent Nous arrivons et vous devez être
très prudents pour guider le Troupeau que Je vous ai confié, car il va se
hâter, il ressent déjà l'odeur de la Divine Pureté qui vient vers vous. Mais
ne foncez pas sans réfléchir car les dernières foulées sont celles qui vont
vous secouer le plus.

Je ne vous demande pas de suivre un autre Chemin que le Mien, même
s'il devient de plus en plus dur. La montée est parfois rapide, très
accentuée, et les pierres du chemin deviennent des blocs que vous allez
devoir enjamber. Mais ce ne sera pas difficile si vous êtes avec Dieu! Non!
N'ayez pas peur. Tout devient doux, léger et franchissable. Ne vous
arrêtez pas devant l'obstacle car il sera *inexistant* pour vous qui croyez en
Dieu. Je mettrai des ailes à vos pieds et Je vous transporterai Moi-même
pour traverser le chemin qui devient une ouverture devant vous. Je comblerai les ravins. Je ferai baisser les montagnes. J'enlèverai les ronces du
chemin. Les collines deviendront des plaines et vous verrez partout fleurir *le
Renouveau* comme un nouveau Printemps, car vous allez arriver bientôt **là**
où Je vous attends depuis si longtemps.

Même le Temps n'est pas un obstacle car le Temps, dans lequel vous
vivez, se presse pour qu'arrive vite *Mon Temps*. Oui, Je commande aux
vents et aux marées, J'arrête les secousses de la Terre, J'immobilise les
aiguilles du Temps ou Je les précipite. Vous devez déjà comprendre que
Mon Temps n'est pas *le vôtre*. Et lorsque Je décide que quelque chose doit
changer dans votre Temps, ce n'est :

* ni en faveur des hommes, même si leur comportement devient meilleur,
* ni par compassion pour Ma Terre qui ne peut plus supporter les douleurs profondes et les meurtrissures que les hommes sanguinaires, sans loi
ni morale, lui ont infligées; ce n'est pas à cause de votre mérite, *c'est à
cause de la tendresse que Je porte à Mes Élus*. Ce petit nombre est Ma
Joie. Alors sans que rien ne change dans votre vie que vous suivez tête
baissée avec un seul but: *vivre pour vivre, vivre pour survivre;* et non
vivre *pour revivre, pour renaître à la Vie en Dieu*, J'opère un changement
dans votre Temps. Toute cette transformation viendra de par Ma Sainte
Volonté à cause de Mon Amour pour l'homme. Et vous ne verrez pas ce
changement qui, imperceptiblement, s'accomplit sous vos yeux; vous ne
verrez rien; et pourtant, dans votre aveuglement insensé, Je travaille pour
votre Bien.

Un père pardonne même au plus ingrat de ses enfants *qui lui revient.*

Et l'homme, insensible et se prétendant *maître* en tout, croira que par *son* intelligence, *son* savoir, il est arrivé à vaincre l'obstacle, qu'il est arrivé à dépasser ce que l'Humanité entière craint le plus: la fin de votre planète Terre et par là, la fin de toute l'Humanité. *Car ce cataclysme est imminent.*

Les hommes qui croient en Ma Divine Volonté, en Mon Amour Infini, diront à genoux: *"Que le Seigneur est Bon, Miséricordieux et Sa tendresse pour Ses créatures n'a pas de limites."*

Le Seigneur change la tempête en un vent doux qui caresse la végétation et la fait reverdir.

Le Seigneur change une pluie torrentielle en une rosée bienfaisante où l'herbe pousse en abondance, recouvrant même les déserts.

Le Seigneur arrête l'agitation de la Terre, *éteint* les volcans et *fertilise* les plaines arides afin que le grain pousse bien et nourrisse les enfants affamés, ceux qui ne se souviennent même plus du goût du pain.

Alors JÉSUS, qui connaît ceux qui Le reconnaissent comme Maître et Sauveur de tous les hommes, viendra S'unir à tous ceux qui L'attendent en Vérité, avec leur coeur et leur âme en Dieu. JÉSUS viendra vivre avec Ses frères cette Vie que l'homme, préoccupé seulement des affaires du Père, attend depuis si longtemps. Le Père retrouvera Ses enfants égarés, dispersés, éloignés. Le Père retrouvera ceux qui, en premier, étaient avec Lui, les **Juifs**. Il les bénira:

"Vous qui M'avez entendu les premiers parce que vos coeurs étaient à l'écoute, vous ne pouviez pas vous tromper. Vous ressentiez Ma Présence et Je voyais votre désir de Me connaître; car Je Me suis approché de votre Peuple qui, entre tous les Peuples, s'est réveillé le premier pour M'accueillir. Alors Je vous dirai: ce n'est pas vous qui M'avez choisi les premiers, c'est Moi en premier qui vous ai choisis, connaissant déjà votre désir de Me recevoir. Car Dieu voit tout!

"Alors J'ai vécu toujours avec vous, vous instruisant par Mes prophètes, vous guidant sur toutes les terres préparées par Ma Main. Je vous ai abrités du vent, de la pluie. Vous avez vécu sous Ma Tente que Je tendais au-dessus de vos têtes, vous préservant des Peuples ennemis de Dieu. Je vous ai nourris et abreuvés dans le désert. Je vous ai donné une terre qui a bu l'eau que Je lui donnais pour faire pousser la moisson. Je vous ai nourris comme une mère nourrit son nouveau-né, le serrant contre elle pour lui donner le meilleur d'elle-même: sa chaleur et son lait.

"Vous ne M'avez pas reconnu en Mon Fils Bien-Aimé, Celui-là même que vous avez cloué sur le Bois qui vous donne la Vie. Car celui qui regardera la Croix d'Amour sera sauvé de tout Mal: comme autrefois Mon Peuple, mené par Moïse, fut sauvé en regardant le Serpent d'Airain cloué sur le Bâton de Moïse.

"J'abolirai tous vos péchés, à jamais, si vous regardez Ma Sainte Croix.

A vous, fils d'Abraham, Je Me suis promis que l'Olivier sera planté au plus profond du Coeur transpercé de votre Dieu et Messie.

"Après deux mille ans d'ingratitude, Je vous donne la possibilité d'ouvrir la Porte d'Or et de pénétrer, en baissant vos fronts, en vous frappant la poitrine et en pleurant pour dire: "Béni soit Celui qui vient au Nom du Seigneur!"

"Si vous ne reconnaissez pas le Pain qui vous a nourris et l'Eau de la Vie, vous ne pourrez pas rentrer dans Mon Royaume et vous ne pourrez pas ouvrir en grand la Porte par laquelle vous devez passer les premiers en donnant la main à vos frères de la Sainte Croix.

"Mon Royaume est préparé, depuis toujours, pour ceux de la Race choisie de Mon Peuple bien-aimé en qui J'ai mis toute Mon Espérance. A cause de vos patriarches, de vos prophètes, de tous ceux qui M'ont servi sans faire un pas en arrière, Je vous recueillerai jusqu'au dernier qui veut Me revenir.

"Alors Je vous montrerai le Trésor du Roi des Rois: une terre jamais explorée, qu'aucun pied d'homme n'a foulée; seuls les Pieds de Dieu y sont marqués. Je vous introduirai dans Ma Demeure où le miel et le lait n'ont jamais cessé de couler: Ma Terre Nouvelle. Je vous remettrai vos anciens trésors, l'Or, l'Encens et la Myrrhe, pour que vous les remettiez vous-mêmes à Celui qui, par Son Mérite, vous ouvre les Portes du Vrai Royaume de Dieu.

"Je M'assiérai sur Mon Trône pour attendre votre prosternation et entendre, de chacune de vos bouches, votre Repentir.

"Mon Fils Se tiendra à Ma Droite. C'est Lui qui choisira ceux qui vont s'asseoir à Sa Droite et ceux qui ne seront pas dignes se trouveront à Sa gauche pour être jetés dans un Feu qui ne s'éteindra jamais.

"Vous verrez venir à Nous les Anciens pour s'unir à votre Dieu Trois-fois Saint.. Vous verrez cette multitude d'hommes, de femmes et d'enfants, de toutes races, qui viennent de laver leurs vêtements: ils arrivent dans une Grande Lumière.

JÉSUS: "Vous verrez venir à Moi cette multitude qui sont
*************   devenus des fidèles Témoins de Ma Croix.

Ils ont mangé Mon Pain de Vie. Ils ont reçu leur Dieu Sauveur. A cause de Mon Nom, ils sont haïs, rejetés de toutes parts. Moi, JÉSUS, votre Sauveur, à ceux qui M'ont ôté Ma Vie, Je leur dis: "C'est Moi qui vous l'ai donnée."

"Venez avec Moi. Montons au Thabor pour recevoir, par Mes Mains, votre propre Transfiguration. Moïse et Élie sont avec vous; ils vous accompagnent. Je suis avec Mes Apôtres bien-aimés, ceux qui M'ont reconnu comme Fils de Dieu. Alors regardez tous Ma Lumière et entrez en Elle. Elle est née de la Croix.

"Vous qui, les premiers, avez reçu Mon Sang Purificateur au pied de Ma Croix d'Amour, regardez le Père qui vous donne Son Fils, le Fils qui continue à sauver ceux qui Le méprisent encore à cause de votre haine ancestrale.

Alors Mon Père va crier: **"C'en est assez!"** parce que vous allez voir Sa Sainte Colère. Alors, vous verrez :
* les montagnes se déplacer;
* les mers rugir de colère devant leur Créateur offusqué.

Alors, tout ce qui vit, tout ce qui bouge, tout ce qui respire, et tout ce qui est en arrêt depuis deux mille ans,
* tout va changer de place;
* tout va devenir comme des enfants désobéissants à toute loi de la Nature, insolents, parce que chaque chose M'appartient, chaque élément M'obéit. Ma Voix, Seule, peut tout arrêter, car *tout* M'obéit.

Alors, Je vous dis:

"Hommes de tous Pays, de toutes races et de toutes Religions, devenez meilleurs envers vos frères, *glorifiez Dieu* et J'agirai *dans le calme* et vous ne ressentirez même pas le frisson de ce Grand Bouleversement. Mais si vous ne vous réveillez pas, vous serez entraînés et vous serez comme tous les éléments déchaînés:
bouleversés!"

Dieu, L'Éternel, vient de vous parler.

Amen.

† † †

NOTA :   Ce Message très important concerne essentiellement les Juifs. Quand "JNSR" me l'a faxé le 13 Février après l'avoir retrouvé dans ses papiers, j'ai d'abord dit qu'il arrivait trop tard car j'avais déjà repris toute la photo-composition pour incorporer dans cette 2ème édition 5 Messages ne figurant pas dans la 1ère édition. En effet, l'Imprimeur avait déjà terminé *l'imposition* des 448 pages de texte. De plus j'avais déjà fait imprimer 1000 "tirés à part" de ces 5 Messages en 8 pages.

Puis j'ai réalisé que le Bon Dieu tire toujours le Bien du Mal; que "JNSR" n'a pas enterré *toute seule* ce Message dans ses papiers; que le Seigneur l'a permis, car Il aurait fort bien pu lui dire: *"Tu as oublié le Message du 8 Mai 97".* Le *Bien,* c'est que cela va m'obliger à faire imprimer un "tiré à part" de ce Message (à 2000 exemplaires pour commencer) qui sera très peu coûteux, donc très facile à communiquer à nos amis et relations de confession israélite. Et ce sera l'occasion de leur faire apprendre l'existence du livre de Mr Gaston Levant dont il est fait mention en *Nota*, à la page 210, "Un vrai Juif parle aux Israélites".

Alors, que personne ne soit choqué par la différence de présentation des pages au fil de la lecture, car il m'a fallu compresser le texte pour libérer de la place (et l'Imprimeur a accepté de reprendre "l'imposition" déjà effectuée. Qu'il en soit remercié).   A.F.

Je les attends à chaque Croix
****

JÉSUS: "Aujourd'hui, vous êtes nés à Ma Vie d'Amour parce que
************   vous M'avez cru, vous M'avez suivi".

"JNSR": "Seigneur, si Tu le désires, je m'arrête d'écrire; si Tu me le demandes, c'est une obéissance à laquelle je me soumettrai. Parle, Seigneur, je ne veux pas m'opposer à Ta Sainte Volonté".

JÉSUS: "Écris ceci: Je ne parle jamais pour rien; Je t'appelle et Je te
************   dicte ce que tu *dois écrire* et ensuite *transmettre*. Je te parle sans que rien ne M'y oblige et personne ne peut contredire ce que Je te demande d'écrire et ensuite de parler. Je te demande *une seule* chose: c'est de ne *jamais devancer* Ma Parole. Écris lorsque Je te le demande, seulement là, car il y a un temps pour tout. Tu le sais: lorsque c'est Moi, tu Me ressens en ton coeur.

Ne crains pas: Je ne laisse pas passer l'erreur; tu entends en Vérité ton Maître. Mon enfant, il est souvent question de contradictions dans tout ce que tu entendras à partir de maintenant; laisse-les dire et obéis-Moi car ce que Je te demande s'accomplira malgré leurs discordes et même leur désaccord profond. Je continuerai à te parler afin que s'accomplisse ce travail que Je t'ai demandé de mettre en marche: il est important et primordial. Le Temps vous permettra encore d'aller plus loin. Tu iras où Je le désirerai; rien ne se fera sans Ma Volonté en toi. Tu seras arrêtée dans ton élan si Je ne désire pas que tu te déranges inutilement.

Ils vont devenir encore plus nombreux les Ouvriers de Ma Vigne; ils viendront, le coeur joyeux, continuer la tâche déjà commencée: *des milliers de Croix dans le monde.* Vois comme le monde est vaste! Quelle satisfaction de voir la Main de Dieu en tout ce qui se fait aujourd'hui de partout. N'arrête pas encore ce mouvement, car Je dois toucher encore bien des Peuples. *Ne craignez pas* ceux qui se dressent contre vous, contre Mes Croix d'Amour; Je les apaiserai. Vous ressentirez Ma Paix venir sur eux. *Ne vous cachez pas,* vous servez Dieu. *Ne provoquez pas,* vous êtes de Dieu; recherchez le calme et non l'insolence.

Montrez-vous doux et pleins de compréhension envers ceux qui luttent encore contre ce projet; bientôt ils seront *doux comme des agneaux* car Je leur montrerai, à chacun, l'utilité de Mes Croix dans chaque région, dans chaque ville, dans chaque hameau. *Si la Prière est récitée avec le coeur,* vous obtiendrez beaucoup de Grâces à chacune d'elles: elles représentent la Présence de JÉSUS.

Chacun *ressentira* Ma Présence.

Unissez-vous et priez ensemble: chaque minute de Prière dite à la Croix est *un bout de chemin gagné pour une âme qui Me revient;* aidez-la! Vous verrez cette multitude d'âmes qui vont venir demander leur conversion car Je les attends à chaque Croix; celles qui sont désignées viendront sans même chercher le chemin: elles trouveront *la Croix qui les appelle.*

N'écoute que ton coeur: il ne peut se tromper, il M'entend et cela, tu le sais, est spécial car vous n'êtes pas nombreux aujourd'hui encore à M'entendre en Vérité vous parler en votre coeur. Si tu veux que nous continuions encore à marcher ensemble sur Mon Chemin, ne t'éloigne pas de lui; laisse tous ces bruits de côté: ils sont là pour te distraire du principal. Je dois encore te parler et tu dois encore M'obéir car, bientôt, Je te demanderai encore une chose qui doit s'accomplir *avant que ce Monde ne ressente plus Ma Présence divine et se sente abandonné.*

Car, comme Je te l'ai dit, il faut que les Écritures s'accomplissent et que disparaisse la Grâce de Dieu, pour un Temps, de votre Terre. Cette Grâce, si nécessaire, vous ne l'avez même pas reconnue ni appréciée: pourtant elle soutient encore votre monde. Aussi vois-tu, malgré Ma peine de vous savoir seuls, Je *dois* le faire.

– *"Seigneur, ne vas-Tu pas laisser encore Ta Maman parmi nous?"*

– "Je te l'ai dit: tout doit s'accomplir ici-bas. Vous allez vivre l'heure la plus douloureuse que la Terre ait connue depuis qu'elle existe; cela s'appelle *la Nuit du Tombeau*, la solitude sans Dieu. le désespoir. Vous ne verrez partout que la désolation d'une Terre qui a renié son Dieu. Je serai obligé de sévir sur les bons comme sur les mauvais, car je ne peux épargner le sol qui se trouve sous les pieds du bon; Je ne peux sacrifier les uns plus que les autres *car Je veux vous sauver tous en même temps."*

– *"Pour certains Justes, Tu n'épargneras pas des parties de la Terre? Je pense, Seigneur, que Tu parles de la Terre entière, n'est-ce pas?"*

– "Écoute-Moi. Mon langage est clair. Je suis Père et J'ai créé toute la Terre; tous et chacun, vous êtes Mes enfants; dans une famille il y a des enfants sages et des enfants ingrats; et la mère, le père, aiment ceux-ci encore plus que ceux-là. Vais-Je alors retirer, à ce moment, *l'ivraie?* Non, pas encore car, ce qu'on peut appeler ivraie n'est peut-être seulement qu'une tige pas encore assez forte pour supporter l'épi.

Si Je devais évaluer le temps avec votre horloge, Je te dirais qu'il sera *midi* et ensuite *trois heures*. Comprends-tu mieux?"

– *"Cela peut être aussi trois jours, Seigneur; est-ce alors les Ténèbres où personne ne peut voir?"*

– "Vous Me verrez au fond de votre coeur et la Lumière brillera en vous parce que celui qui vit en Moi, Je vis aussi en lui. Ne pensez qu'à une chose, c'est celle de faire le bien encore, tant que vous en aurez encore le temps *car vous devez vivre comme si cela ne devait jamais arriver.*

Tenez-vous en éveil pour ne pas oublier que Dieu est Bon et que Sa Bonté peut être appelée sur vous à tous moments. Je te parle encore. Oui, cela peut vous surprendre: ce n'est pas que la Terre, mais aussi les cieux; *c'est comme un feu qui se déclarerait tout-à-coup, brûlant, puis une torpeur.*

La Vierge sera rappelée vers le Père des Cieux *très bientôt* parce que Sa Mission s'achève là et les Anges viendront La chercher. Les Croix indiqueront le Chemin du Salut; la Prière doit continuer.

Les groupes doivent se former de plus en plus grands et solides car la sécheresse des coeurs donnera la sécheresse de la terre; apprenez à vous unir pour prier mieux.

J'enverrai beaucoup d'apôtres dans les pays même lointains car Je laisserai encore le Temps de la Purification continuer son oeuvre salvatrice. Tu sais bien que, pour arrêter la *confusion générale,* l'Esprit Saint doit venir pour vous aider à voir plus clair et vous conduire vers Dieu.

L'Esprit est à l'oeuvre, mais combien de mauvais Ouvriers n'acceptent pas de s'unir aux bons... Ainsi le *petit nombre* se voit chargé de missions; ils vont prendre les Croix de ceux qui les ont rejetées, pour continuer à monter jusqu'au Golgotha. C'est ce temps qui va être de plus en plus dur. Vous monterez comme Moi sur ce même Chemin; comme Moi, certains vont le vivre jusqu'au Sacrifice et ensuite, avec Moi, nous passerons sur le Thabor; là, Je vous prendrai sur Mon Saint Coeur *pour vivre ensemble votre Transfiguration.*

Ne te lasse pas d'écrire, et lorsque tu M'entends t'appeler, viens! Ce soir, on arrête-là: même les fleurs ont besoin de sommeil.

A bientôt, Mon enfant.

Ton JÉSUS d'Amour.

†
† †

La grande sécheresse
****

Lundi 12 Mai 1997

JÉSUS: "La grande sécheresse surviendra comme un feu brûlant tout
************ sur son passage; ce sera *mondial* car elle sera déclenchée
par la même cause: cette chaleur est comme une écharpe brûlante qui
entoure toute la Terre."

– *"Seigneur, pouvez-Vous nous expliquer ceci: est-ce un phénomène?
Est-ce une arme?"*

– "De tous côtés la chaleur va augmenter, tel un four qui commence à
chauffer. Ne vous méprenez pas: c'est un accident naturel survenant à
l'improviste, un dérangement astral, la descente vertigineuse d'une planète
en fusion qui a perdu son équilibre. J'emploierai plutôt le nom de *masse
gazeuse* incontrôlée. Ma Main l'écartera de votre Terre afin de ne pas supprimer toutes les populations, mais elle va venir sans que vous vous y
attendiez: *comme au Temps de Noé, personne ne se doutait.* Et là, personne n'est en mesure de connaître ni la date, ni même son existence car elle
n'est pas encore apparente pour vos yeux.

Elle va brûler toute vie végétale par sa chaleur suffocante; elle va
déstabiliser la planète Terre jusqu'à la faire vaciller sur elle-même comme
une toupie saoule qui tourne en vacillant. La chaleur et les explosions des
gaz contenus dans les conduites de vos villes et villages, créeront des feux
sans arrêt, incontrôlables; et le manque d'eau sera la cause de ne plus
réparer même ce qui a pu résister à cette chaleur suffocante, car des feux
naîtront de toutes parts. Les incendies seront tels que des villes entières
brûleront sans même laisser un vestige.

Fuyez en rase campagne; le peu d'abris, qui résisteront à tout cela,
seront des abris naturels non construits de main d'homme car la terre se
fendra et ne supportera nul poids supplémentaire. Vous deviendrez *des
taupes ou des renards* se cachant sous la terre ou sous les roches encore
debout, fuyant la chaleur. Mon enfant, après ceci, l'herbe mettra beaucoup
de temps pour revenir et recouvrir votre Terre.

A Dozulé, Je vous le disais que *"l'heure est grave, que Satan dirige le
Monde et séduit les esprits, les rend capables de détruire l'Humanité en
quelques minutes. Si l'homme ne s'y oppose pas, Je laisserai agir et ce
sera la catastrophe, telle qu'il n'y en a pas encore eu depuis le Déluge et
cela, avant la fin du siècle. Tous ceux qui seront venus se repentir au pied
de la Croix Glorieuse seront sauvés. Satan sera détruit; il ne restera que
Paix et Joie."*

Voici que vient ce cataclysme général de cette génération, que Je vous
ai annoncé: *tout ceci doit arriver.* Ce changement universel est proche, tel
qu'il n'y en a pas eu depuis le commencement du monde jusqu'à ce jour, et
qu'il n'y en aura jamais plus.

*NOTA: Cette fin de Message, inhabituelle, donne à comprendre que "JNSR" cesse d'écrire
sous le choc de la gravité de ce Message; elle note ici: "repris le 14 Mai 1997 par
l'Avertissement de Dieu".*

L'Avertissement de Dieu
****

Mercredi 14 Mai 1997

"*JNSR*": "*Seigneur, Je suis allée à San Damiano le 13 Mai, fête solennelle de Notre Dame de Fatima, puisque fêtée aussi par l'Église. Seigneur, j'y ai pris de l'eau, comme j'ai ressenti en mon coeur qu'il le fallait; dois-je l'annoncer à tout le monde?*"

JÉSUS: "Continue à écrire ceci. Tout ce que tu entends de Moi est
************ pour le Monde. N'ai-Je pas parlé toujours pour tous? Oui, le Monde est à la veille d'une catastrophe déjà annoncée; mais tu dois le leur répéter, car personne ne peut encore faire le rapprochement; aussi, ce qui va arriver est écrit et aussi, ils l'ont oublié; c'est pourquoi Je vous rassemble quelques-uns, car le troupeau n'est pas bien conduit lorsqu'il est seul.

Vous allez mettre en garde ce Troupeau qui M'appartient mais qui, parfois, manque d'obéissance. Ensuite cela sera propagé d'une manière *divine* car *Je veux sauver les bons et les méchants;* te dire: tous, non; mais il faut que tous en soient avertis de nouveau, car Je vous aime *tous* très fort. Et ceci devient *imminent* et Je te demande de parler.

Je désire ardemment que plusieurs Prêtres prennent ceci en considération car, en Vérité, ce sont eux les Gardiens fidèles de Mon Troupeau: ils ont charge d'âmes. Tu es avertie; avertis-les; surtout n'oblige personne, informe seulement; dis-leur: "*JÉSUS m'a faite Sa Messagère et je vous dis ce qu'Il veut de vous. Soyez bons, généreux; répandez Ma Parole car Je vous instruirai et des flots d'Eau Vive couleront de vos bouches; car celui qui M'aime en Vérité n'aura plus soif et fera boire à sa fontaine les assoiffés d'Amour de Ma Sainte Parole. Il est arrivé le Temps des grandes Bénédictions spirituelles, et aussi des grandes souffrances de Mes âmes qui resteront dans la nuit malgré tous Mes avertissements, en attendant l'Avertissement de Dieu.*"

L'Avertissement sera une purification de la conscience du Monde. Ceux qui ne connaissent pas le Christ *croiront* que c'est un Avertissement de Dieu. Au même moment, tous l'éprouveront. C'est un phénomène qui sera vu et senti par tout le Monde entier. Nous verrons nos âmes et les maux dont nous sommes responsables; ce sera comme si nous étions à l'agonie.

C'est l'Avertissement qui vient pour instruire toutes les âmes que J'ai créées. Elles verront alors la Vérité de Dieu par la souffrance de Ma Vérité qu'elles ont refusée toute leur vie. Répète ceci:

Le sommet de l'Histoire des hommes, c'est Ma Victoire sur l'Ennemi de Dieu et des hommes. L'usage de *la Parole écrite* est le Livre ouvert qui va se dérouler aujourd'hui sous vos yeux; vous allez la vivre; c'est Ma Vérité qui vient éclairer le Monde actuel qui est devenu spirituellement *le désert*; ce Monde ne peut plus vivre sans Dieu: il rejette l'étranger, l'affamé, l'innocent, le malade, le vieillard et l'enfant à naître. Alors il deviendra, en Vérité, *un désert où plus rien ne poussera.* Écris tout ce que Je te demande de leur dire ici-même: *qu'ils lisent tous.*

En St Matthieu, ch.24: L'Avènement du Fils de l'Homme (26) et Ampleur cosmique (29):

"Aussitôt après la tribulation de ces jours-là, lorsque vous verrez l'abomination de la désolation"   "alors le soleil s'obscurcira, la lune ne donnera plus sa lumière, les étoiles tomberont du ciel et les puissances des cieux seront ébranlées. Et alors apparaîtra dans le ciel le Signe du Fils de l'Homme; et alors toutes les races de la Terre se frapperont la poitrine; et l'on verra le Fils de l'Homme venant sur les nuées du ciel avec puissance et grande Gloire. Et Il enverra Ses Anges avec une trompette sonore pour rassembler Ses Élus des quatre vents des extrémités des cieux à leurs extrémités."   Veillez pour ne pas être surpris.

En St Luc, Ch.17: Le Jour du Fils de l'Homme:

(24): "Comme l'éclair en effet, jaillissant d'un point du ciel, resplendit jusqu'à l'autre, ainsi en sera-t-il du Fils de l'Homme lors de Son Jour" ... *(26): "Et comme il advint aux jours de Noé, ainsi en sera-t-il encore aux jours du Fils de l'Homme"* ... *(29-30): mais le jour où Lot sortit de Sodome, Dieu fit pleuvoir du ciel du feu et du soufre et il les fit tous périr. De même en sera-t-il le Jour où le Fils de l'Homme doit se révéler."*

En St Marc, Ch.13: Manifestation glorieuse du Fils de l'Homme *(24-27): "Mais en ces jours-là, après cette tribulation, le soleil s'obscurcira, la lune ne donnera plus sa lumière, les étoiles se mettront à tomber du ciel et les puissances qui sont dans les cieux seront ébranlées. Et alors on verra le Fils de l'Homme venant dans les nuées avec grande puissance et gloire. Et alors Il enverra Ses Anges pour rassembler Ses Élus, des quatre vents, de l'extrémité de la Terre à l'extrémité du Ciel."*

En St Marc, Ch.13, *22,* nous sommes avertis des faux christs et des faux prophètes; de la grande Tribulation, *"telle qu'il n'y en a pas eu de pareille depuis le commencement de la création qu'a créée Dieu jusqu'à ce jour et qu'il n'y en aura jamais plus"* ... *"Pour vous, soyez en garde, Je vous ai prévenus de tout".*

Écris encore:

L'avertissement de Garabandal, 19 Juin 1965, par Conchita: *"L'Avertissement que la Vierge va nous envoyer, c'est comme un châtiment pour rapprocher les bons davantage de Dieu et pour avertir les autres"* (Conchita parle ce jour à une jeune fille,) 19 Septembre 1965: *"Si je ne connaissais pas l'autre Châtiment qui viendra, je te dirais qu'il n'y a pas de plus grand châtiment que l'Avertissement. Tout le monde aura peur mais les catholiques le supporteront avec plus de résignation que les autres. Il durera très peu de temps".*

14 Septembre 1965, Conchita parle aux Américains: *"L'Avertissement est une chose venant directement de Dieu; il sera visible par le monde entier, quel que soit l'endroit où l'on se trouvera. Il sera comme la révélation, intérieure à chacun de nous, de nos péchés. Les croyants aussi bien que les incroyants et les gens de n'importe quelle religion, le verront et le ressentiront".*

Le 22 Octobre 1965, à une dame amie:

"Oh oui! l'Avertissement est très redoutable; mille fois pire que des tremblements de terre. Ce sera comme du feu; il ne brûlera pas notre chair, mais nous le ressentirons corporellement et intérieurement. Toutes les nations et toutes les personnes le ressentiront de même; aucun n'y échappera et les incroyants eux-mêmes éprouveront la crainte de Dieu. La Sainte Vierge m'a dit le nom du phénomène (ce nom existe dans le dictionnaire espagnol, il commence par un A). C'est une chose très effrayante qui se passera dans le ciel."

Conchita s'adresse à un de ses confidents le 1er Janvier 1965:

"Nous allons avoir à subir un jour un désastre horrible dans toutes les parties du monde; personne n'y échappera: les bons pour se rapprocher de Dieu, les autres pour qu'ils s'amendent. Il est préférable de mourir plutôt que de subir pendant 5 minutes seulement ce qui nous attend. Nous pouvons le subir aussi bien de jour que de nuit, que nous soyons au lit ou non. Si on meurt, ce sera de peur.

On serait mieux dans une église près du Saint-Sacrement: JÉSUS nous donnera des forces pour nous aider à le subir; mais peut-être tout deviendra-t-il ténèbres et nous ne pourrons pas nous y rendre.

Ce sera horrible au plus haut point, si je pouvais vous le dire comme la Sainte Vierge me l'a dit. Si nous savions ce que c'est, nous serions horrifiés à l'extrême. En suite de nos péchés, nous serons nous-mêmes cause de la nature de l'Avertissement et nous le subirons pour JÉSUS, pour les offenses que nous faisons à Dieu."

Notre Dame du Carmel de Garabandal ne ment jamais, ni Sa Messagère non plus. Le Châtiment est au conditionnel: si le Monde ne revient pas à Dieu, ce sera pire que l'Avertissement lequel sera suivi, dans les 12 mois, par le Grand Miracle qui sera annoncé au Monde huit jours avant qu'il arrive.

Hier, 13 Mai, en la Fête de Notre Dame de Fatima, nous sommes allés en auto avec des amis à San Damiano pour remplir des récipients en plastique avec de l'eau bénite par la Très-Sainte Vierge.

Je ne savais pas que ce jour béni, où le Seigneur nous envoyait vers Sa Maman, c'était le jour de Notre Dame de Fatima, le 13 Mai; je ne l'ai réalisé que la veille en annonçant à notre amie qu'il fallait remplir des "jerrican" de l'eau de San Damiano: "JÉSUS m'envoyait, le temps s'approchait". Elle me dit: "comme c'est beau! Tu vas pour Notre Dame de Fatima et pour la Maman des Roses".

Ici, je reprends le texte du Message donné le 25 Mai 1967 à Mamma Rosa à San Damiano:

"La Maman Céleste est présente avec St Michel Archange qui parle au Nom du Père Éternel:

"J'annonce que tous doivent préparer de grands fûts en plastique pour venir prendre beaucoup d'eau; et préparer de petites cuvettes.

Quand viendra le terrible moment du découragement, parce qu'on n'aura pas écouté Ma Parole, on répandra tant de gaz, tant de choses vilaines; mettez cette eau dans les petites cuvettes et mettez-y votre visage et vous serez saufs!"

Si nous prenons les écrits du 12 Mai 1997 (La Grande sécheresse) et une phrase du Message du 9 Mai précédent ("Ce n'est pas que la terre mais aussi les cieux, c'est comme un feu brûlant ... puis une torpeur"),

Je comprends qu'il fallait, pour plus de clarté, que JÉSUS m'envoie à San Damiano pour y prendre de l'eau et préparer de petites cuvettes; et ceci, pour tous mes frères: je me sens poussée à le dire.

Si le Prêtre m'autorise, je répandrai ces Messages urgents. J'obéis à mon Prêtre, mais je ne sais pas s'il me le permettra; mais Dieu ne parle jamais pour rien.

(et un peu plus tard):

Par téléphone, je viens d'avoir une longue conversation avec mon Directeur spirituel qui me guide pour tous ces Messages; il m'a dit:

"Allez-y! Faites savoir ce que Dieu vous donne. Je suis avec vous; donnez même mon nom si on vous le demande car il n'est plus temps de laisser le Monde dans l'ignorance".

Il m'a bénie et je bénis mon bon Prêtre habité toujours par l'Esprit Saint.

†

† †

Écoute Ma voix et attends
****

20 Mai 1997

"JNSR": *"Tu ne m'as pas dit, Seigneur, que je dois terminer là ce quatrième livre et pourtant, il a tant d'informations sacrées. Que dois-je faire? Attendre jusqu'à la fin ou répandre le Message des Croix avant la parution de ce quatrième livre?*

JÉSUS: "Mon enfant, entends bien ceci: Je ne te demande pas de
************ Me désobéir; *écoute Ma voix et attends; tu dois te conformer à ce que Je te demande.*

Dieu ne voit pas comme vous et tu risques de faire échouer autre chose que Je vois. Écoute ton Père Divin: il n'est pas encore l'heure de diffuser Mes derniers Messages sous forme d'informations, tu ne le dois pas encore.

Je suis Présent en ce livre et Je ne demande pas à en sortir pour révéler déjà les Mystères que Je te donne. Conserve-le encore un peu.

Des Croix, oui, tu peux en parler, mais pas mettre déjà en vente ce livre, car certains vont te démolir et tu ne dois pas encore subir ce sort. Je te l'ai dit: Je t'avertirai et tu auras son titre.

A présent, travaille à ce que Je te donne; mais le livre ne doit pas encore voir le jour; les Merveilles de Ma Nouvelle Création doivent rester cachées encore un peu. Ce livre, s'il dépasse les limites de ton Pays, *les loups*, qui attendent ce moment, vont se jeter sur toi et ce n'est pas encore que cela doit arriver. Garde encore ceci en attente; Je t'avertirai.

Je te bénis. †

Va, sois patiente.

JÉSUS-Christ

†
† †

Viatique pour le voyage
****

Vendredi 23 Mai 1997

JÉSUS : "Le Seigneur n'a pas parlé de conditionnel lorsqu'Il annonçait
************ à Ses Apôtres les Signes des derniers Temps. Tenez-vous
prêts. Gardez Confiance en Dieu. Ne vous éloignez jamais de Son Coeur
qui est la Miséricorde Vivante. N'employez aucun remède: *seule* la Foi
sauve. Réunissez-vous et priez en groupes fervents et sincères.

Ma petite fille chérie, n'oublie pas que Je suis avec toi. N'aie pas ce
chagrin; Je ne t'abandonne pas *mais tu dois passer par là, comme ton
Maître.* Tu ne peux éviter ces remous. Laisse tes impressions de côté.
Avance vers Moi. J'ai besoin de ta ferveur à Me servir; apprends à te
détacher de tout cela et suis Mon Chemin.

A partir de maintenant, les choses se décideront mieux; c'est comme si on
mettait les bons d'un côté et les *parfaitement* méchants de l'autre, ceux qui,
malgré tous nos efforts conjugués, resteront tels qu'ils sont: *le coeur rempli
de haine.* Malgré cela, même en les reconnaissant tels, tu devras prier pour
eux comme si, au contraire, tu te trouvais devant une *bénédiction;* reçois-les
dans ton coeur et mets-les dans la Demeure de Mon Coeur rempli de
compassion.

Approche-toi de ceux qui veulent te prendre au piège: on ne pourra
jamais y enfermer ceux qui ont choisi de Me servir de tout leur coeur. Ils
seront obligés de *casser* leur jalousie et leur haine car, au contact de
l'Amour, les chaînes les plus solides se brisent et *délivrent en même temps
le coupable et l'innocent.*

Le Portugal est dans Mon Coeur Adorable
car c'est le Pays qui a reçu Ma Sainte Mère comme sa vraie Reine: la Mère
pleine de Grâce est dans tous les coeurs. Le parfum de Sa tendresse est si
suave que les montagnes environnantes le conservent comme dans un
écrin.

Les plaines et les villes du Portugal sont bénies par la présence de Ma
Sainte Mère qui veille jour et nuit sur chacun de Ses enfants. Même celui qui
ne lui manifeste pas sa reconnaissance, est dans Son Coeur de Mère. Son
Secret, Elle le garde. Bientôt, tous seront délivrés. Le pied de Ma Sainte
Mère a marqué ce sol. MARIE Très-Sainte vous conduit à Son Divin Fils
JÉSUS, votre Rédempteur.

Honorer MARIE, c'est rendre Gloire à Dieu. Rendre Gloire à Dieu, c'est
honorer la Mère remplie de la Grâce de Dieu.

Bénissez les Deux Saints Coeurs Unis
qui gardent le Portugal.

✝
✝ ✝

"JNSR" au Portugal

25 et 26 Mai 1997

Lors de mon voyage en Italie, le Père Milhero m'avait fait promettre de venir au Portugal pour parler des Croix d'Amour demandées par Notre Seigneur à l'occasion de la bénédiction de la Croix élevée par la *"Fraternidade Missionária de Christo Jovem"*.

Le Dimanche 25 Mai la Croix, apportée de France et dressée par Bruno, brille au soleil qui illumine le ciel bleu de *"Famalicào"* après dix jours de forte pluie. Tout resplendissait; de magnifiques hortensias bleus, roses et blancs, plusieurs variétés de roses, de marguerites; les grands arbres et les fruitiers, tout est paré pour la fête qui commence par le Chemin de Croix et ensuite la Bénédiction de la Croix d'Amour de 7m,38.

Un immense cortège de Pèlerins venus d'un peu partout de ce beau Pays, mais aussi de Lima (Pérou) suit le Chemin de la Croix mené par le Père Milheiro et la Soeur Isabella. La dernière Station est au pied de la Croix d'Amour où trois Prêtres sont là pour la Bénédiction. L'un d'eux, dans ce que j'appellerai une homélie sur la Croix Glorieuse de Dozulé, donne aux Pèlerins une large information sur le Message du Christ à Sa messagère Madeleine.

Quelle immense joie soulevait mon coeur pour me donner le courage de parler en français, à nos mille cinq cents Portugais, sur ce Message d'Amour de JÉSUS de Nazareth, et sur les milliers de Croix d'Amour demandées par le Christ Lui-même sur le monde entier. Le Message a été traduit en portugais sans une faute d'interprétation. Je remercie cette dame qui avait la fougue de répéter en portugais ce que je disais en français. Nous avons reçu d'interminables applaudissements. Merci mon Dieu!

Ensuite la Messe grandiose, concélébrée par cinq Prêtres, avec l'homélie du Père Milheiro sur Dozulé, sur les milliers de Croix d'Amour; quelle richesse de paroles, quelle attention admirative de cette foule pour leur Prêtre si près d'eux, plein de tendresse joyeuse! Le Chemin de Croix, la conférence, puis la Messe: pendant près de 7 heures, personne n'est parti; tous ont participé jusqu'à la fin avec leur coeur plein d'Amour.

J'ai ressenti tant d'Amour dans cette Communion reçue sur la langue et à genoux. Oui, Seigneur, Tu m'as donné tant de joie.

Comment Te remercier, Seigneur, pour ces moments de bonheur divin, passés auprès de nos petites Soeurs si attentionnées, de Soeur Isabella douce et si agréable à regarder servir son Prêtre avec tant de respect en surveillant avec amour que rien ne manque au service de la table, comme dans la bonne marche de toute cette délicieuse Communauté religieuse.

Seigneur! Je n'avais encore jamais vu tant d'accord entre des personnes vivant sous le même toit. Seigneur, je ne me lasserai pas de Te les *recommander tous, un par un, pour qu'ils vivent toujours dans Ta Sainte Grâce, bénis de Ton Saint Amour.*

Ô Seigneur, garde bien sous ton aile ce saint-Prêtre, il T'aime tant! Comment remercier ce cher Prêtre...

Seigneur, mes yeux ont gardé Ton Image: chaque mur de cette demeure sainte est garni de Ton Portrait et de Tes Saintes Paroles. Alors, JÉSUS, Tu m'as parlé dans cette belle petite chapelle où Tu es en statue du Saint Sacrement, Ton Coeur déversant Ton Sang dans le ciboire tenu par Ta main gauche et Tu nous présentes Ta Sainte Hostie tenue dans les doigts très saints de Ta main droite. Tu m'as dit de si belles choses sur cette Communauté; j'écoutais ravie, bien sûr sans l'écrire; je T'ai écouté sans penser à l'écrire.

Mais le lendemain au petit déjeuner, c'était le 26 Mai, je leur ai dit: "JÉSUS m'a dit être très heureux et content de vous voir vivre ainsi unis". Alors toutes les petites Soeurs, et Soeur Isabella m'ont demandé d'essayer de prier JÉSUS de donner un écrit pour l'offrir à leur Prêtre. Je leur ai dit: "Je n'ai pas de téléphone avec le Seigneur" mais, en raison de leur insistance, je suis revenue dans ma chambre avec du papier et un crayon: là, Notre Seigneur m'a fait écrire textuellement Ses saintes Paroles entendues la veille.

Et, avant de donner au père "l'écrit de JÉSUS", pour remercier le Seigneur je suis passée à la petite chapelle, portant l'écrit sur le Coeur de JÉSUS, sur l'Hostie; je l'ai élevé vers MARIE, vers St Joseph et l'Enfant-JÉSUS (qui sont juste au-dessus du Tabernacle); puis je me suis agenouillée devant le Tabernacle où deux veilleuses allumées brillaient.

Mais une dame, silencieuse, priait à genoux devant le Tabernacle et c'est elle qui a vu les anneaux lumineux se former sur les deux veilleuses lorsque j'ai passé l'écrit sur le devant du saint Tabernacle:

> *un anneau rouge lançant des rayons rouges;*
> *un anneau jaune d'or avec des rayons d'or;*
et un anneau bleu entre les deux premiers.

Ensuite, en priant seule, elle n'a plus rien vu: "Je n'ai plus rien vu après le passage de cette personne tenant ce papier. Que contenait-il?".

Quand les religieuses lui ont dit: "Ce sont les Paroles de Dieu", alors on a tous compris que ces auréoles rouge, or et bleue, c'étaient des Signes du Seigneur pour confirmer Sa Parole que je venais d'écrire.

Le Message reçu au Portugal

25 Mai 1997

"JNSR": *"Mon Doux Seigneur, Tu m'as parlé en ce jour pour cette Maison, Foyer d'Amour et de Charité. Tu m'as dit que Tu Te reposes en ces enfants qui occupent Ta demeure et Ta sainte église édifiée en ce lieu."*

JÉSUS: "Je suis en chaque membre de la famille réunie pour
************ M'adorer dans tous leurs gestes et leur travail quotidien. Chaque enfant Me donne tant de Joie que Mon Saint Coeur rayonne d'Amour nuit et jour en ce saint lieu offert pour Ma Gloire.

Je suis *vivant* dans l'action spontanée de Mon enfant Prêtre qui se dépense sans compter pour M'honorer et Me servir. Mes enfants, qui se trouvent à son service, sont bénis et choisis par Dieu Le Père qui a donné à chacun Sa Tendresse de Père. Ces petits enfants vont aider tous ceux qui les approchent à donner, eux aussi, le meilleur d'eux-mêmes.

Le Monde sera sauvé par l'Amour,
Mon Saint Amour qui occupe toute cette douce demeure.

A Mon enfant Prêtre

Il détient la grâce délicieuse de Ma Sainte Mère qui l'accompagne sans cesse, particulièrement dans son oeuvre que Je lui ai confiée. Il sera appelé à recevoir beaucoup de Prêtres; c'est à lui que Je donne la charge de les instruire à mieux Me servir. Ils ne sont pas assez éclairés; aujourd'hui, Ma Sainte Lumière s'est obscurcie en certains. Mon Prêtre rallumera Mon Feu d'Amour en eux; et Mon fils devra même porter Mon Amour dans certains pays que Je lui proposerai.

Il le sentira très fort en son coeur: le Seigneur est dans son coeur comme une flamme sans cesse brûlante d'Amour, de Paix et de Joie. Où il ira, il Me donnera, même sans le savoir parfois; c'est après qu'il verra ce qui lui a été confié, devenir *Grâces et Bénédictions* car Je le lui montrerai et Je veux qu'il le constate. Ainsi, il te croira.

Tu es venue ici, appelée par Mon Amour; tu as vu les Merveilles de ton Dieu; tu en verras beaucoup d'autres.

Mon enfant Prêtre verra et croira. Beaucoup lui sera donné. Son action est Mon Oeuvre. Je vous bénis †, chacun de vous qui servez votre Prêtre avec tant de joie car, avec lui, vous partagez tout Mon Amour Miséricordieux que J'ai mis en lui, dans cette maison que Mon Père et votre Père a bénite dès le début. Lorsque ce projet était en vous, Dieu l'avait en Sa Pensée car, d'ici, naîtront encore de grandes choses pour la Gloire de Dieu. Amen.

JÉSUS Miséricordieux.

†
† †

Aimez-vous, les uns les autres comme Je vous ai aimés, comme Je vous aime toujours.
****

31 Mai 1997

JÉSUS: "Vous, Peuples sans lois et sans âme, Peuples vendus
************ à Satan, qu'avez-vous fait de Ma Sainte Vérité? Lorsque
Je vous disais: *"Vous serez jugés pour le verre d'eau que vous avez
donné, ou pour votre élan d'Amour envers l'opprimé"*, où sont vos
promesses? Qu'avez-vous fait du Don de Dieu?

Et vous, Peuples misérables, qui avaient rendu encore plus misérables
vos enfants en gardant les biens qui n'étaient pas vôtres et qui devaient
être partagés entre tous Mes pauvres petits?

Est-ce une raison de mépriser à ce point l'enfant qui meurt de faim,
l'enfant qui a soif, l'enfant que la maladie a saisi?
Tous, vous devenez vos propres bourreaux.

La Terre pouvait *tout* vous donner; la Terre est le réservoir d'Amour que
J'ai fait descendre du Ciel; elle contient même, en sa propre nature, tous les
remèdes et toute la nourriture suffisante pour les milliers de créatures qui
meurent à cause d'autres milliers de créatures qui, rassasiées jusqu'à la
gorge, piétinent le Bien de Dieu.

Nations impertinentes, vous devez déjà vous juger avec justice en
attendant Ma Sainte Justice; oui, commencez déjà à regarder ce que vous
pouvez voir avec vos yeux couverts d'écailles; car Je viens vous enlever
les écailles et vous vous verrez telles que vous êtes, égoïstes et avares,
cruelles et assassines.

Vous qui croyez avoir tout fait parce que vous avez aidé les autres dans
leur malheur, regardez ce que vous avez reçu en contrepartie: toujours cet
argent maudit a été votre guide "généreux". Alors, vous verrez comment
Dieu détruit les idoles: pouvoir, argent, domination, qu'en restera-t-il après
que Mon Ange sera descendu du Domaine Céleste pour purifier la Terre? Il
tirera le Voile du Ciel et vous serez comme Job: nus et couverts de
pustules. Allez-vous répondre que vous avez choisi Dieu pour toujours
quoi qu'il advienne!...

Oui, Ma Justice est encore Ma Miséricorde, car Je veux encore sortir du
bourbier, de la vase, comme du bourbier de vos propres excréments, *le
repentant sincère.*

Mais qu'en sera-t-il lorsque viendra *la peur* qui va encore assiéger les
cerveaux remplis de chiffres? Allez-vous retourner en arrière pour chercher
l'or et les bijoux que vous avez oublié de prendre avec vous? Allez-vous
encore penser à ce *matériel* qui a envahi Ma Terre?

Allez-vous vous jeter dans la *Fournaise ardente* plutôt que de venir à Moi, nus, dépouillés, en criant *Mon Nom qui sauve?*

Allez-vous encore "réfléchir" -ô terrible raison humaine qui tue mille fois plus que vos engins de mort-; vous verrez des milliers de morts gisant dans leur or et leurs richesses accumulées, car ce sera leur choix: mourir pour sauver l'argent qui devient leur bourreau...

Mon enfant, Je t'ai décrit ce qui va déclencher ce feu qui arrive vers vous. Comment ne pas comprendre que Je ne veux pas la mort de l'homme pécheur, mais la mort du péché! Et ce qui peut tuer le péché, c'est l'homme *seul devant sa propre peur.*

Jusqu'à présent, ni les guerres meurtrières, ni les famines, ni les maladies en grand nombre -et même mortelles- n'ont pu arrêter leur vanité. Rien n'a touché le coeur de l'homme insensible à la douleur des autres. Même accablé, dans sa propre souffrance l'homme ne M'a pas reconnu. L'homme lutte contre la mort sans M'appeler...

Je voulais venir à vous; recouvrir vos peines avec Mon Manteau d'Amour. Je voulais vous apprendre à M'aimer, vous montrer comment Dieu vient reprendre Ses âmes pour les emmener dans leur véritable Patrie où elles sont attendues depuis toujours. Mais ce Chemin vous est inconnu, car vous M'avez toujours rejeté: *Ma Croix ne vous a rien appris...* L'Amour de Ma Croix est encore méprisé. Je venais vous élever; par Ma Sainte Croix, vous auriez tout compris *et vous venez encore de La rejeter...* Ma Croix Glorieuse venait vous dire tant de belles choses, vous apprendre Ma Sainte Vérité, vous donner Ma Connaissance! Mais l'homme préfère passer *par le feu dévastateur* que *par le Feu de Mon Amour...*

Alors, vous avez choisi ce feu qui va commencer à vous voir tels que vous êtes, seuls, sans Dieu. Vous allez vous voir abandonnés *comme vous M'avez abandonné.* Devant cette peur, vous allez comprendre que l'homme *n'est rien* sans Dieu.

Croirez-vous alors que *J'EXISTE?* Oui! Parce que vos âmes vous diront alors *comment* elles sont nées; elles *se souviendront* de leur Créateur et se mettront à M'adorer. Alors, Je viendrai *vous endormir dans ce moment de peur intense* pour votre corps, car vos âmes vous rappelleront qu'on peut se laisser envahir par Dieu Créateur, Rédempteur et Sanctificateur. Et là, vous ne ressentirez qu'Amour, paix et Tendresse. Vous serez alors devant le plus grand Prêtre Confesseur, le Prêtre par excellence, JÉSUS Miséricordieux qui entendra la Confession *unique* de votre âme et vous donnera l'absolution dans Sa Purification. Et vous naîtrez purs, sans tache, car JÉSUS aura effacé jusqu'au Péché Originel.

Peuple de Saints, purifiés dans le creuset du Coeur de Dieu, purs comme l'or par le Sang de l'Agneau sans tache. Oui, vous deviendrez purs comme l'or et recouverts du voile bleu de la Tendresse de Ma Sainte Mère, pour habiter votre Terre purifiée.

Vous aurez le réveil du nouveau-né à un Nouveau Monde.

Vois-tu à présent les deux veilleuses allumées devant Mon saint Tabernacle?[1] L'une pour Mes Prêtres à Ma droite, donc la première (qui se trouve exactement à votre gauche en regardant Mon Tabernacle); Mon Sang entoure la lumière de la veilleuse: ce cercle rouge-sang, lumineux; ensuite l'or de Ma Purification, grand cercle d'or, étincelant; ensuite le cercle bleu; Prêtres de Mon Sacré-Coeur, Je vous donne à Ma Mère, vous êtes dans ce cercle bleu rayonnant d'Amour.

Dans la deuxième veilleuse, qui se trouve à la gauche de Mon Tabernacle (à votre droite en regardant Mon tabernacle), ce sont Mes enfants d'Amour qui ne M'ont jamais abandonné; même cercle rouge vous couvrant de Mon Sang précieux pour vous aider à passer par la grande Purification; ce cercle d'or est sa représentation; ce cercle bleu, c'est Ma douce Maman.

Bienheureux enfants de Ma tendre Mère, Je vous demande de L'aimer comme votre Dieu d'Amour L'aime. Aimez MARIE, la Bienheureuse Vierge de Nazareth, qui vient reconstruire avec vous toutes les demeures de la Terre comme tu as vu déjà celle où Je t'ai conduite, au Portugal: "Obéissance à Dieu, Partage, Amour" "Fraternité religieuse dans Ma Paix, Mon Amour et Ma Joie". Vois, Mon enfant, Mes demeures de la Terre; comme elles ressembleront à Mes Demeures du Ciel!

Je vous bénis †

par la Vierge Bénie qui va vous guider dans la Vie en Dieu, sur votre Terre Purifiée, avec vous, enfants ayant passé *la Mer Rouge* de la grande Purification. Amen.

Par MARIE recevez Ma Lumière.

Le Père vous bénit au Nom de la Très-Sainte Trinité †

†
† †

1: JÉSUS confirme ici la vision accordée à une dame au Portugal dans la chapelle de la Communauté religieuse, alors que "JNSR" s'y trouvait (p.283)

Je suis la Lumière du Monde
****

1er Juin 1997

JÉSUS: "Mon enfant, il y a un tel manque de respect pour
******* Dieu, aujourd'hui en votre Monde, que tout le Ciel
pleure avec Moi, votre Seigneur. Mon Coeur de Père est si touché
que toute la Création pleure avec Moi. Ce Monde, en qui J'ai mis
tant d'Amour, ne M'a jamais été si infidèle; personne n'est capable de
reconnaître la Main de Dieu qui vous protège encore de vos propres
tentations; chacun agit avec sa propre loi; vous ne sanctifiez rien de
ce que Je vous ai donné et de ce que Je vous ai demandé de faire en
Mon Nom. Vous méprisez le Don de Dieu.

Cette bourrasque, que vous avez déclenchée par votre
indifférence, va ressembler bientôt à un ouragan incontrôlé qui va
s'abattre sur des régions entières, s'étalant comme le feu qui se
propage dans une grange emplie de paille sèche.

J'aimerais arrêter ce que vous venez de déclencher; Ma Parole,
seule, peut tout arrêter, car tout obéit à Dieu. Mais ceci ne peut être
arrêté car le Temps doit s'écrire et prendre fin avec ceci.

C'est le point culminant que vous venez d'atteindre:
   * le crime contre la Création de Dieu,
   * la profanation de Mon saint Lieu,
   * le culte de Dieu remplacé par l'abominable culte de Satan.

J'ai créé les hommes avec une âme *divine*; ils sont arrivés à
profaner leurs corps, Temples de Dieu, pour tuer l'Hostie Vivante que
J'ai déposée en chacun; ainsi, ils ont tué *le divin;* à présent ils
rendent hommage à la Bête *qui les habite,* le maître du Mal qui les
conduit à leur perte. Vous ne pouvez plus dépasser, avec votre
propre destruction, *la Destruction finale* elle-même, qui s'avance
vers votre Terre. Son nom est *DESTRUCTION.* Tous vos péchés sont
enfermés en elle; ils vont mourir, détruits par le Feu Purificateur qui
n'attend plus que son Heure. Allez-vous vous sauver? Non, pas tous.
Mais certains seront protégés miraculeusement :
   * comme les trois jeunes gens précipités dans la fournaise du feu
ardent (Dan. **3**),
   * comme Loth au milieu d'une pluie de feu et de soufre,
   * comme les huit hommes qui sont demeurés dans l'épicentre de la
déflagration nucléaire d'Hiroshima [1].
Ce feu ne sera pas plus intense que votre manque de Respect et

---

(1) : *demeurés* <u>indemnes</u>; juste avant que la première bombe atomique soit lancée au-
dessus de la ville, c'étaient des Catholiques japonais qui récitaient le saint-Rosaire!

d'Amour envers votre Dieu, que votre indifférence envers vos frères parce qu'ils ne vous ressemblent pas à cause de la couleur de leur peau, qu'ils n'ont pas les mêmes convictions que vous. Vous tuez pour tuer. Le sang appelle le sang. Ainsi, vous vous recouvrez, chacun du sang de l'autre.

Dans tout ce chaos, quel est celui qui pense à Moi? Je vous ai donné Ma Vie. Je vous ai donné Mon Sang pour ne pas voir couler le vôtre dans la haine, dans la violence. Moi, Je vous le donne dans l'Amour qui sauve et qui guérit.

Venez à Moi. *Je suis le Pain de Vie*. Oui, de Vie Éternelle.

Prenez et mangez, voici Mon Corps.

Prenez et buvez, voici Mon Sang.

Aimez-vous, les uns les autres comme Je vous ai aimés

et aimerai, chacun de vous,

dans Mon Saint Coeur ouvert pour vous.

Le Livre de la Sagesse (2, 23 - 3, 7)

2 23 Oui, Dieu a créé l'homme pour l'incorruptibilité,
Il en fait une image de Sa propre nature.

24 C'est par l'envie du diable que la mort est entrée dans le
monde; ils en ont fait l'expérience, ceux qui lui appartiennent!

3 1 Les âmes des Justes sont dans la Main de Dieu et nul
tourment ne les atteindra.

2 Aux yeux des insensés ils ont paru mourir, leur départ a été
tenu pour un malheur

3 et leur voyage loin de nous pour un anéantissement
mais eux sont en paix.

4 S'ils ont, aux yeux des hommes, subi des châtiments,
leur espérance était pleine d'immortalité;

5 pour une légère correction ils recevront de grands bienfaits.
Dieu en effet les a mis à l'épreuve
et Il les a trouvés dignes de Lui;

6 comme l'or au creuset, Il les a éprouvés,
comme un parfait holocauste, Il les a agréés.

7 Au temps de leur visite, ils resplendiront,
et comme des étincelles à travers le chaume, ils courront.

Les Proverbes (13, 9)

La Lumière des Justes est joyeuse, la lampe des méchants s'éteint.

Je suis la Lumière du Monde. Amen.

JÉSUS, Prêtre par excellence. Amen.

"JNSR" : La Sainte Bible s'est ouverte deux fois sur ces écrits bibliques.

Le grand Tourbillon d'Amour: l'Alpha et l'Oméga
****

4 Juin 1997

JÉSUS: "On doit obéir à Dieu. S'Il t'appelle, viens vite à Lui et
******* fais ce que Dieu te demande. Le serviteur ne peut pas
se soustraire à la Volonté de son maître lorsqu'il a juré fidélité à son
Dieu. Il existe différentes façons de s'exprimer, soit par la parole, soit
par l'écriture et, avec Mon serviteur, c'est Moi qui parle et c'est lui qui
écrit. Ma Parole est entendue et écrite; ainsi, ceux qui la liront,
l'entendront également. Car le Temps *est le tournant qui se voit déjà*
mais personne ne peut connaître ce qu'il y a à l'autre extrémité *car
c'est un cercle fermé.*

On n'aperçoit que le début et il va vous entraîner comme *un tourbillon* pour revenir d'où vous êtes partis, avec toute votre vie telle
qu'elle est encore dans sa forme actuelle, dans ses pensées actuelles,
avec vos valeurs actuelles, qu'elles soient bonnes ou mauvaises.
Vous allez commencer à prendre ce tournant, qui va se dérouler
comme une course dans un vélodrome, ou plutôt une piste circulaire.

L'homme, vainqueur à l'arrivée, n'est plus le même; il vient de
changer; c'est toujours lui mais il est changé de par sa gloire d'être le
vainqueur. Il est *dans l'Alpha et l'Oméga,* guéri à jamais. Que va-t-il
arriver? Lorsque cette Force vous attirera à elle, vous ne résisterez
pas et vous commencerez à parcourir ce chemin. Vous ne verrez pas
ceux qui vont être aussi dans cette piste; vous ne vous concentrerez
que sur vous *parce que vous ne pourrez voir que vous et Dieu en
vous.*

Si cela devait durer trop longtemps, ce serait comme un genre
d'asphyxie. On ne peut résister ni à la vitesse, ni au prolongement de
ce Temps. Vous ne pourrez pas maîtriser cet état qui vous porte au-
delà du Temps actuel pour vous rendre au Temps en Dieu, comme
Dieu le désire. En Vérité, c'est ici que votre vie commencera à devenir
la Vie que Dieu a préparée de tous Temps pour les hommes Ses
enfants créés dans Sa Divine Volonté.

Je sais que vous pouvez, en ce moment, croire à des tas d'idées,
mais Je ne veux pas que vous vous mépreniez. Je vous avertis, non
pas pour vous effrayer, *mais pour vous rassurer* et vous prévenir de
vous tenir prêts. Ceux qui ne lisent pas ce que Je donne pour vous
expliquer déjà ceci, ne seront nullement pénalisés, mais Je les avertirai
par Mes Saints Anges juste à ce moment. Pour laver du linge il faut
tout préparer avant: l'eau et le savon. Pour laver les âmes, il faut vous
préparer pour le grand Tourbillon d'Amour.

Je suis l'Alpha et l'Oméga. Amen.

† † †

N'ayez pas peur
****

Samedi 7 Juin 1997

JÉSUS: "Obéis-Moi toujours. Je ne désire pas que tu t'arrêtes
******* d'écrire tout ce que Je te donnerai. N'oublie pas que Je
t'avertirai juste à l'heure qu'il faudra t'arrêter. Pour le moment écoute-
Moi encore. Le Seigneur te parle, n'en doute pas; Je viens dans le
silence de ton coeur; éloigne-toi de tous bruits, même ceux de ta
conscience, *car J'étoufferai tout ce qui ne vient pas de Moi* dans
chacune de Mes dictées. Si le ciel se charge d'orage, ne crains rien;
même les plus endurcis plieront le genou devant Moi: ne te L'avais-
Je pas déjà annoncé? Aie le courage de subir tout ce qui viendra à la
suite de ce que Je te demande d'accomplir en Mon Nom.

Le Temps doit changer et tout changement apporte en lui un
bouleversement, surtout lorsque tout doit changer en même temps.

Je te parle du Monde tel qu'il est, du cours de ce Temps insolent
envers Dieu et de tout ce qui s'oppose à Mon Amour immense pour
l'homme; Mon enfant, vous ne pouvez plus vivre éloignés de votre
Père qui vous a créés à l'Image du Fils de tant de mérites. Quel est
celui qui va s'opposer à Mon divin Plan? Ce ne sera pas un homme
ordinaire, une créature de Dieu, et tu le sais.

Personne ne peut rester sans admiration, devant Dieu, que le *fils
du Mal et ceux qui le servent.* Je ne M'opposerai à aucun choix
venant de vous; et Je ne le ferai qu'avec amertume en Mon Saint
Coeur après vous avoir longtemps prévenus à l'avance; car *son
règne arrive* et ce cortège est déjà en train de se former parmi les
enfants de la Terre. Après *l'Hosanna* des Rameaux vint le terrible
jugement de Dieu par les hommes; Dieu fut jugé et Dieu ne résista
pas aux mains ennemies qui vinrent Le couronner d'Épines et Le
vêtir du manteau de Roi des Juifs.

Mais à présent le Monde se couronne lui-même et se vêt d'un
manteau de diffamation et de blasphème contre son Créateur. Voici
pourquoi les portes de l'Enfer s'ouvrent pour laisser passer celui qui
va prendre la tête de ce cortège de haine diabolique, son chef lui-
même, *le Maudit,* qui a attendu cette heure avec impatience. Mais le
voilà venir et tout va frémir d'épouvante. *Je le laisserai agir* parce
que tout doit s'accomplir, mais son règne prendra vite fin.

Je ne puis contenir davantage tout ce que J'ai en Moi de bon et de
précieux pour Mes enfants, ceux qui Me sont chers, très chers à Mon
Coeur parce qu'ils n'ont jamais failli à leur devoir d'Amour envers
Moi, leur Dieu, leur Père et leur Ami.

Je sais que les moments difficiles, vous allez les vivre seuls, sans aucun soutien autour de vous: la mort se vit seul, la naissance se vit seul, la douleur se vit seul lorsqu'elle est née dans votre corps malade, mais Je ne suis jamais loin de vous, aussi Je vous dis: *n'ayez pas peur! J'ai mis en chaque endroit de votre monde des refuges* pour que la Grâce, qui y est déposée, soit donnée et répartie entre vous: *ce sont les lieux des apparitions mariales de votre Temps* et vous avez eu le bonheur d'en connaître et de recevoir spirituellement la force, le courage et surtout la connaissance de Mon Amour car Ma Sainte Mère vous a donné le nécessaire pour traverser ces derniers Temps.

Je vous ai appelés Moi-Même à vous réfugier en Mon Saint Coeur, à l'ombre de Ma Croix Glorieuse élevée dans la Pensée Victorieuse de Dieu. Vous viendrez bientôt plus nombreux car vous ressentirez l'urgence de vivre avec Moi et de M'appeler fort, très fort en votre coeur. L'Oeuvre de Dieu est immense et Mes enfants vont Me comprendre *tous* bientôt car les Ouvriers vont se réveiller pour regarder leurs mains qui veulent modeler la Beauté, leurs pieds qui veulent marcher vers la Beauté; ils vont entendre leur coeur leur parler de Beauté.

Mais quelle est cette merveilleuse impression qui nous réveille tous à la fois, comme si on nous appelait tous en même temps? Ne croyez pas vous tromper: c'est ainsi que vous viendrez *tous* à Ma Sainte Vigne où Je vous attends pour travailler Mon Champ, remuer cette *terre* qui dort profondément, aller jusqu'au fond pour en ôter la pierre dure et les mauvaises racines, aérer cette terre asphyxiée par tout ce que les hommes ont enfoui en elle, la traitant de poubelle, elle qui les a nourris depuis l'aube des Temps.

Cette terre attend la Beauté comme vous-mêmes vous la désirez. Elle est comme la mère qui veut donner le jour à l'enfant qui palpite en elle, parce que Ma Terre veut vous donner le meilleur d'elle-même et vous ne l'avez pas entendue: *elle crie Mon Amour.*

Vos coeurs vont crier Mon Amour. Tous les êtres vont devenir beaux, de cette Beauté qui vient recouvrir votre monde. Vous allez vivre une vie pour laquelle vous avez été tous créés; oui, Je vous avais créés, car Dieu ne peut créer que la Beauté et lui donner Son Coeur d'Amour, Son Esprit de Splendeur divine, afin que tout soit accepté dans Son Royaume Éternel de Gloire.

Louange à Toi, Seigneur, Roi de Gloire et de majesté!

La Jérusalem d'En-Haut est Mon Église, parfaite, trois-fois Sainte, inattaquable; sa Spiritualité veut descendre jusqu'à vous et vous unir à elle.

La Jérusalem descendra comme il a été écrit dans les saintes Écritures. Elle viendra, cette ville où tout doit être vécu dans l'harmonie du Dieu Vivant. *Elle devient la Création Nouvelle de Dieu-parmi-vous.*

Comme Je te l'ai dit, elle descend vers vous, elle est suspendue entre Ciel et Terre, attendant le Temps que Dieu S'est fixé pour S'unir à vous et vous donner *la plus grande preuve d'Amour dans la Puissance de Dieu.* Vous n'êtes pas seuls à vouloir Mon union en vous et avec vous, car Je ne resterai pas en dehors de Mon Plan divin.

Tout s'accomplira, ici-bas comme au Ciel, dans Ma Très-sainte Gloire; ce que Je vous demande de faire aujourd'hui, sur votre Terre, est *le commencement;* les hommes doivent *comprendre* que le Pardon de Dieu commence par une sainte Obéissance à Sa Parole. Lorsque Dieu parle, Sa Parole Vivante se manifeste en vous, comme un moteur qui actionne une machine. Il y a aussi Ma Sainte Loi à laquelle vous devez *obéir,* et vous conformer à tous Mes préceptes; et pardessus tout, Je demande à Mon Église de rester fidèle à son divin maître, JÉSUS-Christ, et de suivre aujourd'hui celui qui est devenu, par la Grâce de Dieu, son Chef sur la Terre, votre saint Pape, *Mon PIERRE.*

Obéissez-lui comme si J'étais à sa place. Tous les membres doivent rester unis, *car il est en Moi comme Je suis en lui.* Ne lui rendez pas sa tâche plus difficile car il ira jusqu'au bout de son saint Ministère.
Il fait la Sainte Volonté de Mon Père,
comme Je l'ai faite Moi-même.
Ne l'empêchez pas, car il vous dira les mêmes paroles
que J'ai dites à Mon Apôtre Pierre lorsqu'il s'est opposé
à Ma résignation de mourir pour vous: "Arrière, Satan!"
Tout ce qu'il accomplit est en union parfaite dans la Très-Sainte Trinité avec MARIE, Reine des Apôtres.
Ma Très-Sainte Mère suit partout
Son enfant rempli de Sa Grâce maternelle.
Je vous bénis par la main de Mon Pape †
JÉSUS-Christ, votre Seigneur.
Amen.

†
† †

Mais Pierre ne sera déjà plus là
****

Mercredi 11 Juin 1997 - Saint Barnabé

"JNSR" : *"Seigneur, parle, je T'écoute."*

JÉSUS: "L'Avertissement sera vécu par toutes les âmes de votre
*************** Terre, afin de rencontrer Dieu dans toute Sa Sainte Gloire
et devenir des enfants du Dieu Unique et Vrai. Même ceux qui doutent
n'auront plus de doute et deviendront enfants de JÉSUS et de MARIE, car
Ma Sainte Mère sera présente avec vous comme Elle le fut pour Ma Sainte
Naissance, avec Moi. *Elle sera là pour votre sainte naissance en Dieu.*

Ne doutez pas, car alors il vous sera impossible de mettre en doute la
Vérité de Dieu en ce grand Jour où toute l'Humanité se trouvera devant
l'Éternel. Même *Moïse* vivra, avec vous, ce moment où les torrents de Ma
Sainte Grâce s'ouvriront, comme la Mer Rouge s'est ouverte pour laisser
passer *Mon Peuple qui Me revient aujourd'hui.*

Abraham recomptera *les étoiles* du ciel et retrouvera le compte de tous
les enfants *de la Promesse.* Ils sont les étoiles du firmament nouveau,
offertes à MARIE, *Mes enfants de Lumière.* Toute la descendance du
Peuple Élu est là, devant l'Éternel.

Voilà pourquoi Je vous ai appelés à M'élever *des milliers de Croix
d'Amour* pour que, même les Païens s'ouvrent à l'Amour et viennent
rejoindre le Vrai Pasteur. Regardez dans ces Croix d'Amour, au pied de
chacune d'elles, *les étoiles offertes à MARIE*: ce sont les élus de Dieu que
JÉSUS offre à Sa Sainte Mère; Elle est la Mère de l'Humanité; Elle est la
Mère de tous les élus de Dieu.

Ô Mère du Divin Amour, Te voilà devant le Troupeau réuni, avec toutes
les Brebis et les jeunes Agneaux qui viennent à peine d'ouvrir leurs yeux.
Vois les purs; *vois* ceux qui s'avancent; ils viennent de toutes les religions,
de toutes confessions; *vois* ceux qui arrivent de loin; ils ont lutté contre Dieu
et contre les prophètes jusqu'à mépriser la Reine des prophètes. Oui! La
multitude des Brebis de Dieu est là, à Tes pieds.

Le nombre est là! Mère Réconciliatrice de tous les pécheurs, Avocate
incontestée, auprès du Père d'Amour dont Tu es la Fille Bénie, auprès du
Fils Rédempteur du Monde dont Tu es la Mère chérie, auprès du Saint
Esprit dont Tu es l'Épouse parfaite.

Mère de Dieu et Mère des hommes,

vois à tes pieds tes enfants réconciliés avec Dieu!

Tu as intercédé pour que ce grand Jour fût le Jour de l'Unité de tous les
enfants réunis au pied de la Croix Glorieuse de Ton Christ en Gloire. Mon
enfant, JÉSUS vous demande, à chacun de vous, d'aimer Ma Sainte Mère,
comme Moi-même Je L'aime.

MARIE: "Mon enfant, votre Sainte Mère demande, à chacun de
************* vous, d'aimer Mon Fils et Mon Dieu comme Moi-même Je
L'aime, Je L'adore et Lui obéis. A Lui Amour et louanges éternelles pour les
siècles des siècles. Amen.

JÉSUS: "Dieu a choisi votre Pape; mais ce fut dans le Coeur de
************ MARIE qu'Il lut son nom. Le Coeur de Ma Sainte Mère est si
transparent! Elle l'avait déjà préparé à sa propre ressemblance. Le Coeur
de MARIE a pénétré au Coeur-même de la Très Sainte Trinité pour
demander à Dieu de reconnaître Son enfant privilégié, *Son Pape* qui allait
L'accompagner sur le chemin de tous les Peuples pour entreprendre *la
grande Évangélisation des derniers Temps.*

Ainsi Ma Sainte Mère a parcouru le monde; Elle a soutenu *Pierre*, Elle l'a
fortifié et il Lui rend de tout son coeur l'Amour maternel qu'il reçoit de la Mère
toute Pure. Il sera avec MARIE jusqu'au bout de sa mission; il est ce que St
Jean fut pour Elle: Son enfant. Pour lui Elle sera, comme pour St Jean, la
Mère qui habite en son coeur de fils. Il fera passer *sur l'autre rive* le Peuple
que Dieu lui a confié, *tous les enfants de MARIE.*

Il sera la Lumière dans ces ténèbres qui recouvrent les esprits des
hommes qui veulent marcher sans Dieu. L'embarcation sera secouée; mais
la Barque de Pierre est comme l'Arche de Noé: rien ne peut la démolir car sa
charge est précieuse aux yeux de Dieu; elle entrera au Port du Salut avec
toutes les Brebis et les Agneaux qui lui ont été confiés, *mais Pierre ne sera
déjà plus là.*

Il aura accompli sa mission; comme Moïse, il n'entrera pas avec son
Peuple dans la Jérusalem Nouvelle que Dieu prépare pour accueillir le
Peuple Élu; elle est encore dans les mains du Divin Potier; et lui *s'élève*
portant sur son coeur la palme du vainqueur; il contemplera, depuis les
hauteurs infinies du Royaume du Dieu Trois-Fois Saint, le renouvellement
de la Terre, la re-création de la Terre toute à Dieu, pure de la Pureté-même
de Dieu; il sera avec le Père Créateur, en admiration devant Son chef-
d'oeuvre, comme le fut MARIE, vivant, avec le Père de toute Bonté, le
Chef-d'Oeuvre de toute Sa Création.

Pierre assistera à la transformation de la Terre et verra, *de ses yeux de
chair,* la Terre Nouvelle, toute pure, toute belle; lui qui sera déjà, *avec son
corps de chair et son âme purifiée dans les Nouveaux Cieux.*[1]

Alors il verra le Triomphe de MARIE et sa joie sera unie à la Joie de Sa
Mère, Reine de l'Église. Lorsqu'il verra son Sauveur et son Dieu, Pierre Lui
remettra sa Croix; alors JÉSUS la prendra pour l'unir à Sa Croix Glorieuse.

Le Ciel et la Terre sont remplis de Ta Gloire.
Tu es notre Voie, notre Vérité, notre Vie.
Christ, Roi de l'Univers. Dieu, l'Éternel Amour.

† † †   *(1) Voir note page suivante.*

Note du Directeur spirituel de "JNSR", à propos des révélations privées

(1): *"Il convient de bien "entendre" et savoir interpréter, dans l'obéissance à l'Église, seule "Magistère" de la Foi, les MESSAGES célestes(ou locutions) qui, de tous temps mais plus encore à notre époque, nous parviennent à travers des âmes que Dieu, Lui-même, S'est choisies pour nous faire connaître Son Mystère (Ap. **10**, 7) à mesure que le Temps se déploie et que se déroule l'Histoire du Salut.*

*Il faut se rappeler d'abord que notre Foi repose uniquement sur la RÉVÉLATION Historique, contenue matériellement dans le Livre Biblique où nous est transmis tout le "donné révélé" depuis la Genèse du monde jusqu'à son Apocalypse, dont le mot signifie précisément: LIVRE DE LA RÉVÉLATION! En dehors de cette Parole HISTORIQUE et PROPHÉTIQUE de Dieu, il n'y a pas de connaissance surnaturelle et vraie de Dieu qui "habite une Lumière inaccessible" (1 Tim **6**, 16) à notre intelligence humaine parfaitement adaptée aux réalités concrètes et terrestres, mais dépassée par les Mystères d'En-Haut. Seul le Verbe (ou Parole de Dieu) fait chair, JÉSUS le Christ, nous fait connaître le Père et nous conduit jusqu'à Lui. (Jean, **1**. 18)*

*Mais Dieu, depuis les origines, n'a cessé de parler aux hommes (Sa première Parole Historique fut donnée à Adam) car Il est un Dieu Vivant et Véritable (1 Thés **1**, 9) et non pas un Dieu mort ou abstrait, "le dieu des philosophes" qu'évoquait Pascal. Si avant la Venue de Son Fils en notre chair Il a parlé à Son Peuple grâce aux Prophètes, Il continue maintenant de parler à Son Église, comme Il nous l'a promis (Jean, **16**, 12-15) d'abord à travers les successeurs de Pierre, et les Évêques (Paroles dogmatiques ou doctrinales), mais aussi par l'intermédiaire d'âmes toutes simples peu instruites en théologie, en tous cas dépourvues de diplômes afin, précisément "de confondre la sagesse des sages" (Isaïe, **29**, 14 - 1 Cor **1**, 19). C'est ce qu'on appelle des PAROLES MYSTIQUES.*

Ces "Paroles dites Mystiques" n'ont pas le sceau de la Révélation Historique, seul fondement de la Foi. Mais elles n'en animent pas moins la vie spirituelle de l'Église au cours des âges et, surtout, inspirent ses grandes oeuvres missionnaires, caritatives ou contemplatives.

Par elles, la sève de Vie puisée dans l'Écriture grâce à l'action de l'Esprit Saint, se répand dans les âmes, engendrant par là-même LA VIE INTÉRIEURE DE TOUT LE CORPS ECCLÉSIAL Certes, ces "Paroles Mystiques" (appelées encore "locutions") ne sont pas la Source de la Foi ecclésiale, mais elles en sont véritablement le fruit naturel et normal. *Si donc toute âme chrétienne croit, parce qu'elle a ENTENDU la Parole sacrée de l'Écriture éclairée par la doctrine de l'Église, par contre, c'est parce qu'une âme croit, qu'elle peut ENTENDRE Dieu parler à son coeur. C'est donc une grave erreur , de la part de l'autorité compétente qui n'y échappe pas toujours, que d'ignorer systématiquement, voire de refuser sans même l'examiner, toute révélation privée ou mystique ainsi que toute manifestation d'ordre surnaturel, comme les apparitions, les signes et les miracles.*

Car, précisément, un Discernement s'impose. N'étant pas le fondement de la Foi, mais son fruit, ces révélations intérieures doivent, en effet, être soumises au jugement de l'Église qui en examine le contenu par rapport à la Révélation Historique ou Biblique dont elles ne sont que le rappel ou le développement (Jean, 16, 12-15). D'autre part, bien qu'elles émanent de l'Esprit Saint dans l'âme qui les reçoit, ces "Paroles inspirées" ou locutions peuvent être mal entendues ou mal interprétées par cette âme elle-même qui perçoit ce Message d'En-Haut, à travers sa propre sensibilité et sa mentalité, en fonction aussi de son héritage culturel et de son environnement familial, social et ecclésial. Et de toute manière, aucune révélation nouvelle *ne peut être contenue dans ces révélations particulières qui ne font qu'actualiser le donné-révélé pour en faire jaillir en pleine lumière, la vérité cachée qui s'y trouvait déjà contenue.*

Ajoutons encore que toute PRÉDICTION MYSTIQUE, comme toute PROPHÉTIE HISTORIQUE, ne peut pleinement se comprendre que lorsqu'elle s'est totalement accomplie; la prédiction ou prophétie n'est que l'Aube, aux couleurs parfois incertaines, d'un événement futur qui s'annonce. Si donc elle *oriente le regard, ce n'est cependant que l'événement actualisé qui donnera la pleine intelligence de la prophétie historique ou mystique. C'est pourquoi nous comprenons beaucoup plus qu'Isaïe, lui-même, sa célèbre prophétie concernant* la Vierge qui doit enfanter *(Is, 7, 14) parce que sa réalisation nous en donne l'intelligence.*

Sachant cela, on peut accueillir avec joie ces Messages d'En-Haut qui nous parviennent, soit à travers les grandes apparitions (généralement mariales) de notre temps, ou par la voie plus humble des âmes que Dieu choisit pour parler aux âmes de notre génération si fermée au Surnaturel et si opposée aux Commandements de Dieu. Bienheureux ceux qui croient et qui accueillent ces Épiphanies célestes! Malheureux ceux qui ont des yeux pour voir et qui ne voient pas, des oreilles pour entendre et qui n'entendent pas! (Mat. 13, 15 - Jean 6, 10)

C'est donc dans cet éclairage qu'il faut accueillir et comprendre cette "Parole": "mais Pierre (Jean Paul II) ne sera déjà plus là" "comme Moïse, il n'entrera pas avec son Peuple dans la Jérusalem Nouvelle" "Pierre assistera à la transformation de la Terre et verra, de ses yeux de chair la Terre Nouvelle ... lui qui sera déjà, avec son corps de chair et son âme purifiée, dans les Nouveaux Cieux".

Cependant, à l'appui de cette prédiction mystérieuse concernant "Pierre" (c'est-à-dire Jean Paul II et, bien sûr alors beaucoup d'autres à sa suite), et en la situant dans l'éclairage de cette Fin des Temps, annonciateur du Règne très proche du Christ, il est bon et opportun de se rappeler cette Parole également mystérieuse mais incontestable de l'Apocalypse, qui évoque une PREMIÈRE RÉSURRECTION (Ap. 20, 5-6) inaugurant la Venue du Royaume. Ensuite, après une période de temps indéterminée, symbolisée par les "mille ans", aura lieu le Jugement Général, où "chacun recevra selon ses oeuvres" (id. 22, 12), soit la Résurrection (pour ceux qui n'auront pas eu part à la première) ou Vie Éternelle, soit la mort définitive et éternelle."

Tout doit suivre Mon cours
****

12 Juin 1997

JÉSUS: "Dieu Se fait annoncer toujours par Sa Sainte Croix.
******* Tous les Peuples, toutes les Nations marcheront à la suite de Ma Croix qui sauve. Quand le grand Jour arrivera, les Peuples, les Nations, seront déjà remplis de l'Esprit Saint qui sera déjà descendu sur chacun, donnant Grâce et Espérance pour attendre la manifestation visible de Mon Retour. Ne détournez pas la tête, levez les yeux, le Dieu trois-fois Saint *vient*. Comme l'éclair va de l'orient à l'occident, *tous Me verront.*

Sois attentive à Mon Appel. Ne regrette pas ce que tu as dit ou fait en Mon Nom: *Je ne te laisserai pas accomplir quelque chose qui vient de toi en te servant de Mon Nom; tu ne fais que répéter ce que Je te demande de dire. Tu cries tout haut ce que Je dis en ton coeur.* Ne réfléchis pas: le raisonnement *tue* la Parole Vraie.

Chacun reçoit ce que Je désire qu'il ait.

Si Je te parle, *agis,* car Ma Parole n'est pas morte; elle vit en toi et doit vivre en chacun. Alors Je te demande de la donner, même si cela t'en coûte, même si tu vois un remous dans ces âmes qui n'acceptent qu'à moitié, ou pas du tout, ce Message que Je te donne. Au moment voulu, Je le leur ferai rappeler.

Le ruisseau coule abondamment et arrête tout-à-coup sa course car un tas de branches se sont mises en travers; alors il arrête de couler dans son sens et va déborder là, sur toute la terre qui n'est pas habituée à le recevoir.

Voilà un dérèglement dû à un amas de branches mortes. Voici que la Terre va se dérégler à cause d'un mauvais comportement de tout ce qu'elle supporte depuis longtemps; alors elle appelle les Cieux à son aide *car tout doit suivre Mon cours* pour que tous les cours d'eau de la Terre suivent leur tracé. Tous les dérèglements de la Nature sont nés de votre propre désordre.

Vous désobéissez à Dieu: ainsi, votre désobéissance entraîne tous les éléments à vous désobéir.

Priez Dieu.

Vos yeux sont encore fermés par votre orgueil.

Parole de Vie

JÉSUS-Christ

Amen

†

† †

La Mort s'est laissée clouer

****

Vendredi 13 Juin 1997

"JNSR": *"Mon Dieu, je crois que Tu es le Fils du Dieu Vivant. Je crois en Ta Parole Vivante. Seigneur, parle-moi; mon Dieu, ne m'abandonne pas."*

JÉSUS: "Tu l'as dit: Je suis le Fils du Père et Je suis la Parole
*******   Vivante faite chair. Je suis votre Christ immolé sur la Croix d'Amour, le Fils de l'Homme, par qui se réalise la Promesse de Dieu; Dieu qui sauve Son Peuple; Dieu qui fait ressusciter les morts et donner la Vie au bois sec et à ceux-mêmes qui L'ont crucifié car, en Le mettant à mort, ils ont ouvert la Vie comme on ouvre les portes d'une prison qui se sont verrouillées à tout jamais sur ceux qui se sont eux-mêmes enfermés *pour ne plus voir le jour.*

Oui! JÉSUS donne la vie même à ceux qui L'ont crucifié car la Croix est Mon lit dans lequel la Mort, qui venait Me chercher, *s'est laissée clouer elle-même* sans le savoir et sans le vouloir; depuis, de Mort il n'y en a plus, car Je suis la Résurrection et la Vie. Même le Tombeau est resté vide car il ne peut plus renfermer la Vie. La Vie est devenue de l'Eau Vive, l'Eau de Vie qui court et se déverse à flots sur le Monde.

Cette Croix, que certains qualifient de symbole ou de mythe, est aussi vivante que Celui qui donne Sa Vie, cloué à Son bois. Le bois de Ma Croix porte Mon Sang; comme les veines de votre corps transportent votre sang pour irriguer toutes les parties de votre corps, *J'irrigue le Monde entier.*

Je suis la Vie, la Voie et la Vérité

Amen.

†

† †

Aux Nations
****

Samedi 14 Juin 1997

JÉSUS: "Mon enfant, viens lire en Mon Saint Coeur les
*******   réponses à tes questions. Dieu parle aux humbles et Se
sert de leur *petitesse* pour toucher les coeurs des grands de ce
monde.

Si vos Peuples pouvaient savoir que rien ne peut se faire sans
Dieu, si leur orgueil, tout-à-coup, se met à tomber comme on jette par
terre un vieux vêtement souillé et en lambeaux, alors ils pourraient
voir leur vraie misère à travers tout le faste dans lequel ils s'entourent
pour montrer leur grandeur.

Mais Je connais, un par un, leurs coeurs. Je dois juger chacun pour
les fautes qu'ils ont commises envers Dieu et envers les enfants que
Je leur ai confiés. Car, *à chaque Peuple,* J'ai donné des fils pour qu'ils
prennent soin de leurs âmes et de leurs corps; J'ai donné à chaque
Peuple les recommandations écrites dans la Sainte Bible, car chaque
Nation, qui Me doit Obéissance et Respect, sera jugée comme
chacun de vous. Mais n'étant pas éternelle, Je peux la glorifier
comme Je peux l'anéantir à la suite même de Mon Jugement.

Des Nations entières vont disparaître. Leurs lois sont mauvaises
parce qu'elles déforment Ma Vérité et entraînent Mes enfants dans
une liberté mauvaise; des villes entières sont devenues plus stériles
que Sodome et Gomorrhe, elles ne peuvent donner que l'exemple
d'une décadence qui s'amplifie d'heure en heure; leurs enfants ne
mangent plus Mon Pain, mais se dévorent entre eux sans raison
valable *car la violence est devenue leur pain quotidien.*

Que vais-Je faire devant ces *Nations criminelles* qui se sont
gonflées d'orgueil pour anéantir leurs propres enfants? Ces *loups,*
déguisés en agneaux, sont les dirigeants de ces Nations maudites qui
enferment les voix de ceux qui Me réclament et M'appellent à régner
à la place de ceux qui ont pris le pouvoir.

Je te parle avec Ma Sainte Justice.

Dieu, le Juge Éternel.

†
† †

Une sainte oraison pleine de Grâce
****

Mardi 17 Juin 1997

JÉSUS: "Je ne vous abandonne pas. Ma voix continue à se
******   perdre dans le désert: vous ne vous ouvrez pas à
Mon Appel; vous résistez au véritable élan que J'ai mis en vos
coeurs. Venez lire en Mon Saint Coeur, là où sont écrites Mes
Paroles de Vie et tout ce que Je vous demande d'accomplir en Mon
Nom Très-Saint.

N'essayez pas de Me devancer. N'essayez pas de contrarier les
Écritures Saintes. Lorsque Je parle, Je parle sur une ligne droite et
jamais sur un chemin de traverse. Je ne vous demande pas des
exploits pour arriver au point que J'ai fixé, là où vous Me rencontrerez. Il suffit simplement de suivre Mes pas. Vous ne dévierez pas sur
une autre voie si vous M'écoutez et si vous faites ce que Je vous
demande.

"Vous êtes Mes amis si vous faites ce que Je vous commande."

Le jour décline et le travail reste toujours à faire. Pourquoi
recherchez-vous ailleurs, *en d'autres voix,* ce que Ma Parole, qui est
Vérité, vient vous instruire, jour après jour? Allez-vous vous installer
ailleurs que chez votre Hôte lorsque Celui-ci vous invite chez Lui?
Allez-vous Me refuser votre hospitalité? Mon Coeur vous appelle.
Venez à Mon Saint Coeur. Je l'ouvre pour vous. Lisez ce qu'Il vous
dit:

*"A Dozulé, J'ai déjà appelé les "principaux" qui devaient
M'écouter pour réparer, améliorer tout ce que les hommes ont
détruit par leur hardiesse à braver les Lois de Dieu et Mes Saints
Commandements. Rien ne peut se faire sans votre volonté qui
rejette sans cesse la Sagesse de Dieu, Sa Divine Volonté. La Pensée
de Dieu, qui vient vous illuminer, se trouve confrontée à la volonté
indomptable de l'homme qui ne cesse de raisonner pour démontrer
qu'il connaît "tout".*

Alors ce grand raisonneur se perd en de longues prières pour Me
démontrer combien il M'aime. Je deviens *l'objet* de sa prière personnelle Me rappelant son Amour pour Moi et ce qu'il attend de Moi,
persuadé qu'il est impossible que Je ne *le comprenne pas, "puisqu'il
ne peut en être autrement!...*" Alors, Je ne vois aucune sainte oraison,
car Ma Sainte Grâce ne peut pénétrer en celui qui ne Me laisse pas
entrer en lui; il refuse Ma Sainte Lumière. L'homme *s'illumine lui-
même*. Il devient sa propre lumière et personne ne peut avancer dans
ces *ténèbres d'orgueil et de vanité* qui rejettent Dieu en rejetant Sa
Parole.

Je ne vous ai pas demandé *des milliers de Croix d'Amour* pour que l'homme dresse un défi à l'Humanité; *c'est Mon Saint Coeur qui veut sauver, avec Mon Amour Miséricordieux, tous les hommes.* J'ai demande Ma Sainte Croix Glorieuse à Dozulé en Signe de Mon Retour en Gloire. L'homme, qui a perdu la Foi, n'a pas compris Ma Sainte Vérité: *combien de choses graves auraient pu être déjà évitées!* A présent, il va lui être demandé *la Foi d'Abraham:* aller jusqu'au sacrifice *de soi-même.* Ainsi, seulement, la Gloire de Dieu viendra éblouir ce Monde *éteint.* Écris, pour tous, le Psaume 15:

"Seigneur, qui peut loger sous Ta tente?
Qui habitera sur la Montagne sainte?
Celui qui marche dans la perfection
et qui agit en Juste
celui qui de tout coeur proclame le Vérité
sans jamais laisser courir sa langue
celui qui ne lèse en rien son frère,
ne provoque pas de mépris sur son prochain,
écarte d'un regard méprisant ceux que Dieu désapprouve,
mais sait honorer ceux qui craignent Dieu,
celui qui ne trahit pas sa parole, même s'il lui en coûte,
ne prête pas son argent à intérêt,
se refuse totalement à nuire aux innocents.
Qui agit ainsi peut marcher la tête haute."

Mon enfant, craindre Dieu, c'est Le respecter. Je devais te faire écrire ce Psaume afin qu'ils se jugent, chacun; et qu'ils se voient tels qu'ils sont. Peut-on avancer sans craindre Ma Parole? Croyez-vous que J'ai parlé *pour rien?* Que Ma Parole a été écrite *sur du vent?*

Je *ne peux accepter votre division* car tout édifice construit sur du sable tombe de lui-même. Je suis le Roc. Je soutiens le monde par Ma seule Parole. Mon enfant, proclame Ma Sainte Vérité. Je te l'ai donnée. Elle a été écrite *pour tous.*

Bénissez Dieu par la bouche qui vous Le rappelle.
Dieu écrit tout sur une ligne droite
et n'emploie jamais de chemins de traverse.
M'écouter est une oraison pleine Grâce.
Vous êtes Mes amis si vous faites ce que Je vous commande.
Amen.
Mon Saint Coeur déborde de Miséricorde
JÉSUS Glorieux †

†
† †

Vous volez Ma Loi
****

18 Juin 1997

Le Père Éternel: "Lorsque tu trouves Ma Voie, Ma fille, ne
**************** t'éloigne plus d'elle afin que nous puissions
marcher ensemble et que Je puisse t'informer de tout ce qui doit être
compris pour votre Temps actuel.

Les heures, les jours, passent vite et ne reviennent pas. Vous avez
oublié d'agir alors qu'il en était encore temps. A présent le Temps ne
peut pas s'immobiliser pour vous permettre de réfléchir à tout cela;
vous devez agir dans l'harmonie des heures, des jours qui viennent.
C'est la raison pour laquelle Je vous appelle plusieurs à écrire ce que
Je vous dicte dans plusieurs Pays à la fois.

Les hommes doivent arriver à comprendre que leurs coeurs
doivent s'unir afin d'aimer et de voir mieux la Vie; la Vie est en tous
lieux semblable parce qu'elle vient de Dieu, mais les hommes l'ont
déformée pour avoir une supériorité sur ceux qui vivent dans des
Pays plus pauvres, sans ressources car leurs sols, qui les nourrissaient,
ont été *violés*.

Chaque terre est comme une mère qui donne à son enfant le
meilleur d'elle-même; mais la mère et l'enfant ne peuvent vivre l'un
sans l'autre. Chaque terre produit selon son climat et les semences
sont appropriées au sol qui les reçoit et les aide à prendre vie et à
grandir quelles que soient les rigueurs et les menaces des intempéries; car la terre les a pourvues de sa propre force pour vaincre, vivre
et se multiplier. Voici que l'homme a manipulé la Nature, comme il
continue à manipuler la vie des êtres. Les diverses façons de
transformer ce que Dieu a établi, vous l'avez appelé *"progrès"* et
l'homme qui progresse ainsi *est un voleur*. Il vole Ma Loi.

Il met la sienne à sa place. Comme un enfant qui s'amuse à détruire
ce qu'il vient de construire, l'homme détruit la Vie de sa Terre comme
il s'amuse à détruire sa propre vie; et toutes les vraies valeurs
dégringolent une après l'autre. *On voit monter ainsi la Tour de
Babel qui met Dieu au défi.* Vous mélangez le naturel avec des
procédés faux.

Pauvres enfants! Ne mettez pas Dieu au défi
car c'est votre Père Créateur.
Le Créateur vous aime, car un père aime ses enfants
et Je suis votre Dieu. Amen †
et Votre Père des Cieux.

† † †

Votre prévision peut se retourner contre vous
****

Vendredi 20 Juin 1997

"JNSR": *Seigneur, je viens de la Messe de ce vendredi."*

Notre Père: "Voici les Temps de la Fin, nécessairement ceux qui
***********　　vont clôturer cette époque sans Dieu *et ouvrir le Temps d'une Ère Nouvelle,* celle de la Paix avec Dieu, celle qui va donner la Paix aux hommes et avec Dieu.

Je n'emploie aucun stratagème comme font les hommes pour aboutir à ce qu'ils recherchent pour leur profit personnel. *Leur paix est fausse.* Je veux vous unir et vous réunir tous dans Ma Paix véritable et durable, dans une union parfaite avec Dieu et en Dieu, pour tous les hommes, frères retrouvés avec une si longue absence.

Je veux te dire aujourd'hui que Mon Temps de Gloire est arrivé et aussi le Temps des enfants de Dieu dans Ma Sainte Gloire. Je veux vous rapprocher les uns des autres dans Ma Paix, dans Mon Amour de Père. Pour cela J'emploierai ce que les hommes eux-mêmes ont déclenché et que vous appelez le Grand Avertissement.

Certains de Mes enfants n'ont pas encore compris combien Je vous aime. Et vous, qui dites M'aimer, combien de fois dois-Je vous le rappeler! Et jusqu'où M'aimez-vous?

Mes enfants éloignés, même très éloignés doivent être avertis de façon qu'il n'y ait plus de doute: *Je SUIS leur Père.* Je suis votre Père des Cieux. Je vous appellerai de la même façon, tous en même temps: c'est aussi le Grand Rassemblement. Ma voix sera celle d'un tonnerre qui ira en grandissant, comme une voix qui ne sait plus s'arrêter car elle ira chercher les enfants du bout du monde qui se sont perdus, éloignés de Ma Route, tout à fait ignorants.

Je SUIS leur Père. Ils vont M'entendre de loin, longtemps, jusqu'à ce qu'ils n'aient plus de doute. *"C'est Dieu, Notre Père des Cieux"* diront-ils! Le doute, la crainte, surgiront comme au Temps de Noé. Puis Ma Vérité viendra vous éclairer. *C'est au milieu des éléments déchaînés que votre âme se réveillera tout-à-coup de ce sommeil* si lourd qui vous a engourdis pendant de si longs siècles.

JÉSUS: "Personne ne pourra dire qu'il ne connaît pas JÉSUS-
*******　　Christ, le Fils du Père Éternel. Personne ne pourra dire qu'il ne connaît pas Ma Sainte Église, née de Mon Sang et de Mon Eau jaillis de Mon Saint Coeur. Église Sainte, Temple de la Sagesse Infinie, Refuge des pécheurs, Sanctuaire Trois-fois Saint où l'homme retrouve Ma Grâce pour ne plus se perdre, où Je continue à vous donner Ma Nourriture simple et parfaite: *Mon Corps et Mon Sang.*

Je suis mort *pour chacun de vous*, pour que vous ayez la Vie Éternelle auprès de la Très-Sainte, Adorable et Bienheureuse Trinité, votre Dieu, qui veut Se faire **re**connaître et aimer aujourd'hui par toute la Terre, afin que cessent toutes les hérésies et que s'arrêtent tous les fléaux déclenchés par des êtres sans âme; car ils l'ont vendue à Satan. *Aussi, Je dois arrêter tout ce désordre par le même désordre* que ces hommes *sans nom, puisqu'ils n'existent plus dans Mon Livre de Vie,* ce désordre créé par leur esprit satanique va se retourner *contre eux.*

Avant, Je dois enlever de leurs griffes Mes *enfants écervelés.* Après t'avoir décrit ce qui va arriver sur votre Terre, Je te demande de préciser que ce ne sera pas un Signe, *mais un Mal, une force mauvaise incontrôlée et incontrôlable* venue d'au-delà de votre système solaire, brûlant tout dans sa randonnée folle. Aucun homme ne pourra arrêter, ni dévier cette masse brûlante incandescente dans sa chute vertigineuse centrée sur la Terre.

Priez Dieu qui la fera dévier vers le néant. Priez! La Sainte Croix de JÉSUS, votre Dieu Crucifié à cause de vos péchés, vous fera supporter tout ce qui va se déclen-cher en un instant.

Le feu et la chaleur, l'air irrespirable par les gaz, et le froid glacial qui s'ensuivra, pendant des jours et des jours, ce dérèglement subsistera. *Rien n'est prévu,* car tous pensent que c'est de la folie; aucun appareil ne pourra détecter à l'avance ce phénomène *naturel,* mais encore jamais vu. Là sera reconnue la dernière prophétie de JÉSUS sur Sa Venue proche, *et l'on fera le rapprochement.* L'Avertissement est spontané, inattendu.

Laissez faire ceux qui cherchent à parer une éventuelle famine et un manque d'eau potable pendant ces jours de détresse; s'ils ont leur coeur sec, ils ne partageront *rien:* alors Je leur enlèverai *tout* car ils n'auront rien compris et ne pourront jamais entrer dans la Famille de Dieu pour recevoir Ma Sainte Bénédiction de Paix, d'Amour et de Joie. Ils vont passer, encore une fois, à côté de Ma Grande Purification.

Ceux qui, au contraire, spontanément vont partager tout ce qu'ils ont avec ceux qui viendront à eux, se verront avec un débordement de nourriture et d'eau: plus ils en donneront, plus Je leur en donnerai; comme en Égypte J'avais prévu de remplir les silos de grain de Joseph (fils de Jacob et de Rachel) qui nourrit Mon Peuple pendant les sept années de famine. Je donnerai le nécessaire, Moi-même, à celui qui n'a rien reçu de la main égoïste de son frère.

Je verrai alors les vrais pères, les vraies mères, les vrais frères: ils sont ceux qui, en Vérité, font la Volonté de Mon Père des Cieux.

Venez à Moi! Vous êtes *Ma Famille*, vous qui aimez Notre Père d'Amour Infini.

Regardez le vrai père, celui qui donne à son fils le poisson qu'il est en train de sortir de l'eau, et non la couleuvre qu'il écrase sous son pied.

Regardez la mère véritable, qui se laisse dépouiller de son bien le plus précieux -son enfant- afin qu'il ait la Vie en Dieu. *Vous serez tous devant le Tribunal de Salomon.*

Je n'annonce rien de plus de ce qui est écrit dans la Sainte Bible. Le Déluge ne fut pas un fantaisie inventée; ne considérant pas la Vérité de Dieu dans toute son impartialité, l'homme incrédule place au rang de *fable* ce débordement universel des eaux. En Vérité Je vous le dis: lorsque vous *vivrez ce qui vous attend,* vous vous souviendrez de Ma Sainte Parole.

Ne déformez pas la Parole de Dieu Qui est Justice et Miséricorde.

Sodome et Gomorrhe *vivent dans la Mémoire* pour vous crier que vous êtes en train de vivre les derniers moments d'une civilisation mauvaise et hypocrite qui *se détruit d'elle-même* de par sa volonté néfaste et non par la Volonté de Dieu. *Je dois arrêter* ce qui est mauvais; Je ne peux laisser Ma Terre devenir un désert sans vie.

Alors, tous ceux qui se taisent devant tous ces massacres d'êtres humains et la destruction de votre Terre, tous ceux qui sont les instruments de cette destruction mondiale, *tous doivent passer par la grande Souffrance* que vous infligez à Mon Saint Coeur. Votre indifférence, votre mépris, vous conduisent au Châtiment que Dieu, dans Sa Grande Miséricorde, vous infligera pour avoir commis ce crime de *lèse-Majesté.*

Dieu est le Suprême Souverain. Tout est à Dieu. Vous blasphémez le Don de Dieu *qui est Son Coeur ouvert pour continuer à vous donner Sa Vie.* Alors, Je permets aux astres de se déstabiliser avec cette masse brûlante qui arrivé d'un monde qui n'est pas le vôtre. Ne vous méprenez pas: *rien* n'est envoyé par des "êtres" vivant ailleurs. C'est bien une force non contrôlée, ni contrôlable. Elle arrive *pour* votre Temps. Elle entre *dans* votre Temps.

Abandonnez-vous à Mon Infinie Miséricorde. Vivez comme si *rien* ne devait arriver. Devenez meilleurs, charitables, pieux. N'entrez pas dans l'imaginaire des uns ou des autres. *Si vous M'aviez aimé véritablement,* Je serais venu à votre secours bien avant tout ceci. *L'Amour n'a jamais été aimé.*

Vous ne M'avez pas voulu comme Maître. Vous avez agi librement, du moins vous le croyez; car le Pouvoir, l'Argent, les plaisirs, ont toujours eu la priorité dans votre choix; ce sont vos vrais Maîtres. Si Je reviens sur votre Terre, ce sera pour arrêter ce que vous avez déclenché par votre mépris envers Moi, votre Dieu.

Je ne déclare pas la guerre à Mes enfants: vous vivez *dedans*. Je viens détruire la guerre et son cortège de Mort. Je viens anéantir le Mal et donner la Vie. Vous êtes en train de vivre *les derniers instants* d'une Terre qui se meurt faute d'Amour. C'est la fin de votre planète et de votre Humanité, mais Je viens arrêter ce fléau, *ce compte à rebours* que vous avez déclenché.

Ce que vous allez vivre est le commencement des *grandes Douleurs*. Je vous avais avertis que le feu viendrait après l'eau; mais l'eau ne vous a pas encore dit *ses derniers maux;* c'est la Purification Universelle. Peu furent sauvés en Sodome et Gomorrhe! Encore une fois Je vous demande de ne pas regarder en arrière: avancez vers Moi. Je suis l'Unique Refuge. Mon Saint coeur continue à vous donner le Sang et l'Eau nécessaires pour votre vie. *C'est Ma Vie* que Je vous donne. Je serai là, présent, pour venir *vers celui qui M'appelle*, Me reconnaissant comme son Unique Sauveur.

Je réveillerai Mes vrais Prêtres. Protégés par Ma Sainte Miséricorde, ils viendront jusqu'à vous, enfants bien aimés du Père, petit Troupeau obéissant. Dieu continuera de régner dans Ses enfants marqués du Signe de Sa Croix. Vous recevrez Force dans l'Espérance vivante que Je mettrai en chaque coeur offert à JÉSUS et à MARIE; Confiance, même dans le plus fort de la tempête; restez unis aux Deux Coeurs Unis de JÉSUS et MARIE.

Les Cieux déploieront leur couverture sur ceux qui vont lutter sur Terre, jusqu'à la fin pour retirer les Brebis égarées des griffes de ces démons d'apparence humaine. Je te raconterai bientôt d'autres événements à venir, mais souvenez-vous toujours que c'est pour la Gloire de Dieu, le Triomphe de MARIE Reine du Très-Saint Rosaire et l'Avènement du Christ en Gloire, votre très Doux

JÉSUS de la Croix Glorieuse.

†
† †

Il est long, ce Jour
****

26 Juin 1997

"JNSR" : *"Je veux, Seigneur, écrire Ta Volonté, rien que Ta Volonté."*

JÉSUS: "Dieu *ne peut* mentir; Il vient illuminer les yeux de
*******   Ses fidèles, balayer les doutes de tous les coeurs,
rallumer la Flamme de Son Amour. Reste fidèle à Ma Sainte Parole; fais ce que Je te demande de faire pour Moi; tu es la main qui écrit ce que Mon Saint Coeur te dicte et Ma Voix est dans ton coeur; elle vient à toi parce que Je te demande de la recevoir; au Nom du Seigneur qui te parle, obéis-Moi sans te poser de questions; *écoute Ma Parole.*

Ne juge pas ceux qui te jugent déjà; ils sont nombreux mais Je les connais. N'essaie pas de te justifier. Je te demande le silence: ainsi sera leur réponse; ils n'entendront toujours que leur propre voix. Apprends à M'obéir en tout, même dans la tempête, même si tu n'entends pas Ma voix: tu M'obéiras car, sans M'entendre, Je te guiderai en ce que Je désire que tu accomplisses en Mon Nom.

* N'écoute pas ce qui te paraît *convenable* et qui ne vient pas de Moi.

* Recule ton pied qui va se diriger trop vite vers ceux qui ont tant de *promesses* à t'offrir.

* Pourquoi cherches-tu ailleurs qu'en Moi?

Je te demande de continuer ce projet uniquement de la façon que J'ai dit de l'accomplir. Diffuse et souviens-toi *que Je veille sur tout.* Ne propose *rien.* N'écoute *rien,* Je parlerai en leur coeur et ils agiront en véritables fils de Dieu s'ils M'aiment en Vérité. *Je les dépouillerai de tout* car c'est dans la nudité que l'homme s'aperçoit qu'il est seul et sans Dieu: alors il M'appelle à son secours.

Vous ne pouvez pas vous conduire seuls au milieu de cette tempête *qui déstabilise tout,* même les pensées qui semblent solides. Vous ne pouvez que vous amarrer *à Mon Roc* et rester à son abri.

Je parle à plusieurs âmes sans jamais Me contredire et, demain, vous verrez ce que vous attendez avec Amour et impatience. Mais, aujourd'hui, *il est long ce jour.* Beaucoup de choses vont se dérouler; si chaque heure est comptée comme un jour, une semaine, un mois, vois tout ce que tu peux accomplir avant que *demain* arrive. Mais il peut se faire tard tout d'un coup! Oui, vous ne connaîtrez pas encore Mon Jour et vous ne saurez pas non plus Mon Heure, ni quand elle arrivera.

Cependant Je vous demande *de préparer vos lampes*. Si le voyageur ne doit pas s'encombrer de choses matérielles pour entreprendre sa marche car le poids peut le gêner, il n'y a que dans ton cœur que tu peux mettre tout ce que Je te donne en abondance car tout cela est ton nécessaire de chaque jour.

Je vous instruis de Ma Sainte Connaissance avec douceur car nul n'est censé connaître Ma Vérité toute entière ici-bas, et Je vous l'apprends petit-à-petit.

"JNSR" : *"Sainte Vierge MARIE, à la prière du mercredi, Tu as béni chacun de nous et Tu nous as dit:* "Bénissez à votre tour ceux que vous rencontrerez avec Ma Bénédiction maternelle que Je vous donne aujourd'hui"; *c'était hier, le 25 Juin. Aujourd'hui, en téléphonant ceci à une amie, elle me dit: "Vous en avez de la chance; ce même jour à Medjugorje, la Sainte Vierge bénissait tous les pèlerins en disant la même chose". Et la Très-Sainte Vierge me dit:*

MARIE: "Oui, ce sont Mes paroles et c'est aussi la vérité que
******* Je vous ai tous bénis, Mes enfants, comme à Medjugorje. Mon enfant, écoute ta Mère qui vient à toi; ne te demande jamais si c'est vrai: *"... tu arrêtes toute diffusion si tu doutes de Moi ou de ton divin JÉSUS"*. C'est vrai que le Ciel se dérange (pour venir vers vous) comme jamais il ne l'a fait auparavant parce que nous vous aimons; nous vous voyons trop faibles pour affronter le Mal de ce Monde et nous sommes toujours en éveil pour vous prévenir de tout ce qui peut vous arriver sans préparation de votre part.

Vous ne communiez pas assez; vous êtes trop chétifs dans la Foi; vous oubliez vos prières ou vous les reportez à demain; vous êtes en faute lorsque vous communiez sans avoir confessé tous vos péchés car un seul fait obstacle à la Lumière de Dieu qui vient vous éclairer en ces Temps de grosses ténèbres où la Terre s'est plongée comme un enfant désobéissant à son père. Car vous êtes devenus très désobéissants à Dieu, votre Père.

Je reviens encore à vous de plusieurs façons, soit dans les grands lieux d'apparitions et même dans vos maisons comme ce fut le cas Mercredi dernier chez toi, Ma fille. Tu ne savais d'où Je venais et tu ne l'as su que le lendemain. Mais, vois-tu, Je peux venir à chaque instant vous visiter et vous fortifier. Mais Je vous demande de M'obéir car Je viens au Nom du Seigneur et tu sais bien que J'apporte toutes les Grâces de JÉSUS avec Moi.

Ne t'interroge pas ainsi, car Je te pardonne pour tout; tu es trop malheureuse, ne crains rien, Je ne te juge pas car Je t'aime trop; Je te pardonne au Nom du Seigneur et Je serai là avant même que tu en fasses la demande car Je tiens à te prouver combien tu M'es précieuse parce que tu aimes Mon Fils Bien-Aimé; et nous sommes alors ensemble pour L'aimer et L'aider afin de ne pas Le faire souffrir car il est vrai que Dieu peut éviter la souffrance.

Mais JÉSUS continue à vivre sous Ses deux aspects: humain et divin; et Il veut vivre ainsi jusqu'à Son Retour Glorieux. Ne te méprends pas: Il est Dieu et Mon Fils est très charitable, mais Il est aussi très droit dans Sa Sainte Justice et personne ne doit compromettre Son Plan divin. Je te demande de L'aider en ceci: ne Lui refuse pas ta présence et ton activité; sois-Lui en tout toujours très fidèle et juste envers toi et envers les autres; si un jour Il te demande autre chose, apprends qu'il en sera selon Sa Volonté: alors ne sois pas rebelle, écoute-Le toujours, même si cela t'en coûte; avance vers ce qu'Il te dira de faire pour Lui car Il va venir en Gloire et Sa Gloire rejaillira sur vous tous.

Alors, *le Roi parle et parlera encore* à ceux qu'Il a choisis pour que Son Règne d'Amour vienne vite sur votre Terre. Votre fidélité est un gage d'Amour et le Dieu Suprême attend ceci de chacun de vous. Les petites choses qui vous sont demandées sont dans le Plan divin de Dieu, comme les grandes choses que Dieu accomplit de Lui-même avec Ses Anges, comme ce que Je dois accomplir pour la Sainte Gloire de mon Dieu; et Moi Je ne serai que la Servante du Seigneur tout en étant Sa Mère et Sa Reine.

C'est pour cela que tu ne dois pas dire non à aucune de Ses demandes; sois, comme Moi, la servante de ton Dieu et tu pourras dire : *"Je suis Tout lorsque Je Ne Suis Rien"* comme Nous te le demandons pour la Sainte Gloire de Dieu.

Oui! Je veux te guider; alors, en ces Temps de ténèbres, appelle-Moi souvent, car JÉSUS te demande de M'obéir car tu as besoin de revenir à Moi parce que Je peux te dire bien des choses de la part de Nos Deux Saints Coeurs Unis. Ma fille, n'oublie pas que parler à ta très-Sainte Mère c'est aussi parler à ton délicieux JÉSUS et Il Me demande de venir à toi comme Il vient Lui-même à toi.

Il resplendit de joie de voir, qu'aujourd'hui, tu es très près de Moi et que tu commences à voir qu'il n'y a jamais eu de séparation; tu t'es fait bien des idées, n'y pense plus... Ma fille, Je te rappelle que tu peux encore continuer ce travail à travers tous les Pays. Mets-toi vite à l'oeuvre, tu as trop écouté les faux bruits.

Parle en Mon Nom aux Pays qui Me connaissent; rappelle-leur que J'ai visité chaque Pays pour les avertir que JÉSUS vient en Roi *bientôt,* que J'annonce toujours Sa Venue et que Je ne cesserai jamais de vous le rappeler.

Même des Cieux, *Je vous guiderai* pour que Son Règne vienne vite. *Bientôt Je rejoindrai le Père de toute Bonté.*

Je te bénis de Ma Bénédiction maternelle †
avec tout l'Amour infini
que J'ai dans Mon Coeur Immaculé
puisque Je vis dans la Très-Sainte Trinité
comme la Très-Sainte Trinité vit en Moi.

Nos Deux Coeurs Unis vous bénissent †

Amen

†
† †

Le Sang Nouveau
****

30 Juin 1997

JÉSUS: "Aimez-Moi comme Je vous aime; soyez attentifs à
*******   Mon Appel; restez vigilants. *C'est dans le silence que vous pouvez M'entendre.* Je vous guiderai. Mes saints Anges sont toujours près de vous. N'obscurcissez pas vos pensées par tout ce négatif qui arrive dans votre monde. Soyez des Lumières près de ceux qui sombrent.

N'interpellez personne mais secourez-les en appelant sur eux la Miséricorde divine. Beaucoup vont devenir de véritables épaves à la merci des discordes qui vont naître à partir de rien; les uns se battront, simplement pour obtenir une autorité d'homme, les autres parce que le Pouvoir les anéantit: ils se révolteront.

Ainsi travaille l'Ennemi et vous devenez des pantins si vous n'arrivez pas à M'écouter dans le silence de votre coeur. Rejetez tout ce qui nuit à votre âme, et particulièrement les paroles des hommes qui sont comme des vipères grouillant de partout. *Restez sages; ne répondez pas; bénissez-les toujours au Nom du Seigneur,* même après vous avoir déversé leur poison; ainsi Dieu, *qui agit en vous,* pourra les pardonner et les guider vers le Bien.

Tout ce que tu entreprendras ne pourra marcher que si Je le désire; mais tu avanceras malgré toutes les oppositions si Je t'appelle: tu le ressentiras, car Je baisserai toutes les barrières. N'oublie pas que Mes âmes ont toujours *Ma Pensée en leurs pensées* et que ce que tu mets en marche, Je te l'ai déjà préparé. Jamais Je ne t'ai laissé accomplir quelque chose pour Moi, pour Ma Sainte Gloire, sans te donner aussi Ma Protection et Ma Bénédiction.

Va, Mon enfant; le *nombre se restreint;* pour le moment, certains te regardent et ils ne feront rien si tu ne dégages pas, par toi-même, le chemin. Après ils avanceront. *Parle en Mon Saint Nom.* Ce Chemin est le Mien, semé d'embûches de toutes sortes par Mon Ennemi qui se plaît à vous le cacher; mais *Je suis le Chemin* et Je retire immédiatement tous ces détritus qu'il jette sur Mon Chemin pour vous effacer l'empreinte de Mes pas. Mais Je donne des yeux aux aveugles-nés: comment vous laisserais-Je sans Ma Lumière!

Ne t'effraie pas: les ténèbres, Je vous les retire, mais avancez, ne restez pas à vous demander si vous pouvez le faire, sinon vous ferez comme Pierre: il ne pouvait pas Me rejoindre sur les eaux car la peur le faisait sombrer. Sa Confiance n'était plus celle que J'attendais de lui, il n'était pas encore assez préparé.

Aussi Moi, *Je vous ai préparés* et vous avancerez malgré les peurs que le Malin sème sur votre route. Les pièges, Je les déjoue et *votre Confiance sera l'étoile qui vous guidera.* Oui, venez vers le Seigneur sans peur, sans méfiance, sans appréhension. Le Seigneur vous ouvrira toutes les portes.

Comment reconnaître que cela vient de Moi?

Ta force, ta décision, ton courage, ta persévérance, font de toi Mon Messager; ainsi sont ceux que Dieu envoie les premiers: ils ont l'élan de Dieu en eux, le Souffle de l'Esprit les guide et le Coeur de Dieu est en eux.

Je vous ai demandé d'agir en Mon Nom parce que J'ai choisi de commencer à vous montrer ce que seront les persécutions pour tous ceux qui travaillent ouvertement à Me donner satisfaction et vous semblez croire que cela peut être évité en rejetant Ma demande... Hélas! Ce que Je vous demande est véritablement écrit dans Ma Parole, certifié dans Ma Parole, et dicté à celle que J'ai choisie pour vous le dire. Mais jamais Je ne reviendrai sur ce que Je lui ai demandé de faire en Mon Nom pour toute l'Humanité; cependant, si vous continuez à en discuter, Je ne la laisserai pas seule devant vos défenses de continuer: avec tous les interdits du Monde, *Je la ferai avancer encore plus loin* et Je choisirai d'autres que vous si vous rejetez ce projet.

J'ai parlé clairement pour tous ceux qui, par elle, M'entendent. Je ne dissimulerai nullement Mon désir de persévérance et Je dévoilerai encore plus fort ce que J'ai dicté en son coeur, car Je ferai alors parler même ceux qui luttent contre Mon Projet. Ceci fait partie de Mon Plan de Salut. *Il y va de l'Humanité qui doit reconnaître Dieu dans chaque Croix qui doit s'élever pour apaiser la Colère du Père.*

L'Humanité ne sait plus aimer; J'apprends a aimer à chaque pays, à chaque Nation, à chaque Commune, à chaque foyer, par l'élévation de Mes milliers de Croix d'Amour. J'attends que vous Me croyiez par celle que J'appelle à vous donner ce Message d'Amour.

Si le Monde ne se convertit pas, alors J'agirai autrement.

Ma Miséricorde attend encore de voir s'élever des *milliers de Croix dans le monde entier.* Croyez-vous que cela vient d'elle? Non! Alors Je vous montre ce qui va se manifester à chaque Croix d'Amour: les âmes se convertiront et l'Amour des hommes renaîtra, là où sera plantée une Croix avec Amour.

Je veux sauver l'Humanité; ce moyen, qui est simple, vous appelle, chacun, à réfléchir sur la Vérité de ce Message: *faites et Je ferai.*

Quand on enlève à Dieu ce qu'Il a demandé à Son Église, Dieu Se sert des "moins-que-rien" pour donner à nouveau la Grâce qu'Il veut donner à Son Église; pour elle, vous allez travailler.

Chaque membre sera porteur *d'un sang nouveau* pour régénérer le *corps* qui meurt. Vous devenez des *canaux* qui vont irriguer ce corps qui dépérit: *ne laissez pas mourir Ma Sainte Église.*

Voyez: toutes ces petites Croix d'Amour seront les canaux reliés entre eux pour arriver jusqu'à la grande Croix Glorieuse *qui est JÉSUS Ressuscité.*

Alors les membres auront rejoint la tête et le corps: *ainsi naîtra l'Église Nouvelle, renouvelée.*

Je suis l'Église qui appelle à l'unité tous ses membres,

des milliers de Croix dans le monde

pour transporter le Sang Nouveau

de JÉSUS Ressuscité.

Amen

†

† †

Ma Couronne d'Amour
Ma Source à trois bras
****

1er Juillet 1997

JÉSUS: "Lorsque Je te parle de Ma Croix, Je te prépare à
******* bien M'écouter car tu *dois* faire comme *Moi* Je te le
demande. Oui, J'écris en ton coeur Ma demande; elle est Vivante et
Vraie car tout ce que Dieu demande se construit. Ma Parole vit en
ton coeur et fait vivre tous ceux qui vont l'écouter car Je la protège
en toi et ne te permettrai jamais de la déformer. Aussi, dis-la, donne-la
telle que Je te la donne.

N'oublie pas que *Je veille sur elle* que Je mets en ton coeur; *elle*
devient ton enfant parce qu'*elle* est en toi comme un enfant qui va
voir le jour; et *elle* le verra lorsque ce sera le moment. Tu vas faire ce
que Je te demande, *comme* Je te le demande. Écoute Ma Voix en ton
coeur. Ne renonce pas à ce que tu dois faire pour Moi car, si Je parle
dans un coeur à l'écoute de Ma Parole, c'est parce qu'il est choisi
pour entendre et pour agir: l'un ne va pas sans l'autre. Dieu Se sert de
vous aujourd'hui parce que le Monde ne veut plus écouter Dieu; le
Monde est sourd; le Monde est pressé de vivre cette vie et ne
regarde pas ce qui est la Véritable Vie en Dieu; il court et ne réfléchit
pas au danger de cette course, ni au danger de ce manque de
réflexion et, surtout, ce manque d'entente avec Dieu.

Je parle, comme de tous temps, par la bouche de Mes prophètes et
J'inspire ce qui est bon car Je dois vous prévenir et vous demander
d'aider tous vos frères, *quels qu'ils soient,* parce que ce Message est
pour tous, d'un bout à l'autre du monde; vous êtes menacés et
encerclés par le Mal et il faut faire ce que Je vous demande pour ôter
cette *couronne de haine* qui entoure Ma Terre entière.

Comment la détruire? Vous le savez tous: *par une Couronne
d'Amour!* Même celui qui doute va voir le résultat lorsque, tous, vous
M'aiderez à détruire le Mal avant-même que son règne, accordé par
Dieu depuis la Faute Originelle, ne prenne fin. Activez-vous, comme
le feu s'active à détruire la Terre par les guerres et les violences.
Soyez vigilants, prudents, ne vous endormez pas. Écoutez Ma Voix,
elle vous parle et vous rassure; celle qui vous parle aujourd'hui
("JNSR") n'est plus seule pour M'entendre car, si vous doutez d'elle,
plusieurs vont vous redire ce même Message d'Amour.

J'ai donné beaucoup de remèdes pour chaque époque afin de
traverser les époques mauvaises et enténébrées par le Mal.

Aujourd'hui, Je viens vous parler du plus grand remède que Dieu vous donne pour guérir les plaies de votre Terre déjà si malade.

Apprenez à vous en servir car Dieu, qui aime le Monde, vous parle comme si J'étais là, devant vous et pour chacun. Mais Mon Temps de Gloire n'est pas encore arrivé sur cette Terre qui n'est pas encore purifiée.

Je viens vous apprendre à M'aimer pour que vous puissiez accepter que Je vienne d'abord avec Ma Purification, nécessaire pour toutes Mes âmes. Aucun être humain n'est parfait et ne peut le devenir s'il n'y consent pas de tout son coeur. Je veux la transparence *en tout*; chaque âme est un miroir et chacun de vous ne peut Me voir qu'à travers ce miroir devenu, à l'Image de Dieu, transparent, lumineux, limpide comme Ma Source d'où naît Ma Vie, Ma Vérité en suivant Ma Voie, celle que J'ai tracée en chacun de vous et qu'actuellement vous ne pouvez pas bien la voir, et encore moins la suivre, si vos miroirs sont ternis et encombrés par les couches de mauvaise poussière qui se sont accumulées depuis votre naissance sur cette Terre.

Ma Source a trois bras, trois branches, de trois Personnes semblables en tout; de là vient Ma Source: de la Très-Sainte Trinité:

Le Père, Source d'Amour, de Paix et de Vérité, Source créatrice.

Le Fils, Source d'Amour, de Paix et de Vérité, Source rédemptrice.

Le Saint esprit, Source d'Amour, de Paix et de Vérité, Source purificatrice.

Voici la Source qui vous baigne et qui vous purifie; comment allez-vous revenir à cette Source d'où votre âme est née? *En vous aimant entre vous et en aimant Dieu de toute votre force, de toute votre âme, de tout votre être.*

Qui vient à Moi n'aura plus jamais soif

JÉSUS le Vivant.

Amen

†

† †

Terre de Lumière
****

3 Juillet 1997

"*JNSR*" : *"Seigneur, je Vous écoute."*

JÉSUS: "Ne te défends jamais de M'entendre. Appelle-Moi,
******* écoute. Même les sourds M'entendront. Mais ceux qui M'attendent doivent déjà M'entendre pour que tout aille en suivant pas à pas ce que vous dicte Ma Sainte Miséricorde.

Avancez comme si vous voyiez déjà le Maître qui est devant vous: ne pensez pas le contraire, puisque vous M'avez entendu. Je ne permettrai pas que Ma Voix soit mal interprétée, avant *le tumulte obscur;* Je te l'ai dit: Je vous avertirai *avant.*

Aujourd'hui, écoutez-Moi. Je vais venir vous guider en vos coeurs pour réaliser ce que Je te demanderai de faire bientôt. Mets ta Confiance en Ma Sainte Parole. *C'est par la Croix* que Je vous ai sauvés; *c'est par la Croix* que Je vaincrai. *Aujourd'hui,* Mes ennemis sont encore plus nombreux que du temps de Ma première Venue; et plus féroces dans leurs esprits dominés par le Mal. Si le Monde n'a pas voulu Ma Croix, si le Monde a rejeté Ma Croix, *aujourd'hui Je viens la planter Moi-même.* Il arrive, le Jour où le Monde verra ce qu'il ne veut pas voir, ce qu'il ne veut pas croire.

Même ceux qui Me disent: *"Seigneur, Seigneur!"* ne sont pas prêts, non parce qu'ils sont prudents, mais parce qu'ils n'y croient pas. Alors Je viens montrer, même aux aveugles-nés, Ma Lumière, parce que Dieu est visible de l'intérieur jusqu'à l'extérieur; et Il brille comme un phare qui resplendit, même dans la nuit d'encre des ténèbres épaisses comme la suie, afin que déjà vous Me compreniez mieux et pour ne pas dire que vous ne le saviez pas et que votre *innocence* est pardonnable.

Je veux vous donner, à tous et à chacun, la Vérité *visible et matérielle avant que J'élève Moi-même la Croix de toutes les Croix,* Ma Croix qui sauvera le Monde, parce que vous ne pouvez pas comprendre que seule Ma Croix peut vous sauver de ce monde qui meurt, avec vous dedans, comme des naufragés que plus rien ne peut recueillir sur la mer déchaînée car il ne restera plus rien du bateau, rien pour vous agripper. Alors Je viens faire le plus grand Sauvetage que le Monde ait vu depuis son origine car c'est le plus énorme naufrage qui se prépare.

JÉSUS-Christ, votre Sauveur. Amen.

† † †

Chemin de Croix,
voie de la douleur et de la joie
****

le même jour:

JÉSUS: "Avant que J'élève Ma Sainte Croix à l'endroit choisi
********   par Mon Père, là-même où Madeleine l'a vue six fois,
avant qu'elle soit élevée en Vérité, Je viendrai l'élever avec Mon
Coeur, car Ma Croix est née de Mon Coeur et, en elle, vous
trouverez Mon Coeur couronné d'Épines et le Coeur de Celle qui
M'a donné ce coeur de chair, né de Son Coeur de Mère des
Douleurs, portant encore le Glaive. Vous verrez Nos Deux Saints
Coeurs Unis à la Croix.

Mais pour arriver là, Je veux que ce Chemin porte la marque de
Ma Souffrance et de Mon Espérance. Je désire ce Chemin de Croix
qui sera *la Voie de la douleur et de la joie*. Il est Ma douleur parce
que vous continuez à douter de Moi et il est Ma joie parce que vous
allez voir Mes enfants se mettre à l'oeuvre.

Sur toute la France,
plantez Ma Croix de Lumière,
des milliers de Croix.

Je te demande de lancer cet appel sur toute la France. Montre-leur
les plans des Croix d'Amour qui vont se dresser du Midi au Nord et
de l'Est à l'Ouest. Elles se feront sur des lieux d'anciens pèlerinages
où ne subsiste parfois qu'un faible souvenir. Elles auront le centième
de celle qui doit être élevée par Mon Église: 7m, 38.

Crois-tu être seule pour cette réalisation? Cela a été commencé
dans les îles et doit remplir la Terre entière. *Vous annoncez ainsi
Mon Retour en Gloire.* Si cela venait de toi, tu ne verrais pas la
réalisation; mais *tu le verras* parce que Dieu te le demande, parle! Et
que jamais Dieu ne recule devant ce qu'Il demande, jamais Dieu
n'abandonne celui ou celle qui obéit à Sa demande.

Je te montrerai les Merveilles de Dieu sur toute la Terre.
Je vous annonce ainsi Ma Nouvelle Terre de Lumière.

Votre JÉSUS d'Espérance revient bientôt.

†
† †

Viens et suis-Moi
****

5 Juillet 1997

JÉSUS: "Avance-toi vers Moi et écoute. Oui, Je te demande
*******   d'avancer à la rencontre de ceux qui doutent encore.
Dis-leur que Mon Coeur est prêt à tout vous pardonner si vous
venez à Moi en toute liberté et si vous consentez à devenir meilleurs,
ce qui n'est pas un simple engagement verbal car Je connais toutes
vos pensées; ceux qui veulent déjà se purifier à Ma Source, Je les
connais et Je les aiderai.

Ceux qui continuent à douter ne sont pas prêts car Dieu donne à
chacun le don de Son soutien pour avancer vers Lui; Il met alors la
Foi vivante en celui qui *veut* marcher à Sa suite. Mais il est difficile
de faire ce que Dieu, qui vous appelle, va vous demander: *de vous
débarrasser en premier de vos biens, de tous vos biens,* entraves qui
empêchent l'homme d'avancer vers Dieu et de Le rencontrer; poids
inutile qui l'empêche de marcher à côté de Dieu. Car *Dieu est le Tout*
et celui qui a choisi de Le suivre ne peut, en vérité, servir Dieu et
s'occuper à la fois des choses terrestres.

C'est pourquoi même vos enfants, votre famille, deviennent pour
vous *un choix à faire* car Dieu est tellement *un Tout* que personne,
qui *se trouve* être digne de Le suivre, ne peut unir Dieu à sa charge
de famille, à sa profession; ne peut unir Dieu à un intérêt quel qu'il
soit, parce que Dieu vous veut unis à Lui et à Lui seul: "Ne vous
préoccupez pas du lendemain, à chaque jour suffit sa peine."

Lorsque vous aurez compris ceci: *"Viens et suis-Moi"*, vous
comprendrez alors que cette phrase de l'Évangile s'applique
également à chacun; et que si vous croyez avoir abandonné père,
mère, enfants, Je vous le dis en Vérité, *il n'en est rien* parce que
chacun de vous va entendre la même phrase: *"Viens et suis-Moi"* et
qu'il n'est écrit nulle part que Dieu oublie même le plus misérable qui
L'a renié *jusqu'à ce qu'Il entende, de la bouche-même de celui-ci*:
"Je Te renie, Dieu, pour l'Éternité".

Là, c'est le renoncement total. Alors chacun de ceux, que vous
croyez avoir abandonné pour Me suivre, *est aussi avec Moi: il
prendra Mon Chemin à son heure et il recevra la Protection que
Dieu lui réserve.*

Dieu est Amour.

✝

✝ ✝

L'Obéissance à Dieu
****

7 Juillet 1997

JÉSUS: "Je te demande d'éclairer Mes enfants: il ne faut pas
*******   que la peur envahisse leur âme, mais la Joie d'une
prochaine Délivrance. Toutes les souffrances endurées vous amènent à cette délivrance que les Peuples attendent depuis déjà
presque deux mille ans.

Le Peuple de Dieu, mené par Moïse, était guidé par la Main de
Dieu. Ils mirent quarante ans pour traverser le désert où la nourriture
n'était que la Grâce de Dieu qui venait à eux: *la manne et l'eau du
rocher.* Ce désert ressemblait aussi à *leur désert spirituel;* ils ne
savaient pas louer Dieu ni Le remercier et ce Peuple continuait à
pécher, se fabriquant même un faux-dieu, *le veau d'or.* Dans la
chaleur brûlante de cet immense désert, avec leur soif et leur faim, ils
avançaient péniblement mais les jours de douleur commençaient à les
façonner: *c'est dans la souffrance que Dieu forge les âmes et leur
enlève, par le Feu de Son Amour, toutes les impuretés.* Ce Peuple,
après quarante ans de souffrance, était prêt à recevoir *la Terre
Promise, Israël.*

L'Obéissance à Dieu éveille les âmes à l'Amour de Dieu.
et l'Amour de Dieu ouvre la porte de Son Royaume.

Dieu a tant aimé le Monde qu'Il vous a donné Son Fils Unique,
Son Bien le plus précieux. Et JÉSUS revient en Gloire parce que les
hommes, depuis le Temps de Moïse, ont dégringolé de plus en plus
bas et à votre époque on peut dire (au Ciel tous les Saints qui prient
pour vous, et vous tous de la Terre, qui vivez dans ce Temps), oui
vous êtes prêts à le constater, au Ciel comme sur la Terre, que vous
êtes tombés si bas que vous ne pouvez plus vous relever. Partout, on
vous propose de regarder la Terre avec tous ses plaisirs défendus
qu'on vous présente comme des remèdes pour guérir vos plaies.
Vous attendez votre délivrance de la Terre; vous ne tournez pas vos
regards vers le Ciel pour implorer votre Dieu de Miséricorde.

Alors le Père vous envoie à nouveau Son Fils Unique. Vous devez
vous repentir pour Le mériter. Glorifiez votre Dieu d'Amour afin que
JÉSUS Glorieux vous glorifie dans le Père et glorifie votre Terre
mais, d'abord, la souffrance vient pour vous façonner, âmes et corps,
dans le creuset de l'Amour. Amen.

JÉSUS Glorieux.

✝
✝ ✝

Votre liberté est votre propre difficulté
****

8 Juillet 1997

"JNSR" : "Seigneur, je veux faire Ta Volonté."

JÉSUS: Pourquoi te juges-tu si durement? Tu as fait ce que
*******   Je te demande; laisse à présent agir ceux qui sont
concernés, comme toi, par ce Message d'Amour; ils ont leur part
comme toi tu as la tienne; ne t'empresse pas d'agir à leur place:
chacun a sa propre responsabilité.

Je désire seulement que tout ceci soit respecté, comme Je l'ai
demandé. Je t'ai parlé pour tous et pour chacun; et chacun se
reconnaît dans cette demande. Je t'ai demandé de les tenir informés
et tu l'as fait. Que reste-t-il à faire, tu Me le demandes? *Tout!* Mais
vivre pour Dieu, c'est difficile car Dieu n'est pas un maître exigeant
qui vous limite dans le temps avec précision: *votre liberté est votre
propre difficulté...*

Cependant Je dois vous prévenir que, pour vous, il s'agit du Plan
de Dieu et que vous faites partie intégrante de Mon Plan qui se
déroule chaque jour un peu plus, comme une bobine qui se dévide et
qu'on aperçoit déjà la fine couche du cordon où est écrit: *fin.* Dois-Je
te rappeler *que vous vivez la Fin des Temps* où le Mal va perdre;
chaque chose qui termine sa course ressent le besoin de se reposer;
pour lui, il n'en sera pas de même car, n'ayant pas de repos, sa course
ne peut finir qu'en entraînant beaucoup d'âmes avec lui. Et malgré
Mon Avertissement, qui retentira comme le son du cor dans la vallée,
beaucoup n'auront *rien compris!...*

Je vais Me manifester par Ma Voix, par Mon esprit, par Mon
Coeur, donnant à chacun *l'ultime possibilité* de Me revenir et d'être
pardonné dans un repentir *sincère.*

Ma Voix retentira comme le vent qui se déchaîne jusqu'à faire plier
les arbres centenaires.

Mon Esprit deviendra une Force qui soulève jusqu'aux blocs qui
se sont endormis pendant des siècles de silence.

Mon Coeur deviendra comme une éponge qui boit, jusqu'à la
dernière goutte, le poison de Satan inoculé dans tous les coeurs qui
ont servi ce faux-maître, imitateur de Dieu, qui M'a volé Mes âmes
jusqu'à Me faire souffrir le marchandage avec lui de la dernière brebis
égarée, errante, qui ne veut reconnaître ni son Berger, ni sa Bergerie;
une ingrate qui va entendre Mon Coeur pleurer près du sien: elle ne
fautera plus et Me reviendra repentie.

Vais-Je te dire que cela est pour bientôt? *Tu le sais! Je ne tarderai pas.* mais croyez-vous que si Je vous donnais une date, vous seriez capables d'agir mieux? *Non!* Dites-vous simplement: *"Demain, le Maître revient, je vais aujourd'hui préparer le Repas de Noces; je vais lui broder son habit car je veux qu'il porte sur Lui ce que ma main va faire pour qu'il ressente mon Amour, que ma broderie touche sa robe; c'est comme si ma main pouvait constamment Le toucher; je vais fleurir la table; je vais parfumer la pièce où le repas va avoir lieu."*

Oui, vous pouvez déjà tout améliorer pour Me recevoir. Dieu aime la Joie qui vient de votre Coeur, la Joie que vous ressentez déjà pour les minutes, pour les heures que vous passerez près de Moi; elles sont vivantes, dans Mon Saint Coeur, ces heures-là.

Est-ce cela l'Amour? Oui Mon enfant. Aimer c'est déjà M'attendre. C'est déjà Me préparer, dans votre pensée, tout le goût de cette rencontre où tout est déjà préparé, comme la mariée qui prépare à l'avance le festin pour les invités afin qu'ils partagent sa joie. Oui, votre Époux est de retour. Ô Christ Bien-Aimé, que désires-Tu pour fêter cette Joie de Ton arrivée dans ce peuple qui est Tien de par son coeur, parce que ce coeur Te connaît déjà; mais Seigneur, Toi qui connais tout, que devons-nous faire dans cette attente qui peut être encore trop longue?

Mon enfant, Je désire vous voir tous dans cette Joie de l'attente; quoiqu'il arrive, malgré la souffrance, vous aurez la Joie de Me revoir parmi vous et cela effacera toutes peines et toutes larmes: la douleur deviendra Joie. Mon enfant, *crois* que, pour beaucoup de raisons, *J'avancerai Mon Heure* et que là, *vous saurez tout*; car un père, qui tient son enfant dans ses bras, ne sait plus se taire; pour lui prouver son amour, il ira jusqu'à ouvrir son coeur et donner encore ce qu'il possède. Mon Amour *est transparent*, vous pouvez lire en ce Coeur tout ce que J'ai; Je ne l'ai jamais caché, mais vous ne savez pas encore lire dans le Coeur de Dieu.

Rien ne vous sera caché,
car Mon Enfant *revient*, Mes enfants Me *reviennent.*
Enfant prodigue, ta part n'a pas été donnée à un autre, puisque chacun de vous, vous êtes aimé comme si vous étiez Mon unique enfant. Mon Trésor d'Amour est inépuisable. Vous êtes Mon héritage et Mes héritiers.

Venez trouver l'abondance dans le Christ Ressuscité
qui vous donne Son Esprit Saint
pour entrer dans le Père qui vous attend tous.
Amen.

†
† †

Ils veulent enlever la Pierre d'Angle
****

11 Juillet 1997

"JNSR : "Sainte Vierge MARIE, que pouvons-nous faire pour plaire à Dieu et nous faire pardonner? Les choses vont-elles s'arranger si on vous écoute, ou bien tout doit-il continuer comme il a été écrit dans les Évangiles pour le Retour de JÉSUS?"

MARIE: "Mon enfant, Je vous aime et Je reste fidèle à Mon Amour de
************* Mère pour tous Mes enfants, quelle que soit leur race ou leur religion. Je suis la Mère de Dieu et la vôtre. Je serai toujours près de vous. Soyez obéissants à Dieu en toute chose, comme Je vous l'ai toujours demandé. N'oublie pas que tout ce que Je vous ai dit partout où Je suis venue voir Mes enfants de la Terre: tout est en train de se réaliser même si, par vos prières et les Miennes, Je peux toucher le Coeur de Dieu pour arrêter certaines calamités; tout ne sera pas effacé du Livre que Dieu tient déjà entre Ses Mains. Beaucoup d'enfants font d'énormes progrès dans la Foi; Nous voyons vos sacrifices, et vos offrandes d'Amour.

Mais la majorité ne croit pas en Dieu et blasphème sans cesse contre Sa Majesté; même les miracles que J'ai accomplis ont été contestés. *Aussi le Père des Cieux est en droit de donner un sérieux avertissement à tous Ses enfants,* que ce soit sur Terre, dans les airs, dans les mers et même dans les profondeurs qui vous entourent: *tout sera ébranlé.*

Lorsqu'on retire une pierre à un édifice, l'édifice entier risque de s'écrouler et, vois-tu, *c'est la Pierre d'Angle qu'ils veulent enlever.*

Comprends-tu que le monde entier, l'Univers entier, est soutenu par cette Pierre d'Angle *qui est Mon divin Fils et Seigneur Tout-Puissant.* Cette lutte contre Dieu est sans merci. Ils veulent détruire *ce qui les soutient* et, dans leur aveuglement, ils ne voient plus leur propre mort et la mort de votre planète."

JÉSUS: "Je ne reste pas indifférent à vos saintes prières mais
************* Notre Père ne peut rester indifférent à ce Mal qui se déchaîne de partout, causant petit-à-petit la destruction de toute l'Humanité; car Ma Loi est devenue *chose morte* et les saints commandements s'envolent comme la paille dans le vent. Ma fille, ce qui a commencé avec facilité est en train de s'accentuer de plus en plus fort.

Chacun prend l'exemple de l'autre et, pour faire encore pire, il invente d'autres absurdités encore plus énormes. Plus rien ne vit selon les règles de la Nature et de la Morale, tout s'écroule. Comment pouvez-vous à présent rétablir l'Ordre sans appeler votre Dieu de Miséricorde?

JÉSUS et MARIE vous guident. Amen.

† † †

La Sainte Trinité de la Croix
****

12 Juillet 1997

JÉSUS: "Je viens te parler. Ne dérange pas Ma Pensée: écris
*******   suivant l'ordre que Je te donne. Ne demande jamais
l'impossible. Viens lorsque Je t'appelle et écoute-Moi. *Maintenant les
événements vont arriver:* abandonnez-vous à Ma seule Présence en
vous; vous obtiendrez de meilleurs résultats dans la Paix de votre
coeur. Je suis *actif en vous,* Je vous guide et, d'abord, *Je vous
prépare à vivre ce Temps de la Fin.* Ne pas le dire, c'est comme si on
voulait cacher à un enfant qu'à côté de lui, il y a un nid de guêpes:
"qu'il ne s'avance pas vers lui!".

N'écoutez aucun faux bruit, n'ayez aucune peur fausse. Je suis
votre Père et Je vous promets que Je vous guiderai.

Il y a *un silence* qui va s'imposer d'abord, comme lorsqu'on marche
vers l'Autel pour recevoir la Sainte Hostie. Vous marcherez en silence
vers l'Autel qui va unir toute la Terre, entre elle et avec Dieu. Le
Ciel vous regarde. Vous avancerez. Regardez toujours d'où vient
Mon Appel. Je vous guiderai. Ne vous affolez pas. Je continue à
parler *à Mes âmes en silence:* le frémissement des feuilles annonce
déjà un changement de temps. *Je frémirai en vos coeurs à l'écoute.*

Je viendrai vous parler, vous instruire par Mes Instruments.
Autrefois, lorsque Je parlais à Mon Peuple, Je le faisais par l'intermédiaire d'un de Mes Prophètes toujours à l'écoute de Ma Sainte
Parole. *Il n'en est pas autrement à présent:* gardez toutes ces Paroles
en vous. Aussi Je voudrais que vous veniez M'écouter, dans le
silence de votre coeur, par ceux à qui Je M'adresse en particulier
pour vous tous. Est-ce une volonté humaine? Non. C'est Ma Voix à
l'intérieur de ton coeur à l'écoute. *La volonté des prophètes est
entièrement dans Ma Sainte Volonté.*

Ne M'oublie pas. N'oublie jamais que nous devons faire ce
quatrième livre et que Je te parlerai encore pour quelque temps afin
de réaliser ce qu'il doit être: *le recueil de tout ce que Je demande au
Monde qui s'endort et qui va se réveiller dans une Ère Nouvelle,*
mais réellement transformée; et que personne n'est en droit de ne pas
ressentir la Présence de Dieu dans Sa pleine Vérité *car Je suis en
chacun.* Je ne te fais pas écrire pour les informer de ce qui se passera
pour qu'ils soient en éveil de *recevoir* telle ou telle chose, ou *d'éviter*
telle ou telle chose, mais pour leur dire que jamais Dieu ne S'est
montré si Vivant dans leur pensée pour les rallier à Lui, *à Son Oeuvre
de Résurrection mondiale;* et qu'ils en sont avertis pour revenir à
Dieu et non pour craindre Dieu.

Je termine ce livre avec Mon baiser pour vous aider à vivre tout ceci. Tout ceci doit se vivre dans Mon Espérance d'Amour, de Ma Nouvelle Terre, vivante en Dieu, unie aux Cieux Éternels de Dieu.

C'est une chose qui n'est jamais arrivé.

C'est une importante transformation en tout.

Je veux préciser que non seulement ce que vous allez *voir* mais *vivre* en vous unissant à Moi, votre Dieu et Maître, cette réalisation a pris le départ dans le Coeur-même de la Très Sainte Trinité et débordera sur tout l'Univers.

J'appelle Mes âmes de bonne volonté à rester à l'écoute car vous serez informés petit-à-petit de toutes ces étapes qui vont aboutir *au Règne de Dieu sur la Terre*.

JÉSUS est avec vous, uni à tout ce que le Père réalise pour Sa Création renouvelée dans Son Amour de Père Créateur. Je reste uni entre le Père et entre vous comme Je le fus sur Ma Sainte Croix entre Ciel et Terre; toujours pour vous donner ce que le Père Me donne et partager avec vous tous les Dons de Dieu.

J'irai, comme le Père le désire, M'unir à ceux *qui Me recherchent pour M'aider*, et à ceux qui M'ont oublié, afin de réaliser avec eux ce retour vers le Père qui les attend. *Ce temps d'attente est celui qui vous est accordé pour accomplir ce travail que vous préparez pour le Règne de Dieu, pour Son Retour en Gloire.*

Oui, si Je t'ai demandé, à toi et par toi ces *milliers de Croix*, c'est pour dire au Monde: "*Voyez comme elle est sans force ni soutien; elle est devant la chose que J'ai demandée pour vous montrer combien J'attends de tous ceux qui sont comme elle, faibles, et dans la peine qui devient sa vie.*"

Ne croyez pas que Je ne vois pas vos vies dans leur profondeur; ainsi, Je vous certifie que seuls viendront à Moi dans ce grand Projet ceux qui ont mis toute leur Espérance à cette réalisation; qu'ils soient près de Mon Instrument, qu'ils soient loin, ils sont tous marqués du même Signe, le Mien, Ma Croix d'Amour.

Ceux qui M'ont soutenu dans la Grande Souffrance lorsque, suspendu entre Ciel et Terre, Je donnais Ma Vie pour vous tous, voici ce que sont Mes vrais enfants de la Croix; des enfants d'Amour de Ma Croix, obéissants jusqu'à la mort pour leur Dieu qui le leur commande.

Ils iront jusqu'au bout du monde, fatigués, malheureux, toujours harcelés par les soucis de toute sorte, mais jamais ils ne Me diront: "*Non*", car leur *Oui* est mêlé au *Oui* que J'ai dit à Mon Père sur la Croix:

"Ô Père! Qu'il soit fait comme Toi Tu le veux
et non comme J'ose encore Te le demander."

Mais Moi Je savais que ces Paroles *étaient pour vous tous* car
Dieu ne peut pas dire ce qu'Il sait *pour Lui-même*: J'appartiens
entièrement à Dieu; comment pouvait-il en être autrement que de
faire toute la Volonté de Dieu, Mon Père, jusqu'au bout, puisque Je
suis Dieu, Je SUIS en Dieu; mais j'ai parlé au Père, en ce moment-là,
pour vous tous que Je portais en Mon Saint Coeur. Non, vous ne
pouvez plus dire *Non* au Père. J'ai répondu pour vous tous:

"Ô Père! Qu'il soit fait comme Ta Sainte Volonté Me le
demande pour eux. Je les prends avec Moi sur Ma Croix d'Amour."
Vois comme vous allez mieux comprendre: le *pourquoi* de tant de
Croix d'Amour, c'est *La Réponse* de toutes les réponses; à travers Ma
Volonté, vous ne faites plus qu'un avec JÉSUS *dans Mon Père et
votre Père* dans l'accomplissement de Sa Très Sainte Volonté
d'Amour, en union parfaite avec l'Esprit de Dieu qui vient renouveler
la Terre dans l'Amour de Dieu et des enfants unis à Ma Sainte Croix.

Pourquoi t'ai-je dit: "*des milliers de Croix, des milliers de Voix*"
car le nombre sera atteint; si le début fut lent, souviens-toi, Je t'ai dit
qu'ils viendraient tous rejoindre les premiers avec Foi et Amour.

La Croix du Seigneur se multipliera parce qu'ils vont être des
milliers à venir prier devant chacune d'elles; ils passeront devant Ma
Croix plantée avec la main de l'homme; l'homme qui n'a pas cherché
sa gloire mais la Joie de Me rendre cette Gloire qui, en Vérité, Me
revient. L'homme qui écoute sait ce que Je désire de lui. C'est un
Amour communicatif.

Il faut rester unis, comme J'ai vu Ma Mère avec Marie-Madeleine
et Saint Jean lorsque, du haut de Ma Croix Ma Main rivée à ce que
l'on M'enfonça indignement, *ce Clou*, qui ne M'empêchait pas de les
bénir, *ce Clou* est toujours planté dans votre main droite à chacun de
vous qui Me servez avec tant d'Amour pour rappeler, avec cette
Douleur qui viendra souvent vous surprendre, *que Ma Sainte
Volonté est en vous.*

"*Faites tout ce qu'Il vous dira*" vous répétera Ma Sainte Mère.

"*Avec vous, je vis les derniers moments de la mort de toutes les
dominations mauvaises*" vous dira Marie-Madeleine.

"*Avec vous, je serai jusqu'à votre propre Résurrection, soute-
nant les mères et les femmes qui ont tout donné à Dieu*", vous dira
Mon Jean.

Oui, Je vous envoie la Sainte Trinité de la Croix pour mieux
comprendre ce qui, à vue d'homme, semble impossible à réaliser.

C'est pourquoi Mes saints Prêtres viendront à vous pour vous aider, pour vous soutenir et pour bénir Mes Croix d'Amour, *parce qu'ils sont avec Jean* ceux qui vous soutiendront, car ils comprendront que tout ce que Je te fais écrire est Vrai, véritablement certifié par Dieu, dans toute Sa Gloire et Sa divine Majesté, qui revient vous montrer comment l'on doit vivre désormais.

Je ne vous demanderai jamais l'impossible, mais *le possible* dans tout ce que le Mal a détruit ou déformé: *commencez par vivre dans Mon Amour.*

Mon Église *va demeurer dans le silence*, comme il en fut pendant ce temps où Mon Corps fut remis à Ma Mère pour L'aimer, L'adorer et Le baigner de Ses saintes Larmes; alors Elle Me remit à ceux qui devaient M'enfermer pendant presque trois jours dans le Tombeau.

Voici que Ma Sainte Église entre dans ces trois jours de silence pour naître, plus belle que jamais, illuminée comme le matin de Pâques; et jamais plus elle ne s'endormira *car le Ressuscité vivra toujours en elle* dans Sa Lumière de Gloire Éternelle avec Sa Vie, Son Amour:

dans son Triomphe éternel car plus jamais,
aucun ennemi de Dieu ne viendra la harceler
pour la faire dévier de sa Sainte Promesse.
Elle est l'Épouse Immaculée du Christ en Gloire.
A elle, Joie Éternelle de Dieu
dans l'Adoration perpétuelle du Dieu Trois-Fois Saint.

Mon enfant, tu as bien entendu Ma demande principale. Je désire qu'en chaque lieu de pèlerinage, reconnu ou non par l'Église, lieux d'apparitions de Ma Sainte Mère, lieux bénis par Sa Sainte Présence, soit élevée Ma Croix d'Amour de 7m,38 vous rappelant à tous Ma Sainte Mort.

Ces Croix deviendront des phares au milieu des ténèbres du Monde. Elles feront apparaître la Lumière du Ressuscité.

Mes Croix sont lumineuses.

Chaque homme qui reconnaîtra JÉSUS
dans Sa sainte Souffrance et dans Sa divine Gloire,
tombera à genoux et recevra en lui
le baiser de JÉSUS, le baiser de MARIE.

Nos Deux Coeurs Unis dans la Sainte Croix

Amen

✝

✝ ✝

Je reviens en ce lieu béni et sacré de Dozulé
****

14 Juillet 1997

"*JNSR*" : "*Coeur Sacré de JÉSUS, j'ai confiance et j'espère en Vous.*"

JÉSUS: "Le Monde est né de Mon Amour. Aujourd'hui Je
******* viens vous le rappeler car rien ne peut se construire
sans Amour.   Je *suis* l'Amour.

Ma Croix du Salut du Monde a été rejetée par Mon Église à DOZULÉ sans même Me faire le procès que J'ai déjà subi auprès de Ponce Pilate où J'ai donné Ma Vie sans Me défendre. Aujourd'hui, ils Me condamnent sans même Me regarder. *Ils M'ignorent.* Comment ouvrir les yeux à ce Monde qui dort devant ce que Je viens de leur offrir à nouveau, Moi-même, le Christ, qui viens comme un mendiant d'Amour pour être accepté avec Ma Royauté de Gloire Éternelle?

Vois comment peut souffrir encore un Dieu plein d'Amour.

Ma Terre est encore plus sèche et plus ingrate qu'en ce jour où l'on jugea Dieu pour la première fois. Si Mon Coeur te parle d'Amour, aujourd'hui encore, c'est pour que toi, Mon enfant, tu te fasses écouter en Mon Nom qui réclame Justice et réparation. Oui, écris tout ce que Je te dis et n'aie crainte car ils te jugeront également comme celle qui vient *déranger la tranquillité de Mon Église qui dort profondément*, non seulement endormie mais paralysée dans son sommeil; elle se défend de voir Ma Sainte Vérité qui éclate comme un fruit mûr dans ce monde défiguré par le péché qui s'intensifie, créant *la noirceur des prochaines ténèbres* qui vont envahir de plus en plus les créatures et la Création. Parce que vous l'avez voulu: vous avez vous-mêmes créé cette épaisse ténèbre qui sera bientôt comme une masse qu'on ne pourra même pas couper au couteau.

Alors, J'éclaire à nouveau ce Monde par Ma Lumière qui se répand aujourd'hui sur le Monde entier qui voudra se sauver *en Me reconnaissant* dans ces milliers de Croix que Je vous demande de vite élever. Elles sont Mon Amour *meurtri*, c'est pourquoi il s'est multiplié comme le fruit mûr qu'on écrase, faisant des éclaboussures partout; voilà pourquoi elles naîtront par milliers là où Moi, Fruit mûri dans la Douleur de la Croix, *Je viendrai occuper la Croix qui Me portera comme le fruit mûr suspendu à l'Arbre de Ma Croix.*

Ce n'est pas Ma Croix Glorieuse; c'est encore Ma Croix d'Amour que vous allez aimer comme votre enfant car un enfant reçoit la vie de son père et de sa mère.

Ici, c'est l'Amour du Père des Cieux et de La Mère que Je vous ai donnée au pied de Ma Croix.

Alors cet enfant, cette Croix, aimez-la car elle est *l'Enfant-JÉSUS qui vous est donné par Mes Parents qui sont vos Parents et élevée de terre avec mon Amour*. Elle va briller de Ma Gloire car vous aurez reconnu alors l'Enfant de la Crèche qui est venu donner Sa Vie pour que vivent tous Ses frères dans la Gloire du Père d'Amour.

Le Père vous glorifiera comme Il M'a glorifié, Moi, Son Fils Unique; alors cette Croix élevée va devenir brillante de Ma Sainte Gloire car, par vous et pour vous, le Père Tout-Puissant *fera de Ma Croix d'Amour une Croix de Lumière* qui va briller dans tous les esprits de ceux qui la regarderont parce que *La Sagesse* vous expliquera que votre souffrance vient de donner naissance à Ma Croix d'Amour qui va bénir et sanctifier tous ceux qui la regarderont avec Foi, Respect et Amour.

Alors elle brillera dans tous les coeurs purs qui l'accepteront; comme Je vous la donne, en Vérité, pour vous guérir et vous aider à passer de cette rive à l'autre, vous Mes apôtres bien-aimés, vous Mes disciples et frères et vous, enfants de Ma Sainte Mère qui vous a toujours protégés, allant vous chercher même dans les bergeries sans Pasteurs véritables, même dans les ornières recouvertes de boue, même dans les trous où se perdent les Brebis qui ont voulu effacer leur nom.

Oui! Mes Croix d'Amour, c'est Mon *souvenir* qui vient réveiller tout *ce bois sec*, tous ceux qui M'ont oublié par négligence ou indifférence. Oui, même ceux qui M'ont renié car ceux qui vont les élever par Amour de Ma Sainte Croix, ne seront pas seulement Mes ouvriers bien-aimés, *mais vous êtes Mes amis si vous faites ce que Je vous commande*.

Mon enfant, *tu verras* se réaliser l'Oeuvre Merveilleuse de l'Amour *qui ressuscite un peu partout;* oui, une résurrection dans les esprits qui dorment, recouverts de tranquillité dans l'oubli de Dieu *parce Dieu dérange* ce que les hommes ont établi, croyant que c'est définitif: "*Dieu ne Se manifestera plus jamais*"... Hommes de peu de Foi, réveillez-vous et venez à Moi, non comme des hommes qui pensent avec leur logique humaine, mais venez à Moi comme des petits enfants qui regardent, émerveillés, la Crèche de Noël.

Ils regardent tout et leur esprit anime alors chaque personnage de cette crèche immobile: tout *vit dans leur coeur*. Alors, hommes, ne Me regardez plus comme le Dieu immobile qui créa les cieux et la Terre et Se reposa le Septième Jour "et tout s'est arrêté là".

Non! Ce Dieu vit et crée toujours et, dans l'espace qui vous rapproche de ce Huitième Jour où Ma Grâce sera visible et bien vivante pour chacun de vous, Je vous regarde, arrêtés ou rabâchant ce qui vous préoccupe le plus *votre propre tranquillité:*

"Ne m'oublie pas" .... *"Seigneur, Seigneur, protège-moi, ne vois-Tu pas que je participe à toutes les oeuvres de l'Église; oui je donne"*...

Alors Je vous répondrai: "Ce n'est pas celui qui M'appelle Seigneur, Seigneur, que Je regarderai, mais celui qui fait la Volonté de Mon Père, celui qui Lui obéit, celui qui, sans parler, sera en union avec Dieu, vivant dans la Sainte Volonté de Dieu, accomplissant chaque jour son travail quotidien. A chacun sera demandée une tâche différente; chacun sera choisi pour accomplir ce que Dieu a déposé déjà en chaque coeur. C'est ainsi que se bâtira *la Cité de Dieu parmi nous,* la Jérusalem Nouvelle, la Terre renouvelée dans l'Amour Trois-Fois Saint; une Terre Nouvelle avec des Cieux Nouveaux *car vous serez en communion* avec le Ciel: *"Le Ciel et la Terre sont remplis de Ta Gloire".*

Tu vois, ces milliers de Croix sont déjà là pour réunir le Ciel et la Terre afin de vous montrer le Chemin qui mène au Ressuscité qui vous attend dans Sa Croix Glorieuse où est en train de s'établir déjà Ma Cité Sainte car, Je vous le dis en Vérité: "Le ciel et la terre passeront, mais Mes Paroles ne passeront pas".

Je l'ai proclamé dans Mon Église *que Je reviens* en ce lieu béni et sacré de Dozulé . Et voici que Je viens.

Amen, Viens Seigneur JÉSUS

†
† †

Un petit Ange vous parle
Requête pour une âme. Priez pour les mourants
****

15 Juillet 1997

"JNSR" : *"Je vois un petit Ange pendant que je prie; il vient pour une âme. Une annonce me dicte le devoir de vous le dire à tous."*

Le petit Ange: "Je suis un Ange qui te demande de m'offrir
************* la Grâce de cette prière pour les mourants. Il est très important de prier chaque jour afin de sauver leur âme et de les aider à partir de leur corps charnel, s'en détacher et *demander d'aller vers Dieu.*

Je suis un petit Ange qui viens à toi pour cette prière:

"Dieu Saint, ce n'est pas un miracle que nous Te demandons pour chaque âme qui quitte son corps pour rejoindre le Père Céleste; c'est une prière que nous t'adressons pour celle-ci.

* Si elle a beaucoup de fautes à se faire pardonner, Seigneur, ordonne à Ton Esprit saint de souffler sur elle: toutes les souillures s'envoleront si elle a été conforme à Ta sainte Volonté; redresse-la avec Ton Esprit de Force et de Miséricorde.

* Si elle s'est égarée sur une mauvaise route, envoie plein d'Angelots remplis de Lumière pour lui montrer le Chemin, le seul, celui de Dieu.

* Si elle n'a pas été sage à Tes Commandements, si elle n'a pas voulu T'écouter, envoie les Voix du Ciel: elles rempliront ses oreilles de toute Ta Vérité, elles l'instruiront vite et elle deviendra vite sage et bonne.

* Si elle a tout fait pour ne pas Te connaître, si elle T'a oublié, si même elle T'a méprisé, Seigneur, Toi Tu es trop grand pour regarder si bas; élève-la vers Toi et qu'elle regarde Tes yeux qui sont Miroir de Justice, Miroir de Bonté, Miroir de Pardon.

Seigneur, je Te suis; je suis l'Ange qui vient les chercher pour Te les donner; arrête-Toi et prends-la avec Toi.

Seigneur, guéris les âmes; accorde-leur Ta Félicité Éternelle,
Amen.

Le petit Ange inconnu
qui est comme l'ânon qui porta JÉSUS
le Jour des Rameaux.

✝
✝ ✝

Ce trésor est caché en vous
****

16 Juillet 1997

JÉSUS: "Pourquoi recherchez-vous toujours le miracle? Le
*********** miraculeux n'est pas dans le visible, il est dans votre
coeur. Votre pensée contient en permanence Ma Sainte Présence en
vous; si vous Me priez, Je suis votre Sauveur qui continue à vous
sauver de tous les périls de l'âme et du corps.

Rentrez dans Ma Pensée d'Amour. Devenez *UN* avec Moi. Ne
pensez pas trouver dehors *ce trésor qui est caché en vous* car *Je vis
en vous* comme une perle cachée, mais vivante. Apprenez à M'aimer,
à M'imiter. Apprenez à Me chercher, pas seulement lorsque la
tourmente vous atteint, mais dans la Joie, car *Je suis* la Joie.

Qu'il est doux de partager avec vous ces instants de Joie pure
d'une réunion d'enfants qui parlent de Dieu, des mérites de Dieu.
J'aime vous avoir autour de Moi et vous entendre, surtout lorsque
votre parole rejoint la Mienne et qu'elles ne font qu'une car Je vous
dicte mot-à-mot ce que votre bouche prononce; alors Je deviens *ce
miel* qui est pour tous *un Partage dans l'Amour.*

Le Bien-Aimé est en chacun. Mais Il se fait entendre par *la voix*
qu'Il choisit pour Se donner à chacun comme une réalité *visible* qui
M'entend, Me reçoit avec une sensation particulière car, si Je suis en
chacun, *bien peu savent M'entendre.* Dans votre coeur à l'écoute
passent plusieurs voix et bien peu savent reconnaître *Ma Voix* en
eux.

Vous ne savez pas Me rechercher docilement et vous ne discernez
pas Ma Voix qui n'est *distinctement audible* qu'au fond de votre
coeur. JÉSUS n'a pas besoin d'éclat pour Se faire aimer des enfants
qu'Il choisit en ces Temps de détresse. Ces coeurs purs sont cachés
comme Je le fus durant toute Ma Vie: Je demandais le silence à celui
que Je guérissais, Je passais dans la foule sans Me faire reconnaître.
Ainsi sont les enfants de Dieu, cachés jalousement dans le Saint
Coeur qui est le Miracle du Monde; car Dieu *est le Miracle.* Ne
cherchez pas ailleurs.

Dieu se cache pour mieux se faire aimer. La foule est aussi un
moyen de se cacher au milieu d'elle. Personne ne doit *vous* entendre,
mais M'entendre, *Moi.* Je parle même caché, car ce sont vos coeurs
qui Me font connaître. Mais le coeur qui parle est, en Vérité, ignoré
du Monde; rien ne l'attache à ce Monde et sa voix est *la Mienne.*
N'appelez pas les foules à vous si vous ne voulez pas que Mon
Coeur en souffre.

Laissez-les venir à vous sans les appeler de vous-mêmes:
Seul Dieu peut toucher tous les coeurs.

J'ai parlé dans les synagogues au Nom de Mon Père du Ciel, et Je n'ai eu qu'offenses. Vous parlerez pour Moi et de Moi, et vous aurez la même "récompense". Mais aujourd'hui, c'est Moi qui vous réunit.

Mon enfant, écoute-Moi.
Ne te désole pas pour ce qui arrive.
Aie Confiance.

L'esprit Saint est à l'Oeuvre:
ils viendront comme des papillons attirés par la lumière.
La Lumière du Monde
les réunira bientôt.

Je *suis* la Lumière du Monde
Amen.

†
† †

Le Mal veut toucher le Coeur du Père Créateur

****

17 Juillet 1997

"*JNSR*" : "*Seigneur, pardonne-moi si j'ai égaré plusieurs de Tes écrits; si Tu le permets, Seigneur, veux-Tu me redonner le principal; pardonne-moi, Seigneur, de cette négligence.*"

JÉSUS: "Mon enfant, il est nécessaire de garder ce que Je te
******* donne par écrit. N'oublie pas que c'est Mon choix; Je t'ai choisie pour cela et Je M'exprime par toi. Il est nécessaire de conserver ce que tu reçois car ce sont Mes Paroles que Je remets entre tes mains et cela ne peut se jeter comme un journal que l'on vient de lire et qui ne servira plus.

Les événements que Je te décris vont arriver bientôt.

Je veux que tu avertisses Mes enfants. Il s'agit d'une mise en garde contre tous les dangers qui ne vont cesser de se répéter partout dans le monde parce que le Mal se déchaîne et prend la place du Bien; et partout, il "enseigne" comment les hommes peuvent vivre "mieux" en faisant toutes les choses défendues.

Que ce soit dans la société, dans la famille, dans l'Église, tout est en train de subir l'enseignement néfaste de celui qui, de tous Temps, est l'Ennemi de Dieu et des hommes. Son but est de détruire la Création de Dieu *pour toucher le Coeur du Père Créateur.* Je vous demande de bien croire en Ma Parole.

Je laisserai agir l'Ennemi, afin que ceux qui sont encore indécis à le suivre totalement, Me reviennent librement *en voyant le désastre* occasionné par le Mal. Mais ceux qui ont choisi définitivement de le suivre, seront éternellement *les absents* de Mon saint Coeur.

Le Temps arrive où ils se détruiront d'eux-mêmes: tout plant privé de sa terre nourricière, meurt de lui-même. *Satan n'a rien à vous offrir.* Je vous ai créés et vous M'avez rejeté définitivement; désormais, vous ne faites plus partie de Ma Sainte Création.

Il en sera de même pour ceux qui, avec arrogance, ont lutté contre Mes saints Commandements, faisant de Mon Église *un marché où l'on entend plus parler d'argent que de Dieu.* Oui, tous ceux qui ont bâti leur maison *sur le sable de leur vanité*, vont tomber sans pouvoir se relever.

Tous ceux qui veulent détruire Ma Sainte Parole et la remplacer par des phrases sorties du coeur des hommes de science, vont se retrouver seuls à discourir sur leur propre "capacité".

Tous ceux qui remplissent leur bourse et oublient leurs frères dans la misère, tous ceux qui tuent la Vie que Je vous donne, comme tous ceux qui détruisent leur corps par toutes sortes de vices, ne peuvent plus Me regarder: car Je ferai passer en leur esprit un feu qui sera plus fort que les coulées de cendres chaudes qui s'échappent des volcans en furie; car *personne* n'est en droit de détruire *Mon Bien*: ce que *vous êtes,* ce que Je *vous donne*, ce qui M'appartient, *car tout est à Dieu*, tout vient de Dieu, ne peut être détruit sans Ma permission.

Je vous prends dans la Vie. Je vous enlève de la tombe. Je vous comble de Mon Amour pour cette *Vie en Dieu* qui est la vôtre et dans laquelle Je vous attends. Comment pouvez-vous tuer ce qui est à Dieu?

Dieu enlève l'enfant de la Terre pour le remettre dans sa vraie Patrie, mais jamais pour détruire la Vie; c'est Moi qui vous la donne *et elle continue avec Moi*. Mais souvenez-vous que le Créateur a tout droit sur Sa Création jusqu'à ce que Sa créature, créée avec tout Son Amour, Le rejette et Le renie comme Père: Dieu respecte la liberté qu'Il vous remet avec la Vie. *Le Mal veut toucher le Coeur du Père Créateur.*

Je suis la Résurrection et la Vie.

JÉSUS, Sauveur du Monde.

†

† †

Je donnerai Ma Vie à chaque Croix
****

19 Juillet 1997

"*INSR*" : "*Seigneur, je sais que Tu nous guides. Mais peux-tu nous expliquer comment mieux faire pour que se réalise ce Projet de milliers de Croix d'Amour. Merci, Seigneur.*"

JÉSUS: " Le soir de la Sainte Cène, Je réunis tous Mes amis ******* et, avec chacun, Je partageai Mon Pain et Mon Vin: "*Ceci est Mon Corps, ceci est Mon Sang*". Je Me suis donné là, à chacun, pour qu'ils Me donnent eux aussi, à leur tour, à chacun de vous.

Vous êtes dans ce Partage, Mes enfants. Je leur ai dit: "Allez partout porter la Bonne Nouvelle de Mon Royaume. Ainsi aujourd'hui, vous avancez encore, nourris de Mon Corps, de Mon Sang et de Ma Parole. Je vous parle comme à eux pour vous faire agir comme eux: portez la Bonne Nouvelle de Mon Royaume *qui descend vers vous;* comme une Vérité qui achève sa dernière phrase par: "Me voici. Et voici que Je viens. *Amen, viens Seigneur JÉSUS*".

Pour M'annoncer, *vous Me montrerez* car, eux, ils M'ont vu et ils ont vécu de Ma Parole qui vit toujours, hier comme aujourd'hui.

Mais à vos frères, à ceux qui ne Me voient pas en leur coeur parce que l'arrogance et l'indifférence du Monde *sont des murs* qui s'élèvent chaque jour, de plus en plus haut, dans ce Monde moderne où l'argent, le pouvoir et l'orgueil ont pris la place de Dieu, ceux-là vont voir Ma Lumière *visible* avec leurs yeux de chair: les incrédules verront des milliers de Croix allumées par l'homme mais, dans chacune de ces clartés fabriquées par vos mains, *Je mettrai Ma Lumière Divine: ils verront et ils croiront.*

Je suis la Lumière du Monde: qui Me voit *croit.*

Ainsi Je Me ferai ressentir en chaque âme qui priera devant ces Croix. C'est pour cela que Je les appelle *Mes Croix d'Amour*, faites par les hommes, non inventées par les hommes, construites par la main d'hommes auxquels Je donne savoir et réflexion; mais non achevées par les hommes parce qu'elles auront, chacune, Ma Sainte Grâce et Ma Bénédiction.

Une fois élevées de Terre, elles auront, chacune, Mon Appel silencieux pour vous attirer à Moi *et Ma Protection enveloppante sur toute la cité où elle aura été édifiée, car Je donnerai Ma Vie à chaque Croix..*

Ne pensez pas que Je ne suis Vivant, dans chacune de Mes Croix élevées de Terre, que pour ceux qui ont travaillé sur elles.

Ceux que J'ai appelés à les édifier seront vus comme le Maître: *vous serez aimés et haïs;* aimés par ceux qui croient en Ma Sainte Résurrection et haïs par ceux qui, de tous temps, n'ont pas accepté que DIEU *EXISTE* et que Je *vis* en chacun de vous.

Une multitude se réveillera bientôt
comme si elle émergeait d'un long sommeil.

Et là cesseront les peurs et la haine qui ont habité tous ces coeurs. Le travail ne manquera pas. Chacun aura sa part. Je vous demanderai d'aller ici où là, car les appels se multiplieront. Les Ouvriers de Ma Vigne seront d'abord comme l'épi chétif qui n'a pu donner que dix ou quinze pour cent de son fruit; mais la terre labourée en tous sens sera belle et aérée et donnera du fruit au-delà de vos espérances, tellement bien que les greniers de Dieu seront pleins jusqu'à déborder.

Vous verrez s'accomplir Mon Oeuvre, d'abord comme l'enfant qui fait ses premiers pas craintivement. Et puis, ils verront et ils croiront, car Mon enfant affermira ses pas et Mon enfant grandira, soutenu par des milliers de mains qui vont venir en aide à sa marche; Mon enfant ira loin, loin; aimé de partout, il sera l'enfant de chacun et n'oubliera jamais aucun de ses parents.

Car le Père qui est au Ciel est le Père Royal de Ma Croix; car Ma Croix, c'est JÉSUS Ressuscité qui sera comme des milliers d'enfants *vus à l'infini,* parce que Mon Père, dont la Bonté est infinie, veut Me donner *à tous Ses enfants de la Terre.*

Alors le Miracle d'Amour naîtra de toutes ces Croix remplies d'Amour et de Prières, ces enfants qui M'appellent d'une même voix:
"Viens, Seigneur JÉSUS !".

Alors, de partout Je vous conduirai à Ma Croix Glorieuse, là où Mon Père a béni et sacré la terre qui doit recevoir... vous tous!, Mes enfants chéris appelés, par des milliers de Croix d'Amour, à rentrer dans Ma Croix de Gloire. *Je donnerai Ma Vie à chaque Croix.*

Alors, les Cieux s'ouvriront et descendra la Jérusalem Céleste; elle vient de chez Dieu pour occuper *la Terre entière;* elle descendra là où Mon Père a posé Son Doigt et où doit s'accomplir toute chose.

Voici que Je fais des Cieux Nouveaux et Ma Nouvelle Terre est déjà en train de se modeler.

Voici que Ma Croix Glorieuse s'élèvera du sol choisi où doivent venir se repentir toutes les nations.

Ils se frapperont la poitrine car ils ont lutté contre Dieu. D'abord, les hommes comprendront combien Je les aime *pour venir à eux,* alors ils viendront *à Moi.*

J'éclairerai tous les esprits et Je donnerai *au centuple* à celui qui M'a aidé, car Dieu recherche la volonté de tous Ses enfants choisis. Et vous, Mes bien-aimés, vous avez répondu aussitôt à Mon Appel. Qu'il est beau le visage de l'enfant qui aime son Père des cieux!

Son regard a la clarté des cieux.

Dans son coeur on peut lire Ma Sainte Volonté.

Sa bouche est une fontaine d'où coule l'Eau de Ma Source:

Ma Parole.

Je mettrai des ailes à vos pieds pour aller là où Je vous le commande. Mais sachez, chacun de vous, que Je parle aux coeurs *purs,* que tout doit s'accomplir dans Ma Paix; restez dans la Sainte Obéissance de Dieu. J'ouvrirai les portes qui doivent s'ouvrir. Ne forcez pas celles qui restent closes car ne s'ouvriront que celles *qui sont marquées du Sang de l'Agneau.* Telle est Ma Volonté.

J'épargnerai ceux qui M'aiment en Vérité.

Ne pensez pas que Mon Chemin sera couvert de roses; seulement, vous rencontrerez d'abord les épines. Vous êtes les apôtres des Temps Nouveaux où Dieu sera le Roi et le Maître.

Le Ciel et la Terre sont remplis de Ta Gloire.

Le Christ est prêt à vaincre.

Restez avec Moi

pour préparer le Repas des Noces de l'Agneau.

Votre coeur est dans Ma Joie,

là est votre réponse: Ma Vie est en vous. Amen.

J'entends déjà ces milliers de voix:

"Viens, Seigneur JÉSUS!"

Et voici que Je viens. Amen.

"Viens, Seigneur JÉSUS!" Amen.

Priez très fort le grand Saint Joseph

car le Père Éternel ne peut rien refuser à Saint Joseph,

car le Fils ne peut rien refuser à Sa Très-Sainte Mère.

Amen.

✝

✝ ✝

L'Heure approche
****

20 Juillet 1997

"JNSR" : *"Parle, Seigneur, je T'écoute."*

JÉSUS: "Aie l'obligeance de M'écouter sans M'interrompre.
*******   Je vais vous demander certaines choses qui sont nécessaires pour faire avancer Mon Plan divin. Je Me sers des petits, des faibles, des "moins-que-rien", car c'est en eux que Je retrouve la Volonté de servir Dieu. La Sainte Volonté du Très-Haut se trouve être en action dans tous ces coeurs rejetés par les moqueurs.
        Mes petits enfants rendent Gloire à Ma Vérité.

Leur chemin est toujours tracé à l'avance par Dieu et ils le suivent car il porte l'empreinte de Mes pas. Avancez avec prudence; soyez attentifs; tenez-vous sur vos gardes. L'Ennemi avance également, juste à côté de vous, sans pouvoir pénétrer dans Mon Chemin car les lignes parallèles, bien que rapprochées ne se rejoignent jamais. Suivez Mes pas; ne dérivez ni à droite, ni à gauche. Parfois, Je vous ai demandé de grandes choses. Vous les avez effectuées avec beaucoup d'Amour et de Persévérance dans la Foi. Vous avez été diffamés, mais la réponse à leurs diffamations, c'est l'accomplissement de ce que Je vous ai demandé. Ils ont *vu* la réalisation, mais leur doute *est Mon objection*, car Je resterai muet devant leur accusation malsaine.
        La Croix d'Amour vient de Dieu.
Les milliers de Croix d'Amour se répandront sur le monde entier.
        Ils verront et ils croiront.

Tout va avancer en même temps *car le Moment est arrivé.* Je ne désire que votre volonté dans Ma Volonté et, ainsi, nous vaincrons ensemble le Mal de votre Temps. *Le Sournois* veut se faire reconnaître comme étant "l'envoyé de Dieu" pour votre siècle si perturbé; certains, et trop nombreux, vont voir en lui "le Fils de Dieu". J'emploierai alors Ma Force d'Amour pour lutter contre la force de *destruction* qui va croître de partout, ainsi les flots rageurs qui entraînent avec eux les barques comme des étoiles de mer.

Le Sournois met toute sa force pour démolir le Bien de Dieu.
La Sainte Église, et ses membres les plus précieux, seront menacés, rejetés, ballottés. Dans ce courroux, présent en tous lieux, se verra malheureusement la perte de beaucoup d'âmes et parmi elles des petits enfants livrés à eux-mêmes, manipulés malgré leur jeune âge dans cette obscurité croissante qui va prendre naissance, même dans les coeurs de leurs parents qui les laissent *libres*, c'est-à-dire livrés au Mal. *La liberté que Je vous ai donnée est profanée chaque jour.*

Vous deviez Me revenir *librement: de tout votre coeur,* mais votre choix s'est tourné vers une liberté sans Dieu. Vous prostituez vos petits enfants; vous tuez vos enfants; vous assassinez l'Innocence; vous dépassez Sodome et Gomorrhe dans votre perversité. *Si vous ne vous repentez pas,* qu'attendez-vous de Moi? *Vous vous condamnez vous-mêmes!...* J'aime tellement *votre Pays!* Il est comme une flamme ardente en Mon Saint Coeur qui le garde en lui. J'attends *beaucoup de votre Nation* qui reste sourde à Mon Appel. Votre Pays Me reconnaîtra, mais un peu tard... J'attends.

Mon enfant, prie le Saint Esprit souvent:
"Saint Esprit, Esprit de Dieu, Guide infaillible, conduisez-moi sur le chemin de la Vérité; faites que je ne m'en éloigne jamais. Amen."

Je te parle de ce quatrième livre. Je désire que tu continues à écrire. Tu écriras chaque fois que Je te le demanderai pour parfaire son contenu. Tu seras appelée à le terminer bientôt, sans précipitation jour après jour. Je te montrerai l'important de ce qui doit être dit; J'interviendrai pour que tu puisses l'écrire dans le calme: il est important que ceux qui t'entourent le comprennent aussi: Dieu est le Premier servi.

Tu ne dois pas hésiter; Je dois encore te parler de ce qui doit arriver bientôt; n'aie crainte, tu le termineras avant que cela n'arrive. Parfois, même sans écrire, il est important que tu M'écoutes: Je te guiderai sur des chemins très durs à grimper, difficiles parce qu'inconnus, mais tu resteras toujours dans Mon Chemin de Vérité. Les uns viendront à toi, comme parfois tu iras vers les autres. Tout doit s'accomplir comme Dieu te le demande. A d'autres, ces choses paraîtront "impossibles" à accomplir. Je désire te fortifier. Vois comme il est pénible, dur et insoutenable de vivre sans Dieu, sans ressentir Ma Sainte Présence en ton coeur. Je te demande de ne jamais oublier comment est le désert, celui que tu es en train de parcourir; vois cette solitude, sans Dieu: plus de force, le courage d'avancer disparaît.

Ainsi Je vous montre, *à chacun,* l'utilité de vivre *la Vie en Dieu.*

Pour avancer plus loin avec Moi, vous devez vivre appuyés sur Mon Saint Coeur: votre force est en Lui; vous devez vous unir à Mon Esprit Saint qui vous donne la fermeté face aux dangers de toutes sortes. Lorsque vous acceptez de vivre *en* Dieu, *avec* Dieu et rien que *pour* Dieu, la souffrance devient Joie, Je vous revêts de Mon armure, la Foi, et Je ceindrai vos reins de Ma Force.

Ainsi Je désire qu'après ceci tu M'écoutes mieux, sans aller chercher le pourquoi de votre peur ou de votre léthargie. Je vous demande, à vous Mes choisis, d'avancer; ne vous arrêtez pas.

Malgré toutes les entraves que vous allez rencontrer sur votre chemin, Je vous ferai franchir tous les obstacles. Mon enfant, écoute-Moi : sois attentive, marche avec précaution, entoure-toi de ceux qui ne M'ont jamais trahi, ils savent bien que tu ne peux de toi-même parler ainsi (*j'ai vu de saints Prêtres*). Ne t'arrête pas; même si tu ressens la fatigue continue car nous arrivons ensemble là où doit s'effectuer *la Grande Rencontre* de tous les frères en Dieu. Apprends-leur à suivre cette route qui est Mon Chemin: il monte et vous devez le franchir tous en même temps.

Le Temps se rapproche et les jours sont absorbés avec rapidité; c'est pourquoi vous devez employer et profiter de chaque minute qui passe, elle doit être fructueuse en Dieu. Je ne vous demanderai jamais la précipitation.

Mais veillez et priez car l'Heure approche.

Soyez attentifs à Mon Appel; gardez vos lampes allumées.

J'appelle aujourd'hui tous ceux qui M'aiment et Me servent loyalement; même *les ouvriers de la dernière heure* entendront Mon Appel en eux car le Rassemblement est pour *bientôt*. Ils viennent de partout, assoiffés de Justice, remplis de Bonté, de Joie; leur besace en bandoulière déborde de l'Amour du prochain; on peut y lire "Sacrifices, jeûnes et Prières". Ils n'ont ni peur, ni froid, ni chaud, ni faim, car ils ont toujours été nourris de Mon Corps; ils sont heureux; leur soif étanchée par Mon Précieux Sang leur a permis de traverser de grandes étendues. La douleur ne les a pas aigris et les peines les ont fortifiés. Leur vie est une offrande à Dieu.

Te dire qu'ils ont la même façon de vivre que vous: *Non!*

Te dire qu'ils parlent votre langue: *Non!*

Te dire qu'ils ont le même Amour que vous en leur coeur: *Oui!*

Vous vivez tous de ce même Amour de votre Dieu Unique et Vrai.

Alors vous vous reconnaîtrez à ce Signe qui est en vous, en chacun de vous: Ma Sainte Croix est gravée en votre corps, en votre âme, en votre esprit. Dieu a choisi l'heure et le lieu de cette rencontre pour vous parler comme Je parlais autrefois aux foules qui Me suivaient au bord de la Mer de Galilée jusque sur la montagne. Je dois vous parler. Vous devez M'écouter attentivement. Pour cela, Je vous réunirai. Je ne t'ai pas dit que là vous Me reverrez. Vous M'entendrez; pour cela Je vous rassemblerai et Je vous informerai de ce que vous allez faire. *Tous en même temps, vous allez recevoir l'Esprit Saint*. Oui, c'est la deuxième *Pentecôte d'Amour* et ceci se passera lorsque la Bienheureuse Vierge MARIE, Ma Très-Sainte Mère et votre Mère, montera auprès du Père Éternel, appelée par Notre Père. Votre Maman vous enverra l'Esprit d'Amour qui L'habite.

Elle a parcouru toute votre Terre; Elle vous a donné Son Coeur comme Je vous ai donné le Mien.

Nos Deux Saints Coeurs Unis vous appellent à chaque Croix d'Amour. Venez-y prier pour le Triomphe de votre Reine Bien-Aimée et pour le Retour Glorieux de Son divin Fils, votre Roi Bien-Aimé. La deuxième Assomption de MARIE sera vue par certains enfants, comme les Apôtres ont assisté à Mon adorable Ascension. Cette *Pentecôte d'Amour* vous rassemblera pour recevoir le Feu d'Amour de l'Esprit Saint. La Très-Sainte Trinité enveloppera MARIE Très-Sainte. De cette fusion sublime naîtra ce Feu divin de l'Esprit Saint qui enveloppera l'esprit des hommes comme *une nuée lumineuse,* semblable à celle qui couvrit Pierre, Jacques et Jean son frère, lors de la Transfiguration de JÉSUS sur la haute Montagne.

Vous serez réunis, et unis, pour n'en faire qu'UN dans la Volonté du Père Très-Saint. Vous serez UN, dans l'Amour Unique et Vrai de la Très-Sainte Trinité, par MARIE Très-Sainte, co-Rédemptrice, Avocate incontestée, Mère de tous les enfants de Dieu qui Lui ont été confiés au pied de la Très Sainte Croix de JÉSUS-Christ.

Apôtres de JÉSUS et MARIE, remplis de l'Esprit Saint, devant vous s'ouvriront toutes les portes *pour proclamer la Venue de Dieu sur toute la Terre.* Vous aurez des ailes à vos pieds pour parcourir des régions entières et visiter des peuples, légers comme des plumes portées par le vent. Vous aurez des forces pour marcher pendant des heures, pendant des jours. Vous aurez les Sept Dons du Saint Esprit: *vous utiliserez les sept.* Le Don de Ma Parole sera en vous comme une source qui ne tarit jamais.

Dieu aura choisi les meilleurs de Ses Messagers
pour convertir le Monde entier.

L'Évangélisation sera comme un bateau immense, porté sur une mer limpide par les flots unis, audacieux, rapide, car le Temps que mit JONAS pour traverser la ville de NINIVE pour convertir ses habitants, sera le Temps que Je vous accorderai alors,

et ce Temps sera respecté, parce que suffisant.

Après l'Évangélisation du Monde entier, alors Je descendrai des Cieux et Mon Nom sera chanté, même par les oisillons dans leurs nids. La Nature entière chantera Mon Retour Glorieux. Le Vent d'Amour est déjà à vos portes.

Et voici que Je viens. Amen. *Viens, Seigneur JÉSUS! Amen.*

L'Esprit d'Amour et de Sainteté vous bénit †
par la Main maternelle de votre Maman du Ciel. Amen.

† † †

Je pleure
****
22 Juillet 1997 - Ste Marie-Madeleine

"JNSR":   *"Personne ne mérite de Vous entendre, mon Dieu, ni ne doit oser Vous le demander."*

JÉSUS: "N'entends que ton coeur qui le désire ardemment et
*******   abandonne-toi en Moi, car Je suis comme le vent qui parcourt la plaine et ose s'arrêter sur le brin d'herbe le plus menu pour jouer avec lui. Je M'arrête sur le coeur qui Me plaît pour donner Ma Parole de Vérité. Est-ce une volonté d'homme qui peut Me contrarier? Alors pourquoi cherches-tu toujours si ton Dieu désire venir à toi plutôt qu'à une autre, et pourquoi toi et pas une autre. Dieu choisit et Son choix ne s'arrête pas que sur un de Ses enfants; mais l'enfant choisi reste en Son Coeur de Père et Dieu affectionne ce coeur souffrant, apeuré et, en même temps, confiant en Dieu. Alors Dieu vient et parle à ce coeur qui ne comprendra jamais Mon Amour infini, malgré l'ardeur que J'emploie à chaque fois pour lui dire: *"N'aie pas peur!* C'est Moi. Écoute et rassasie-toi de Ma Parole et donne-la à tes frères qui l'attendent."*

Maintenant *il se fait tard.* Qu'importe si tu as égaré d'autres Messages. Je peux te dire tout à nouveau si tu gardes cette confiance nécessaire pour M'écouter te parler, sans rien demander de plus. Je te dirai souvent les mêmes phrases, écris-les quand même.

Les enfants de ce siècle ne sont ni plus mauvais, ni plus braves, ni plus gentils qu'autrefois, mais Je leur ai donné une intelligence capable de mieux comprendre les choses que J'ai cachées au Monde jusqu'à ces jours que vous vivez. Mais votre génération ne sait pas ouvrir les yeux sur la vie de l'âme et n'arrive pas à capter le Message divin *qui arrive pour votre Temps.* Les uns attendent des miracles pour croire que Dieu est vivant aujourd'hui comme hier; et d'autres continuent à chercher avec des machines -leurs ordinateurs- que Dieu est Présent en tout. C'est lorsqu'il manque la quatrième patte à une chaise que l'homme assis va tomber...Aujourd'hui, vous ne ressentez pas que vous pouvez vous écrouler parce que votre chaise tient toujours sur ses quatre pattes. La Miséricorde de Dieu n'a jamais changé mais, lorsqu'elle s'unit à Ma Justice, vous croyez qu'elle est différente... Et Je vous réponds que Ma Miséricorde est encore à l'oeuvre: unie à Ma Sainte Justice, elle est encore plus forte que jamais pour vous tous. Elle parcourt le monde dans toutes ses parties parce que le Mal est en progression de partout et jamais Dieu n'a souffert autant qu'en ces derniers temps où JÉSUS vit dans l'opprimé, l'affamé, le condamné. Vous ne pouvez plus Me reconnaître.

Je *suis*, dans le Monde entier, la douleur de ce Monde, la souffrance des enfants perdus, déchus, martyrisés. Jamais vous ne vous arrêtez pour Me donner un verre d'eau. Vous courrez pour vous satisfaire vers les plaisirs et les joies et vous ne pansez plus Mes blessures qui s'ouvrent comme des grenades mûres. Vous voyez Mon corps amaigri et vous mangez à côté de Moi des gourmandises, et Je vous crie, avec Mes yeux remplis de larmes de sang, que *J'ai faim!* Vous allez visiter des endroits où la mode et le luxe viendront vous saisir jusqu'au dernier billet de votre bourse... et vous ne jetez pas, sur Mon corps nu, une couverture. Vous passez en riant et vous n'entendez pas Mes sanglots!

Je *pleure* pour l'enfant chétif martyrisé par des tyrans.

Je *pleure* pour l'enfant que vos bombes meurtrières ont déchiqueté tout son corps, le privant même de ses membres.

Je *pleure* pour l'enfant qu'on affame parce qu'il est considéré comme un intrus.

Je *pleure* pour tous les mal-aimés, les délaissés, ceux qui n'existent plus aux yeux de ce Monde perverti jusqu'à la moelle des os.

Je *pleure* pour les orphelins, pour les malades non soignés, pour tous ceux qui ont froid, faim et soif, pour tous les incompris.

Et *Je pleure* surtout pour ceux qui ont tout et désirent davantage pour eux; ils ne savent pas partager, ni la peine, ni la douleur, ni la joie de celui qui est misérable mais qui possède Dieu en lui car Je suis dans la souffrance comme dans la joie de celui qui M'aime.

Te dire, Mon enfant, tout cela c'est pour t'exprimer surtout la douleur de Mon Coeur qui a besoin de beaucoup de consolateurs; vois pourquoi Je te cherche: tu peux Me comprendre. Alors, laisse-Moi, ce soir, poser Ma Tête couronnée d'Épines sur ton épaule; pleure avec Moi et pardonne, avec Moi, ceux qui te couronnent d'épines, ceux qui te flagellent par leur indifférence. Les douleurs morales, les épines enfoncées dans ton esprit, Me font mal. N'oublie jamais que Je *suis* aussi dans ta souffrance. Alors, prends Ma Couronne d'Épines, retire-moi la un instant, car Je souffre d'avoir vu ce Monde, aujourd'hui encore plus qu'hier, se défigurer par la haine et l'indifférence. Prends Ma Couronne et laisse-Moi Me reposer sur ton coeur de mère. Ma Mère a tant souffert pour Moi, ne l'oublie jamais Mon petit oiseau malade par la douleur de l'offense. Rejette l'amertume et garde en toi la Tendresse de Ma Mère que Je viens t'offrir ce soir. Elle va te consoler, Elle seule sait ce qu'une mère peut souffrir pour son enfant. Je te la donne, Elle va te dire comment tu vas agir pour la Gloire de ton Dieu.

Nos deux Saints Coeurs Unis, JÉSUS et MARIE
Amen.

Le fruit de la Croix est Lumière
****

Jeudi 31 Juillet 1997 - St Ignace de Loyola

"JNSR" : Seigneur, j'ose Te demander la faveur de nous guider sur certains points au sujet des Croix d'Amour. Je Te remercie, Seigneur."

JÉSUS: "Dans Mon infinie Miséricorde, J'ai accepté toutes
******* vos dispositions pour Me plaire; J'ai laissé parler vos coeurs, J'en ai vu l'ardeur. Je Me réjouis car il est important de voir le zèle et la persévérance de l'Ouvrier: ceci est la preuve de votre acquiescement. Je bénis ceux qui sont déjà à l'Ouvrage, ceux qui viennent et ceux qui viendront bientôt. Je n'ai pas parlé jusqu'à présent, J'ai respecté votre liberté et J'ai béni votre Foi pour ce projet. A présent que tu M'en parles, vous pouvez tous constater si ce qui s'est accompli jusqu'ici correspond bien à Mon Message.

Apprends, Mon enfant, que la Lumière du Christ en Gloire est *Sa propre Lumière* qui émane de tout Mon Être, comme l'ont vue Mes Apôtres sur le Mont Thabor à la Transfiguration: *Lumière née de la Lumière.* Seul le Christ JÉSUS pouvait leur montrer cette Lumière qui n'existe pas sur la Terre; *Lumière Vivante, car Je suis La Lumière du Monde.* Rien ne peut vivre, rien ne peut s'allumer sans l'étincelle de Vie, *car Je suis La Vie.* Je suis le Premier et le Dernier et le Vivant, comme M'a vu Madeleine dans la *Lumière* qu'elle découvrait, *car le Temps est proche*; oui, elle a vu la Lumière du Monde et la Lumière luit dans les ténèbres de votre Monde qui ne l'a point comprise.

Tout est blancheur éclatante dans le Christ Ressuscité qui annonce Son Retour proche dans la Gloire. Je veux, par Ma Croix Glorieuse, enserrer le Monde sur Mon Sacré Coeur. Chaque bras doit mesurer 123 mètres et sa hauteur six fois plus, afin que le Monde croie en Ma Souffrance d'Amour: 738 mètres est la hauteur du Golgotha; bien peu le savent et ceux qui l'ont appris, s'en moquent. Mais, aujourd'hui, J'invite tous ceux qui veulent Me suivre: "Venez M'aider *à enlever le doute* à ceux qui se cachent *derrière ce doute.*"

Le Signe du Fils de l'Homme vient *vous engager*, tous, à devenir de véritables *Témoins de la Croix Glorieuse* qui brille dans les ténèbres de ce Monde obscurci par la haine, la violence, la déchéance totale dans le mépris de Dieu; l'impureté des âmes et des corps est votre nouvelle loi. Cette obscurité descend, foudroyant Mon Église étouffée par toutes ces *sectes* qui naissent de la complaisance et de l'indifférence de ceux qui n'ont ni Respect ni Amour pour leur Créateur... et ils osent se couvrir du nom de *Prêtres!*

Mon enfant, *il est inutile de cacher* votre révolte contre ce qui se passe aujourd'hui: *la Croix dérange* et le Blasphème ne peut plus se dissimuler; ils crachent sur Mon Visage; Ma Sainte Face est inondée *de larmes de Sang* car Mon Église est remplie du parfum de leurs Messes idolâtres. Bien peu de vrais Pasteurs vivent encore Ma Passion, Ma Mort et Ma Résurrection très Saintes lorsqu'ils tiennent Mon Corps Merveilleux entre leurs doigts consacrés.

Je peux te dire que si Je devais te donner la liste de ceux qui Me sont restés fidèles, tu aurais pour l'écrire le temps que Je mets en te dictant cet écrit. *Oui, le nombre est petit*: c'est pour eux que Je vous demande bien des sacrifices: *pour qu'ils ne succombent pas à la tentation.* Je vous demande de prier avec ferveur pour ceux qui commencent déjà à Me renier pour les passions de la Terre; pour ceux qui sont déjà *noyés* dans les plaisirs de ce Monde, afin que les écailles tombent de leurs yeux et qu'ils Me reviennent repentants, Je vous demande de prier, de jeûner. Faites Pénitence: *rien* n'est assez grand, ni assez important, pour vous décrire l'Amour que J'ai pour Mes Prêtres, Mes Fils consacrés; à cause de leur infidélité, Je verse des *larmes de Sang.*

Madeleine a vu la Lumière à l'endroit du saint Tabernacle; elle voit le Saint Sacrement exposé. JÉSUS apparaît: Madeleine ne voit plus que Lui, elle unit son esprit à Celui de JÉSUS-Lumière. Ma Sainte Lumière transperce l'obscurité la plus profonde, les murs les plus épais, les âmes les plus endurcies; mais Elle ne Se révèle qu'à ceux qui M'aiment en Vérité: J'inonde alors leurs âmes de Ma Sainte Lumière. Mais vos corps Me gênent encore. Bientôt, vous apparaîtrez recouverts de Ma Lumière d'Amour *car J'aurai anéanti toute obscurité:* aucune cavité, si petite soit-elle, ne pourra garder les ténèbres. Voici que Ma Sainte Croix devient *le phare* qui appelle *toutes* les Nations à s'unir entre elles et à venir à ce puissant Feu d'Amour et de Lumière Purificatrice qui, par son éclat, vous guide jusqu'à JÉSUS Ressuscité:

"La Croix Glorieuse, c'est JÉSUS Ressuscité"

La Lumière, qui ouvre le Chemin, est toujours devant vous. Elle vient éclairer les hommes dans leur humble démarche: *des milliers de Croix d'Amour au centième de la Grande Croix Glorieuse toute illuminée pour attirer le Monde entier.* "Quand cette Croix sera élevée de terre, J'attirerai tout à Moi".

Pour donner un sens à votre Foi qui s'interroge, JÉSUS demande à chacun de vous de comprendre Son Message à travers la Sainte Bible.

La Gloire du Seigneur S'est posée sur Dozulé, comme Elle S'était posée sur le Mont Sinaï à la vue de Moïse. A Dozulé, Elle S'est manifestée par une grande Croix Glorieuse qui apparut à Madeleine pendant *six fois en 1972* sur la Haute Butte: Elle était immense, lumineuse, plus brillante et plus claire que le jour.

Sur le Mont Sinaï, la Nuée couvrit la montagne et la Gloire du Seigneur Se manifesta par cette Nuée qui couvrit le Mont pendant *six* jours; *le septième jour*, de la Nuée, le Seigneur appela Moïse et lui donna les deux Tables de l'Alliance pour le Peuple de Dieu. Moïse *rayonnait* parce qu'il s'était approché de Dieu; il était transfiguré au point que son visage était *lumineux* de la Gloire de Dieu et qu'il devait le cacher à la vue de ses compagnons: il mit un voile sur son visage et ne le quittait que lorsqu'il parlait à Dieu.

A la *septième apparition,* Madeleine s'entend dire: *"qu'un sort heureux a faite épouse. Proclamez les Merveilles de Celui qui vous a appelée des ténèbres à Son Admirable Lumière"*

Elle passe des ténèbres *à l'Admirable Lumière de la Foi* pour se préparer au Retour du Christ en Gloire; oui, ce Retour est proche, elle doit l'annoncer au Monde entier.

Lorsque le Peuple de Dieu sortit de l'esclavage des Égyptiens, il était guidé par le Seigneur qui marchait avec eux le jour dans une colonne de nuée qui indiquait la route; la nuit, dans une colonne de feu pour éclairer; ainsi le Peuple de Dieu marchait nuit et jour.

Madeleine verra JÉSUS dans toute Sa Gloire, comme Le virent les Apôtres Pierre, Jacques et Jean à la Transfiguration. Le visage de Madeleine va refléter, après chaque extase, c'est-à-dire après chaque vision de JÉSUS, *la Présence Invisible: "Le Prêtre peut témoigner que, sur votre visage, se reflète la Présence Invisible"* (14 Mars 1975). Comme pour Moïse, la Gloire de Dieu ne peut se cacher: Madeleine a vu JÉSUS Glorieux.

Si Moïse a reçu les Tables de la Loi qui conduit à JÉSUS, Lumière du Monde, Madeleine a vu JÉSUS Lui-même qui conduit vers la Jérusalem Nouvelle, Terre de Dieu, Terre de Lumière habitée de la Lumière de Dieu: JÉSUS; et des hommes devenus *fils de Dieu* dont JÉSUS est le Premier-Né. Mon enfant, vous êtes Mes Tabernacles de la Terre qui gardez en vous Ma Sainte Lumière; vous qui M'adorez, vous êtes Mes Hosties consacrées qui, bientôt, sortiront de l'ombre et resplendiront *dans Mon Jour qui ne finit pas.* Étoiles offertes à Ma Très-Sainte Mère, ces milliers de Croix représentent Mes enfants bien-aimés, illuminés de Ma Sainte Gloire.

Vous êtes Mes Croix Vivantes, resplendissantes de Ma Lumière.

"Ma Lumière ne doit pas se cacher sous le boisseau",
elle doit briller à la face du Monde: *vous annoncez Ma Vérité.*

Les flammes de Mon Sacré Coeur Me brûlent; plus que jamais Je veux les verser dans les coeurs humains: *soyez Ma Voix qui crie dans ce désert.* Vous pouvez *déjà allumer Mon Chemin de Gloire sur la Terre* pour annoncer Mon Retour en Gloire. Ce Chemin, constellé d'étoiles brillantes, conduit à Ma Grande Croix Glorieuse qui se trouve au sommet de Ma Montagne sainte. *Le Serviteur ne pourra jamais être plus grand que son Maître.*

C'est Dieu qui libère l'homme de l'esclavage. Je suis le Seigneur votre Dieu. Je viens renouveler l'Alliance pour faire entrer Mon Peuple dans la Nouvelle Jérusalem. Ne vous écartez pas, ni de Mes Commandements, ni de Ma Loi.

Je vous ai demandé des étoiles allumées pour MARIE; *la Femme revêtue de soleil* est entièrement de Dieu, *Soleil de Justice.* Ma Lumière S'est laissée enfermer en Son Sein pour la donner au Monde, mais le Monde l'a clouée sur la Croix: *Le fruit de la Croix est Ma Lumière.* La Lumière a béni et bénira toujours la Croix qui l'a portée; de cette Croix, devenue Glorieuse à Ma Sainte Résurrection, *sont nées des milliers de Croix d'Amour*: ce sont les Arbres de Vie qui poussent de part et d'autre du Fleuve de Vie, limpide comme du cristal, qui jaillit du Trône de Dieu et de l'Agneau.

Je vous déclare que *Dozulé est la Porte du Ciel*; c'est pour cela que J'ai dit: *"Terribilis es locus iste";* que ce lieu est redoutable: c'est une Demeure de Dieu sur la Terre; le Seigneur *est* en ce lieu.

Le Fils de l'Homme a planté Sa Croix de Gloire Éternelle; et la *Pierre d'angle* a rempli la Montagne de Dozulé.

Le 12 Juin 1973, Madeleine va entendre cette phrase *en latin*; *"Faites attention: ce que vous entendez à l'oreille, proclamez-le sur les toits. Par toi, Madeleine, la Cité de Dozulé sera décorée par la Sainte Croix." "Édifie un Sanctuaire au Seigneur sur Sa Montagne".* Redoutable est ce lieu, oui; cette Montagne, que le Père a choisie, est bénie et sacrée, ainsi que toute la ville de Dozulé.

"Quand cette Croix sera élevée de terre, J'attirerai tout à Moi": elle doit être d'une grande luminosité. Ceci est la Volonté de Mon Père.

L'homme, qui s'enferme dans sa chair, ne peut voir dans son esprit ce que Mon Esprit Saint lui montre. Vous ai-je dit de construire ces milliers de Croix pour votre gloire? Ou pour M'honorer dans la Mienne? Que celui qui comprend ceci, s'interroge. Pourquoi vos Croix humaines seraient aujourd'hui au-dessus de la Mienne?

Serait-ce alors Moi qui vous suit ou qui vous abandonne à vous-mêmes? Écoutez Ma Voix.

Mon enfant, *Je suis la liaison entre le Ciel et la Terre.* Je vous le dis: vous verrez le Ciel ouvert et les Anges de Dieu monter et descendre au-dessus du Fils de l'Homme; car voici que vient le Temps des Noces de Dieu et de l'Humanité.

Laissez parler vos coeurs et non votre raison. Adorez Dieu en Esprit et en Vérité; soyez de vrais adorateurs qui cherchent le Père.

Venez à Moi: Je suis la Lumière du Monde.

Qui Me voit, voit Mon Père. Amen.

Ma Croix Glorieuse, c'est JÉSUS Ressuscité;

Le fruit de la Croix est la Lumière.

†
† †

Mon Amour est Croix
Mes Croix sont Mon Amour
****

JÉSUS: 1er Août 1997
*******   "Je M'appelle JÉSUS de Nazareth et J'ai été crucifié
                     par Amour pour vous. Aujourd'hui, *Je suis toujours
vivant en vous* et bien peu en prennent conscience. Si Je suis mort
sur Ma Croix, c'est pour vous sauver *par Ma Croix.*

Elle doit se dessiner en commençant par les extrémités et en se
rejoignant au coeur de Ma Croix où se trouvent Mon Saint Coeur et
le Coeur Immaculé de Ma Sainte Mère.
                  Aimez Nos Deux Saints Coeurs Unis.
                  Priez Nos deux Saints Coeurs Unis.

Si Je vous le demande, c'est pour vous sauver de toutes les
mauvaises tentations; ainsi, vous ne succomberez pas. Du haut de
Ma Croix, J'ai appelé Notre Père des Cieux pour qu'Il pose Son
Regard sur vous afin que vous compreniez mieux Ma Sainte
Obéissance qui dépasse toutes les volontés humaines.

J'ai obéi à l'Amour du Père. Vous ne pouvez pas répondre à Son
Amour de Père sans passer par Ma Sainte Croix et Ma Miséricorde.

J'ai fait descendre sur vous tous *l'Amour du Père* en passant par
Ma Sainte Croix. *Aimez* Ma Sainte Croix. Vous *ne pouvez pas
rejoindre* le Père sans passer par Ma Croix.

Votre lumière rejoindra Ma Sainte Lumière; ainsi, des régions
entières, regarderont briller Mes Croix d'Amour dans la nuit et les
hommes s'interrogeront; elles dissiperont leurs ténèbres; et, s'ils viennent par curiosité admirer cette lumière, ils auront l'esprit *ébloui* et ils
croiront en Mon Retour en Gloire.

Ceux qui accepteront Mes Croix, M'accepteront et sauront où les
poser. Et ensuite vous verrez comment Dieu les a disposées.

Je ne te demande pas *d'instruire*, mais d'informer et de les prévenir
de se tenir prêts pour recevoir JÉSUS.

Je désire que s'élèvent par milliers les Croix de Mon Amour Infini
pour célébrer ainsi Mon Retour en Gloire.

Je suis la Croix Vivante de Ma Sainte Résurrection.
                  JÉSUS-Christ. Amen. †
             dans Son Amour Infini. Amen. †

                              †
                           † †

Votre Rédempteur vous parle

****

Samedi 2 Août 1997

JÉSUS: "Gloire au Père, au Fils et au Saint Esprit. A vous tous,
******* Témoins de Ma Croix, *Votre Rédempteur vous parle,* à
ceux qui furent les *Flambeaux* qui ont annoncé Ma Vie, et Ma Mort
sur une Croix, pour renaître à la Vie Éternelle afin d'entraîner la
multitude vers la Vie qui ne finit pas; vous, Mes saints, qui avez
accepté de Me suivre jusqu'au bout pour recevoir la *palme des
Martyrs,* qui avez uni votre sang au Mien afin que le grain tombé en
terre donne beaucoup de fruit, aujourd'hui Je vous invite à suivre
votre Rédempteur en portant votre Croix Libératrice sur vos
épaules. *Venez à Moi.*

Nous allons à la rencontre de ceux qui viennent s'unir à leurs
frères: ils avancent, eux aussi, portant leur Croix qui va les libérer à
jamais de leurs souffrances; ils courbent leur dos sous la charge qu'ils
ont choisi de porter: ce sont leurs propres péchés et les péchés de
ceux *qui ne se reconnaissent pas encore pécheurs.*

Et les Temps sont là!

Je dois vous unir *tous* à Moi. Je suis votre Rédempteur. Mon Sang
a huilé tous les gonds et serrures qui fermaient hermétiquement la
Porte du Ciel. Ma Croix, portant encore Mon empreinte toute
chaude, a frappé d'un seul coup et la Porte ne résista plus. Elle s'est
ouverte en grand pour toutes les âmes *des Justes* qui M'ont suivi, qui
Me suivent et qui Me suivront. Aujourd'hui dans le monde les
hommes pleurent sur leur propre Rédemption qui s'accomplit dans
leurs corps malades par le péché; les corps, lourds comme le plomb,
ne peuvent voir la Lumière; et les âmes sont comme des prisonniers
qui, libérés, traînent encore leur boulet aux pieds. *Personne n'est
capable de comprendre* que la Porte, ouverte par Ma Souffrance
d'Amour, ne peut s'ouvrir à nouveau *pour chacun* que *par votre
propre souffrance conjuguée à la Mienne.*

La Porte n'est plus scellée, *mais vos coeurs secs ont scellé vos
âmes à vos corps de chair,* les rendant dépendants des nécessités
qu'exige la chair; et vos esprits se sont enténébrés jusqu'à vous faire
douter *que votre âme est libre de Me revenir.* Il suffit de M'appeler:
"Viens, Seigneur JÉSUS!". Ne doutez plus; *les Temps sont là.*

Ne pleurez plus sur cette chair qui se fane à mesure que le temps
s'appesantit sur vous tous, pleurez plutôt sur vos âmes qui refusent la
jeunesse éternelle en Dieu, cherchant des consolations terrestres qui
les entraînent vers une mort certaine d'où personne ne peut plus
revenir; car il est très difficile de passer par *la Porte étroite* du Ciel: il

est plus facile à un chameau de passer par le chas d'une aiguille.

Vous avez sacrifié vos corps aux plaisirs, vous ne pouvez pas plaider votre cause auprès de Dieu: *vous n'êtes pas des innocents.*

Vous vous cachez dans les ténèbres pour ne pas montrer à vos âmes Ma Lumière qui les attire *et leur guérison* que J'ai gagnée à si grand prix: *vous n'êtes pas des ignorants.*

Vous avez manipulé la Vie que Je vous ai donnée jusqu'à la détruire à votre gré. Vos mains sont plus sales que celles de Caïn tuant son propre frère.

Vous avez tué *la Vie à venir: où est votre Amour?* Chez certains, avec ces petits, J'avais mis déjà la sainteté en eux.

J'ai vaincu la Mort. J'ai ouvert la Porte de la Vie Éternelle pour les âmes qui Me suivent. Je vous ai rachetés du Péché Originel par Mes Mérites infinis. Si, aujourd'hui, vous pouvez voir Ma Croix Glorieuse briller de tout son éclat, *c'est qu'elle vous appelle pour renoncer à tous vos péchés.* Repentez-vous. Faites Pénitence. *Je viens vous réconcilier avec Dieu.* Je viens pour achever la Rédemption finale sur toute la Terre. Je vous ai laissés libres, presque deux mille ans, pour réfléchir et constater ce que vous devenez sans Dieu. Ceux qui cherchent la mort de vos âmes, la mort de vos corps, la mort de votre Terre, sont *des vautours* qui planent sans cesse sur votre Humanité encore enchaînée au Mal.

Vous ne M'appelez pas... et les Temps sont là!
Vous n'avez pas voulu élever Ma Croix Glorieuse
par laquelle Je vous promettais d'attirer *tout à Moi:*
vous ralentissez l'Espérance;
Je voulais, avec votre Foi, *avancer* Mon Retour en Gloire!

Maintenant, Je vous le dis en Vérité, les choses décrites dans la Sainte Bible sont *devant vous, en train de s'accomplir.* L'Esprit de Vérité est à l'Oeuvre. L'homme ne plie pas l'échine et ne se met pas à genoux devant Dieu. Il cache Ma Parole Vivante derrière ses propres formulations; il déforme Ma Vérité pour se faire un paravent afin de masquer son orgueil.

Mon Église *dort comme une morte.* Elle M'attend pour élever son âme jusqu'à Moi, son Rédempteur, son Sauveur, son Roi. Je viens *achever la Rédemption* du Monde entier; *Je commencerai par Mon Église:* elle sera Sainte, entièrement renouvelée; Mon Sang circulera à nouveau dans tout son Corps, lui donnant force et courage pour rejeter les membres recouverts de gangrène. Elle sera belle et sans ride. Elle sera la Vivante., l'Épouse du Seigneur son Maître, Lui le Seul Juge que personne ne peut juger. Il vient la parer de toute Sa Gloire.

Voici le Jour où Je reviens chercher Ma Bien-Aimée pour que le Monde entier lui rende Gloire et Honneur: elle M'a donné de si grands Saints! Elle gardera en son sein *Ma Croix Glorieuse, Signe de Mon Retour en Gloire.* Elle ouvrira en grand son coeur pour accueillir tous Mes enfants retrouvés. Maintenant Je vous emmène vers votre Nouvelle Terre:

venez à Moi les Bénis de Mon Père;

venez retrouver votre Terre de Lumière où la nuit s'est brisée à jamais: plus de ténèbres! L'Esprit de Vérité vous ouvre la Cité Sainte, la Jérusalem Nouvelle avec de Nouveaux Cieux. Les menaces qui s'appelaient maladies, épidémies, famines, auront *fui pour toujours.*

La Mort sera le dernier ennemi que J'écraserai sous Mon pied.

Je reviens nettoyer l'aire à battre le grain; Mes greniers se rempliront et l'ivraie sera brûlée. Les *Tentes* sont prêtes pour accueillir tous ceux qui viennent écouter la Parole Vivante; Je suis le Temple-Saint qui la renferme*; qui vient à Moi se reconnaîtra comme le nouvel Adam qui ne pourra plus pécher.*

Je suis l'Éternel qui a redonné à l'homme sa gloire perdue.

Je suis le Père qui ouvre les bras pour accueillir les fils retrouvés.

Je suis le Fils qui vient rétablir l'Ordre en toutes choses créées. Je donne aux Nations le moyen de se gouverner dans la Paix de Dieu, car la Terre est aussi Mon Royaume. Le Roi de l'Univers peut diriger tous les Peuples; avec Sa Loi Éternelle qui est *Amour, Charité, Paix et Justice,* tous les frères s'uniront et la guerre ne sera plus qu'un mauvais souvenir que J'effacerai de vos mémoires pour que les esprits et les coeurs vivent dans Ma Joie.

Je suis l'Esprit d'Amour qui maintient l'harmonie en toutes choses afin que l'homme vive heureux dans ce merveilleux Paradis que Dieu lui a préparé de tous Temps; le Ciel et la Terre sont remplis de la Gloire du Très-Haut. Le Règne de Dieu appellera l'homme à vivre comme Son Fils Bien-Aimé, JÉSUS-Christ, dans la Gloire du Père de toute Bonté. La Rédemption Finale sera alors accomplie. Votre sommeil ne sera plus la mort, car vous êtes des fils de Lumière. *L'Arbre de la Vie* sera planté au centre de la Cité de *Dieu-parmi-vous,*

et de Mort il n'y en aura plus! Amen.

Je suis la Résurrection et la Vie.

Votre Rédempteur, JÉSUS-Christ, vous bénit † au Nom de la Très Sainte Trinité, le Père, le Fils et le Saint Esprit, Amen, par MARIE, votre Mère Bénie, Amen.

† † †

La plus grande cathédrale *vivante* de Dieu sur la Terre
****

6 Août 1997 - Fête de la Transfiguration

"JNSR" : *"Souvent, seigneur lorsque mon coeur T'entend, je me dis que là seulement je peux vivre pleinement avec Dieu, car Il est en Moi, je L'entends; mais je voudrais Te voir devant moi. On me dit: "Le verrons-nous un jour?". N'est-ce pas là une utopie que l'homme, avide de vivre avec Dieu, s'est lui-même créée? Ils m'assaillent, Seigneur... Pourquoi, Seigneur, vais-je Te poser à nouveau cette question: que leur dire à chacun?".*

JÉSUS: "Tu ne M'interroges pas: Je vois que tu es seulement
******* *déstabilisée* par tant de propos malveillants qui sont à l'ordre du jour. Pour qui vais-Je parler à présent? Oui, pour cette foule *hurlante* que rien n'apaisait lorsqu'ils Me menèrent devant Ponce Pilate; il y avait les sournois qui se cachaient pour faire parler les autres et puis cette question très dure: *"Tu dis que tu es le Fils de Dieu?...".*

C'est aujourd'hui que J'entends à nouveau: *"Et Il nous dit qu'Il revient!, qu'Il s'appelle la Croix Glorieuse de Dozulé et qu'Il Se fait annoncer par des milliers de Croix Lumineuses plantées de par le monde afin d'ouvrir les yeux des hommes par leur propre Lumière; et, comme celle-ci n'habite plus les coeurs, voici que ces Croix doivent être, elles, des Lumières afin d'interroger ces coeurs obscurs, ignorants et avares.*

"Pourquoi éclairer ces Croix? Une Croix n'est-elle pas toujours une Croix?". Et alors, ils continuent à Me juger:

"Tu es Lumière!... Es-Tu cette lumière que l'homme fabrique lui-même pour demander que ces Croix Te ressemblent? Faut-il qu'elles impressionnent par leur clarté? Ou par leur taille, simplement? Sont-elles en bois, en fer? Sont-elles des symboles, des signes, des rappels? Que sont-elles en vérité?"

Alors le Fils de l'Homme vous dira:

"Lorsque Je fus crucifié entre deux larrons, vous êtes-vous adressés à eux plus qu'à Moi? Êtes-vous venus vers Moi plutôt qu'à eux? *Non!* Je valais à vos yeux autant qu'eux-mêmes. Sauf Ma Mère, Mon Jean et Marie-Madeleine qui M'ont vu tel que J'étais: *La Lumière du Monde qui continuait à briller dans les ténèbres de ce Monde.*

A présent, où croyez-vous que Je suis? Dans une Croix, dans une autre, ou dans celle qui effraie le Monde par sa hauteur demandée par Mon Père et qui ne s'est jamais édifiée; 738 mètres?

Vous ne voyez rien? Comme la foule qui passait sans Me voir...

Et J'étais cloué sur Ma Croix de Souffrance!... Alors aujourd'hui, pour une lumière venant d'une source inventée par l'homme, Je vous interroge:

"Pour vous, qui suis-Je?"

Vais-Je pouvoir éveiller votre esprit enténébré à la vue de cette lumière? L'étincelle va-t-elle jaillir en voyant *ce phare* dans la nuit noire de votre *inconscience?* Alors vous vous posez des questions: "Pourquoi pas comme ceci, ou comme cela? Et si on la recouvrait de peinture?"...

Reportons-nous au Temps où l'homme pauvre offrait ce qu'il avait pour Me construire une cathédrale digne de l'habitation d'un grand Roi, *car Je suis Roi.*

"Des pauvres, vous en avez toujours eu", Je vous l'ai dit. Mais Moi, J'étais abrité dans ces coeurs de pauvres qui désiraient M'offrir un *Palais* et *les cathédrales naquirent;* et vous dites: *"Richesses perdues, pouvant servir à nourrir les pauvres!"*. Comme le parfum de Marie-Madeleine!

Mais, en Vérité Je vous le dis, ce sont eux qui M'ont honoré le plus et, en M'offrant *le peu qu'ils avaient,* ils Me donnaient leur *tout.* Cet argent est devenu pour eux leur propre entrée dans Mon Ciel de Gloire et leurs Demeures, dans le Ciel, sont plus somptueuses que la plus grande cathédrale édifiée sur la Terre par l'homme.

Si le Monde pouvait comprendre que Dieu n'a *besoin de rien,* venant de l'homme, pour être heureux dans Sa Béatitude ineffable... Dieu Se complaît en Lui-même dans Sa Très-Sainte Trinité d'Amour où MARIE, Avocate du Peuple humain, pénètre au sein-même du Dieu Vivant et Vrai de qui Elle a reçu toute Grâce, toute Gloire et tout Honneur. Vous Lui devez *beaucoup* à Ma Sainte Mère qui plaide toujours en votre faveur.

Quand comprendrez-vous que Dieu habite en vous et que, si vous devenez des *Lumières d'Amour,* comme ce que représentent les *Croix d'Amour par milliers,* vous serez alors tous illuminés du dedans de la Sainte Lumière de Dieu et vous serez, tous ensemble, *la plus grande cathédrale* vivante *de Dieu sur la Terre.*

Dieu *est* Amour.

Amen.

†
† †

Les Saints du Ciel vous parlent:
"Faites dire une Messe"

Samedi 9 Août 1997

"Faites dire une Messe pour célébrer l'Assomption de MARIE au Ciel de Gloire de Dieu, pour tous les défunts afin de les aider à partir.

La Bienheureuse Mère de Dieu est entrée au Ciel en corps et en âme. Nul ne peut décrire, ici-bas, l'heureuse fête qui régnait ce jour-là au Ciel. Les Anges chuchotaient entre eux et les Séraphins battaient de leurs ailes et se cachaient la face pour assister à cette grandeur: Dieu devant MARIE, MARIE devant Dieu, Elle voulait vivre avec Dieu. Pour MARIE cette attente fut si longue que Sa Joie fut sans pareille lorsqu'Elle Se retrouva devant Son divin Fils en Gloire; Mère, comme jamais Elle fut Mère: ce sont également les Saints du Ciel qui L'accueillent dans leur humilité d'enfants qui reconnaissent en Elle LA MATERNITÉ de tout être, au Ciel comme sur la Terre."

JÉSUS vous parle

JÉSUS: "N'ajoute rien à ce que tu ressens. Je suis là et tu es
*******   en *Ma divine Présence.* Écoute, Ma fille: obéis-Moi
toujours et ne te pose aucune question sur ce que Je te demanderai d'accomplir en Mon Saint Nom; même si cela te semble impossible, ne *te* le dis pas, ni fort, ni doucement.

Car Je te parle et cela, tu en es bien consciente. Il t'est impossible de te tromper: *Je ne laisserai ni le mensonge, ni la trahison s'installer* en ce que Je te demande d'accomplir pour Moi.

Si, un jour, le Seigneur te commande d'aller à un endroit, tu percevras Sa Sainte Vérité en toi et Ma Présence invisible t'accompagnera. Obéis, comme l'agneau obéit à son pasteur, car il sait qu'il ne peut le conduire que sur le bon chemin.

Avance sans crainte; sois sans crainte, J'informerai plusieurs ainsi; mais vous ne saurez qui est informé *que lorsque tout sera accompli comme Je vous le commande.* JÉSUS parle *dans* ton coeur; Celui qui te parle est ton Dieu. Prends soin de garder Ses Paroles en toi. Non, ne dis rien!

Je vous aime, Je vous bénis †
JÉSUS, le Bon Pasteur
Amen

†

† †

Maman MARIE
****

Vendredi 15 Août 1997 - L'Assomption

JÉSUS: "J'ai aimé l'homme dès sa création. Il était parfait. Adam
*******   devenait l'héritier de tout ce que Je venais de créer.

Par sa faute, par sa désobéissance envers son Créateur, Mon Héritage devenait l'accusateur de Ma plus belle créature que Je Me devais de sauver à tout prix de la mort éternelle, au nom de Mon Amour pour lui. *Ce prix fut immense:* Je sauvai l'homme en mourant sur la Croix d'Amour. Le prix de Mon Sang a sauvé *toutes* les générations, passées, présentes et à venir, de la mort éternelle; des âmes qui appartiennent à Dieu. *Tout vit en Dieu. Tout doit rendre Grâces à Dieu.*

Adam a causé la première plaie qui défigura Ma Terre et boulversa ainsi tout Mon Héritage. J'ai sauvé toutes les âmes *qui Me suivraient* pour la Vie Éternelle en Dieu.

Mais le maître du Mal est devenu le *gérant de la Terre*; le mauvais serviteur entraîne les hommes vers son esclavage, jusqu'à la fin des Temps, au nom du Pouvoir, de l'argent et des plaisirs.

L'Esprit Saint est toujours à l'oeuvre pour instruire et conduire docilement toutes les âmes au sein-même de la Très-Sainte Trinité d'Amour. Mais c'est par Ma Très-Sainte Croix Glorieuse que Je sauverai tous les hommes et que Je rendrai à Ma Terre son éclat premier.

Car la Croix Glorieuse, c'est JÉSUS Ressuscité.

C'est l'annonce du Retour du Fils de l'Homme dans toute Sa Gloire qui vient achever *la Rédemption finale.* L'homme se réveillera alors comme s'il avait été plongé dans une longue hibernation; il chassera son engourdissement pour renaître à la Vie; il possédera la Connaissance; il est l'héritier de Dieu, son Père des Cieux qui va le glorifier comme Son Premier-Né.

L'homme va absorber la Lumière de son Dieu et Maître Bien-Aimé; il va devenir Lumière, née à nouveau de l'Esprit de Lumière et d'Amour: union-même de la créature avec son Créateur pour n'en faire qu'UN avec son Dieu Trinitaire. Vous allez rentrer dans l'harmonie divine qui rétablit tous les ordres, tous les règnes: animal, végétal, minéral.

C'est par la Sainte Grâce de Dieu
que la chair va recevoir la Purification.

Elle ne sera plus un poids pour l'esprit renouvelé dans l'Esprit de Dieu, mais une alliée pour glorifier Dieu *dans une éternelle jeunesse.*

A Son Assomption, Ma Très-Sainte Mère s'unit à Dieu:
le Ciel de Gloire Éternelle Lui est ouvert. Elle y pénètre avec Son
corps et Son âme glorifiés. Aujourd'hui, MARIE, la Bienheureuse
Mère de Dieu, la Toute-Pure, ne peut plus rester ici-bas chez Ses
enfants de la Terre. *Notre Père des Cieux L'appelle.* Elle montera
bientôt rejoindre Sa place Royale auprès de la Très-Sainte Trinité.

Ce qui reste à accomplir ici-bas, doit s'accomplir comme les Écritures l'ont annoncé pour la Fin des Temps. L'enseignement de MARIE,
Mère de l'Église et Mère des hommes, est en voie d'achèvement. Les
coeurs fidèles, les âmes de Dieu, L'ont écoutée: beaucoup seront
sauvés grâce à Son intervention et Ses Prières. L'Avocate a parcouru
la Terre des hommes et portera à Dieu toutes vos requêtes.
        Elle plaidera pour vous tous:
le Juge ne peut *rien Lui refuser* pour le bien de vos âmes.

La Vie de Ma Sainte Mère *est Ma Vie.* Elle M'a donné la Sienne
pour que Je vive avec vous sur votre Terre. J'ai vécu ici-bas pour
vous apprendre à aimer Notre Père des Cieux, et à travailler pour le
Nouveau Règne de Dieu avec les hommes. Soyez vigilants, Nous
avons prié ensemble pour cela.

Moi, J'ai donné Ma Vie pour sauver la vôtre et Je vous ai donné
Ma Mère pour qu'Elle vive avec vous le Don de Dieu *qu'Elle porte
en Elle* aujourd'hui pour que votre Terre, *la Terre de MARIE,* ne
devienne pas un désert sans vie.
        Ma Très-Sainte Mère vous parle:

MARIE: "Des hommes, des femmes, des enfants, M'ont appelée
*******   *"Maman".* Des Prêtres, des hommes de loi, des marginaux, M'ont appelée *"Maman".*

Je viens vous dire à vous, Mes enfants bien-aimés, que vous ne
pouvez plus laisser les braises s'enflammer pour mettre le feu dans
vos Nations et tuer l'innocent. Vous ne pouvez plus fermer les yeux
sur la souffrance et remplir vos coeurs de haine et de vengeance,
                car Dieu revient!

Oh, comme Je voudrais que vous échangiez vos armes contre des
outils pour cultiver vos champs et que poussent le blé, l'orge et les
légumes; et que vos terres ne se recouvrent plus de sang, du sang de
vos frères, Mes enfants!... Ne laissez plus pleurer *Maman,* parce que
JÉSUS revient et chassera la peur, la souffrance, la mort; Il revient
sécher toutes les larmes. Ne laissez plus pleurer *Maman!*
            Maman MARIE vous parle.
                † † †

Vivez, avec Moi, les Merveilles
de la Nouvelle Création du Père

****

Samedi 16 Août 1997

JÉSUS: "Je t'appelle ce matin. Hier, Je t'ai dit que le titre du
******* quatrième volume, tu l'avais déjà. Je te l'avais donné
dans les lignes de ce livre. Je le répèterai pour tous.

Mon enfant, Je vais finir, avec toi, cette édition unique en te
disant: *"à bientôt Mon enfant chérie!"*. Je resterai Présent en toi.

Tu vois ce tableau que Je mets devant toi; regarde-le bien; il est
ouvert, Je l'étale devant tes yeux, Je le déroule entièrement. Il a été
fait par Dieu pour être décrit petit-à-petit par Mes saints Prophètes.
Tout Mon Peuple en a été informé. En chaque Temps il se déployait
au fur et à mesure grâce à leurs inspirations divines: depuis le
commencement de votre Humanité, les Prophètes ont parlé.

Ce grand tableau est toujours présent devant le Regard de Dieu.
Dieu est l'Éternel Présent. Rien n'a été oublié. *Tout vit en Dieu.*
Depuis son origine sur la Terre l'homme, tout le long de sa vie, a été *et
est* accompagné de son Dieu Créateur, Sauveur et Sanctificateur.

L'homme, s'il regarde cette oeuvre gigantesque *en spectateur*, il ne
se voit jamais dedans, vivant lui-même comme un acteur, Je dirai
l'acteur principal que le Maître de l'Oeuvre protège constamment
afin qu'il ne s'efface pas de lui-même; et que tout ce *tableau*, réalisé
avec tant d'Amour, ne se finisse avant que le Maître le signe de Son
Nom et de Sa Main pour inscrire ensuite le mot: *FIN.*

Je vous ai prévenus maintes fois que vous pouvez disparaître à
jamais si vous ne M'écoutez pas.

Je suis le Maître de la Vie. Je suis le Maître de l'Histoire.

J'ai désiré, pour chacun de vous, le meilleur. Votre vie, Je l'ai
comblée de Mon Amour. Aujourd'hui il M'en coûte de vous dire que
votre désobéissance envers Mes saints Commandements et Ma Loi,
vous a éloignés de Moi *et que vous risquez le pire.*

Aucun homme ne peut sortir ni pénétrer dans ce tableau sans Ma
Volonté très Sainte. Même celui qui se supprime devient *une plume*
que Je peux rattraper: le *vent* qui la porte M'obéit et Me la rapporte;
les âmes ne peuvent pas se détruire d'elles-mêmes. Toute Ma
Création est dans Mon Esprit Vivant. Même après l'effacement total
de ce tableau, *vous serez encore avec Moi.* Je ne te montre pas la
partie finale de ce premier tableau *(JNSR : "Je le vois flou")*
car l'Avenir appartient à Dieu.

Pour vivre ce que Je suis en train d'accomplir en ce moment-même dans l'Invisible, vous devez encore traverser une partie obscure.

Oui, tu vois, tout recommence: Je te montre *l'envers* de ce tableau qui est encore caché; il t'est permis de constater aujourd'hui que ce tableau avait une face cachée. Avec sa Lumière elle est encore plus belle et plus délicieuse à regarder que la vision première: *ceci est la Nouvelle Vie en Dieu* qui libère l'homme; là, le Maître *pénètre dans Son Oeuvre*, finie, complète, *Je suis avec vous, Mes bien-aimés.*

Voici le titre de MON quatrième livre: *"Vivez, avec Moi, les Merveilles de la Nouvelle Création du Père".* Vous ne Me voyez pas encore avec Mon Corps de Gloire: là, Je suis *visible* dans toute cette fresque immense. Tu Me ressens si près de toi que tu en pleures de joie:

> Je vis déjà avec vous, Mes bien-aimés,
> la Vie de ce *Paradis Terrestre.*
> Je vous bénis † Dieu n'est plus *l'Oublié.*

L'homme a vécu la première face de ce tableau, accompagné de Ma Présence invisible. L'homme était trop *visible dans sa chair*, il ne vivait que pour lui, il n'a jamais compris Ma Sainte Humilité. Bien peu ont perçu cette vérité qu'il suffisait de vous effacer un peu plus afin de Me voir déjà à côté de vous et en toutes choses. Alors, sans M'imposer, J'intervenais lorsque vous M'appeliez.

Le Maître a voulu vivre jusqu'au bout la vie que vous Lui offriez: petite, étroite, parfois presque absente. Alors Lui, le Créateur, S'est abaissé, S'est laissé ignorer jusqu'à ce jour et Son Coeur IMMENSE qui vous couvrait constamment, battait encore plus fort pour que chacun de vous reçoive Sa Vie et que vous ne perdiez pas cette Vie cachée en vous: *la Sienne qu'Il vous a donnée sur Sa Croix d'Amour.*

Dieu, qui vous a *toujours parlé,* vient vous dire aujourd'hui: *"Je reviens!"*, mais la Foi est presque morte, les lampes se sont presque éteintes: on n'attend plus l'Époux. Oui, Je M'annonce à vous mais vous ne saurez ni le Jour, ni l'Heure; non pas que Je veuille vous surprendre en faute, mais Je veux encore vous surprendre dans la Joie de l'Amour. Je serai comme l'Enfant-prodigue pour vous:

"Vite!, vite, voici JÉSUS! Comme Son Visage resplendit! Comme Son Amour nous comble de Joie de la tête aux pieds, quelle Paix en nous et autour de nous! Donnons-Lui le meilleur pain, la viande la plus tendre; chantons pour Lui des cantiques nouveaux; donnons-Lui ce que nous avons de plus beau pour Le draper de neuf et le parer de bijoux de valeur. Mettons-Lui un bel anneau à son doigt. Rien n'est top beau pour le Roi des rois qui vient à nous.

Faisons la Fête. Recevons le Maître comme il se doit. Il vient nous réconcilier entre nous, nous serons tous avec Lui. Demandons Son Pardon à genoux".

Alors Je vous dirai ceci :

"Je viens à vous librement, Mon Coeur débordant d'Amour. Recevez Mon Pardon, faisons la Fête, célébrons les retrouvailles. Je vous ai attendus depuis si longtemps! Mais voici *que vous êtes tous là* sur Mon divin Sacré Coeur. C'est Moi qui vous revêts de Ma Tunique Royale de Gloire Éternelle: vous êtes des fils de Roi. Je viens vous chausser de mes propres sandales, elles vous porteront jusqu'au bout du monde pour M'annoncer à tous vos frères, proches et lointains. Portez Ma bague de l'Éternelle Alliance avec votre Dieu; ne l'enlevez jamais de votre doigt.

"Souvenez-vous de ce Jour. Mon Esprit de Sainteté est avec vous. Criez Mon Nom dans toutes les directions, afin que l'écho le répète: "**J**ésus **N**otre **S**eigneur **R**evient!".

Je viens tracer sur vos fronts le Signe de Ma Croix †. Je viens unir le *Shéma* au Credo:

"*Écoute, Israël:* le Seigneur est Notre Dieu. Le Seigneur est UN. Et toi, tu aimeras le Seigneur ton Dieu, de tout ton coeur, de toute ton âme et de toutes tes forces..."

"... engendré, non pas créé, de la Nature-même du Père et par Lui tout a été fait..."

Moïse, qui fut le Législateur de Mon Peuple, fidèle exécuteur de la Volonté de Dieu, M'a reconnu à la Transfiguration sur le Mont Thabor; il a entendu la Voix du Père qu'il reconnaissait entre mille:

"*Celui-ci est Mon Fils Bien-Aimé, écoutez-Le!"*

Comme Jean le Baptiste à Mon baptême dans le Jourdain, Moïse vit l'Agneau de Dieu devant lui; mais l'Esprit de Dieu, qui était en lui, lui fit voir déjà Ma Sainte Gloire. Ainsi, vous tous enfants du Père, vous verrez Ma Sainte Gloire qui vous conduit sur Mon Chemin de Vie. *La mort vaincue,* vous Me suivrez jusque dans Mon Règne qui ne finit pas. Alors, vous viendrez *tous* à Moi: Peuples chrétiens, païens, barbares, idolâtres, Peuples indifférents, sourds, aveugles et muets, *tous* vous serez invités.

Ignorants et savants, vous saurez *tout* de Moi; J'enlève le voile à Mes paraboles, Je découvre les parties scellées de l'Apocalypse, J'ouvre le Livre de Vie, Je rassemble toutes Mes Brebis dans Mon unique Bergerie. Je suis le Bon Pasteur. C'est à Mon Église, sainte comme son Seigneur, que reviennent tous les Mérites infinis de Ma Sainte Croix devenue Glorieuse comme son Seigneur, son Dieu.

Je reviens pour donner à l'homme *sa pureté première,* son rang de fils de Dieu, pour qu'il soit parfait comme Notre Père des Cieux est parfait, afin qu'il puisse hériter à nouveau, et pour toujours de ce joyau merveilleux de la Création du Père, plus somptueux que jamais qu'est la Nouvelle Terre avec les Nouveaux Cieux.

C'était à l'occasion de la Fête des Tentes (ou des Tabernacles), six mois après la Pâque, qu'on allumait partout des lumières, ce qui amena JÉSUS à dire encore:

"Moi, Je suis la Lumière du Monde; qui Me suit ne marche pas dans les ténèbres, mais il aura la Vie Éternelle; qui met en pratique Ma Parole, vivra éternellement".

Et Moi, Je vous le dis ici-même:

Annoncez Ma Venue en Gloire
par des milliers de Croix d'Amour toutes illuminées!

Et voici que Je viens.
Amen, viens Seigneur JÉSUS
Votre Dieu d'Amour et de Miséricorde vous bénit †
Amen

†

† †

Voici la conclusion de Mon Oeuvre:
"Témoins de la Croix"
en quatre volumes
****

18 Août 1997 - Ste Hélène

Le Père Éternel:
****

"Mon enfant chérie, Je termine avec toi, ici dans ces lignes, ces dernières pages de Mon Oeuvre, afin que Mes enfants, qui vont le lire, transmettent à ceux qui ne veulent pas ouvrir ces pages ce Message d'Amour que Dieu vous donne à chacun.

J'ai aimé le Monde jusqu'à lui offrir Mon Fils Bien-Aimé, votre Seigneur et votre Dieu, sur une Croix pour vous sauver *TOUS*.

Chacun de vous est aimé du même Amour :
* de l'Amour que Je porte à Mon Fils Unique,
* de l'Amour que reçoit JÉSUS,
* de l'Amour que Mon Fils Bien-Aimé Me donne,
en passant par l'Esprit Saint, *Récepteur* qui reçoit et qui donne sans cesse cet Amour Trinitaire du Père, du Fils et du Saint Esprit, si nécessaire pour parvenir aux Temps Nouveaux tellement attendus.

C'est dans ce concept trinitaire que se réalisera, avec le Coeur Immaculé de la Bienheureuse Mère de Dieu, la Splendeur de la Puissance de la Gloire divine,
ce Feu d'Amour de la deuxième Pentecôte.
Ce sera alors la Perfection rétablie dans tout l'Univers.

L'Amour est le seul *conducteur* du magnétisme divin et universel. La créature a rejeté l'Amour de son Créateur. De ce fait, l'homme a troublé toute cette harmonie en désorganisant petit-à-petit le Plan de Dieu établi depuis l'origine de la Création; et cela, par son désir du pouvoir, de l'argent, des plaisirs effrénés et, surtout, du rejet de Dieu.

L'homme peut constater tout le déséquilibre qui s'installe de plus en plus fort autour de lui: *les éléments se déchaînent, les saisons ne se succèdent plus de la même façon.* Il n'y a plus la sérénité qui accompagnait tout acte de la Vie. *Partout,* la bestialité s'est installée, déformant le véritable Amour. On ne voit plus qu'un horrible mélange où la bête et l'homme se confondent.

Vous êtes descendus si bas que vous n'acceptez pas Ma Connaissance. Les dons de l'Esprit Saint ne peuvent pénétrer en vous car vous agissez comme les animaux dans leur conduite: *l'instinct est devenu votre guide.* Vous rejetez *instinctivement* le Don de Dieu. L'homme a banni l'Amour de son coeur; il vit sans Dieu.

JÉSUS; "Je te demande d'informer au plus tôt tous Mes enfants
*******   de cette *urgence:* formez *partout* des groupes de
Prière, soyez Mes *Flambeaux d'Amour;* formez cette grande chaîne
de Prières continues qui va accompagner et s'unir aux Prières de
tous les Saints, de tous les Anges de Mon Ciel de Gloire et de Mes
âmes bénies de Mon saint Purgatoire, *pour le Triomphe* de Ma Très-
Sainte Mère, votre Reine, *et pour le second Avènement* de votre Roi,
qui est le Retour Glorieux de JÉSUS de Nazareth sur votre Terre.

Priez pour la Sainteté et la Glorification de Mon Église,

Priez pour la protection de son fidèle Gardien, *Mon Pape,* Mon fils
méritant; aimez-le comme Ma Sainte Mère l'aime: il est si près de Son
Coeur Douloureux et Immaculé.

Je bénis tous les Ouvriers qui participent à l'élévation de Mes
Croix d'Amour *par milliers sur toute la Terre*: ils sont tous dans Nos
Deux Saints Coeurs Unis; JÉSUS et MARIE les protègent.

Je bénis toutes les Prières qui seront dites avec Foi au pied de
chacune de ces Croix d'Amour et particulièrement cette humble
Prière suivie d'une dizaine de chapelet [1]:

Pitié, mon Dieu, pour ceux qui Te blasphèment; pardonne-
leur, ils ne savent pas ce qu'ils font.

Pitié, mon Dieu, pour le scandale du Monde, délivre-les de
l'esprit de Satan.

Pitié, mon Dieu, pour ceux qui Te fuient, donne-leur le goût
de la Sainte Eucharistie.

Pitié, mon Dieu, pour ceux qui viendront se repentir au pied
de la Croix Glorieuse, qu'ils y trouvent la Paix et la Joie en Dieu
Notre Sauveur.

Pitié, mon Dieu, pour que Ton Règne arrive, mais sauve-les,
il en est encore temps... car le Temps est proche et voici que Je
viens. *Amen. Viens Seigneur JÉSUS.*

† † †

19 Août - St Jean Eudes

JÉSUS: "Je suis venu vous prévenir que vous alliez tête baissée
*******   vers une catastrophe *irréversible;* votre obéissance,
seule, pouvait vous sauver du pire.

Mais l'homme a refusé Ma Main. En refusant Ma Croix Glorieuse,
il s'ouvrait, lui-même, les portes que Je voulais fermées à jamais.

---

(1): Après la Prière, le Notre Père et dix Ave Maria puis, après cette dizaine, l'invocation:
"Seigneur, répands sur le Monde entier les trésors de Ton infinie Miséricorde".

Ainsi l'Enfer s'est déchaîné, causant sur votre Terre *l'HORREUR :* guerres, massacres, famines et maladies de toutes sortes allant jusqu'à la mort des corps et bien souvent de Mes pauvres âmes.

Les Chevaux de l'Apocalypse ont pu parcourir ainsi des plaines immenses qui ne leur étaient plus défendues de fouler. Vous avez ouvert en grand à vos sciences modernes pour détruire le Germe de Vie ou le transformer par vos inventions démoniaques en *"produit".* La Création de Dieu a été effacée en tous domaines par la *création* de l'homme.

Le résultat de la multiplication de toutes vos possibilités a été de déstabiliser l'ordre même de la Nature: *vous tuez Mes enfants librement* et vous *créez une race sans âme.* Je ne peux M'unir à votre *automatisme* qui rejette Ma Sainte Volonté.

Je viens effacer ce règne qui se situe entre l'homme créé à Mon Image, et l'animal. Vous avez tout pollué. *La profanation est complète.* Vous avez tout divisé pour mieux régner. Votre désordre général appelle sur vous tous *Ma Sainte Justice.*

Ma Très-Sainte Mère est venue sur votre Terre. Elle continue encore à vous instruire. Par vos Prières sincères unies à la Sienne si pure et si belle devant Dieu, Mon Saint Coeur S'est laissé toucher: *la gravité de Ma sentence s'est atténuée* grâce aux Prières de Ma Sainte Mère et de Mes élus fidèles; Mon Jugement sera moins sévère; les droits de chacun seront respectés.

Mais Je ne peux abolir le châtiment de l'irrévérence que vous avez suscitée envers votre Créateur, Notre Père d'Amour Infini. *Priez, faites pénitence, repentez-vous à temps!* Vous n'avez plus le temps de dire: "J'ai le temps". C'est *maintenant* que la Terre entière est en danger. La course de Jonas dans tout Ninive, fut récompensée. Convertissez-vous et faites pénitence. Réconciliez-vous *vite* avec vous-mêmes, avec vos frères, avec votre Dieu. *Le Règne de Dieu est à vos portes.* Mon enfant, *Je bénis* cette Oeuvre qui est Mienne et que ta main a écrite pour tous Mes enfants.

Je bénis le coeur qui M'a entendu et écouté jusqu'au bout. *Je bénis* tous ceux qui t'ont aidée afin que Mon Oeuvre prenne jour et se répande partout.

Je bénis ceux qui continuent à travailler pour son expansion.

Je bénis les efforts de chacun et la Charité de tous ceux qui ont participé bénévolement à la bonne marche de ce Message d'Amour.

Je bénis tous les *TÉMOINS DE MA CROIX* : Mes Prêtres et Mes enfants fidèles.

Je bénis les Missions qui recevront la part qui leur revient.

Mon enfant défendra *Mon legs,* Je l'aiderai afin que ceci soit respecté comme Je l'ai déjà demandé.

Je bénis le lecteur et tous ceux qui entendront ce Message Divin.

Mon enfant, retiens ce que Je te dirai par la suite (écris sur un grand cahier) mais ne diffuse plus rien pour le moment; après ceci, Je te demande de ne plus rien transmettre jusqu'à ce que Je te prévienne à nouveau.

Les Temps doivent s'accomplir. Ma Parole, garde-la à présent secrète pour *Mon Jour.*

Je ne te quitte pas.

Repose-toi sur Mon Saint Coeur.

Bénis, ô Mon âme, Celui qui a posé les yeux sur toi.

Reçois Mon baiser de *"FIN"*

Ton JÉSUS d 'Amour

†

† †

"JNSR" : *"Seigneur, mon doux Maître, je T'attendrai jour et nuit. Garde ma Foi pure et vaillante pour Te servir jusqu'à mon dernier souffle.*

A Toi, mon doux JÉSUS d'Amour pour toujours et dans l'Éternité, je resterai ton "J.N.S.R."

Bénie soit la Très-Sainte Trinité d'Amour.

Bénie soit MARIE, la Très-sainte Mère de Dieu.

Béni soit Dieu dans Ses Anges et dans Ses Saints, Amen.

Bénis soient les Deux Saints Coeurs Unis de JÉSUS et de MARIE, Amen.

†††

Totus Tuus
****

JÉSUS:
****

27 et 28 Août 1997 - Ste Monique - St Augustin
"Mes aimés, Je Me manifeste toujours par Ma Sainte Croix, témoignage de Mon Amour infini.

Accompagné de Ma Très Sainte Mère la Bienheureuse Vierge MARIE, de Mes saints Anges et de tous Mes Saints, J'ai donné au Monde pendant ces quatre jours inoubliables du mois d'Août, durant les Journées Mondiales de la Jeunesse, une preuve sans précédent de la grandeur majestueuse de Ma Sainte Parole Vivante et Vraie, par la voix de Mon Pape bien-aimé. Des cinq continents sont accourus jeunes et moins jeunes; cent quarante cinq Pays étaient représentés sur place. La voix qui donne Ma Parole, portée par les ondes, a été également entendue par des milliers d'enfants à l'écoute de Dieu.

C'est le grand Mystère du Triomphe de Ma Sainte Croix d'Amour et de Gloire qui se manifeste déjà pour votre Temps. Vous avez vécu le plus grand pèlerinage terrestre de celui qui, déjà sur votre Terre, est plus *esprit* que *chair*, Mon *PIERRE*, Mon enfant bien-aimé. Le Pape de ces *Derniers Temps,* le Chef de Ma Sainte Église, vous a fait vivre le grand Mystère de la Croix Glorieuse.

Vous l'avez vécu pleinement dans votre Baptême renouvelé dans la Confirmation, car ce *rayonnement divin* du premier des Sacrements de l'Église descendait sur vous tous selon votre Foi. Également, vous l'avez vécu pleinement dans la Très Sainte Eucharistie: Mon Pape s'offrait lui-même, avec tous les enfants bien-aimés du Père, à Dieu par le Coeur Immaculé de MARIE, votre Mère.

Vous avez vécu avec lui la sainte Présence de votre Mère dans cet adorable Mystère de la Très-Sainte Eucharistie où le Christ Rédempteur vous offre Son sublime Sacrifice d'Amour avec MARIE, votre Maman et la Mienne, Mère Bénie de tous les hommes, offerte par votre Sauveur au pied de Sa Sainte Croix d'Amour et de Pardon, Mère offerte à la Très-Sainte Trinité d'Amour et à toute l'Humanité par Son FIAT qui rejoint les cieux et qui éblouira un jour, pas trop lointain, toute la Terre *dans la Connaissance parfaite de Dieu.*

Vivez pleinement ce grand Mystère de la Sainte Eucharistie:
Dieu Tout-Puissant vient à vous pour vous offrir
le Corps, le Sang, l'Âme et la Divinité de JÉSUS-Christ
sous les espèces du Pain et du Vin.
Offrez-vous totalement à Dieu par le Coeur Immaculé de MARIE.

Noter que les initiales des Journées Mondiales de la Jeunesse sont aussi celles de Jésus, Marie, Joseph.

Offrez vos sacrifices, unis à celui de votre Doux JÉSUS d'Amour, unis à celui de votre Mère Bénie toute offerte à Dieu par Amour du Christ Rédempteur, en réparation des péchés et pour la conversion des pécheurs. Vivez, chacun de vous, enfants bien-aimés du Père, la Présence vivante de votre Mère dans une profonde Consécration au Divin Sacré Coeur de JÉSUS crucifié par Amour pour vous et au Doux Coeur Immaculé de MARIE, Mère du Divin Amour: les Deux Saints Coeurs Unis, centre de Ma Sainte Croix d'Amour et de Gloire éter-nelle. Unissez-vous à Moi, à la Prière que J'ai adressée à Mon Père par Amour pour vous, Mes frères bien-aimés:

"Pour eux, Je Me consacre Moi-même afin qu'ils soient eux aussi consacrés" (Jean, **17**, 19).

Bénie soit cette Consécration de votre Rédempteur pour le Monde, pour les hommes : le Coeur Divin a le Pouvoir d'obtenir le Pardon et de procurer la réparation. La puissance de cette Consécration dure dans tous les Temps, elle embrasse tous les hommes, Peuples et Nations.

MARIE S'est unie entièrement à la Consécration rédemptrice de Son divin Fils; Elle qui connaît la souffrance et qui ressent, dans Sa Maternité divine, celle de tous les hommes, celle de tous les Peuples, Elle est la vraie co-Rédemptrice. Vous devez dire tous les jours:

"Aujourd'hui, nous nous consacrons aux Deux Saints Coeurs Unis de JÉSUS et de MARIE,

JÉSUS: *"Je suis le Chemin, la Vérité et la Vie.*

MARIE: *"Je suis l'Immaculée Conception.*

JÉSUS: *Je suis la Lumière du Monde.*

MARIE: *Je suis l'Épouse du Saint Esprit, Je porte en Moi la Lumière du Seigneur.*

Laissez-vous transformer par la divine Splendeur de la Lumière de la Très-Sainte Trinité parce que, quand cette Lumière aura illuminé le Monde entier, *le Monde entier sera transformé.* Alors JÉSUS viendra à vous dans la Gloire pour instaurer Son Règne d'Amour *qui ne finit pas.*

Les Cieux et la Terre sont remplis de Ta Très-Sainte Gloire,
Ô mon Dieu que J'adore.
Viens Seigneur JÉSUS. Amen.

Aujourd'hui Mon Pape est comme Saint Jean Baptiste: avec lui vous pouvez entendre l'appel de Jean qui crie *dans vos déserts.* Ma Sainte Mère est son bâton de pèlerin infatigable; avec lui, comme Moïse, *il ouvre la mer* devant les hommes qui le suivent.

La foule des incroyants est une mer qui se dresse comme un mur pour empêcher le Peuple de Dieu de s'avancer vers la Terre Promise, la Nouvelle Jérusalem, *Terre Nouvelle, Cieux Nouveaux.*

Votre Pape est aussi *comme Élie:* par son courageux Témoignage il convertit les coeurs les plus endurcis. *Je l'ai recouvert de Mon Manteau qui porte la marque des Croix de tous les hommes du Monde entier* qui s'avancent vers la Rédemption *finale,* guidés par Ma Lumière qu'il porte en lui. *Il devient Lumière.* Je l'ai recouvert de la Puissance de Ma Sainte Rédemption finale. C'est son *manteau;* comme Élie, il frappera les eaux avec son propre manteau; elles se sépareront pour permettre au Peuple de Dieu de passer *sur l'autre rive.* Avant d'être *ravi dans un tourbillon vers le Ciel.* Élisée recueillit le manteau d'Élie.

Un autre que Mon Pape recueillera son manteau *de Croix lumineuses* mais lui, comme Moïse et Élie, il aura déjà ouvert *la mer* pour que les hommes que Dieu lui a confiés, de toutes races, de toutes religions, de toutes confessions, arrivent sur la rive où Dieu les attend, là où l'on parle la même langue, celle de l'Amour Universel dans la Nouvelle Terre et les Cieux Nouveaux.

Le Feu de l'Esprit Saint aura rempli toute la Terre et la Vierge, Épouse de l'Esprit Saint, enfantera cette *race* nouvelle, ces enfants de Lumière; ils passeront par le Coeur Immaculé de la Nouvelle Ève toute-Pure, toute belle, rayonnante de cette nouvelle Maternité surnaturelle. Elle, la Mère pleine de Grâce, Épouse docile du Saint Esprit, MARIE, qui couvrit de Sa Chair immaculée le Fils de Dieu, enveloppera tous les enfants d'Ève du Manteau de Sa Gloire Maternelle: Mère de Dieu et Mère des hommes.

Et dans Sa maternelle intervention surnaturelle, Elle aura fait passer par Son Coeur Immaculé de Mère tous les enfants de la Terre pour les offrir, guéris, au Très Saint Coeur Divin et Sacré de Son adorable Fils, votre Seigneur JÉSUS-Christ. Alors les Deux Saints Coeurs Unis remettront, à Notre et votre Père des Cieux, toutes Ses créatures *transfigurées* et guéries à jamais. Alors les Anges dans le Ciel chanteront *le Gloria.* Gloire à Dieu Tout-Puissant! Gloire à Son Fils Ressuscité! Gloire au Saint Esprit, Défenseur dans tous les siècles éternels! Car la Création toute entière aura retrouvé son entière harmonie.

Gloire au Père, au Fils et au Saint Esprit
pour les siècles des siècles.
TOTUS TUUS - Tout à Toi, MARIE.
† † †

La grandeur et la magnificence
de la Nouvelle Jérusalem
****

JÉSUS:
****

Samedi 4 Octobre 1997 - St François d'Assise

"Combien de fois Je vous ai déjà interpellés, Je vous ai appelés, même très fort: "*Mon Église s'effondre, minée du dedans!*". Et puis J'ai pleuré avec vous, Mes fidèles enfants, pour cette dégradation si apparente, transformant tout ce que Je vous ai donné pour que s'accomplisse, jour et nuit, *Mon Saint Sacrifice de la Messe* qui, aujourd'hui comme hier, doit se vivre dans l'Amour de Ma Sainte Croix.

Dans la Sainte Messe Je réunis tous Mes enfants fidèles avec Mon Prêtre rempli de Mon Amour. Je renouvelle les heures de Ma Souffrance qui ont précédé Ma Sainte Mort, cloué à Ma Croix d'Amour où Je Me donnais à Mon Père pour M'offrir à tous Ses enfants en passant par vous, Mes frères consacrés, Mes Prêtres qui devenez, à chaque Messe, celui qui offre l'Agneau sans tache pour le donner au Monde coupable.

Vous devenez également *l'Agneau du Sacrifice qui se partage: Je vis en vous*. A vous les premiers, Je Me donne en Nourriture afin que, sanctifiés par Mon Don total, vous M'offriez à Mes enfants qui attendent de Me recevoir de vos mains consacrées.

Personne ne peut venir au Père sans passer par le Fils, Victime offerte pour le Salut de l'homme.

Personne ne peut venir au Fils sans passer par Sa Sainte Croix d'Amour et de Pardon.

La Sainte Messe est vécue par Mon Prêtre dans Ma Souffrance d'Amour et de Pardon, dans Ma grande joie de vous réunir également dans Ma Très Sainte Résurrection. Je suis présent, Vivant et Vrai, et vos coeurs sont remplis de Mon Espérance que vous donnez à tous ceux qui vont Me recevoir. Je suis votre véritable Nourriture:

Prenez et mangez, voici Mon Corps, voici Mon Sang.

Dans la Sainte Hostie, Je M'offre tout entier à vous et, aujourd'hui, les trois quarts de Mon Église *M'ont oublié*: ils ont perdu le sens du Sacré, ils ont perdu la Foi et oublié Mes Saintes Paroles; ils s'approchent encore de Ma Table Sainte par habitude, comme des automates qui ne ressentent rien: *vous aurez toujours soif, vous aurez toujours faim, car vous ne Me désirez pas.*

Le Pain que Je vous donne enlève la faim. L'Eau que Je vous donne enlève la soif. J'apaise les besoins humains et Je guéris toutes plaies, *car Je suis la Vie*. Petit-à-petit, avec Ma Sainte Nourriture, Je vous élève jusqu'à Moi et, lorsque Je reviendrai parmi vous avec Mon Corps de Chair glorifiée, vous verrez *la Lumière du Monde*.

Je vous ferai traverser cette obscurité profonde où le Monde s'est plongé de lui-même, parce qu'il M'a renié en rejetant Mon Église Sainte.

Vous êtes tous frères, du même Père, Notre Père des Cieux. Vos peuples sont unis parce que c'est Dieu qui a fait la Terre et tout ce qu'elle contient, tout est à Dieu. Le *matériel* cache la Vérité de Dieu. Le Seigneur attend que l'homme se décide à vouloir percer ce voile qui le sépare de son Créateur.

Dieu a créé l'homme à l'Image de Son Divin Fils, Dieu Lui-même, qui est venu nous apprendre à aimer le Père de toute Bonté. Le Père a remis tout Pouvoir à Son Fils Unique, JÉSUS le Christ, Lui le Vivant et le Saint, Lui qui par Son Sacrifice sur la Croix d'Amour a expié tous nos péchés afin que l'homme, Son frère, puisse un jour contempler la Sainte Face de Dieu et jouir du bonheur éternel dans la Gloire de Dieu Trois-Fois Saint.

L'homme viendra alors habiter dans sa Patrie véritable car il ne peut en être autrement pour l'enfant qui retrouve son Père: il vivra dans la Maison du Père, *la Jérusalem, la Cité de Dieu* qui va bientôt descendre parmi vous afin de réunir les Saints du Ciel avec vous, Mes enfants fidèles. Vous deviendrez saints de la Sainteté de Dieu. Ainsi, il n'y aura plus qu'un seul et même Royaume comprenant la Terre entière et les Cieux. Le Ciel et la Terre seront unis, bénis, pour vivre la Vie, unique et vraie, celle que de tous Temps Je vous ai préparée.

Le Ciel et la Terre sont remplis de Ta Gloire,
ô mon Dieu que j'adore, Père, Fils et Saint Esprit
qui viens réunir tous Ses enfants, les Vivants du Ciel et de la Terre
en un seul et même Royaume: *la Jérusalem Nouvelle.*

*Alors je vis le Ciel s'ouvrir et les mains de ceux qui l'habitaient s'allongèrent pour toucher les mains qui s'élevaient de la Terre vers le Ciel. Et ces mains unies chantaient la Gloire de Notre Dieu Trois-Fois Saint, car il n'y avait plus de frontière. Le Ciel et la Terre s'unissaient. C'était une Terre Nouvelle, remplie de saints enfants. C'étaient un Ciel Nouveau où les Saints qui l'habitaient bénissaient, avec le Père, le Fils et le Saint Esprit, **la grandeur et la magnificence de la Nouvelle Jérusalem.***

Peuple unique et grandiose, uni entièrement en Dieu L'Éternel, où désormais chaque membre devient partie intégrante du Dieu Vivant; ne pouvant désormais se désunir, car Dieu unit le Ciel et la Terre à Son Fils qui est Roi, et dont la Royauté Lui revient de tous Temps.

Par Lui, tout a été fait dans l'Amour du Père et la Sanctification de l'Esprit Saint. *Voici votre Roi: Terre entière, chante ta Joie!*

La Très-Sainte Trinité vous bénit
dans l'attente de ce Jour qui ne finit pas. Amen.
Dieu, L'Éternel.

† † †

Français, aide-Moi à réparer Mon Église
****

6 Octobre 1997 - St Bruno

JÉSUS: "Vous qui vivez dans cette attente d'un Monde meilleur,
*******   faites-vous un effort pour qu'il le devienne? Êtes-vous
prêts à devenir meilleurs et à aimer votre prochain comme Moi Je
vous aime? Vous verrez, en Vérité, de grandes choses s'accomplir
sous vos yeux et vous vivrez également des temps d'angoisse où le
Ciel vous rappellera *que le désordre conduit à l'effondrement.*

Je vous ai parlé de Ma Sainte Église qui est née de Moi, le Vivant,
qui suis au milieu *de tous les Candélabres allumés.* Mais voici que
certains se sont éteints tout-à-fait, d'autres sont à demi éclairés,
d'autres crachent une fumée épaisse et étouffante; peu, *bien peu,*
restent éclairés et continuent à donner Ma Lumière, *car Je suis la
Lumière du Monde.*

Voici l'image très imparfaite de ce qu'est devenue Mon Église dont
les membres principaux sont tombés si malades qu'ils n'arrivent plus à
la soutenir. *Je ne peux supporter cette mort lente qui la conduit au
tombeau.* Cette dégradation pénètre jusqu'à la racine des fondations;
elle est comme une dent creuse soutenue par un pivot mauvais; elle
ne peut plus résister; sans force, elle tombe. Le Pivot Central, d'elle-
même elle l'a retiré: *Moi, JÉSUS, le Roc sur lequel elle a été bâtie, ce
Rocher Unique sur lequel toute chose doit se construire afin
qu'elle subsiste et demeure à jamais.*

Comme vous ne voyez ni le changement, ni le désordre, ni la
provocation adressée à Dieu Lui-même dans Sa propre Église, Moi,
JÉSUS, Dieu et Prêtre par excellence, Je retire *les pierres mortes,*
celles qui emprisonnent ma Vérité Très-Sainte; Je fais tomber tout ce
qui est pourri et qui cache Ma Sainte Lumière.

L'homme est très matériel. Les trois quarts de l'Humanité ne
ressentent ni le changement, ni la séparation d'avec Dieu. L'homme
avale même *les serpents* sans être impressionné par cette *apostasie*
qui sévit de plus en plus fort au sein-même de Mon Église. L'homme
obéit à l'homme et renie son Dieu en approuvant la loi de l'homme
qui a pris la place de la Loi de Dieu.

Moi, le Vivant, qui soutiens encore ce qui reste de Ma véritable
Église, Je vois ceux qui ont fait de Ma Sainte Loi *un papier* où la
véritable Écriture de Dieu est absente. Ils ont fait de Ma Sainte
Parole *une parodie.* Ma Vérité est mise de côté. Ma Sainte Parole
devient une morte qu'on rejette *car elle dérange.*

Ainsi, vous qui ne croyez que ce que vous voyez, et dans l'attente de Ma prochaine Venue sur votre Terre de désolation (où vous croirez, car tout oeil Me verra), avant que cela n'arrive, en Vérité et afin de mieux vous préparer, *vous verrez, vous ressentirez* des cataclysmes sur toute votre Terre vous rappelant qu'on ne se moque pas de Dieu impunément.

Je vous ai dit que vous êtes tous frères, comme J'ai dit que tous les Pays sont solidaires, les uns des autres, lointains comme proches. Ma Terre, Je ne l'ai jamais divisée. C'est ainsi que vous pouvez vous considérer: unis comme les cinq doigts d'une main normale.

Si Je frappe un Pays plus qu'un autre, ne l'accusez pas comme un coupable: il est, pour chacun de vous, *un signe visible;* vous devez en tirer une leçon. *Vous,* Pays encore à l'abri d'une menace, libérés *pour le moment,* sachez que *rien* ne peut rester caché: *Dieu voit tout.*

Si toi, FRANCE, Pays choisi par Ma Sainte Mère dont tu as fait ta Sainte Protectrice, tu crois être meilleure que le Pays qui tombe à côté de toi sans que tu sois touchée, *tu te trompes;* car un Père qui a plusieurs enfants, ne saurait réprimander une partie de sa progéniture lorsque celle-ci commet une faute, et laisser l'autre partie vivre à sa fantaisie sans qu'Il ne se manifeste à celle-ci par une même réprimande. Un vrai père n'a aucune préférence et chacun de ses enfants reçoit la même part de son Amour.

Votre Père des Cieux vous aime, chacun du même Amour. Vous le constaterez le jour où Dieu vous donnera Son Royaume Éternel de Gloire; sur la Terre comme au Ciel, chaque enfant est roi. Votre Père est le Roi de tout l'Univers.

Si aujourd'hui, Je demande à *"François"* de M'aider à réparer Mon Église qui tombe en ruine, ce sont *ses* membres qui se détériorent. Vous ne pouvez le comprendre *que* par vos yeux qui voient et vos oreilles qui entendent *le fracas* que vous avez provoqué dans Mon Église par votre désobéissance et vos manquements: *François se trouve à ASSISE*

Les paroles rapportées par Saint Damien vont résonner dans vos coeurs. Ce fracas doit être *matériel, visible et ressenti* pour devenir un Signe; il ne peut se produire que dans l'église-même de St François d'Assise, *le jour anniversaire de sa mort, le 26 Septembre, en la fête de St Côme et de St Damien.*

François n'est plus, l'Église s'écroule.

Et par la force de ce tremblement de terre qui va se renouveler le 3 Octobre 1997, veille de la fête de St François d'Assise, aussi fort que le premier, *Je renouvelle Mon Appel qui concerne tous les membres de Mon Église.*

A tous ceux qui ont oublié de la faire vivre par Ma Sainte Parole et Mon Eucharistie, de respecter Mes Sacrements Très-Saints et Ma Sainte Croix; que le plus grand d'entre vous se souvienne que son Maître et Seigneur fut l'humble serviteur de chacun sur cette Terre; ainsi, du plus haut dignitaire jusqu'au plus petit d'entre vous, Je vous demande de vous aider, de vous aimer, de ne pas vous juger.

L'Amour guérit tout.

FRANCE, AS-TU OUBLIÉ LA PROMESSE DE TON BAPTÊME? Toi, Fille aînée de l'Église, tu es concernée aujourd'hui avec tous tes enfants, les Français, *les François.*

Français, réparez Mon Église.

Dans tous les Pays, les âmes ont besoin de *vous voir à l'Oeuvre* pour commencer à croire que Dieu veut être le Premier Servi. Ne passez plus à côté de Sa Sainte Croix sans la voir. Si elle vous interroge encore, laissez-vous pénétrer de son Message d'Amour, car vous ne serez sauvés *que* par Ma Croix.

Français, ne te couche pas, comme Jonas sous le ricin, pour attendre que Je ne te parle plus de Ma Croix, car J'écarterai de toi tout appui qui te soutient encore; tu *te verras tomber* et tu entraîneras avec toi *une multitude.*

Par Ma Sainte Croix, Je sauverai le Monde qui s'écroule.

François, aidez votre Sauveur, Amen.

JÉSUS Miséricordieux

Amen.

†

† †

Ma prudence n'est pas couardise
****

Vendredi 31 Octobre 1997

"JNSR":   *"Mon Dieu! Que faire pour terminer ce quatrième livre? Devons-nous attendre le témoignage du Père Évêque de Rome?"*

JÉSUS: "Les choses arrivent ainsi que Je le commande. Espère.
*******   Si tu M'obéis, Je te parlerai. *Écoute.*

Tout a été fait comme Je le désire et va se poursuivre ainsi. Mais les hommes réfléchissent trop à ce que Je leur demande de faire et cela retarde considérablement ce que Je mets en route et qui se fera malgré leur réticence à cause de leur *réflexion.* Votre liberté est le défaut que vous mettez en évidence; elle est *votre cuirasse* contre Ma Volonté et Je ne peux aller contre cet obstacle car, Je l'ai dit, vous êtes libres et Je vous laisse libres. Si d'autres vous devancent, ne vous plaignez pas; il se peut que ce soit pour le Bien, comme il se peut que ce soit le Mal, lui-même, qui vous devance. Aujourd'hui, la bataille engagée commence à faire rage et vous êtes comme Jonas couché sous le ricin; il attendait le pire sans même se préoccuper des autres, que de lui et de ses pensées mauvaises.

Car J'aime *tous* Mes enfants; Je ne désire pas leur mort. Aussi, si Je vous permets ce temps d'attente, ne tardez pas trop car le Mal avance inexorablement. Il suffit d'un seul élément pour que se dé-clenche la Paix, ou la guerre totale.

Je vous donne le moyen de vous défendre par Ma Croix... et vous ne voyez pas, à l'horizon, la Victoire de Dieu par Sa Croix. Vous attendez que *quelque chose* arrive pour vous éviter le pire et vous ne bougez pas comme Je vous le commande. Pendant ce temps, l'Ennemi se déchaîne de partout car il profite *du temps de votre réflexion humaine.* Alors que Dieu vous demande simplement de Lui obéir *sans réfléchir puisque Dieu est avec vous.* Alors, qui peut aller contre vous si vous êtes avec Dieu? Quand comprendrez-vous que Ma distance n'est pas la vôtre et que vous devez Me suivre sans regarder Mon Projet avec vos yeux qui ne voient que ce qu'ils sont capables de mesurer. *Je vois* la réalisation de Mon Plan avant que vous vous mettiez en marche pour le commencer.

Comment pouvez-vous parler de prudence lorsque votre pruden-ce *est votre propre peur!* Si Mes Saints avaient été si prudents, le monde serait déjà un désert. C'est eux qui vous ont donné Mon Amour au prix de leur sang. Leur vie est ce cadeau, qu'ils vous ont fait, pour vous apprendre à marcher sur Mes pas pour Me rencontrer.

Ma Prudence n'est pas de la couardise.

Vous qui suivez Mon Chemin, ne soyez prudents qu'au milieu des loups, mais jamais lorsque Dieu vous commande d'agir pour Sa Sainte Gloire qui veut couvrir le monde entier de Ma Croix par milliers parce qu'elle va se répéter, Je vous l'ai déjà dit, comme le partage de Ma Sainte Eucharistie, sur toute la Terre, touchant même les incroyants. A sa vue les coeurs seront touchés; son rayonnement sera Mon Appel silencieux en vos coeurs.

Mes Croix d'Amour ont pris naissance dans Ma Sainte Croix Glorieuse de 738 mètres afin de devenir des enfants de Ma Sainte Croix d'Amour et de Pardon. Qui la construira, qui l'adoptera, qui la bénira, qui la comprendra, *sera déjà sauvé.*

C'est pourquoi elle est déjà en route pour devenir le Chemin du Triomphe de MARIE; elle est unie à Ma Sainte Mère comme Dieu, Lui-même, est uni à Sa Croix. Unissez-vous à MARIE par la Croix. Devenez des Croix d'Amour en construisant Ma Croix au centième sur toute la Terre.

Mes Croix d'Amour feront le Miracle d'attirer à elles les enfants de la Sainte Croix de Dieu pour aller porter partout l'Évangile qui annonce Mon Saint Retour en Gloire. *Mes Prêtres doivent être les premiers!*

Aidez MARIE à triompher par la Croix, car déjà vient ce Triomphe de MARIE annoncé par les saints Prophètes: *Elle vient écraser la tête du Malin,* car Elle-même est Vivante avec le Vivant de la Sainte Croix, qui vous a donné Sa Vie sur la Croix d'Amour pour que vous deveniez, avec JÉSUS et MARIE, des Croix vivantes, par milliers dans le monde entier.

Annoncez-Moi partout; faites ce cadeau à Ma Mère Très Sainte dans Ses Lieux d'Apparition, dans les frontières *qui tomberont*; avancez vers ceux qui attendent la *vraie Liberté*, le Retour du Vivant, du Fils de l'Homme qui appelle tous les Peuples pour la Résurrection de toutes les âmes appelées à devenir bientôt les corps glorieux de la Nouvelle Jérusalem où le Ciel et la Terre s'uniront à jamais.

Et voici que Je viens. *Amen.*
Je suis la Résurrection et la Vie.
Viens, Seigneur JÉSUS!

† † †

Toussaint
****

1er Novembre 1997

"JNSR": "Saints et Saintes de Dieu, priez pour nous. Parlez-moi JÉSUS, mon doux JÉSUS. Revenez me parler longuement, comme avant. Restez près de moi. Je vous espère de tout mon coeur."

JÉSUS: "Pourquoi pleures-tu? *Est-ce bien de joie?* Je lis en
******* ton coeur tant de peine! N'oublie pas que Je viens te consoler, car tu pleures pour Moi cette chose si terrible qui s'appelle le manque d'Amour; et cela existe si fort que tu en es toute ébranlée.

Aujourd'hui nous allons commencer à nous parler plus longuement car il est utile de revoir tant de choses ensemble pour essayer d'avancer mieux. Le plus difficile sera pour toi de le dire à ceux que Je vais toucher en premier. Mais n'aie crainte, il faut que le Message d'Amour passe, même au prix de ta peine à le dire, car JÉSUS te le commande. Je te ferai voir aussi l'état de leur âme et comment ils M'acceptent. Combien tu vas souffrir de ce contact, mais Je sais que tu peux le faire parce que tu ne seras jamais seule. L'Esprit de Dieu est avec toi. Oublie leurs paroles désagréables et même le refus du moment. La seule chose que tu devras faire c'est de leur parler, de leur dire ce que Je te dirai de leur faire savoir, pour eux et pour les leurs. Ceci est une première chose à faire lorsque Je te le commanderai, en temps voulu. Oui, tu auras toutes Mes paroles en ton coeur, comme tu M'entends maintenant même.

Ô Mon enfant, que le Monde est tombé bas, sans Dieu. Quelle peine et quelle tristesse. Oui, tu le ressens très fort, et ce n'est rien à côté de celle de ton Dieu. Oui, ton amour Me console, Ma fille. Je viens aujourd'hui, accompagné de Saints que tu aimes et que tu vénères, et d'autres qui t'aiment et que tu ne connais pas. Mais ils sont saints et viennent souvent te voir pour t'aider, pour te consoler, pour te fortifier, car ils connaissent ta Mission d'Amour.

Ô Mon petit, fais confiance à ceux qui viendront te guider; ils seront là à tout moment où tu devras faire quelque chose pour Moi et pour tes frères spécialement. Je te demande d'avoir confiance en Ma Parole Sainte: tu la ressentiras venir en toi; alors écris-la vite et obéis-Moi afin que Mon Plan divin s'effectue selon Ma Volonté en la tienne comme en chacun à qui sera demandé de travailler à Mon Plan divin. Ils vont en venir à M'écouter en leur coeur, comme toi-même, s'ils sont dignes de M'entendre; ceux qui viendront par curiosité, Je les rejetterai.

Vous devez être unis entre vous par le Signe de Mon Amour.

Tu pourras reconnaître ceux qui M'entendent, car Je mettrai en vous Mon Signe visible dans vos coeurs. *Personne* ne peut tromper Dieu. *Personne* ne sera digne de se dire Messager de Dieu s'il n'accomplit pas Ma Sainte Volonté telle Je lui ordonne de la faire, là où Je le désire et vers qui Je choisis. Vous serez appelés à vous unir, bientôt, en frères d'une même communauté, mais ceci n'est pas encore faisable pour diverses raisons.

Aujourd'hui, le matériel mène le Monde. Aucun point, aucune contrée n'est propre pour recevoir le don de la communion fraternelle et les Croix vont ouvrir ce Chemin d'Amour. Bien sûr, ce sera après le passage de votre Bienheureuse Maman du Ciel qui viendra purifier vos chemins avant que J'arrive. Vous verrez comment vivaient Mes Saints en vivant de Mon Amour qui les unissait entre eux: ainsi naquirent les communautés de frères et de soeurs en Dieu.

Mais, aujourd'hui, le Mal a obscurci même les pensées les plus belles car il a contaminé même les endroits qui avaient reçu une Bénédiction par la main des Prêtres consacrés à Dieu. Tout a reçu l'empreinte du Mal. Tu peux le dire. Aucun endroit n'est resté pur, tout est infesté. J'ai gardé vos coeurs de cette contamination (les coeurs qui Me sont consacrés en Vérité: oui, Prêtres, Religieuses, et vous aussi, Mes enfants choisis de Ma Sainte Croix et de Mon Sacré Coeur); mais tout le reste est dans les ténèbres les plus denses, épaisses, collantes comme de la glu. Oui, le coeur de certains Prêtres, Religieuses et enfants du Monde, est aussi noir que le charbon éteint parce qu'ils s'en sont allés sur des chemins où le Mal dominait. Oui, ils le savent que, sans Ma Miséricorde et Ma Paix, ils ne peuvent pas goûter à Mon Amour, et que sans Mon Amour, *rien* ne peut vivre. La Vérité est morte sans Mon Amour (ils n'ont plus Ma Sainte Vérité en eux) et la Vérité devient leur Juge; et leur témérité à Me braver va devenir une sentence inexorable qui fondra sur eux comme le plomb fondu, brûlant tout, corps et âmes.

Priez, vous tous qui M'entendez, afin que ceux qui pèchent au Nom du Seigneur ne soient pas punis de la sorte. *Priez* pour qu'ils se voient ainsi, comme ils sont en vérité, et qu'à cette vue horrible de leur corps et de leur âme déformés par le péché, de leur esprit tordu par la haine et l'orgueil, ils se repentent et M'appellent à leur secours.

Que de visions horribles vont avoir, devant les yeux de leur conscience, ceux qui sont des bourreaux, car ceux qui tuent Mon Amour sont *les assassins de Dieu.* Je leur infligerai une telle repentance, devant cette grande Purification, qu'ils sortiront de là, oui transformés, oubliant même qui ils ont été, parce qu'ils vont crier leur Pardon à genoux devant Ma Sainte Image.

Ma Sainte Face sera devant eux, sans parler; ils vont se juger eux-mêmes car l'Image de Dieu en eux deviendra leur propre miroir.

Si le contraire se produit, s'ils ne Me veulent pas, s'ils renoncent à ce jugement en Me maudissant, J'effacerai d'eux jusqu'au souvenir de leur existence: ils deviendront immédiatement des *néants* dans le grand Néant. *Personne ne se souviendra d'eux.* Ainsi sera Ma Sainte sentence le Jour de la Grande Purification. Si le temps se marque en heures et en minutes sur la Terre, pour Dieu un jour est comme mille ans, mille ans comme un jour.

"Ce ne sera pas de sitôt, Seigneur? C'est ce que Tu veux me dire?"

"Nul ne sait ni le jour, ni l'heure où Dieu reviendra sur la Terre. Seuls les *signes du temps* vont vous l'annoncer; observez-les chaque jour, ne cherchez pas à savoir, car tout sera subi. Tenez-vous prêts comme si cela était pour demain.

"Seigneur, certains donnent des dates pour l'Avertissement. Comment ont-ils su? Est-ce vrai?"

"Personne ne peut témoigner de Ma Vérité tant que Je ne l'ai pas annoncée Moi-même. Certains l'ont, mais parce que J'ai voulu la leur donner; ceci est pour eux une épée à double tranchant, vont-ils bien s'en servir? Sais-tu que Mon *Silence* est d'or et que jamais personne n'a pu pénétrer dans Mon silence si Je ne l'ai pas invité Moi-même. Si celui qui a reçu Mon secret vient à le dévoiler sans Mon ordre, J'interviendrai immédiatement, lui cachant à lui-même la vraie date. Vous n'entendrez alors *que* sa parole qui n'est pas la mienne. Non. Le Secret de Dieu est préservé. Mais Je vous le dis: des jours viendront où même le vent, le soleil ou la lune vous permettront de reconnaître ce changement annonciateur; alors vous ressentirez en vos coeurs que le temps est tout proche où JÉSUS revient.

Des signes, vous en aurez. Mais Ma Voix en vos coeurs ne sera entendue que par ceux que Je choisirai et eux vous l'annonceront. Je te parle des *premiers* avertissements pour vous annoncer *Mon Avertissement*. Mais ceux qui Me comprennent, qui ne se glorifient pas, personne n'est sans péché, commencez déjà par devenir meilleurs. Ceci n'est pas ce que Je te commanderai de conserver en secret. Je t'avertirai après l'Avertissement Général et même pendant ce temps, tu l'écriras. Ceci est encore pour vous tous aujourd'hui. Ne fais plus de livre nouveau en attendant Ma décision. Je te bénis, Mon enfant †. Oui, Je te parlerai souvent, mais pour que tu en parles librement, avant l'Avertissement.`

JÉSUS avec tous les Saints. Amen.

† † †

La grande épreuve
****

Dicté à "JNSR" le 14 Novembre 1997

JÉSUS:
****
"C'est le moment de la grande épreuve. Chaque pays, chaque région, chaque famille et chacun de vous, vous *devez M'entendre dans cette immense urgence* que Je diffuse nuit et jour à ceux qui sont à Mon écoute. *Parlez* au Nom du Seigneur:

Le Monde est en grande difficulté, la Terre entière est *en danger de mort* parce que l'on est indifférent à la souffrance. La souffrance de Ma Passion et de Ma Croix se répète sur ce Monde qui porte la plus grande Croix que toutes les générations ensemble, depuis Ma sainte Mort jusqu'à ce jour, aient portée. Cette Croix devient, pour vous tous qui M'entendez et qui M'aimez, *votre ultime* chance de vous faire pardonner par Dieu.

Si vous M'aidez en aidant vos frères, les erreurs, les fautes, *tout* sera pardonné si chacun comprend, aujourd'hui, que Je meurs dans *chaque* enfant abandonné sur vos routes. *Ne laissez pas mourir la Terre*, ne laissez pas mourir le Feu de Dieu: un pauvre est parmi vous, *J'implore* votre miséricorde; ce n'est pas l'Enfant de Béthléem, c'est l'enfant de la misère et Je vis en lui.

Des milliers d'enfants meurent de faim et de froid; vous, qui êtes préservés de cette misère, agissez en vous unissant; chacun est responsable de l'autre. Formez des centres d'accueil dans chaque pays, dans chaque région, dans chaque lieu où vont se diriger *les pauvres de Dieu*. Ils n'ont plus de nom ni de famille pour certains, encore moins de patrie.

Essayez de vous unir et d'informer toutes les nations que Dieu est à l'oeuvre *en chacun* qui se mettra à bâtir avec Moi le Règne de l'Amour. Répondez à Mon Appel, répondez à Ma Sainte Grâce. Tu Me dis où Je désire que vienne Mon legs: là où seront Mes pauvres, *"à ceux qui auront la responsabilité de les abriter"* car partout Je susciterai des maisons, des foyers d'accueil et le plus grand foyer d'Amour sera déjà dans vos coeurs en action.

Je te guiderai vers ceux qui décideront d'abriter Mes petits. Ensemble, vous pouvez faire de grandes choses car, là où votre coeur se met à agir, là sera le Mien. Mon Saint Coeur déborde de Miséricorde.

La maison qui deviendra le plus grand centre d'accueil
sera chaque nation qui comprendra cette urgence.

Si les dirigeants n'entendent pas cet Appel, alors que les plus petits d'entre vous, ceux qui M'entendent, se mettent vite à l'oeuvre pour former ces maisons où seront recueillis et nourris Mes enfants abandonnés misérablement sur les routes de votre Terre. Votre récompense sera grande *car Je ne vous oublierai pas* et, alors, la Terre *refleurira;* car les déserts verront l'Eau et la Manne et jamais plus vous n'entendrez autour de vous le mot *misère;* car Je ferai de chacun de vous *un Prince* dans la Maison de Mon Père.

Je suis JÉSUS de Nazareth qui, perdu avec Mes parents MARIE et Joseph, trouve un refuge sur une terre étrangère.

Le Massacre des saints Innocents ne doit plus se perpétuer, mais s'arrêter
avec vos coeurs charitables pleins de compassion et d'Amour.

Arrêtez ce Massacre et J'arrêterai le Mal du Monde; sinon, *Je laisserai agir et il sera trop tard.* Pour *un* verre d'eau, Je sauve *un* coupable; pour une plus grande oeuvre, Je sauverai *le Monde!* Le dernier des enfants abandonnés *est Moi-même.* Recueillez jusqu'au dernier et vous Me reverrez.

Que cet Appel soit Lumière en vos coeurs; ne laissez pas passer ce moment-là où Ma Miséricorde s'ouvre en grand pour toute l'Humanité. *Je veux vous sauver,* alors *sauvez* Mes enfants de la misère. Je multiplierai chacune de vos bonnes actions par des milliers de Grâces.

Mon Saint Coeur vous appelle; par pitié *pour vous* qui vivez sans connaître encore le froid des routes et le froid des coeurs endurcis, sans avoir goûté le pain amer de la misère et l'indifférence de ceux qui passent à côté de vous sans même vous regarder.

Car la pauvreté, la maladie, la peine et la douleur vous *dérangent;* par pitié *pour vous* qui dormez à l'abri du froid et sans connaître la faim qui tenaille vos entrailles, Je vous demande aujourd'hui de M'ouvrir la porte de votre coeur car J'ai froid, J'ai faim, J'ai soif de votre Amour.

Je suis Celui qui est, de tous Temps, l'incompris et le mal aimé. Aujourd'hui, à la veille de Ma Naissance, Ma Sainte Mère et Mon Père Joseph cherchent un refuge pour accueillir le Fils que Dieu leur donne. Je suis encore dans le saint Abri de Ma Mère qui parcourt le Monde pour Me trouver un refuge. Accueillez Ma Mère. Accueillez Mon Père Joseph. Accueillez le Saint Enfant en accueillant tous les enfants errants afin qu'ils deviennent, pour vous tous, l'Enfant de la Crèche qui vous bénira, vous comblera de toutes Ses Grâces; et alors le Monde rejettera son manteau noir car la souffrance aura une autre signification: elle sera comprise et remplacée par Ma Croix de Lumière qui brillera déjà dans tous les coeurs. Car elle deviendra Gloire de Dieu, Gloire de l'homme qui se rapproche de Dieu.

Alors monteront vers Moi peuples et nations, unis dans la fraternité, unis dans l'Amour, ne formant qu'un seul coeur. Venez à Moi par ce Chemin de Croix d'Amour. Venez Me retrouver dans Ma Sainte Croix Glorieuse qui vous tend ses bras de l'orient à l'occident, enlaçant le monde entier. Ma Croix Glorieuse est Amour et Pardon. Je vous attends là.

Je suis JÉSUS de Nazareth, le Seigneur Ressuscité.
Je suis la Résurrection et la Vie. Amen."

† † †

| *Message à diffuser à tous et partout* |

Note du petit "scribe"

1.- Ce Message du 14 Novembre 1997 ne figure pas dans la première édition qui a été lancée avant qu'il ne me parvienne. Il en a été imprimé 10.000 exemplaires, en "tirés à part", pour être joint à l'expédition de chaque volume de la première édition. Pour le photocopier en vue de diffusion personnelle, demandez-moi ce Message qui tient sur un feuillet en 15 x 21 recto-verso. C'est un Message *très important* où Notre Seigneur offre à chacun *un moyen supplémentaire de Salut.* Ceux qui veulent sauver *toute* leur famille n'ont qu'une alternative: participer activement à l'élévation d'une Croix d'Amour, ou bien à la création d'une maison d'accueil pour *les pauvres de Dieu.* Le Ciel se gagne *par la force* contre notre avarice et notre paresse.

"Avec *rien,* on n'achète *rien"*

2.- Dans cette 2ème édition, vous trouverez les Messages du 8 Mai, des 17 Juin et 20 Juin 97, du 1er Août et du 31 Octobre 97 qui ne figuraient pas dans la 1ère édition parce que "JNSR" ne m'avait pas faxé les manuscrits. Et pour cause... ils avaient *"disparu"* de chez elle; puis ils ont *refait surface* fin Janvier et à la mi-Février 1998. Avec le Message ci-dessus, c'est **15** pages que j'ai ajoutées en deux fois, sans pouvoir augmenter la pagination pour cause de poids et de prix de revient.

Pour les intercaler à leur date de réception parmi les Messages, la présentation de certaines pages a été changée, et toute la pagination a été modifiée ainsi que la table alphabétique.

3.- Ceux qui ont eu déjà la 1ère édition ont **2** possibilités pour avoir ces **6** Messages: ou bien acheter la 2ème édition et offrir le livre qu'ils ont (surtout pour ceux qui n'en ont acheté *qu'un seul*); ou bien me commander un "tiré à part" de **12** pages, avec **5** Fr. en timbres (envoi en "écopli" à 3 F.50).

(Fernand Aleman, *Mauressac*, 31130 FLOURENS)

POSTFACES

Les Prêtres,

Témoins de la Croix

Les Laïcs aussi.

† † † †
†
†
†
†

NB : Certains Lecteurs se sont manifestés à la dernière minute (par téléphone) disant que les Messages, seuls, devraient figurer dans le livre. Qu'ils se souviennent que le titre que nous avions choisi pour le premier volume était "Messages de Vie" et que Notre Seigneur l'a agréé seulement comme sous-titre en indiquant le titre de l'oeuvre complète en quatre volumes: **"Témoins de la Croix"**.

Dès lors, ces Témoignages ont ici leur place. Dès le premier volume, ils ont été sollicités; nous-mêmes, et tous les Lecteurs avec nous (*aucun* ne nous a écrit une quelconque opposition), nous attachons la plus grande importance aux témoignages qui se sont ainsi exprimés, et tout particulièrement ceux de Messieurs les Prêtres. MERCI pour les préfaces de Monsieur l'Abbé Christian Curty, MERCI pour les témoignages *courageux* de Messieurs les Prêtres, et MERCI pour les témoignages des laïcs. Tous témoignent contre l'injustice faite à Dozulé et ils proclament les Merveilles de Dieu.

Si ces Témoignages n'avaient pas satisfait Notre Seigneur, qui pourrait supposer qu'Il ne l'aurait pas dit à "JNSR" avant même l'édition du premier volume? Par exemple (p.7) dans le Message du 11 Décembre 1995, le Seigneur intervient en réprouvant les commentaires (souvent liés aux pronostics de dates).

Témoignage du Père Milan GALINAC
=============================

"Seigneur, Tu as voulu que tous les hommes soient sauvés par la Croix de Ton Fils."

Ainsi commence la prière d'oraison de la Messe en l'Honneur de la Croix Glorieuse. Tout le Mystère d'Amour de Dieu pour Son Humanité se trouve ici dévoilé dans *"le scandale de la Croix"*.

Jusqu'à présent les hommes n'ont cessé de regarder le monde avec le souci constant de dominer les forces adverses et de guider leurs destinées vers des voies de salut, de bonheur et de prospérité inspirées de leur science, de leur raison et de l'expérience. Et voici qu'il est demandé à l'homme d'accepter un salut qui ne soit plus *son oeuvre*, mais l'Oeuvre du Père et d'admettre que ce même Salut se réalise dans l'humiliation de JÉSUS sur la Croix. Il n'est pas étonnant que se dressent alors des formes contestataires, parfois virulentes, du signe qu'elle représente dans la conscience et dans l'évolution humaines.

Les progrès enregistrés dans l'Histoire humaine et particulièrement dans ce siècle, traduisent clairement une réalité qui ne peut échapper à quiconque veut poser une réflexion sérieuse sur la modernité. Les capacités humaines, les découvertes, les progrès de toutes sortes, ont donné une telle amplitude à l'orgueil de notre espèce qu'il était facilement admis, dans l'inconscience autant que dans la conscience, que le temps viendrait où l'homme serait son propre *sauveur* et n'aurait donc pas besoin d'un Dieu qui lui tendrait la main. Dès lors, l'idée de la Croix et du Salut de toute l'Humanité par la Mort de JÉSUS, apparaît comme la réminiscence d'une religiosité démodée, archaïque, en complet décalage avec l'évolution des temps modernes. Par ailleurs l'acceptation d'un salut qui ne serait pas l'oeuvre des hommes, constituerait le meilleur aveu de faiblesse et d'impuissance d'une génération qui a cru pouvoir résoudre tous les grands problèmes de son existence par sa propre sagesse. Refuser aujourd'hui la Croix, c'est refuser ses limites, ses échecs, ses erreurs et se maintenir avec obstination sur le chemin des plus graves impasses.

Que sont devenues les belles envolées discursives des philosophes totalitaires imbus de socialisme égalitaire ou d'idéologie universelle? Ni les discours, ni les armes, ni la patience, ni la force, n'ont pu réaliser un monde nouveau. Chacun croyait aussi l'espace terrestre plus paisible et l'intelligence humaine plus aiguisée, pour oser affirmer qu'un temps nouveau de justice et de paix était arrivé: mais qui peut, en ces temps d'angoisse et d'incertitude, tenir des propos aussi naïfs? La démocratie elle-même est objet de discussion et de doute. Les maladies nouvelles se jouent de toutes les compétences et de toutes les recherches. L'incertitude est réelle. Ce n'est pas manquer d'espérance que de faire ce constat, mais c'est manquer de réalisme de le nier.

L'homme, aujourd'hui, attend un SALUT et il attend un SAUVEUR. Malheureusement, il attend encore un Salut de sa science et il attend un sauveur à la mesure de son espèce qui donnerait un nouveau souffle à la société de consommation et nourrirait son appétit de jouissance terrestre sans les risques de la maladie, de la guerre, de la violence et de la mort. Parler d'un Dieu et d'un SAUVEUR mort sur la Croix, dans un tel contexte ne peut qu'engendrer la peur, la méfiance et le refus.

La Croix n'est pas ce que les hommes attendent; c'est pourtant *la seule vérité qu'il faille annoncer* pour que, demain, nous soyons tous sauvés et que nos coeurs retrouvent en plénitude une espérance jusqu'alors trop tiède ou absente. L'heure n'est plus aux discours simplistes qui consisteraient à dire:

"Il faut du travail, il faut guérir le SIDA ou se protéger, il faut des instances puissantes pour enrayer les génocides et les racismes, il faut protéger l'univers de tous les déchets chimiques et radioactifs, il faut faire ceci ou cela...".

Aujourd'hui, l'urgence est claire: VOULONS-NOUS ENCORE UN JÉSUS CRUCIFIÉ QUI APPORTE LE SALUT AU MONDE? S'il en est ainsi, alors la Croix reprend sa place dans nos coeurs, dans nos maisons, dans nos cités; elle s'élève et devient Signe de la Puissance de Dieu au milieu des limites humaines. Et tout homme verra le Salut de Notre Dieu: il connaîtra son SAUVEUR et deviendra le TÉMOIN DE LA CROIX.

Plusieurs milliers de Croix viennent de s'élever de terre, comme des rameaux nouveaux, des germes lumineux d'une espérance fondée dans le Christ. C'est le Signe de notre Salut. Il n'est pas le fruit d'une volonté humaine, ou le caprice d'une femme comme JNSR: il est vraiment la marque du Christ sur notre Terre; par son altitude, il est le lien qui unit au premier Calvaire; par sa luminosité, il est le signal de victoire dans un monde chaotique et ténébreux.

Tant de nos monuments créés par la main des hommes, sont devenus aujourd'hui le symbole du triomphe et de l'orgueil, de la puissance et de la suprématie. Ces *nouveaux temples,* soulignés par leur hauteur et soutenus par l'éclairage de puissants projecteurs, semblent faire l'approbation de chacun, sans contestation aucune, alors que l'élévation des Croix lumineuses de 7 m,38 en lien avec le Calvaire du Seigneur, crée au sein de nos communautés des signes de désaccord injustifiés.

La Croix ne peut être le signe ou le fétiche d'une secte. Elle ne peut être le fruit de nos déchirements. Elle est la manifestation de notre Salut en Celui qui a cloué sur le Bois de la Croix les péchés du monde entier. Il nous revient donc de puiser notre force et notre espérance en Celui qui doit revenir sur notre Terre pour que tous les yeux, qui se lèvent vers Lui, connaissent le Salut.

Trop longtemps, les chrétiens n'ont-ils pas été marqués par *la peur du témoignage,* une sorte de prudence qui aboutit au silence de l'Évangile et à la tiédeur de la Foi. Peut-être avons-nous laissé à *l'esprit du Monde* la liberté d'agir dans le monde. Toutes nos craintes pouvaient même trouver leur justification dans cet élan nouveau qui est celui de la tolérance, du respect des différences et de la liberté religieuse. Pourtant, rien ne nous autorise aujourd'hui à cacher le Mystère de notre Foi ou à empêcher les Croix lumineuses de s'ériger au coeur de nos cités pour les marquer de la Présence de Celui qui nous a aimés jusqu'à donner Sa Vie par Amour pour nous. Le Christ *n'est pas divisé* et il n'existe aucune ambiguïté d'ordre spirituel au sujet de la Croix du Seigneur: tout discours et toute contestation à son sujet ne font que nous éloigner de l'essentiel *pour nous diviser sur le superficiel.*

Les premiers chrétiens se sont unis autour de la Croix du Seigneur: il nous revient aussi de retrouver ce même chemin de paix, d'amour et d'unité, dans un Monde assoiffé de grandes valeurs et appesanti par l'épaisseur des confusions et des ténèbres. Ne blessons pas le Corps du Seigneur par nos querelles futiles: le Seigneur a tant besoin du regard des hommes vers la Croix de Son Fils pour qu'ils soient TOUS sauvés et parviennent à la connaissance de la Vérité."

Témoignage du Père Constant Derouard
============================
"Il faut une très grande force pour remonter à la source,
et ne pas descendre le courant comme tout un chacun."
(Père Marie Dominique Philippe)

"Et moi je dis, oui, à partir de Mars 1972 il a fallu cette très grande force d'En-Haut, il a fallu *l'Événement et Message de Dozulé*, le Miracle eucharistique vingt cinq fois répété de JÉSUS sortant de Son silence eucharistique, et les multiples extases de Madeleine Aumont de Dozulé, pour réveiller et sauver la Foi eucharistique de l'Église catholique 1972, la Foi en la Présence réelle du Corps du Christ Ressuscité, pour faire remonter à la source de la Croix Glorieuse, à la Cène et au Golgotha qui étaient devenus incompris.

L'Église catholique, *en ses commandements de base,* était devenue, dix ans après le Concile de 1962-1965, très infidèle au vrai souffle du Renouveau liturgique, au point d'être entraînée par un courant vertigineux *de descente, de "prostestantisation",* qui la coupait d'avec les sources vives, apostoliques et eucharistiques!... La Messe n'était plus la Sainte Messe, *le Saint-Sacrifice,* l'actualisation sacramentelle et réelle du Sacrifice de la Croix. Il n'était même plus question, de 1968 à 1978 jusqu'à l'heure de SS Jean Paul II (Octobre 1978) et de sa première Encyclique *Redemptor hominis,* de parler officiellement en Église de base *de la Rédemption, de la Croix Rédemptrice!* Et, en dehors des célébrations, la plupart des Prêtres du Seigneur n'étaient plus identifiables comme personnes sacrées et consacrées...

Oui, dix ans après l'ouverture du Concile Vatican II en 1962, régnait surtout *l'ouverture au monde* et bien peu l'ouverture *du Monde au Mystère du Christ et de Sa Croix Glorieuse.* C'était "la vigne ravagée", l'Eucharistie bradée et c'était les Prêtres *à la moderne...* Et par suite de *l'avortement* des vrais Catéchistes qui, en Église, a anticipé l'avortement I.V.G. de la société néo-païenne, les jeunes générations ont davantage connu les *parcours,* les *recherches,* que la Foi sans détours.

Et du même coup, ces jeunes générations ont été bien peu initiées et aguerries aux *ascèses* de joie des amours pures à l'école de la Croix Glorieuse du Christ et de Ses Béatitudes! En Église, *il fallait Dozulé,* une très grande force pour remonter le courant; il a fallu cette très grande Force du Ciel: *l'Événement-Message dozuléen* pour aider à temps l'Église catholique et liturgique à remonter aux sources vraies et vives du Golgotha, actualisées par les célébrations eucharistiques.

Dès lors j'ose avancer ceci: il me semble que le vrai pourquoi *divin* de cette révélation particulière *extraordinaire* qu'est Dozulé où intervient le Fils de l'Homme en Personne, c'est le besoin absolu qu'avait l'Église de 1972 (année qui sera en outre, et publiquement, marquée par la soudaine déclaration de SS Paul VI: "*La fumée de Satan est entrée dans l'Église pour l'autodestruction de celle-ci"*) le besoin absolu, dis-je, qu'avait l'Église, cette ministre de la Croix Glorieuse, de l'injection dans ses veines, *par Dozulé,* d'une très grande force et sang nouveau de Foi eucharistique.

Dans les derniers temps *du Temps des Nations,* il fallait que l'Église Catholique, *"Lumen Gentium",* remontât énergiquement à la source de la Croix Glorieuse et Eucharistique du Golgotha. D'où *le rêve* du Maître et Seigneur d'une grande Croix Glorieuse ultime qui soit à l'altitude du Mystère des Mystères du Golgotha! Mais fallait-il donc que *l'Ennemi n°1* de la Croix Glorieuse du Christ, aveuglât de grands esprits de ce monde et de l'Église, au point qu'ils n'aient pas saisi tout de suite le grand nouveau Miracle eucharistique, le nouveau *Paray-le-Monial* qu'était Dozulé!...

Sur Dozulé, il manque à certains théologiens de ne pas s'être ressourcés à la science mystique de leur confrère, feu le Père Jean-Baptiste MANCEAUX [1], cet écrivain et précurseur de la Cause de Dozulé . Dès lors, des grands esprits n'ont pas saisi et ont même condamné *témérairement* ce qu'une multitude de *petites âmes* ont saisi spontanément dans ce Mystère de Dozulé!... Pour elles, Dozulé n'a pas fait de problème, mais a été la solution -le fait est là- à leurs problèmes de vie et de Foi chrétienne et eucharistique. Voir en Matthieu **11**, 25-27: "*Père Je Te glorifie...*" et voir le grand Psaume de l'éloge de la Foi (Ps. **118**, 130): "*Ta Parole en se découvrant illumine et les simples comprennent*".

N'y aurait-il donc, *avant le changement universel qui s'annonce*, (Dozulé, 21ème et 30éme App.) qu'un *Petit Reste* de petites âmes à accueillir avec des coeurs d'enfant *Celui qui S'annonce, Celui qui vient*, à l'Aube des Temps Nouveaux, instaurer Son vrai Règne d'Amour et de Miséricorde dans les coeurs et sur les Nations?

Et voici ma réflexion principale:

Le Dieu de l'Univers et l'Esprit Saint semblent avoir voulu, par le Message de "Grande Croix Glorieuse" :

1. que l'Univers entier rende Gloire, plus que jamais, à la Croix Glorieuse du Rédempteur. Et il nous semble, dans l'intelligence du Mystère de Dozulé, que Lui-même, le Fils de l'Homme crucifié et ressuscité, n'a pas manqué d'adresser à Dieu Son Père, en cette Fin *des* Temps, une seconde supplique personnelle qui fasse écho, 20 siècles après, à Sa première supplique évangélique du soir du Jeudi-Saint:

*"Père, l'heure est venue, glorifie Ton Fils
afin que Ton Fils Te glorifie..."* (Jean, **17, 1**)

Oui, je me dis: 1972-2000, c'est l'heure où l'Esprit Saint, qui est à l'oeuvre depuis 20 siècles, veut que la Croix Glorieuse, unique Salut et Espoir du Monde, *soit publiquement glorifiée et qu'elle glorifie le Père des Miséricordes*, avant que le Fils de l'Homme ne vienne avec Son Signe (Matthieu, **24**, 30) juger les vivants et les morts!... Notre génération vit, qu'elle y pense ou non, l'heure de la Grande Croix de Miséricorde et, pratiquement à partir de 1996, elle vit l'heure d'une multitude de Croix au centième: 7m,38!

2. Dans l'intelligence du Mystère de Dozulé, il nous semble, aussi, que le Ciel ait voulu également que la Croix Glorieuse, au bout de presque 20 siècles et en ce Temps des Nations, se révèle, plus que jamais, publiquement et efficacement, **comme la Croix de tous les Peuples**, et qu'elle soit proclamée telle par l'Église. Tout comme, en notre siècle de feu et de sang, de désunion des peuples et ethnies, l'Église a été inlassablement alertée par MARIE co-Rédemptrice, Médiatrice et Avocate, sur tous les continents, en préparation, précisément, du Triomphe laborieux *à la fois du Coeur Immaculé* selon le voeu de Fatima (1917) *et du Coeur Eucharistique du Christ-Roi*, Roi par Sa Croix Glorieuse. Oui, l'heure de la Croix Glorieuse de Dozulé devait faire résonner l'heure des Deux Coeurs Unis, comme l'annonce depuis 1830 la Médaille Miraculeuse demandée par MARIE à Ste Jeanne Labouré à Paris, Rue du Bac; et comme le proclame le blason papal de SS Jean Paul II : † M.

Disons aussi, et surtout :

La révélation -encore privée- de Dozulé en son contenu essentiel est, non seulement en parfaite harmonie, conformité et concordance (au sujet du Mystère du Christ et de Sa Croix Glorieuse) avec la grande Révélation Biblique et Évangélique, mais elle est vraiment *en complémentarité* avec celle-ci, en

---

[1] : "DOZULÉ, le Retour Glorieux du Fils de l'Homme", aux "Nouvelles Éditions Latines, 1 Rue Palatine, 75006 PARIS.

relation de *servante,* de servante *nécessaire* j'ose dire; ce que veut mettre en lumière le propos qui suit. En Vérité, la révélation privée de Dozulé est, à son heure, la servante obligée et nécessaire:

- de l'accomplissement, plénier et à temps, des oracles bibliques sur le Salut de la Multitude par la rémission des péchés;
- et de la grande Prière liturgique (Messe et Bréviaire - Temps Présent) qui appelle depuis des siècles, et en l'Esprit Saint, ce Salut de la Multitude, l'accomplissement effectif de cette Croix Universelle qui, au Golgotha, a baigné et consacré à jamais la Terre, confiant à l'Église née de la Croix, d'en recueillir et d'en répandre le Très-Précieux Sang à travers tous les siècles et sur tous les hommes de la planète.

Pour preuve, dans le florilège de textes bibliques et liturgiques, un Psaume qui fait ressortir à quel point *l'Action directe du Fils de l'Homme à Dozulé* et Sa Volonté irréversible de *Grande Croix Glorieuse,* étaient nécessaires pour que ces textes sacrés soient *"accomplis",* réalisés à temps par l'Église vu l'imminente Grande Purification! Car les Paroles de l'Écriture ne sont pas des paroles vaines; elles veulent à tout prix avoir rempli, *accompli* leur mission, leur course, avant leur Oméga, avant que le Royaume, acquis par la Croix Glorieuse, ne soit remis au Père... Relisons un Psaume notoire de Croix Glorieuse, le Psaume 21 (en Vulgate, toujours). L'Esprit Saint faisant dire à JÉSUS par le Prophète David, *mille ans* avant la Croix Glorieuse du Golgotha: Verset 2: ***"Mon Dieu, mon Dieu, pourquoi M'as-Tu abandonné?".***

Puis, en finale du Psaume:

"Mon Dieu, mon Dieu, Tu seras ma louange dans la grande assemblée" (l'Église du XXe siècle).

"A vous qui cherchez (à Dozulé) *le Seigneur, toujours la Vie, la Joie! La Terre entière se souviendra et reviendra vers le Seigneur* (grâce au Mémorial dozuléen du Golgotha).

"Oui, au Seigneur la Royauté, le Pouvoir sur les Nations!"

"On annoncera le Seigneur aux générations à venir. On proclamera Sa Justice au Peuple qui va naître" (de la Nouvelle Évangélisation) *"**Car le Seigneur a agi**"*(en action directe : Dozulé). Psaume **21**/23-32)

J'aime à penser que l'Esprit Saint, qui a inspiré au saint Roi David une telle prophétie touchant le Roi-Messie, visait *l'heure lointaine* de Dozulé, de cette *Action directe* du Seigneur avant la Fin des Temps. Oui, à l'instar de ce Psaume typique, bien d'autres prophéties bibliques, exaltant le Salut de la Multitude envers et contre tout, laissent à penser, qu'un jour, elles auront besoin de Dozulé et de sa Grande Croix Glorieuse pour trouver pratiquement leur réalisation complète... à temps! Et donc Dozulé, cette Croix de tous les Peuples, non seulement en concordance parfaite avec la Bible, elle est aussi en complément *nécessaire* des Oracles sacrés de l'Ancien et du Nouveau Testament. C'est ainsi que les oracles répétés de Dozulé: *"Quand cette Croix sera élevée de terre, J'attirerai **tout** à Moi"*(8ème et 16ème apparitions), ces oracles ne sont pas seulement, au XXe siècle, l'écho des oracles évangéliques (*"Lorsque vous aurez élevé le Fils de l'Homme vous connaîtrez que Je SUIS"* (Jean, **8**, 28) *"Quand J'aurai été élevé de terre* (Élévation: sur la Croix et à la Gloire) *J'attirerai à Moi tous les hommes"* (Jean, **12**, 32); ce ne sont pas seulement l'écho, elles en sont *l'actualisation et la réalisation plénière.*

Ce n'est ni pour rien, ni "voeu pieux", que JÉSUS, au Nom de Son Père et de l'Esprit Saint, a décrété à Dozulé l'Élévation par Son Église co-Rédemptrice de la plus Grande Croix Glorieuse, mais c'est à cause de la proximité de la Fin *des* Temps et de la "Grande Tribulation", d'un "changement universel" (21ème app.). *"Le moment est venu où Je dois ressusciter les esprits.*

"Comprenez bien ceci... Aujourd'hui vous en êtes avertis, vous vivez le temps où Je vous disais (En Évangile de Luc, **17**, 20) : *"Comme il en fut aux jours de Noé, ainsi en sera-t-il au Jour du Fils de l'Homme. Je vous le dis, cette jeune génération ne passera pas avant que cela n'arrive"*
(13ème apparition, la lettre au St-Père. Lire aussi Daniel, **12**. 1).

J'insiste: accueilli et écouté en Esprit et en Vérité, le sérieux et extraordinaire Message dozuléen est *une ultime supplication du Père, Fils et Saint Esprit* pour que l'Église 1972 élève, dès 1975, la plus Grande Croix Glorieuse de vingt siècles de Rédemption, jugée *nécessaire* par le Ciel *pour la Paix mondiale* si compromise par le péché du Monde à son paroxysme:

"L'Humanité ne trouvera pas la Paix tant qu'elle ne connaîtra pas Mon Message et ne le mettra pas en pratique" (36ème appa.).

Et pour qu'à temps, en cette fin du Temps des Nations et du Temps de la Miséricorde, se réalise, répétons-le, la Révélation Biblique sur le Salut de la Multitude, car *"Dieu, Notre Sauveur, veut que tous les hommes soient sauvés et parviennent à la connaissance de la Vérité..."*, de cette Vérité: *"Le Christ JÉSUS S'est donné en rançon pour tous"* (1. Timothée, **2**, 4-6). Une multitude d'autres textes bibliques illustrent cette Volonté du Père Céleste: *que tous les Peuples parviennent, à temps, à être interpellés par la Croix de Vie et de Résurrection et à mettre en Elle leur unique Espoir!*

Le "nerf" de cette présente réflexion capitale, c'est de montrer que la Croix Glorieuse du Golgotha avait besoin, à partir de 1972 pour remplir sa Mission Universelle de guérison des âmes et des peuples (à l'heure où le globe comptait le plus d'âmes et à l'heure où elles étaient le plus mordues par le Serpent mensonger et criminel), avait besoin de *se centupler* en la Croix Glorieuse de Dozulé, cette céleste et ultime *Croix de Mission* à l'échelle de la planète et de la technique ultra-moderne!

Croix Miraculeuse des *Derniers Temps du Péché,* plantée en notre désert universel, et dont le miraculeux *Serpent d'Airain* de nos aïeux les hébreux, n'était que *l'image* et la pâle figure (Nombres, **21**, 8-9).

Oui, l'Heure est venue où Dieu veut, *par une Croix Magistrale et mondiale,* multiplier et rendre miraculeuse la Puissance de Résurrection que possède, depuis bientôt vingt siècles, cette Croix Glorieuse du Christ, dont la vivante Église est la dépositaire et la servante... mais servante pas encore assez efficace, fidèle et dynamique en ses Communautés de base... Or il est temps que se réalise effectivement *le retentissement cosmique de la Croix du Christ par l'effet de Réconciliation Universelle qu'elle accomplit* (Colossiens, **1**, 20), *faisant un seul Peuple des Juifs et des Païens, s'ils croient au Christ* (Éphésiens **2**, 14-18; et page 241 du dictionnaire biblique Dheilly).

Bref, disons et redisons: le Message de Grande Croix Glorieuse est, non seulement conforme aux vues de la Bible, mais est appelé et exigé par l'Ancienne et la Nouvelle Alliance pour l'accomplissement plénier des vues de l'Esprit Saint, Époux de la Sainte Église; et aussi, pour que soient enfin exaucées les aspirations séculaires et liturgiques de l'Épouse: *"Ô Croix Glorieuse, révèle-Toi à tous les Peuples. Amen, viens Seigneur JÉSUS"* (Apocalypse **22**, 20).

(Père C. Derouard, N.D. St Jean, 53270 Ste Suzanne)

Témoignage d'un Père Missionnaire

L'heure est grave pour le Monde, très grave même. Désormais c'est l'insécurité partout. On se fait la guerre entre ethnies différentes, entre croyances différentes. On tue de nombreux petits innocents dans le sein de leurs mères. Des centaines de milliers de jeunes enfants sont abandonnés par leurs parents dans la forêt du centre-Afrique, en Europe centrale où ils croupissent dans des "orphelinats" dont on ne voudrait pas pour nos animaux de compagnie; *cent millions* d'enfants, dans le monde, et peut-être deux fois plus, sont astreints à des travaux épuisants dès l'âge de 6 ou 7 ans, dans des mines de cuivre, ou à trier sur des montagnes d'ordures ce qui peut encore être récupéré, ou à servir des métiers à tisser... et, au sommet de l'horreur des fillettes et des petits garçons sont vendus par leurs parents et alimentent en *chair fraîche* la concupiscence avide de *nantis* qui arrivent dans certains pays par *charters* entiers!...

On ne veut plus de morale.

On rejette Dieu qui a inscrit Sa Loi d'Amour en chacun de nos coeurs et on suit le démon qui promet "le bonheur" tout de suite.

Les hommes ne s'aiment plus. Ils ne se reconnaissent pas comme frères, comme enfants du même Père des Cieux. Ils se jalousent et se méprisent. Ils veulent dominer les uns sur les autres. Désormais, c'est le *règne de la peur*. Même dans nos pays d'Occident, dans nos pays *riches et policés,* les enfants, les jeunes filles sont les victimes de sadiques sexuels, souvent *récidivistes*. Des "suicides" collectifs dans certaines sectes, en France, en Suisse, au Canada, en Californie, nous remplissent d'horreur... mais ne sommes-nous pas *vaccinés* contre l'horreur? Puisque ça continue...

Or, *depuis longtemps déjà,* Dieu essaie de nous faire prendre conscience du malheur que nous avons *laissé se préparer,* faute d'attention, de lucidité et de capacité d'indignation. Il envoie la Sainte Vierge nous communiquer des Messages dans beaucoup de pays du monde, sur tous les continents; en France, en particulier, mais si peu en tiennent compte... Dieu permet aussi de grands cataclysmes, qui ne nous touchent encore que très modérément, pour nous faire réfléchir et pour nous prouver qu'Il est bien le Maître du Monde, mais trop d'hommes restent indifférents et aveugles aux *Signes du Ciel*.

Le Pape Jean Paul II se déplace et va dans les différents pays du Monde pour communiquer sa Foi et son Amour de Dieu et de la Sainte Vierge, mais on le trouve *trop exigeant...* Il faudrait que tous les Évêques et les Prêtres lui soient très soumis, dans l'humilité et l'obéissance, pour entraîner le Peuple à leur suite. Alors JÉSUS demande à l'Église d'élever à Dozulé une Croix haute de 738 mètres, mais les hommes la trouvent *démesurée*. Or cette Croix serait lumineuse et visible de très loin: elle rappellerait le Sacrifice de JÉSUS pour notre Salut; mais les hommes refusent d'édifier cette Croix. Dans ce livre, JÉSUS dit: *"C'est un Appel du Ciel pour sauver la Terre et redonner la Foi dans l'Espérance et la Charité de tous ceux qui vont devenir Mes Ouvriers" "Rien ne peut vous laisser indifférents de ce que Dieu vous demande pour votre propre délivrance, avec l'union à Dieu dans votre vie".*

Moïse fit confiance à Dieu qui lui demandait de traverser la Mer Rouge pour se diriger vers la Terre Promise, et Dieu a ouvert un passage dans la mer pour permettre à Moïse de la traverser avec le Peuple Hébreu:

"Moïse fut le modèle de l'obéissance à Dieu", dit JÉSUS,

Depuis Dozulé, Dieu demande d'élever la Grande Croix Glorieuse: il faudrait Lui faire confiance, car Dieu ne nous demande jamais rien d'impossible: s'Il demande cette Croix, Il peut aider à sa réalisation, mais nous devons faire les premiers pas; *"Aide-toi et le Ciel t'aidera"*: ce proverbe n'a jamais été constaté en défaut.

Mais puisque les hommes doutent, Notre Seigneur a demandé par "JNSR" *des milliers de Croix d'Amour de 7m,38* (le centième de la hauteur de la Croix Glorieuse) qui seront un Témoignage d'obéissance et d'Amour, et qui protégeront *"de la furie qui arrive"* les régions où elles seront édifiées. Alors, encourageons les Laïcs et soutenons-les pour élever de nombreuses Croix d'Amour; ainsi nous hâterons le Règne du Christ sur la Terre."

† † †

****

Témoignage de Don Renzo
===================

"Des milliers de Croix d'Amour"

*"J'attends le Baptême où Je dois être immergé
et combien Me pèse cette attente"*

A peu de jours de ce Baptême de Sang, JÉSUS supplie encore Son Père: *"Glorifie Ton Fils de cette Gloire que Tu lui as donnée avant que le Monde existe!"* Savourant Son Triomphe -cela semblerait *absurde: Sa Mort* entre le mépris et les spasmes- JÉSUS est certain que lorsqu'Il sera élevé de terre, Il attirera tous les hommes à Lui. Et ainsi en sera-t-il, parce que ce Crucifié mort exsangue, le coeur transpercé, est revenu à la vie et continue à vivre, plus fort et plus beau que jamais. JÉSUS, Vrai Dieu et Vrai homme, est monté aux Cieux avec Son Corps Glorieux pour Se faire incroyablement proche de nous, plus proche de nous que l'air que nous respirons.

Les Apôtres avaient été avertis: *"Je resterai toujours avec vous jusqu'à la fin du monde"*. A nous, Il peut répéter: *"Je suis la Voie que vous devez parcourir. Je suis la Vérité qui illumine votre chemin, Je suis la Vie qui fleurira en vous dans une existence très belle d'authentiques fils de Dieu"*.

Pour cela, JÉSUS, nous embrassons avec Amour Ta Croix, source intarissable de vie éternelle; et avec tous ceux qui savent accepter le Mystère, nous Te répétons: "Nous T'adorons et Te bénissons, Seigneur, parce que, avec Ta Sainte Croix, Tu as racheté le Monde."

La précieuse Souffrance

"Souffrir ne me réjouit pas et moi, je ne vais certainement pas rechercher la souffrance". Comme toute personne normale, je tends vers la paix, l'harmonie, intérieurement et autour de moi. Sûrement, Dieu ne me le reprochera pas, Lui qui, dans Sa parfaite Sagesse, a fait de l'homme un chef-d'oeuvre. Au contraire, dans le Baptême, Il m'a voulu -Bonté infinie- Son fils véritable.

Pourtant je me demande pourquoi j'ai dû et je devrais encore beaucoup souffrir, pourquoi je vis?... J'ai trouvé la réponse, difficile à mettre en pratique, cette simple affirmation: "Ô Croix de JÉSUS, quand je t'embrasse, je ne te sens plus." Mais combien de Foi et de confiance il faut, combien d'Amour de Dieu et d'autrui il faut disposer! Mais tout est don de Dieu. Je jette chaque soir dans *la corbeille de l'oubli* la longue liste de mes peines et je peux déjà affirmer que je suis content de vivre ainsi.

Les croix sont pesantes et antipathiques et pourtant je les aime beaucoup pour le grand bien qui en résulte. Certes, selon notre manière de la porter, la croix peut être une lourde pierre ou se transformer en une aile légère

La Croix que je refuse

Je n'accepte pas la Croix comme symbole triste d'une fin, des croix répandues qui percent le brouillard d'un cimetière, vision de ceux pensant que la mort aboutit seulement à un peu de poussière. Je refuse les croix comme une ennuyeuse série de problèmes, de malaises, de déceptions de certaines de nos journées: "et d'abord, pourquoi toutes pour moi?" Néanmoins, j'aime les identifier dans les croix d'autrui, si faciles à supporter si nous avons un coeur froid et égoïste; comme le dit le dicton amer: "personne ne marche courbé avec le mal au dos des autres".

A qui manque de Foi en Dieu et en l'Au-delà, cette manière de souffrir gèle les bons sentiments jusqu'au désespoir. Pour ne pas végéter, seul comme une branche sèche, et vivre plus malheureux que certaines bêtes il est nécessaire de croire, même avec fatigue, espérer même contre toute espérance, et aimer tous les autres avec une constance obstinée.

Les Croix que j'accepte

Avant tout, la Sainte Croix que le matin du Vendredi-Saint, JÉSUS porta du prétoire de Pilate jusqu'au sommet du Calvaire. Sur cette Croix, baignée de tant de Sang, le Crucifié agonisa et mourut, puis Il en fut décloué et déposé au Sépulcre. De cette Sainte Croix, de notables fragments sont à Rome et d'autres, minuscules, sont conservés dans les reliquaires de beaucoup d'églises. J'aime la Croix de l'autel sur laquelle Notre Seigneur JÉSUS, chaque fois que le Prêtre célèbre la Sainte Messe, renouvelle pour nous et avec nous Sa Passion, Sa Mort et Sa Résurrection. Sur l'autel, un calvaire en miniature, offrons notre lassitude de vivre, sanctifiés par le Corps Vivant et par le Sang précieux de JÉSUS, Prêtre Éternel et Victime Sainte.

Par croix, j'entends tous ces crucifix, trop souvent couverts de poussière, que nous voyons dans les églises, dans les écoles, dans les lieux de souffrance, au bord des routes et dans nos maisons. Croix rustiques et croix artistiques de grand prix, monumentales, ou minuscules portées au cou par une chaîne. Mais à combien de gens parlent encore ces croix?

Plus encore, dans les croix je vois *ma* croix: cet ensemble de difficultés qu'il faut surmonter pour accéder à la Vie Éternelle. "*On ne va pas au Paradis en carrosse*", disaient nos grands parents et ils n'avaient pas tort. Soyons clairs: Dieu, dans Sa Bonté et pour le bien qu'Il nous veut, ne m'impose pas la souffrance; Il permet qu'elle m'atteigne, soit comme une pluie fastidieuse, soit comme une grêle dévastatrice. Que de vrai bien Dieu sait en retirer si, à travers de l'épreuve, je Lui montre ma fidélité.

Croix refusée équivaut à croix redoublées. Croix aimée équivaut à croix diminuée. La Foi vraie et l'amour en actes peuvent faire, d'un grand hôpital, une ambiance de soulagement, de richesse intérieure et de rencontre avec Dieu. Padre Pio n'a pas choisi sans raison "Maison du Soulagement", même si, à San Giovanni Rotondo, ne manque pas la souffrance; et tout le monde n'y guérit pas. Par *croix,* j'entends aussi les souffrances que je vois, et plus souvent, que j'entrevois chez les autres qui souvent, ou par grande vertu, ou à cause d'une retenue méfiante, cachent avec regards superficiels les peines les plus vraies. Et si j'aime ces croix, je dois assister avec le coeur ceux qui les portent. De bonnes et sincères paroles, oui, mais surtout une proximité et un partage vrais, une aide concrète pour soulager ou au moins en réduire la peine, et même brève, une forte prière, meilleure encore si elle est dite en commun, pour s'accrocher à Dieu en faisant tomber sur les coeurs la rosée de l'Espoir.

La Croix de Dozulé

Depuis bien des années, j'en entendais parler. J'étais étonné pourtant, et porté à l'incrédulité par les dimensions énormes, demandées par le Ciel, de cette Croix Glorieuse. Une hauteur vertigineuse de 738 mètres, même si elle rappelle l'altitude du Mont du Calvaire à Jérusalem... Néanmoins, je me rappelle d'avoir, dès alors, placé dans une enveloppe, quelques économies pour participer à la dépense un jour; même si c'était une contribution infinitésimale à cette construction cyclopéenne, si jamais elle venait à se réaliser. Lentement j'ai compris que la Croix Glorieuse devait absolument représenter une vraie "folie", non au sens psychiatrique, mais entendue dans le langage de St Paul: une réponse cinglante -et au niveau mondial- de l'Église à l'Amour "trop grand" de Dieu pour l'humanité.

Si nous savions méditer avec St François et Padre Pio, avec Ste Catherine et Consolata, avec Soeur Faustine et la petite Ste Thérèse et mille autres saints, le Mystère infini de Dieu, en Puissance et en Bonté, systématiquement offensé, méprisé et oublié, et qui a voulu Se faire Homme pour mourir crucifié en nous sauvant, nous les coupables. Oh! combien nous devrions pleurer amèrement notre ingratitude!

Nous pensons en outre - la honte est trop grande- qu'en deux mille ans, nous chrétiens, enracinés dans les peuples les plus riches, les plus évolués, disposant de tous les moyens de communication sociale, nous n'avons pas réussi à rendre crédible cette Bonne Nouvelle à l'immense majorité de l'humanité: de ce qui est réellement advenu entre Béthléem et Jérusalem; et dont les conséquences, dans le bien et dans le mal, perdurent jusqu'à nos jours. Peut-être a-t-il manqué, à moi aussi je le confesse, *ce Feu* du Pur Amour qui purifie celui qui le porte, illumine et réchauffe qui le reçoit.

La Haute Butte

Après avoir lu et relu certains livres sur Dozulé, je suis monté avec une cinquantaine de pèlerins sur la Haute Butte sur laquelle sera peut-être, un jour, élevée la Croix Glorieuse. C'était une après-midi très froide de fin Novembre de l'an dernier (1996) et il me fut facile de noter le contraste entre l'air froid, coupant, et l'enthousiasme avec lequel on montait; et puis la grande ferveur (sans la moindre trace de "fanatisme") de notre Prière.

Une rapide visite à Madeleine a été la grâce d'une rencontre avec une femme *forte* et sereine, convaincue, patiente; certaine que si, parfois, les nuages peuvent cacher le soleil, ils ne peuvent pas l'éteindre.

J'ai mieux vu que cette hauteur "vertigineuse", outre que de rappeler l'altitude de la Croix du Premier Vendredi-Saint, aurait servi à attirer la curiosité de personnes de religions non chrétiennes et en conséquence, leur question: "*Pourquoi les chrétiens de cette fin du 20ème siècle, élèvent-ils un semblable Signe en l'honneur et reconnaissance de quelqu'un dont ils savent qu'il a été jugé, condamné et enterré depuis 2.000 ans, que celui-ci soit encore vivant et au milieu de nous?*"

Même les bras de la Croix; orientés Est-Ouest, dénotent la volonté de Dieu de réunir toute l'humanité dans le même embrassement. Les couleurs, blanche pour les faces et bleue pour les profils, signifient la vie lumineuse de JÉSUS qui veut Se communiquer à nous, en nous purifiant du mal et en nous fortifiant dans le bien. Le bleu, sur les côtés, outre de rendre la Croix plus belle, quasi joyeuse, rappelle la participation active de MARIE à la Rédemption et, à travers Elle, Mère de JÉSUS et de l'Église, c'est notre honneur et notre devoir de prendre part, quasi à compléter dans ses effets, à la Passion salvatrice. Nous ne devons pas nous sentir seulement près de la Croix, mais prendre une part active à ce Mystère de Foi:

"Sainte Mère, daignez faire que les Plaies du Seigneur soient imprimées dans nos coeurs!" chantait la Foi, moins savante, mais plus sincère d'autrefois.

Et ce sera une Croix grande, très belle et lumineuse (et non pas illuminée), pour rendre témoignage d'une Présence vivante et rayonnante -même si elle n'est pas visible- Signe de notre Foi. Celui qui croit ne chevauche pas les nuages mais il fait, par Grâce divine, une expérience profonde et vitale.

Actuellement, et c'est malheureux, les prises de positions défavorables des autorités font que la Croix Glorieuse, qui aurait dû faire honneur à Dieu et à l'Église en cette fin du second millénaire, sera seulement dans le troisième millénaire, désormais proche, un point fort de référence de la Foi chrétienne.

Les Croix d'Amour

En parlant familièrement, je dis qu'il nous est possible de contenir la Colère de Dieu (pensons à Abraham près de Sodome). Mais il ne nous est pas possible de tarir le fleuve de Son Amour. Si nous érigeons des barrières, que Dieu momentanément respecte, Sa Bonté infinie trouve d'autres voies de passage: ainsi en est-il advenu avec la Croix Glorieuse.

La dernière étape de ces rapides pérégrinations (de Milan à Paris auprès de la Médaille Miraculeuse, puis à Dozulé et à la très proche Lisieux, et puis enfin à Ars auprès du saint Curé), ce fut à Grenoble une rencontre qui nous a particulièrement marqués. Là, nous attendait, comme une mère attend ses enfants, cette personne qui s'appelle "JNSR", initiales françaises de "Je Ne Suis Rien", et qui donne vraiment l'impression d'une femme qui a perdu en chemin son propre "moi". Avec elle nous avons parlé, dîné, prié ensemble avec cette chrétienne qui est déjà très connue en Italie par les trois premiers volumes en traduction italienne de "Témoins de la Croix".

A cette femme, alors assez peu pratiquante et occupée à plein temps par sa famille, celui qui aurait dit qu'elle écrirait des livres stupéfiants à présent traduits en plusieurs langues, aurait rencontré des regards incrédules. Mais n'oublions pas que Dieu donne Sa Grâce à qui Il veut, comme et quand Il veut.

Qu'ai-je noté de convaincant en "JNSR"? Avant tout, son naturel et son évidente simplicité dans le vêtement, le langage et les actes; aucun effort pour attirer l'attention et pour convaincre l'interlocuteur; une douceur maternelle qui transparaît dans le regard très pur, une patience grande -exagérée, dirais-je-dans l'écoute, sauf quand on la voit couper un discours inacceptable ou éluder une demande inopportune. Outre son sincère intérêt pour la personne qui souffre, m'a émerveillé la parfaite harmonie entre "JNSR" et Madeleine de Dozulé pour mener à bien leur semblable mission; même entre âmes privilégiées il pourrait surgir une insidieuse jalousie tandis que, là où l'on vit la collaboration et la compréhension, se rencontre l'humilité, racine de l'Amour vrai suscité par l'Esprit-Saint.

La mission de "JNSR"

Elle a beaucoup de facettes mais je retiens en substance, dans la préparation -et seulement pour qui veut croire- que bientôt s'accomplira ce qui est proclamé dans chaque Messe: *"... afin que s'accomplisse la bienheureuse espérance et vienne à nous Notre Sauveur JÉSUS-Christ!"*. Ils sont proches, j'en suis convaincu, les moments de forte souffrance -comme les douleurs de l'enfantement, nous a dit JÉSUS- mais tout finira dans un grand bien. *"Soyez des messagers d'espérance!"*: c'est l'invite qui revient sans cesse sur les lèvres et dans les écrits de "JNSR". A nous tous est demandé de préparer tous les autres à la nouvelle Évangélisation; Dieu pourvoit à la maturité de la moisson, mais sont nécessaires les moissonneurs de bonne volonté. En attendant qu'Il vienne élever la Croix Glorieuse à Dozulé, JÉSUS demande d'élever, *par milliers dans le monde*, de petites Croix d'Amour en témoignage du grand bien que JÉSUS continue à nous vouloir et de notre devoir de lui correspondre.

Ce sont des Croix cent fois moins hautes, de 738 centimètres, à élever avec les autorisations nécessaires *"sur des hauteurs moyennes"* accessibles à la prière en commun et à l'évangélisation de proximité. Je ne veux pas me glorifier, parce que la vanité est ridicule et que la fatigue de la réalisation a été à peu près nulle (ce qui coûte, c'est de croire avec persévérance) mais j'ai été le premier Prêtre, en Italie, qui a donné l'envie aux laïcs d'élever cette stupéfiante Croix d'Amour: à Piepasso, petit pays entre Alessandria et Asti. A quelques mois de distance, d'après ce que j'ai appris, plus d'une quarantaine de Croix d'Amour sont, en Italie, pour partie déjà élevées, pour le reste en projet: du Frioul au Piémont, du Trentin à la Sicile. Et ceci se constate aussi dans d'autres Pays et sur d'autres continents.

Les Croix familiales: Dans Sa bienveillante compréhension pour qui ne dispose pas de moyens économiques suffisants, je pense que JÉSUS approuve les Croix au millième, soit de 73,8 centimètres, à placer pour les vénérer dans de petits jardins, dans des maisons, dans des lieux de travail et de souffrance. Au Portugal, par exemple, ce sont les prisons où ces Croix, qui sèment la Miséricorde et la volonté de se repentir, sont surtout attendues. Ainsi au Brésil et ailleurs.

******

Vraiment, ces Croix d'Amour portent déjà de bons fruits. A Piepasso où à la Bénédiction de la première Croix était présente "JNSR" (qui la veille était hébergée par les Salésiens de Milan, et qui avait trouvé là des centaines de personnes venues l'écouter parler de Dozulé et des Croix d'Amour), le Seigneur couronne la parole et les actes de Ses petits enfants par les Signes qui sont remarqués: guérisons des corps, conversions, libérations de Satan, et des Signes irréfutables dans le ciel qui déjà nous accompagnent depuis le jour (2 Mars 1997) de l'élévation et la Bénédiction de cette Croix voulue par le Ciel.

Matériellement petites ou grandes, ces Croix sont érigées avec tant d'Amour (et parfois avec tant de dépense) pour leur double action: être Croix-*aimant* pour devenir Croix-*protection*. Même à Piepasso, pas en foule encore, mais il arrive des personnes souffrant dans leur corps, dans leurs affections, parfois engluées dans leurs péchés, qui prient avec peu de paroles pour leur guérison et conversion; et elles reviennent en insistant parce que leur coeur s'ouvre en grand à l'action salvatrice de JÉSUS Crucifié toujours Vivant.

Le second but de ces Croix, comme Lui nous l'a promis, est d'être un barrage infranchissable contre les forces diaboliques qui veulent toujours dominer dans le monde. Il est évident que ce n'est pas là un problème d'artisan du fer du bois ou du béton armé, mais c'est le fait de Croyants vrais et tenaces qui ne laissent pas les Croix abandonnées aux quatre vents, mais qui viennent y prier, y méditer, y réfléchir en commun. Qui vit déjà cette expérience sait que ce n'est pas par quelques quintaux de métal, mais c'est l'invisible Présence de Notre Seigneur JÉSUS qui libère une puissante énergie réanimatrice sur ceux qui, aujourd'hui ou demain, *"tourneront leur regard vers Celui qu'ils ont transpercé"*. Et Lui déjà *regarde*, et encore plus regardera, Ses frères et soeurs avec un sourire plein de Miséricorde.

Pour moi, en lisant les quatre volumes de "Témoins de la Croix", naissent en mon âme ces paroles: *"Oublie ton passé; désormais Je l'ai brûlé dans Mon Coeur Miséricordieux. Ne te préoccupe pas de ton avenir que tu ne connais pas et que J'ai déjà préparé avec Mon insigne Sagesse et Amour. Vis plutôt l'instant présent et agis concrètement avec une joie et un enthousiasme que nul ne puisse éteindre."*

"JNSR" : voyage en Italie, Milan et Rome
================================

Samedi 1er Mars 1997

Pour une conférence demandée à Milan, à l'invitation de Mr Paolo B. qui nous attendait à l'aéroport (Armanda m'accompagnait), nous sommes d'abord allés chez lui où Mme Luciana B. avait préparé une chambre pour nous reposer. Mais nous avons préféré rester près d'eux, dans la joie de se revoir et de partager le bonheur d'être ensemble. Car on se connaissait déjà: en Septembre dernier, avec leurs Pèlerins en route vers Dozulé, ils s'étaient arrêtés dans un hôtel, près de chez moi, pour m'écouter leur parler de la Croix Glorieuse.

Dans une famille accueillante aux Prêtres

Les deux premiers volumes de "Témoins de la Croix", traduits et édités en italien, ont déjà commencé à faire bouger les Milanais et ceux des environs pour aller vers Dozulé et la Croix Glorieuse du Christ. Paolo et Luciana sont des fervents de la Croix Glorieuse. Je dirai même que Luciana est une passionnée et qu'elle parle de cette Croix de 738 mètres à tous les Prêtres qu'elle rencontre et qu'elle reçoit en leur maison: j'ai toujours partagé leurs repas avec des Prêtres; les deux époux aiment notre Église; ils vont communier tous les jours et ils honorent les Prêtres.

A peine étions-nous arrivées que deux Prêtres sont accueillis: le Père Don Renzo de Milan (qui a déjà accompagné leurs pèlerinages et dont je connaissais déjà la gentillesse et sa réelle bonté), et le Père Milheiro qui arrivait du Portugal avec une Religieuse toute en bleu (Soeur Isabelle), et une autre dame, Renza, dont la fille est Religieuse. J'ai été très touchée quand le Père Milheiro m'a dit avoir traduit en Portugais le premier volume de "Témoins de la Croix" *en une nuit* et que, s'il continuait à traduire les autres volumes, ceux-ci partiraient évangéliser même dans les prisons et qu'ils couvriraient le Brésil en suscitant des milliers de Croix, partout.

Un croche-pied de "l'Autre"

Mais, alors qu'il terminait la traduction du premier volume, le Père Milheiro m'informe qu'il a fait une chute; résultat: fracture du poignet et lunettes cassées ce qui aurait pu le blesser aux yeux. Heureusement, aucun débris de verre n'a touché un oeil, mais il a subi une immobilisation du poignet durant six semaines. Et il ajoute en me regardant au fond des yeux: "*Tout ceci m'a empêché d'écrire, comme si une force m'interdisait d'aller au-delà du premier volume dans la traduction. Ne serait-ce pas Dieu qui m'a arrêté?*"

Je lui ai répondu: "Père, ne croyez-vous pas que c'est le Malin qui enrage de voir que ces livres ont déjà aidé à convertir beaucoup de gens, et que ce serait plutôt "l'Autre" qui vous a arrêté et non le Bon Dieu?". Alors, m'a-t-il dit: "*Si vous voulez que la traduction des autres volumes soit poursuivie, alors priez pour que cela se fasse*". "Non!". "*Vous ne voulez pas prier?*"

"Pas comme vous voulez, car je ne veux rien pour moi, mais je prierai comme la Sainte Vierge me l'a appris: "Père! Que Votre Volonté soit faite et non la mienne" "*Bien, alors attendons que je reçoive un signe de Dieu; je sais que ces Messages viennent de Dieu; mais je ne sais pas pourquoi cette réticence en moi. Prions alors le Père que Sa Volonté se fasse*". J'ai ajouté: "à travers vous et à travers moi, mon Père, nous prierons ainsi".

Il a dit: "*Si j'ai ce signe, alors en deux nuits je traduis le reste et tout partira ensuite vers les prisonniers pour leur conversion et vers tout le Portugal et le Brésil. Les Croix s'élèveront de partout, je vous le promets. Le livre s'appellera aussi: "La Croix Glorieuse dans les prisons"*".

Puis Liliana, la traductrice du français à l'italien, est venue et nous avons partagé ensemble le repas. Bruno, le jeune Ingénieur français, est arrivé avec sa voiture, juste à l'heure de midi. C'est la maîtresse de maison, Luciana, qui a tout préparé; elle est jeune, 45 ans environ, active et toujours souriante; comme on se sent bien dans cette famille de quatre enfants, dont l'aînée est déjà Religieuse en Espagne.

La conférence à Milan

De là, après le repas, on est tous partis vers la salle retenue pour la conférence; toutes les places étaient prises, environ 300 personnes, et d'autres debout; mais, ce qui m'a le plus impressionnée, c'est une Croix lumineuse, bleue et blanche, sur le côté de la table de conférence, une Croix de 73 cm,8 au millième de la Croix Glorieuse, chaque bras de 12 cm,3; sa lumière venait d'un tube au néon à l'intérieur et alimenté par un transformateur; elle brillait tellement que je suis sûre qu'elle aurait éclairé toute la salle si l'éclairage général avait été coupé. Saisie, j'ai demandé qui nous avait fait une surprise si forte: c'est un jeune homme, entre 19 et 20 ans, qui allait construire des Croix d'Amour, d'abord à Milan. Il est déjà venu à Dozulé avec Mr et Mme B. et je l'avais déjà rencontré. Le Message des Croix va très vite, partout...

Le Père Renzo a pris la parole, obtenant le silence de la salle en effervescence où tous parlaient, volubiles, venus du Nord et du Sud, de l'Est et de l'Ouest de l'Italie et même de Sicile; ils sont tous là parce que la Croix Glorieuse, c'est JÉSUS Ressuscité, parce que les Croix d'Amour vont hâter le Glorieux Retour du Christ sur la Terre et le Monde qui se meurent faute d'Amour. Et le Portugal est là aussi, représenté par le Père Milheiro, la Soeur Isabelle et Renza. Le Père, Don Renzo, a commencé par inviter l'assistance à prier avec lui, puis il m'a présentée: "JNSR", celle qui signe "Je Ne Suis Rien". Je parle et Mr B. traduit en italien et j'apprends que beaucoup de gens veulent venir à Dozulé prier et se repentir au pied de la Croix Glorieuse; beaucoup veulent aussi faire ce chemin d'étoiles lumineuses de Croix d'Amour de 7m,38 dans toutes les régions d'Italie où ils habitent.

Je n'ai jamais ressenti une telle ferveur, un tel Amour pour la Croix. Ils venaient tous m'embrasser et je leur répétais: "*Je Ne Suis Rien*" et ils me répondaient: "*C'est pourquoi nous venons à toi, car nous sommes tous des Riens*".

Le soir, à la maison de nos amis, sont arrivés l'Éditeur des "Témoins de la Croix" en italien, avec son épouse et un journaliste. Bien sûr, j'ai parlé de Dozulé et des Croix d'Amour par milliers; il m'a promis de me soumettre son "papier" avant de le donner aux journaux italiens. Ensuite est arrivé le beau-frère de l'Éditeur; il habite au Nord, près de la frontière autrichienne et il va élever une Croix d'Amour qui se verra même d'Autriche.

Dimanche 2 Mars 1997

Nous participons à la Messe de 9h. à *la Casa della Sofferanza* ("la Maison de la Souffrance".

Ces Maisons sont nombreuses en Italie et elles ont été fondées sous l'impulsion du Padre Pio); cette *Casa* comprend plusieurs bâtiments, tous aménagés pour les personnes âgées, rejetées par leurs enfants ou sans famille (handicapés moteurs et mentaux, personnes diminuées par leur grand âge); tout ce monde assisté par des Religieuses habillées de blanc pour leur service d'infirmières. Comment rester insensible à cette Messe avant qu'elle ne commence? Comment ne pas voir le Seigneur en chacun de ces pauvres êtres pleins de souffrance, et à qui notre bon Père Renzo a rendu leur dignité perdue? Leurs regards étaient Amour envers lui; et les yeux remplis de larmes de reconnaissance, je le regardais se déplacer vers les uns et les autres.

Comment résister au désir de les prendre dans mes bras, tour à tour, eux qui étaient là pour accepter leur souffrance et l'offrir à Dieu pour sauver ce Monde sans coeur où l'Amour a déserté les foyers, les familles, les enfants; car toute la Terre est devenue aussi sèche et aussi dure que la pierre: personne ne parle plus d'Amour; personne ne sait plus aimer; et la preuve *était là*: des centaines de personnes âgées qui ont donné le meilleur d'elles-mêmes à leurs enfants, et qui ont été rejetées comme des déchets...

Et ces *déchets humains sont devenus les bien-aimés du Père Renzo.*

Oui, j'en ai embrassé beaucoup, même si je ne pouvais pas les embrasser tous; mais je pleurais d'Amour, de peine et de joie car *un seul homme de Dieu*, déjà âgé, avait su et compris que Dieu habitait en Vérité ces pauvres êtres abandonnés; et il avait ouvert son coeur; et les portes de cette grande Maison de la Souffrance; et chaque matin, ils avaient leur Messe! Combien j'aurais voulu, à ce moment-là, être riche et lui donner tout pour ses pauvres! Lui-même est vêtu d'une vieille soutane... Ô mon Dieu! J'ai touché ce matin Votre Coeur Vivant et palpitant dans cette petite église de la Souffrance Humaine!

Les Portugais: le Père Milheiro et Soeur Isabelle ont ensuite chanté l'espoir pour tous et pour chacun; cela signifiait, d'après quelques mots saisis (car je ne sais pas l'italien) que MARIE, Notre Mère, était avec eux pour les accueillir et les aider à passer sur *l'autre Rive* où Dieu les attendait; et quelle joie ce serait de se revoir tous dans la Maison du Père; qu'ils aient confiance, ce serait très doux de passer en tenant la Main de MARIE, notre Maman Chérie!... "*Oui*", me dit le Père: "*chaque jour il en meurt deux ou trois, mais très dignement dans leur lit, accompagnés d'une Religieuse*".

J'ai communié à genoux; le Père m'a apporté la Communion pour ne pas déplacer toutes ces pauvres personnes handicapées; nous avons *tous communié à genoux*; j'obéissais et j'étais dans la joie.

La première Croix d'Amour de 7m,38 en Italie

Après la Messe on est allé, en dehors de Milan, dans une propriété, un ensemble de petites maisons avec une chapelle dédiée à JÉSUS Miséricordieux, apparu à la Bienheureuse Soeur Faustine, en Pologne, à qui Notre Seigneur a demandé Son Portrait qu'un peintre a réalisé sur les indications de la Voyante (c'est un Portrait très répandu, d'abord en Pologne, puis en Italie par Maman Carmela, avec au-dessous, l'inscription demandée par le Seigneur: "*JÉSUS, j'ai confiance en Toi*").

Ce même Portrait est peint sur le mur face à l'entrée, au fond de la chapelle. Je l'avais en face de moi, très grand, et JÉSUS semblait si vivant qu'on aurait cru que tous entendaient ce qu'Il me disait: "*Je suis là. Je reste là. Mais dis à Mon Prêtre que cette chapelle sera bientôt trop petite pour contenir le peuple qui va venir à cette Croix. Dis-lui que Je l'aime pour sa petitesse et à cause de son Amour pour Mes plus petits*". J'ai tout dit au Père Renzo qui m'a répondu; "*Tu n'es pas la seule; une autre avant toi m'a dit que cette chapelle sera bientôt trop petite*".

Et puis j'ai vu la première Croix d'Amour construite à Milan, près de cette petite chapelle, avec le plein accord du Père Renzo. Elle est toute lumineuse au soleil, en alliage d'aluminium poli, avec des angles biseautés; elle brille de partout; elle est si belle et je la trouve immense avec ses 7m,38 car elle est assez large, bien campée. Je me suis trouvée à genoux, en pleurs; j'ai revu Dozulé; j'ai pleuré parce qu'on n'a pas voulu écouter le Seigneur et Lui élever Sa Croix Glorieuse. Alors, devant cette Croix d'Amour, j'ai embrassé la terre trois fois: pour le péché du Monde, l'orgueil du Monde, la désobéissance à Dieu; et pour le Pardon à tous mes frères.

Le Père Renzo m'a dit que la Croix allait bientôt être revêtue de peinture fluorescente, les faces en blanc, les profils en bleu. *"Avec les spots allumés tous les soirs, on la verra de très loin".* La Croix, au milieu d'un petit jardin fleuri, a été placée entre MARIE d'un côté et JOSEPH de l'autre, et Ils semblent inviter tout le Peuple de Dieu à venir à la Croix du Seigneur.

Mon Dieu! Quelle joie en ce Dimanche 2 Mars de contempler la première Croix d'Amour élevée en Italie, à Milan! Puis des gens sont arrivés de toutes parts, comme pour la conférence: 300 chaises, plus des personnes debout, plus des chanteurs avec leurs instruments, surtout des guitares. Et, Seigneur! ils viennent de loin ce sont les enfants qui suivent en chantant le Père TARDIF. Ils chantent, la musique emplit ce petit coin de Paradis. On chantait tous en italien: "Alleluia, Vive Dieu! Alléluia!"

"Le Seigneur aura Ses Croix au Portugal!"

On priait, on pleurait de joie et on chantait, tout à la fois. Le Père Renzo a parlé et m'a présentée. J'ai remercié ce Peuple en marche. Je les ai invités à honorer Dieu par des milliers de Croix d'Amour. J'ai parlé de mon groupe de Prière qui a commencé depuis plus de 14 ans avec mes amis portugais qui vivent près de moi, dans mon coin de France; ils ne m'ont jamais abandonnée.

Et Dieu a béni notre Prière, car il vient de plus en plus de personnes à notre groupe du Rosaire. Et Dieu, qui aime les Portugais pour leur fidélité, m'a gratifiée de la plus belle chose qui puisse arriver à une *"moins que Rien"*: la Mère de Dieu m'est apparue dans l'église St Jacques, lors de la première visite de la Vierge Pèlerine à Grenoble; et c'était Notre-Dame de Fatima, toute belle, toute lumineuse; *"Oui, Père Milheiro, Je vous aime!"*; et j'ai vu le regard du Père croiser le mien; puis il a dit en portugais à Armanda: *"Le Seigneur aura Ses Croix au Portugal; dis-le lui qu'elle les aura. Les Croix seront des Volcans d'Amour; il faut aller vite, très vite pour les élever. Vous allez être étonnés: même le Brésil les aura".*

En partant le Père Milheiro m'a dit: *"Si je t'invite, viendras-tu au Portugal?"* "J'aimerais tant, mais mon mari est malade et ma mère très âgée". Il m'a répondu: *"Si c'est Dieu qui te le demande, tu ne pourras pas dire non".* A la Grâce de Dieu!... J'ai vu ensuite qu'après notre départ de ce lieu béni avec plein d'effusion d'Amour dans nos au-revoir aux deux Prêtres, la Religieuse et toutes les personnes présentes à la Croix, la procession a commencé avec la bannière de JÉSUS Miséricordieux et la statue de la Très-Sainte Vierge MARIE portée par quatre hommes, le long d'un chemin contournant la Croix et tout le monde suivait. Je les ai vus tant que cela était possible, mais l'auto roulait vite...

Le soleil qui "danse" dans le ciel

Après, j'ai appris que tous ont vu, sans être éblouis, le soleil danser dans le ciel; n'était-ce pas là le Signe qu'attendait le Père   pour poursuivre sa traduction en portugais? Ils ont dit: *"le soleil a dansé comme à Fatima!"*

A Aquila, chez le Père Andréa.

Puis ce Dimanche à 15h. on est partis pour Aquila où j'ai rencontré *"le Padre Pio"?* Quelle ressemblance! C'est un Franciscain imposant, au regard pénétrant qui m'a serrée dans ses bras: *"Tu es petite et tu es seule. Ne pleure pas!"* Et il me consolait en me tenant dans ses bras comme un père tient son enfant, serrée contre lui, pour lui enlever sa peine. Il vit là en ermite, cherchant à convaincre le Monde entier, à commencer par *Rome*, qu'il faut beaucoup d'enfants, petits et innocents, pour prier des Rosaires dans le monde entier.

Il obéit à la Très-Sainte Vierge; lorsqu'il était en Amérique latine, sont arrivés un jour *5.000* petits enfants pour prier à genoux le Saint Rosaire.

J'ai compris que le plus âgé avait 6 ans; voilà le Miracle de l'innocence pour sauver le Monde actuel trop ingrat et superficiel. Très brave et très courageux *Père Andréa*, que le Ciel vous bénisse par la Très-Sainte Mère à qui vous voulez tant faire plaisir en Lui offrant Ses *milliers de Rosaires d'Innocence!*

Lundi 3 Mars 1997 à Rome

Sachant que je n'y étais jamais allée, nos amis de Milan ont insisté pour m'emmener à Rome voir le Vatican devant lequel nous arrivons en voiture à 9h. J'étais heureuse de voir Rome, de voir le Vatican, m'imprégner de cette ambiance où vit Notre Saint-Père. Je vivais déjà cette foi ardente que connaissent les pèlerins venus de toutes les parties du Monde pour voir et entendre *celui qui est PIERRE* et recevoir sa sainte Bénédiction. Mais hélas, il n'y avait ce jour-là aucune cérémonie officielle. Je suis entrée prier Notre Seigneur dans la Basilique St Pierre, à la Chapelle du Saint Sacrement qui se trouve à droite en rentrant. Deux Gardes suisses y sont en faction car le Saint Sacrement y est exposé jour et nuit et il y a toujours des Religieuses qui se relaient par deux pour une heure d'Adoration qui se continue jour et nuit.

A genoux, j'ai prié Notre Seigneur de nous venir en aide, pour que Sa Croix Glorieuse soit enfin reconnue et que ce Monde soit sauvé.

"Oui, Seigneur, je suis une nullité, mais Tu peux tout et j'espère tout de Toi. Mon Dieu que j'adore, je T'implore!". J'ai fermé les yeux, je ne sais pas le temps que cela a pu durer, car je me suis mise à rêver que je parlais au Saint-Père comme si j'étais devant lui:

"Ô Saint-Père, j'ai été malade, je ne voyais pas et JÉSUS m'a guérie; en me redonnant la vue, Il m'a donné la vie, la vraie Vie. J'ai vu à nouveau et non seulement avec mes yeux de chair, mais aussi avec les yeux de l'âme. J'ai été 8 ans catéchiste, avec une instruction qui m'arrivait du Ciel, pour tous ces enfants avides de connaître la Vie de JÉSUS et de MARIE.

Puis Notre Seigneur m'a envoyée dans les hôpitaux soigner les malades par la prière; j'ai vu les miracles de JÉSUS, Ses guérisons merveilleuses, se répétant chaque jour; j'ai tenu les mourants dans mes bras pour les aider à passer vers l'autre rive, confiants dans la Parole de Dieu, acceptant les derniers Sacrements. J'ai vécu comme les Apôtres, le Maître est toujours là avec les personnes souffrantes; Il me donnait Sa Parole de consolation et d'invitation pour qu'ils retournent vers Son Église, car la guérison du corps doit commencer par celle de l'âme.

"Je viens vers vous, très-saint Père, car vous êtes le Vicaire du Christ, le Représentant de Dieu sur la Terre, c'est JÉSUS qui nous le redit. Je viens vous offrir ces deux livres de la part du Christ: le premier, c'est celui du Père Manceaux (du M.S.M.) "Le Retour Glorieux du Fils de l'homme"; il a connu Madeleine qui a approuvé ce livre. Le 2ème, c'est le livre du Père L'Horset: "Dozulé, récit inédit du premier témoin"; ancien Curé de Dozulé, le Père L'Horset a écrit ce livre avec l'autorisation de son Évêque. Si vous pouviez voir cet Évêque!

Dans son livre, le Père L'Horset reconnaît que la Croix Glorieuse demandée par JÉSUS, "C'est grand, ça peut choquer certains"; mais il dit: "J'y crois!". quel grand acte de foi: reconnaître dans ces 738 mètres l'altitude du Golgotha où Dieu a souffert pour chacun de nous; il dit aussi qu'en faisant cette Croix au centième cela rappellerait toujours la Croix demandée par JÉSUS: "7 m,38 pourquoi pas?". Après 20 ans de réflexion, ce Prêtre s'exprime avec tant de foi! N'est-ce pas un Signe, très-saint Père, que lorsque la Barque de Pierre commence à bouger, c'est le Christ qui est venu donner ce Message d'Amour à Dozulé de 1972 à 1978, par Madeleine au Monde qui se meurt faute d'Amour.

Ô très-saint Père, faites vite quelque chose: le Monde entier a désobéi à ce Message ultime et définitif; c'est JÉSUS qui est venu pour sauver ce Monde en perdition. Qui maintenant, si ce n'est le Christ, peut arrêter cette course vers l'horreur: dans tous les pays guerres, violences, tueries des âmes et des corps; car il y a atteinte à la vie spirituelle lorsqu'il y a approbation de l'IVG et des prostitutions d'enfants.

Ce n'est que par la Croix qu'on sera sauvé: "par ce Signe, tu vaincras!". Clovis a entendu, a obéi et il a vaincu. Sur le chemin de Damas, Saül a été aveuglé par une Croix de lumière (un Évêque m'a dit que c'était la Croix Glorieuse) et il est devenu St Paul. Ces Croix de 7m.38, ces Croix d'Amour, JÉSUS les demande par milliers sur toute la Terre car on Lui a refusé la Grande Croix Glorieuse à Dozulé, mais rien ne peut la remplacer.

Vous le savez bien, très-saint Père, qu'il ne faut aucune permission pour élever une Croix. Toutes les nations sont sous l'emprise du Mal. La Croix fait fuir le Mal. Il nous faut, par milliers, la Croix qui sauve, la Croix qui fait barrage au Mal. Dans la Croix sont les Deux Saints Coeurs Unis de JÉSUS et de MARIE. Comment ne parler que du Triomphe de MARIE pour ne pas choquer ceux que la Croix dérange! Ne parler que de la Co-Rédemptrice... et ensuite seulement du Rédempteur, "pour avancer prudemment"? C'est une grave erreur: ils n'avanceront pas; que font-ils de la Croix? MARIE aime la Croix; MARIE est unie à la Croix. Pour venir à nous sur Terre, JÉSUS est passé par MARIE, Tabernacle vivant de Dieu. Son dernier berceau fut la Croix.

Aujourd'hui, Notre Sainte Maman désire passer au milieu des milliers de Croix que Ses enfants Lui préparent; Elle vient ouvrir le Chemin de JÉSUS, Notre Seigneur Bien-Aimé qui revient en Gloire; Elle S'avance au milieu de tous Ses enfants devenus des étoiles vivantes, brillantes comme les milliers de Croix illuminées par eux-mêmes; Elle prend sous Son manteau tous Ses enfants, Croix d'Amour, Croix vivantes, Ses enfants offerts à Dieu et qui vont avec MARIE, accueillir le Christ en Gloire" et puis là, je me réveille!

Je me réveille pour constater combien je suis une nullité; aujourd'hui, je ne peux rien, oui, mais je peux prier Dieu de nous aider à Lui obéir.

Sur le chemin du retour

Puis nous sommes repartis vers Milan; c'est le retour et, au cours de cette dernière étape, une chose merveilleuse m'est arrivée, oui je peux dire une faveur du Ciel après tant de chagrin; près de Milan, j'ai rencontré de façon imprévue des Prêtres et aussi un Évêque que je ne connaissais pas; ils m'ont assurée de leurs prières, me donnant leur Bénédiction. Ensuite, sous une forme privée, j'ai été reçue par Mgr Hnilica; c'était cet Évêque; beaucoup de sérénité et de paix se dégagent de sa personne; j'ai été ravie et très impressionnée: *je ne rêvais plus!* Mais notre rencontre fut brève. J'ai reçu de Mgr Hnilica sa Bénédiction paternelle qui m'a beaucoup consolée. Oui, je peux dire que ce fut là une grande consolation pour "JNSR"

Le Temps viendra où une Force nouvelle, venant de Dieu, réunira *tous* les membres et de notre Sainte Église, petits et grands. Tous les membres seront enfin réunis dans les Deux Saints Coeurs Unis de JÉSUS et de MARIE; tous pourront librement parler de Dieu, L'aimer et L'adorer.

Pour finir, je remercie chaleureusement tous ceux qui m'ont reçue, tous ceux qui m'ont accompagnée et qui ont fait une merveille de ce voyage en Italie."

✝

✝ ✝

Témoignage de Philippe à Nouméa
========================

*C'est l'historique de la Foi solide et de la ferveur confiante d'un groupe de Croyants de ce Territoire français du Pacifique, aux antipodes de la Métropole; et particulièrement de Nouméa la capitale du "Caillou" ainsi qu'ils appellent familièrement cette grande île où la République reléguait les bagnards. A travers les événements vécus et des phénomènes inexplicables par le rationalisme étriqué de notre époque, donc des **faits** surnaturels, PHILIPPE décrit la montée en spiritualité active d'une fraction non négligeable de la population s'appuyant sur ses élus, sur ses Prêtres et sur son Évêque.*

† † †

"Il me faut remonter à 1982 pour faire comprendre comment et où nous sommes arrivés en 1997. J'avais eu connaissance d'une personne *piégée* par un "gourou" local qui, tout en se disant en liaison intime avec le Christ, l'avait conduite à se défaire de tous objets ou images pieuses, médailles, crucifix, etc... Or, depuis ma conversion à San Damiano en 1972, je distribuais autour de moi tout ce que j'avais en dévotions, Messages et faits surnaturels, susceptibles de réveiller la lucidité et le libre arbitre de ceux que je savais déstabilisés dans leur Foi, coupés qu'ils étaient de leurs racines, donc de l'Espoir, par de dures épreuves ou des malfaisants.

Ainsi ai-je fait avec cette personne; l'Esprit Saint agit alors très vite et elle reprit ses sacramentaux; puis, en 1983, elle fut à l'origine de notre groupe de Prière de St Charbel.

De notre groupe de Prière à l'Association "Au Coeur Immaculé de MARIE"

Dans son jardin, une personne de notre groupe, *Diana,* avait fait aménager une petite grotte en commémoration de la Grotte de la Nativité (et aussi de Lourdes et de celle que MARIE avait, attenante à Sa Maison de Nazareth); une statue de Notre Dame de Fatima (de 1m.) y avait été placée, avec d'autres statues, des ex-voto, des chandeliers aux bougies allumées lors de nos réunions de prière, des fleurs et un éclairage intérieur; c'était notre oratoire.

Surmontant la grotte, une Croix de bois imputrescible peinte en blanc, au millième de celle demandée par Notre Seigneur à Dozulé, et dont 15 ampoules électriques incorporées en faisaient une Croix de Lumière la nuit; 15 lampes, comme les 15 Mystères du Saint Rosaire que notre groupe venait y prier chaque samedi.

C'était en 1985. Puis des faits inexplicables furent constatés. Le premier, ce fut lors d'un rassemblement important avec la Messe célébrée là par un Prêtre de la paroisse: l'époux de Diana prit deux photos successives (par précaution) de l'assistance, donc de la grotte. Le film une fois développé montra, sur le premier tirage, la statue de la Vierge à sa place à l'intérieur de la grotte et, sur le second cliché, la statue *à l'extérieur* parmi les fleurs et la végétation.

Or, à notre vue, la statue n'avait pas bougé...

Dans la soirée du 13 Mai 1990, notre groupe de Prière avait organisé une procession en l'honneur de Notre-Dame de Fatima sur le promontoire situé à proximité du Parc Forestier et qui domine la ville de Nouméa.

Notre statue de N.-D. de Fatima a été portée en procession depuis l'église St Jean Baptiste jusqu'à ce sommet dégagé; l'affluence et la ferveur populaire qui avait centuplé notre groupe, la caisse de résonance de la presse et de la télévision, tout cela suscita le voeu des fidèles de voir installée à demeure en ce lieu une statue "géante" de Notre-Dame de Fatima.

Ce serait le don des Chrétiens de Nouvelle Calédonie. Dans ce but fut créée, le 6 Novembre 1990, l'association *"Au Coeur Immaculé de MARIE"*. Puis, dans sa séance du 28 Novembre suivant, le Conseil Municipal de Nouméa concédait à notre association le terrain nécessaire (27a 20ca).

La Multiplication de l'Eau de Dozulé

Chaque 28 du mois, en l'honneur de la première apparition de la Croix Glorieuse vue par Madeleine dans le ciel de Dozulé (28 Mars 1972), notre groupe se réunissait à notre grotte pour la prière du Saint-Rosaire et celle enseignée par Notre Seigneur à Dozulé. C'est là que des *signes* dans le ciel ont été observés (voir les témoignages qui suivent celui-ci); mais aussi, en 1992, la *multiplication* de l'eau bénite (un flacon ramené, de loin en loin, de Dozulé par des Pèlerins de notre groupe); chacun s'en servait pour se *purifier* (comme au Bassin de Purification de Dozulé) et on en mettait très peu dans le bénitier placé sur un petit muret près de la grotte surmontée de la Croix.

Ce jour-là, je me suis avancé le premier, m'apercevant, un brin scandalisé par ce gaspillage, que le bénitier *débordait*. Ce n'est qu'après la Prière que nous avons compris, avec une jubilation émue, la grande Grâce que le Seigneur nous avait accordée ce jour-là.

"Je suis le Dieu de la Multiplication du vin de Cana, du pain sur la montagne" a dicté JÉSUS à "JNSR"

Notre Dame du Pacifique

Une souscription fut lancée en 1992. La statue de la Vierge, en granit rose de Bretagne, haute de 3 m,50 (8 tonnes) a été placée en Mars 1993 et bénite par Mgr Michel Calvet, Évêque de Nouvelle Calédonie, le 1er Mai suivant; nous souhaitions le nom de N.-D. de Fatima, Reine du Pacifique, mais Mgr a choisi: *"Notre Dame du Pacifique"*. En présence de 3 à 4.000 personnes qui entouraient la statue, notre Évêque a consacré la Nouvelle Calédonie au Coeur Immaculé de MARIE.

Le premier cyclone détourné

Je dois signaler qu'au moment où la statue, avant son érection, était dans l'enceinte de l'entreprise ayant construit le socle tournant (scellé sur un rocher du site) un cyclone extraordinairement fort menaçait le Territoire, la météo annonçant des vents de 300 Kmh (ce qui n'a jamais été constaté) Des membres de notre groupe et d'autres personnes sont venues prier Notre Dame de Fatima en implorant sa protection.

Or le cyclone, qui se trouvait déjà à une cinquantaine de Km de Nouméa et qui se dirigeait droit sur nous, a soudain bifurqué à angle droit, ce qui est normalement *impossible,* car les modifications de la trajectoire se font toujours par des segments successifs de courbes. J'ai eu en mains les cartes météo des cyclones survenus depuis *1900,* car j'étais membre de la commission territoriale de sécurité; et cela n'avait *jamais été observé.* Depuis tous les Spécialistes des cyclones cherchent pourquoi et comment un tel virage à angle droit a été possible. *Nous, nous savons!* Par ailleurs, au même moment, un Professeur de lycée (retourné en Métropole depuis) et qui bénéficiait de Grâces particulières, se trouvait sur le site où devait être élevée la statue: il a vu sur la mer, à l'horizon, une Vierge immense étendant Ses bras comme pour arrêter le cyclone.

La Croix de 7 m,38

Par la suite, la Présidente et le vice-Président de notre association ont nourri le projet d'élever une Croix auprès de la statue de MARIE, car Elle ne pouvait rester là, toute seule, sans Son Fils. Au fil des semaines et des mois, nous avions tous deux le désir que cette Croix, comme celle de notre petite grotte, symbolise la grande Croix Glorieuse demandée à l'Église par Notre Seigneur à Dozulé. Celle de notre grotte étant au millième, les membres de notre association se trouvèrent unanimes pour ériger une Croix au centième, soit de 7 m,38. En notre for intérieur, nous pensions que JÉSUS en serait content; pour nous ce serait notre manière de prouver notre Foi en Ses Messages et c'était un moyen, en nous réunissant là pour la Prière de Dozulé, de nous transporter en esprit à 20.000 Km de là, sur la Haute Butte.

L'emplacement a été choisi en accord avec Mr le Maire de Nouméa, Président d'honneur de notre association. Les détails techniques (ancrage, éclairage fluorescent intégré) ont été décidés avec le concours de toutes les compétences bénévoles; une entreprise a été choisie (celle qui avait érigé la statue de MARIE) et une souscription fut lancée et rapidement couverte.

La violence atténuée deuxième cyclone

La Croix a été dressée *le 22 Mars 1996*, alors qu'un cyclone (encore éloigné) était annoncé par la Météo. Celui-ci est arrivé sur notre grande Île à 200 Km au Nord de Nouméa, dans la nuit *du 27 au 28 Mars*: à TOUHO, où les rafales de vent ont atteint 240 Kmh. Puis, continuant sa trajectoire vers Nouméa, atteint le matin *du 28 Mars* (Anniversaire de la première Croix Glorieuse vue à Dozulé), le cyclone a considérablement atténué sa violence: des rafales de vent à 150 Kmh avec peu de pluie, donc peu de dégâts. Nous avons eu *la certitude* d'avoir été protégés par la Croix dominant notre ville; même le Maire a confié à certains: *"C'est la Croix qui nous a protégés"*.

La Croix de Nouméa a été illuminée pour la première fois et bénite le soir du Dimanche de Pâques (7 Avril 96) par le Prêtre de la Paroisse en présence du Maire et de nombreux fidèles venus y prier le Rosaire qui a précédé la Bénédiction.

La photo miraculeuse

Le 27 Mars, pendant que le cyclone faisait rage sur Touho, le fils de Mme Gayon (qui fait partie de notre groupe de Prière et qui prie beaucoup pour les âmes du Purgatoire) a photographié la tempête qui pliait à angle droit les branches de tous les arbres dans la campagne.

Une fois développée et tirée, la photo montre de nombreuses silhouettes blanches, bras en croix, s'élevant de terre: au sol, dans les branches et dans le ciel. La grande traînée blanche, au premier tiers de la photo en partant du bas, est en réalité un chemin de terre mais, sur la photo, surtout à droite, on croit voir des caveaux d'où sortent des formes blanches. Nous avons tous pensé à des âmes du Purgatoire en ascension vers le Ciel.

Cette photo a été envoyée à "JNSR"; le 30 Août 1996, elle interroge le Seigneur qui lui répond:

"JÉSUS Ressuscité vient à vous dans toutes ces Croix plantées en terre qui vont attirer Mes âmes vivantes et les soulever; Mes âmes s'élèveront par Ma Croix qui vous attire" "La Croix de Nouméa a reçu tout Mon Amour." *Et le 30 Novembre 1996 (en écho à Apoc. 9. 1) Notre Seigneur dicte à "JNSR":* "Voici la photo de Nouméa: "Je suis la Résurrection et la Vie"; voici ceux qui viennent de laver leur robe dans le Sang de l'Agneau: ils montent guéris et heureux vers la Demeure du Père"

Et, comme le dit justement Mr l'Abbé Christian Curty dans la préface de ce livre (page 9): "*... en effet, lorsque Dieu sème le Bon Grain de Sa Parole, l'Adversaire intervient aussitôt pour y mêler son ivraie*"; ici, "l'Autre" a essayé d'entraver la diffusion de cette photo: par deux fois, la grosse machine faisant les tirages des photos chez "Kodak" au "Shop Center Vata" est tombée en panne juste quand il a fallu d'autres tirages du même négatif.

La 3ème fois, quand j'y suis revenu pour des agrandissements, le chef d'établissement m'a vu arriver avec "*terreur*": c'est lui qui m'a mis au courant des deux pannes inexplicables.[1]

La statue de MARIE qui tourne seule

La statue de N.-D. du Pacifique (de 3 m,50 de haut et pesant 8 tonnes) a été placée sur un plateau tournant [2] avec un engrenage manoeuvré à la main.

Le 13 Juillet 1996, des personnes de notre groupe de Prière et d'autres n'en faisant pas partie, étaient là à prier devant la statue tournée vers eux, donc dans sa position habituelle, face au centre ville. Puis, sans qu'ils l'aient vu bouger, ils constatèrent que la statue de la Vierge s'était tournée vers la Croix... Or, même par des vents très violents, la statue ne peut tourner seule; il faut actionner le mécanisme à la main.

Un troisième cyclone évité

En Janvier 1997, un cyclone (avec des vents de 160 Kmh et des rafales à 240 Kmh) arrivant du Nord a longé à grande vitesse la côte Ouest du Territoire; puis à une quarantaine de Km de Nouméa, suspens... la Météo le perd de vue... puis le retrouve en train de se disloquer et de s'éloigner de la côte juste avant Nouméa; normalement il aurait dû passer sur Nouméa le 8 Janvier entre 14 et 16 heures et Dieu ne l'a pas permis.

Le 1er Mai 1997, pour la 3ème fois (comme en 1995 et 1996), nous ferons au pied de la statue de MARIE (et de la Croix du Seigneur depuis l'an dernier) une veillée de Prière pendant 24 h. avec toutes les ethnies; certains venant même des îles de Tahiti, Wallis, Vanuatu, Loyauté, etc... **En conclusion,** si Diana ne s'était pas, librement, remise dans le vrai Chemin de Dieu après le piège qui lui avait été tendu, nous n'aurions rien eu de tout cela à Nouméa.

Cette personne a vraiment tout donné d'elle-même et surmonté beaucoup de difficultés pour nous permettre d'en arriver où nous en sommes; elle a des dons remarquables d'organisation et celui de diriger avec tact et conviction; il ne lui manquait qu'un ami pour la seconder et la conseiller dans tous les domaines à ma portée, ce que j'ai essayé d'être de mon mieux, avec mes faibles moyens et surtout avec l'Aide du Bon Dieu et celle des autres membres de notre association. Nous avons subi, bien sûr, beaucoup de misères, quelques défections, des vexations, mais nous avons, pratiquement tous, été fidèles et unis les uns aux autres. Dieu et Sa Sainte Mère nous ont vraiment toujours aidés et guidés; qu'Ils en soient aimés et remerciés.

----

(1) : *Pour copie conforme:*   Nouméa, le 8 Août 1996
   "**Après examen attentif du négatif et du tirage,** je soussignée, Mlle REGNIER Sylvie (Photo Discount), certifie que la photo représentant un paysage pris par temps de cyclone, constellé de formes paraissant humaines et s'élevant un peu partout, **est sans aucun trucage**".

(2): Le choix d'un socle tournant servant d'assise à la statue de la Sainte Vierge, avait été mûrement réfléchi. La Sainte Vierge, en position habituelle, fait face à la ville et à l'Océan Pacifique; elle était tournée à 180 degrés, vers l'esplanade lors des réunions de prière avec la présence d'un public nombreux; ou bien à 90 degrés, face à la Croix, le 13 de chaque mois où nous prions le Rosaire le soir en nous plaçant à l'abri du rocher nous protégeant du vent; enfin, en manoeuvrant le socle à la manivelle, nous pouvons orienter la statue de la Sainte Vierge vers une autre partie de la ville, de la Nouvelle Calédonie, ou du Pacifique, en situation préoccupante: *l'antique formule de Moïse appelant la Bénédiction de Dieu sur le Peuple Élu disait déjà: "Tourne Ton regard vers nous, Seigneur Dieu!".* Depuis deux millénaires, nous savons que Dieu ne Se détourne jamais de nous; en Le priant ainsi, c'est nous qui nous tournons vers Lui, recueillant ainsi la Paix et la Joie que Dieu déverse en abondance sur ceux qui L'aiment.

Enfin, notre émotion et notre gratitude ont été à leur sommet quand nous avons reçu de "JNSR" les Messages dans lesquels Notre Seigneur, à partir du 16 Juillet 1996, demande des **Croix d'Amour** par milliers sur toute la Terre, des Croix au centième, représentatives de la grande Croix Glorieuse demandée à Dozulé; des Croix de 7m,38, identiques à celle que nous avons élevée le 22 Mars 1996, soit *quatre mois avant* la demande du Seigneur.

Dans notre "réalisation", on peut vraiment dire que nous n'avons été que les *instruments* de l'inspiration divine; avec le recul, il nous paraît *certain* que notre groupe du Rosaire nous a conduits à MARIE et à Sa statue, et que Notre Mère nous a conduits à la Croix de Son Seigneur et Fils, Notre Sauveur.

Philippe, le 13 Janvier 1997

"Oui, Mon Retour est proche!" Amen. Viens! Seigneur JÉSUS!

"Que la Grâce du Seigneur JÉSUS soit avec tous! Amen" *

(*): Ce sont les deux derniers versets de l'Apocalypse, donc de la Sainte Bible, et c'est alors que nous "entendrons" les versets 16 et 17 du Ch.9 de l'Apocalypse.

† † †

Nouméa, deuxième témoignage
=======================

"Lors d'une réunion de Prière dans le jardin de Mme Beurier, le 31 Juillet 1985, alors que la nuit était tombée et que nous chantions un cantique, ma fille Martine se pencha vers moi et me demanda de regarder le ciel.

Je vis alors dans le ciel une très belle lune et, après un court instant d'observation, je constatais qu'à partir de la lune se formait une magnifique Croix blanche, ce que ma fille avait vu avant moi.

En lui souriant je lui dis: *"Je vois une Croix blanche"* et elle me répondit: *"Oui, c'est ce que je vois toujours".* D'autres personnes de notre groupe de Prière avaient observé un *signe* analogue le 28 Juin 1985 à 18 h."

Camille et Martine ESTIEUX

Nouméa, troisième témoignage
=====================

"Depuis 1983-1984, chaque samedi à 16 h. et le 28 de chaque mois à 18 h., nous nous réunissons chez notre amie Diane pour prier et réciter ensemble la chapelet de Dozulé. Par un bel après-midi ensoleillé, alors que nous étions en prière, comme d'habitude, dans le jardin à la grotte où est placée une statue de la Vierge, nous avons pu voir très distinctement, au-dessus de nous dans le ciel d'un bleu très pur, deux lumineuses traces de nuages qui formaient une Croix très blanche visible à perte de vue.

Elle a duré assez longtemps et, tout en continuant le chapelet, nous avons tous pu la contempler. Nous avons été dès lors plus nombreux à venir, chaque samedi et le 28 de chaque mois, pour réciter les prières et chapelet de Dozulé afin d'obtenir l'Élévation de la Croix Glorieuse demandée par Notre Seigneur.

Ces faits ont eu lieu le 28 Juin 1985 à 18 heures.

Jeanne CROSNIER de BELLAISTRE

*Marthe ÉRIALE * Paulette JANAS*

Nouméa: *la Multiplication de l'Eau de Dozulé*
================================

"Le mardi 28 Avril 1992, nous étions une douzaine de personnes réunies devant la grotte dans le jardin de notre amie Diane, pour prier, comme chaque 28 du mois, en témoignage de notre Foi en la Présence de Notre Seigneur JÉSUS à Dozulé.

J'avais versé un peu de l'Eau de Dozulé -bénite par un Prêtre- , dans le bénitier (un coquillage) pour la Purification comme le recommande Notre Seigneur. J'en avais mis très peu, un centimètre de haut à peine, car il en restait très peu dans la bouteille où nous gardions cette eau. Je me suis demandé s'il y en aurait suffisamment pour toutes les personnes, présentes.

Or, au moment de tremper nos mains dans le bénitier, je me suis aperçue, ainsi que toutes les personnes présentes, qu'il était plein et que l'Eau débordait!... Nous avons tous été bouleversés de joie et de gratitude envers Notre Seigneur pour *cette Multiplication de l'Eau* dans notre bénitier. Merci Seigneur, de ce Témoignage de Votre Puissance et de votre Bonté pour nous. Merci, Seigneur, de Votre Présence en ce jour d'Avril à Nouméa!...

Ginette GASPARD
Jean-Yves et Michelle de GAILLANDE
Philippe FRANCHETTE
Diane BEURIER
... et tous les autres petits Riens du bout du monde.

****

Témoignage d'une équipe d'ouvriers des Croix d'Amour
============

A ce jour (6 Février 1998) nous avons élevé **47** Croix d'Amour:
en France, en Espagne, au Portugal, en Belgique, en Suisse, en Italie et en Bosnie.

Nous allons vous parler de trois d'entre elles. Vous verrez ainsi que nous sommes d'humbles instruments entre les mains du Seigneur, car c'est Lui qui nous guide (voir le Message du 16 Juillet 1996).

La Croix d'Amour près de Pontmain *(17 Janvier 1997)*

Après les fêtes de fin d'année, malgré les grands froids de cet hiver (neige et verglas) nous partons élever notre troisième Croix d'Amour, là où le Seigneur nous l'indiquerait.

Nous allons donc prier au Puy-en-Velay, à l'Ile Bouchard, à Plogoff sur la tombe de Soeur Olive, chez Claire Ferchaud. Après trois semaines de pèlerinage, nous nous rapprochons de Pontmain. Sur la route, nous prenons un auto-stoppeur et nous l'informons de la tâche que nous avons entreprise. Il s'appelle Jean et nous déclare: *"C'est à Pontmain qu'il faut élever la Croix"*. Nous le laissons devant le sanctuaire et nous y allons prier.

Au pied de Notre Dame de Pontmain, nous découvrons cette inscription:

"Ici, la Porte du Ciel est ouverte". Cela résonne en nous comme une invitation, une réponse à notre attente.

Après un coup de téléphone à Mme R., nous obtenons des adresses qui nous conduisent chez Mr Paul C. qui dit être d'accord pour recevoir la Croix, malgré quelques réticences de son épouse; mais il nous demande de patienter une dizaine de jours, car la terre enneigée est gelée en profondeur.

Nous allons donc passer la fin de semaine à Paris chez Mr et Mme Vinet où leurs six enfants prient avec nous pour la réalisation de ce projet. Dès le lundi, au grand étonnement de Mr Paul C. nous voici à Pontmain. Nous prenons pelles et pioches et nous voici à l'ouvrage.

Deux jours plus tard, la troisième Croix d'Amour est en place. Merci, Seigneur!

La Croix d'Amour près de Lourdes *(15 Février 1997)*

Des Parisiens nous demandent s'il serait possible d'élever une Croix d'Amour à Lourdes. Nous regagnons Montpellier avec cette idée en tête et nous passons voir Monique pour lui soumettre le projet. Elle nous indique le Père M. à son Abbaye non loin de Lourdes. Ce même lieu nous est indiqué par Yvette, au cours d'un repas chez elle, sans qu'elle ait consulté Monique sur la question.

Nous voilà donc en route vers cette Communauté où nous arrivons le jeudi soir. Après avoir exposé notre projet au Père M., celui-ci nous demande un temps de réflexion. Les membres de son entourage nous déclarent que, même si le Père nous donne son accord, les conditions météorologiques sont trop défavorables pour que nous puissions réaliser notre projet.

Nous passons la nuit sur place où la tempête fait rage et, le lendemain matin, nous obtenons l'autorisation du Père. Le temps ne s'est pas amélioré mais, plein de confiance en la Divine Providence, nous sommes persuadés que le Seigneur arrangera tout cela l'après-midi, malgré les doutes réitérés des membres de la Communauté.

Nous passons la matinée à nous occuper des préparatifs et à 14 h.00, après le déjeuner, *miraculeusement* le ciel se découvre et le soleil apparaît. Nous demandons des bénévoles: cinq personnes se proposent et nous débroussaillons le terrain et terminons les fondations. Le soir, la météo prévoit de nouveau une forte tempête et des crues possibles pour les jours suivants. Effectivement, au moment de nous coucher, la tempête éclate, ce qui ne nous empêche pas de dormir et de récupérer.

Le lendemain matin, le temps ne s'y prêtant pas, nous installons les câbles électriques sur le poteau de la Croix qui est encore dans notre camion. Notre entourage, toujours aussi pessimiste, nous déclare: *"Vous ne pourrez pas élever la Croix aujourd'hui".* Après le déjeuner, nouveau *miracle*, le temps s'éclaircit et nous commençons le travail avec l'aide de sept autres bénévoles de la Communauté et les moyens du bord: bras d'homme et bull-dozer. Le samedi matin, surprise générale, la Croix d'Amour est posée: nous l'offrons à la Sainte Vierge MARIE.

Le Dimanche, après la Messe à laquelle assistent tous les notables de la région, le Père M. invite toutes les personnes présentes au repas pendant lequel il demande à tous de bien vouloir assister à la Bénédiction de la Croix d'Amour. Quelques membres de la Communauté restent à l'Abbaye et, au moment précis où le Père bénit la Croix, ils font sonner les cloches à toute volée. Déo Gratias!

La Croix d'Amour entre La Salette et N.-D. du Laus *(4.04.97)*

Après de nombreuses prières pour que le Ciel nous éclaire, après de longues et fatigantes recherches et de nombreuses questions aux habitants tout au long de notre périple, nous obtenons l'adresse d'une personne qui possède une statue de Notre Dame de Lourdes devant la façade de sa maison..

<u>Noter Bien</u> que les noms et les lieux précis figurent dans le témoignage; ils ne sont pas dans cette transcription par prudence contre oppositions et vandalisme

Nous avons de grandes difficultés à trouver cette maison, mais voilà que les pompiers passent par là et, très aimablement, ils nous conduisent chez Mr Pierre D. (à la villa Sainte MARIE!) dont la maison se trouve à la sortie de la ville, près de la grande station de ski.

Nous expliquons à ce monsieur pourquoi nous sommes là et il nous déclare, tout simplement: *"Cela fait trois jours que je vous attends, chers amis!"*; il pressentait notre arrivée depuis trois jours. Comme la nuit va bientôt tomber, il nous offre le gîte et le couvert avec les produits naturels de son jardin et nous lui expliquons le but de notre visite. Le lendemain matin, il nous confie que, depuis dix ans, il a régulièrement la vision d'une Croix bleue et blanche; il en est arrivé à se demander si cette Croix ne sera pas celle de sa future sépulture.

L'entreprise qui nous a aidés à élever la Croix, avec son camion-grue, appartenait à deux des pompiers qui, la veille au soir, nous avaient ouvert la route! Lorsque la Croix d'Amour s'est enfin dressée sous les yeux de Mr Pierre D., il s'est écrié: *"C'est le plus beau jour de ma vie!"*. Dieu soit loué!

Nous tenons à remercier bien vivement tous les bienfaiteurs qui,
par leurs actions et leurs prières,
nous ont permis de réaliser le Plan du Seigneur.

François *de Montpellier* et Serge *de Clermont-Ferrand*

† † †

Un Ouvrier de la Onzième heure

==================

Au mois d'Avril 1997, Serge et moi avons élevé trois Croix en Espagne: la première à Valencia (le 19 Avril, en la fête de St Expédit); la deuxième à Saint-Jacques-de-Compostelle et la troisième à Bilbao. Cela a pu se faire grâce à Laura (de l'Équateur, Sud-Amérique) et José-Maria de Valencia.

Au mois de Juillet 1997 ce dernier me recontacte pour me demander si Serge et moi pouvons installer quatre nouvelles Croix en Espagne. Je lui réponds par l'affirmative et je préviens Serge. Avant notre départ, je reçois un appel téléphonique de Richard John Lucas, reporter-photographe américain que j'ai connu en Bosnie lors de missions humanitaires.

J'ai rencontré Richard au début de la guerre de l'ex-Yougoslavie, sur la route qu'empruntaient tous les convois humanitaires se rendant à Mostar ou Sarajevo. Richard nous a permis, grâce à sa carte de presse et à son anglais, d'accéder plus facilement aux camps de réfugiés; il nous a aidés à décharger les camions de ravitaillement et à faire la police le temps de la distribution. Après chacune de nos missions, Richard rejoignait le front des combats au plus dur de la guerre, pour donner, par ses reportages, un témoignage au Monde. Lors de son coup de téléphone, début Juillet, il me demande quel est mon programme pour l'été. Richard est un *croyant* au sens large du terme; je lui ai donc expliqué ce que Serge et moi avions entrepris: l'élévation de Croix d'Amour au centième de l'altitude du Golgotha. J'ai mis l'accent sur la protection que représentent ces Croix pour les populations environnantes (voir les Messages du 28 Août et du 24 Septembre 1996).

Je lui ai cité l'exemple de la Croix de Nouméa (en Nouvelle Calédonie) qui, lors d'un violent cyclone, a évité des dégâts majeurs humains et matériels.

Avec le recul, lorsque je réfléchis à ce que Serge et moi avons accompli, je m'aperçois qu'une bonne partie des Croix d'Amour que nous avons élevées, se situent à proximité des sanctuaires marials, ou sur le *camino* qui conduit à Saint-Jacques-de-Compostelle.

Très souvent nous y avons trouvé, soit des Croix (la plupart en piteux état), soit des oratoires plus ou moins bien entretenus, indiquant qu'il s'agissait de lieux de passage privilégiés pour les pèlerins se rendant à Saint-Jacques.

A la lumière de tout cela, il me semble que si de grandes catastrophes naturelles, ou provoquées, devaient arriver, entraînant des déplacements de populations, dans Sa grande Miséricorde Notre Seigneur a tracé des chemins, *des couloirs humanitaires,* qu'il a mis sous Sa Haute Protection.

Fort intéressé par tout cela, notre ami Richard décide de faire un reportage sur le sujet. Nous nous donnons donc, tous les trois, rendez-vous à Montpellier d'où nous partons immédiatement sur l'Espagne, en direction d'Oviedo chez une personne dont José-Maria nous a donné l'adresse.

Lorsque nous arrivons chez cette dame, elle nous apprend que le jour où José-Maria l'a appelée pour lui proposer de faire élever une Croix d'Amour sur son terrain, et qu'elle a accepté, trois bombes (qui auraient pu être meurtrières: une près d'une citerne à gaz) et deux roquettes lancées sur Oviedo, *n'ont pas explosé,* comme par miracle. Pour elle, c'est un Signe du Ciel évident car elle a dit *Oui!* à la Croix d'Amour du Seigneur. Après Oviedo, nous avons posé deux autres Croix à Pampelona et Huelva. De là, nous nous sommes rendus au Portugal où nous avons élevé une Croix d'Amour à proximité du sanctuaire de Fatima, chez les Missionnaires Fils du Coeur de MARIE. Nous sommes ensuite repartis en Espagne pour installer une dernière Croix d'Amour à Madrid.

Tout le long de ce périple, Richard a pris des photos [1] et, comme Serge et moi, il a été un ouvrier à part entière dans l'élévation de chaque Croix.

En conclusion, je voudrais signaler un fait extraordinaire que nous a rapporté Laura. Les Soeurs du Couvent d'Avila lui ont confié qu'un soir elles ont aperçu, dans le ciel, une grande Croix scintillante accompagnée de **sept** Croix lumineuses. Pour moi, cela ne fait aucun doute, *c'est encore un Signe du Seigneur:* à ce jour (20 Septembre 1997) nous avons effectivement élevé **sept** Croix d'Amour en Espagne. [2]

François, de Montpellier.

* * * * * * * * * * *

"Nous avons élevé la **39ème** Croix d'Amour le 22 Octobre 1997 sur le site du Mémorial des Innocents au Sanctuaire St Joseph du Saint-Sauveur à Chantemerle-les-Blés [3], à quelques Km de Châteauneuf-de-Galaure où a vécu Marthe Robin jusqu'à sa mort. Cette Croix sera éclairée, et donc visible la nuit, comme tout le Mémorial planté de 100 Croix de 73 cm,8 en mémoire du MILLIARD de bébés *légalement* avortés depuis 22 ans [4] (Une Croix pour 10.000 enfants)

---

(1): Les personnes désirant des photographies peuvent écrire à *"Richard LUCAS, 13 Rue Fauchier - 13100 Aix-in-Povence" (Tél: 04 42 38 62 22).*

(2): Voir p. 430; dans un Message dicté en Équateur à <u>Francisco</u>, Notre Seigneur nous apprend que les **7** apparitions de la Croix Lumineuse à Madeleine dans le ciel de Dozulé, montrent "*clairement la vérité des* **7** *Sacrements de l'Église*". Je pense que les **7** Croix lumineuses accompagnant une grande Croix scintillante, aperçues dans le ciel d'Avila, ont la même signification; la grande Croix scintillante indiquant Celui qui a instauré les 7 Sacrements de l'Église, JÉSUS.

A Dozulé, Madeleine a vu 6 fois l'immense Croix de Lumière dans le ciel; la 7ème fois, c'était JÉSUS qu'elle a vu dans le ciel; et "*la Croix Glorieuse, c'est JÉSUS Réssuscité*"; donc il n'y a pas de divergence, c'est bien 7 fois. A.F.

(3) C'est là qu'a vécu Adhémar de Monteil, Légat du Pape à la 2ème Croisade et auteur du Salve Regina.

(4): 45 millions d'avortements par an, d'après le FNUAP (ONU); publication:1995.

La Croix d'Amour sera bénie le 28 Décembre 1997 en la Fête des Saints Innocents. Tous les Croyants sont invités à venir en pèlerinage au Sanctuaire et à déposer une gerbe au Mémorial sans attendre son achèvement complet.[5]

****

Une **40ème** Croix d'Amour a été élevée à midi le jour de Toussaint, à GARABANDAL (Espagne), sur le site des apparitions de la Très Sainte Vierge (aux *Pins*) de 1961 à 1965. Au cours de la Messe qui a suivi, la Croix a été bénie par le Père Théophile (du Panama), en présence du premier témoin des apparitions de Garabandal, ainsi que de nombreuses personnes venues de Barcelone et des Iles Canaries, et qui nous ont aidés.

Un grand Merci à Mr Jésus X., l'entrepreneur sans qui cette réalisation n'aurait pas été possible. La Croix fut éclairée le même jour à partir de 19 h, pour la fin du Rosaire journalier dans la petite église de San Sébastian de Garabandal.   *François*

† † †

27 Novembre 1997: Un FAX en provenance du Portugal nous apprend que **20** Croix d'Amour y sont élevées à ce jour; et aussi, que dans les maisons, les écoles, les prisons, il y a des centaines de Croix de 73 cm,8 (au millième).

8 et 10 Décembre 1997, en Italie, nous avons élevé deux Croix d'Amour, une à ROME et l'autre à CIVITAVECCHIA (où, en 1995, une statue de la Vierge de Medjugorje a pleuré des larmes de sang à plusieurs reprises; et où l'Évêque du lieu n'a pu que constater les faits).

François, jean et Serge

10 Février 1998: Le nombre de Croix d'Amour élevées en France dépasserait 80 et, en Italie, autant, sinon davantage. Voici, très résumé, un autre Témoignage:

"En France, la 43ème Croix d'Amour de a été élevée dans la Drôme le 6 Janvier, en la Fête de l'Épiphnaie. La 44ème a été posée le 21 Janvier (anniversaire de la décapitation de Louis XVI) sur la façade de l'église St Pie X à BÉZIERS. La 45ème a été élevée le 7 Février 1998 à ALBI.

François, Jean et Michel

---

(5) Pour plus de renseignements, s'adresser à Mr le Docteur Michel Villette, Domaine de Montjoie, Montagne Saint Denys, 26400 Vaunaveys. Secrétaire de l'*Alliance Chrétienne,* il oeuvre sans relâche à la diffusion des ROSAIRES POUR LA VIE en réparation pour les avortements "légaux". **Un MILLIARD en 25 ans !**...

Selon TOUS les Scientifiques, dans l'IVG c'est un être VIVANT qui est tué. Quand une Nation légalise l'IVG, c'est que, d'abord, la conscience collective a été conditionnée à admettre, voire à réclamer cette légalisation qui autorise l'assassinat car le meurtre de l'enfant à naître est prémédité... par le père et la mère, par les grands parents parfois, qui "ne savent plus" distinguer le Mal du Bien. Et la Justice d'État met en prison ceux qui luttent pour rappeler la Loi de Dieu: "TU NE TUERAS POINT".

Depuis que le Monde existe, nous vivons en ce moment le 3ème Massacre des Innocents, qui va de pair avec le massacre de l'innocence dans la pensée humaine, individuelle et collective. Deux Massacres organisés et insensés. En Chine "Populaire", à sa naissance, une fille est jetée en nourriture aux cochons! Dans nos pays, les foetus écrabouillés vont dans des sacs poubelles avant l'incinérateur ou l'égout; ou bien, vivants, servent de sujets d'expériences dans des laboratoires, voire à des prélèvements d'organes quand ils sont suffisamment âgés... C'est une culture de Mort qui condamne à Mort notre société gangrenée par l'infestation satanique. Le premier coup de semonce de la Justice Divine, c'est le SIDA. Dieu ne l'a pas "envoyé": "Je laisserai agir" a dit JÉSUS à Dozulé. Tout le reste, qui agit, nous le voyons depuis chaque jour.   (F. Aleman)

Témoignage de Mr Jacques Aguesse

==================================

"Nous devons bien comprendre que c'est le Sacrifice de la Croix qui soutient le Monde aujourd'hui et que, si ce Sacrifice de la Messe (qui le perpétue) venait à disparaître, le Monde, tel qu'il est, ne pourrait que disparaître.

C'est pourquoi, en famille malgré nos faibles ressources, nous avons ressenti intérieurement un appel très fort et avons décidé l'élévation d'une Croix d'Amour. Le Seigneur a fait le reste. Le choix du lieu, le choix du moment, le choix de l'exposition, de cela je puis en témoigner: c'est bien Lui et Lui Seul qui a fait ces choix et non pas nous.

En temps normal, tout être sensé, jeune ou âgé, se doit de se tenir prêt à comparaître devant son Dieu, cela à tous moments, de jour comme de nuit. Les temps, que nous vivons actuellement, ne sont pas des temps normaux.

C'est là une évidence qui s'impose à nous. Encore plus aujourd'hui, chacun de nous doit se tenir prêt, en état d'éveil, car nous ne savons pas de quoi demain sera fait. Qu'est-ce que le Seigneur va me demander demain? La meilleure manière de répondre à cette question est de se poser *la vraie* question: "Qu'est-ce que le Seigneur me demande *aujourd'hui*?".

Le Seigneur, c'est sûr, nous demande d'être *des témoins* après Lui, le Grand Témoin, sur la Croix. Peut-être (je n'ose pas dire: *sans doute*) nous demandera-t-Il, à l'un ou l'autre d'entre nous, le témoignage suprême afin que la grande foule, qui vit dans ce monde *de morts,* voie que nous croyons en la Vie, que le vrai Monde vers lequel nous allons est un Monde de joie festive.La Croix est là pour nous rappeler que la mort est vaincue définitivement, <u>qu'il n'y a plus de mort</u>,. En JÉSUS, nous sommes réellement passés de la mort à la Vie.

C'est pourquoi il nous faut aller, aussi souvent que possible, au pied de cette Croix plantée là pour nous autres de cette contrée du Midi. Nous y prierons pour ceux qui ne sont pas prêts. Nous y louerons et remercierons Notre Sauveur d'avoir pensé à notre région. Nous Le prierons pour les bienfaiteurs qui ont permis l'élévation de cette Croix et qui viennent de partout; et pour tous ceux qui permettront l'élévation d'autres Croix d'Amour, ailleurs dans notre région, en France et dans le monde entier.

En ces temps de la fin, JÉSUS en demande des quantités, un peu partout. Déjà des Croix semblables, lumineuses, de 7 m,38 (le centième de l'altitude du Calvaire) ont été élevées à Fatima, près de Medjugorje, à Saint Jacques de Compostelle, à Madrid, Nouméa, Milan, Namur, Bilbao, Lisbonne etc... Et, en France, à Avignon, Pontmain, Clermont-Ferrand, Paray-le-Monial, Tours, La Salette, Sète, Verdun... Et tout près de chez nous, à Saint Maximin-la Sainte Baume. Cette Croix a été bénite par notre Évêque le jour de la fête de la Croix Glorieuse, qu'il en soit remercié!

Le lendemain, jour de la fête de Notre-Dame des Sept Douleurs, notre cher Curé, entouré d'une dizaine de personnes, a béni solennellement notre Croix d'Amour. Monseigneur a eu la gentillesse de m'écrire récemment:

"Je suis heureux qu'une Croix ait été élevée également sur les pentes du Mont ... <u>Puisse cette Croix rappeler à tous ceux qui la verront que leur seul Sauveur est JÉSUS-Christ, notre Rédempteur.</u>

Nous viendrons à notre Croix prier pour notre Évêque et pour notre diocèse. Et remercier JÉSUS, et MARIE Notre Mère, d'avoir choisi la face Nord du Mont Faron pour l'élévation de cette Croix orientée vers notre paroisse. Nous viendrons prier à cette Croix pour la rendre vivante, en union avec tous ceux qui prient devant les Croix d'Amour élevées un peu partout.

Ici les grâces, reçues déjà, sont surtout ressenties intérieurement. Nous sommes quelques-uns à dire que nous ressentons la Présence de JÉSUS lorsque nous prions au pied de la Croix. Mais la réalité est au-delà des mots.

Une grâce *visible* a été constatée par François lorsqu'un voisin protestant s'est approché et lui a demandé: "Pourquoi ça?". Il lui a répondu: "La Croix, folie pour les uns, puissance et sagesse pour les autres - paroles de Jean Paul II"; et cet homme a été retourné; François lui a remis une documentation relative à Dozulé. Depuis, sa fille est venue voir notre Curé pour "se mettre à sa disposition" s'il avait besoin de quelque chose."

Jacques Aguesse

NDLR: Cette Croix d'Amour a été élevée dans le Var. Pour ceux qui voudront contacter Mr Aguesse: "173, Route de La Salvate, 83200 LE REVEST".

†
† † †
†
†
†
†

Communiqué: *En prévision des nombreuses demandes, et grâce à l'expérience acquise, François (04 67 690 433) propose les services de la Société EURECO (Quartier St Pierre - 84250 LE THOR, Tél 04 90 338 773 ou 06 11 529 134 et 06 11 429 127 - Fax 04 90 337 865). Cette société réalise des Croix d'Amour en fer, lumineuses, en "kit", prêtes à poser avec plan de montage, livrables partout dans la Communauté Européenne (y compris la Suisse) a un prix de 13 370 à 15.000 FF (TTC) selon la section; éclairage, peinture et livraison inclus. Au moment de la livraison, un technicien pourra apporter toutes les indications nécessaires pour la pose et, le cas échéant, pourra aider à la réalisation de celle-ci.*

Pour ceux qui voudront faire réaliser sur place des Croix en alliage d'aluminium, téléphoner à Jean-Pierre (04 74 940 687) qui vous enverra les plans de fabrication complets contre un chèque de 100 Fr pour frais de copies et d'envoi postal; pour les avoir toutes prêtes (23 à 25.000 Fr), téléphoner à Bruno (04 91 552 065-> répondeur).

Quant aux Croix au millième (de 73 cm,8), ce fut d'abord une initiative de nos amis de Nouméa, une inspiration qui les a conduits à une Croix d'Amour de 7m,38 avant même la demande du Seigneur. Imitez-les en tout, si possible. Cette initiative a été amplifiée par des Prêtres italiens et portugais. On me demande si elles doivent être lumineuses; la réponse est OUI.

On me demande aussi ce que signifie *"une Terre Nouvelle et des Cieux Nouveaux"*: la Terre Nouvelle sera celle où règnera *sans partage* l'Amour en *chaque* coeur humain, après la Grande Purification, sans distinction de race ou de religion antérieure, dans l'entière liberté et responsabilité de chacun; quant aux *Cieux Nouveaux,* je *pense* qu'il s'agira de l'absence de barrière entre le Ciel et la Terre, l'union de l'Église Triomphante avec l'Église Militante, des Saints du Ciel avec ceux de la Terre; je *pense* que ce sera *la Jérusalem Nouvelle qui descend du Ciel.* Je le *pense,* ce qui n'engage que moi. (F.Aleman)

Annexe

DOZULÉ (1972 - 1978)
et les Croix d'Amour (1996 - 1997)

† † †

Nota: L'analyse des documents publiés par l'Évêché de Bayeux et Lisieux, et qui traitent des Apparitions et du Message de Dozulé, est ici proposée afin d'informer *sans mentir par omission*, Notre Seigneur disant dans ce livre, le 31 Juillet 1997:

(...) "Le Signe du Fils de l'Homme vient *vous engager*, tous, à devenir de véritables *Témoins de la Croix Glorieuse* qui brille dans les ténèbres de ce Monde obscurci par la haine, la violence, la déchéance totale dans le mépris de Dieu; l'impureté des âmes et des corps est votre nouvelle loi. Cette obscurité descend, foudroyant Mon Église étouffée par toutes ces *sectes* qui naissent de la complaisance et de l'indifférence de ceux qui n'ont ni Respect ni Amour pour leur Créateur... et ils osent se couvrir du nom de *Prêtres!* Mon enfant, *il est inutile de cacher* votre révolte contre ce qui se passe aujourd'hui: *la Croix dérange* et le Blasphème ne peut plus se dissimuler; ils crachent sur Mon Visage."

† † †

Dans les quatre volumes de "Témoins de la Croix", Notre Seigneur fait souvent référence à Ses apparitions à Madeleine à Dozulé et au Message qu'Il lui a dicté de 1972 à 1978.

Dans ce livre, depuis le 16 Juillet 1996, JÉSUS répète avec beaucoup d'insistance Sa demande *de milliers de Croix d'Amour sur toute la Terre*.

Dès qu'elle a été formulée, cette demande a été relayée vers tous les Pays à notre portée et elle a été reçue spontanément par un certain nombre de laïcs qui se sont mis à l'ouvrage; des Croix d'Amour *au centième* de la Croix Glorieuse demandée à l'Église (à Dozulé), soit de 7 m.38, ont été élevées en France, en Italie, en Belgique, au Portugal et en Amérique du Sud (en Équateur), *entre 70 et 80*. Selon les prescriptions de Notre Seigneur, toutes ont été bénites par des Prêtres, et certaines par des Évêques.

Mais, au cours de cette période d'une année, un plus grand nombre de Croix d'Amour auraient pu être édifiées si les bonnes volontés, décidées à le faire, ne s'étaient heurtées (et ceci en France) à des oppositions, laïques et cléricales, sous le prétexte que Dozulé *serait une secte* [1] et que les apparitions du Christ *auraient été déclarées fausses* par l'Église.

Cette assertion est une contre-vérité *flagrante* à la lumière des documents publiés par le Clergé concerné. Il n'a été rien relevé de douteux dans les apparitions du Christ à Dozulé, ni dans les Messages dictés à Madeleine Aumont pas plus que dans le comportement ou la personnalité de celle-ci. Si les interdictions de l'Ordinaire équivalent à une condamnation, les justifications de celles-ci (mis à part le "gigantisme" de la Croix demandée par le Christ) sont extérieures aux apparitions et Message: c'est le comportement des Pèlerins, leur *agitation*, la *diffusion mondiale* du Message qualifiée de *propagande*.

---

(1): la commission parlementaire, qui en a décidé ainsi, comportait un franc-maçon notoire! Dozulé serait une bien curieuse "secte", sans budget et qui aurait été fondée par le Christ avec, pour seul statut, les 10 Commandements! *Satan, qui enrage, suggère ces calomnies.*

Voici cette analyse avec les références des textes:

Extraits de l'Ordonnance du 24 Juin 1985 de Mgr Badré, de la réponse du Cardinal Ratzinger et de la Déclaration épiscopale du 8 Décembre 1985, publiées par "La Documentation Catholique" du 2 Février 1986 (N° 1911).

****

La reconnaissance d'une apparition

A. Notions préliminaires:

Quand un individu est jugé civilement pour un délit: Tout jugement s'organise, normalement, selon une procédure rigoureuse respectant les droits du *prévenu*, dans le cadre du code juridique concerné, sous peine de *vice de forme ouvrant sur la cassation*; le juge doit être impartial, donc non concerné personnellement par l'affaire jugée, sous peine *d'ingérence*; pour l'aider dans sa mission, le juge peut demander l'avis d'experts agréés par le tribunal, et cet avis peut être critiqué par l'avocat du prévenu jugé; le prononcé du jugement doit être précédé des *attendus* (les faits jugés appréciés au regard des articles du code juridique concerné); ce n'est qu'à la fin qu'est énoncé l'acquittement ou bien la sanction.

En Église, le code juridique est *le Droit Canon*. Chacune des lois de ce code est un *canon*, avec un ou plusieurs articles. Dans chaque diocèse, l'Évêque est le juge détenant tout pouvoir. Il n'y a pas de juridiction *d'appel du jugement*, ni de pourvoi en cassation, mais il est bien évident que l'Évêque prend toutes précautions pour fonder son jugement.

Pour un jugement sur l'authenticité d'une apparition, l'Évêque s'appuie sur l'avis d'une ou des commissions d'experts ayant voix consultative.

B. La reconnaissance d'une apparition:

Depuis l'apparition de Banneux en 1933, aucune autre apparition n'a été reconnue vraie par l'Église (donc d'abord par l'Ordinaire concerné) en 1984.

a) Kibeho et San Nicolas

En corollaire des Apparitions de KIBEHO au Rwanda (début: 1981), il y a quelques années, l'Évêque du lieu a autorisé la célébration du Culte sur le lieu d'apparitions,. En suite aux apparitions de SAN NICOLAS en Argentine (début: 1983), Mgr CASTAGNA, Évêque du lieu, a fait édifier un sanctuaire, y préside les processions le 25 de chaque mois *depuis 1986* (en tête d'une affluence de 100.000 Pèlerins parfois), et il a donné le 14 Décembre 1990 son IMPRIMATUR au livre des Messages, rédigé par le Père René Laurentin.

À KIBEHO, comme à SAN NICOLAS, cette autorisation de célébration du culte est "la partie émergée de l'iceberg"; avec, il y a, *ipso-facto*, la décision de reconnaissance des Apparitions par l'Évêque concerné, seul juridiquement responsable. Les deux Évêques s'étant prononcés, la reconnaissance officielle est acquise. À présent, **2** références d'appui sont à intégrer dans la réflexion: la première, c'est le cheminement prudent et exemplaire de Mgr GAHAMANYI pour Kibeho; la deuxième, c'est que les Messages donnés par MARIE ont été déterminants pour la reconnaissance par l'Église de Ses Apparitions à Ste Catherine Labouré, rue du Bac à PARIS, et à Ste Bernadette à LOURDES.

b) des commissions d'enquête :

Dans sa préface à l'ouvrage du Père MAINDRON; "Des Apparitions à Kibeho", édité avec Imprimatur de Mgr Gahamanyi, le Père René LAURENTIN écrit de celui-ci qu'il "*a procédé selon les règles de la prudence traditionnelle et pastorale*", que "*son attitude fait penser à Mgr LAURENCE, Évêque de Lourdes, en 1858*". En effet, dans sa lettre pastorale du 30 Juillet 1983, l'Évêque du lieu déclare *(2ème partie, § 5: les commissions d'enquête)*:

"...conformément à l'usage séculaire de l'Église, nous ne nous sommes pas contenté d'interroger nous-même les Voyants... nous avons constitué deux commissions d'étude: l'une composée de Médecins et de Psychiatres, une autre composée de Théologiens".
Et cela *en 1983*, donc *pendant* les Apparitions qui ont commencé en 1981 et qui se poursuivaient encore il y a deux ans.

c) des mots de MARIE qui vont loin:

Ce sont **3** mots de MARIE en 1830 à Catherine Labouré, la jeune Novice de la rue du Bac, et **4** mots à Bernadette à Lourdes en 1858, qui seront décisifs dans la reconnaissance de ces deux séries d'Apparitions par l'Église.

En 1830, à Catherine Labouré, MARIE demande la frappe de la Médaille Miraculeuse avec l'Invocation: "ô Marie *conçue sans péché*, priez pour nous qui avons recours à vous". En cet instant, l'Immaculée Conception de la Vierge MARIE n'est pas encore une Vérité de Foi, mais c'est une énonciation portée par la Tradition depuis le 1er siècle du Christianisme. Et c'est cette énonciation de MARIE qui confortera Pie IX quand il promulguera, en 1854, le Dogme de l'Immaculée Conception de MARIE.

La promulgation d'un Dogme est une décision gravissime pour un Pape: il n'y en a eu que **2** au siècle dernier. Le second est le Dogme de l'Infaillibilité du Pape en matière de Foi, qui sera promulgué par le Pape Pie IX en 1870; et il n'y en a eu qu'un seul au 20ème siècle, le Dogme de l'Assomption de MARIE au Ciel en Corps et en Âme, promulgué par le Pape Pie XII en 1950.

Ainsi, alors que *toutes* les Apparitions reconnues *vraies* par l'Église, sont de "Foi *humaine*", c'est-à-dire *facultative*, celle de la rue du Bac à Catherine Labouré est *la seule* qui puisse être assimilée à une Vérité de Foi *catholique*, donc *universelle* et obligatoire pour tout Croyant; et cela ipso facto, par la concordance rigoureuse du Dogme de l'Immaculée Conception avec l'inscription voulue par MARIE sur la Médaille Miraculeuse.

Troisième IMPACT des Apparitions de MARIE à partir de 1830 à PARIS: en 1858, à Lourdes, MARIE Se montre à Bernadette. À cette fillette qui ne parle pas français et qui demande à la Dame de Se nommer, le 25 Mars 1858 en la Fête de l'Incarnation, MARIE dit en patois pyrénéen: "Qué soy era Immaculada Councepciou" (*"Je suis l'Immaculée Conception"*); c'est cette énonciation, radicalement hors de la portée d'une fillette (et absolument non imputable à un quelconque démon) qui déterminera la reconnaissance des apparitions par l'Ordinaire et par toute l'Église.

A Paris en 1830, avec **3** mots: *"Conçue sans péché"*, MARIE donne l'impulsion à la promulgation du Dogme par Pie IX en 1854; puis en 1858 à Lourdes, en **4** mots *"Je suis l'Immaculée Conception"*, MARIE confirme le Pape dans sa Vérité dogmatique; il est logique de voir le même Pape promulguer le Dogme de l'Infaillibilité pontificale en matière dogmatique, en 1870.

Entre ces deux promulgations, 1854, 1870: c'est l'offensive généralisée du scientisme contre la vérité biblique, particulièrement grâce aux théories fumeuses de DARWIN; c'est l'époque où MARX écrit "le Manifeste du parti communiste" et "le Capital"; c'est le plein essor *du spiritisme* annoncé par MARIE à La SALETTE en 1846. L'Enfer ne cesse de tenter de pervertir l'homme et Dieu ne cesse de le sauver, et d'abord par la Parole Incarnée. En 1830, **3** mots de MARIE, en 1858, **4** mots: des mots qui entraînent la conviction des Évêques. Or, à Dozulé, *l'Évêque dispose dès le début de phrases latines qui atteindront le nombre de 27*, et qui sont radicalement hors de portée de Madeleine qui est couturière et qui n'a que le certificat d'études primaires de ses douze ans.

Et d'emblée, il est exclu que le démon puisse promouvoir la dévotion à la Croix du Seigneur, ni la Prière pour la Rédemption du Monde.

C. Les précautions de JÉSUS à Dozulé:

En effet, à Dozulé, JÉSUS, qui sait *tout*, avait pris toutes les précautions utiles et nécessaires:

a) Toutes Ses Apparitions ont eu lieu soit dans la chapelle des Soeurs, soit dans l'église paroissiale, *en présence* des Religieuses et, le plus souvent du Curé. Comme MARIE à La SALETTE et à FATIMA, JÉSUS Se montre à Madeleine en émergeant de la *Lumière* qui, soudain, émane du Tabernacle; de JÉSUS, le Symbole de Nicée dit: *"Lumière née de la Lumière"*; donc *rien* de douteux à Dozulé, au contraire.

b) Madeleine est une mère de famille qui ne connaît du latin que les répons de la Messe d'avant Vatican II. Or, au fil de tous les Messages, JÉSUS y introduit **27 phrases latines**. La Voyante les répète sans comprendre: mais les Religieuses et le Curé, qui sont là, les comprennent fort bien. Ce sera *le seul Signe visible* que JÉSUS accordera à Son Église pour lui laisser *le mérite* de la Foi et de la rigueur intellectuelle.

"Le 1er Novembre 1974, au moment où le Prêtre, dans une Prière silencieuse, se faisant l'interprète de l'Évêché, *demandait un SIGNE"*, JÉSUS dit à Madeleine: "Dites-leur qu'il n'y aura pas d'autres signes que le Signe de Dieu Lui-même: le *seul* Signe visible, c'est l'attitude de Sa Servante et ses paroles qui sont les Paroles de Dieu et ces Paroles sont irréfutables".

Mais, à Dozulé, le Seigneur a donné un Signe *matériel caché* dans l'eau du Bassin de Purification sur la Haute Butte; ce Bassin a été creusé sur les indications précises du Christ **et** en présence des Religieuses, donc avec l'accord du Curé, donc l'Évêque tenu informé. C'est une *violation permanente* d'une loi naturelle (la *pesanteur*), donc un Signe *matériel* et *surnaturel*: n'importe qui *peut* le *constater* quand le Bassin n'est pas presque à sec "à cause du manque de Foi": ce sont *les poussières*, en suspension dans l'eau et qui ne se déposent *jamais* au fond.

Mais si on en prélève de l'eau, arrivé chez soi on constate que toutes les poussières se sont déposées au fond par décantation et gravité, comme dans toute eau stagnante, *sauf dans le Bassin à Dozulé*. Et il ne s'agit pas de poussières ayant une densité *égale* à l'eau, *puisqu'elles se déposent au fond* en transportant l'eau ailleurs. C'est un constat *simple* que le Soussigné a effectué en 1985, et publié en 1986.

Dans l'Ordonnance, suivie de la Déclaration de Mgr Badré en date du 8 Décembre 1985, il n'est nulle part fait référence à ce FAIT MATÉRIEL et à ces précautions de JÉSUS à Dozulé. Ce sont donc des arguments positifs d'authenticité qui ont été "neutralisés par le silence". En matière civile, l'avocat de la partie jugée les aurait fait valoir. En Droit Canonique, lors d'un "procès" en béatification, un inquisiteur et un avocat sont là; mais pas d'avocat pour défendre une apparition. Pourquoi?

D. Le discernement épiscopal :

Ce discernement est un *pouvoir* et un *devoir* de l'Évêque du diocèse où se produit une Apparition, où est constaté un fait surnaturel; un pouvoir que le Droit canonique lui confère en exclusive autorité; un *pouvoir* car l'Évêque est investi de la Grâce Dogmatique (JÉSUS a souligné ce point à Dozulé) lors de son sacre où il reçoit en plénitude l'Esprit Saint, comme chacun des Apôtres L'a reçu à la Pentecôte. Ce pouvoir de discerner entre le vrai et le faux par la Grâce de l'Esprit Saint, est aussi un *devoir* de l'Évêque: c'est le Pasteur de toutes les Brebis que Dieu lui a confiées et il ne doit pas les laisser se fourvoyer à croire vrai ce qui ne l'est pas. Donc deux fonctions redoutables car l'Évêque ne peut courir le risque de se tromper:

    * déclarer *vrai* ce qui s'avérerait *faux* par la suite, serait mettre dangereusement en péril les Fidèles et l'Église qui ne font qu'un;

    * déclarer *faux* ce que Dieu démontrerait par la suite *vrai* par un miracle évident, ce serait entraver ici la Volonté divine.

Alors, pour Dozulé, l'Évêque ne dit pas que c'est vrai, ou que c'est faux, il dit: "*je ne peux discerner les signes* qui m'autoriseraient à déclarer authentiques les "apparitions" dont il est fait état...".

Les documents de référence

Dans sa rubrique "L'Église en France" la Documentation Catholique (N° 1911 du 2 Février 1986, p. 169 et 170), publie:

À propos des "événements" de Dozulé
Intervention canonique de Mgr Badré

Intervenant *pour mettre un terme* aux manifestations [1] qui se déroulent depuis quelques années dans son diocèse, à Dozulé, Mgr Badré a publié une ordonnance (**A**) accompagnée d'une lettre (**B**) du Cardinal RATZINGER, Préfet de la Congrégation pour la Doctrine de la Foi, et d'une déclaration complémentaire (**C**) de Mgr Badré. Voici ces 3 textes:

A. Ordonnance de Mgr l'Évêque de Bayeux et Lisieux:

"Depuis quelques années, des Chrétiens se rassemblent à Dozulé en un lieu appelé "la Haute Butte" pour célébrer la Croix Glorieuse de JÉSUS-Christ et prier pour la rédemption du monde [2].

"Après avoir constitué le 27 Avril 1984 une commission diocésaine (2) chargée d'enquêter <u>sur les motifs de ces rassemblements de Dozulé</u> et de porter un jugement sur les livres et les cassettes répandus dans le monde entier et relatant les "événements" de Dozulé", après avoir étudié ses conclusions que je communique au Siège apostolique, dans le seul souci d'éclairer les Chrétiens, de les aider à demeurer fidèles à l'Église et pour "veiller à ce qu'il ne soit pas porté de dommage à la foi ou aux moeurs des fidèles [3] (can. 823,§ 1), je promulgue la présente ordonnance:

(**1**): Parmi les *manifestations* qui font intervenir l'Évêque "*pour y mettre un terme*" afin "*qu'il ne soit pas porté de dommage à la foi ou aux moeurs des Fidèles(3)*", sont visés ces "*rassemblements à Dozulé*" où "*les Chrétiens célèbrent la Croix Glorieuse de JÉSUS-Christ et prient pour la Rédemption du Monde*" (2) **et** pour la diffusion du Message du Christ à Dozulé.

    * Enquêter sur les *motifs* des rassemblements de Prière (quel autre *motif* que la piété à des rassemblements de Prière?...);

    * Porter un jugement sur les documents relatant les "événements" de Dozulé; or les "documents" en question sont les circonstances, les témoins des apparitions du Christ à Dozulé, et Ses Messages dictés à la Voyante.

(**3**): L'appui premier de l'Ordonnance (**A**, ci-avant) de l'Ordinaire, est l'article 1er du Canon 823 dont voici le texte:

"*Pour préserver l'intégrité de la Foi et des moeurs, les Pasteurs de l'Église ont le devoir et le droit de veiller à ce qu'il ne soit pas porté de dommage <u>à la foi ou aux moeurs des Fidèles</u> par des écrits ou par l'usage des moyens de communication sociale, d'exiger aussi que les écrits touchant à la foi et aux moeurs, que les Fidèles se proposent de publier, soient soumis à leur jugement et même de réprouver les écrits qui nuisent à la foi droite ou aux bonnes moeurs*".

Ce Canon 823, Art.1, vise à réprimer ce qui pourrait *"porter dommage à la Foi et aux moeurs des Fidèles"*, en Église.

La Foi: A-t-on relevé *une* erreur théologique dans le Message du Christ à Dozulé? NON! Nous verrons que les griefs exposés par Mgr Badré ne sont, à aucun endroit référencés aux Dogmes et au Magistère de l'Église. Et l'on sait que le Message du Christ à Dozulé a reçu l'approbation totale d'un Théologien, Consulteur au Concile, mais qui ne veut pas être nommé.

Les moeurs: le Message et les Pèlerins ont-ils *"porté atteinte aux moeurs des Fidèles en Église"?* Dans l'Église d'aujourd'hui, ce ne sont pas les Laïcs qui sont responsables de la tombée en désuétude du Sacrement de Réconciliation, ni de la banalisation du Sacrement de l'Amour.

Sur la Haute Butte de Dozulé, il n'y a donc pas d'atteinte aux moeurs, ni à la Foi des Fidèles qui s'y assemblent sans être en désobéissance à *aucun* Évêque puisque, depuis 1966, le Laïc a été rendu *libre* de croire vraie une révélation privée: c'est le statut d'une apparition tant qu'elle n'a pas encore été reconnue par l'Église, sauf si l'Église décrète que la-dite apparition est fausse, ce que Mgr Badré n'a jamais écrit, *car il aurait fallu le justifier...*

Un Évêque peut-il trouver que la Foi et les bonnes moeurs des Fidèles puissent être outragées par la diffusion mondiale du Message de Dozulé où le Christ incite avec force le Monde entier à la conversion, à la pénitence, à la Prière? Comme son Prêtre et son Évêque, le Laïc est "d'Église", à sa place certes (qui a été rappelée par Vatican II), mais à part entière. Tout Laïc a donc une mission d'apostolat qu'il exerce d'abord par l'exemple de vie qu'il donne, par sa fidélité à faire connaître la Vérité divine, par son respect et son obéissance à la hiérarchie sacerdotale de l'Église. Mais cette obéissance, au Prêtre et à l'Évêque, ne se conçoit pas qu'il n'est pas en conflit *avec la conscience* du Laïc, ainsi que l'a rappelé Vatican 2. Le plus grand Théologien de l'Église d'Occident, *St Thomas d'Aquin*, reconnaît à l'Inférieur le devoir de corriger une erreur d'un Supérieur, même en public si la mise en garde en privé a été sans effet. Voici les attendus de l'Ordonnance (**A**) promulguée le 24 Juin 1985 par Mgr Badré:

Article premier.- En vertu des canons 823 et 824 *[4]* du Code de droit canonique, je réprouve formellement la publication de livres, brochures, prières, cassettes, qui ne portent pas l'approbation d'un Ordinaire.

Art. II. - Je ne reconnais pas comme "sanctuaire", c'est-à-dire comme "lieu sacré où les Fidèles se rendent nombreux en pèlerinage, pour un motif de piété, avec l'approbation de l'Ordinaire du lieu" (Can. 1230) *[5]* le domaine de "La Haute Butte" de Dozulé.

Art. III.- En conséquence j'interdis toute propagande et spécialement toute collecte de fonds en vue de la construction d'un sanctuaire ou de l'édification d'une croix gigantesque en ce lieu (Can. 1265, § 1) *(6)* De même, j'interdis l'édification de tout sanctuaire (église, oratoire, calvaire) sur le territoire de la Paroisse de Dozulé (Can. 1215, 1224) *[7]*.

Art. IV.- Restant saufs les droits du Curé sur le territoire de la Paroisse de Dozulé, j'interdis à tout Prêtre:

- d'organiser ou de présider toute réunion en relation avec le "message" de Dozulé;

- de célébrer l'Eucharistie *(8)* dans les mêmes circonstances; et précise que tout Prêtre qui, obstinément, enfreindrait les interdictions contenues dans cet article IV, s'expose à être privé dans le diocèse de Bayeux de la juridiction nécessaire pour entendre les confessions et, éventuellement, d'être frappé de suspense. Un certain nombre de Fidèles seront désorientés par ces décisions. Ils en souffriront et auront de la peine à les accepter".

Et, après des généralités pastorales, Mgr Badré termine :

> "Cette présente Ordonnance sera publiée lorsque le Siège apostolique aura fait connaître son opinion sur les "événements" de Dozulé, au vu de l'enquête faite par la Commission diocésaine et qui lui a été transmis intégralement".

(4): Canon 824, § 1: "*Sauf disposition autre (*), l'Ordinaire du lieu auquel il faut demander l'autorisation ou l'approbation pour éditer des livres, conformément aux canons de ce titre, est le propre Ordinaire du lieu de l'Auteur ou l'Ordinaire du lieu où les livres sont édités*".

[*]: la disposition "autre" ne serait-elle pas l'impossibilité de tout droit de censure de l'Ordinaire, opposable aux Laïcs, du fait de la suppression de l'INDEX du Vatican et de la formalité de l'IMPRIMATUR, en conséquence de l'abrogation des Canons 1399 et 2318 de l'ancien Code de droit canon par Paul VI, le 14 Octobre 1966?

(5): Can. 1230: "*Par sanctuaire on entend une église ou un autre lieu sacré où les Fidèles se rendent nombreux en pèlerinage pour un motif particulier de piété avec l'approbation de l'Ordinaire du lieu*".

(6): Can. 1265, § 1: "*Restant sauf le droit des Religieux-mendiants, il est interdit à toute personne privée, physique ou juridique, de faire la quête pour toute institution ou fin pieuse ou ecclésiastique sans la permission écrite de son Ordinaire propre et de l'Ordinaire du lieu*".

(7): Le Canon 1215 traite des constructions et des autorisations préalables. Le Canon 1224, dans le même esprit, traite en particulier des Oratoires.

(8): Un Évêque a le pouvoir *d'autoriser* le culte *catholique* (Confessions et Messes) sur un lieu d'apparitions. Dans ce cas, c'est qu'il a reconnu vraie l'apparition et le culte est *public, catholique,* car le lieu est *sacré*; mais le Canon 932 permet la célébration de la Messe en un lieu *privé* (en plein air ou dans un local) "*en dehors d'un lieu sacré, peut être utilisée une table convenable en gardant toujours la nappe et le corporal*". A Medjugorje, les Pèlerins ne sont pas privés de la Confession et de la Messe.

Il faut *bien noter* que cette Ordonnance ne dit, à *aucun* endroit, que la Voyante est handicapée psycho ou psychiatriquement (d'autant que, pendant toute la durée des apparitions, elle a poursuivi sa mission de Catéchiste); ni qu'elle a désobéi à son Curé ou à son Évêque; ni qu'elle a été abusée par le démon pendant **6** ans. Par ailleurs, transmise pour avis au Vatican, l'Ordonnance de Mgr Badré n'évoque, à *aucun* moment, une quelconque erreur théologique dans le Message de JÉSUS à Dozulé.

Voici un extrait de la réponse du Cardinal **RATZINGER** en date du 25 Octobre 1985:

> **B** "(...) Dans le cadre de sa compétence, la Congrégation pour la Doctrine de la Foi a examiné avec attention ces documents et approuve la procédure que vous avez suivie ainsi que les dispositions de votre Ordonnance. *En même temps, elle ne doute pas que vous suiviez ultérieurement cette affaire avec la même vigilance prudente*, et preniez au besoin les mesures opportunes qui, en cette matière, relèvent de votre propre autorité épiscopale. (...)".

Ce qui est en *italiques* montre que le Vatican laisse l'Évêque libre de sa décision ultérieure sous sa propre responsabilité. *Ultérieurement*: cela peut être interprété comme une "porte ouverte" en cas de *fait nouveau* (un Miracle du Seigneur non mentionné dans la documentation transmise au Vatican).

C'est en date du 8 Décembre 1985 (en la Fête de l'Immaculée Conception) que Mgr Badré publie son Ordonnance (**A**) et la réponse de son Excellence le Cardinal RATZINGER (**B**) en y joignant la Déclaration (**C**) dont les extraits ci-dessous après des généralités pastorales dignes en tous points:

C (...) Dans cet esprit, il me semble important de faire les remarques suivantes:

1. L'Église, dont la Foi se fonde sur la Révélation transmise par les Apôtres, n'est jamais engagée par la manière particulière dont chaque Fidèle exprime sa propre Foi. Les grâces particulières *(9)* reçues par chacun sont d'abord personnelles et il appartient à l'Église de discerner si ces grâces ou charismes peuvent servir à l'édification du Peuple de Dieu.

2. Pour ce qui se passe à Dozulé, l'action et l'agitation, la collecte des fonds par des personnes n'engageant que leur seule responsabilité, sans mandat, sans aucun respect de l'autorité de l'Évêque, la propagande *fanatique* en faveur du "message", la condamnation sans appel de ceux qui ne s'y rallient point, me font estimer, en conscience, qu'au-delà de toute cette agitation, *je ne peux discerner* les signes *(10)* qui m'autoriseraient à déclarer authentiques les "apparitions" dont il est fait état, ou à reconnaître une mission qui serait donnée à l'Église de diffuser ce "message".

3. A côté des appels à la conversion, à la confiance envers la Croix Glorieuse et à la dévotion eucharistique, les écrits publiés contiennent des accents *(11)* et des exigences tout-à-fait inacceptables:

- La valeur salvatrice de la seule démarche faite à Dozulé.

-Le caractère ultime et exclusif du "message".

- La mise en valeur de Dozulé, de la Haute Butte, "Terre sainte, nouvelle Jérusalem"

- L'eschatologie douteuse et assez mal venue à l'approche de l'an 2000[12]

- Sans parler des détails matériels (en particulier les dimensions gigantes-ques[13] de la Croix).

À une époque où l'opinion publique est attirée facilement par des événements analogues *(14)*, nous aurons tous profit à méditer le beau texte du Cardinal NEWMAN, *célèbre Converti du 19ème siècle*:

"Ce n'est pas Foi mais crédulité ou superstition, de prêter l'oreille à de vains contes d'apparitions, de charmes, de présages et autres choses semblables qui ont cours en des pays chrétiens. La raison est que nous avons déjà la Révélation. Les miracles auxquels nous croyons rendent suspects (15) *d'autres miracles étrangers à la structure du christianisme".*

(**9**): La reconnaissance d'une Apparition par l'Église, donc d'abord par l'Ordinaire du lieu, permet à tout Prêtre d'y célébrer l'Eucharistie, donc cautionne officiellement les pèlerinages. Une apparition est une **Grâce** divine. Si elle est reconnue vraie, c'est que l'Évêque a discerné que cela peut "servir à l'édifi-cation du Peuple de Dieu"; sinon, cette apparition, non déclarée fausse, est une Grâce *particulière* n'engageant pas l'Église qui n'a pas à se prononcer.

C'est ce que dit nettement la "remarque 1" de cette Déclaration. De ce fait, une Apparition non encore reconnue -et le Message concomitant- ne quittent pas le statut de la révélation *particulière* qui est admise par l'Église comme étant de la *liberté* du Croyant, qu'il y adhère ou qu'il la refuse.

(**10**): Aux points 2 et 3 de sa Déclaration, Mgr Badré expose ses raisons de *"non-discernement"*: l'Apostolat des Laïcs qui a atteint le monde entier, les pèlerinages organisés sans une autorisation qu'il n'y a plus lieu de solliciter, l'acquisition privée et licite d'un terrain n'ayant donné lieu à *aucun* litige ni plainte; et enfin le "gigantisme" de la Croix demandée par le Christ.

(11): *"... des accents inacceptables"*: c'est JÉSUS qui, dans le cours du Message, délivre aux Prêtres un avertissement "musclé".

Notons que MARIE, Mère de l'Église et Reine des Apôtres, a dispensé des admonitions sans faiblesse au Clergé dans Son Message de La SALETTE; Elle les confirmera dans le Message donné à FATIMA; les deux sont "officiellement" secrets. Elle le répétera aussi en termes précis dans Ses dictées à dom Gobbi (*"Les Pasteurs, des chiens muets qui laissent déchirer le Troupeau"*). Dans l'Évangile, aux Béatitudes, JÉSUS dit: *"C'est bien ainsi qu'on a persécuté les Prophètes, vos devanciers"* ; le Christ a dit aussi: *"Quand le Fils de l'Homme reviendra, trouvera-t-il encore la Foi sur la Terre?"*.

Toutes les révélations particulières, contemporaines et actuelles, reviennent sur ce thème dans le but de ranimer la Foi qui, *seule*, permettra de limiter la catastrophe. Quand PAUL VI a surpris toute la Catholicité en sortant de la Cité du Vatican pour aller en Terre Sainte, puis à l'ONU, quand JEAN PAUL II a continué sur la voie tracée, ont-ils entrepris autre chose que de ranimer cette Foi *dans un Apostolat direct*?

(12): *"L'eschatologie douteuse et assez mal venue à l'approche de l'an 2000"*. *"Eschatologie douteuse"* a ici le sens *"de mauvais goût"*, car nul croyant ne peut douter des Paroles du Christ dans l'Évangile, mais à Dozulé JÉSUS reprend les mêmes expressions, juste après avoir répété les paroles de la Vierge MARIE à Fatima; donc *"douteuse et assez mal venue à l'approche de l'an 2000"* est un rappel non-dit à la grande Peur de l'an Mil, ce que l'on nomme en théologie *le Millénarisme*: vers la fin du 10ème siècle, donc avant l'an 1000, nombre de Clercs et de Religieux interprétant mal l'Apocalypse (**20**, 1 à 6) avaient annoncé la fin du monde pour l'an 1000, causant une panique générale. *"Chat échaudé craint même l'eau froide"*: Clercs et Religieux évitent soigneusement tout discours analogue. Or TOUS les Messages contemporains depuis Fatima (et même depuis La Salette), rappellent la possibilité d'une catastrophe planétaire préparée de toutes pièces par *Satan qui séduit les esprits...* dans la quête effrénée du confort, du "progrès", du matérialisme, de l'égoïsme et de l'érotisme, de l'appétit de domination; dans l'exacerbation des extrémismes politiques autant que religieux ou ethniques. Nul ne peut nier que Satan a rudement travaillé!

"Si l'Humanité ne s'y oppose pas, *Je laisserai agir...*" dit JÉSUS à Dozulé et non pas par désintérêt, mais parce que "nul ne peut faire le bonheur des hommes malgré eux". *Pas même Dieu* qui nous laisse libres de venir à Lui ou de nous en détourner. Mais Dieu nous aime tous, les Bons et les Mauvais.

"Je ne suis pas venu pour les bien-portants, mais pour les malades" a dit JÉSUS dans l'Évangile (et Il le répète à "JNSR"). Alors, à Dozulé, JÉSUS promet d'attirer *"tout à Lui"*, tous les hommes *aimantés* par Son Amour pulsant puissamment, pour les sauver tous, les Bons *et les Mauvais* en leur faisant reconnaître et regretter leurs fautes, ce qui les amènerait *tous* à implorer Son Pardon, donc leur salut. Mais c'est à l'Église que Dieu a confié le Salut des hommes (*"Hors de l'Église, point de Salut"*); c'est elle qui doit être à la tête de cette nouvelle *Croisade* de conversions, donc de changement de vie.

En quoi peut être douteuse une eschatologie qui est dans l'Évangile et l'Apocalypse, donc de Foi obligatoire? Le Croyant qui prie le Pater: "*Que Ton Règne arrive, que Ta Volonté soit faite sur la Terre comme au Ciel*" (où ce Règne *est* de toute éternité), est-il "*mal venu*" en espérant être exaucé? Depuis Vatican II, cette attente du Retour en Gloire du Christ est rappelée à chaque Messe; le rituel ancien n'en faisait pas état.

(13) *Le "gigantisme" de la Croix Glorieuse:* Un tel Pardon Universel (catholique signifie universel) doit être porté à la connaissance de l'Humanité par *un Signe matériel gigantesque*, et c'est cela, aussi, qui est qualifié *"exigences tout-à-fait inacceptables"*; c'est à l'Église que JÉSUS confie le soin d'élever à Dozulé *La Croix Glorieuse* de 738 mètres de haut, ce qui est l'altitude du Mont du Calvaire à Jérusalem; car, dit le Seigneur, *"La Croix Glorieuse, c'est JÉSUS Ressuscité"*.

Ce n'est pas *seulement* une Croix gigantesque, plus haute que tous les édifices élevés par et pour le profit humain, ce qui serait déjà une justification en rapport avec le Pardon Universel promis.

Ce n'est pas *seulement un symbole* en relation avec la Rédemption de tous les péchés du genre humain, passés, présents et à venir, opérée par JÉSUS sur le Golgotha, symbole que nul ne peut rejeter en doute.

La Croix Glorieuse, par un Mystère d'Amour et de Salut incompréhensible pour nos esprits étroits, c'est JÉSUS Ressuscité, c'est JÉSUS Glorieux détenant en droit, en autorité et puissance, propriété entière sur l'Humanité *rachetée* au prix de Son Sang, donc de Sa souffrance culminant au Golgotha après 33 ans de vie consciemment vécue dans la connaissance parfaite du Sacrifice offert.

Est-ce une promesse "déraisonnable"?

Oui, si l'on juge Dieu avec *notre* mesure. *Non*, car le Créateur est Tout-Puissant et qu'il est Père *infiniment*. Sauver *tous* les Enfants de la Famille, n'importe quel père et mère de famille comprend fort bien cela: sauver *tous* les Enfants, même celui qui a été mauvais, ingrat, insultant. Tout Prêtre, que l'on appelle "Mon père", devrait comprendre cela. Mais, par la numérologie, certains Prêtres argumentent que les chiffres de 738, additionnés font 18, donc 3 fois 6, le Chiffre de la Bête, 666 de l'Apocalypse. C'est faux: en numérologie, 738 se réduit à 18 puis à 9 qui est le chiffre de la Neuvaine.

Dozulé: une Promesse divine "post-biblique"?

"Aucune révélation particulière ne peut prévaloir contre la seule Révélation authentiquement inspirée par Dieu, la Sainte Bible". Cela est érigé en axiome par la théologie. Dans l'Évangile, JÉSUS dit que les jours de la grande Tribulation (les 1260 jours prophétisés par Daniel, soit les 42 mois de l'Apocalypse de St Jean) seront abrégés à cause des Élus, sinon nul n'aurait la vie sauve. Dans l'Évangile, il n'est nulle part question d'un Salut Universel: c'est un élément *nouveau*, sinon en contradiction, du moins en *"exagération"* de l'Évangile. Cela a-t-il semblé aussi *gigantesque* que la Croix demandée par le Seigneur?

Restons dans la Bible: NINIVE *s'est* sauvée en écoutant Jonas. A Sodome et Gomorrhe, Abraham n'a pas trouvé 10 Justes qui auraient sauvé les deux villes... Toute la Passion du Christ est annoncée par les Prophètes messianiques, ainsi que la trahison de celui qui Le livrerait et le prix de celle-ci: 30 deniers; et en étudiant *Maria Valtorta*, on voit bien s'édifier dans la pensée du Sanhédrin et de Judas *l'alibi-justification* de la trahison et de la condamnation: *"c'est écrit"*! Et bien que n'étant *pas écrit dans la Bible*, le Salut Universel offert à Dozulé n'est-il pas dans le droit-fil de la logique divine face à la grande majorité de l'Humanité si gravement malade? Comparées à Sodome et Gomorrhe, l'Humanité entière, *et l'Église,* sont d'une dimension *gigantesque*: pour sauver l'Humanité, il aurait suffi de 10 Justes bien placés au Clergé. Que Dieu soit *infiniment* bon, cela ne suffit pas pour faire comprendre aux *savants de la Bible* que Dieu, qui nous avertit dans l'Évangile et l'Apocalypse, *peut* avoir prévu de nous aider à *NOUS* sauver. Tous! Et par l'Église.

Combien de fois un père menace-t-il son fils: *"Si tu fais encore des chèques sans provision, je te laisserai saisir par l'huissier ou aller en prison"* et cependant il se saigne aux quatre veines pour l'en préserver. Notre Sauveur S'est déjà saigné de tout Son Sang pour nous préserver de la prison éternelle.

Notre Père nous a prévenus de ce que nous risquerions en transgressant LE Commandement de l'Amour. MARIE l'a dit à La Salette: "*et la Terre sera comme un désert*"; à Fatima: "*les savants inventeront des armes capables de détruire la moitié de l'Humanité en quelques minutes*": JÉSUS le répète en termes analogues à Dozulé.

(**14**): "*événements analogues*", Oui, au moment où Mgr Badré écrit cela, dans le monde entier des Apparitions et des Messages. Et en France, à cause des attaques infligées à Son Message de Dozulé, JÉSUS revient actuellement sans cesse sur ce thème en dictant en France à plusieurs Âmes-privilégiées: "*On ne lutte pas contre Dieu*"; en paraphrasant GAMALIEL au Sanhédrin (*"Si ça vient de Dieu, ça persistera"*), Mgr Badré a omis la fin de la citation: "*Ne risquez pas de vous trouver en guerre contre Dieu*".

(**15**): Qu'en est-il des "*miracles suspects, étrangers à la structure du Christianisme*"? Cela ne peut concerner que les *faux*-miracles. Les Miracles, les vrais, sont partie intégrante du Christianisme, y compris tous ceux de l'Ancien Testament. Une citation, extraite de son contexte, ne signifie *rien*. Le Cardinal NEWMAN, initialement Prêtre anglican, aurait-il révoqué la signification du mot miracle (= Signe étonnant)?

N'est-ce pas un Signe étonnant d'entendre une mère de famille d'instruction primaire *"parler une langue qu'elle ne connaît pas"* (les termes sont de JÉSUS). C'est ce qu'ont fait les Apôtres tout de suite après l'Effusion de l'Esprit-Saint à la Pentecôte. Cette citation du Cardinal Newman est tendancieuse et ambiguë, comme toute l'argumentation de "*non-discernement*".

<u>En conclusion</u>, on est obligé de constater que Mgr Badré a soigneusement *étouffé* les apparitions et le Message du Christ à DOZULÉ; qu'il a refusé de faire parvenir au Pape un Message personnel de JÉSUS; qu'il a transmis au Vatican un dossier *dont on ignore tout*, puis qu'il a fait donner contre Dozulé la grosse "artillerie" de la Presse catholique "aux ordres". On constate que la Conférence épiscopale française *tolère* que les Théologiens publient sur tous les phénomènes mystiques dans le monde à condition *qu'ils se taisent sur Dozulé*. Peut-être en est-il de même dans chaque pays étranger, par réciprocité *d'une protection* de leur routine *contre les Appels du Ciel!*

Les Croix d'Amour de 7 m.38

7 m.38, c'est le centième de la hauteur de la Croix Glorieuse demandée à Dozulé par Notre Seigneur à Son Église. Après 28 années l'Épiscopat responsable n'a pas déféré à la demande de Notre Sauveur.

Alors la Très Sainte Trinité, avec MARIE Notre Mère, dans ce 4ème volume de "Témoins de la Croix" S'adresse à *l'Église de la base;* c'est à chacun individuellement, laïc ou clerc, que son aide est demandée, dans l'action et dans un acte de Foi, pour protéger et sauver le plus grand nombre possible. Les Croix d'Amour sont un acte de Foi et un moyen de Salut.

A Dozulé, JÉSUS a dit à Ses Prêtres: "*C'est au nombre des sauvés que vous serez jugés*". Avec les Croix d'Amour demandées individuellement, aux laïcs pour les élever, aux Prêtres pour les bénir, Notre Seigneur protège encore Son Église en augmentant *le nombre des sauvés*. C'est toujours aux innocents qu'incombe le salut des coupables: *justement*, nous avons compassion pour les blessés de la vie, pour les handicapés, pour les malades. Or sont malades, blessés par l'Adversaire, tous ceux qui n'ont pas compris que le Sauveur avait offert le Salut de l'Humanité *entière* à Son Église.

Et JÉSUS demandait à l'Église, en témoignage de Foi et de Confiance, l'élévation de la grande Croix Glorieuse à Dozulé. Ceux qui font encore obstruction aux Croix d'Amour *avant même d'avoir lu les Messages concernés,* sont ces malades, handicapés, blessés. "Agissez dans le respect" nous recommande Notre Seigneur qui rappelle que Moïse avait fait élever le *serpent d'airain* pour guérir ceux qui avaient été mordus par les serpents du désert; guéris *en regardant* le serpent d'airain: a-t-il fallu beaucoup de Foi et de Confiance chez le premier mordu puis guéri ainsi? *Oui et non:* quand on se trouve dans la souffrance et la peur, à deux doigts de la mort, on oublie les objections "intelligentes" et on s'accroche à la moindre planche de salut. Les "mordus-guéris" d'après avaient *la preuve* de la guérison du premier.

Notre Seigneur et Dieu, Notre Sauveur et Maître, a offert à l'Humanité, par Son Église, *deux planches de Salut:* les immenses planches de la Croix Glorieuse. L'Église n'a pas besoin de *Signes* ni de preuve nouvelle: *depuis toujours,* elle sait que la Croix du Sauveur est Salut. *Depuis toujours,* l'Église est prudente, elle avance à pas comptés; ce qu'elle n'a pas fait depuis la fin des apparitions de Dozulé, elle *pourrait* le faire *si le Temps n'était compté.*

Tout Prêtre dit à la Messe: "*Nous attendons Ta Venue dans la Gloire*" et il sait que JÉSUS a dit: "*Mais le Fils de l'Homme, quand Il viendra, trouvera-t-Il la Foi sur la Terre?*" (Luc, **18**, 8); mais aussi: "*Quant à la date de ce jour, ou à l'heure, personne ne les connaît, ni les anges dans le Ciel, ni le Fils, personne que le Père*" (Marc, **13**, 32). Tout Prêtre sait cela, et ne veut pas comprendre que *le Jour et l'Heure* sont désormais *dans notre avenir proche* ("... avant la fin du siècle" a dit JÉSUS à Dozulé). De même, pour chaque homme, *le jour et l'heure* de sa mort *sont dans son avenir,* proche ou lointain, et il vit cependant comme si cela ne pouvait arriver *dans l'instant,* cet instant qu'il ne connaît pas, mais que Dieu connaît de toute éternité.

"Nul ne connaît le Jour, ... ni le Fils, personne que le Père": quand JÉSUS déclare cela à Ses Apôtres, c'est juste avant sa Passion; à ce moment-là, le Fils de Dieu fait Homme va être de plus en plus *le Fils de l'Homme* qui va sacrifier Sa Vie pour sauver l'homme, qui va souffrir en Homme abandonné de tous et atteindre l'abîme de la douleur sur la Croix: "*Mon Dieu, mon Dieu, pourquoi M'as-Tu abandonné...*" (Matt., **27**, 46).

C'est pour cette raison que JÉSUS disait vrai en déclarant à Ses Apôtres qu'Il ne savait *ni le Jour, ni l'Heure.* Mais depuis Sa Glorieuse Résurrection et Son Ascension à la Droite du Père, JÉSUS *sait* parfaitement le Jour, ce Huitième Jour, désormais tout proche, évoqué dans le présent ouvrage. Dès que le Message du 16 Juillet 1996 a été dicté par Notre Seigneur à "JNSR", sans attendre la parution de cet ouvrage, nous avons commencé à diffuser la demande *de Croix d'Amour par milliers sur toute la Terre.* Toutes les âmes de bonne volonté qui ont réagi positivement ont été parfois confrontées aux oppositions de nombreux laïcs et Clercs se retranchant derrière la prétendue condamnation de Dozulé. Pour ces Croix d'Amour au centième, dans les Messages dictés à "JNSR", on a souffert de constater qu'un écrivain, fervent de la Cause de Dozulé a écrit, dans le bulletin de son association:

"Ne voyons-nous pas comme le démon est rusé pour suggérer de telles déformations? Mais que vont penser les gens en voyant une Croix de 7,38 mètres ou mille Croix identiques n'importe où? ..." .

Celui qui attribue ainsi au démon la demande de faire élever partout des milliers de Croix du Seigneur, au pied desquelles serait priée chaque jour la Prière enseignée par le Christ à Dozulé, celui-là ne se rend pas compte que c'est le démon qui lui inspire cette supposition idiote. Depuis quand le démon vénérerait-il la Croix du Seigneur? Quel démon demanderait-il, au pied de la Croix, la Prière de Dozulé où l'on dit: "... *délivre-les de l'esprit de Satan!*".

Pourquoi cet écrivain, normalement intelligent, se fourvoie-t-il ainsi? Parce que le Diable aveugle celui qu'il veut perdre. Il écrit: *"Que vont penser ces gens?"*: ces gens vont *voir* ces Croix lumineuses briller dans la nuit de leur contrée, *et dans la nuit de leur spiritualité endormie*; ils vont penser (car ils le savent tous): *"c'est la Croix du Christ JÉSUS"*. Et c'est le Seigneur qui expose dans ce livre ce qui se passera ensuite *en eux:* comme les contemporains de Moïse, guéris de la morsure des serpents dans le désert en regardant vers le *serpent d'airain*, tous les tièdes, les indifférents, les déserteurs de la Foi et de l'Amour, et qui verront la Lumière de ces Croix d'Amour, percevront peu à peu la puissante pulsion d'Amour divin qui en émanera; et beaucoup seront sauvés... C'est ce que veut la Très Sainte Trinité avec Notre Mère à tous.

Face aux oppositions

Chaque personne désireuse de répondre positivement à la demande de JÉSUS recherche l'écoute et l'aide de son entourage familial et amical.

Ces Croix d'Amour doivent être un *bouquet de fleurs pour MARIE*. Que chacun médite ce qu'a écrit St François Xavier:

"J'ai trouvé tous les peuples rebelles à l'Évangile toutes les fois, qu'à côté de la Croix du Sauveur, j'ai omis de montrer l'Image de Sa Mère."

L'*Image* la plus significative de la Très-Sainte Vierge MARIE, c'est la Médaille Miraculeuse, qu'elle vous soit une aide toujours et partout. Le **M** de Marie, JÉSUS en parle dans ce livre. *"A la fin, Mon Coeur Immaculé triomphera"* a dit MARIE à Fatima. *"Avant la fin du siècle"* a dit JÉSUS à Dozulé. La fin de ce siècle (et de ce millénaire), c'est le 31 Décembre de l'an 2000. C'est désormais tout proche.

La hauteur de la Croix Glorieuse

Puisque nous en sommes aux chiffres, je reviens sur les 738 mètres précisés par JÉSUS pour la hauteur de la Croix Glorieuse demandée à Dozulé à Son Église. Un Correspondant, qui va élever une Croix d'Amour, a été confronté à l'objection d'un Prêtre qui lui a donné la photocopie d'un extrait de la carte géographique de Jérusalem qui montre que le Golgotha se trouverait entre les courbes de niveau 740 et 760 m. D'après ce Prêtre, ce serait une "preuve" de la fausseté de Dozulé. Or, le 5 Octobre 1973, premier Vendredi du mois, JÉSUS dit à Dozulé:

"La Croix Glorieuse élevée sur la Haute Butte doit être comparable *à la ville de Jérusalem* par sa dimension verticale."

Mais, dans ce livre (p.62) le Seigneur dit:

"Ils sont *choisis par Dieu*, tous les enfants qui vont aimer Ma Croix jusqu'au Sacrifice d'Amour pour qu'Elle monte en Grâce, en Force, en Splendeur *jusqu'à atteindre la hauteur sublime du Golgotha."*

J'ai cherché, sans succès, l'altitude *actuelle* du Mt du Calvaire. Je ne peux donc tirer ce Prêtre de son doute (*"le doute vous arrange"*, dit JÉSUS, p. 237). Mais, ce que je sais avec précision, c'est ce que JÉSUS a dicté le 14.09.1967 à Marguerite en Belgique:

"Toute oeuvre est *contredite* à différents degrés selon son importance. Et il y a, dans Mon Message, *assez d'obscurité* pour ceux qui sont aveuglés par leur suffisance.

"Mais les Petits voient au-delà des *apparences* et puisent, *dans sa substance,* une nourriture riche et variée dont s'empare avidement leurs âmes assoiffées d'infini."("Le Message de l'Amour Miséricordieux aux petites âmes)

Alors, en réponse à une objection "intelligente", donnez cette citation tirée d'un ouvrage publié en plus de 20 langues avec 20 Imprimatur d'Évêques différents; et invitez à la réflexion.

Face aux manoeuvres d'intimidation

Une personne de notre France s'est vue confrontée à l'opposition de son Curé pour avoir élevé une Croix d'Amour sur son terrain qui fait partie d'un lotissement. Puis elle a reçu une lettre de l'Association Syndicale des Résidences (de son lotissement) faisant élection de domicile à la Mairie:

Voilà le modèle de réponse *écrite* à envoyer en recommandé avec accusé de réception, si ce cas se présentait:

"Nous avons bien reçu votre lettre recommandée sans signature autre que "le Bureau".   "Le Bureau" nous reproche de *"n'avoir pas répondu, ni assisté, à la réunion du ..."* au cours de laquelle votre Bureau aurait décidé de soutenir la demande formulée par notre *"voisinage"* de retrait de la Croix que nous avons érigée sur notre propriété privée et clôturée.

"Le Bureau" nous prie en outre "*de ne plus diffuser (notre) propagande religieuse aux enfants de notre quartier, et de cesser toutes réunions publiques qui nuisent gravement à la tranquillité du voisinage.*"

Avant de répondre comme il convient à votre ultimatum, nous vous prions, et nous vous mettons au besoin en demeure:

- de nous adresser immédiatement une copie certifiée conforme du procès-verbal de la réunion du ......, avec indication de la composition nominative de votre Bureau.

- de nous préciser les noms des personnes de notre "voisinage" qui demanderaient la destruction de notre Croix et les motivations de leur demande;

- de nous préciser la nature exacte et les motifs des "craintes exprimées par certains parents": quelles craintes?, exprimées par qui?, auprès de qui?

- de nous préciser les dates et les circonstances "des réunions publiques" que nous aurions organisées, et de nous indiquer le pourquoi et le comment de ces réunions prétendues publiques "qui nuisent gravement à la tranquillité du voisinage. Nous attirons l'attention de votre "Bureau" sur le fait que l'accusation "de nuire gravement à la tranquillité du voisinage" constitue un délit de diffamation.

Je ne sais pas si cette lettre a été expédiée, ou si la personne soumise à cette opposition en a simplement cité le contenu; mais le résultat est que le calme (avec le bon sens) sont revenus dans l'entourage.

Les oppositions cléricales

Heureusement, elles sont très rares (deux sur une cinquantaine). Le cas échéant, on pourra répondre très respectueusement à son Curé en citant la déclaration sur la liberté de conscience (n° 13 du Concile Vatican II) par laquelle l'Église réaffirme les prérogatives de la liberté de conscience:

"de sorte que nul ne peut être contraint d'agir conte sa conscience, ni empêché d'agir selon sa conscience en privé, en public, seul ou associé à d'autres".

Et citer aussi l'exemple de Medjugorje où plus de 25 millions de pèlerins du monde entier, parmi lesquels des dizaines de milliers de Prêtres, de très nombreux Évêques et des Cardinaux se sont déjà rendus, répondant aux encouragements de Jean Paul II:

"Autorisez tout ce qui concerne Medjugorje" a-t-il dit à Mgr Felipe Santiago Benites, Archevêque d'Asuncion (Paraguay).

Et s'appuyer sur Chritifidelis laici (1987) :

"Le sens fondamental de ce synode, et donc son fruit le plus précieux et désiré, c'est de porter les fidèles laïcs à écouter le Christ qui les appelle à travailler à Sa Vigne et à prendre une part très vive, consciente et responsable, à la mission de l'Église en ce moment magnifique et dramatique de l'Histoire, dans l'imminence du troisième millénaire. *Des situations nouvelles, dans l'Église comme dans le Monde, dans les réalités sociales, économiques, politiques et culturelles, exigent aujourd'hui de façon toute particulière l'action des fidèles laïcs. S'il a toujours été inadmissible de s'en désintéresser, présentement c'est plus répréhensible que jamais. Il n'est permis à personne de rester à ne rien faire"* (Jean Paul II).

Et sur <u>"Apostolicum Actuositatem"</u> :

"Le saint Concile adjure, avec force au Nom du Seigneur, tous les laïcs de répondre volontiers, avec élan et générosité, à l'appel du Christ qui, en ce moment même, les invite avec plus d'insistance. C'est le Seigneur Lui-même qui, par le Concile, presse à nouveau les laïcs de s'unir plus intimement à Lui de jour en jour et de prendre à cœur Ses intérêts comme leur propre affaire, de s'associer à Sa mission de Sauveur."

Et pour l'information de son Curé, joindre des documents d'information sur Dozulé. Nous voyons que, face aux oppositions laïques et aux interdictions cléricales, respectueusement ici et fermement là, il nous faut demander qu'elles soient clairement exposées et surtout justifiées.

Les oppositions laïques mettront en avant la liberté de conscience: la liberté de ceux qui croient en Dieu *s'arrêterait* là où commence la liberté de ceux qui n'y croient pas. Donc "une Croix de 7 m,38 -et lumineuse la nuit en plus- est forcément vue par ceux qui ne croient pas"; ils supportent la vue des églises et des calvaires dans nos villes et villages parce que tout était là avant leur naissance, mais ils voudraient bien que le Code de l'Urbanisme ait une autorisation à accorder, comme pour les façades et la couleur des maisons à bâtir. Ce sera aux tribunaux à trancher; juridiquement le statut-quo s'impose en attendant et il y a de nombreux avocats parmi les catholiques fervents de Dozulé. A la base d'oppositions laïques, qui ne peuvent avancer <u>aucune nuisance réelle identifiée</u> du fait de ces Croix, il y a donc seulement l'obstination d'imposer l'absurdité d'un parti-pris avec l'alibi de la liberté de conscience.

Cela promet un vaste débat qui va forcément déboucher sur les nuisances de la télévision (bien réelles) et, pourquoi pas, sur les modes vestimentaires ou capillaires. C'est le débat entre la liberté et l'idée que l'on se fait de la tolérance. Et ce sera l'occasion inespérée de débattre des preuves de l'Existence de Dieu devant une Cour de Justice. Car, en prouvant que Dieu EXISTE, on réduit l'opposition des athées à ce qu'elle est réellement: leur guerre irrationnelle contre les signes montrant qu'ils sont dans l'erreur en luttant contre un Dieu qui, d'après eux, "n'existe pas"..., et en s'opposant aux croyants qui prient pour eux!

D'autres Messages concordants

Pour l'information des fervents *et* des détracteurs de Dozulé, il est utile et nécessaire de les faire connaître.

<u>Les Messages de la Vierge MARIE</u> :

* *A KÉRIZINEN,* le 5 Mars 1955, la Sainte Vierge a dit:

"Et la France, cette nation de lumière, une fois sa dette payée, sera sauvée par des moyens en dehors de toute connaissance humaine et récompensée par une abondance de Grâces et de Bénédictions."

"C'est le peuple de France que J'ai choisi pour renouer les liens brisés du Monde avec Dieu" (le 6 Mars 1949) et le 28 Avril 1959 :

"A cause même des attentions divines dont elle (la France) *a été et dont elle est toujours l'objet, elle est plus qu'aucune autre Nation coupable d'apostasie"* ... *"Et Moi, Je l'ai choisie pour être l'escabeau de Mes pieds."*

Notez bien que le présent 4ème et dernier volume de "Témoins de la Croix", commence par un Message appelant la France à la conversion et vers la fin est un Appel à l'aide de la France.

Et JÉSUS, le 18 Février 1961: *"Je n'attends le confiance du monde que pour lui jeter Mes Pardons à pleines mains."*

* Dictant à Don GOBBI, la Sainte Vierge revient souvent sur le thème de la Jérusalem Nouvelle, sur la Terre Nouvelle et les Cieux Nouveaux, sur le Règne imminent de Dieu sur la Terre; et, bien sûr Elle avertit du Signe annonciateur: *"Le temps n'est plus aux discussions inutiles. Le temps n'est plus aux bavardages et aux projets. Le temps n'est plus qu'à la Prière. LA CROIX LUMINEUSE, qui s'étendra de l'Orient à l'Occident et qui apparaîtra dans le ciel, sera le signe du Retour de JÉSUS dans la Gloire."* (le 1er Avril 1994)

Les Messages de JÉSUS :

* En Équateur (Sud-Amérique), JÉSUS a donné des Messages à Francisco; ceux-ci ont été publiés dans le Vol.4 de la série *"Por qué Me crucificas de nuevo?"* ("Pourquoi Me crucifies-tu de nouveau?"), édité par la "Fundación Jesús de la Misericordia", Avenida Eloy Alfaro 466, PO Box 6252 CCI, Quito, Équateur. Je n'ai que des extraits. Le 9 Octobre 1996, JÉSUS traite du Maitreya. Le 29 Janvier 1997, JÉSUS dicte à Francisco:

"Mon petit enfant, Je viens te résumer ce que l'Amour de Dieu a réalisé à Dozulé, par Ma servante Madeleine Aumont, gagnée à Mon Coeur à la suite de la maladie de sa mère. En 1970, le second Dimanche de Pâques, J'ai touché son âme de manière extraordinaire, la préparant pour tout ce que le Plan de Dieu avait conçu pour la France. Son éloignement de Moi l'avait tellement refroidie que Je touchai à nouveau son coeur le 12 Avril 1972. Ainsi Je désirais montrer ma manière d'agir dans l'âme par le moyen de Ma Présence Réelle dans l'Eucharistie. Ainsi, Mon fils, Je suis resté deux ans, manifestant Ma Présence amoureuse en elle grâce à Mon Eucharistie. Voici Mon Amour Miséricordieux pour chaque âme qui Me reçoit en état de Grâce.

Le 28 Mars 1972, Je lui ai montré Ma Croix Glorieuse pendant vingt minutes. "Ecce Crucem Domini". Cette Croix, qui a été méprisée pendant des siècles, aujourd'hui elle doit briller pour Ma Gloire. "Vous devez la faire connaître" et c'est Mon Message pour vous maintenant. La Croix Glorieuse s'est manifestée merveilleusement sept fois, montrant clairement la Vérité des Sept Sacrements que J'ai laissés à Mon Église. Sept Sacrements qui, aujourd'hui, ne sont pas plus appréciés que Ma Croix. Mon fils, si Je Me suis montré miséricordieux à Dozulé, vous devez estimer plus encore ce que J'ai réalisé entre vous, puisque la France a été choisie pour se consacrer à Mon Coeur, mais l'Équateur y a répondu avec plus de générosité [1].

"La France a été appelée à faire connaître Ma Croix. L'Équateur sera celui qui relèvera le défi. Vous êtes arrivés au bon moment pour réaliser Ma Volonté."   Le 30 Janvier 1997, JÉSUS dicte à Francisco:

"Mon petit enfant, écoute Ma Voix qui résonne depuis Dozulé: "Faites pénitence, pénitence, pénitence". L'heure est venue de sauver les pécheurs qui n'aiment pas JÉSUS. Dites maintenant en tous lieux à tous, et de manière particulière à Mes Prêtres, qu'ils doivent élever la Croix Glorieuse face aux églises dans les villes, pour la faire connaître.

---

(1): Datée du 7 Octobre 1997, une lettre de QUITO nous dit que 5 Croix d'Amour y sont déjà.

Tous ressentiront un appel au repentir et trouveront Paix et Joie. Admirez ce que J'ai fait avec vous, Mes enfants de l'Unité, car J'ai montré à Madeleine, en France, Ma Croix Glorieuse, pour qu'ensuite elle M'admire et Me voie avec Mes bras ouverts, avec Mon Amour qui se donne. <u>Je Me suis montré à Dozulé comme Jésus de l'Unité</u>, tel que Je me suis montré à vous. Ici comme là-bas, là-bas comme ici.

"O sorte nupta prospera Magdalena anuntiate virtutem ejus qui vos de tenebris vocavit in admirabile Lumen Suum; gaudiosa nationem Aecuator in qui Deus manifestabit unitatem Suam" [2]

Le Père L'Horset est Témoin; J'ai oeuvré en Madeleine comme Je ne l'ai jamais fait avant; elle répétait Mes paroles immédiatement, comme Je le fais avec toi, Mon fils.

Ceci <u>pendant dix ans</u> [3]. *Elle a été Mon âme privilégiée pour ce temps et pour ce lieu. Ah! Mon petit enfant bien-aimé, s'ils m'avaient écouté à Dozulé, Je ne serais pas revenu par d'autres moyens parler de l'Unité* [4]; *et pour cela, en vous se manifeste déjà le parfait accomplissement de toutes les demandes faites à Dozulé. J'ai promis Mon Retour en ce Monde avec des signes spéciaux à Dozulé; aujourd'hui Je le confirme par ton intermédiaire et J'avertis, qu'ainsi qu'à Dozulé, Je serai dans Mon sanctuaire de l'Unité en Équateur."*

Et le 31 Janvier 1997, Notre Seigneur dicte à Francisco:

"Mon petit enfant tu sais, de multiples manières, que la Grande Tribulation <u>annoncée dans Mon Évangile</u> est proche, car ils sont <u>des centaines d'Instruments</u> choisis pour l'annoncer en ce Monde troublé.

Il est déjà <u>proche le Signe miraculeux, le Grand Signe, une Croix dans le ciel</u>, dont l'apparition arrêtera l'autodestruction de l'Humanité. Vous êtes dans une période où vous devez vous préoccuper de votre prochain de multiples manières et, plus spécialement, l'aider à connaître Mon Amour et Ma Miséricorde; c'est votre combat en ces temps; Je l'ai annoncé aussi à Dozulé, mais Je vous confirme qu'après les efforts pour évangéliser avec Ma Vérité, viendront rapidement des jours d'angoisse où vous devez arriver à vous unir tous dans l'Unique Église Catholique Romaine, la même qui est en train de se purifier et de se rénover pour être l'Épouse Vierge de ces Temps. Il vient, donc il vient, voyez: un Monde Nouveau, avec des gens à la spiritualité retrouvée, qui aiment et reconnaissent JÉSUS comme leur unique Sauveur; un Monde appartenant totalement à Dieu, qui remplacera le vôtre plein d'idolâtries. La Nouvelle Terre et les Nouveaux Cieux que vous devez réaliser, en créant, vivant et répandant la vie en communautés où régneront la Paix et la Joie.

Réjouissez-vous, réjouissez-vous!...   Vous êtes en train de vivre aujourd'hui, ici et maintenant, non seulement ce qui a été dit à Dozulé, mais aussi l'accomplissement <u>de centaines de missions</u> que J'ai annoncées à divers moments et que, maintenant, Je désire voir vivre. <u>Si vous saviez tout ce que Je vous ai donné, vous en mouriez de joie</u>. Je vous aime."

† † †

(**2**): "Ô Madeleine, qu'un sort heureux a fait Épouse, annoncez les Merveilles de Celui qui vous a appelée des ténèbres à Son admirable Lumière; heureuse nation de l'Équateur où Dieu manifestera Son Unité."

(**3**): "Pendant dix ans"? De 1972 à 1982?

(**4**): Par exemple avec Vassula pour l'Unité des Églises Orthodoxes et Catholique.

Des renseignements pratiques

Aucune autorisation de construire n'est requise pour élever une Croix sur un terrain privé en France, selon le Code de l'Urbanisme. *Aucune* autorisation ecclésiastique n'est nécessaire, alors même qu'il est impératif d'en informer le Curé de sa paroisse et le Maire.

Je salue l'enthousiasme et l'engagement de tous ceux d'entre vous qui ont déjà élevé une Croix d'Amour, de tous ceux qui y ont travaillé avec persévérance. Mais ne confondons jamais "vitesse et précipitation" car, avec l'Aide de Notre Seigneur, tout doit se faire dans le calme et l'harmonie.Il serait très dommageable à l'avenir de cette floraison de Croix d'Amour sur toute la Terre, et qui part nécessairement de notre Pays, que des réalisations trop hâtives aient pour conséquences un trouble local, ou bien un travail inachevé.

Un trouble local: quand le Curé de la Paroisse n'a pas été informé, ni invité à honorer de sa présence la Bénédiction (s'il a décliné l'offre de la faire lui-même). Après le rapport sénatorial sur les *sectes* qui a honteusement qualifié ainsi les Apparitions et le Message de Dozulé, il ne faut ménager aucun effort pour informer objectivement le Curé de la Paroisse.

Un travail inachevé : quand une Croix d'Amour est élevée sans l'installation électrique qui doit l'illuminer durant toute la durée de chaque nuit; ne jamais oublier les 3 caractéristiques de *chaque* Croix d'Amour:

1. Ses dimensions sont représentatives, au centième, de la Croix Glorieuse demandée par Notre Seigneur à l'Église, et qui est "*JÉSUS Ressuscité*"; chaque Croix d'Amour est donc représentative du Sacrifice de Notre Seigneur et, au niveau local, elle *attirera tout au Seigneur.*

2. "*Quand on honore le Fils, on honore aussi Sa Mère*": c'est pour cela que chaque Croix est aux couleurs de MARIE: blanche et bleue *le jour;* et qu'elle doit être *LUMIÈRE* la nuit, donc lumineuse car *JÉSUS est la Lumière du Monde.*

3. "*Chaque Croix d'Amour doit être élevée sur une hauteur moyenne*": donc visible des environs *habités* (et pas dans un endroit désert) et elle doit être le lieu où l'on prie chaque jour la Prière enseignée par Notre Seigneur à Dozulé: cette Prière est un appel confiant et persévérant: "*Amen! Viens Seigneur JÉSUS*".   Une Croix d'Amour sans cette prière quotidienne serait *une Croix à l'abandon*.

Ce srait un témoignage d'obéissance, d'Amour et de Foi à "responsabilité limitée".

On peut tromper bien des gens, *on ne trompe pas Dieu.* Une Croix d'Amour n'est pas une sorte de paratonnerre protégeant dans un rayon de "x" Km. La protecttion divine sera à la mesure de la Prière quotidienne en commun au pied de la Croix, à la mesure de l'héroïsme du Témoignage.

Rappel des dimensions d'une Croix d'Amour

Hauteur totale: 7 m.38 * Longueur des bras et de la partie supérieure du mât vertical: 1 m.23 * épaisseur: une section carrée d'au moins 0 m.30 de côté. La Croix doit être orientée Est-Ouest: les faces Nord et Sud doivent être blanches et les profils bleus. Blanc et bleu, les couleurs de MARIE.

Rappel pour les Croix d'Amour

de fer qui ont été élevées sans l'éclairage intégré et pour celles en bois sans les spots qui doivent les illuminer: autant qu'il sera possible, compléter le travail qui les rendra conformes aux indications de Notre Seigneur. MERCI !

Et pour tous renseignements, *ne me téléphonez pas, écrivez, svp* (Fernand Aleman, *Mauressac*, 31130 FLOURENS).

ACHEVÉ D'IMPRIMER
EN LA FÊTE DE LA PRÉSENTATION DE JÉSUS AU TEMPLE
LE 2 FÉVRIER 1998
SUR LES PRESSES DE L'IMPRIMERIE PARAGRAPHIC - 31240 L'UNION
POUR LES ÉDITIONS RÉSIAC - F 53150 MONTSÛRS

N° d'éditeur 627
Dépôt légal Mars 1998

En 1978, des experts de la NASA soumettent le Saint-Suaire de Turin à des analyses minutieuses. En photographiant la Sainte Face de JÉSUS, puis en faisant une série de tirages-papier, d'athée qu'il était, le photographe devint croyant : le 7ème tirage montrait JÉSUS les yeux ouverts alors qu'ils sont fermés sur le Saint-Suaire. Dans un Message dicté à "JNSR" le 11 Avril 1994, JÉSUS authentifie cette photo : "L'homme qui a trouvé, à la NASA, la preuve de Mon Visage sacré, a cru car il s'est vu, lui aussi en Ma Sainte Face."

Cette photo a été prise en Nouvelle Calédonie le 27 Mars 1996 pendant un cyclone avec des vents de plus de 250 km/h. Or le 22 Mars 96, soit 5 jours avant, une Croix de 7 m.38 avait été élevée à Nouméa sur une hauteur près d'une statue de ND de Fatima.

Le cyclone a touché Nouméa dans la nuit du 27 au 28 Mars 1996; le vent avait faibli à 150 km/h avec peu de pluie et très peu de dommages. La population est certaine d'avoir été protégée. JÉSUS a authentifié cette photo.

Bénédiction de la croix

Plus de deux cents fidèles se sont réunis aux Salles-sur-Verdon pour communier devant l'édifice lumineux, baptisé par Monseigneur Madec

LEVAR – Nice-matin – Lundi 15 septembre 1997

Hier en fin d'après-midi, plus de deux cents fidèles, venus de toutes les paroisses alentour, s'étaient réunis pour prier autour de cette nouvelle croix.

Et la lumière fut... Constituée de résine plastique, haute de 7,38 m, bleue luminescente, elle a été finalement dressée à l'entrée de ce village du haut Var.

Nouméa   _Ste Anne d'Auray_

Clermont-Ferrand   _Pontmain_

St Jacques-de-Compostelle

Garabandal

Bosnie

Ile de France

Lausanne

Hautes-Pyrénées

Champagne   *Mayenne*

Chantemerle-les-Blés

Namur

Gard

Fribourg

Valencia

Quito

Pellevoisin

Huelva

Fatima

Quito

Du signal

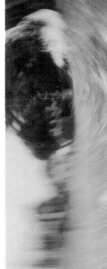

Cette photo, obtenue à DOZULÉ en 1996, n'a pas trouvé d'abord d'explication jusqu'à-ce que Notre Seigneur utilise le mot tourbillon dans ce livre, pages 129, 155 et 371.